Kohlhammer

Die Bibel und die Frauen
Eine exegetisch-kulturgeschichtliche Enzyklopädie

Herausgegeben von
Irmtraud Fischer, Mercedes Navarro Puerto,
Jorunn Økland, Adriana Valerio

Neues Testament
Band 2.1

Mercedes Navarro Puerto,
Marinella Perroni (Hrsg.)

Evangelien

Erzählungen und Geschichte

Deutsche Ausgabe herausgegeben von
Irmtraud Fischer und Andrea Taschl-Erber

Verlag W. Kohlhammer

Alle Rechte vorbehalten
© 2012 W. Kohlhammer GmbH Stuttgart
Reproduktionsvorlage: Kathrin Käfmüller, Graz
Umschlag: Gestaltungskonzept Peter Horlacher
Gesamtherstellung:
W. Kohlhammer Druckerei GmbH + Co. KG, Stuttgart
Printed in Germany

ISBN 978-3-17-021544-3

Vorwort zur deutschen Ausgabe

Das internationale Großprojekt „Die Bibel und die Frauen", an dem mehr als 300 WissenschaftlerInnen beteiligt sind, präsentiert mit der vorliegenden Publikation zur erzählenden Literatur des Neuen Testaments den zweiten von über zwanzig Bänden. Da alle diese durch Forschungskolloquien, die jeweils die Einzelbeiträge diskutieren, vorbereitet werden, kann man sagen, dass nun weitere sechs Bücher, nämlich jene zum alttestamentlichen Kanonteil der „Schriften" (1.3), zu den Kirchenvätern (5.1), zu Früh- und Hochmittelalter (6.1; 6.2), zu religiösen Frauenbewegungen im 19. Jh. (8.2) und zur feministischen Exegese des 20. Jh. (9.1) in konkreter Vorbereitung sind. Das Projekt erweist sich zum einen immer deutlicher als Netzwerkinitiative zwischen ForscherInnen unterschiedlicher Wissenschaftskulturen und trägt somit entscheidend zur Internationalisierung der theologischen Frauen- und Geschlechterforschung bei. Zum anderen zeigt sich, dass die Frage nach der Bibelauslegung von Frauen sowie jene nach der Rezeptionsgeschichte von Bibeltexten, deren zentrale Handlungsfiguren weiblich sind, in der Forschung weitgehend unbearbeitet sind. Das Projekt erweist sich diesbezüglich bereits mehr als forschungsinitiierend denn als -resümierend.

Gemäß den Prinzipien der Reihe wird auch der vorliegende Evangelienband von zwei Wissenschaftlerinnen aus unterschiedlichen Sprachgemeinschaften herausgegeben: Marinella Perroni und Mercedes Navarro Puerto, zwei in Rom ausgebildete Biblikerinnen, die zur Thematik publiziert haben, stammen beide aus dem romanischen Sprachkreis und aus den überwiegend vom katholischen Milieu dominierten Ländern Italien und Spanien. War der erste Band der Reihe zur Tora am Ende mehr von der deutschsprachigen Wissenschaftstradition dominiert, so ist es dieser von der italienischen und spanischen. Frauen- und Genderforschungen haben in diesen Ländern vor allem in kirchennahen Kontexten immer noch nicht den Platz gefunden, der ihnen gebührt. So ist es in diesen *scientific communities* wissenschaftspolitisch von immenser Bedeutung, dass die Herausgeberinnen auch renommierte Bibelwissenschaftler für den Band gewinnen konnten, deren Spezifikum bislang nicht die Frauen- und Geschlechterforschung war. Der Band hat damit die Chance, als „Türöffner" zur traditionellen historisch-kritischen Wissenschaftstradition zu fungieren.

Bei aller Internationalisierung der Bibelwissenschaften zeigt sich, wie unterschiedlich die Schwerpunkte von Fragestellungen und auch die Darstellungsformen in den einzelnen Sprach- und Kulturräumen gewählt werden. Für Lesende, die diese Unterschiede nicht als Bereicherung begreifen, sondern vor allem die deutsche Forschungstradition präsentiert sehen wollen, werden die Bände von „Die Bibel und die Frauen" hier vielleicht defizitär sein. Für jene allerdings, die – wie das Projekt es in den Vordergrund stellt – an unterschiedlichen Zugängen interessiert sind, werden die Bände zu einem besseren Verstehen kulturell bedingter Wissenschaftstraditionen und hoffentlich auch zur besseren Vernetzung der einzelnen Sprachräume führen.

Angesichts der skizzierten Zielsetzungen des Projekts wird mit jedem Band deutlicher, dass es sich nicht um eine Reihe handeln kann, die einfach in mehrere Sprachen übersetzt wird, sondern um ein *Translations*projekt. Eine wortwörtliche Übersetzung der einzelnen Beiträge der diversen Bände wäre für ein solches Netzwerkunternehmen kontraproduktiv; die Übertragung in eine andere Sprache bedeutet nämlich auch, deren Wissenschaftskontext mit den jeweiligen sprachlich-kulturellen Gepflogenheiten einzubinden. Wird etwa im Italienischen eine Sache in ihrer Bedeutung gehoben, indem sie mit vielen Worten betont wird, so ist im Deutschen das Gegenteil der Fall: Was gewiss ist, kann mit einfachen Worten konstatiert werden. Die Beiträge der einzelnen Ausgaben können daher in Details durchaus voneinander abweichen. Als Herausgeberinnen der deutschen Ausgabe haben wir aber alle Angleichungen an unsere deutschsprachige Forschungstradition, wie etwa Formulierungen, die bezüglich Antijudaismus missverstanden werden könnten, oder den Eintrag weiterführender Literatur, die für deutschsprachige LeserInnen zielführend ist, jedoch im Originalbeitrag nicht berücksichtigt wurde, mit den AutorInnen abgesprochen. Bei zitierten Werken, deren Original fremdsprachig ist, von denen allerdings Übersetzungen ins Deutsche existieren, haben wir weitgehend versucht, die deutschen Ausgaben zu notieren und die entsprechenden Zitate zu finden bzw. auf sie zu verweisen. Dies gilt insbesondere für Übersetzungen von antiken Autoren (wie etwa Josephus Flavius), für die es in jeder Sprachtradition klassisch gewordene wissenschaftliche Übersetzungen gibt.

Es zeigt sich also, dass die Bände in den vier Sprachen keine „Übersetzungen" aus einer einzigen Sprache sind, sondern Ausgaben für unterschiedliche Wissenschaftskontexte, die einem mehrfachen „Review-Prozess" unterzogen wurden. Wir hatten als Herausgeberinnen der deutschen Ausgabe des Bandes Übersetzungen der Einzelartikel zur Verfügung, die wir jedoch jeweils gründlich überarbeitet haben. Wissenschaftliche Texte zu übersetzen, bedarf der Kenntnis von fachspezifischen Begriffen, von Forschungsdiskussionen und auch methodologischen Problemen. Wir haben daher die Namen der ÜbersetzerInnen nicht unter die Texte gesetzt, da die Übersetzungen stark bearbeitet worden sind. Unser aufrichtiger Dank für die Übersetzungsarbeit gebührt Dana Brüller, Gabriele Stein, Eduard Wolken, Antonia Weber, Verena Bull, Stefanie Knauss und Hermann Aufstaller.

Für die Unterstützung des Forschungskolloquiums zu diesem Band in Sevilla bedanken wir uns bei der Universität Graz, insbesondere bei VR Prof. Dr. Roberta Maierhofer sowie beim Verein zur Förderung der Theologie an der Katholisch-Theologischen Fakultät der Universität Graz. Herzlichen Dank sagen wir wieder Jürgen Schneider und Florian Specker vom Kohlhammer-Verlag für die immer kompetente und entgegenkommende Hilfe bei der Erstellung der Druckvorlage. Die Kontrolle der bibliographischen Angaben, insbesondere die Bibliographierung der jeweils deutschsprachigen Ausgaben, sowie die Registerarbeiten hat in bewährter Manier Mag. Edith Petschnigg mit Hilfe von Daniela Feichtinger besorgt. Für die Formatierung dieses Bandes ist Kathrin Käfmüller verantwortlich, für das finale Korrekturlesen Ass. Prof. Dr. Johannes Schiller. Ihnen allen sei neben Mag. Patrick Marko, der in der Verwaltung des Projekts bei allen Arbeiten hilfreich zur Seite steht, sehr herzlich für ihren Einsatz gedankt!

Graz, Juli 2011

Irmtraud Fischer und Andrea Taschl-Erber

Inhaltsverzeichnis

Vorwort zur deutschen Ausgabe 5

EINLEITUNG

Mercedes Navarro Puerto – Marinella Perroni 11

1. METHODOLOGISCHE PERSPEKTIVEN

Carolyn Osiek
Biblische „Hilfswissenschaften" in feministischer Perspektive:
eine fruchtbare Durchdringung 16

Elisabeth Schüssler Fiorenza
Neutestamentliche Kanonbildung und die Marginalisierung von Frauen 27

2. KONTEXTE, EVANGELIEN, FIGUREN

2.1 KONTEXTE

Sean Freyne
Zwischen römischem Imperium und Synagoge
Die Rolle von Frauen im römischen Palästina durch die Brille des
Markusevangeliums 39

Luise Schottroff
„Seht, das sind meine Schwestern ..." (Mt 12,49)
Anhängerinnen des Messias Jesus in Großstädten des Römischen Reiches 60

Irmtraud Fischer
Déjà-vu zum Erweis der Heilsrelevanz
Genderrelevante Rezeption der Hebräischen Bibel in den erzählenden
Schriften des Neuen Testaments 74

Luca Arcari
Welcher Messias für Frauen?
Jüdische Messianismen und frühchristliche Christologien aus der
Geschlechterperspektive 99

2.2 EVANGELIEN

Amy-Jill Levine
Das Matthäusevangelium: Zwischen Bruch und Kontinuität 118

Mercedes Navarro Puerto
Jüngerinnen bei Markus?
Problematisierung eines Begriffs 140

Marinella Perroni
Jüngerinnen, aber nicht Apostolinnen
Das lukanische Doppelwerk 167

Turid Karlsen Seim
Frauen und Genderperspektiven im Johannesevangelium 206

Pius-Ramón Tragán
Die Johannesbriefe
Der Beitrag der feministischen Exegese 234

Daria Pezzoli-Olgiati
Babylon und Jerusalem als Frauenfiguren in der Offenbarung
Visionen, Traditionen und Intermedialität 246

Romano Penna
Christologische Modelle der kanonischen Evangelien,
entwickelt an exemplarischen Frauenfiguren 265

Adriana Destro und Mauro Pesce
Innerhalb und außerhalb der Häuser
Veränderung weiblicher Rollen von der Jesusbewegung bis zu den
frühen Kirchen 281

2.3 FIGUREN

Enrico Norelli
Wie sind die Erzählungen über Maria und Josef in Mt 1–2 und Lk 1–2
entstanden? 302

Silke Petersen
Maria aus Nazaret: Eine Geschichte der Verwandlung 320

Bernadette Escaffre
Marta 340

Andrea Taschl-Erber
Maria von Magdala – erste Apostolin? 362

Silvia Pellegrini
Frauen ohne Namen in den kanonischen Evangelien 383

Judith Hartenstein
Männliche und weibliche Erzählfiguren im Johannesevangelium:
Geschlechterperspektiven 421

Bibliographie 434

Stellenregister 468

AutorInnen 496

Einleitung

Mercedes Navarro Puerto – Marinella Perroni

Dieser Band ist Teil des ambitionierten Projekts „Die Bibel und die Frauen", das eine abendländische Auslegungs- und Rezeptionsgeschichte der Bibel in Genderperspektive vorlegt.[1] Es involviert mehrere hundert Forscherinnen und Forscher aus verschiedenen Fachgebieten und Kulturräumen, um genderrelevante Bibelrezeption durch die Geschichte in Judentum und Christentum zu verfolgen.

Die biblischen Texte sprechen nicht nur zu Frauen, sondern auch über Frauen. Aber mehr noch: Immer schon haben Frauen die Bibel zur Hand genommen oder, wenn sie Analphabetinnen waren, kannten sie sie zumindest vom Hören. Wie es ihnen möglich war – manchmal auch mehr, als es ihnen erlaubt war –, haben sie biblische Texte verinnerlicht und kommentiert und damit zur biblischen Rezeptionsgeschichte beigetragen.

Diese Publikation ist der erste Teilband zum Neuen Testament. Aufgrund des reichen und vielfältigen Materials sind für das NT zwei Bände vorgesehen: der erste für die Evangelien, der zweite für die Briefliteratur. Da die Apostelgeschichte den zweiten Teil des lukanischen Doppelwerks darstellt und die johanneischen Briefe sowie die Offenbarung dem *Corpus Ioanneum* zugereiht werden, legt sich die Behandlung dieser ntl. Bücher im ersten Band nahe.

In seine Themenstellung einzuführen, bedeutet, die Aufmerksamkeit auf die verschiedenen Zugänge zu lenken, durch die WissenschafterInnen feministische oder genderspezifische Perspektiven in einer Pluralität von Forschungsansätzen eingebracht haben. Während im vorigen Jahrhundert die Frage des Verhältnisses zwischen der Bibel und den Frauen vor allem als „Jagdrevier" für Frauen angesehen wurde, belegt die Mitarbeit nicht nur von Wissenschafterinnen, sondern auch Wissenschaftern in diesem Projekt, dass sich die akademische Welt dieses Themas nun breiter annimmt. Anscheinend bewahrheitet sich, was Leonard Swidler mit gesundem Menschenverstand schon vor Jahrzehnten vorausgesagt hatte: Die Charakterisierung „feministisch" bezeichnet eine Person, die für Gleichheit zwischen Männern und Frauen, insofern beide Menschen sind, und für Gerechtigkeit eintritt.[2] Es scheint also nötig zu sein, vor allem anderen den weiten Bezugsrahmen der feministischen Perspektive und der Genderforschung, die heute auch in die Bibelwissenschaften Eingang gefunden haben, zu skizzieren.

---

[1] Für eine ausführliche Darstellung des gesamten Projekts siehe die Einleitung zum ersten Band der Reihe: Irmtraud FISCHER, Jorunn ØKLAND, Mercedes NAVARRO PUERTO und Adriana VALERIO, „Frauen, Bibel und Rezeptionsgeschichte: Ein internationales Projekt der Theologie und Genderforschung", in *Tora* (hg. v. Irmtraud Fischer, Mercedes Navarro Puerto und Andrea Taschl-Erber; Die Bibel und die Frauen: Eine exegetisch-kulturgeschichtliche Enzyklopädie 1.1; Stuttgart: Kohlhammer, 2010), 9–35.

[2] Vgl. Leonard SWIDLER, *Biblical Affirmations of Woman* (Philadelphia: Westminster, 1979), 11.

1. Ein breiter Referenzrahmen

Die Übereinstimmungen zwischen der feministischen Perspektive und der Geschlechterforschung zu präzisieren und die Unterschiede zwischen beiden zu klären, ist immer noch notwendig. Jenseits einer essentialistischen Vorstellung des Weiblichen/Männlichen oder der Annahme „weiblicher Sensibilität" hat die Frage des Verhältnisses zwischen den Frauen und der Bibel schon seit einiger Zeit zu einem zweifachen Forschungsansatz geführt, jenem der feministisch-kritischen Hermeneutik und jenem der Genderanalyse, die auf biblische Texte angewendet wird. Die zwei Zugänge überlagern sich häufig, in manchen Aspekten divergieren sie, aber sie teilen ein und dieselbe Grundannahme: Der Entstehungs- und Rezeptionsgeschichte der Bibel muss restituiert werden, was Frauen gesagt und getan, gedacht und geglaubt, gehofft und erreicht haben. Der erste Ansatz ist umfassender, der zweite eher funktional, aber beide haben das Auftreten einer neuen heuristischen Perspektive auch im Bereich der biblischen Studien begünstigt. Wenngleich wir uns der Grenzen jeglicher schematisierenden Definition bewusst sind, weisen wir darauf hin, dass ein befreiungstheologisches Interesse der feministischen Exegese zuzuordnen ist,[3] während einige Wissenschafterinnen, nachdem sich die Bibelwissenschaften in Richtung Gender Studies geöffnet haben, es bevorzugen, soziologische Modelle zur Konstruktion der Geschlechter für die Textanalyse anzuwenden, wohingegen wieder andere Forscherinnen die Aufmerksamkeit auf weibliche Figuren, die in den Texten und in der Interpretationsgeschichte der Heiligen Schrift präsent sind, richten und so die historische Perspektive der Frauenforschung übernehmen.[4]

Bezüglich dieses Bandes genügt es zu sagen, dass er in dem breiten Referenzrahmen feministischer Perspektiven verankert ist. Feminismus wird nicht nur als eine historische Bewegung, die die letzten eineinhalb Jahrhunderte geprägt hat, begriffen, die in verschiedenen Weisen und mit wechselndem Erfolg die unterschiedlichen Kulturen und die diversen religiösen Traditionen befragt und durch die Vorantreibung der Emanzipation von Frauen tiefgreifende institutionelle Veränderungen bewirkt hat. Es handelt sich auch um eine erkenntnistheoretische Perspektive und ein Paradigma der Bewertung, ja man kann sagen eine „Kosmovision"[5].

Feminismus stellt also eine Art roten Faden dar, der die Realität in all ihren Dimensionen durchzieht, mit dem Bewusstsein, dass Frauen fähig sind, Geschichte zu ma-

---

[3] So stellt es das von der Päpstlichen Bibelkommission herausgegebene Dokument *Die Interpretation der Bibel in der Kirche* (Vatikanische Dokumente; Vatikan: Libreria Editrice Vaticana, 1993) dar. Es reiht feministische Theologie unter die befreiungstheologischen Ansätze, ohne der schon beginnenden Genderforschung Rechnung zu tragen.

[4] Anmerkung der deutschen Herausgeberinnen: Diese Kategorisierung ist für die deutschsprachige Exegese nur eingeschränkt gültig.

[5] Wir bevorzugen hier den spanischen Terminus „cosmovisione" gegenüber dem deutschen „Weltanschauung" oder dem entsprechenden italienischen „visione del mondo", weil wir meinen, dass die Einbeziehung der kosmischen Perspektive adäquater als eine universale Kategorie ist, denn sie ist durch den breiteren Horizont weniger ideologisch geprägt und zudem nicht nur der innerweltlichen Realität verpflichtet, sondern der kosmischen.

chen und sie zu erzählen, da sie individuelle und kollektive Rechtssubjekte sind. Die feministische Kosmovision ist eine kritisch strukturierte Theorie und nicht nur punktuell oder reaktiv. Sie ist jedoch nicht deterministisch, auch nicht abstrakt oder verabsolutierend, sondern der Konkretheit des Lebens und damit der Diskussion der Pluralität der Formen verpflichtet, zu der die Dialektik zwischen den Geschlechtern führen kann. Eine Kosmovision, die demgemäß außerhalb ihrer diversen Kontexte, in denen sie sich realisiert, nicht existiert und fähig ist, offen und vernetzt zu bleiben, auf der Suche nach einer Art von „Demokratie der Bedeutungen", um über jede Form von Kolonisation oder Vereinheitlichung hinauszugehen. Eine Kosmovision, die einerseits durch interne Debatten, die aufmerksam gegenüber diversen Facetten feministischer Perspektive sind, andererseits durch ehrliche Auseinandersetzung mit Kritikpunkten entwickelt wird.

Vieles muss sich noch ändern, da sich wirkliche Umwälzungen in der Art zu leben und zu denken auf tiefreichender, latenter Ebene realisieren und geraume Zeit in Anspruch nehmen. Andererseits tritt die feministische Kosmovision nicht als punktuelles Ereignis zu Tage, sondern vielmehr als ein Prozess, von dem wir, wenn er einmal in Gang gesetzt ist, nicht wissen, wohin er führt und wann er zum Ziel kommt. Es ist auch möglich, dass sie kein Ablaufdatum hat, da sie eine neue Weise ist, die Menschheit zu begreifen. Dieser übergreifende rote Faden braucht also Zeit, um sich zu stabilisieren.

Gewiss führt die feministische Kosmovision, wenn sie den biblischen Studien, oder konkreter hier, der Exegese der ntl. Schriften, insbesondere der Evangelien, begegnet, zu einer Änderung des Blickwinkels und markiert eine Trennungslinie zwischen Vorher und Nachher. Eine Frage allerdings legt sich hier nahe: Wer hatte tatsächlich Zugang zu den Änderungen der Perspektive, die die feministische Kosmovision in die Untersuchung der ntl. Schriften eingebracht hat? Der vorliegende Band ist genau von dieser Frage motiviert.

2. Aufbau des Bandes und Untersuchungsmethoden

Viel Zeit ist verstrichen, seit Adolf von Harnack die historische Rolle der Frauen bei der Verbreitung des entstehenden Christentums erkannte.[6] Das offene Verhalten Jesu

---

[6] Am Beginn des letzten Jahrhunderts widmete er der Teilhabe der Frauen an der Verbreitung des Christentums ein ganzes Kapitel seiner gewichtigen und hellsichtigen Rekonstruktion, auf der Basis einer breiten dokumentarischen Untersuchung der Geschichte des frühen Christentums: Adolf von HARNACK, „Die Verbreitung unter den Frauen", in DERS., *Die Mission und Ausbreitung des Christentums in den ersten drei Jahrhunderten 2* (Leipzig: J. C. Hinrichs, ⁴1924 [Erstausgabe 1902]), 589–611; 590f. Nach Susanne HEINE, „Selig durch Kindergebären (1 Tim 2,15)? Die verschwundenen Frauen der frühen Christenheit", in *Theologie feministisch: Disziplinen – Schwerpunkte – Richtungen* (hg. v. Marie-Theres Wacker; Düsseldorf: Patmos, 1988), 59–79; 64, hätte die Studie von Harnack von einer Feministin verfasst sein können. Gleichzeitig hat ein Schüler von Harnack, Leopold ZSCHARNACK, *Der Dienst der Frau in den ersten Jahrhunderten der christlichen Kirche* (Göttingen: Vandenhoeck & Ruprecht, 1902), die Hinweise des Lehrers in einer interessan-

gegenüber den Frauen erschien in der Folge als einfache Antwort auf die feministischen Anfragen. Sodann wich eine zunächst apologetische Sichtweise mit antijüdischen Tendenzen immer genaueren und spezifischeren Studien über die Rolle von Frauen in der vor- und nachösterlichen Jesusbewegung, über ihre Teilhabe an der Verkündigung im paulinischen Christentum und an der Gründung der ersten urbanen Gemeinden in den Städten des römischen Reichs.

Der Band, den wir hier präsentieren, steht in dieser Reihe. Er ist in zwei Teile untergliedert. Der erste, mehr einführend, hat methodologischen Charakter und das Ziel, den Hintergrund zu umreißen, vor dem sich die feministische Exegese der kanonischen Evangelien entwickelt hat (1.); der zweite, breiter ausgeführtere Teil, kreist um drei Themen: die Rekonstruktion von einigen sozialgeschichtlichen und religiösen Kontexten, in denen die Evangelientraditionen geformt wurden (2.1); die vier kanonischen Evangelien und die literarischen Überlieferungen, die mit zweien von ihnen verbunden sind (lukanisches Doppelwerk und johanneisches Schrifttum), sowie aus den Evangelien zu erhebende fundamentale Bereiche biblischer Theologie wie Christologie und Ekklesiologie (2.2); schließlich einige spezifische Figuren, die in den Evangelienerzählungen besondere theologische Relevanz erhalten haben (2.3). Es handelt sich daher nicht um einen Kommentar zu den vier Evangelien, sondern vielmehr um den Versuch, aus einer Genderperspektive in ihr historisches, literarisches und theologisches Ambiente einzutreten.

Die Diskussionen zwischen den Autorinnen und Autoren, die bei einem wissenschaftlichen Kolloquium in Sevilla im Mai 2009 geführt wurden, haben zu Tage gebracht, wie eine gemeinsame Perspektive unter verschiedenen Gesichtspunkten betrachtet und in unterschiedlichen Weisen artikuliert werden kann. Die Studien zeigen eine große methodologische Bandbreite von apologetischen Zugängen zur historisch-kritischen Methode, neben Kulturanthropologie, narrativer Analyse und soziologischen Ansätzen. Damit reflektieren sie nicht nur den aktuellen Status der ntl. Wissenschaft, die durch eine Vielfalt von Strömungen charakterisiert ist, sondern bestätigen auch die Flexibilität feministischer Forschung. Diese begnügt sich nicht mit einer einzigen Untersuchungsmethode, vielmehr zielt sie auf die kritische Konfrontation der Ergebnisse und zeigt die Zweckmäßigkeit der unterschiedlichen Zugänge. Einige thematische Überschneidungen zwischen den Artikeln sind daher unvermeidlich, bieten jedoch Gelegenheit zu Bekräftigungen von anderer Seite.

Es soll daran erinnert werden, dass der Band auch das Ziel hat, wissenschaftliche Erkenntnisse in einem größeren Kontext zu verbreiten, damit die gewonnenen Resultate und die benutzten Methoden zu einem gemeinsamen, miteinander geteilten Erbe werden können. Von diesem Blickwinkel aus ist der Band also auch ein Anfang. Er erhebt keinen Anspruch auf Vollständigkeit, sei es von der thematischen Auswahl her

---

ten monographischen Studie verbreitert und vertieft, die aufgrund des Reichtums des präsentierten Materials und der Ausgewogenheit der Bewertung auch außerhalb des deutschen Sprachraums größere Verbreitung verdiente. – Allein die ausführliche Bibliographie am Ende des vorliegenden Bandes zeigt die Fülle der Forschung, die seither zum Thema, vor allem von Frauen, erschienen ist.

(die auch anders, breiter und vollständiger hätte sein können) oder in methodologischer Hinsicht (auch die methodische Auffächerung hätte vielleicht noch weiter sein können).

Die Schlussbibliographie möchte ein Beitrag in einem solchen Sinn sein, insofern nicht nur die jeweiligen bibliographischen Verweise der einzelnen AutorInnen aufgenommen werden, sondern zusätzliche Titel auch aus anderen Sprachen, die neue Forschungstendenzen anzeigen. Wir hoffen daher, dass der Band zu einer gemeinsamen Ressource für ntl. WissenschafterInnen und jene werden kann, die wissen, dass das Studium der Schriften kein Privileg von einigen wenigen sein kann und sein darf.

Wir sind allen dankbar, die mit uns dieses Abenteuer geteilt haben, die bereit waren, entweder mit ihren Artikeln oder auch mit ihren Übersetzungen in andere Sprachen, in denen die Reihe erscheint, einen Beitrag zu leisten. Der Universität von Sevilla und insbesondere Prof. Mercedes Arriaga gebührt unser Dank, dass sie uns mit dem vorbereitenden wissenschaftlichen Kolloquium gastlich aufgenommen haben. Der EFETA (Escuela Feminista de Téologia de Andalusia) danken wir für die Unterstützung der Organisation des Kolloquiums bis ins Detail, wodurch das Treffen zu einem besonderen Erlebnis wurde. Der Vizerektorin für internationale Beziehungen der Universität Graz, Prof. Roberta Maierhofer, möchten wir für eine namhafte finanzielle Unterstützung des Forschungskolloquiums danken.

Den Schwestern der spanischen Provinz des Ordens der Bienaventurada Virgen Maria (Schwestern der Mary Ward) sagen wir erneut unseren Dank dafür, dass sie seit Beginn an die Bedeutung der Reihe „Die Bibel und die Frauen" geglaubt und uns großzügig unterstützt haben.

Madrid – Rom, Juli 2010

Biblische „Hilfswissenschaften" in feministischer Perspektive: eine fruchtbare Durchdringung

Carolyn Osiek
Brite Divinity School

Das in letzter Zeit gestiegene Interesse an Frauen in der biblischen Welt ist das Ergebnis verschiedener Einflüsse; einer davon ist das Aufkommen des Interesses an feministischen Fragestellungen und die Entwicklung der feministischen Theorie in den Geisteswissenschaften. Es ist inzwischen ziemlich schwierig, Feminismus zu definieren oder einen Konsens über seine Bedeutung zu finden. Zum einen wird darunter allgemein das Interesse an Frauen in einem bestimmten Bereich verstanden: im Falle der Bibelwissenschaft die biblischen Erzählungen in ihrem israelitischen oder griechisch-römischen Kontext. Hier ist es das Bemühen, Frauen in den Quellen hör- und sichtbar zu machen, während sie in der Vergangenheit weitgehend ungehört blieben und unsichtbar waren, nicht nur weil die alten Quellen sie nicht beachteten, sondern auch, weil sie von modernen Forschern ignoriert worden sind. In den letzten vierzig Jahren gab es enorme Fortschritte in den Bereichen Geschichte, Archäologie, Epigraphik und Anthropologie, die einen großen Einfluss auf die Bibelwissenschaft hatten.

Zum anderen ist Feminismus als Analyse und Kritik der gesellschaftlichen Strukturen mit dem Ziel, diese etwas gerechter zu gestalten, zu verstehen. Hier wird die feministische Theorie sowohl auf alte Quellen angewendet als auch auf heutige Gesellschaften und auf Berufsgruppen, in denen WissenschafterInnen tätig sind. Neuere Forschungstendenzen in diesen Bereichen führen zum Feld der Geschlechterforschung und der Gender Studies. Da es sehr viel Literatur, vor allem in Nordamerika, Großbritannien und den nordischen Ländern, zu diesen Fragestellungen gibt, kann hier nicht näher darauf eingegangen werden.[1] Wir kehren daher zum umfassenderen Thema zurück, wie feministisches Interesse es ermöglicht hat, das Leben von Frauen in den antiken Quellen der „ergänzenden" Bereiche aufzuzeigen, die von BibelwissenschafterInnen verwendet werden, um ihre biblischen Forschungen zu belegen. Natürlich nehmen sich die Fachleute in diesen Bereichen nicht als „ergänzend" zur Bibelauslegung wahr, sondern als WissenschafterInnen etablierter Forschungsbereiche. Die meisten von ihnen sind

---

[1] Siehe z. B. Christie FARNHAM, Hg., *The Impact of Feminist Research in the Academy* (Bloomington: Indiana University Press, 1987); Rosalind SHAW, „Feminist Anthropology and the Gendering of Religious Studies", in *Religion and Gender* (hg. v. Ursula King; Oxford: Oxford University Press, 1995), 65–76; Roberta GILCHRIST, „Women's Archaeology? Political Feminism, Gender Theory and Historical Revision", *Antiquity* 65 (1991): 495–501; Margaret W. CONKEY, „Has Feminism Changed Archaeology?", *Signs: Journal of Women in Culture and Society* 28 (2003): 867–880, und eine Reihe online veröffentlichter Artikel zum Thema im *Journal of Archaeological Method and Theory* 14 (2007): 209–358. Für die Epoche des AT siehe Carol MEYERS, „Archäologie als Fenster zum Leben von Frauen in Alt-Israel", in *Tora* (hg. v. Irmtraud Fischer, Mercedes Navarro Puerto und Andrea Taschl-Erber; Die Bibel und die Frauen: Eine exegetisch-kulturgeschichtliche Enzyklopädie 1.1; Stuttgart: Kohlhammer, 2010), 63–109.

sich tatsächlich der Verwendung ihrer Forschung durch ExegetInnen nicht bewusst und sind sehr überrascht, wenn sie davon erfahren.

1. Entstehung des Interesses an der Sozialgeschichte

Eine der wichtigsten Veränderungen, die stattgefunden hat, ist das Interesse an den historischen Disziplinen, geleitet von einem neuen Verständnis, dass Geschichte auch über etwas anderes als Politik und Kriege geschrieben werden könne. Das Entstehen des Interesses an der Sozialgeschichte ging mit dem Anstieg des Frauenanteils in den wissenschaftlichen Disziplinen Geschichte, Anthropologie und verwandten Wissenschaften einher. Es ist schwer zu sagen, ob die Anwesenheit von mehr Frauen eine Veränderung des Geschichtsverständnisses auslöste, oder ob die Veränderungen innerhalb des Geschichtsstudiums mehr Frauen angezogen haben. Sozialgeschichte ist heute fast überall ein angesehener Zweig historischer Studien und Forschung, der sowohl durch weibliche als auch männliche Wissenschafter getragen wird.

Insbesondere die Klassik und die römische Geschichte sind von dieser Änderung betroffen. Ein internationales Projekt in Bezug auf die römische Familie hat mehrere Bände in englischer Sprache hervorgebracht, die von unschätzbarem Wert für die ntl. Forschung sind, da sie die Möglichkeit bieten, den Alltag in der römischen Welt und insbesondere der römischen Familie zu erhellen. Die meisten Informationen zu diesem Thema aus literarischen Quellen zeigen die römische Elite, deren Leben ganz anders als das der sozialen Schichten war, aus denen die Handlungsfiguren des NT stammen. Dennoch kann dieses Material, mit gebotener Vorsicht, verwendet werden, um einige Aspekte der Welt, in der sie lebten, zu beleuchten.[2]

1.1 Inschriftenkultur

In den beiden Jahrhunderten um die christliche Zeitenwende schufen in der mediterranen Welt Personen aus verschiedenen sozialen Schichten eine Inschriftenkultur, im englischsprachigen Raum heute als „epigraphic habit" bezeichnet. Viele Tausende von Inschriften aus dieser Zeit sind erhalten geblieben. In Stein hinterlassene Aufzeichnungen, vor allem Grabinschriften, haben eine Fülle von Informationen über das Familienleben und seine vielfältigen Aspekten aus unterschiedlichen gesellschaftlichen Schichten

---

[2] Das Projekt „Römische Familie" wurde 1980 von Beryl Rawson in Canberra ins Leben gerufen und mit TeilnehmerInnen aus England, den Vereinigten Staaten, Kanada und der Schweiz fortgesetzt. Es brachte zwischen 1980 und 2009 fünf Bände mit Tagungsunterlagen hervor sowie viele weitere Veröffentlichungen von SeminarteilnehmerInnen und ForscherInnen verwandter Themenfelder, z. B. Carolyn OSIEK und David L. BALCH, *Families in the New Testament World: Households and House Churches* (Louisville: Westminster John Knox, 1997); David L. BALCH und Carolyn OSIEK, Hg., *Early Christian Families in Context: An Interdisciplinary Dialogue* (Grand Rapids: Eerdmans, 2003).

geliefert. Dies ist eine wichtige Quelle für Informationen über das Leben von Frauen. Die demographische Analyse liefert Informationen über das Alter bei Erstheirat und Tod, über soziale Beziehungen und wirtschaftliche Macht. Um etwas über diese Inschriften zu erfahren, muss man sich im Rahmen der archäologischen Methode damit befassen, was Margaret Conkey als „Peopling the Past", „Bevölkerung der Vergangenheit", bezeichnet:

> "peopling the past,"... that is, putting faces on the people of the past instead of talking about the past in terms of impersonalized (if not depersonalized) phenomena such as technoecological strategies, subsistence systems, intensification of agricultural production, and so on ... Such an approach wants to place human experience and social action at the forefront, which itself forces a scrutiny of assumptions, epistemologies, and exactly what our objects of knowledge are.[3]

Einige für die Bibelwissenschaft relevante Bereiche, in denen die Sozialgeschichte an Bedeutung gewonnen hat, sind hellenistische und römische Geschichte, die Erforschung der Klassik, die Geschichte Palästinas sowie biblische und klassische Archäologie, die Papyrologie und die Epigraphik. In all diesen miteinander verknüpften Bereichen ergänzen neue Fragestellungen die anhaltenden feministischen Bemühungen, Frauen in den Mittelpunkt zu stellen. Die Entwicklung bewusster Lesestrategien nimmt bei dieser Arbeit einen besonderen Stellenwert ein.[4] Frauen in den Mittelpunkt zu stellen, bedeutet, eine Vielzahl von Methoden und Ansätzen zu verwenden, einschließlich der sozialen Beschreibung, der vergleichenden Analyse auf der Grundlage der Anthropologie, der Analyse der Machtverhältnisse und dem anerkennenden Erinnern von Frauenleben anhand der Informationen, die wir über sie gewinnen können.

2. Methodologische Prämissen

Drei grundlegende Prämissen sind bei dieser Arbeit wichtig. Erstens, dass Juden und Jüdinnen sowie die ersten ChristInnen, die Gegenstand dieser Forschung sind, ebenso Teil der übrigen Welt wie alle anderen waren. Möglicherweise gab es bestimmte Verbote, Praktiken und Ideale, durch die sie sich von ihren Nachbarn in gewisser Weise unterschieden, aber das galt auch für einige andere philosophische oder religiöse Gruppen. In den meisten Fällen lebten sie wie alle anderen derselben sozialen Schicht. Wir wissen zum Beispiel nicht einmal, in welchem Umfang und in welcher Zahl sie die Vorschriften ihrer Tradition befolgten, wie etwa jene, alle Kinder aufzuziehen und die unerwünschten nicht auszusetzen, oder in Bezug auf Juden die Einhaltung des Sabbats

---

[3] CONKEY, „Has Feminism Changed Archaeology?", 874.

[4] Elisabeth SCHÜSSLER FIORENZA, „The Ethics of Biblical Interpretation: Decentering Biblical Scholarship", *JBL* 107 (1988): 3–17 (Society of Biblical Literature Presidential Address, November 1987); Emily CHENEY, *She Can Read: Feminist Reading Strategies for Biblical Narrative* (Valley Forge: Trinity Press, 1996); Caroline VANDER STICHELE und Todd PENNER, *Her Master's Tools? Feminist and Postcolonial Engagements of Historical-Critical Discourse* (Global Perspectives on Biblical Scholarship 9; Leiden: Brill, 2005).

und der Speisegesetze, in Bezug auf Christen das Verbot der Scheidung. Ideale, die als charakteristisch für diese Gruppen dargestellt werden, lassen sich nicht immer vollständig auf die Lebensrealität der Mitglieder übertragen.

Zweitens bleibt die große Mehrheit der Stimmen von Frauen stumm, verborgen und unbekannt. Die meisten Informationen, die wir überwiegend aus der Literatur und vor allem aus Inschriften über Frauen haben, bestehen aus Darstellungen von Frauen aus der Sicht von Männern. Lediglich im Fall von Briefen, in der Archäologie und vielleicht den wenigen Fällen der von Frauen geschriebenen Literatur können wir auf irgendeine Weise direkt die Erfahrungen und das Weltbild der Frauen bewerten, die wir zu verstehen versuchen. Und sogar dann war ihre Weltsicht in der Regel enorm durch die in ihrem Leben wichtigen Männer beeinflusst. Vielleicht haben wir lediglich anhand der archäologischen Funde über die Wohnkultur und die weiblichen Berufe einen unmittelbaren Zugang zum Umfeld, in dem sie lebten und arbeiteten.[5]

Diese Materialien können dazu eingesetzt werden, sie der Mehrheit der männlichen Stimmen bewusst gegenüberzustellen, aber immer mit einer Hermeneutik des Verdachts, dass es vielleicht doch nur männliche Stimmen sind, die wir hören. Dies sollte jedoch nicht davon abhalten, diese Mühe auf sich zu nehmen. Es gibt noch viel mehr zu erfahren, was bis vor wenigen Jahren vernachlässigt wurde. Allerdings führt dies zur dritten methodischen Prämisse aus der Perspektive feministischer Analyse: Die gleichen androzentrischen, patriarchalen und imperialistischen Ideologien, die hinter der Produktion der biblischen Texte stehen, wirkten auch in den Köpfen, Einstellungen und Verhaltensweisen derer, die Inschriften, Briefe und andere nichtliterarische Texte produzierten, einschließlich der an deren Herstellung beteiligten Frauen. Der Genderbias, die geschlechtsspezifischen Vorurteile, die Frauen in biblischen Texten die Rolle des nicht-normativen Anderen zuweisen, sind darauf zurückzuführen, dass die gleiche Dynamik in der Welt, in der diese Texte hergestellt wurden, wirksam war.[6]

Somit wird die Berücksichtigung archäologischer Funde aus ländlichen Dörfern in Galiläa zu mehr Vertrautheit mit und einem besseren Verständnis der Welt weiblicher Charaktere wie der Mutter Jesu oder der Jüngerinnen bei Lk 8,2f. führen. Ausgrabungen von Magdala am See Gennesaret, die derzeit stattfinden, können dazu beitragen, die urbane Umgebung, aus der Maria Magdalena stammen soll, zu erfassen. Die Analyse der Inschriften über die lykische Patronin Junia Theodora und ihre προστασία, ihre

---

[5] Bezüglich einer Sammlung von Briefen von Frauen siehe Roger S. BAGNALL und Raffaella CRIBIORE, *Women's Letters from Ancient Egypt, 300 BC – AD 800* (Ann Arbor: University of Michigan Press, 2006). Bezüglich archäologischer Belege siehe z. B. Carol MEYERS, *Discovering Eve: Ancient Israelite Women in Context* (New York: Oxford University Press, 1988); Tal ILAN, *Integrating Women into Second Temple History* (Tübingen: Mohr Siebeck, 1999); DIES., *Jewish Women in Greco-Roman Palestine* (Peabody: Hendrickson, 1996).

[6] Dieses Thema wurde gründlich von Elisabeth SCHÜSSLER FIORENZA erforscht, zuletzt in *The Power of the Word: Scripture and the Rhetoric of Empire* (Minneapolis: Fortress Press, 2007), und von vielen anderen.

Vorsteherinnentätigkeit, in Korinth können uns dabei helfen, die Tätigkeit ihrer Zeitgenossin Phöbe, ein paar Meilen entfernt in Kenchreä (Röm 16,1f.), zu verstehen.[7]

3. Komparative Methode

Diese Methode ist im Wesentlichen vergleichend, muss jedoch ebenfalls mit Vorsicht angewendet werden, und zwar im Hinblick auf Status sowie, soweit sie bekannt sind, auf geographische und demographische Unterschiede, die zur Vielfalt innerhalb der antiken mediterranen Welt beigetragen haben. Es wäre zu einfach anzunehmen, dass, weil Menschen mit hohem Status im antiken Mittelmeerraum bestimmte Bräuche pflegten, alle diese Sitten und dasselbe Ethos hatten, oder dass das, was in einem Teil der mediterranen Welt getan wurde, überall geschah.

So stammt zum Beispiel ein Großteil der verfügbaren Informationen über das tägliche Leben in der griechisch-römischen Welt aus der Literatur und den Inschriften der griechisch-römischen Elite-Klassen. In den früheren Erzählungen der Hebräischen Bibel erscheinen ebenso Charaktere, die der Oberschicht Altisraels entstammen, aber diese Erzählungen repräsentieren andere Jahrhunderte, andere geographische Regionen und andere Kulturen als die im NT beschriebenen, sodass jeglicher Vergleich mit den griechisch-römischen Eliten des 1. Jh. sehr vorsichtig erfolgen muss. Darüber hinaus werden in der prophetischen Literatur und den Weisheitsbüchern der Hebräischen Bibel Personen, die nicht zur Elite gehören, oft in direktem Kontakt mit Königen dargestellt und es wird gezeigt, dass sie sogar in der Lage sind, Einfluss auf politische Machthaber auszuüben.

Zur Zeit des NT gab es auch eine lokale Elite in der römischen Provinz Judäa, die Herodes-Dynastie und ihre unmittelbaren Untergebenen, von denen einige in den Evangelien und der Apostelgeschichte auftauchen. Doch von diesen Eliten erfahren wir nur sehr wenig in den Texten des NT. Die meisten der Charaktere, mit denen BibelwissenschafterInnen sich beschäftigen, gehören nicht zur Elite, weder in den Evangelien, noch in den Briefen oder anderen Textgattungen. Daher kommen sie in einem Großteil der nicht-jüdischen, nicht-christlichen literarischen Belege nicht vor. Hinsichtlich der ländlichen Bevölkerung des 1. Jh. in Galiläa ist unser Wissen leider sehr gering, obwohl jüngste archäologische Funde uns einige Informationen verschafft haben, vor allem zu den Bereichen Wohnanlagen und Handel.

---

[7] In Bezug auf Junia Theodora siehe Demetrios I. PALLAS, Séraphin CHARITONIDIS und Jacques VENENCIE, „Inscriptions lyciennes trouvées á Solômos, près de Corinthe", *BCH* 83 (1959): 496–508; Louis ROBERT, „Décret de la Confédération Lycienne à Corinthe", *REA* 62 (1960): 331f.; Roy A. KEARSLEY, „Women in Public Life in the Roman East: Iunia Theodora, Claudia Metrodora and Phoebe, Benefactress of Paul", *TynBul* 50 (1999): 189–211.

4. Unterschiede im Sozialstatus und daraus folgende Probleme

Eine der wichtigsten Fragestellungen der Sozialgeschichte des frühen Christentums bezieht sich auf die soziale Schicht und den Status ihrer Mitglieder. Wir können relativ sicher sein, dass es in den ersten zwei Jahrhunderten, wenn überhaupt, nur sehr wenige Mitglieder aus den obersten sozialen Schichten in der Kirche oder Synagoge gab, da es sich dabei um eine kleine Gruppe handelte, in der Regel schätzungsweise nicht mehr als drei Prozent der Bevölkerung. Zu dieser Klasse gehörten die Senats- und Ritterfamilien der römischen Provinz und der Aristokratie. Jedoch gibt es für diese Epoche der mediterranen Welt einen Weg, um Zugang zu anderen sozialen Schichten zu erhalten: durch Grabinschriften, von denen viele von Menschen mit bescheidenen Mitteln hinterlassen wurden, die sich solche Gedenkstätten dennoch leisten konnten. Wir sind daher immer noch nicht in Verbindung mit der sehr armen Bevölkerung, aber sicherlich mit gewöhnlichen Menschen. Diese Inschriften, Produkte der epigraphischen Kultur, treten in fast allen Teilen des Römischen Reiches in den ersten Jahrhunderten der christlichen Zeitrechnung auf. Viele sind bescheiden und anspruchslos in Qualität und Schmuck. Hier eröffnet sich ein gewisser Zugriff auf das Leben von Frauen mittlerer sozialer Schichten und finanzieller Mittel. Viele Inschriften von Frauen sind ihren Ehemännern, Kindern und anderen Familienmitgliedern gewidmet, andere wiederum verstorbenen Frauen von ihren Familien. In diesen Inschriften von und über Frauen zeigen sich familiäre Beziehungen, Elternschaft, Freundschaften sowie Prahlerei über sozialen Status und Errungenschaften. Obwohl wir bis zur ersten Hälfte des 3. Jh. keine erkennbar christlichen Grabmale haben, können wir davon ausgehen, dass das Leben von Frauen der Sub-Elite, das sich in den Inschriften widerspiegelt, im Großen und Ganzen dem der jüdischen und christlichen Frauen im 1. Jh. ähnelt, zumindest dem derjenigen, die in Städten lebten.

Wenn Unterschiede des sozialen Status und der sozialen Lage respektiert werden müssen, muss man geographische Unterschiede ebenso mit Vorsicht behandeln. Es kann nicht davon ausgegangen werden, dass beispielsweise ein in Rom üblicher Brauch auch in Antiochien oder Jerusalem ausgeübt wurde, oder dass die Sitten in Korinth oder Philippi, zwei sehr romanisierte Städte, genauso in Judäa galten, oder dass die von Stadtbewohnern gepflegten Bräuche in Jerusalem ebenso in galiläischen Dörfern anzutreffen waren. Dies gilt insbesondere im Hinblick auf die sozialen Rollen von Frauen. Es gibt Hinweise auf unterschiedliche Sitten bei Gastmählern und differierende Zugänge dazu, was Frauen in der Öffentlichkeit erlaubt war, die möglicherweise eine kulturelle und/oder geographische Basis haben. Zum Beispiel nahmen traditionellere griechische Frauen offensichtlich nicht an männlichen Gastmählern teil, während römische Frauen mit ihren Ehemännern bis zum 1. Jh. v. Chr. zu Tische lagen. Diese Unterschiede sind in Publikationen in englischer Sprache genau dokumentiert.[8]

---

[8] Siehe z. B. Valerius Maximus, *Facta et dicta memorabilia* 2,1,2; Cornelius Nepos, *Liber de excellentibus ducibus exterarum gentium*, Prologus 1,6f.; Carolyn OSIEK, Margaret Y. MACDONALD und Janet TULLOCH, *A Woman's Place: House Churches in Earliest Christianity* (Minneapolis: Fortress Press, 2006), 159f.; Kathleen E. CORLEY, *Private Women, Public*

Differenzen im Verhalten der Frauen können auch klassenspezifischer Natur sein: In vielen Kulturen haben Frauen der Oberschicht weniger Bewegungsfreiheit als die der arbeitenden Klassen. Dabei ist zu beachten, dass das, was moderne LeserInnen der Mittelklasse als Bewegungsfreiheit bezeichnen würden, von Zeitgenossen der Antike als Freizeit der Oberschichtfrauen, die nicht arbeiten müssen, wahrgenommen worden wäre. In einigen bäuerlichen Kulturen arbeiteten Männer und Frauen Seite an Seite in der Landwirtschaft. In anderen, wie in einigen Teilen des traditionellen Griechenlands, waren die Bäuerinnen eng auf das Haus und die Hausarbeit beschränkt, während die Männer auf den Feldern arbeiteten.

Wir können uns lebhaft der kulturellen Unterschiede in unserer eigenen sozialen Welt bewusst sein und gleichzeitig den Fehler machen, anzunehmen, dass in der antiken Welt alles genauso war, anstatt zu erkennen, dass die kulturellen Unterschiede genauso komplex, wenn nicht sogar komplexer, als in unserer eigenen Welt waren. Wo Kulturen mehr isoliert sind, entwickeln sich kulturelle Unterschiede stärker und bleiben fester verwurzelt als in einer Kultur wie der unsrigen, in der weltweite Kommunikation unmittelbar und unbeschränkt ist. Es gab viel weniger Kommunikation und sie erfolgte viel langsamer zwischen den verschiedenen Teilen der antiken mediterranen Welt, sodass die kulturellen Unterschiede, von denen uns viele unbekannt sind, für die damaligen BewohnerInnen sehr ausgeprägt gewesen sein müssen. Schriftsteller wie Herodot, Plinius der Ältere und Pausanias versuchten, diese kulturellen Unterschiede, oft in phantasiereicher Weise, zu erfassen und vermittelten dabei dennoch, dass in ihrer sozialen Welt nicht alles überall gleich war.

5. Risiken einer komparativen Analyse

Müssen wir deshalb misstrauisch sein gegenüber allen Versuchen, unsere Ansichten über das Leben in der antiken mediterranen Welt und die Erfahrungen von Frauen zu erweitern und zu generalisieren? Ohne Verallgemeinerung wäre keine vergleichende Analyse möglich. Wenn Epigraphik und Papyrologie uns häufig auf das Besondere hinweisen, ermächtigt uns die quantitative und soziale Analyse, ein breiteres Bild zu sehen. In der Erforschung einer lebendigen Kultur sind SozialwissenschafterInnen immer mit der „Insider-Outsider"-Differenz konfrontiert: Wie verstehen diejenigen innerhalb einer Kultur die Elemente ihres Lebens und wie die Beobachter von außen, deren Sicht ganz anders sein kann? Ist die Innenansicht immer die beste oder können Außenseiter bestimmte Dinge sehen, die Insidern verborgen bleiben? Die Erforschung einer antiken Kultur ist noch komplizierter, weil die Insider nicht für sich selbst sprechen können, d. h. über das hinaus, was sie bereits gesagt haben, zudem beabsichtigten sie in den meisten Fällen auch gar nicht, sich direkt über ihr soziales System zu äußern. Im

---

Meals: Social Conflict in the Synoptic Tradition (Peabody: Hendrickson, 1993), 24–34; Matthew ROLLER, „Horizontal Women: Posture and Sex in the Roman *Convivium*", *AJP* 124 (2003): 377–422.

Fall des NT sprechen sie eher direkt über ihren Glauben, und wir sind es, die daraus soziale Systeme konstruieren müssen.

Soziale Analyse kann auf mehreren Ebenen erfolgen. Worin bestehen erstens die wesentlichen Elemente, die eine soziale Welt strukturieren, die für ihre Bewohner Sinn schafft? Wie kreieren zweitens Symbole, Objekte und Beziehungen ein kohärentes soziales System? Wie kann uns drittens die Verwendung sozialwissenschaftlicher Modelle dabei behilflich sein, zu verstehen, wie Sinn innerhalb eines geschlossenen sozialen Systems konstruiert und erhalten wird und vielleicht auch über einen langen Zeitraum bestehen bleibt, wobei er sich dennoch stets verändert?

Seit den 1960er Jahren gibt es laufende Debatten darüber, ob die ans Mittelmeer grenzenden Kulturen gemeinsame kulturelle Elemente haben, die stärkere Gemeinsamkeiten als die anderer kultureller Systeme aufweisen, oder ob es gemeinsame europäische Elemente gibt, die in diesen Ländern überwiegen und mit den orientalischen Einflüssen in den östlichen und südlichen Regionen kontrastieren. WissenschafterInnen dieses Gebietes sind mit der These der kulturellen Kontinuität vertraut, der Beschaffenheit des Mittelmeerraums als einer kulturellen Einheit, wie von John G. Peristiany, Julian Pitt-Rivers, David Gilmore, Carol Delaney und ihren MitarbeiterInnen überwiegend in den 1960er Jahren vertreten. Diese Interpretation wurde insbesondere von nordamerikanischen und teilweise auch spanischen BibelwissenschafterInnen weitgehend übernommen, die versuchten, kulturgeschichtliche Studien der Mitte des 20. Jh. auf die Antike anzuwenden. Doch dieses Modell wurde ebenfalls stark in Frage gestellt. Selbst Peristiany behauptet in der Einleitung zu einer späteren Herausgabe seines Werks (*Honor and Grace*, 1992), dass die ältere Fassung von *Honour and Shame* (1966) den Mittelmeerraum nicht als kulturellen Raum dargestellt und er sich nicht darum bemüht habe, dieses Gebiet geographisch zu definieren.[9]

SüdeuropäerInnen sind über diese Theorien nicht immer glücklich. Im Jahr 1989 hat Pina-Cabral, ein portugiesischer Anthropologe, in *Current Anthropology* eine Breitseite gegen den anglo-amerikanischen Ethnozentrismus der „Mediterranisten" abgefeuert. Er behauptete, dass die Theorie von einem mediterranen Kulturkreis meist dem Interesse anglo-amerikanischer WissenschafterInnen diene, sich von den Kulturen, die sie erforschen, zu distanzieren.[10] Erst kürzlich wurde das Thema einer einheitlichen Anthropologie des Mittelmeerraumes wieder mit großer Ernsthaftigkeit aufgegriffen, allerdings unter einer anderen Perspektive, d. h. als ein mögliches „System komplementärer Unterschiede" bzw. auf neue interdisziplinäre Weise.[11] Dieses Feld der „mediterranen" Anthropologie war, was nicht weiter überrascht, überwiegend

---

[9] Siehe John G. PERISTIANY, Hg., *Honour and Shame: The Values of Mediterranean Society* (Chicago: University of Chicago Press, 1966); DERS., *Honor and Grace in Anthropology* (Cambridge: Cambridge University Press, 1992), 6.

[10] Vgl. João de PINA-CABRAL, „The Mediterranean as a Category of Regional Comparison: A Critical View", *Current Anthropology* 30 (1989): 399–406; 399.

[11] Vgl. Dionigi ALBERA, „Anthropology of the Mediterranean: Between Crisis and Renewal", *History and Anthropology* 17 (2006): 109–133; Christian BROMBERGER, „Towards an Anthropology of the Mediterranean", *History and Anthropology* 17 (2006): 91–107.

männlich geprägt. Doch in den letzten fünfzig Jahren hat eine Reihe von Anthropologinnen in mediterranen Ländern einen Einblick in die sozialen Systeme von Frauen ermöglicht. In der englischsprachigen Welt sind unter den Anthropologinnen, die diese Bereiche erforschen, Namen wie Ernestine Friedl, Carol Delaney, Jill Dubisch, Jane Schneider und Lila Abu-Lughod ein Begriff.

6. Prämissen der Anwendung der Sozialwissenschaften

Seit dem frühen 20. Jh. haben die Soziologie und Anthropologie Eingang in die Bibelwissenschaft gefunden. Vor allem in der englisch-, deutsch- und spanischsprachigen Forschung sind sie in den letzten Jahren auf große Aufmerksamkeit gestoßen.[12] Die Verwendung dieser Ansätze beruht auf mehreren Prämissen.

Erstens gibt es einige grundlegende Ähnlichkeiten in der Art und Weise, wie der Mensch auf bestimmte Situationen innerhalb eines bestimmten Kulturkreises diachron reagiert. Wir haben keinen direkten Zugriff auf die soziale Organisation oder Dynamik der Völker des Altertums, es sei denn indirekt über ihre Texte und materiellen Überreste. Mit der Annahme der kulturellen Kontinuität innerhalb eines bestimmten kulturellen Bereiches können wir jedoch, wenn wir Zugang zu traditionellen Gruppen dieser Kultur in der jüngsten Vergangenheit haben und dieses Wissen mit dem, was wir in den historischen Dokumenten lesen, in Verbindung setzen, aus diesen Dokumenten neue Erkenntnisse gewinnen.

Zweitens übt Kultur einen entscheidenden Einfluss bei der Ausformung und Konditionierung dieser Reaktionen aus. Dies bedeutet jedoch nicht, dass die Kultur in allen Fällen der einzige oder gar dominierende Faktor ist. Hier kommt der Unterscheidung zwischen kollektivistischen und individualistischen oder soziozentrischen und egozentrischen Kulturen eine wichtige Bedeutung zu. In einer kollektivistischen oder soziozentrischen Kultur ist es in der Regel die Gruppe, die einen bestimmenden Einfluss auf die persönlichen Entscheidungen hat. Kollektivistische Kulturen bildeten in der Vergangenheit bis heute die Mehrheit. Es wird plausibel argumentiert, dass es vor dem 15. Jh. keine individualistischen Kulturen gab, und wenn es sie gab, dann nur in Europa und schließlich in den europäischen Kolonien.

Drittens sind Kulturen durch Unterscheidungen, Trennungen und Assoziationen strukturiert, die Menschen in ihrem täglichen Leben und in ihren Beziehungen zueinander vornehmen. Biologisches (sex) und soziales Geschlecht (gender) sind primäre Unterscheidungen, die im sozialen Leben Sinn schaffen, genauso wie rein und unrein, heilig und profan, jung und alt etc. Im Rahmen feministischer Interpretationen ist es sehr wichtig, wie diese Unterscheidungen, Trennungen und Assoziationen in Bezug auf Frauen getroffen werden – von Frauen selbst wie auch Männern. In manchen Kulturen

---

[12] Im englischsprachigen Raum sind dies z. B. John Elliott, Philip Esler, Louise Lawrence, Bruce Malina, Jerome Neyrey und andere; im deutschsprachigen Raum Gerd Theißen, Ekkehard W. Stegemann und Wolfgang Stegemann; im spanischsprachigen Raum Rafael Aguirre, Carmen Bernabé, Elisa Estévez, Carlos Gil Abriol und Santiago Guijarro Oporto.

ist die Unterscheidung der Geschlechter von primärer Bedeutung: Von Frauen und Männern wird ein völlig unterschiedliches Verhalten erwartet und es gibt eine klar festgelegte Hierarchie der Geschlechter. Die sozialen Grenzen zwischen den Geschlechtern sind voller Gefahren, Zweideutigkeiten in Bezug auf das soziale Geschlecht werden nicht toleriert. In anderen Kulturen sind geschlechtsbezogene Unterscheidungen nicht so wichtig. Es gibt patriarchale und matriarchale Kulturen, patrilineare und matrilineare sowie patrifokale und matrifokale. Gewöhnlich räumen jedoch auch jene Gesellschaften, die auf Frauen ausgerichtet sind, Männern der mütterlichen Linie größere soziale Macht ein.

Viertens gibt es, sobald zwei oder mehr Leute anwesend sind, eine Dynamik der Macht (dies gilt auch für Tiere, um die es hier aber nicht gehen soll). Um es deutlich zu sagen, Macht muss nicht zwangsläufig dominant oder missbräuchlich sein. Macht kann befreiend sein und Möglichkeiten bieten – das hängt davon ab, wie sie ausgeübt wird. Eine einfache Definition von Macht ist die Fähigkeit, Wandel zu verursachen oder zu verhindern. Auch hier spielt es eine entscheidende Rolle, wie Macht in Bezug auf geschlechtsbezogene Unterscheidungen ausgeübt wird.

Es ist die Aufgabe feministischer sozialwissenschaftlicher InterpretInnen, wirtschaftliche und soziale Systeme hinsichtlich ihrer Auswirkungen auf Frauen und deren Zugang zur Macht zu analysieren. Eine wichtige Unterscheidung zwischen der historischen und der zeitgenössischen feministischen Hermeneutik muss jedoch im Auge behalten werden. Die primäre Aufgabe der EpigraphikerInnen, PapyrologInnen oder SozialwissenschafterInnen ist der Anwendung der historischen Methoden in der Bibelauslegung vergleichbar. Während niemand „objektiv" ist, gibt es ein grundlegendes Bestreben, das Material aus der Perspektive der Personen, die es produziert haben, zu sehen und zu interpretieren, aus der „Insider-Perspektive", unter Einbeziehung der Annahmen über ihre soziale Welt.

Wenn zum Beispiel eine ägyptische Frau aus dem 3. oder 2. Jh. v. Chr. dem Orakel einer unbekannten Göttin schreibt und um Hinweise bittet, wo sie ein neugeborenes Kind aussetzen soll,[13] so müssen die InterpretInnen es der Schreiberin zunächst ermöglichen, innerhalb der Anschauungen der Welt, in der sie lebt, zu agieren, und dann das Ereignis in einen größeren Wissenskontext einordnen, den wir über die Praxis der Aussetzung von Kindern in der antiken mediterranen Welt haben. Im Rahmen von Unterdrückungssystemen wie dem Patriarchat, der Sklaverei, der imperialen Herrschaft und anderen wurde Diskriminierung aufgrund des Geschlechts als etwas „Gegebenes" und Unveränderliches betrachtet und vorausgesetzt, dass es ein „natürliches" Machtgefälle zwischen Männern und Frauen gäbe.[14]

Auf einer zweiten Ebene jedoch werden die feministischen InterpretInnen diesen isolierten Vorfall als Teil eines größeren Zusammenhanges begreifen, wie patriarchale Macht darauf hinwirkt, das Leben von Frauen und das Überleben ihrer Kinder zu kontrollieren. Während historische Ereignisse also in einem gewissen Sinne „gegeben" sind, sind sie in einem anderen Sinne facettenreich und offen für eine Vielzahl von In-

---

[13] Vgl. BAGNALL und CRIBIORE, *Women's Letters from Egypt*, 382.
[14] Ausführlicher z. B. SCHÜSSLER FIORENZA, *The Power of the Word*, 159f.

terpretationen. Sie können auch Anlass dazu werden, die Kritik an der missbräuchlichen Macht im Namen des Geschlechts zu schärfen. Die „subsidiären" Bereiche Geschichte, Epigraphik, Archäologie und Sozialwissenschaften haben eigenständige und florierende feministische Interpretationen entwickelt. Damit dieses Wissen die Bibelauslegung bereichern kann, haben BibelwissenschafterInnen gewissermaßen eine doppelte Aufgabe: Sie müssen nicht nur in der exegetischen Forschung auf dem Laufenden bleiben, sondern auch in den verwandten wissenschaftlichen Disziplinen, um auf diese zur Weiterentwicklung des Verständnisses biblischer Texte in geeigneter Weise zurückgreifen zu können. Diese interdisziplinären Bemühungen der Bibelauslegung fordern dazu auf, sich außerhalb des üblichen Horizontes zu bewegen, um in vielfältigen Forschungsbereichen Kenntnisse zu erwerben und Erfahrungen von einem Feld in ein anderes einzubringen. Diese Bemühungen führen zu einer Bereicherung des biblischen Forschungsfeldes. Eine feministische Interpretation, die diese Bereiche miteinander verschmelzen kann, profitiert in der Tat von einer fruchtbaren interdisziplinären Durchdringung.

Neutestamentliche* Kanonbildung und die Marginalisierung von Frauen[1]

Elisabeth Schüssler Fiorenza
Harvard Divinity School

Die Entstehung und Durchsetzung eines Kanons sind immer in Machtverhältnisse eingebettet. Der vorliegende christliche Kanon ist eine Sammlung verschiedener Schriften, deren Umfang lange Zeit nicht fixiert war und die erst mit dem Beginn des imperialen Christentums unter Konstantin in einer verbindlichen Ausgabe anfanghaft zusammengestellt wurde. Die Motivation für eine solche verbindliche kanonische Sammlung war politisch und auf Ausschluss hin orientiert. Das politische Ziel der Errichtung einer vereinten Kirche als der konsolidierenden Macht des Römischen Reiches lenkte dabei den kanonischen Auswahlprozess, in dem sich die Kämpfe verschiedener christlicher Formationen um Kirchenleitung und frühchristliche Traditionen dualistisch als Kampf zwischen Orthodoxie und Häresie vergegenständlichten.[2] Die feministische Forschung der vergangenen 40 Jahre hat umfassend dokumentiert, dass die Kanonisierung Hand in Hand mit der Imperialisierung von Kirche im 4. Jh. n. Chr. ging und zur Ausgrenzung von Frauen aus Leitungspositionen in frühchristlichen Gemeinschaften sowie der Traditionen von Frauen aus dem Kanon führte.

Um diese These zu stützen, werde ich zunächst die unterschiedlichen Bedeutungen des Begriffs „Kanon" beleuchten, daran anschließend die Kämpfe zwischen Orthodoxie und Häresie skizzieren und schließlich auf Texte über Maria von Magdala eingehen, um zu zeigen, was uns verloren gegangen ist.

---

[1] Der Asterisk nach „neutestamentlich" sucht die Aufmerksamkeit auf die problematische Substitutionstheologie zu lenken, die die Bezeichnung *Neues* Testament charakterisiert. Im Originaltitel sowie im Text verwendet die Autorin den Begriff „wo/men", eine Wortschreibung, die im Deutschen nicht möglich ist. Deshalb wird *Frauen* kursiv geschrieben, um den Begriff zu destabilisieren (Anm. der Übersetzung).

[2] Vgl. David L. DUNGAN, *Constantine's Bible: Politics and the Making of the New Testament* (Minneapolis: Fortress, 2007), 94–129. Siehe auch Charles MABEE, *Reading Sacred Texts through American Eyes: Biblical Interpretation as Cultural Critique* (StABH 7; Macon: Mercer, 1991).

1. Bedeutung des Begriffs „Kanon"

Wir können vier Bedeutungen von „Kanon"[3] unterscheiden:

Erstens bedeutet das griechische Wort ὁ κανών, von dem alle metaphorischen Bedeutungen abgeleitet sind, wörtlich „gerader Stab" oder „Richtschnur". In diesem ersten Sinn bietet „Kanon" ein Kriterium, eine Norm und einen Standard, die dazu verwendet werden können, um die Wahrheit von Anschauungen oder die Rechtschaffenheit von Handlungen zu bestimmen. Paulus verwendet diesen Ausdruck in Gal 6,16 in seiner üblichen Bedeutung als „Standard" oder „Norm". Spätere christliche Schriftsteller benutzen ihn im Sinne von „Maßstab des Glaubens", „Richtschnur der Tradition", „Kanon der Wahrheit" oder „Norm der richtigen Verkündigung". Die androzentrische Wissenschaftstradition, der „Malestream", sowie feministische Debatten darüber, ob ein solcher Standard oder eine solche Norm der Wahrheit in der Schrift gefunden werden können, oder über die Frage, wie ein „Kanon im Kanon" zu definieren sei, sind von dieser Bedeutung des Begriffs geprägt. Wie ich in *Searching the Scriptures* argumentiert habe, versucht eine feministische befreiungstheologische Hermeneutik in keiner Weise, einen solchen historischen „Kanon der Wahrheit" zu rekonstruieren, sondern betont, dass das „Kriterium" für die Bewertung biblischer Texte heute in den Befreiungskämpfen von Frauen und Männern und durch diese artikuliert werden müsse.[4]

In der Antike bezog sich eine *zweite* Bedeutung von κανών auf „Modell" oder „Typus", die es zu achten und nachzuahmen galt. Klassische Texte sprechen daher von der exemplarischen Person als Norm und Maßstab für das Gute oder die Wahrheit. In diesem Sinne ist Jesus Christus für die ChristInnen zum *Kanon* geworden. Die Menschen des Altertums gebrauchten den Begriff darüber hinaus zur Charakterisierung schriftlicher Werke, die sie aufgrund ihres Stils und ihrer Sprache für Klassiker[5] hielten und die als solche Respekt und Nachahmung verdienten. Einige klassische Werke der Kunst oder historische Epochen wurden als kanonisch betrachtet, als öffentlicher Standard und Norm. In den Geisteswissenschaften verwenden die hitzigen akademischen Debatten um das „Erbe" des westlichen Kanons und sein Verhältnis zu einer multikulturellen Bildung den Begriff in diesem Sinne. Der „Kanon" wird hier gleichsam als Gründungserzählung der westlichen Zivilisation verstanden, als ein Instrument kultu-

---

[3] Vgl. dazu auch Donatella SCAIOLA, „Tora und Kanon: Probleme und Perspektiven", in *Tora* (hg. v. Irmtraud Fischer, Mercedes Navarro Puerto und Andrea Taschl-Erber; Die Bibel und die Frauen: Eine exegetisch-kulturgeschichtliche Enzyklopädie 1.1; Stuttgart: Kohlhammer, 2010), 133–148, die sich vor allem dem Kanon der Hebräischen Bibel sowie dem Septuaginta-Kanon widmet.

[4] Vgl. Elisabeth SCHÜSSLER FIORENZA, „Introduction: Transgressing Canonical Boundaries", in *Searching the Scriptures 2: A Feminist Commentary* (hg. v. Elisabeth Schüssler Fiorenza; New York: Crossroad, 1994), 1–14.

[5] Hinsichtlich dieser Auffassung von „Kanon" als „poetischer Klassiker" und „klassisches Modell" im frühen Christentum siehe Sallie MCFAGUE, *Metaphorical Theology: Models of God in Religious Language* (Philadelphia: Fortress, 1982), 54–66.

reller Macht und Einflussnahme.⁶ Das Ziel ist nicht, einen feministischen „Klassiker" in diesem Sinne zu schaffen, da unmöglich behauptet werden kann, die aus dem etablierten Kanon ausgeschlossenen Schriften seien *feministisch*.

Die *dritte* Bedeutung von „Kanon" verweist auf ein öffentliches Verzeichnis, einen Index, eine Tabelle oder einen Katalog. In diesem Sinne meint „Kanon" ein „Inhaltsverzeichnis", eine offizielle Liste von Personen oder eine Sammlung von Schriften. Erst seit der zweiten Hälfte des 4. Jh. unserer Zeitrechnung wurde das Wortfeld der Kanonisierung κανών, κανονικός und κανονίζω zur Bezeichnung der biblischen Schriften angewandt. Das deutlichste Beispiel für die Verwendung des Begriffs „Kanon" für die ganze Sammlung findet sich erst um 380 n. Chr. Die Bezeichnung „Kanon des Neuen Testaments" (κανὼν τῆς καινῆς διαθήκης) taucht erst um 400 n. Chr. auf.

Tatsächlich ist niemals eine einzige Kanonform von allen christlichen Kirchen anerkannt worden. Die Listen kanonischer Schriften, die von den Kirchen des Altertums akzeptiert wurden, variieren stark. Beispielsweise war die Kanonizität der *Offenbarung*, des *Hirten des Hermas* oder der *Thekla-Akten* lange Zeit umstritten. Der Kanon Muratori listet unter den anerkannten Schriften zusätzliche Bücher auf, wie die *Weisheit Salomos* und die *Petrusapokalypse*. 397 n. Chr. begründete die Synode von Karthago die Erstellung einer kanonischen Liste von Schriften folgendermaßen: „Denn das sind die Dinge, die wir von unseren Vätern erhalten haben, um sie in der Kirche zu lesen."⁷ Wenn offizielle Verkündigung und öffentliches (aktualisierendes) Lesen der akzeptierten Bücher in der Kirche ihre Kanonizität konstituieren, dann könnten einige Feministinnen versucht sein, einen solchen Prozess der Kanonisierung feministischer Schriften zu initiieren. Es ist denkbar, dass in einem Prozess der öffentlichen Anerkennung und (aktualisierenden) Lektüre einige Gemeinden der *ekklēsia of wo/men* sich dafür entscheiden könnten, einen neuen feministischen Kanon der Schrift zu erstellen.⁸ Allerdings müsste auch an einen solchen Kanon feministischer Schriften mit einer Hermeneutik des Verdachts herangegangen werden, da diese ebenfalls durch ihre sozio-religiöse Situation bedingt sind.

---

[6] Siehe Cornel WEST, „Minority Discourse and the Pitfalls of Canon Formation", *The Yale Journal of Criticism* 1 (1987): 193–201, bezüglich der mit dem Versuch der Etablierung eines „neuen Kanons" verbundenen Probleme.

[7] Charles Joseph HEFELE, *A History of the Councils of the Church: From the Original Documents* (3 Bde; Edinburgh: T&T Clark, 1871/1876/1883), 2: 252f.

[8] Zu einem solchen Versuch siehe Rosemary RADFORD RUETHER, *Frauenbilder – Gottesbilder: Feministische Erfahrungen in religionsgeschichtlichen Texten* (GTBS 490; Gütersloh: Gütersloher Verlagshaus Mohn, 1987) [englische Originalausgabe: *Womanguides: Readings toward a Feminist Theology* (Boston: Beacon, 1985)]. – Ekklēsia of wo/men heißt nicht „Frauenkirche", sondern die beschlussfähige demokratische Versammlung aller VollbürgerInnen. Besonders in paulinischer Tradition ist *ekklēsia* (ἐκκλησία) die Bezeichnung für die Gemeinde/Kirche. *Ekklēsia* muss immer noch mit *Frauen* näher qualifiziert werden, da weder in der Antike noch in der Moderne *Frauen* als ebenbürtige VollbürgerInnen anerkannt wurden. Dies gilt auch für die Kirche.

Die *vierte* Bedeutung von „Kanon" wurde von Patricia Cox Miller in einer Diskussion über valentinianische Hermeneutik vorgeschlagen.[9] Im Gegensatz zur Definition von Kanon bei Irenäus als „Richtschnur des Glaubens" und maßgebende Norm argumentiert sie für eine Bedeutung von Kanon, die oft verdeckt worden ist. Sie versteht Kanon als etwas, das verwendet wird, um eine Sache gerade zu halten, wie Schilfrohre der Windorgel oder ein Weberbaum:

> A canon, in this sense, gives shape, frame and support for weavings and musical fantasies. Here, canon is not identical with its content, since many tapestries can be woven upon the same loom. Rather canon is a figure for the shaping element within any message; it is rather the *activity* of weaving (or writing), not the cloth or the exegesis itself. Thus canon is not a content or a collection of texts so much as a texture of relationships undergirded by the desire in language signified by both its disseminative and its polyvalent dynamics. „The written canon is undermined by its own writing," and the search goes on.[10]

Folglich, so argumentiert Cox Miller, beruhten die Meinungsverschiedenheiten zwischen ValentinianerInnen und Irenäus hinsichtlich der Schrift auf widersprüchlichen Auffassungen von „Kanon" und sind nicht so sehr als Reaktion gegen Markions Kanonvorschlag zu verstehen. Während Irenäus „Kanon" als eine Offenbarung verstand, die in der Vergangenheit wurzelt, argumentierten die ValentinianerInnen, dass „Kanon" keine festgesetzte Einheit oder vorgegebene Autorität sei, sondern vielmehr der Webstuhl, auf dem heilige Schriften erstellt werden.

2. Imperiales Christentum und Kanonbildung

Solch ein fließendes Verständnis von „Kanon" berücksichtigt nicht, dass die Kanonbildung[11] im Grunde genommen erst dann stattfand, als von offizieller staatlicher Seite in den Auswahlprozess christlicher Schriften interveniert wurde. Korrekte Glaubenslehre wurde zum Zuständigkeitsbereich der staatlichen Gesetzesmaschinerie und Gehorsam wurde unter Androhung von Waffengewalt erzwungen.[12]

Orthodoxie und Häresie sind keine voneinander unabhängigen Gegebenheiten, sondern in Wechselbeziehung stehende Konstruktionen, erschaffen von jenen ChristInnen, die ihre eigene Identität dadurch als „orthodox" zu definieren versuchten, indem sie ein

---

[9] Patricia COX MILLER, „'Words With an Alien Voice': Gnostics, Scripture, and Canon", *JAAR* 57 (1989): 459–484.

[10] Ebd., 479.

[11] Zur Geschichte der Bedeutungen von „Kanon" und unterschiedlicher christlicher Kanonformen siehe Hans von CAMPENHAUSEN, *Die Entstehung der christlichen Bibel* (Beiträge zur historischen Theologie 39; Tübingen: Mohr Siebeck, 2003 [Nachdruck 1968]); Bruce M. METZGER, *The Canon of the New Testament: Its Origin, Development, and Significance* (Oxford: Clarendon Press, 1987), 289–315; deutsche Übersetzung: *Der Kanon des Neuen Testaments: Entstehung, Entwicklung, Bedeutung* (Düsseldorf: Patmos, 1993).

[12] DUNGAN, *Constantine's Bible*, 128.

abwertendes Bild ihrer GegnerInnen als „KetzerInnen" schufen.¹³ Diese ausschlussorientierte Konstruktion des Gegensatzpaares Orthodoxie – Häresie wurde im 2. und 3. Jh. entwickelt und mit imperialer Macht im 4. und den folgenden Jahrhunderten durchgesetzt. Sie zementiert die zeitliche Vorrangstellung der Orthodoxie und den sündigen Charakter der Häresie.¹⁴ Nach Origenes waren alle HäretikerInnen zunächst orthodox, sind dann aber vom wahren Glauben abgekommen. Ketzerei ist dann nicht nur ein frei gewählter Abfall vom Glauben, sondern auch eine Verstümmelung und Korruption des ursprünglichen „Kanons" oder der „Richtschnur des Glaubens". In ähnlicher Weise bestanden die Rabbiner darauf, dass ihre Interpretation stets orthodox war.¹⁵ Diese dualistische Konzeption der Geschichte des Glaubens wurde in einem christlichen Kontext von der Idee der apostolischen Sukzession unterstützt, die ebenfalls nach dem 1. Jh. entwickelt wurde. Dieses Konstrukt besagt, dass Jesus die Kirche gegründet und seine Offenbarung an die Apostel weitergegeben habe, die wiederum seine Lehre verkündet und bewahrt hätten. Die so verstanden „orthodoxe" wird somit zur einzig legitimen Kirche, weil allein sie die „apostolische Sukzession" fortsetzt.

Dieses Verständnis von Orthodoxie und Häresie wurde von allen Gruppen und Parteien im frühen Christentum geteilt; deshalb versuchten alle zu beweisen, dass ihre Lehre und Gemeinschaft in Kontinuität mit Jesus und den ersten JüngerInnen stehe. Um aufzuzeigen, dass sie die „orthodoxen" BewahrerInnen des „Kanons" des Glaubens seien, erhoben MontanistInnen, so genannte gnostische christliche Gruppen verschiedener theologischer Überzeugungen wie so genannte patristische Kirchen Anspruch auf prophetische Offenbarung und apostolische Sukzession. In diesem Kampf um Legitimität und kirchliche Hegemonie spielte die „orthodoxe" Kanonisierung der prophetischen und apostolischen Schriften eine entscheidende Rolle.¹⁶ Das Ergebnis war die Ausgrenzung, Aufnahme oder Zerstörung aller Schriften, auf die sich diejenigen beriefen, die nicht mit den Orthodoxen auf einer Linie lagen. Diese Ausrichtung der „patristischen" Kirchen auf eine „orthodoxe" Identität war durch politische Faktoren motiviert und hatte als Nebeneffekt, dass kirchliche Führungspositionen von Frauen mit Häresie gleichgesetzt wurden.

Darüber hinaus war der Antrieb für eine einheitliche, exklusive Identität der Kirche ein politisches Ringen um die Sicherung der Einheit des Imperiums. Dies erzeugte den

---

¹³ Vgl. Alain LE BOULLUEC, *La notion d'hérésie dans la littérature grecque, IIe–IIIe siècles* (2 Bde; Paris: Etudes Augustiniennes, 1985).

¹⁴ Zu diesem Thema siehe den Klassiker von Walter BAUER, *Rechtgläubigkeit und Ketzerei im ältesten Christentum* (hg. v. Georg Strecker; BHT 10; Tübingen: Mohr, ²1964).

¹⁵ Alan F. SEGAL, *Two Powers in Heaven: Early Rabbinic Reports about Christianity and Gnosticism* (SJLA 25; Leiden: Brill, 1977), 5, Anm. 3, verweist z. B. auf die Möglichkeit einer interessanten Verbindung zwischen Häresie und „sex/gender". Häresie bzw. Glaubensabfall und sexuelle Untreue scheinen in der Tradition, die die Rabbiner und die „Väter" ererbten, bereits im Bild des untreuen Volkes verknüpft und geschlechtsspezifisch konnotiert gewesen zu sein.

¹⁶ Siehe z. B. Jaroslav Jan PELIKAN, *The Emergence of the Catholic Tradition (100–600)* (The Christian Tradition: A History of the Development of Doctrine 1; Chicago: University of Chicago Press, 1971).

Wunsch nach einem etablierten Kanon der christlichen Bibel, einer Sammlung von Schriften, die von den dominierenden „orthodoxen patristischen" Kirchen akzeptiert wurden. Die Erkenntnis, dass eine besondere Intervention des Kaisers die Kanonisierung beschleunigte, verdeutlicht die politischen Interessen, die bei diesem Prozess am Werk waren. Im Jahre 331 n. Chr. erhielt Bischof Eusebius von Caesarea einen Brief von Kaiser Konstantin, in dem er um die Herstellung von fünfzig Bibeln für den Gebrauch in den Kirchen von Konstantinopel ersuchte. Eusebius wurde gebeten, teures Pergament für diese Kopien der „göttlichen Schriften" zu verwenden, die vom Kaiser bezahlt würden, und die fertigen Exemplare mit zwei kaiserlichen Kutschen zuzustellen. Eusebius kam der Bitte nach und wurde der wichtigste Architekt der politischen Theologie des neu christianisierten Staates.

> Sein Handeln legt nahe, dass es nur noch eine Frage der Zeit sein sollte, bis die Bischöfe sich über ihre „inspirierten Orakel", wie Eusebius sie nannte, einigten und sie der römischen Welt als gemeinsame Basis für eine christliche Autorität vorstellten. Der Druck war gegeben, weil Konstantin das Christentum als monolithische Religion betrachtete und die Einigung der Bischöfe wünschte. Prinzipien und festlegende Prozeduren standen auf der Tagesordnung.[17]

Daher waren es nicht nur theologische Argumente, sondern auch die Bedürfnisse des kaiserlichen Staates und der Kirche, die zur Festlegung der Liste der in der christlichen Bibel enthaltenen Schriften beitrugen. Dieser Prozess der Auswahl und Kanonisierung schloss all jene Schriften aus oder vernichtete sie, die den so genannten häretischen „Anderen" zugeordnet wurden.

Die Forschung zur Funktion frühchristlicher Briefe beleuchtet die Wurzeln dieses politischen Prozesses der Kanonisierung in zweierlei Hinsicht.[18] Zunächst beschreiben ForscherInnen drei Typen antiker Briefe: die *private* Korrespondenz zwischen Individuen, *öffentliche* oder veröffentlichte Briefe sowie veröffentlichte Briefwechsel gebildeter Schriftsteller und Philosophen und schließlich das *amtliche* Schreiben, das den Interessen der kaiserlichen Verwaltung und der kolonialen Kommunikation diente. Sowohl die paulinischen Briefe wie auch spätere frühchristliche Briefe wurden an die christliche ἐκκλησία gerichtet, die abstimmende Versammlung freier BürgerInnen. Folglich handelt es sich bei den christlichen Briefen wie bei den „amtlichen" Briefen der kaiserlichen Verwaltung um politische Mitteilungen. Genauso wie die koloniale kaiserliche Korrespondenz zwischen Kaiser, lokalen Statthaltern und kaiserlicher Verwaltung das wichtigste Instrument zur Steuerung und Lenkung der Angelegenheiten des riesigen römischen Imperiums darstellte, so dienten die paulinischen und andere

---

[17] Burton L. MACK, *Wer schrieb das Neue Testament? Die Erfindung des christlichen Mythos* (München: Beck, 2000), 386 [englische Originalausgabe: *Who Wrote the New Testament? The Making of the Christian Myth* (San Francisco: Harper Collins, 1995)].

[18] Siehe Helmut KOESTER, „Writings and the Spirit: Authority and Politics in Ancient Christianity", *HTR* 84 (1991): 353–372, der diesen politischen Prozess nachzeichnet. Es ist jedoch wahrscheinlicher, dass frühchristliche Briefe sowie deren Sammlung und Kanonisierung als autoritative Literatur durch Verwaltungs- und Kontrollinteressen zustande kamen als durch eine fortschreitende Demokratisierung der Kirche.

frühchristliche Briefe dazu, die Lebensvollzüge und die Einheit der multikulturellen christlichen *ekklēsiai* zu fördern.

Sodann argumentieren ForscherInnen, dass die folgende Sammlung der paulinischen Korrespondenz und ihre Modifikation durch das Hinzufügen von Briefen, die im Namen des Paulus nach seinem Tode geschrieben worden waren, als Modell für den Prozess der Kanonbildung diente. Diese Sammlung versuchte nicht nur, die Autorität der örtlichen kirchlichen Amtsträger und die organisatorische Einheit der Kirche zu fördern, sondern auch das kyriarchale Muster der Unterwerfung einzuschärfen, das das Rückgrat der imperialen Ordnung darstellte. Es ist kein Zufall, dass die so genannten Haustafeln, die das kyriarchale politische Ethos der Unterordnung für den christlichen Haushalts und die ganze Gemeinde proklamieren, erst in der nachpaulinischen Literatur und den Schriften der „Apostolischen Väter" zu finden sind. Sie befürworten nicht nur die Anpassung der christlichen *ekklēsia* an die kaiserliche Ordnung des klassischen Stadtstaates, sondern plädieren auch für die Unterordnung von Frauen und deren Ausgrenzung aus der kirchlichen Leitung.

Virginia Burrus hat festgestellt, dass „patristische" Ketzerbekämpfer die Figur der Häretikerin als negativen Ausdruck ihrer eigenen orthodox verstandenen männlichen Identität erschufen.[19] Dem möchte ich hinzufügen, dass es sich bei einer solchen Darstellung und Instrumentalisierung der Figur der „häretischen Frau" nicht bloß um eine individualistische symbolische Geschlechterprojektion handelt. Vielmehr hat das Bild seine Wurzeln im bitteren Kampf um das Wesen der ἐκκλησία. Das „radikal-demokratische" Verständnis von *ekklēsia* berechtigt alle mit den Charismen des Heiligen Geistes Begabten zu kirchlichen Leitungsaufgaben. Nicht nur besitzende frei geborene Männer, sondern auch SklavInnen und frei geborene Frauen waren volle „BürgerInnen" der *ekklēsia* und daher zu öffentlicher Verantwortung und Leitung aufgerufen. Das Verständnis von Kirche, das die Oberhand gewann, befürwortete die Anpassung an die kyriarchale Ordnung des römischen Staates. Folglich argumentierten die orthodoxen „Väter" nicht nur gegen die kirchliche Leitung durch Frauen, sondern auch gegen deren öffentliches Sprechen und Schreiben von Büchern. Die ätzende Polemik dieser männlichen Amtsträger belegt jedoch nicht nur eine unsichere „orthodoxe" männliche Identität, sondern zeigt auch, wie aktuell die Frage des kirchlichen Amtes für Frauen noch in der „patristischen" Kirche war.[20]

Origenes beispielsweise räumt ein, dass Frauen in den Anfängen der Kirche Prophetinnen waren, behauptet aber, dass sie nicht in der Öffentlichkeit gesprochen hätten. Johannes Chrysostomus gibt zu, dass Missionarinnen das Evangelium verkündigten, betont aber, dass sie dies nur taten, weil die „engelsgleichen Bedingungen" der Anfänge ihnen dies zugestanden. Während MontanistInnen die prophetische Autorität von

---

[19] Vgl. Virginia BURRUS, „The Heretical Woman as a Symbol in Alexander, Athanasius, Epiphanius, and Jerome", *HTR* 84 (1991): 229–248: 248.

[20] Zu den verwendeten Quellen und für weitere Vertiefung siehe mein Buch *Zu ihrem Gedächtnis ...: Eine feministisch-theologische Rekonstruktion christlicher Ursprünge* (Gütersloh: Kaiser, ²1993) [englische Originalausgabe: *In Memory of Her: A Feminist Theological Reconstruction of Christian Origins* (New York: Crossroad, 1983)].

Frauen mit Verweis auf die biblischen Prophetinnen legitimieren, gebrauchen die entstehenden Malestream-Kirchenordnungen dieselben Verweise, um die untergeordnete Stellung von Diakoninnen zu belegen. Gegen Frauen, die sich auf das Beispiel der Apostelin Thekla zur Legitimierung ihrer Verkündigungs- und Tauftätigkeiten beriefen, wendet Tertullian ein, dass die *Akten des Paulus und der Thekla* eine Fälschung seien. Zwar ist es generell schwierig, eine eindeutige Verknüpfung zwischen der „patristischen" Polemik gegen Leitungspositionen von Frauen und dem Prozess der Kanonisierung herzustellen, jedoch zeigt Tertullians Behauptung, wie sehr der Kanonisierungsprozess durch die bittere Polemik im Kampf für oder gegen Ämter von Frauen im frühen Christentum begleitet war.

Im Hinblick darauf ist es plausibel, dass der Kanon einen kyriozentrischen Auswahlprozess widerspiegelt und die Funktion hatte, eine kyriarchale Reichskirchenordnung durchzusetzen. Die häufige Assoziation von Frauen mit Häresie ist nicht nur eine symbolische Projektion, sondern wurzelt in konkreten historisch-politischen Gegebenheiten. In dieser Situation waren die Abgrenzung der Kirchen nach außen und ihre innere Einheit die dringlichsten Probleme, vor allem nach Konstantins Bekehrung zum Christentum. Dieses Interesse an Abgrenzung, Identität und Einheit von Kirche und Reich hing wahrscheinlich mit dem Wunsch zusammen, den großen Zustrom von neuen, kaum erst konvertierten Mitgliedern in die Reichskirche zu kontrollieren. Doch die Auswirkungen auf das radikal-demokratische Verständnis der *ekklēsia*, auf die kirchlichen Rechte und die vollwertige BürgerInnenschaft von Frauen waren verheerend. Wenn man diese nachteiligen Auswirkungen der frühchristlichen Kämpfe um Kanonisierung als Mittel zur kyriarchalen Vereinnahmung der ἐκκλησία begreift, kann feministische Forschung zu den Evangelien sich nicht nur innerhalb der vom etablierten Kanon gesetzten Grenzen bewegen. Vielmehr muss sie diese im Interesse eines anderen theologischen Selbstverständnisses und Geschichtsbildes überschreiten. Feministische Forschung hat diese Auswirkungen der Kanonisierung auf das christliche Selbstverständnis, auf Amt und Geschichte ausführlich an der Figur Marias von Magdala dokumentiert.[21]

3. Maria von Magdala im Prozess der Kanonbildung

Wie wir gesehen haben, spielte die Berufung auf die Heilige Schrift eine bedeutende Rolle in den Kämpfen zwischen Orthodoxie und Häresie. So führen etwa egalitäre christliche Gruppen ihre apostolische Autorität durch die Schrift auf Maria von Magdala zurück, wobei sie betonen, dass Frauen wie Männer Offenbarungen des Auferstan-

---

[21] Jane SCHABERG, *The Resurrection of Mary Magdalene: Legends, Apocrypha, and the Christian Testament* (New York: Continuum, 2002), weist auf den historischen Verlust des magdalenischen Christentums hin. Feministische Bücher und Artikel über Maria von Magdala haben in den vergangenen Jahren einen so starken Zuwachs verzeichnet, dass es unmöglich ist, hier auf alle von ihnen zu verweisen. Siehe den Artikel zu Maria von Magdala in diesem Band.

denen empfangen haben. „Patristische" Autoren hingegen stellen die Autorität des Petrus über jene Marias von Magdala und auch sie tun dies mit Bezug auf die Schrift. ChristInnen, die Leitungsfunktionen von Frauen anerkennen, durchforschen ihre (christliche) Bibel, die Hebräische Bibel und frühchristliche Schriften, nach Präzedenzfällen und Passagen, die Frauen erwähnen. „Patristische" Theologen versuchen im Gegensatz dazu, die Bedeutung positiver biblischer Aussagen über Frauen zu vertuschen oder herunterzuspielen.

Montanismus, Gnostizismus und die „patristische" Kirche beriefen sich alle auf die apostolische Offenbarung und Tradition, um ihre eigenen Kirchenordnungen und Theologien zu rechtfertigen. Da die Kanonbildung immer noch im Fluss war, fassten einige Gruppen die Apokryphen als Heilige Schrift auf, während andere etliche der Schriften, die zu „kanonischen" Schriften wurden, ablehnten.

Wie sehr Schriftauslegung und Schriftbeweis politischen Zwecken dienten, kann am Beispiel Marias von Magdala illustriert werden.[22] Die kanonischen Evangelien erwähnen, dass Frauen wie Maria Magdalena und Salome Jesus nachgefolgt sind, während das Petrusevangelium Maria von Magdala eine Jüngerin (μαθήτρια τοῦ κυρίου; PetrEv 50) nennt. Gnostische und andere Gruppen stützen sich auf die Evangelientraditionen, um sich auf Jüngerinnen als apostolische Autoritäten für den Empfang von Offenbarung und geheimer Lehren zu berufen. Das „patristische" Christentum auf der anderen Seite versucht die Bedeutung der Jüngerinnen und ihrer Anführerin Maria von Magdala herunterzuspielen und konzentriert sich auf apostolische Figuren wie Petrus und Paulus oder die Zwölf. Die Debatte zwischen verschiedenen christlichen Gruppen um den Primat bezüglich apostolischer Autorität wird in verschiedenen apokryphen Texten reflektiert, die von der Konkurrenz zwischen Petrus und Maria Magdalena berichten.

Maria von Magdala wird in allen vier kanonischen Evangelien als erste Zeugin der Auferstehung Jesu erwähnt. Allerdings versucht bereits Lk ihre Rolle als Erstzeugin herunterzuspielen, indem er einerseits betont, dass der Auferstandene Petrus erschienen sei, und andererseits eine Erscheinung des Auferstandenen vor den Jüngerinnen weglässt. Der dritte Evangelist hebt ferner hervor, dass die Worte der Frauen den Elf „wie Geschwätz" erschienen und sie ihnen nicht glaubten (Lk 24,11). Die Epistula Aposto-

---

[22] Bezüglich späterer Maria Magdalena-Traditionen siehe Urban HOLZMEISTER, „Die Magdalenenfrage in der kirchlichen Überlieferung", ZKT 46 (1922): 402–422.556–584; Peter KETTER, Die Magdalenenfrage (Trier: Paulinus-Druckerei, 1929); Hans HANSEL, Die Maria-Magdalena-Legende: Eine Quellen-Untersuchung (Greifswalder Beiträge zur Literatur- und Stilforschung 16,1; Greifswald: Dallmyer, 1937); Marjorie M. MALVERN, Venus in Sackcloth: The Magdalen's Origins and Metamorphoses (Carbondale: Southern Illinois University Press, 1975), und vor allem Susan HASKINS, Mary Magdalen: Myth and Metaphor (New York: Harcourt, 1993) [deutsche Übersetzung: Die Jüngerin: Maria Magdalena und die Unterdrückung der Frau in der Kirche (Bergisch Gladbach: Lübbe, 1994)]. Siehe auch den Artikel von Andrea TASCHL-ERBER zu Maria von Magdala in Band 6.2 zum Hochmittelalter.

lorum,²³ ein apokryphes Dokument des 2. Jh., unterstreicht die Skepsis der Jünger. In dieser Schrift werden Maria Magdalena, Marta und Maria oder Sara zu den Aposteln geschickt, um ihnen zu verkünden, dass Jesus auferstanden sei. Allerdings glauben die Apostel ihnen nicht, auch dann nicht, als der Herr selbst ihr Zeugnis bestätigt. Erst nachdem diese ihn berührt haben, wissen sie, dass „er wahrhaftig im Fleisch auferstanden ist".²⁴

Die Sophia Jesu Christi erzählt, dass der Erlöser den Zwölfen und sieben Jüngerinnen, die ihm von Galiläa nach Jerusalem nachgefolgt waren, erscheint.²⁵ Von den Jüngerinnen wird nur Maria Magdalena mit Namen genannt. Der Heiland belehrt die JüngerInnen über Erlösung und seine sowie Sophias Natur. Diese Lehren schließen mit einer für gnostische Schriften typischen Aussage, dass von diesem Tag an seine JüngerInnen das Evangelium Gottes, des ewigen Vaters, zu verkündigen begannen. Offensichtlich wurden Frauen zu denen gezählt, die das Evangelium predigen.

Im Philippusevangelium,²⁶ das Maria Magdalena zusammen mit zwei anderen Marien erwähnt, wird sie Jesu Partnerin genannt. Der Dialog des Erlösers präsentiert sie neben zwei männlichen Jüngern im Gespräch mit Jesus, während das Ägypterevangelium wiederum Salome eine herausragende Rolle zuweist. In den so genannten Großen Fragen Marias übermittelt Christus seiner bevorzugten Jüngerin Maria Magdalena Offenbarungen und geheime Lehren, wohingegen das Thomasevangelium auf den Antagonismus zwischen Petrus und Maria Magdalena anspielt. Dieses Thema wird in der Pistis Sophia und im Evangelium nach Maria (Magdalena) breiter entfaltet.

In der Pistis Sophia aus dem 3. Jh. nehmen Maria Magdalena und Johannes eine herausragende Position unter den anderen JüngerInnen ein.²⁷ Jesus selbst betont, dass diese beiden alle seine JüngerInnen und alle diejenigen, „die Mysterien (μυστήρια) in dem Unaussprechlichen empfangen werden", übertreffen werden, „und sie werden zu meiner Rechten und zu meiner Linken sein, und ich bin sie und sie sind ich"²⁸. Andere Jüngerinnen, die erwähnt werden, sind Maria, die Mutter Jesu, Salome und Marta. Ma-

---

²³ Siehe C. Detlef G. MÜLLER, „Epistula Apostolorum", in *Neutestamentliche Apokryphen in deutscher Übersetzung 1: Evangelien* (hg. v. Wilhelm Schneemelcher; Tübingen: Mohr, ⁶1990), 205–233.

²⁴ Ebd., 210f.

²⁵ Siehe James M. ROBINSON, *The Nag Hammadi Library in English* (Leiden: Brill, 1996), 220–243. Deutsche Übersetzung in Walter C. TILL, *Die gnostischen Schriften des koptischen Papyrus Berolinensis 8502* (TUGAL 60; Berlin: Akademie-Verlag, 1955).

²⁶ Bezüglich deutscher Übersetzungen der im Folgenden erwähnten Schriften siehe Hans-Martin SCHENKE, Hans-Gebhard BETHGE und Ursula Ulrike KAISER, Hg., *Nag Hammadi Deutsch* (2 Bde; Koptisch-Gnostische Schriften 2–3; GCS NF 8/12; Berlin: de Gruyter, 2001/2003); Wilhelm SCHNEEMELCHER, Hg., *Neutestamentliche Apokryphen in deutscher Übersetzung 1: Evangelien* (Tübingen: Mohr, ⁶1990).

²⁷ Siehe Deirdre GOOD, „Pistis Sophia", in *Searching the Scriptures 2: A Feminist Commentary* (hg. v. Elisabeth Schüssler Fiorenza; New York: Crossroad, 1994), 678–707.

²⁸ Zitiert aus Carl SCHMIDT und Walter TILL, *Die Pistis Sophia: Die beiden Bücher des Jeû: Unbekanntes altgnostisches Werk* (Koptisch-Gnostische Schriften 1; GCS 45 [13]; Berlin: Akademie-Verlag, ³1959), 148.

ria Magdalena stellt 39 von 46 Fragen und spielt die Hauptrolle bei der Deutung der Offenbarungen. Die Feindseligkeit des Petrus gegen sie ist das ganze Werk hindurch offenbar. Er protestiert:

> „Mein Herr, wir werden diese Frau nicht ertragen (ἀνέχεσθαι) können, da sie uns die Gelegenheit nimmt und sie niemand von uns hat reden lassen, sondern (ἀλλά) vielmals redet."[29]

Maria wiederum beklagt sich darüber, dass sie es kaum wage, die erhaltenen Offenbarungen zu interpretieren, da Petrus, der das weibliche Geschlecht hasse, sie so sehr einschüchtere. Allerdings sagt die Christusfigur, dass alle, die Offenbarungen und Gnosis erhalten, zum Sprechen verpflichtet seien, egal, ob es sich um eine Frau oder einen Mann handele. Der Streit zwischen Petrus und Maria Magdalena spiegelt deutlich die Debatte in der frühen Kirche wider, ob Frauen dazu berechtigt seien, apostolische Offenbarung und Tradition zu vermitteln.

Im Evangelium der Maria[30] aus dem 2. Jh wird diese Kontroverse noch ausgeprägter dargestellt. Am Ende des ersten Teils mahnt Maria Magdalena die JüngerInnen, das Evangelium trotz Furcht und Angst zu verkünden. Nach dem Weggang Jesu sind jene nicht dazu bereit, weil sie fürchten, sie könnten das gleiche Schicksal wie ihr Herr erleiden. Maria Magdalena versichert ihnen, dass der Erlöser sie schützen werde und sie keine Angst haben sollten, denn er habe sie erschaffen, um „Menschen" zu sein. Der zweite Teil des Werks beginnt damit, dass Petrus Maria darum bittet, ihnen die Offenbarung mitzuteilen, die sie vom Erlöser, der sie mehr als alle Frauen liebte, erhalten hat. Aber Petrus und Andreas reagieren mit Unglauben, als sie ihnen von einer Vision erzählt, die sie hatte. Petrus artikuliert die Bedenken der männlichen Jünger: „Hat er etwa mit einer Frau heimlich vor uns gesprochen und nicht öffentlich? Sollen auch wir umkehren und alle auf sie hören? Hat er sie mehr als uns erwählt?" Maria ist verletzt und besteht weinend darauf, dass sie ihre Visionen weder erfunden noch Lügen über den Erlöser erzählt habe. Levi verteidigt sie und tadelt Petrus:

> „Petrus, schon immer bist du jähzornig. Jetzt sehe ich dich, wie du gegen die Frau streitest wie die Feinde. Wenn der Erlöser sie aber würdig gemacht hat, wer bist dann du, sie zu verwerfen? Sicherlich kennt der Erlöser sie ganz genau, deshalb hat er sie mehr als uns geliebt. Vielmehr laßt uns uns schämen und den vollkommenen Menschen anziehen, ihn uns hervorbringen, wie er uns aufgetragen hat, und das Evangelium predigen ..."

---

[29] Ebd., 36.
[30] Siehe Karen L. KING, „The Gospel of Mary Magdalene", in *Searching the Scriptures 2: A Feminist Commentary* (hg. v. Elisabeth Schüssler Fiorenza; New York: Crossroad, 1994), 601–634. Außerdem DIES., *The Gospel of Mary of Magdala: Jesus and the First Woman Apostle* (Santa Rosa: Polebridge, 2003). Zitate aus Judith HARTENSTEIN, „Das Evangelium nach Maria (BG 1)", in *Nag Hammadi Deutsch 2: NHC V,2–XIII,1, BG 1 und 4* (hg. v. Hans-Martin Schenke, Hans-Gebhard Bethge und Ursula Ulrike Kaiser; Koptisch-Gnostische Schriften 3; GCS NF 12; Berlin: de Gruyter, 2003), 833–844; 843f. Siehe auch DIES. und Silke PETERSEN, „Das Evangelium nach Maria: Maria Magdalena als Lieblingsjüngerin und Stellvertreterin Jesu", in *Kompendium Feministische Bibelauslegung* (hg. v. Luise Schottroff und Marie-Theres Wacker; Gütersloh: Kaiser, 1998), 757–767.

Dieser Dialog spiegelt die polemische Opposition wider, der christliche Gruppen begegneten, wenn sie sich auf Jüngerinnen und weibliche apostolische Figuren aus der Schrift beriefen. Jene Gruppen, die die apostolische Autorität von Frauen anerkannten, könnten dagegen argumentiert haben, dass alle diejenigen, die die Traditionen und Offenbarungen ablehnen, die unter dem Namen einer Jüngerin überliefert werden, auch die Offenbarung des Erlösers ablehnen und darin versagen, das Evangelium zu verkünden.[31] Diejenigen, die die Autorität des Andreas und Petrus geltend machen und aufgrund ihres Hasses auf das weibliche Geschlecht gegen die Lehrautorität von Frauen Einwände vorbringen, verfälschen die wahre christliche Botschaft.

Zusammenfassend lässt sich sagen, dass die Frage der Kanonisierung und die Frage der apostolischen Leitung von Frauen miteinander verflochten sind. Kanonisierung erfolgte als imperialer Prozess der Ausgrenzung, der negativen Etikettierung und der dualistischen Konstruktion von Orthodoxie – Häresie. Sie stellte einen wichtigen Faktor beim Ausschluss von Frauen aus dem apostolischen Leitungsamt dar. Doch muss nicht nur an kanonische, sondern auch an außerkanonische Evangelien mit einer feministischen Hermeneutik des Verdachts herangegangen werden, da beide von der kyriarchalen Sprache und Kultur des römischen Reiches geprägt sind.

---

[31] Das EvMar besteht auf einer Verkündigung des Evangeliums, „ohne eine andere Regel oder ein anderes Gesetz zu erlassen als das, was der Erlöser gesagt hat" (zitiert aus HARTENSTEIN, „Evangelium nach Maria", 844).

Zwischen römischem Imperium und Synagoge
Die Rolle von Frauen im römischen Palästina durch die Brille des Markusevangeliums

Sean Freyne
Trinity College, Dublin

Elisabeth Schüssler Fiorenza beschreibt aktuelle Trends in postkolonialen Diskussionen über die christliche Bibel folgendermaßen:

> Studies of the gospels, the Pauline literature, or other writings, which examine their attitude toward the Roman Empire, have tended to argue that these were critical of Roman imperial power and resisted its structures of domination, because these were written by subordinate and marginalised people. However, such historical arguments overlook that even resistance literature will re-inscribe the structures of domination against which it seeks to argue.[1]

Sie kritisiert zu Recht WissenschafterInnen, die Rom entweder idealisieren oder es als dunkle Folie benützen, gegenüber der sich das Frühchristentum abhebe, da es in einzigartiger Weise in der alten Welt Widerstand gegen das römische Reich geleistet habe. Diese apologetische Art der Konstruktion eines frühchristlichen Standpunktes war lange populär, ebenso die Art und Weise, wie das Judentum als das spiegelverkehrte Bild christlichen Glaubens und christlicher Praxis konstruiert wurde. Dementsprechend schreibt Ross Shepard Kraemer:

> If writing women's lives is never simple, to write about Jewish women's lives during the years and in the regions where Christianity first emerged is fraught with distinctive perils. In recent years Christian scholars have had a considerable interest in painting a particularly gloomy portrait of Jewish women's participation in Jewish religious life at the time of Jesus, so that Jesus himself can be seen as a liberator of women.[2]

Im Lichte dieser Beobachtungen lauert im Titel des hier vorgelegten Aufsatzes eine doppelte Gefahr, da er die Frage nach frühchristlichen Frauen stellt, die in der doppelten Bindung zu römischem Reich und Synagoge gefangen sind. Im Bewusstsein dieser Warnhinweise schlage ich eine kritische Lektüre der Darstellung der Rolle von Frauen in der mk Erzählung vor, wobei ich davon ausgehe, dass abgesehen von einer offensichtlichen Ausnahme alle weiblichen Charaktere tatsächlich jüdisch sind, und ich die Herausforderungen, vor die uns die beiden oben genannten Forscherinnen stellen, annehme. Es soll untersucht werden, in welchem Maße der Evangelist sich auf die Praxis einlässt, auf die Schüssler Fiorenza und Kraemer verweisen, also entweder die Rolle von Frauen in der synagogalen Praxis verzerrt oder ihnen die üblichen Stereotype rö-

---

[1] Elisabeth SCHÜSSLER FIORENZA, *The Power of the Word: Scripture and the Rhetoric of Empire* (Minneapolis: Fortress Press, 2007), 4.
[2] Ross Shepard KRAEMER, „Jewish Women and Christian Origins: Some Caveats", in *Women and Christian Origins* (hg. v. Ross Shepard Kraemer und Mary Rose D'Angelo; New York: Oxford University Press, 1999), 35–49; 35.

mischer Frauen zuschreibt, um die Neuartigkeit der christlichen Erfahrung zu betonen. Kurzum, ich möchte der Frage nachgehen, ob und in welchem Ausmaß die mk Darstellung weiblicher Figuren als befreiend für Frauen bewertet werden kann, was ihre soziale, politische und religiöse Identität im mediterranen Ethos des römischen Palästina betrifft.

Warum ich mich hierbei auf Mk beschränke, ist eine berechtigte Frage, für die es jedoch mehrere Gründe gibt. Eine angemessene Behandlung des im Titel genannten Themas würde den Rahmen dieses Aufsatzes sprengen. Mk ist nicht nur das früheste Evangelium, sondern gilt auch als dasjenige, das am offensichtlichsten aus der Perspektive kleiner Leute vom Land geschrieben ist. Eric Auerbach hat in seiner klassischen Studie über literarische Repräsentation in der westlichen Literatur herausgearbeitet, dass sowohl die Charaktere als auch die Charakterisierungen der Evangelien auf eine Weise realistisch und spezifisch sind, die in den Werken der klassischen Antike so nicht umgesetzt worden ist.[3] Wenn dieser Befund generell auf die Evangelien zutrifft, so gilt er in besonderer Weise für den Stil und die Darstellung von Episoden und Figuren bei Mk. Es ist bekannt, dass die Beliebtheit des Mk im 19. Jh. damit zusammenhängt, dass es wegen seines narrativen Realismus als vortheologisch und folglich als historisch zuverlässig betrachtet wurde.

Solche Annahmen waren nach Wilhelm Wredes Werk *Das Messiasgeheimnis in den Evangelien*[4] nicht mehr haltbar. Doch die aktuellen Ergebnisse archäologischer und historischer Forschungen über Galiläa haben die Frage nach der Beziehung zwischen der narrativen Welt des Mk und der historischen Realität in Galiläa im 1. Jh. erneut aufkommen lassen.[5] Meiner Meinung nach ist das Evangelium in Galiläa oder in der Umgebung unmittelbar nach dem ersten jüdischen Aufstand geschrieben worden, möglicherweise in der Region Nordgaliläas/Phöniziens. Es war wohl an gemischte Gemeinden von Juden und Nichtjuden adressiert.[6] Wenn man die narrative Welt des Mk mit den archäologischen Befunden kritisch in Beziehung setzt, lässt sich vielleicht beurteilen, inwieweit Mk der Versuchung erlegen ist, das Bild der Synagoge und des römischen Reichs aufgrund seiner apologetischen Ziele zu verzerren.

---

[3] Vgl. Erich AUERBACH, *Mimesis: Dargestellte Wirklichkeit in der abendländischen Literatur* (Bern: Francke, 1946).

[4] Wilhelm WREDE, *Das Messiasgeheimnis in den Evangelien* (Göttingen: Vandenhoeck & Ruprecht, 1901).

[5] Vgl. Cilliers BREYTENBACH, „Mark and Galilee: Text World and Historical World", in *Galilee through the Centuries: Confluence of Cultures: Conference on Galilee in Antiquity held at Duke University and North Carolina Museum of Art on Jan. 25–27, 1997* (hg. v. Eric Meyers; Winona Lake: Eisenbrauns, 1999), 75–86.

[6] Vgl. Sean FREYNE, „Matthew and Mark: The Jewish Contexts", in *Mark and Matthew 1: Comparative Readings: Understanding the Earliest Gospels in their First Century Settings* (hg. v. Eve-Marie Becker und Anders Runesson; WUNT 271; Tübingen: Mohr Siebeck, 2011), 179–203.

1. Die Rolle von Frauen im Aufbau der markinischen Erzählung

Über die Struktur des Mk und seine Intentionen ist viel geschrieben worden. Für diesen Aufsatz ist es wichtig, sich die zwei großen Schauplätze der Handlung, Galiläa und Jerusalem, vor Augen zu halten. Diese könnten sich für unsere Untersuchung über die Rolle von Frauen als bedeutsam erweisen, falls es, wie einige ForscherInnen argumentiert haben, alte Animositäten zwischen Galiläa und Judäa gab und die mk Darstellung deren Fortsetzung bis in die frühe Jesusbewegung hinein reflektiert.[7] Wenngleich freilich die Annahme verführerisch erscheint, dass in Galiläa römischer Imperialismus, wie er von der Person des Tetrachen Antipas verkörpert wird, die dominante politische und kulturelle Kraft war, während sich in Jerusalem als dem symbolischen Zentrum des Judentums die religiösen Autoritäten durchsetzten, steht dieses Szenario weder in Einklang mit der mk Beschreibung noch mit den archäologischen Befunden.[8]

In der mk Erzählwelt betritt Antipas außer in einer Episode, die wir später betrachten werden, nicht die Szene. Stattdessen sind die Hauptgegner Jesu die Schriftgelehrten aus Jerusalem, die zweimal in bedrohlicher Weise in Galiläa auftreten: einmal, um Jesu Exorzismen als dämonisch inspirierte Handlungen zu verunglimpfen (Mk 3,22), und das zweite Mal, als sie das Verhalten seiner Jünger überwachen (7,1f.). In anderen Worten: Mk sieht, was die Jesusbewegung angeht, die Hauptbedrohung sowohl in Galiläa als auch in Jerusalem in jüdischen Anführern. Doch ist die Situation keineswegs einheitlich, wie uns die Begegnung mit dem verständnisvollen Schriftgelehrten in Jerusalem (Mk 12,28–34) lehrt. Ähnlich lässt der mk Erzähler, obwohl es ein römischer Präfekt, Pilatus, war, der Jesus zum Tode verurteilte, und die Kreuzigung die Art der Exekution war, die von Rom für aus politischen Gründen Verurteilte vorgesehen war, dennoch einen römischen Hauptmann die Unschuld Jesu bestätigen, während ihn die jüdischen Hohepriester und Schriftgelehrten verhöhnen, als er den schmerzvollen Tod eines Verbrechers stirbt (Mk 15,31f.39).

So wichtig, wie die zwei Schauplätze für die Entwicklung der mk Handlung sind, können wir also nicht einfach davon ausgehen, dass die römische Imperialmacht Galiläa beherrschte und die judäischen Priester und Schriftgelehrten Jerusalem kontrollierten. Beide Machtsysteme waren in ganz Palästina aktiv, manchmal in Opposition zueinander, aber meistens kollaborierten sie gegenüber jeglichen politischen und religiösen Bedrohungen ihrer gemeinsamen Hegemonie. So hören wir auch von der unwahrscheinlichen Allianz der Herodianer und der Pharisäer, um Jesus zu entfernen, einmal in Galiläa und ein anderes Mal in Jerusalem (Mk 3,6; 12,13).

---

[7] Vgl. Ernst LOHMEYER, *Galiläa und Jerusalem* (FRLANT 34; Göttingen: Vandenhoeck & Ruprecht, 1936).

[8] Vgl. Sean FREYNE, „The Geography of Restoration: Galilee-Jerusalem Relations in Early Jewish and Christian Experience", *NTS* 47 (2001): 289–311.

2. Jüdische Frauen und Jesus

Wenn wir die Machtsysteme, die das Leben im römischen Palästina bestimmten, nicht topographisch trennen können, hilft uns vielleicht ein genauerer Blick auf die Entwicklung eines der Hauptthemen des Evangeliums, nämlich die Rolle der Jüngerschaft, unseren Zielen näherzukommen. Dass Mk, anders als später Mt und Lk, die Jüngerschaft mit den Zwölf, also mit einer Gruppe namentlich genannter Männer, nahezu identifiziert hat, führte dazu, dass die Möglichkeit von Jüngerinnen kaum beachtet worden ist. Die geradezu obsessive Konzentration des Mk auf die männlichen Jünger und deren Scheitern wurde vielfach diskutiert. Sind sie die Repräsentanten einer falschen Christologie, die Mk zu entthronen versucht? Oder stehen sie exemplarisch für christliche Gläubige überall, indem sie trotz ihrer wiederholten Missverständnisse, die schlussendlich zum Verlassen Jesu führen (15,40), dazu vorbereitet wurden, mit Jesus in Galiläa nach dem Scheitern in Jerusalem wieder zusammenzukommen (16,7)?[9] Es gibt viele Variationen bezüglich dieser thematischen Pole in der zeitgenössischen Mk-Forschung, aber der Gesamteffekt war, dass die mögliche Rolle von Jüngerinnen in der Erzählung oder in der Bewegung, die sie zu repräsentieren versucht, ignoriert wird.

Anders als bei den Zwölf/Jüngern, die explizit dazu berufen werden, mit Jesus zu sein und seine Heilungs- und Verkündigungstätigkeit fortzusetzen (3,13f.), gibt es keine Erzählung einer Berufung oder Beauftragung einer einzelnen Frau oder einer Gruppe von Frauen zu ähnlichen Aufgaben. Das erscheint im Kontext der großen Anzahl von Frauen, die im Judentum Heilkunst praktizierten, wie Tal Ilan – zugegebenermaßen auf der Basis großteils späterer, rabbinischer Belege – aufgezeigt hat,[10] etwas überraschend. Frauen wurden oft Hexerei und Magie angelastet, vor allem wenn ihre Heilungsversuche fehlschlugen, und zumindest in dieser Hinsicht erlitt Jesus ähnliche Herabwürdigung (3,22). Einzelne Frauen tauchen an verschiedenen Stellen der Erzählung auf, und es ist oft unklar, welche genaue Rolle, wenn überhaupt, sie als Frauen in der Handlung spielen. Sie werden daher oft in Bezug auf die Gesamterzählung zur Kategorie „sekundärer Charaktere oder Nebenfiguren" gezählt. Natürlich fallen auch einige männliche Figuren in diese Kategorie, wenngleich fraglich bleibt, wie wir sehen werden, ob solche Charaktere in der Gesamthandlung wirklich unwichtig sind.[11]

---

[9] Vgl. Theodore J. WEEDEN, *Mark: Traditions in Conflict* (Philadelphia: Fortress Press, 1979); Robert C. TANNEHILL, „The Disciples in Mark: The Function of a Narrative Role", *JR* 57 (1977): 386–405.

[10] Siehe Tal ILAN, „In the Footsteps of Jesus: Jewish Women in a Jewish Movement", in *Transformative Encounters: Jesus and Women Re-Viewed* (hg. v. Ingrid R. Kitzberger; BibIntS 43; Leiden: Brill, 2000), 115–136; bes. 128–130. Vgl. Elaine WAINWRIGHT, *Women Healing/Healing Women: The Genderization of Healing in Early Christianity* (London: Equinox, 2006), welche die Heilungen in den Evangelien im Lichte von Frauen als Heilerinnen im weiteren griechisch-römischen Kontext diskutiert.

[11] Vgl. Camille FOCANT, „Le Rôle des Personnages secondaires en Marc: L'Exemples des Guérisons et des Exorcismes", in DERS., *Marc: Un Évangile Étonnant: Receuil d'essais* (BETL 194; Leuven: Peeters, 2006), 83–94.

2.1 Die Darstellung von Frauen

Wie sind bei Mk weibliche Charaktere angelegt? Zunächst ist es bemerkenswert, wie oft Frauen durch ihre Beziehungen zu Männern definiert sind, ohne dass ihre eigenen Namen genannt werden. So begegnen wir der Schwiegermutter des Petrus (Mk 1,30), der Tochter des Synagogenvorstehers Jaïrus (5,23), Maria, der Mutter Jesu und seiner (mit Namen genannten) Brüder sowie seiner (namenlosen) Schwestern (6,3), Herodias, der Frau des Philippus, und der (unbenannten) Tochter der Herodias (6,22), der armen Witwe beim Opferstock des Tempels in Jerusalem (12,42), der Frau, die Jesus in Simons Haus salbt (14,3), Maria, der Mutter des Jakobus des Jüngeren, und der (namenlosen) Mutter des Joses (15,40). Außer den zwei Marien und Herodias in dieser Liste gibt es nur zwei weitere Frauen, die bei ihren Namen genannt werden, ohne dass hier aber auf die Beziehung zu einem Mann verwiesen wird. Dabei handelt es sich um Maria Magdalena und um Salome, zwei der drei Frauen, die das Grab besuchen, um Jesus zu salben, die dann aber eine wichtigere Rolle in Bezug auf den Lebenden erhalten (15,40; 16,1.7).

Diese Art und Weise, Frauen durch Männer zu definieren, korrespondiert mit der Vorstellung, die Frau als Eigentum eines Mannes, entweder ihres Vaters oder ihres Ehemannes, zu betrachten. Dieses Thema wird an verschiedenen Stellen der Mischna im *Seder Nashim* sehr detailliert verhandelt. Wir sollten aber nicht automatisch annehmen, dass die Anliegen der Rabbinen des 2. Jh. jene einer früheren Periode repräsentieren, wenn es angemessener ist, von unterschiedlichen Schwerpunkten oder verschiedenen Strömungen des Judentums zu sprechen, wie das Jacob Neusner vorschlägt.[12] Aus dieser Perspektive erscheint die Jesusbewegung genauso als ein Teil dieses Spektrums und, auf der Basis der mk Darstellung, war die Gewichtung klar androzentrisch. Tatsächlich wurde diese Weltanschauung auch in das Judentum zur Zeit des Zweiten Tempels eingeschrieben: durch die hierarchische Aufteilung des heiligen Raums der Tempelanlage in unterschiedliche Innenhöfe, darunter einen mit gesondertem Eingang für den Gottesdienst der Frauen (*B.J.* 5,198–200).[13] Frauen wurden demnach nicht vom Gottesdienst ausgeschlossen, aber sie wurden entsprechend beschränkt, was auf eine „Andersartigkeit" sogar im Angesicht des Heiligen schließen lässt. Von ihnen wurden verschiedene Opferungen verlangt, was Mk auch anhand der Geschichte der Witwe, die ihr Scherflein in den Opferkasten wirft, illustriert (12,42–44).

Inwieweit Frauen an anderen Aspekten dessen, was Edward P. Sanders als „Common Judaism" bezeichnet hat,[14] partizipiert haben, insbesondere am Gottesdienst in der

---

[12] Siehe Jacob NEUSNER, *Method and Meaning in Ancient Judaism* (BJSt 10; Missoula: Scholars Press, 1979), bes. 79–100, „Thematic of Systemic Description: The Case of Mishnah's Division of Women".

[13] Vgl. Ross Shepard KRAEMER, „Jewish Women and Women's Judaism(s) at the Beginning of Christianity", in *Women and Christian Origins* (hg. v. Ross Shepard Kraemer und Mary Rose D'Angelo; New York: Oxford University Press, 1999), 50–79; 62–65.

[14] Siehe Edward P. SANDERS, *Judaism, Practice and Belief, 63 BCE-66 CE* (London: SCM Press, 1992), 45–314.

Synagoge, ist aufgrund der nur dürftig vorhandenen Informationen über diese Institution im 1. Jh. nur schwer abzuschätzen. Bernadette Brooten hat inschriftliche Belege für Frauen als Leiterinnen von Synagogen entdeckt, aber all diese Hinweise stammen aus der Diaspora und gehen auf das 2. Jh. n. Chr. oder später zurück.[15] Teilweise wird angenommen, dass es gesonderte Bereiche für Frauen, also eine Geschlechtertrennung ähnlich wie im Tempel, gab. Festgehalten werden muss aber, dass die Evangelien davon nichts zu berichten wissen. Falls solche „Frauengalerien" tatsächlich existiert haben, kann es gut sein, dass sie aus einer sehr viel späteren Zeit stammen, in der äußerliche Details des Tempels den Synagogen eingeschrieben worden sind. Tatsächlich weisen die archäologischen Befunde, die uns für Synagogen aus dem 1. Jh. n. Chr. vorliegen, so etwa für Gamla, Jericho, Kiryat Sefer, Horvat Etri, Masada und Herodion,[16] keinerlei Anzeichen für eine Trennung der Sitzbänke auf, die an den Wänden entlang verliefen und in den zentralen Raum blickten. Das gilt auch für die Wohnhäuser in Galiläa. Wie Eric Meyers gezeigt hat, lässt sich die Wohnarchitektur in Meiron und Sepphoris nicht einfach in öffentliche und private Räume oder eingeschränkte Plätze für Frauen aufteilen. Stattdessen weisen die Befunde beider archäologischen Stätten darauf hin, dass viele Arbeiten wie Essenszubereitung, Spinnen, Metallverarbeitung, Mahlen usw. in benachbarten Räumen ausgeführt worden sind, die alle in einen gemeinschaftlichen Hof geführt haben, in denen die *Mikwaot*, also die rituellen Bäder, eindeutig auf einen observanten jüdischen Lebensstil schließen lassen.[17] Deshalb kann die Dichotomie von öffentlich und privat, die insbesondere für jüdische Haushalte vorgeschlagen und/oder vorausgesetzt wird, nicht aufrechterhalten werden. In dieser Hinsicht zeigt uns Mk typische Szenarien, in denen Frauen und Männer sich ohne erkennbare Beschränkungen in der Öffentlichkeit mischen. Tatsächlich ist die Anwesenheit männlicher und weiblicher JüngerInnen in einem Haus oder eine gemeinsame Reise zu den Festen in Jerusalem in keinerlei Hinsicht überraschend oder außergewöhnlich.

2.2 Heirat und Scheidung

Die Vorstellung der Frau als Besitz des Mannes wird auch in Mk thematisiert: in der Diskussion über die Frau, die nach den Regeln des Levirats sieben Brüder in Folge geheiratet hat, da nach dem Tod des Erstgeborenen der Bruder die Witwe heiraten muss, um ihm einen Erben zu hinterlassen (12,18–27). Die Sadduzäer, die von Flavius Jose-

---

[15] Siehe Bernadette Joan BROOTEN, *Women Leaders in the Ancient Synagogue: Inscriptional Evidence and Background Issues* (BJS 36; Chico: Scholars Press, 1982).

[16] Vgl. Anders RUNESSON, Donald B. BINDER und Birger OLSSON, *The Ancient Synagogue from its Origins to 200 C.E: A Source Book* (Brill: Leiden, 2008), mit aktuellen Details zu den Stätten und einer weiterführenden Bibliographie.

[17] Siehe Eric M. MEYERS, „The Problem of Gendered Space in Syro-Palestinian Domestic Architecture: The Case of Roman-Period Galilee", in *Early Christian Families in Context: An Interdisciplinary Dialogue* (hg. v. David L. Balch und Carolyn Osiek; Grand Rapids: Eerdmans, 2003), 44–69; 58–68.

phus als gesetzestreu beschrieben werden, stellen die juristische Rätselfrage als Art *reductio ad absurdum* hinsichtlich der Auferstehungsvorstellung. Die Art und Weise, in der die Frage erhoben wird, spiegelt diesen halachischen Kontext perfekt wider: „Von welchem von ihnen wird sie bei der Auferstehung die Frau sein? Denn die sieben hatten sie zur Frau." Die Antwort Jesu bezieht sich auf das Wesen der Auferstehung und ist weniger als Anfechtung der angestammten Rolle von Frauen in der judäischen Gesellschaft zu verstehen. Tatsächlich fasst Jesus in seiner Antwort eine andere Welt ins Auge, in der solch ein menschliches Bedürfnis nach Reproduktion keinen Bestand mehr haben wird. Die Frage ist, ob und inwiefern er auch ein anderes Verständnis der Rolle von Frauen im Hier und Jetzt in Betracht zieht, in dem sie mehr als nur ein Gefäß für das männliche Sperma ist, durch das die Erinnerung an den Vater weiterleben soll.

In der Diskussion über die Scheidung (10,2–8), die die Pharisäer im Anklang an deuteronomische Rechtssprechung als männliches Privileg darstellen, bekräftigt Jesus das Ideal der Einheit, wie es zu Beginn der Schöpfung vorgesehen ist (vgl. Gen 1,27; 5,2). Hier wird die Urzeit/Endzeit-Perspektive des mk Jesus sichtbar. Später, als er die Frage der Jünger „im Haus" beantwortet, beschäftigt er sich mit der aktuellen rechtlichen Frage und wiederholt die Konsequenzen der Ursprungssituation: Beide Ehepartner machen sich des Ehebruchs schuldig, wenn sie ihren Partner verlassen und einen anderen heiraten. Um alle Implikationen dieser Aussage zu verstehen, in der die Frau als Handelnde – wenngleich in einem negativen Rahmen – anerkannt wird und die Konsequenzen ihres Tuns bewertet werden, muss man die aktuelle Situation in Bezug auf Ehescheidung im 1. Jh. in Erinnerung rufen. Im Gegensatz zum römischen Recht, in dem auch die Ehefrau eine Scheidung initiieren konnte, war nach jüdischem Recht laut Dtn 24,1–4 nur der Ehemann dazu berechtigt. Außerdem war Polygynie nach jüdischem Recht erlaubt und ein Mann konnte folglich nur Ehebruch begehen, wenn er Verkehr mit einer verheirateten Frau hatte. Die Ehefrau musste vor einer Wiederheirat von ihrem Ehemann einen Scheidebrief erhalten – dies unterstreicht die androzentrische Dimension des jüdischen Gesetzes, die der des oben diskutierten Levirats ähnelt.

Den KommentatorInnen ist nicht entgangen, dass die Bestimmung, nach der ein Scheidebrief vor der Wiederheirat erforderlich ist, möglicherweise von Herodias verletzt worden ist, wie uns Mk an einer früheren Stelle (6,17) berichtet. In dieser Situation scheint die Verurteilung Johannes des Täufers auf die Verletzung einer anderen Bestimmung des mosaischen Gesetzes hinzuweisen, nämlich auf das Eheverbot zwischen allzu nahen Verwandten (vgl. Lev 18,16). Dennoch ist es sicherlich auffällig, wie selten der Fall eintritt, dass sich eine jüdische Frau von ihrem Ehemann scheiden lässt. Abgesehen von Herodias berichtet Josephus von weiteren herodianischen Frauen, die sich scheiden ließen. Eine davon, die Schwester des Herodes des Großen, Salome, schickte ein Dokument an ihren Ehemann Kostobarus, in dem die Ehe aufgelöst wurde. Josephus, der sich selbst kurz vorher von seiner Frau hat scheiden lassen, weil sie ihm missfallen habe (*Vita* 426), bewertet Salomes Handlung als Verstoß gegen das jüdische Gesetz,

> [d]enn einem Manne ist es wohl bei uns gestattet, das zu tun, keinesfalls aber darf ein Weib, welches den Gatten aus freien Stücken verlassen hat, eine neue Ehe eingehen, wenn sie nicht zuvor von ihrem Manne freigegeben ist. Salome jedoch kümmerte sich

nicht um die Gesetze der Hebräer, sondern handelte nach ihrem Gutdünken, kündigte ihre Ehe auf und erklärte ihrem Bruder Herodes, sie sei aus Liebe zu ihm von ihrem Gatten fortgegangen, da es ihr bekannt geworden sei, dass Kostobar, Antipater und Dositheus eine Umwälzung planten. (*A.J.* 15,259f.)[18]

Die anderen Beispiele herodianischer Frauen, die sich von ihren Ehemännern scheiden ließen, sind die drei Töchter des Agrippa I., die Nichten der Herodias waren: Berenike, Drusilla und Mariamne. Alle drei hatten sich dafür entschieden, ihre Ehemänner zugunsten hoher römischer Beamten zu verlassen (*A.J.* 20,143.146f.). Tal Ilan nimmt an, dass Josephus diese Information eingefügt haben könnte, um Agrippa II. vor einer römischen LeserInnenschaft in den 90er Jahren des 1. Jh. zu diskreditieren. Man könnte aber auch vermuten, dass Mk ein Interesse daran hatte, Jesus als verdeckten Gegner der Herodianer und deren ehelicher Untreue darzustellen.[19]

2.3 Geheilte Frauen – nicht weibliche Heilerinnen?

Eine andere Weise, wie Mk einige seiner weiblichen Figuren präsentiert, ist, diese als heilungsbedürftig darzustellen. Die Schwiegermutter des Petrus ist an Fieber erkrankt; die Tochter des Jaïrus liegt im Sterben; die Frau, die Jesu Kleidung berührt, leidet an Blutfluss, der von professionellen Heilern nicht gestoppt werden kann; die Tochter der syrophönizischen Frau wird von einem unreinen Geist gequält. Dennoch kann man aus dieser Darstellung nicht schließen, dass Frauen als bedürftiger beschrieben werden, also als Objekte, anhand derer der männliche Heiler seine überlegene Macht und Autorität demonstrieren kann. Männliche Charaktere profitieren ebenso von diesen Kräften: der Aussätzige, dem Jesus unterwegs begegnet (Mk 1,40); der Gelähmte im Haus in Kafarnaum (2,1f.); der Mann mit der verdorrten Hand, der am Sabbat in der Synagoge geheilt wird (3,1–6); der taubstumme Mann (7,31–37); der blinde Mann aus Betsaida (8,22–26) und der blinde Bartimäus (10,46–52). Wenn Jesus seine Heilkraft ausübt, die er eher dem Geist Gottes als einer individuellen Technik oder Leistung zuschreibt, gibt es also keinen Genderbias, keine geschlechtsbedingte Diskriminierung. Dies sollte jedoch nicht so interpretiert werden, als ob Jesus als Einziger in dieser Zeit Männer und Frauen gleichermaßen geheilt hätte. Es war üblich für römische Autoren des 1. Jh., Geschlechterunterschiede sowohl bei den Eliten als auch bei den unteren gesellschaftlichen Schichten nicht hervorzuheben. Trotzdem bezieht Jesus in sein heilendes Wirken nur die Zwölf mit ein (6,7.13).

Dieser beide Geschlechter einschließende und großzügige Gebrauch seiner Heilkräfte gegenüber allen, die zu ihm kommen, wie mehrere mk Summarien betonen (Mk

---

[18] Übersetzung zitiert aus Heinrich CLEMENTZ, *Josephus Flavius, Jüdische Altertümer* (Wiesbaden: Marixverlag, ²2006), 743.

[19] Siehe Tal ILAN, *Jewish Women in Greco-Roman Palestine* (TSAJ 44; Tübingen: Mohr Siebeck, 1995), 141–147. Vgl. auch Sean FREYNE, „Jesus and the Urban Culture of Galilee", in *Galilee and Gospel: Collected Essays* (hg. v. Sean Freyne; WUNT 125; Tübingen: Mohr Siebeck, 2000), 183–207, bes. 199–203.

1,32f.; 3,10; 6,5.56), ist ein integraler Bestandteil seines galiläischen Wirkens, wie es der Evangelist erinnert haben möchte. Die Verbindung von Krankheit und dämonischer Besessenheit wird im mk Erzählzusammenhang stark hervorgehoben, vor allem in Exorzismusgeschichten, in denen Jesus Besessene von unreinen Geistern befreit (1,21–28; 5,1–20; 7,24–30; 9,14–29). Dämonenaustreibungen, Heilungen und die Verkündigung der Königsherrschaft Gottes sind in verschiedenen Summarien, welche die Weltsicht des Evangelisten ausdrücken (1,15.39; 3,14f.), verwoben. So spielen die so genannten sekundären Charaktere oder Nebenfiguren in der Tat eine wichtige Rolle, da sich in ihren Geschichten der Hauptaspekt des Wirkens Jesu in der mk Darstellung kristallisiert, nämlich der Anbruch des Reichs Gottes.

Wir wissen von Josephus, dass es professionelle HeilerInnen in der Region um Kafarnaum gab. Nachdem er einmal vom Pferd gefallen ist, werden ἰατροί, „Ärzte", zu ihm gebracht, aber ihr Geschlecht bleibt unerwähnt (*Vita* 403f.). An einer anderen Stelle, wo die Fruchtbarkeit der nördlichen Uferregion des Sees von Gennesaret gepriesen wird, schreibt Josephus:

> Denn abgesehen von der milden Witterung trägt zur Fruchtbarkeit dieser Gegend auch die Bewässerung durch eine sehr kräftige Quelle bei, die von den Einwohnern Kapharnaum genannt wird. (*B.J.* 3,519)[20]

Dieser geographische und sozialgeschichtliche Kontext könnte erklären, warum Jesus von Nazaret in diese Region ging, als er seine eigenen Heilkräfte erkannt hatte. Dort werden die meisten Heilungen im Evangelium lokalisiert. Josephus' Beschreibungen der Qualität des Süßwassers im See und der gesunden Luft (*B.J.* 3,506–516) erinnern stark an die Anweisungen an die Ärzte, die das weit rezipierte Werk des Hippokrates *De aere, aquis, locis (Über die Umwelt)* gibt. Dort heißt es, Ärzte sollen die Luft und das Wasser eines jeden Ortes, den sie besuchen, prüfen. Die herodianischen Heilbäder, die in der Grabensenke vom Norden bis in den Süden zu finden sind, wie z. B. Banyas, Hamat Tiberias, Hamat Gader und Kallirhoe, entstanden alle aufgrund ihrer bemerkenswerten Heißwasserquellen, die Resultat vulkanischer Bewegungen in den Gesteinsschichten der Region sind. Diese Orte wurden vermutlich von den Eliten besucht. Die Jesusbewegung scheint solche Zentren aus strategischen Gründen und aus Prinzip vermieden zu haben, war aber offen für alle, die Heilung suchten, für Reiche wie Arme, Männer und Frauen gleichermaßen.

Waren, wie Mk es darstellt, in der galiläischen Phase des Wirkens Jesu Frauen Empfängerinnen seiner heilenden Zuwendung, so profitierte im Jerusalemer Abschnitt Jesus selbst von einer eben solchen durch Frauen. Dieses Thema begegnet im Kontext der doppelten Salbung, die speziell mit seinem Tod verbunden ist. Jesus interpretiert die Salbung, die eine (wohlhabende?) Frau mit einer in einem Alabasterfläschchen aufbewahrten sehr teuren Salbe aus Narde an ihm vornimmt, als Salbung, die sein Begräbnis antizipiert (Mk 14,3.8). Eine solche Salbung wird von den drei benannten Frauen, die zu seinem Grab gehen, intendiert. Elaine Wainwright hat klarsichtig gezeigt, inwie-

---

[20] Otto MICHEL und Otto BAUERNFEIND (Hg.), *Josephus Flavius: De Bello Judaico: Der Jüdische Krieg* (3 Bde; München: Kösel, ²1962–1969), 1:395.

fern die Handlung der Frau den männlichen Raum innerhalb des οἶκος, des „Hauses", verletzt, in dem Männer üblicherweise zu Tisch sind.[21] Darüber hinaus eignet sie sich die Rolle der Gastgebenden an, von denen eigentlich zu erwarten wäre, dass sie solche Höflichkeitsgesten gegenüber Gästen arrangieren. Im Erzählkontext müssen wir annehmen, dass diejenigen, die sie für die Verschwendung schelten, Männer sind, darunter vermutlich einige männliche Jünger. Trotzdem nennt Jesus ihre Handlung καλὸν ἔργον, ein „gutes Werk", wobei er weiter ausführt, dass sie es ἐν ἐμοί, „an mir" oder „für mich", verrichtet hat, und deutet so an, dass ihre Handlung ihn im Angesichte des Todes tief und persönlich bewegt hat. In seiner Antwort benutzt Jesus wiederholt – viermal – das Personalpronomen αὐτή, „sie", anstatt die Frau beim Namen zu nennen. So wird sie der Anonymität preisgegeben, und das trotz des universalen Beifalls für ihre Handlung, den er voraussagt: Ihre Tat wird Teil des weltweiten Evangeliums, das „zu ihrem Gedächtnis", nicht zu seinem, verkündet werden wird.

Die fürsorgende Tat der namenlosen Frau verletzt Konventionen. Doch im unmittelbaren Erzählzusammenhang steht sie im Kontrast zum Verrat des ausgewählten männlichen Jüngers, Judas. Er wird als käuflich dargestellt (14,10f.), ganz im Gegenteil zur großzügigen Frau. Das Vokabular der gutheißenden Worte Jesu weist auf die universale, griechischsprachige Mission zur Zeit des Mk hin (vgl. 13,10). Es wird nicht behauptet, dass die Frau selbst an einer solchen Missionsarbeit teilnehmen wird, sondern lediglich, dass man sich aufgrund ihrer Tat an sie erinnern wird, ebenso wie man sich an den Tod Jesu erinnern soll, als wesentliche Dimension des Evangeliums. In der Geschichte besteht also eine Spannung zwischen dem fehlenden Namen der Frau und der Lobrede, die auf die Tat selbst gehalten wird. Nicht einmal hier kann der mk Jesus die androzentrischen und genderspezifischen kulturellen Einstellungen ablegen. Dennoch finden wir hier den vorsichtigen Versuch, diese Werte zu untergraben, indem die Handlung der Frau und ihre Implikationen betont werden.

2.4 Jüdische Pilgerinnen am Kreuz und am Grab

Diese Eröffnungsszene der Passionserzählung findet am Ende eine Parallele in der Geschichte der drei benannten Frauen, die zum Grab gehen, um den Leichnam Jesu zu salben (Mk 16,1ff.): Maria Magdalena, Maria, die Mutter des Jakobus des Kleinen und des Joses, und Salome. Sie bilden eine Gruppe von Frauen, die die Gruppe der schlafenden männlichen Jünger im Garten Getsemani kontrastiert (Mk 14,32–42). Während die männlichen Jünger nun abwesend sind, nachdem sie bei der Gefangennahme Jesu geflohen sind, sind die weiblichen anwesend und versuchen, die Begräbnisriten nach jüdischem Brauch zu vollziehen. Wie Tal Ilan gezeigt hat, passen die drei weiblichen

---

[21] Siehe WAINWRIGHT, *Women Healing*, 131–137; vgl. auch DIES., „The Pouring out of Healing Ointment: Rereading Mk 14,3–9", in *Towards a New Heaven and a New Earth: Essays in Honor of Elisabeth Schüssler Fiorenza* (hg. v. Fernando F. Segovia; Maryknoll: Orbis Books, 2003), 157–178, wo sie die Intertextualität der Geschichte im Kontext der Literatur, die sich mit dem griechischen *symposion* beschäftigt, diskutiert.

Namen gut in den historischen Kontext weiblicher Namen dieser Zeit, wie wir sie aus literarischen und archäologischen Quellen kennen. Maria war der bei weitem populärste Name, Salome der zweitbeliebteste. Somit können wir diese drei Frauen fest als historische Figuren im Milieu der frühesten Jesusbewegung im Judentum des 1. Jh. verankern.[22] Ihre Anwesenheit bei der Kreuzigung zusammen mit vielen anderen Frauen, die aus Galiläa mitheraufgezogen waren, bei gleichzeitiger Abwesenheit der männlichen Jünger wurde als Hinweis auf die Rolle von Jüngerinnen in der späteren mk Gemeinde gesehen.[23] Während dies in der Tat aufgrund der in dieser Passage (15,40f.) verwendeten Jüngerschaftsterminologie wahrscheinlich ist sowie aufgrund der Tatsache, dass sowohl Frauen als auch Männer im Kreis um Jesus früher in der Erzählung auftreten (3,31–34), ist es keineswegs unwahrscheinlich, dass Frauen in einem jüdischen Kontext die Totenklage halten.

Die drei benannten Frauen sind die Ersten, die das Grab besuchen, um die üblichen Begräbnisriten zu vollziehen, die die Waschung des Körpers als Reinigungsritual (vgl. Apg 9,37) sowie das Salben mit Ölen und Parfum beinhalten, bevor der Leichnam in ein Leintuch mit einem separaten Tuch für den Kopf (σουδάριον, „Schweißtuch"; vgl. Joh 20,7) gewickelt wird. Im Falle Jesu musste diese Vorbereitung des Leichnams wegen der beginnenden Sabbatruhe ausgelassen werden (15,42). Ein angemessenes Begräbnis war, wie Josephus notiert (*C. Ap.* 2,205), für die jüdische Frömmigkeit ein sehr wichtiger Aspekt. Dass Jesus ein Pilger aus Galiläa war, bedeutet, dass kein Familiengrab in Jerusalem existierte, obwohl in jüngster Zeit einige Sensationsmeldungen auftauchten, die das Gegenteil behaupten. Obwohl er gekreuzigt wurde und somit in den Augen der Römer ein Krimineller war, wäre es für ihn trotzdem möglich gewesen, eine anständige Beerdigung mit Grab zu erhalten, anstatt dass man seinen Leichnam in eine offene Grube geworfen hätte. Denn der einzige archäologische Fund eines Gekreuzigten stammt aus einem Familiengrab in Jerusalem.[24]

Die Figur des Josef von Arimathäa ist daher wichtig, um den Leichnam von Pilatus zu erhalten und ein Grab in der Umgebung zur Verfügung zu stellen. Während Mt ihn zu einem Jünger Jesu macht (Mt 27,57), ist die mk Darstellung, nach der er ein Mitglied des Rates ist (Mk 15,43), realistischer, zumindest, was den Zugang zu Pilatus betrifft und die Wahrscheinlichkeit, dass seiner Bitte, den Leichnam freizugeben, stattgegeben wird. Die römischen Autoritäten wollten keine jüdischen religiösen Gefühle verletzen, vor allem nicht während des Pesachfestes, wo die Gefahr einer ernsthaften Unruhe immer besonders groß war.[25] Die Priesterelite Jerusalems dagegen versuchte die

---

[22] Vgl. ILAN, *Footsteps*, 121–123.

[23] Vgl. Elizabeth Struthers MALBON, „Fallible Followers: Women and Men in the Gospel of Mark", *Semeia* 28 (1983): 29–48.

[24] Siehe Joseph ZIAS und Eliezer SELEKES, „The Crucified Man from Giv'at ha-Mivtar: A Reappraisal", *IEJ* 35 (1975): 22–27; Joseph ZIAS und James H. CHARLESWORTH, „Crucifixion: Archaeology, Jesus and the Dead Sea Scrolls", in *Jesus and the Dead Sea Scrolls* (hg. v. James H. Charlesworth; New York: Doubleday, 1992), 273–289.

[25] Shimon GIBSON, *Die sieben letzten Tage Jesu: Die archäologischen Tatsachen* (München: Beck, 2010), 127–147.

Gelegenheit der Feste zu nützen, um ein Zusammengehörigkeitsgefühl mit der Landbevölkerung zu fördern, auch wenn diese, was die Einhaltung der Reinhaltsgebote betrifft, suspekt sein könnte. Als Mitglied des Rates könnte Josefs großzügige Unterstützung der galiläischen PilgerInnen in diesem Lichte gesehen werden. Mk berichtet, dass zwei der drei mit Namen genannten Jüngerinnen beobachten, wo der Leichnam hingelegt worden ist. Sobald der Sabbat vorbei ist, ist für die LeserInnen ein Besuch des Grabes zu erwarten. Von offiziellen Klagefrauen werden sie zu offiziellen Sendbotinnen der guten Nachricht, trotz ihrer anfänglichen Angst bei der Engelerscheinung. Frauen wurden nicht als glaubwürdige Zeuginnen betrachtet: Wie vom paganen Kritiker Kelsos aus dem 2. Jh. überliefert wird, nennt er die früheste Zeugin geringschätzig „ein hysterisches Weib" (Origenes, Cels. 2,59). So bezeugt die entscheidende Rolle von Frauen in dieser Erzählung ihre historische Bedeutung von Anbeginn der nachösterlichen Phase der Jesusbewegung.

2.5 Zusammenfassende Betrachtungen

Vielleicht sieht es so aus, als hätte uns die Beschäftigung mit den Rollen und der Darstellung der Frauen im Gewebe der mk Erzählung vom eigentlichen Ziel abgebracht, nämlich zu bestimmen, wie diese Rollen sowohl vor dem Hintergrund des kaiserlichen Roms als auch des jüdischen religiösen Ethos des 1. Jh. verstanden wurden. Der mk Erzählfaden hat Jesu Kontakt mit der galiläischen Landbevölkerung und verschiedenen jüdischen Gruppen, vor allem Schriftgelehrten und Pharisäern, hervorgehoben. Im Gegensatz hierzu sind die Römer wenig präsent. Antipas und sein Hof tauchen als Bedrohung in Galiläa auf, bleiben aber sonst im Hintergrund. Pilatus in Jerusalem erweist sich als furchtsam und schwach, wenn es um die Ausführung der Forderungen der religiösen Elite Jerusalems geht. Dennoch sind mehrere Hinweise aufgekommen, die uns helfen sollten, die am Eingang formulierten Fragen zu beantworten. Die Geschichte spielt in einer androzentrischen Welt und mehrere Beispiele zeigen, dass die traditionellen Werte und Einstellungen hinsichtlich der Geschlechterrollen unkritisch durch die mk Gemeinde perpetuiert werden. Es ist vor allem bemerkenswert, dass die Jesusbewegung, obwohl die Existenz vieler Heilerinnen sowohl in der griechisch-römischen als auch in der jüdischen Welt belegt ist, einen rein männlichen Zugang fortsetzt, indem die Weitergabe der heilenden Autorität Jesu ausschließlich auf männliche Jünger beschränkt wird. Die Anonymität von weiblichen Figuren trotz ihrer Bedeutung für die Handlung und dass sie in der Ehe als zu einem Mann zugehörig betrachtet werden für den spezifischen Zweck, die Fortsetzung der männlichen Ahnenfolge zu gewährleisten, stellen ebenfalls signifikante Hinweise dar, dass sich für jüdische Frauen, selbst wenn sie sich entschieden haben, einem wandernden Heiler/Propheten zu folgen, wenig geändert hat.

Trotzdem weist die mk Darstellung der Jesusbewegung als prophetische/messianische Erneuerungsbewegung innerhalb einer größeren jüdischen Matrix eine gewisse Kritik an manchen vorherrschenden Normen, die die Frauen betreffen, auf. Außerdem gibt es kaum Zweifel, dass einige Frauen von Anfang an ständige Mitglieder der Bewegung waren, unabhängig von ihren Ehemännern. Trotzdem sollte dies nicht als Bruch mit der jüdischen Welt jener Zeit gesehen werden. Wie Tal Ilan gezeigt hat, war seit der Zeit der Königin Alexandra im 2. Jh. v. Chr. das Pharisäertum eine attraktive religiöse Option für viele Frauen der höheren sozialen Schichten. Sie schließt aus einigen der Qumran-Dokumente, vor allem 1QS und CD, dass manche Gesetze, die speziell für Frauen relevant sind, diskutiert wurden, und verweist auf die Möglichkeit, dass Frauen Mitglieder der Gemeinschaft, *yahad*, gewesen sein könnten – im Gegensatz zu den üblichen Annahmen.[26] Es scheint also eindeutig jüdische Frauen gegeben zu haben, die ihre religiöse Zugehörigkeit unabhängig gewählt haben, auch wenn ihre Anwesenheit nicht zu Autoritäts- und Leitungsstrukturen führte, die über die patriarchale mediterrane Praxis hinausgingen. Insgesamt haben Frauen, zumindest auf der erzählerischen Ebene, eine Funktion im Gesamtrahmen von Jüngerschaft im Allgemeinen, von deren Anforderungen und Verfehlungen. Hätte Mk wirklich darauf hinweisen wollen, dass Frauen gleiche Führungsrollen wie Männer in der Jesusbewegung hatten, wäre mehr als bloße Ironie hinsichtlich der Abwesenheit der männlichen Jünger während der Kreuzigung nötig und zu erwarten gewesen.

3. Frauen im römischen Kaiserreich und Jesus

Bisher haben wir vor allem einen Blick auf die Frauen um Jesus geworfen, entweder auf diejenigen, die Teil seines engeren Kreises waren, oder auf jene, die er traf oder über die er sprach. Die mk Erzählung wurde dabei als Fenster zur Welt jener Zeit verwendet. Auch wenn es wichtig ist, zu berücksichtigen, dass wir es hier mit einer Welt zu tun haben, die von Mk für seine eigenen Zwecke konstruiert worden ist, dürfen wir annehmen, dass der erzählerische Realismus und das historische Gedächtnis in den beschriebenen Situationen und den dargestellten Haltungen eine Rolle spielen. Die Jüngerinnen und andere bisher diskutierte weibliche Figuren gehören zu der Welt der Synagoge. Unter diesem Begriff soll hier der Komplex der jüdischen religiösen Gesetze und Praktiken, die im römischen Palästina Geltung hatten, zusammengefasst werden. Zwei weitere Frauen in der mk Erzählung passen nicht in diese Kategorie, sondern gehören eher zum anderen Pol, mit dem sich diese Darstellung befasst, nämlich zur

---

[26] Siehe ILAN, *Footsteps*, 125–128; vgl. auch DIES., „The Attraction of Aristocratic Jewish Women to Pharisaism During the Second Temple Period", *HTR* 88 (1995): 1–33. KRAEMER, „Women's Judaism(s)", 66–69, geht davon aus, dass es keinen Beleg dafür gibt, dass Frauen den essenischen Gemeinschaften oder Qumran selbstständig oder als Vollmitglieder beitraten. Vgl. auch Cecilia WASSEN, *Women in the Damascus Document* (Academia Biblica 21; Atlanta: Scholars Press, 2005), die die Perspektive in CD für androzentrisch hält, weil Frauen dort nur auftauchen, wenn sie in das Leben der Männer eindringen. Trotzdem gibt es einige Rechtsvorschriften in Bezug auf Frauen, die im Vergleich zu den biblischen Normen deren Situation verbessern. Zur jüngsten Diskussion über den archäologischen Befund bezüglich Frauen in Qumran vgl. Joseph ZIAS, „The Cemeteries at Qumran and Celibacy: Confusion Laid to Rest?", in *Jesus and Archaeology* (hg. v. James H. Charlesworth; Grand Rapids: Eerdmans, 2006), 444–471.

Welt des römischen Reiches. Herodias und die syrophönizische Frau, der Jesus im Grenzgebiet von Tyrus begegnet, sind Teil einer sehr verschiedenen Welt als Maria von Magdala und die anderen jüdischen Frauen. Es gibt jedoch auch einen interessanten Kontrast zwischen ihnen: Die syrophönizische Frau ist sicher keine Jüdin, sondern zählt zu der Kategorie der *gojim*, die aus einer jüdischen Perspektive – eine, die Mk auch Jesus übernehmen lässt – abwertend als „Hunde" bezeichnet werden können. Herodias andererseits ist zwar dem Namen nach eine judäische Prinzessin, gehört aber der herrschenden Elite an, die durch und durch romanisiert ist, was sowohl ihr persönliches Gehabe als auch die Hofintrigen betrifft.

3.1 Justa (Die syrophönizische Frau)

Die syrophönizische Frau stammt aus der Gegend um Tyrus. Zu dieser Stadt und dem sie umgebenden Territorium hatte das jüdische Hinterland eine lange und ambivalente Beziehung, die auf Salomo zurückgeht.[27] Zuweilen kam es zu feindlichen Einfällen der Tyrener in das allgemein als jüdisches Erbland betrachtete Gebiet, zuweilen gedieh der Handel zwischen den beiden Regionen. Dies erklärt die Verbreitung tyrenischen Geldes in galiläischen Orten und die Übernahme des halben Schekels als „Münze des Tempels" in Jerusalem, obwohl auf ihr anstößige Bilder von heidnischen Göttern und menschlichen Herrschern abgebildet waren.[28] Sowohl schriftliche als auch archäologische Belege aus dem 1. Jh. zeigen, dass die Grenzen zwischen Tyrus und Galiläa klar definiert und die Unterschiede wahrgenommen worden sind.[29] Wie Gerd Theißen gezeigt hat, war das Auftauchen eines judäischen Propheten/Heilers in den jüdischen Dörfern des tyrenischen Territoriums zum Zwecke der Verbreitung der guten Nachricht für ganz Israel dennoch alles andere als unwahrscheinlich. Tatsächlich ist, wie Theißen festhält, schon das Bild des von beiden ethnischen Gruppen gemeinsam verzehrten Brotes besonders eindrucksvoll, wenn man bedenkt, dass Galiläa über die Jahr-

---

[27] Vgl. Sean FREYNE, *Galilee from Alexander the Great to Hadrian: 323 BCE to 135 CE: A Study of Second Temple Judaism* (Edinburgh: T&T Clark, 1998 [Nachdruck]), 114–121.

[28] Vgl. Richard S. HANSON, *Tyrian Influence in the Upper Galilee* (Cambridge: ASOR, 1980); Uriel RAPPAPORT, „Phoenicia and Galilee: Economy, Territory and Political Relations", *Studia Phoenicia* 9 (1992): 262–268; Dan BARAG, „Tyrian Currency in Galilee", *INJ* 6/7 (1982/3): 7–13; Richard A. HORSLEY, „Archaeology and the Villages of Upper Galilee: A Dialogue with the Archaeologists", BASOR 297 (1995): 5–16; Eric M. MEYERS, „An Archaeological Response to a New Testament Scholar", ebd., 17–26; Richard A. HORSLEY, „Response", ebd., 27f.

[29] Vgl. Rafi FRANKEL et al., *Settlement Dynamics and Regional Diversity in Ancient Upper Galilee: Archaeological Survey of Upper Galilee* (Jerusalem: Israel Antiquities Authority, 2001), 110–114; Andrea M. BERLIN, „From Monarchy to Markets: The Phoenicians in Hellenistic Palestine", *BASOR* 306 (1997): 75–88.

hunderte hinweg eine Art Kornkammer für die Seefahrerstadt Tyrus war, die selbst nicht an ein fruchtbares Hinterland angebunden war (vgl. Ez 27,17; Apg 12,20).[30]

Vor allem die mk Charakterisierung der Frau als Ἑλληνίς, „Griechin" (Mk 7,26), ist interessant, wenn man an den Hellenisierungsprozess in den phönizischen Städten, wie er vom Althistoriker Fergus Millar beschrieben wurde, denkt. Die Phönizier waren als große Seefahrer im Mittelmeer schon vor Alexanders Eroberungen im Osten mit der griechischen Welt vertraut. Deswegen war der kulturelle Wandel, der sich mit dem Prozess der Hellenisierung vollzog, für die Phönizier weniger dramatisch als anderswo. Obwohl das Griechische seit dem 3. Jh. v. Chr. die *lingua franca* des Handels wurde, kam es bei den Phöniziern zu keiner drastischen Änderung der religiösen und administrativen Ordnung. So blieb die semitische Basis des phönizischen Lebens erhalten, auch wenn die Stadtgottheiten nun im griechischen Gewand erschienen. Melkart von Tyrus und Eschmun von Sidon wurden zu Herakles bzw. Asklepius. Als Schutzgott der Städtegründungen bzw. Patron der Heilkunst und der HeilerInnen waren die beiden Mitglieder einer neuen Hierarchie von griechischen Göttern und repräsentierten so die Werte des hellenistischen Zeitalters.[31]

Wie können wir vor diesem allgemeinen Hintergrund die Begegnung der Frau mit Jesus beschreiben? Von den Weisen wäre ein Kontakt zwischen Jesus und einer Frau, ob sie nun jüdisch oder nichtjüdisch war, als töricht erachtet worden, weil Frauen, wie es im maßgeblichen Dokument *Pirqeh Avot* festgehalten worden ist, generell als ignorant und weniger intelligent betrachtet worden sind. Jesus war aber kein Mitglied der Weisen, sondern ein charismatischer Prophet/Heiler. Sein Vorgänger war Elija, der den Sohn der sidonischen Witwe von Sarepta auferweckte (1 Kön 17,17–24), eine Begebenheit, die in der späteren jüdischen Tradition nicht in Vergessenheit geriet (vgl. Sir 48,5). Die syrophönizische Frau hätte aller Wahrscheinlichkeit nach eher den Gott der Heilkunst Sidons, Eschmun/Asklepius, anrufen können, statt sich an einen wandernden jüdischen Heiler zu wenden. Ihr Status als eine Ἑλληνίς bedeutet, dass sie einer hohen sozialen Schicht angehörte, denn seit dem 1. Jh. beinhaltet die Bezeichnung „griechisch" nicht eine ethnische, sondern eine kulturelle Konnotation und verweist auf eine Person, die verschiedene Aspekte der griechischen *paideia*/Bildung übernommen und verinnerlicht hat. Vor diesem Hintergrund konnte sie die Grenzen einer ethnischen religiösen Weltanschauung ignorieren und als Bürgerin der *oikumene*, des römischen Reiches, ließ sie sich von der anfänglichen Zurückweisung durch den Heiler nicht abschrecken. Was uns Mk über den Austausch zwischen ihr und Jesus berichtet, ist ein klassisches Beispiel für die agonistische mediterrane Kultur, in der versucht wird, Opponent-

---

[30] Vgl. Gerd THEISSEN, *Lokalkolorit und Zeitgeschichte in den Evangelien: Ein Beitrag zur Geschichte der synoptischen Tradition* (Göttingen: Vandenhoeck & Ruprecht, ²1992), 62–84.

[31] Vgl. Fergus MILLAR, „The Phoenician Cities: A Case Study of Hellenisation", *PCPS* 209 (1983): 57–71; Sean FREYNE, „Galileans, Phoenicians and Itureans: A Study of Regional Contrasts in the Hellenistic Age", in *Hellenism in the Land of Israel* (hg. v. John J. Collins und Gregory Sterling; CJAn 13; Notre Dame: University of Notre Dame Press, 2001), 184–217.

Innen zu übertrumpfen, indem eine überlegene Rhetorik zur Schau gestellt wird, die oft durch eine aphoristische Aussage ergänzt wird – wie im Falle der Antwort Jesu auf die Bitte der Frau. In diesem Beispiel gibt es jedoch nur einen Gewinner: Die syrophönizische Frau weigert sich, die Grenzen, die Jesu Bemerkung zu etablieren versucht, zu akzeptieren, indem sie klug die Differenzen auf die Ebene von jenen verschiebt, die im selben Haushalt leben.[32]

Natürlich erzählt Mk diese Geschichte aus apologetischen bzw. missionarischen Gründen: Schon zu seinen Lebzeiten bringt der Meister die gute Nachricht zu den Völkern, wie er es später in der mk Erzählung voraussagt (vgl. Mk 13,10; 14,9). Dass es eine Frau ist, die die kulturelle Trennwand einreißt, nimmt das Handeln der Frau, die Jesus salbt, sodass ihre Tat „in der ganzen Welt" verkündigt werden wird, vorweg. Das Bild Jesu, der eine traditionelle Verunglimpfung von Nichtjuden vornimmt, lässt sich vielleicht angesichts einiger seiner anderen Äußerungen in Frage stellen, die von der vollen Teilhabe von Nichtjuden am endzeitlichen Mahl mit den Patriarchen reden (Lk 13,28; Mt 8,11 [Q]). In der Tat wurde deren Anwesenheit als Ersatz für diejenigen betrachtet, die sich als einzige Begünstigte der Verheißung an Abraham sahen. Mk hat die Geschichte also so aufgebaut, dass Jesus sich in der religiösen Konkurrenz mit den lokalen Gottheiten von Tyrus und Sidon als wirkmächtiger erweist, auch wenn er dabei die übernommenen Vorurteile sowohl gegen Nichtjuden als auch gegenüber Frauen überwinden muss. Diese Botschaft war zweifelsohne von großer Bedeutung für die mk Gemeinschaft, da sie die Grenzen des traditionellen jüdischen Territoriums zu überschreiten und die Völker ringsum zu erreichen versuchte. Mk gibt der Heldin, die diesen historischen Durchbruch bewirkt, keinen Namen, genauso wie er es verabsäumt, die Frau, die Jesus gesalbt hat, mit Namen zu nennen, obgleich er die Geschlechtergrenzen in einem häuslichen Kontext durchbricht. Zum Glück war die spätere christliche Tradition nicht so schweigsam und gab der Frau den Namen Justa (*Ps.-Clem.* 13,7,3).

3.2 Herodias

Herodias stellt einen interessanten Kontrast zu Justa dar. Sie war die Enkelin des Herodes des Großen und die Schwester des Agrippa I., des späteren Königs der Juden (41–44 n. Chr.). Dieser wuchs in Rom als Mitglied des Kaiserhauses auf und wurde dort ein enger Freund des zukünftigen Kaisers Gaius Caligula. Als er in Rom von einem in Ungnade gefallenen Höfling unter Tiberius zu einem Freund und Günstling des Gaius aufstieg, wurde Herodias zunehmend eifersüchtig auf ihren Bruder und versuchte, ihrem Ehemann Antipas den Vorrang in Rom zu verschaffen. Sie war zuvor mit einem von Herodes' Söhnen, die von einer anderen Frau waren, vermutlich Philipp, verheiratet gewesen, den sie dann aber für dessen Halbbruder Antipas verlassen hatte, in der Hoffnung, dass dieser schließlich von Tiberius bevorzugt und wie sein Vater Herodes der Große „König der Juden" genannt werde. Ihre Hoffnungen wurden schlussendlich zer-

---

[32] Vgl. WAINWRIGHT, *Healing*, 123–130.

schlagen, und obwohl sie den lethargischen Antipas überreden konnte, eine Reise zum kaiserlichen Hof anzutreten, wurden beide enteignet und in lebenslängliches Exil verbannt.[33] Josephus' ironischer Kommentar zur ganzen Affäre zeugt vielleicht von einer typischen Einstellung römischer Eliten gegenüber Frauen, die es wagten, sich in Angelegenheiten von Männern einzumischen:

> So strafte Gott die Herodias für den Neid gegen ihren Bruder und den Herodes [Antipas] für die Nachgiebigkeit gegen die eitle Rede seines Weibes. (A.J. 18,255)[34]

Tatsächlich hatte Herodias die angebotene Gunst des Kaisers, als jener erfuhr, dass sie die Schwester Agrippas war, abgelehnt. Diese hätte es ihr ermöglicht, ihren persönlichen Besitz zu behalten. Sie verschmähte das Angebot allerdings:

> Dass ich aber von deiner Gnade Gebrauch mache, daran hindert mich die Liebe zu meinem Gatten, den ich billigerweise im Unglück nicht verlassen kann, nachdem ich sein Glück geteilt habe. (A.J. 18,254)[35]

Die Herodianer stammten aus einer idumäischen Familie, doch Antipater, der Vater des Herodes des Großen, hatte eine Jüdin geheiratet. Er war in der Lage, sich in die judäische Politik einzubringen, weil das ursprüngliche Herrscherhaus der Hasmonäer durch interne Zwistigkeiten zerrissen war. Herodes der Große heiratete ebenfalls eine judäische Prinzessin, Mariamne, um seinen Status als „König der Juden", der ihm vom römischen Senat verliehen worden war, zu zementieren. Herodes war ausgesprochen ambitioniert, aber auch politisch gewandt; er vereinigte außergewöhnliche administrative Fähigkeiten mit einer tief paranoiden Persönlichkeit, die zu vielen Hofintrigen, vor allem hinsichtlich seiner Nachfolge, führte.[36] Als Klientelkönige waren die Herodianer Rom dauerhaft verpflichtet. Herodes konnte aufgrund seiner persönlichen Fähigkeiten in dieser Situation erfolgreich agieren, auch wenn er anfangs auf das falsche Pferd gesetzt hatte, als er Mark Anton anstatt Octavian unterstützt hatte, bevor Letzterer als Alleinherrscher aus der Schlacht bei Actium 31 n. Chr. hervorgehen sollte. Die späteren Mitglieder der Dynastie waren freilich weniger geschickt. Archelaos herrschte nur für kurze Zeit als Tetrarch von Judäa, bevor er von den Römern abgesetzt wurde, die von nun an auf direkte Herrschaft setzten. Antipas war in Galiläa erfolgreicher gewesen, er ehrte die Kaiser und deren Hof an mehreren Stätten: Sepphoris wurde *Autokrator*, „Alleinherrscher", genannt, nachdem es zu Ehren Augustus' modernisiert worden war, die neue Stadt Tiberias, die 19 n. Chr. gegründet worden war, ehrte den Nachfolger des Augustus und Betsaida erhielt den Namen Julias zu Ehren der Ehefrau des Augustus,

---

[33] Für eine genaue Diskussion der Details des Berichts von Josephus vgl. Harald W. HOEHNER, *Herod Antipas* (SNTSMS 17; Cambridge: Cambridge University Press, 1972).

[34] Zitiert aus der Übersetzung von CLEMENTZ, *Josephus Flavius*, 904.

[35] Zitiert aus ebd.

[36] Peter RICHARDSON, *Herod King of the Jews and Friend of the Romans* (Columbia: University of South Carolina Press, 1996), und Samuel ROCCA, *Herod's Judea: A Mediterranean State in the Classical World* (TSAJ 122; Tübingen: Mohr Siebeck, 2008), zeigen zwei unterschiedliche Perspektiven auf Herodes' vielschichtige Karriere und seine Persönlichkeit.

Livia/Julia.³⁷ Zudem hatte Antipas die Tochter des Aretas, des Nabatäerkönigs von Petra, geehelicht, vermutlich auf Veranlassung Roms, um eine freundschaftliche Allianz zwischen den zwei vormals verfeindeten Klientelkönigen, die für Roms Politik gegen die Parther im Osten wichtig waren, zu festigen.

Herodias war in diesem Milieu von Hofintrigen und politischen Machenschaften aufgewachsen und hatte offenbar die Lektion gelernt, auch wenn ihr die Eifersucht auf ihren Bruder letztendlich zum Verhängnis wurde. Nach Josephus hatte sie darauf bestanden, dass Antipas seine nabatäische Frau wegschicke, wenn er sie heiraten sollte. Dies führte in der Folge zu einem Krieg zwischen Aretas und Antipas, in dem Letzterer eine schwere Niederlage erlitt (*A.J.* 18,108f.). Im Kontext dieses Umsturzes erzählt Josephus die Geschichte von der Gefangennahme und dem Tod Johannes' des Täufers. Denn dieser war in der Grenzregion zwischen den beiden Königreichen tätig gewesen, wo er die Mengen anzog. Antipas befürchtete daher, dies könnte zu einer jüdischen Revolte führen und somit das Verhältnis zu Rom weiter verkomplizieren. Gemäß diesem wahrscheinlicheren Szenario war also eher die römische Politik als die Eifersucht einer Frau für den Untergang des Johannes ausschlaggebend. Herodias war nicht direkt in den Fall verwickelt, auch wenn ihre Reaktion auf die Avancen des Antipas zunächst eine Rolle im Debakel gespielt hatte.

Die mk Darstellung der Herodias und ihrer Tochter gibt den modernen LeserInnen viele Fragen zur Interpretation auf.³⁸ Ist ihre Einbindung in die Erzählung von der Aussendung der Jünger und ihrer erfolgreichen Rückkehr (Mk 6,12f.30) Bedeutung zuzumessen? Wird hier nur die narrative Leerstelle während deren Abwesenheit gefüllt oder handelt es sich um eine bewusste Kontrastierung der zwei unterschiedlichen Königreiche, dem von Jesus verkündeten und jenem, das durch den königlichen herodianischen Pomp repräsentiert wird? Warum wird angenommen, dass die tanzende Tochter eine erotische Figur sei, obwohl im griechischen Text lediglich davon die Rede ist, dass ihr Tanz Antipas und seinen Gästen „gefiel" (6,22)? Sind die Bilder, die wir aus Kunst und Literatur von Herodias und Salome als Verführerinnen und Schurkinnen kennen, das Resultat männlicher Unterstellungen hinsichtlich orientalischer Despoten, ihrer Höfe und der untergeordneten Rolle von Frauen in diesem Milieu? Wenn ja, inwiefern stimmt dieses Bild mit der Realität dieser Zeit überein? Welche intertextuellen Zwischentöne und Kontraste lassen sich im Vergleich mit anderen biblischen Frauen, wie etwa Ester und Judit, in Gegenwart mächtiger fremder Herrscher finden? Wie oben erwähnt, lässt Mk Jesus erklären, dass auch eine Frau Ehebruch begehen kann, indem

---

37 Vgl. Morten H. JENSEN, *Herod Antipas in Galilee* (WUNT 215; Tübingen: Mohr Siebeck, 2006) als jüngste und aktuellste Veröffentlichung zu Antipas' Karriere. Für die Umbenennung von Betsaida in Julia vgl. Fred STRICKET, „The Renaming of Bethsaida in Honor of Livia, a.k.a. Julia, the Daughter of Caesar in JA 18, 27–28", in *Bethsaida: A City on the North Shore of the Sea of Galilee* (hg. v. Rami Arav und Richard A. Freund; 4 Bde; Kirksville: Thomas Jefferson University Press, 1995–2009), 3:93–114.

38 Vgl. Janice Capel ANDERSON, „Feminist Criticism: The Dancing Daughter", in *Mark and Method: New Approaches in Biblical Studies* (hg. v. Janice Capel Anderson und Stephen D. Moore; Minneapolis: Fortress Press, 1992), 103–134.

sie sich von ihrem Ehemann scheiden lässt und einen anderen heiratet (Mk 10,8). Wenn man bedenkt, dass es keinen Hinweis darauf gibt, dass Herodias von ihrem Mann „entlassen worden ist" (d. h. dass ihr kein Scheidebrief ausgestellt worden ist), hat sie also zwei Ehegesetze des jüdischen Rechts gebrochen: Sie hat innerhalb ihrer eigenen Familie geheiratet, und sie hat geheiratet, ohne einen Scheidebrief von ihrem ersten Mann erhalten zu haben (Lev 18,13.16; 20,21; Dtn 24,1; vgl. *A.J.* 15,259). Wollte der Evangelist mit dieser Geschichte die Konsequenzen eines solchen Verhaltens veranschaulichen, da hochgestellte Frauen in der römischen Welt begannen, ihrer relativen Freiheit dadurch Ausdruck zu verleihen, dass sie männliche Promiskuität eines polygynen Systems nachahmten?

Bei der Bewertung der Figur der Herodias sind wir mit zwei recht verschiedenen Darstellungen konfrontiert, einer politischen (Josephus) und einer eher privaten und persönlichen (Mk). Keine von beiden ist besonders schmeichelhaft für sie und genau deswegen kann sie so einfach als „a striking example of the evil influence of a heartless, determined woman in a high position"[39] beschrieben werden. Die unterschiedlichen Schilderungen lassen sich nicht harmonisieren (daher sollte man es auch gar nicht erst versuchen), denn jede ist konstruiert, um den Zielen des Autors zu dienen. Für unsere Diskussion ist es sachdienlicher, zu fragen, was man für die Rolle einer Frau mit hohem sozialen Status im Kontext imperialer Strukturen folgern kann. Es ist bekannt, dass römische Autoren der späten Republik und der frühen Kaiserzeit dazu tendierten, Töchter hinsichtlich ihrer Eigenschaften wie ihre Väter zu charakterisieren. Vielleicht griffen sie auf eine viel frühere griechische Tradition der Darstellung weiblicher Gottheiten zurück, wo diese die Kräfte und Qualitäten ihrer männlichen Gegenüber teilen, vor allem hinsichtlich militärischer Tapferkeit.[40] Natürlich konnten diese literarischen Ausdrucksformen in der Elite nur dank des verbesserten öffentlichen Status bestimmter Frauen unter dem Prinzipat aufkommen. Die Frauen der julisch-claudischen Linie wie die beiden Julias (die Töchter von Julius Cäsar und Augustus), Agrippina (die Mutter Neros und Frau des Claudius) und Drusilla (die Schwester des Imperators Gaius Caligula) nahmen eine wichtigere Rolle in der Öffentlichkeit ein, als die Macht des Senats im frühen Kaiserreich schwächer wurde. Ihre Namen wurden in Gelübde und Eide aufgenommen und Drusilla wurde nach ihrem Tod als Göttin Panthera verehrt. Gleichzeitig war aber die Vorstellung einer natürlichen Unterlegenheit von Frauen, wie sie von griechischen Philosophen formuliert wurde, auch in römischen Kreisen verbreitet. Dies trug dazu bei, dass man Frauen aus niedrigeren sozialen Schichten, Sklavinnen und weibliche Kleinkinder oft als ohne weiteres ersetzbar erachtete.

Herodias sollte deshalb in diesem Kontext beurteilt werden. Sie und die anderen Frauen der herodianischen Linie, die von Josephus erwähnt werden, Kypros, Berenike und Drusilla, wären von Rom wohl als bloße Provinzlerinnen wahrgenommen worden,

---

[39] Edith DEEN, *All the Women of the Bible* (New York: Harper & Row, 1955 [Nachdruck 1988]), 184; zitiert nach KRAEMER, *Women's Judaism(s)*, 79, Anm. 80.

[40] Vgl. Judith P. HALLET, „Women's Lives in the Ancient Mediterranean", in *Women and Christian Origins* (hg. v. Ross Shepard Kraemer und Mary Rose D'Angelo; New York: Oxford University Press, 1999), 13–34; 28.

wären die HerodianerInnen nicht eng mit der kaiserlichen Familie verbunden gewesen. Seit den Tagen des Herodes des Großen ähnelten ihr Lebensstil und ihr Ethos dem des kaiserlichen Hofes. Damit waren auch Lebensführung und Liaisonen der weiblichen Familienmitglieder stärker von politischen Erwägungen als von traditionellen jüdischen Familienwerten bestimmt. Der Aufstieg des Bruders der Herodias unter Gaius Caligula festigte diese Bindungen sogar noch weiter, worauf die Benennung einer seiner Töchter nach Gaius' Schwester Drusilla hinweist. Diese wurde dann auch römische Bürgerin und erhielt den vorangestellten Namen Julia. Dass sich Agrippas Schicksal aufgrund seiner Freundschaft mit Gaius wendete, führte schließlich, wie wir gesehen haben, auch zum Untergang von Herodias und Antipas. Dennoch gestatten es uns die Geschichten von Agrippas Töchtern, besser zu verstehen, wie diese Frauen tatsächlich in imperiale Macht und Privilegien einbezogen waren, während sie ein Lippenbekenntnis zu ihrem jüdischen Erbe ablegten.

Die Eheschließungen aller drei Töchter Agrippas I. wurden in bester jüdischer Tradition von Männern arrangiert. Aber jede entschied sich zur Scheidung und Wiederheirat oder wie im Falle der Berenike zu einer langfristigen Liaison mit dem zukünftigen Kaiser Titus. Eine Zeitlang war sie geradezu Mitregentin mit ihrem Bruder Agrippa II. (vgl. Apg 25,13; 26,30). Gerüchte über Inzest mit ihrem Bruder veranlassten sie, einen Polemon, König von Kilikien, zu heiraten, nachdem dieser zum Judentum übergetreten war. Sie ließ sich jedoch wieder scheiden und schloss sich erneut ihrem Bruder an, mischte sich in die Staatsaffären Judäas ein, beschwerte sich in Rom über den Amtsmissbrauch des Statthalters und versuchte, die jüdischen Revolutionäre von der Revolution abzubringen (*B.J.* 2,310.333.402). Laut Tacitus war Titus, der Eroberer Jerusalems und zukünftige Kaiser, in sie vernarrt. Schlussendlich gab er aber dem Druck in Rom nach, heiratete sie nicht und schickte sie aus der Stadt weg (Sueton, *Tit.* 7). Drusilla war mit dem König von Emesa, Azizus, verheiratet, gab aber den Annäherungsversuchen des Felix, des Statthalters von Judäa, nach und ließ sich von ihrem Mann scheiden, um ihn zu heiraten, sodass Josephus ihr vorwirft, sie übertrete das Gesetz (*A.J.* 20,143). Agrippas dritte Tochter, Mariamne, die er mit einem Juden namens Archelaos vor seinem Tod verlobt hatte, verließ ihn, um einen hohen Beamten in Alexandria, Demetrius, zu heiraten (*A.J.* 20,147).

4. Resümee

Es wird deutlich, dass die herodianischen Frauen, als deren Prototyp Herodias angesehen werden kann, in einer Welt von Intrigen, arrangierten Hochzeiten und politischer Macht lebten. Josephus, der einerseits keine Bedenken hat, über seine eigene Scheidung zu sprechen, zeigt sich andererseits betrübt über die Promiskuität und verspricht, uns später mehr über jede dieser Frauen zu berichten (*A.J.* 20,147). Dass er dieses Versprechen nicht einlöst, hängt wohl mit seiner eigenen Situation am flavischen Kaiserhof zusammen, als er seine *Jüdischen Altertümer (A.J.)* verfasste. Es muss ihm schmerzlich bewusst geworden sein, dass er Kompromisse zwischen der „synagogalen" Loyalität zur jüdischen Lebensweise und den Anforderungen und Intrigen der kaiserlichen Macht machen musste.

Die jüdischen Frauen, die stärker von der Jesusbewegung als anderen jüdischen Erneuerungs- oder Protestbewegungen angezogen waren, gehörten nicht zur jüdischen Oberschicht und übernahmen auch nicht deren Ethos, wo man sich gegenüber der jüdischen Lebensweise Fremdem angeschlossen hatte. Ein Weg, die Spannung zwischen Synagoge und römischem Reich zu überwinden, bestand für einige jüdische Frauen darin, sich einer radikalen Erneuerungsbewegung anzuschließen, die von einem gleichgesinnten Galiläer initiiert worden war, einer Bewegung, die gleichermaßen eine Bedrohung für römische Werte wie für eine gleichgültige und abgehobene jüdische Elite darstellte. Nachfolgende Generationen dieser radikalen Bewegung mögen die Erinnerung an diese tapferen und loyalen Frauen lebendig erhalten haben, indem sie deren Geschichte weitererzählten, gleichzeitig aber haben sie wegen der sich im eigenen Bereich entwickelnden androzentrischen Strukturen die Vision der Gleichheit der Geschlechter ignoriert, die durch die Anwesenheit der Frauen am Ende in Jerusalem garantiert wurde. Irgendwann haben diese nachfolgenden Generationen der Jesusbewegung sich dann selbst mit den Machtstrukturen des römischen Kaiserreiches angefreundet. Und wie die Geschichte des herodianischen Hauses deutlich macht, war dies der Weg zum ultimativen Verrat am eigenen Erbe.

„Seht, das sind meine Schwestern ..." (Mt 12,49)
Anhängerinnen des Messias Jesus in Großstädten des Römischen Reiches

Luise Schottroff
Universität Kassel

1. Die Fragestellung

Die Evangelien erzählen von Frauen in der Nachfolge Jesu, die mehrheitlich dem jüdischen Volk angehören. Aber wer erzählt hier eigentlich? Die Evangelien sind in den Jahrzehnten nach dem römisch-jüdischen Krieg 66–70 n. Chr. entstanden. Sie kommen aus Gemeinden, die den gekreuzigten Jesus von Nazaret als Auferstandenen in ihrer Mitte wissen. Diese Gemeinden sind vermutlich in Großstädten des römischen Reiches zu Hause.[1] Sie sind Gemeinschaften von Frauen und Männern jüdischer und nichtjüdischer Herkunft.[2] Die androzentrische Sprache und die meist androzentrischen Erzählungen der Evangelien verleiten dazu, nicht zu sehen, dass die mündliche und schriftliche Tradition, die hier zusammengekommen sind, nicht von Männern allein stammt, sondern von Männern und Frauen.[3] Ebenso sind die Texte nicht nur an Män-

---

[1] Siehe z. B. Warren CARTER, *Matthew and the Margins: A Socio-political and Religious Reading* (The Bible & Liberation Series; Maryknoll: Orbis, 2005), 15: Einiges spricht für die Vermutung, Mt stamme aus Antiochia, der römischen Provinz Syrien. Auch für Mk wird häufig Syrien als Entstehungsort favorisiert; siehe z. B. die Diskussion bei Carsten JOCHUM-BORTFELD, *Die Verachteten stehen auf: Widersprüche und Gegenentwürfe des Markusevangeliums zu den Menschenbildern seiner Zeit* (BWANT 178; Stuttgart: Kohlhammer, 2008), 169–171. Für Lk vermutet François BOVON, *Das Evangelium nach Lukas (Lk 1,1–9,50)* (EKKNT 3/1; Zürich: Benziger, 1989), 23, Rom als „nächstliegende Möglichkeit".

[2] Für Mt hat Anthony J. SALDARINI, *Matthew's Christian-Jewish Community* (CSJH; Chicago: The University of Chicago Press, 1994), die These vertreten, „the non-Jews ... are peripheral and occasional" (ebd., 75), Randfiguren des auf Israel zentrierten Textes. Peter FIEDLER, *Das Matthäusevangelium* (TKNT 1; Stuttgart: Kohlhammer, 2006), 20, rechnet mit nichtjüdischen Mitgliedern der Matthäusgemeinde, Rupert FENEBERG, *Die Erwählung Israels und die Gemeinde Jesu Christi: Biographie und Theologie im Matthäusevangelium* (Herders Biblische Studien 58; Freiburg i. Br.: Herder, 2009), 89 u. ö., mit einer primär aus Menschen nichtjüdischer Herkunft bestehenden Gemeinde.

[3] Siehe dazu auch Luise SCHOTTROFF, *Lydias ungeduldige Schwestern: Feministische Sozialgeschichte des frühen Christentums* (Gütersloh: Gütersloher Verlagshaus, 1994), 120; DIES., „Auf dem Weg zu einer feministischen Rekonstruktion der Geschichte des frühen Christentums", in DIES., Silvia SCHROER und Marie-Theres WACKER, *Feministische Exegese: Forschungserträge zur Bibel aus der Perspektive von Frauen* (Darmstadt: Wissenschaftliche Buchgesellschaft, 1995), 173–248; 206–208. Das traditionelle Konzept eines (meist einzelnen) Autors, Redaktors o. ä. ist grundsätzlich methodisch zu kritisieren. Theodore W. JENNINGS und Tat-Siong Benny LIEW, „Mistaken Identities but Model Faith: Re-reading the Centurion, the Chaps, and the Christ in Matthew 8:5–13", *JBL* 123 (2004): 467–494, benutzen durchweg weibliche Wörter, wenn sie sich auf „Matthäus" beziehen, als einen

ner gerichtet, sondern an Männer und Frauen. Vor allem aus Paulusbriefen lässt sich erschließen, dass diese Gemeinden aus Versklavten und Freigeborenen bestanden und dass Frauen, versklavte und freigeborene, in ihnen – trotz Widerständen – eine grundsätzlich gleichrangige Stimme und Gestaltungsmöglichkeit hatten.[4]

Hier soll es nun um die Frage gehen, wie wir uns die Identität dieser Frauen im Kontext der hellenistisch-römischen Kultur und der politischen Realität des römischen Reiches vorzustellen haben, vor allem, wenn sie nichtjüdischer Herkunft sind. Wie wird ihre Identität in den Evangelien sichtbar?

2. „Heidenchristinnen" oder Anhängerinnen des Messias Jesus aus den Völkern?

Die Diskussion über die Identität jüdischer Menschen im 1. Jh. hat in den letzten Jahren die traditionellen (christlichen) Konzepte von „Judentum" und „Religion" in Frage gestellt.[5] Eine Ἰουδαία zur Zeit der Evangelien ist danach als Frau aus dem ἔθνος, dem „Volk", der Judäer und Judäerinnen zu beschreiben. Dieses ἔθνος hat ein gemeinsames Land (Judäa), gemeinsame Sprache und Geschichte, einen gemeinsamen Kult und ein gemeinsames Gesetz, die Tora. Es erzeugt einen missverständlichen Eindruck, eine Ἰουδαία „Jüdin" zu nennen, da dieser Begriff in meinem westlichen Kontext als Bezeichnung einer „Religion" verstanden wird, nicht mit einem Land und einem ἔθνος zusammengesehen wird. Ich müsste historisch genauer „Judäerin" sagen. In meinem deutschen Kontext ist es trotz dieser historischen Einsicht notwendig, weiterhin von Jüdinnen und Juden zu sprechen, um die Kontinuität der Geschichte des Judentums damals und heute deutlich zu machen. Dieses „Heute" umfasst auch die Shoah.

Wie ist die Identität einer Ἰουδαία, die Jesus nachfolgt, zu beschreiben? Heute hat sich in der christlichen Theologie immer mehr die Einsicht durchgesetzt, dass eine „Judenchristin" eine „Jüdin/Judäerin" ist, die einem Messias des eigenen Volkes, des Volkes Israel, nachfolgt. Man würde ihr heute christlicherseits vielleicht sogar zugestehen, dass sie weiterhin toratreu lebt.

Hinweis darauf, „that writers of this and other canonical Gospels are anonymous (as were most women in the first century C.E.)".

[4] Für die Bedeutung versklavter Männer und Frauen für die Gemeinden ist besonders der Befund in Röm 16 ergiebig; siehe dazu Peter LAMPE, *Die stadtrömischen Christen in den ersten beiden Jahrhunderten: Untersuchungen zur Sozialgeschichte* (WUNT 2/18; Tübingen: Mohr, ²1989), 124–153. Zur Frage der Machtverhältnisse innerhalb der Gemeinden der Paulusbriefe siehe bes. Kathy EHRENSPERGER, *Paul and the Dynamics of Power: Communication and Interaction in the Early Christ-Movement* (Library of New Testament Studies 325; London: T&T Clark, 2007).

[5] Grundlegend Steve MASON, „Jews, Judaeans, Judaizing, Judaism: Problems of Categorization in Ancient History", *JSJ* 38 (2007): 457–512; dort auch Informationen über vorausgehende Diskussionen zum Thema. Siehe auch Wolfgang STEGEMANN, *Jesus und seine Zeit* (Stuttgart: Kohlhammer, 2010), 207–236.

Wie ist nun die Identität der „Heidenchristinnen" zu verstehen? Es sind auch „Heidenchristinnen", die in den Evangelien von Jesus, dem Messias, erzählen und für die diese Evangelien aufgeschrieben sind. Sie stammen aus den Völkern (ἔθνη). Das Wort „Heidin" enthält die traditionelle christliche Abwertung anderer Kulturen und Religionen.[6] Doch auch die Bezeichnung „Christin" ist problematisch – sei es für Heiden-„Christinnen" oder für Juden-„Christinnen". Ein Christentum hat es zu dieser Zeit noch nicht gegeben.[7] Angemessener ist es, die „Heidenchristinnen" dieser Zeit als „Anhängerinnen des Messias Jesus aus den Völkern" zu bezeichnen. Um ihre Identität besser zu verstehen, ist es notwendig, einerseits über ihr Verhältnis zu ihrer Herkunftskultur und -gesellschaft und andererseits über ihr Verhältnis zum jüdischen/judäischen Volk nachzudenken. Die Kernfrage ist dabei: Wie war ihr Verhältnis zur Tora?[8] Die traditionelle christlich-wissenschaftliche Antwort lautet: Sie lebten „gesetzesfrei", d. h. frei vom Kultgesetz der Tora und dem Leistungsdruck der Toraerfüllung.[9] Die positive Restbeziehung zur Tora gilt dabei als bestimmt von einer überzeitlichen Ethik, die auch schon z. B. in den Zehn Geboten wiedergefunden werden soll. Sie kann nach dieser Theorie mit einer „Tora für die Völker", die den noachitischen Geboten ähnelt, verbunden sein.

3. Das Verhältnis zur Herkunftsgesellschaft

Die Evangelien erzählen von Erfahrungen der Menschen im Imperium Romanum, z. B. in den Gewaltszenarien der Gleichnisbilder von Königen und Sklavinnen und Sklaven.[10] Sie sprechen vom Steuerzahlen (Mk 12,13–17 etc.), von Verfolgung (Mk 4,17 u. ö.) und Angst. Sie beschreiben die Gemeinde als Gemeinschaft in Gerechtigkeit, die eine Alternative zur Hierarchie- und Gewaltstruktur des römischen Reiches bietet (z. B. Mk 10,35–45).

---

[6] Die hebräische Bezeichnung גוֹיִם enthält nicht wie der christliche Begriff „Heiden" die Voraussetzung, die eigene Religion sei die absolute und überlegene Religion.

[7] Χριστιανοί wird im 1. Jh. und noch darüber hinaus – nur von außen – meist in politischem Zusammenhang für eine innerjüdische Gruppierung verwendet; es bezeichnet also die Anhängerschaft eines jüdischen Messias.

[8] Bezüglich einer ausführlichen Diskussion der Bedeutung der Tora für Messiasanhängerinnen und Messiasanhänger in hellenistisch-römischen Städten siehe Luise SCHOTTROFF, „Die Theologie der Tora im ersten Brief des Paulus an die Gemeinde in Korinth", in *Alte Texte in neuen Kontexten: Sozialwissenschaftliche Interpretationen zum Neuen Testament* (hg. v. Wolfgang Stegemann; Stuttgart: Kohlhammer, erscheint voraussichtlich 2012).

[9] Zur Kritik des Konzeptes „Heidenchristentum" siehe auch SCHOTTROFF, *Schwestern*, 27–33; DIES., „Auf dem Weg", 201–206; DIES., „‚Gesetzesfreies Heidenchristentum' – und die Frauen? Feministische Analysen und Alternativen", in *Von der Wurzel getragen: Christlich-feministische Exegese in Auseinandersetzung mit Antijudaismus* (hg. v. Luise Schottroff und Marie-Theres Wacker; BibIntS 17; Leiden: Brill, 1996), 227–245.

[10] Zum Einzelnen Luise SCHOTTROFF, *Die Gleichnisse Jesu* (Gütersloh: Gütersloher Verlagshaus, ³2010).

Es entsteht ein Bild, das von Abgrenzung zu den gesellschaftlichen Strukturen von Gewalt und von Widerstand gekennzeichnet ist. Der Eine Gott Israels (Mk 12,28–34 par.) und seine gerechte Welt (ἡ βασιλεία τοῦ θεοῦ) sind die große Hoffnung, die schon jetzt das Leben verwandelt und Gerechtigkeit erfahrbar macht. Die Frauen aus den Völkern, deren Stimmen in den Erzählungen des Evangeliums enthalten sind, haben das *Sch^{e}ma'* Israel (siehe Mt 22,34–40 par.) auch als ihre tägliche Lebensgrundlage angesehen und damit die „ganze Tora" (22,40) auf sich bezogen (dazu s. u.).

4. Die Erzählung von Jesu Schwestern Mt 12,46–50

Die synoptischen Evangelien enthalten mehrere Versionen einer Erzählung von „Jesu wahre(n) Verwandte(n)" – so die Überschrift in der Lutherübersetzung (Revision 1984) über Mt 12,46–50 und die synoptischen Parallelen. Diese Erzählung soll hier der Beantwortung der Frage nach der Identität der messiasgläubigen Frauen aus den Völkern dienen. Hier kann diese Frage nur für Mt diskutiert werden. Dieses Evangelium gilt gerade als besonders nahe am Judentum seiner Zeit, sodass es auch Hypothesen gibt, es habe in den mt Gemeinden überhaupt keine Frauen und Männer aus den Völkern gegeben. Umso mehr ist es sinnvoll, gerade für dieses Evangelium nach ihnen zu fragen.

In Mt 12,46–50 wird Folgendes erzählt: Jesus hat einen öffentlichen Auftritt mit Reden, Heilungen und Konflikten hinter sich (12,15–45). Seine Reden enden mit einem scharfen Wort gegen „diese Generation", wenn sie es nicht schafft, die vertriebenen Dämonen an der Rückkehr zu hindern (12,45). Mit „dieser Generation" sah die traditionelle Auslegung Israel angesprochen und verurteilt.[11] Doch diese Deutung beruht auf dem Vorurteil der Verwerfung Israels durch Gott und Jesus. Der Text verurteilt jedoch nicht, sondern mahnt und ermutigt, denn wo die Dämonen draußen bleiben, da fängt Gottes Reich (ἡ βασιλεία τοῦ θεοῦ) schon an (12,28f.). Die Dämonen versuchen die Menschen zu beherrschen. Die ἐξουσία Jesu und seiner Nachfolger und Nachfolgerinnen, Dämonen auszutreiben, steht der „Macht" der weltlichen Gewalten entgegen.[12] Diese werden sichtbar in ihren zerstörerischen Auswirkungen auf die Körper und Seelen der Menschen.

Hier schließt nun die Szene, in der es auch um Jesu Schwestern geht, an (Mt 12,46–50):

> (46) Während er noch zur Volksmenge sprach, seht, da standen seine Mutter und seine Geschwister draußen und wollten mit ihm sprechen. (47) Jemand sagte zu ihm: „Schau, deine Mutter und deine Geschwister sind draußen und wollen mit dir sprechen." (48) Er antwortete ihm: „Wer ist meine Mutter, und wer sind meine Geschwister?" (49) Und er streckte seine Hand zu seinen Jüngerinnen und Jüngern aus und sagte: „Seht, da sind meine Mutter und meine Schwestern und Brüder. (50) Denn alle, die den Willen Gottes

---

[11] So z. B. noch immer – wenn auch vorsichtig – Ulrich LUZ, *Das Evangelium nach Matthäus (Mt 8–17)* (EKKNT 1/2; Zürich: Benziger, 1990), 282.

[12] Vgl. JOCHUM-BORTFELD, *Die Verachteten stehen auf*, 244.

tun, für mich Vater und Mutter im Himmel, die sind meine Brüder, meine Schwestern und meine Mutter".

Jesus ist vom Volk umgeben. Außerhalb dieser Menge, an ihrem Rande[13] stehen gegen Ende seiner Rede seine Mutter und seine Geschwister. Der Text formuliert hier androzentrisch: ἀδελφοί („Brüder", aber auch „Geschwister"). Dieses Wort bezieht sich ebenso auf Jesu leibliche Schwestern, wie indirekt 12,50 zeigt. Da die androzentrisch-inklusive Redeweise in den ntl. Texten die Regel ist, sollte zudem aus der Erwähnung von ἀδελφοί nur dann geschlossen werden, dass keine ἀδελφαί, „Schwestern", anwesend sind,[14] wenn der Text dazu Anlass gibt.

Hier ist jedoch durch V50 deutlich, dass die Schwestern von Anfang an mitgemeint sind. Der Text arbeitet mit einer Unterscheidung von leiblichen Schwestern und Schwestern in einem weiteren Sinne. In 13,56 werden die leiblichen Schwestern ebenfalls erwähnt. Während hier die Namen der leiblichen Brüder genannt werden, bleiben die Schwestern ohne Namen. Erst altkirchliche Legenden erwähnen Namen, z. B. Assia und Lydia.[15]

Die Frage Jesu in V48 „Wer ist meine Mutter, wer sind meine Geschwister?" sollte nicht als Distanzierung von der Herkunftsfamilie verstanden werden. Denn auch in Mt wird implizit vorausgesetzt (mindestens in 1,14–23), wie es z. B. in Apg dann explizit erzählt wird, dass Familienangehörige Jesu zur Nachfolgegemeinschaft gehören (siehe bes. Apg 1,14; vgl. auch 1 Kor 15,7). Die androzentrische Formulierung ἀδελφοί in Apg 1,14 sollte ebenfalls inklusiv verstanden werden. Jesu leibliche Schwestern gehören zur Gemeinde in Jerusalem. Die Frage Jesu (Mt 12,48) zielt damit bereits darauf, dass er Mutter und Geschwister anders als im engeren Sinne (der Herkunftsfamilie) verstehen will. Er knüpft an den weiteren Gebrauch des Begriffs Bruder/Schwester etwa in Dtn an: Israel ist ein Volk von Brüdern/Geschwistern (Dtn 3,18; 15,3; 23,20.21 u. ö.).[16] Mit dem Bruder ist in Dtn der freie, grundbesitzende Mann (und seine Frau) gemeint.[17] Das Dtn redet das Rechtssubjekt mit „Du" oder „Ihr" an. Dieses Rechtssubjekt ist seinesgleichen geschwisterlich verbunden, weil beide zu Israel gehören. „Bruder/Schwester" bezeichnen Identität und betonen die notwendige alltägliche Umgangsweise miteinander für die, die zu der Gruppe der Geschwister gehören – so fasst

---

[13] Nicht unbedingt außerhalb eines Hauses.
[14] LUZ, *Evangelium*, 2,288, nimmt an, nur Jesu Mutter und seine Brüder seien in 12,46–50 als anwesend gedacht, die Schwestern seien, „wie es der Sitte entsprach", zu Hause geblieben. Er berücksichtigt dabei den Androzentrismus der Sprache nicht.
[15] Siehe Wolfgang A. BIENERT, „Jesu Verwandtschaft", in *Neutestamentliche Apokryphen in deutscher Übersetzung 1: Evangelien* (hg. v. Wilhelm Schneemelcher; Tübingen: Mohr, [5]1987), 373–386; 374f.; Arnold MEYER und Walter BAUER, „Jesu Verwandtschaft", in *Neutestamentliche Apokryphen in deutscher Übersetzung 1: Evangelien* (hg. v. Edgar Hennecke und Wilhelm Schneemelcher; Tübingen: Mohr, [3]1959), 312–321; 312.
[16] Vgl. EHRENSPERGER, *Paul*, 60; David G. HORRELL, „From ἀδελφοί to οἶκος θεοῦ: Social Transformation in Pauline Christianity", *JBL* 120 (2001): 293–311.
[17] Vgl. Frank CRÜSEMANN, *Die Tora: Theologie und Sozialgeschichte des alttestamentlichen Gesetzes* (München: Kaiser, 1992), 294.

Kathy Ehrensperger den Befund für das AT und das nachbiblische Judentum zusammen.[18]

Es ist zu fragen, ob versklavte Menschen aus der Perspektive von Mt 12,46–50 zu den Geschwistern gehören. Mt 20,24–28 par. definiert Gleichrangigkeit in der Gemeinde als alternative Gesellschaft dadurch, dass alle sich an den untersten Platz – den der Sklavinnen und Sklaven – gegenüber allen anderen stellen. Hier wird die Arbeit der Versklavten sichtbar gemacht und verlangt, dass niemand sie als niedere Arbeit, der die eigene Position überlegen ist, behandeln darf. In Phlm 16 nennt Paulus einen Sklaven „Bruder ἐν σαρκί" („im Fleisch"), dies meint: Bruder in allen sozialen Beziehungen und der Realität des Alltags. Hier wird eine zu Mt 20,24–28 par. vergleichbare Praxis sichtbar: Auch in der Praxis des Alltags der Gemeinde sind Versklavte den Freigeborenen gleichrangig. In Mt 25,40 ist Geschwisterlichkeit im relevanteren Teil der Handschriften auf alle, die in Not sind, ausgedehnt. So lässt sich sagen, dass auch in Mt 12,49f. der Begriff ἀδελφοί nicht stillschweigend gesellschaftliche Herrschaftsverhältnisse und Hierarchien voraussetzt, sondern versklavte Menschen einschließt.

Auch das Wort „Mutter" wird in 12,49f. dem Begriff ἀδελφοί entsprechend in einem weiteren Sinne gebraucht (vgl. Röm 16,13). Das Wort „Vater" jedoch wird auf beiden Ebenen ausgespart und nur für Gott benutzt (vgl. Mt 23,9; anders Paulus, der sich selbst „Vater" der Gemeinde nennt: 1 Kor 4,15).

Mt 12,49 bezieht die Geschwisterschaft auf die μαθηταί, die „Jünger und Jüngerinnen". Die Gruppe der μαθηταί wird in Mt nicht nach außen abgegrenzt und ist offen für alle aus dem Volk Israel und den Völkern, für Männer und Frauen (siehe nur 27,55), wenn sie sich der Tora und der Nachfolge des Messias Jesus verpflichtet fühlen (siehe Mt 28,19).[19]

Mt 12,49 erzählt von einer Geste Jesu: Er streckte die Hand aus zu (ἐπί)[20] den Jüngern und Jüngerinnen. Die Geste Jesu in Mt 12,49 gibt seiner Vorstellung, wer seine Mutter und Geschwister sind, Ausdruck. Er deutet nicht explizit nur auf seine Herkunftsfamilie, sondern auf einen größeren Kreis. Auf der Ebene der Erzählung zeigt er auf die μαθηταί, die „Jünger und Jüngerinnen". Aber sind sie abgegrenzt von den ebenfalls anwesenden ὄχλοι, der Menge (V46), und seiner Herkunftsfamilie? Davon sagt der Text nichts. Alles hängt an der in V50 folgenden inhaltlichen Bestimmung. Die Geste drückt bereits das aus, was Jesus in V50 ausspricht.

---

[18] Vgl. EHRENSPERGER, *Paul*, 60.

[19] Siehe Luise SCHOTTROFF, „Heilungsgemeinschaften: Christus und seine Geschwister nach dem Matthäusevangelium", in *Christus und seine Geschwister: Christologie im Umfeld der Bibel in gerechter Sprache* (hg. v. Marlene Crüsemann und Carsten Jochum-Bortfeld; Gütersloh: Gütersloher Verlagshaus, 2009), 23–44.

[20] LUZ, *Evangelium*, 2,287, deutet die Bewegung als Geste des Schutzes (anders als Walter BAUER, Kurt und Barbara ALAND, *Griechisch-deutsches Wörterbuch zu den Schriften des Neuen Testaments und der frühchristlichen Literatur* (Berlin: de Gruyter, ^{6}1988), 584, III.1.a.δ, der die Geste als bloße Richtungsangabe versteht). Aber darin wie Luz den Indikativ des Heils für die Jünger zu sehen, trägt einen Gedanken ein. Wichtig ist die Geste im Kontrast zu dem Satz des Unbekannten in V47.

5. Die den Willen Gottes tun

Die inhaltliche Bestimmung der weiteren Geschwister- und Mutterbeziehung in V50 nimmt eine Wendung auf, die bei Mt und Joh mehrfach begegnet, bei Mk nur in der Parallele zu Mt 12,50 in 3,35: „den Willen meines Vaters in den Himmeln tun" (bzw. „den Willen Gottes" bei Mk). Lk spricht in diesem Zusammenhang vom Tun des *Wortes* Gottes (8,21). Mit der Wendung „das Tun des Willens Gottes" ist das Tun der Tora gemeint.[21]

Das Tun des Willens Gottes ist als Verweis auf Gottes „selbstmächtige, unabhängige Verfügungsgewalt" und absolute Souveränität verstanden worden.[22] Besonders Mt 20,15 hat dieses Verständnis des Willens Gottes nahegelegt, da der Weinbergbesitzer im Gleichnis als bildliche Darstellung Gottes verstanden wurde. Diese Deutung verkennt den Kontrast zwischen Gleichnisbild und Gott. Der Weinbergbesitzer betont die Verfügungsgewalt über sein Privateigentum: Kann ich nicht „mit meinem Eigentum machen, was ich will"? Das Gleichnis will gerade deutlich machen, dass Gott so *nicht* ist.[23]

Die Formulierung „mein Vater in den Himmeln" in Mt 12,50 u. ö. verweist ebenfalls auf den Kontrast zwischen den Vätern von „Fleisch und Blut"[24] und Gott. Der „Wille" des „Vaters" ist bei Mt wie schon im AT nicht Ausdruck seiner absoluten Autorität, sondern eines Beziehungsgeschehens zwischen Gott und Menschen. Die griechische Bezeichnung θέλημα Gottes entspricht oft der Sache nach der Rede von der εὐδοκία Gottes, seinem „Gefallen", das er Menschen erwählend und liebend zuwendet.[25] Die Tora wird hier als Ausdruck göttlicher Zuwendung verstanden.

---

[21] Siehe Jes 42,21LXX; Ps 40,9LXX (diesen Hinweis verdanke ich Frank CRÜSEMANN, mündlich). Zu rabbinischem Material siehe Str-B 1:467. Mt 7,21–23 benennt den Gegensatz zwischen dem Tun des Willens Gottes und der ἀνομία („Gesetzlosigkeit"), so dass der Bezug auf die Tora/νόμος („Gesetz") hier auch explizit vorliegt.

[22] Siehe Gottlob SCHRENK, „θέλω, θέλημα, θέλησις", TWNT 3:43–63; 47. Eine solche Deutung des Willens Gottes ist in christlichen Auslegungen häufiger zu finden.

[23] Zu diesem Kontrast zwischen Weinbergbesitzer und Gott siehe die exegetische und gleichnistheoretische Begründung in SCHOTTROFF, *Gleichnisse*. Zu dem Zusammenhang des Gleichnisbildes Mt 20,1–16 mit der zunehmenden Bedeutung des Privateigentums in der frühen römischen Kaiserzeit siehe ebd., 275.

[24] Material dazu bei Str-B 1:393–396.

[25] Siehe z. B. 1 Kor 1,1 (θέλημα) und Gal 1,15 (εὐδόκησεν: „es gefiel" Gott) für die Berufung des Paulus. Auf die erwählende und liebende Zuwendung deuten hebräische Wörter wie רָצוֹן oder חֵפֶץ, die im Griechischen mit θέλημα (Gottes) wiedergegeben sind (Ps 40,9LXX; Jes 42,21LXX).

6. Messiasanhängerinnen aus den Völkern und Israels Tora (nach Mt)

Was bedeutet diese Erzählung von der *familia dei*[26] für Frauen nichtjüdischer Herkunft, die dem Messias Jesus nachfolgen? Sie haben diese Geschichte erzählt und sie wurde auch für ihresgleichen aufgeschrieben. Sie heißen hier Schwestern des Messias (12,50), weil sie den Willen Gottes tun, d. h. die Tora halten. Der literarische Kontext macht bei Mt unmissverständlich klar, dass damit die ganze Tora ohne irgendwelche Abstriche (Mt 5,17–20, vgl. Mt 22,40), auch nicht des „geringsten Gebots" (5,19), gemeint ist.

Heißt das für Männer aus den Völkern Beschneidung und für Frauen z. B. Reinheitsvorschriften im Sinne von Lev 15,19–23? Mt sagt nichts über Beschneidung und kultische Unreinheit von menstruierenden Frauen.[27] Was lässt sich aus diesem Schweigen schließen? Anthony J. Saldarini diskutiert das Schweigen über die Beschneidung von Männern.[28] Er rechnet damit, dass einige wenige Männer aus den Völkern Mitglieder der Gemeinden des Mt sind. Das Schweigen über das Thema Beschneidung erklärt er damit, dass nicht alle jüdischen Autoren dieser Zeit Beschneidung als zentrales Thema behandeln und dass die Identität nichtjüdischer Männer, die sich der Synagoge anschließen und die Tora praktizieren, nicht genau definiert wird. Die neuere Diskussion darüber, was Ἰουδαῖος/Ἰουδαία bedeutet, hilft einen Schritt weiter: Nichtjüdische Männer werden durch ihre Bindung an den Gott Israels und die Tora nicht zu Juden und nichtjüdische Frauen werden nicht zu Jüdinnen. Die Beschneidung gehört zum ἔθνος der JudäerInnen/JüdInnen, aber die Menschen aus den Völkern bleiben Ἕλληνες, „Griechen" – oder Angehörige eines anderen nichtjüdischen ἔθνος. Aber wieso kann Mt dann so über die Tora der nichtjüdischen Schwestern Jesu reden, als gäbe es keine Abstriche für die Völker? Mt 12,50 spricht uneingeschränkt vom Willen Gottes, den die Schwestern des Messias einhalten. Sind sie solche, die geringste Gebote der Tora einfach doch missachten (entgegen 5,19)? Die Antwort auf diese Frage ist im Verständnis von der Auslegung der Tora zu finden.

---

[26] Es ist durchaus zutreffend, von der „Familie Gottes" zu reden, doch sollten damit nicht die asymmetrischen Beziehungen der patriarchalen Familie in die Gemeinde und in die Gottesbeziehung importiert werden.

[27] Mt 9,20–22 ist zu Unrecht auf kultische Reinheit/Unreinheit von Frauen bezogen worden; siehe Ulrike METTERNICH, *„Sie sagte ihm die ganze Wahrheit": Die Erzählung von der „Blutflüssigen" – feministisch gedeutet* (Mainz: Grünewald, 2000). Mt 15,1–20 zeigt halachische Auseinandersetzungen über Reinheitsfragen mit einer pharisäischen Gruppe, aber keine Stellungnahme gegen die Reinheitsvorschriften der Tora; siehe dazu SALDARINI, *Community*, 134–141; FIEDLER, *Matthäusevangelium*, 280.

[28] Siehe SALDARINI, *Community*, 156–160.

7. Auslegungsgemeinschaften

Wie liest Jesus nach Mt die Tora? In den letzten Jahren sind besonders die Kommentarworte Jesu (Mt 5,21–48) strittig diskutiert worden. Ausgangspunkt dieser Diskussion war die christlich-traditionelle Annahme, Jesus habe hier die Tora außer Kraft gesetzt. Darum nannte man die Kommentarworte „Antithesen" und übersetzte die Einleitungswendung in Mt 5,22.28.32.39.44 mit „ich aber sage euch". Jesus erscheint in solchen Deutungen z. B. als ein neuer Mose, der eine neue Tora der Liebe im Kontrast zur alten Tora der Vergeltung („Auge um Auge"; Mt 5,38) verkündet. Durch den christlich-jüdischen Dialog hat sich die christliche Interpretation der Kommentarworte deutlich verändert. Es ist klar geworden, dass Jesus hier die Tora auslegt, und zwar im Rahmen dessen, was zu seiner Zeit als Toraauslegung praktiziert wurde.[29]

Deshalb übersetzt z. B. die „Bibel in gerechter Sprache"[30] die Einleitungswendung nicht mit „ich aber sage euch", sondern mit „ich lege euch das heute so aus". Jesu Auslegung der Tora in Mt gehört in den Rahmen jüdischer Halacha dieser Zeit und sprengt diesen Rahmen nicht. Auch der Streit Jesu um Toraauslegung z. B. mit pharisäischen Gruppen bewegt sich in diesem Rahmen. Es wird um die Auslegung der Tora für die Gegenwart gestritten. Die Vorstellung einer Tora, die in ihrem Wortlaut einen vorgegebenen Sinn hat, der sich einer Auslegung entzieht, gibt es dabei nicht. Die Gemeinden, auch ihre Mitglieder nichtjüdischer Herkunft, bildeten Auslegungsgemeinschaften, durch deren gemeinsame Auslegung die Tora für die Gegenwart lebendig wurde.[31] Deshalb sollten die Verse Mt 5,17–20 nicht als Anweisung zum Halten einer wörtlich verstandenen Tora gelesen werden, sondern zu einer Auslegung der Tora, die ihr uneingeschränkt verpflichtet ist. Das hieß für Männer aus den Völkern, dass sie Beschneidung nicht als Gebot für sich verstanden, weil Beschneidung als dem jüdischen/judäischen ἔθνος zugehörig verstanden wurde – von allen Beteiligten. So kann das Schweigen über Beschneidung erklärt werden. Für die messiasgläubigen Frauen aus den Völkern kann vermutet werden, dass sie die Praxis der Jüdinnen, auch die Reinheitsgebote, übernahmen: Denn zur Zeit der Alten Kirche wird von christlichen Frauen berichtet, die Waschungen nach der Menstruation praktizieren.[32] Die uneingeschränkte Verpflichtung zur Tora ist die zur Tora, wie sie in Gemeinschaft für die Gegenwart und die gegebene Situation ausgelegt wird.

---

[29] Zu dieser Diskussion siehe z. B. Martin VAHRENHORST, „*Ihr sollt überhaupt nicht schwören": Matthäus im halachischen Diskurs* (WMANT 95; Neukirchen-Vluyn: Neukirchener Verlag, 2002).

[30] *Bibel in gerechter Sprache* (hg. v. Ulrike Bail et al.; Gütersloh: Gütersloher Verlagshaus, 2006, ³2007).

[31] Siehe dazu besonders Kathy EHRENSPERGER, „Paul and the Authority of Scripture: A Feminist Perception", in *As It Is Written: Studying Paul's Use of Scripture* (hg. v. Stanley E. Porter und Christopher D. Stanley; SBLSymS 50; Atlanta: SBL, 2008), 291–319.

[32] METTERNICH, „*Sie sagte ihm die ganze Wahrheit*", 133–189, bes. 154f.

8. Die Kanaanäerin

Explizit und ausführlich wird nur in Mt 15,21–28 von einer „kanaanäischen" Frau nichtjüdischer Herkunft erzählt. Doch diese Erzählung hat paradigmatischen Charakter. Frauen nichtjüdischer Herkunft sind für dieses Evangelium deutlich im Blick. Im Stammbaum Jesu spielen sie ebenfalls eine Rolle: Vor allem Rahab und Rut (Mt 1,5) verkörpern nichtjüdische Frauen, die für Israels Geschichte wichtig geworden sind.[33] Was bedeutet es, dass die Geschichte Mt 15,21–28 auch von Frauen nichtjüdischer Herkunft und für sie erzählt wurde?

> (21) Jesus ging danach von dort weg und zog sich ins Gebiet von Tyrus und Sidon zurück. (22) Und seht, eine kanaanäische Frau aus jener Gegend kam herbei und schrie: „Erbarme dich meiner, Jesus, Nachkomme Davids, meine Tochter ist krank durch einen Dämon." (23) Jesus antwortete ihr mit keinem Wort. Seine Jüngerinnen und Jünger kamen dazu und baten ihn: „Befreie sie, denn sie schreit hinter uns her." (24) Er sagte: „Ich bin nur zu den verlorenen Schafen des Hauses Israel gesandt." (25) Sie aber kam, fiel vor ihm nieder und sagte: „Hilf mir, Jesus." (26) Er antwortete: „Es ist nicht gut, den Kindern das Brot zu nehmen und es den Hunden hinzuwerfen." (27) Und sie sagte: „Ja, das stimmt, doch die Hunde fressen von den Krümeln, die vom Tisch der Menschen fallen." (28) Da antwortete Jesus und sagte zu ihr: „Frau, dein Vertrauen ist groß. Es geschehe dir, wie du willst." Und ihre Tochter war geheilt von jener Stunde an.

Auffällig ist, wie stark die Frau ihre Beziehung zum jüdischen Messias Jesus in den Mittelpunkt stellt. Sie redet ihn als Davidsnachkommen und dreimal als κύριος an (15,22.25.27). Die traditionelle Übersetzung „Herr" verdeckt, dass κύριος ein „inniges Vertrauensverhältnis", „unbedingte und befreiende Zugehörigkeit" ausdrückt. Es sollte anders übersetzt werden, z. B. „auf dich höre ich", „ich gehöre zu dir" oder so wie oben in V22.25 „Jesus".[34] Ihr Hilferuf nimmt die Sprache der Psalmen auf (z. B. Ps 6,3) und die Hilferufe kranker jüdischer Menschen, von denen Mt 9,27; 17,15; 20,30 erzählen. Es ist diese Kraft des Vertrauens zum Gott Israels und dem Messias Jesus, die Jesus am Schluss πίστις, „Vertrauen", nennt (15,28) und die es schafft, seinen Widerstand zu überwinden und Heilung für ihre kranke Tochter zu bewirken. Die Erzählung zeigt also eine nichtjüdische Frau, die bereits dem Gott Israels tief verbunden ist. Es ist aus den Paulusbriefen und aus der Apg bekannt, dass viele Frauen nichtjüdischer

---

[33] Dazu SALDARINI, *Community*, 69; Jane SCHABERG, *The Illegitimacy of Jesus: A Feminist Theological Interpretation of the Infancy Narratives* (The Biblical Seminar 28; Sheffield: Sheffield Academic Press, 1995), 20–34, die allerdings andere Aspekte dieser Frauengestalten, ihre Stellung in einer patriarchalen Gesellschaft, herausarbeitet, ähnlich wie Elaine Mary WAINWRIGHT, *Towards a Feminist Critical Reading of the Gospel according to Matthew* (BZNW 60; Berlin: de Gruyter, 1991), 156–170. Die vier Frauen im Stammbaum und Maria repräsentieren Störungen der idealen patriarchalen Ordnung. Die Kanaanäerin in Mt 15,21–28 agiert als allein erziehende Mutter; siehe Martina S. GNADT, „Das Evangelium nach Matthäus", in *Kompendium Feministische Bibelauslegung* (hg. v. Luise Schottroff und Marie-Theres Wacker; Gütersloh: Gütersloher Verlagshaus, ²1999), 483–498; 495.

[34] Siehe Marlene CRÜSEMANN, „Lebendige Widerworte: Der Text für das Feierabendmahl: Matthäus 15,21–28", *Junge Kirche* 67 (extra/2006): 44–48; 45.

Herkunft in Synagogengemeinden der Diaspora, meistens also in den hellenistisch-römischen Städten im Mittelmeergebiet, bereits mit den Ohren der Freundinnen der jüdischen Gemeinde[35] die Botschaft von der Befreiung hören, die dieser jüdische Messias verkörpert.

Jesus, vielleicht auch die Jünger und Jüngerinnen bei ihm,[36] begegnen dieser Frau abweisend und beleidigend (15,23f.26). Jesus hält sich hier zunächst an das, was er 10,5f. in der Aussendungsrede gesagt hat: Konzentriert eure Kraft auf das Volk Israel, das in der Situation der verlorenen Schafe ist. Jesu Haltung zur Sendung zu den Völkern wird in Mt als in sich widersprüchlich dargestellt. Einerseits vertritt er von Beginn seines Wirkens an, dass die Nachfolgegemeinschaft „Licht für die Menschen" sein soll (5,16; vgl. 4,15).[37] In 12,21; 28,19 wird ebenfalls die Sendung zu den Völkern (ἔθνη) deutlich in den Blick genommen. Dem stehen Mt 10,5f. und 15,23–27 entgegen. Verbreitet sind Lösungsversuche dieses Widerspruches, die mit einer zeitlichen Mehrstufigkeit rechnen: zunächst nur Sendung zu Israel, dann (z. B. nach der Auferstehung Jesu) Sendung zu den Völkern. Doch diese Erklärungsversuche bleiben unbefriedigend. Einleuchtender ist die Theorie, dass das Evangelium von der Geburt Jesu an seine Sendung (auch) zu den Völkern voraussetzt, aber innerhalb der messianischen Gemeinden dagegen Widerspruch existierte. Dieser Widerspruch würde dann in Mt 15,23–27 Jesus selbst in den Mund gelegt und durch seine Abkehr von der eigenen Position in Mt 15,28 machtvoll außer Kraft gesetzt. Das Argument für die Ablehnung der Sendung zu den Völkern ist die umfassende Not des jüdischen Volkes. Sie wird sowohl in 10,5f. als auch in 15,24 mit der biblischen Metapher „verlorene Schafe" beschrieben. Sie sind politisch und ökonomisch hilflos. Die Sendung Jesu und der Seinen stellt die Heilung der vielen kranken Menschen in den Mittelpunkt (siehe nur 10,8; 15,29–31). Die in Mt deutlich werdende Notlage entspricht der historisch verifizierbaren Situation Israels nach dem Krieg 66–70 n. Chr.[38] Der Widerspruch gegen die Einbeziehung der Völker verlangt eine Konzentration der Kräfte auf die Heilung des Volkes – eine durchaus nachvollziehbare Position. Blickt man von der in Mt 15,21–28

---

[35] Zur Anziehungskraft der jüdischen Lebenspraxis für nichtjüdische Frauen siehe Luise SCHOTTROFF, *Befreiungserfahrungen: Studien zur Sozialgeschichte des Neuen Testaments* (Theologische Bücherei 82: Neues Testament; München: Kaiser, 1990). Der absichtlich ungenaue Ausdruck „Freundinnen der jüdischen Gemeinde" soll anzeigen, dass es keine zentrale Definition gab, wie solche SympathisantInnen zu benennen seien und welchen Grad der Verpflichtung sie eingingen. Die Entscheidung hing an der jeweiligen Synagogengemeinde; siehe dazu Shaye J. D. COHEN, *The Beginnings of Jewishness: Boundaries, Varieties, Uncertainties* (Hellenistic Culture and Society 31; Berkeley: University of California Press, 1999). Die Diskussion über φοβούμενοι, „Gottesfürchtige", und andere Begriffe bedeutet nicht, dass es überregionale Definitionen für den Status der „Freundinnen" im Verhältnis zu jüdischen Gemeinden gab.

[36] Dies hängt an der Deutung von ἀπόλυσον in 15,23: „befreie sie" oder „schicke sie weg".

[37] Siehe SCHOTTROFF, „Heilungsgemeinschaften", 38–41.

[38] Siehe ebd., 42. Vgl. LUISE SCHOTTROFF, „Das geschundene Volk und die Arbeit in der Ernte Gottes nach dem Matthäusevangelium", in *Mitarbeiter der Schöpfung: Bibel und Arbeitswelt* (hg. v. Luise und Willy Schottroff; München: Kaiser, 1983), 149–206; 162–166.

sichtbaren Diskussion auf die Beschneidungsdiskussion bei Paulus, könnte zu überlegen sein, ob die Forderung nach Beschneidung nichtjüdischer Männer, wenn sie zum Messias Jesus und zum Gott Israels zugehörig sein wollen, ähnliche Hintergründe hat: Die Menschen aus den Völkern sollen dann jüdisch/judäisch werden. So teilen sie eindeutig das Schicksal der verlorenen Schafe des Hauses Israel. Die Gegenposition wird in Mt am deutlichsten durch das Argument der Kanaanäerin: Es ist genug für alle da, selbst die Brocken, die von den Tischen der Hundebesitzer fallen, reichen für die Hunde.

Die Metaphorik dieser Argumentation der Kanaanäerin benutzt Material, das sich in späteren rabbinischen Schriften wiederfinden lässt: „Hund" als Metapher für solche, die die Tora nicht kennen, bzw. für Menschen aus den Völkern und „Brot" als Metapher für die Tora.[39] In *Lev. Rab.* 9 findet sich eine Legende von Rabbi Jannai (um 225). In ihr nennt Rabbi Jannai einen anderen Juden Hund, weil er keinerlei Ahnung von der Tora hat, nicht einmal ein Tischgebet kennt. Da beschwert sich der Unwissende erfolgreich: Auch ihm sei das Erbteil Jakobs, die Tora, zugesprochen. Indem Rabbi Jannai ihn Hund nenne, schließe er ihn ja aus seinem Erbteil aus. Diese Legende ist keine eigentliche Parallele, nur zeigt sich beide Male, wie das ausschließende Argument „Hund" unwirksam wird durch die Berufung auf die Gabe der Tora durch Gott. Die Kanaanäerin argumentiert in Mt 15,27 der Sache nach ja damit, dass die Gabe Gottes auch für die „Hunde" reicht. Die Verwandtschaft der rabbinischen Tradition mit Mt 15,23–27 gibt zwei Fragen auf: 1. Wird die Frau in diesem Text bewusst als kundige Debattenteilnehmerin an einer Lehrdiskussion über die Tora gezeigt?[40] 2. Geht es in diesem Gesprächsgang Mt 15,23–27 um die Tora und nicht nur um Jesu Heilungskraft? Daraus ergibt sich die weitere Frage: Geschieht Heilung auch durch die Einbettung in den Raum der Tora, sodass die Gabe der Tora mit zum Heilungsgeschehen gehört? Diese Fragen können hier nicht weiterverfolgt werden.

Um die Gestalt der Frau in Mt 15,21–28 genauer in ihrer Bedeutung für Frauen zu erfassen, ist ein Vergleich mit der Erzählung vom Hauptmann von Kafarnaum hilfreich (Mt 8,5–13). Auch er ist ein Mensch aus den Völkern, der dem Messias Israels, Jesus, tief vertraut – wie die Kanaanäerin. Sein Vertrauen nennt Jesus sogar größer als das, was ihm Menschen in Israel entgegenbringen: „Nicht einmal in Israel habe ich solch' ein Vertrauen gefunden" (8,10).[41] Der Hauptmann von Kafarnaum erfährt keinerlei

---

[39] Materialzusammenstellung zu „Hund" bei Str-B 1:724f. zu „Brot" bei Str-B 2:483f. Siehe auch Spr 9,5.

[40] WAINWRIGHT, *Towards a Feminist Critical Reading*, 241, zeigt dies überzeugend. Dass es hier in Mt 15,21–28 um Unreinheit von Frauen und Menschen aus den Völkern geht (ebd., 231 u. ö., bzw. DIES., „The Gospel of Matthew", in *Searching the Scriptures 2: A Feminist Commentary* [hg. v. Elisabeth Schüssler Fiorenza; New York: Crossroad, 1994], 635–677; 652), ist eine Fehleinschätzung der entsprechenden jüdischen Vorstellungen und spielt im Text auch keine Rolle.

[41] Ein Teil der Handschriften formuliert den Satz als scharfe Kritik an Israel: „Bei niemandem in Israel habe ich solches Vertrauen gefunden". Lk 7,9 formuliert diesen Jesussatz zugunsten Israels; so könnte diese Parallele die Ursache für eine Verdrängung der scharfen Kritik in einem relevanten Teil der handschriftlichen Überlieferung von Mt 8,10 sein. Doch wahr-

Ablehnung durch die Jüngerschaft oder durch Jesus. Jesus ist sofort bereit zu heilen. Nur der Hauptmann selbst schafft eine kleine Hürde durch sein fast devotes Argument: Du kannst meinen Sohn aus der Ferne, nur durch dein Wort heilen. In Mt 8,9 begründet er sein Vertrauen in die Macht des Jesuswortes, indem er seine eigene Befehlsgewalt über Soldaten und Sklaven mit Jesu Macht parallel stellt – oder auch als Argument a minore ad maius nutzt. Nicht nur von heutiger Perspektive aus ist dieses militärische Argument kritikwürdig – auch im Zusammenhang mit der Kritik des Mt an den Herrschaftsstrukturen des römischen Reiches (siehe nur 20,25f.). Jesus kritisiert den Centurio nicht, sondern staunt und bestätigt die Größe des Vertrauens, das der Centurio ihm entgegenbringt, öffentlich (8,10).[42]

Die Parallelität der Geschichte vom Centurio und von der Kanaanäerin ist evident: Beide sind Protagonist und Protagonistin der Sendung Jesu und seiner Nachfolgegemeinschaft zu den Völkern. Beide Male ist das Vertrauen zum Messias groß. Der Kontrast ist ebenso evident: Ein befehlsgewohnter Unteroffizier – eine „allein erziehende" Mutter, die gegen Widerstände kämpfen muss; Jesus reagiert dem Hauptmann gegenüber sofort positiv – der Kanaanäerin gegenüber schweigt Jesus zunächst, was einer Ablehnung der Bitte gleichkommt, und begründet dann ausführlich die Exklusivität seiner Sendung zu Israel; in der Szene mit dem Hauptmann bleibt Jesus in dem, was er sagt und tut, unangefochten – in der Szene mit der Kanaanäerin muss Jesus das Argument der Frau anerkennen und seine Haltung ändern.[43] Damit wird die Frau im Rahmen der Erzählung zur Vorkämpferin eines Evangeliums für die Völker, das gleichzeitig den Vorrang der Sendung zu Israel bestätigt.

Gerade aus ihrer Machtlosigkeit verwandelt sich die Frau zu einer machtvollen Gestalt, die die Kunst des intellektuellen Argumentierens beherrscht und sich nicht unterkriegen lässt. Dass die Erzählerinnen, die wir am Entstehungsprozess dieses Textes beteiligt wissen, hier eine spezifische Verbindung zwischen Frauenerfahrungen und dem Evangelium für die Völker herstellen, ist deutlich – und auch, dass sie dabei mit genau der Zähigkeit und dem Scharfsinn vorgehen, die in der Erzählung mit der Kanaanäerin verbunden werden.

---

scheinlicher ist die Annahme, dass hier späterer christlicher Antijudaismus die scharfe Kritik nachträglich eingebracht hat.

[42] JENNINGS und LIEW, „Mistaken Identities", diskutieren Mt 8,5–13 mit guten Argumenten als Heilung eines παῖς im Sinne eines jugendlichen Sexualpartners des Centurio. Dort finden sich auch überzeugende Argumente für die hier vorausgesetzte Deutung von 8,7 als Feststellung, nicht Frage Jesu. Ob Jesus aus der Perspektive des Centurio nur ein Wunderheiler ist, wie sie annehmen, bezweifle ich. Sein Vertrauen zu Jesus wird in 8,10 ja als exzeptionell charakterisiert. Das kann sich eigentlich im Kontext des Mt nur auf einen Jesus, der Messias des Volkes Israel und der Völker ist und als solcher heilt, beziehen.

[43] GNADT, „Evangelium", 496, macht überzeugend darauf aufmerksam, dass Jesu Ablehnung inhaltlich der Position, die das Evangelium auf Israel beschränkt wissen will, bleibende Autorität verleiht. Sie lässt sich nicht einfach übergehen und muss weiter mit Gründen widerlegt werden.

9. Zur Identität messiasgläubiger Frauen aus den Völkern

Zusammenfassend lässt sich über die Identität der Frauen aus den Völkern in der Nachfolge Jesu einiges sagen: Ihre Identität wird positiv und nicht abgrenzend gegenüber dem Judentum und an Jesus interessierten Menschen aus den Völkern definiert: Sie sind Jesu Schwestern, die nach der Tora leben (Mt 12,46–50). Die Abgrenzung von den Gewaltstrukturen des römischen Reiches wird dabei vorausgesetzt. Es wird dabei aber auch die Offenheit Jesu und seiner Nachfolgegemeinschaft für die Hinwendung jedes Mannes und jeder Frau aus den Völkern zum Gott Israels deutlich.

Die Existenz von Auslegungsgemeinschaften, die sich um die Tora und das messianische Evangelium sammeln, wird erkennbar. Sie sind Grundlage der toratreuen Praxis in der jeweiligen Situation. Sie sind vermutlich auch der Ort, an dem „die Kanaanäerin" ihr Vertrauen zum Messias Jesus und ihre argumentative Schulung gewann.

Es gab Auseinandersetzungen über die Notwendigkeit des Evangeliums für die Völker, in denen Frauen für dieses Evangelium gekämpft haben, weil dieses Evangelium ein Weg zur Befreiung von Krankheit und anderen Folgen der Gewaltstrukturen der Gesellschaft war.[44]

---

[44] Paulus und die anderen Evangelien können hier nicht in die Untersuchung einbezogen werden, doch liegt die Vermutung nahe, dass die Ergebnisse vergleichbar sein könnten.

Déjà-vu zum Erweis der Heilsrelevanz
Genderrelevante Rezeption der Hebräischen Bibel in den erzählenden Schriften des Neuen Testaments

Irmtraud Fischer
Universität Graz

Das Projekt „Die Bibel und die Frauen" sieht die *Hebräische Bibel* als historisch primären Kanon, der sich in zwei Religionen als Heilige Schrift etablieren konnte: Im *Judentum*, aus dem die Texte stammen und für das sie geschrieben sind, ist das in Tora, Prophetie und Schriften dreigeteilte Buch zwar das einzig kanonische, es wird aber durch die Tradition, die schließlich im Talmud gesammelt und diskutiert wird, verbindlich ausgelegt. Das aus dem Judentum kommende *Christentum* entwickelt in den Jahrzehnten um die Wende zum 2. Jh. eine eigene Heilige Schrift, ohne jedoch die Hebräische Bibel aufzugeben.[1] Die in *Altes* und *Neues Testament* zweigeteilte *Christliche Bibel* versteht sich in vielen ihrer Schriften als Fortschreibung und Aktualisierung der Bibel der jüdischen Gemeinden, aus denen das Urchristentum herauswächst. Die ntl. Schriften spiegeln die Überzeugung, dass sie die Heilsbedeutung Jesu als geglaubter Christus nur dann verständlich machen können, wenn sie sie an die einzige damals existente „Bibel" zurückbinden und anhand ihrer Texte erklären. Die Varietät, mit der die später ebenfalls kanonisierten, ntl. Schriften dies tun, ist bedingt durch die große Variationsbreite der Strömungen des zeitgenössischen Judentums und des sich regional sehr divergent entwickelnden Christentums.[2]

Die Aufgabe dieses Artikels, der freilich die Thematik nur anreißen kann, ist das Aufzeigen der Rezeption genderrelevanter Themen und Motive der Hebräischen Bibel in den erzählenden Schriften des NT. Theologisch überaus wichtige Rezeptionen wie etwa jene in der Bergpredigt[3], beim Liebesgebot oder bei der Verklärung Jesu müssen hier unterbleiben, da die Texte entweder ausschließlich männliche Handlungsfiguren aufweisen und/oder keine genderspezifischen Aspekte vorhanden sind. Dieser Beitrag widmet sich nicht den Frauenfiguren des NT, sondern jenen *frauenspezifischen oder genderrelevanten Texten der Hebräischen Bibel*, die zur Deutung des Geschehens *in*

---

[1] Zur Kanonwerdung siehe ausführlich Donatella SCAIOLA, „Tora und Kanon: Probleme und Perspektiven", in *Tora* (hg. v. Irmtraud Fischer, Mercedes Navarro Puerto und Andrea Taschl-Erber; Die Bibel und die Frauen: Eine exegetisch-kulturgeschichtliche Enzyklopädie 1.1; Stuttgart: Kohlhammer, 2010), 133–148.

[2] Siehe Lee I. LEVINE, „Second Temple Jerusalem: A Jewish City in the Greco-Roman Orbit", in *Jerusalem: Its Sanctity and Centrality to Judaism, Christianity and Islam* (hg. v. Lee I. Levine; New York: Continuum, 1999), 53–68.

[3] Zur Kritik des Androzentrismus der Bergpredigt siehe Luise SCHOTTROFF, *Lydias ungeduldige Schwestern: Feministische Sozialgeschichte des frühen Christentums* (Gütersloh: Kaiser, 1994), 170–173. Zur intertextuellen Vernetzung von Bergpredigt und Verklärung siehe Irmtraud FISCHER, „Offenbarung auf Bergen: Die Weisung für Israel, die Völker und das Christenvolk", in *Kann die Bergpredigt Berge versetzen?* (hg. v. Peter Trummer und Josef Pichler; Graz: Styria, 2002), 95–110.

erzählenden ntl. Schriften aufgegriffen werden.⁴ Er stellt daher nur einen Ausschnitt aus dem im NT breit vorhandenen Phänomen des Rückgriffs auf die Hebräische Bibel dar. Als Indikatoren einer Rezeption⁵ werden vor allem allusive (Schriftzitate, seien sie gekennzeichnet oder nicht),⁶ onomastische (Verweise auf Orts- oder Personennamen)⁷ und titulare Textreferenzen (Titel, Untertitel, Motto usw.), aber auch ähnliche Themen- und Motivkomplexe sowie literarische Formen (wie z. B. Kindheits- oder Heilungsgeschichten, Genealogien) benutzt.

Wenn hier nur Grundzüge einer *Bibel*rezeption aufgezeigt werden, bedeutet dies keinesfalls, dass etwa Texte aus den Apokryphen oder aus antiken Quellen bedeutungslos seien. Der thematische Fokus bedingt den hier präsentierten Ausschnitt aus einer sicher wesentlich breiter zu führenden Rezeptionsdebatte. Sozial- und rechtsgeschichtlichen oder ethnologischen Konstanten wie etwa der Funktion von Frauen bei Tod und Begräbnis,⁸ der patriarchalen Verfasstheit des Rechtssystems und der daraus resultie-

---

⁴ Dieser Beitrag ist daher kein neutestamentlicher, sondern eher ein alttestamentlicher, was sich auch in der zitierten Literatur niederschlägt. Einem ähnlichen Ansatz folgt bereits der Band von Athalya BRENNER, Hg., *A Feminist Companion to the Hebrew Bible in the New Testament* (FCB 10; Sheffield: Sheffield Academic Press, 1996).

⁵ Die Debatte um die Indikatoren intertextueller Zusammenhänge wurde in den letzten Jahrzehnten breit geführt. Siehe Umberto ECO, *Zwischen Autor und Text: Interpretation und Überinterpretation* (München: dtv, 1996); Susanne HOLTHUIS, *Intertextualität: Aspekte einer rezeptionsorientierten Konzeption* (Stauffenburg Colloquium 28; Tübingen: Stauffenburg-Verlag, 1993); Ulrich BROICH und Manfred PFISTER, Hg., *Intertextualität: Formen, Funktionen, anglistische Fallstudien* (Konzepte der Sprach- und Literaturwissenschaft 35; Tübingen: Niemeyer, 1985); Jörg HELBIG, *Intertextualität und Markierung: Untersuchungen zur Systematik und Funktion der Signalisierung von Intertextualität* (Beiträge zur neueren Literaturgeschichte 3/141; Heidelberg: Winter, 1996). Für die Bibelwissenschaft siehe exemplarisch Michael FISHBANE, *Biblical Interpretation in Ancient Israel* (Oxford: Clarendon Press, 1985); Northrop FRYE, *The Great Code: The Bible and Literature* (New York: Harcourt Brace Jovanovich, 1982), deutsche Übersetzung: *Der große Code: Die Bibel und Literatur* (Im Kontext 27; Anif: Mueller-Speiser, 2007); Georg BRAULIK, „Das Deuteronomium und die Bücher Ijob, Sprichwörter, Rut: Zur Frage früher Kanonizität des Deuteronomiums", in *Die Tora als Kanon für Juden und Christen* (hg. v. Erich Zenger; Herders Biblische Studien 10; Freiburg i. Br.: Herder, 1996), 61–138; 67–69; Claudia RAKEL, *Judit – über Schönheit, Macht und Widerstand im Krieg: Eine feministisch-intertextuelle Lektüre* (BZAW 334; Berlin: de Gruyter, 2003), 8–40; Annette MERZ, *Die fiktive Selbstauslegung des Paulus: Intertextuelle Studien zur Intention und Rezeption der Pastoralbriefe* (NTOA 52; Göttingen: Vandenhoeck & Ruprecht, 2004), 5–71; bes. 22–26.

⁶ Zu Schriftzitaten vgl. Dietrich RUSAM, *Das Alte Testament bei Lukas* (BZNW 112; Berlin: de Gruyter, 2003).

⁷ Vgl. Wolfgang G. MÜLLER, „Namen als intertextuelle Elemente", *Poet.* 23 (1991): 139–165.

⁸ So sind etwa Erzählungen wie Mk 14,3–9 oder die Traditionen über die Frauen am Grab auf dem Hintergrund altorientalischer Riten um Tod und Begräbnis zu lesen. Siehe dazu ausführlicher Irmtraud FISCHER, „Ist der Tod nicht für alle gleich? Sterben und Tod aus Genderperspektive", in *Tod und Jenseits im alten Israel und seiner Umwelt: Theologische, reli-*

renden Benachteiligung von Frauen[9] wird hier nur dann nachgegangen, wenn ein Aufgreifen von Texten oder literarisch verarbeiteten Motiven nachgewiesen werden kann.

1. Kindheitsgeschichten

Kindheitsgeschichten sind nicht das Erste, das man von Menschen erzählt. Erst wenn jemand Bedeutendes vollbracht hat, berühmt und für eine größere Öffentlichkeit relevant geworden ist, fragt man nach dem gesamten Leben, nach der Herkunft und dem Werden herausragender Persönlichkeiten. Dies gilt sowohl für konkrete Menschen als auch für literarische Figuren, die durch das stete Wachstum der Texte, die von ihnen handeln, zu außerordentlicher Bekanntheit gelangt sind. So genannte „Kindheitsgeschichten" gibt es nicht nur in der Bibel, sondern sie sind auch in deren Umwelt gut belegt.[10] Kindheitsgeschichten werden vor allem dort erzählt, wo es sich um irreguläre Übernahmen von Funktionen durch nicht ursprünglich dafür Vorgesehene handelt: bei nicht dynastischer Thronfolge, bei genealogischer Erbfolge, die nicht durch den Erstgeborenen angetreten wird, oder bei Übernahme von Rettungsfunktionen für das Volk, wie dies etwa bei Mose, bei Simson und Samuel – und eben auch bei Jesus von Nazaret der Fall ist. Allerdings entscheidet sich nur die Hälfte der Evangelien, Mt und Lk, dafür, Jesu Bedeutung durch die Vorschaltung einer Kindheitsgeschichte hervorzuheben, Mk und Joh kommen ohne eine solche aus.

1.1 Genealogie Jesu

Genealogien haben Zeiten überbrückende und Generationen verbindende Funktionen.[11] Für die Hebräische Bibel ist deren Bedeutung kaum zu überschätzen, da durch das genealogische System einerseits ein biblischer „Narrativ", eine zusammengehörige Ge-

---

gionsgeschichtliche, archäologische und ikonographische Aspekte (hg. v. Angelika Berlejung und Bernd Janowski in Zusammenarbeit mit Jan Dietrich und Annette Krüger; FAT 64; Tübingen: Mohr Siebeck, 2009), 87–108.

[9] Diese tritt besonders gravierend bei verwitweten Frauen zutage und ist daher für alle ntl. Texte (vgl. etwa Lk 18,1–8; Mk 12,41–44 par. Lk 21,1–4), die arme Witwen als Protagonistinnen haben, relevant.

[10] Aufgrund der Parallelen zur Kindheitsgeschichte des Mose in Ex 2 berühmt geworden ist etwa jene des Königs von Akkad, Sargon II. (721–705 v. Chr.), der in einem Binsenkörbchen in den Fluss geworfen und gerettet wird. Siehe dazu ausführlich Werner H. SCHMIDT, *Exodus: 1. Teilband: Exodus 1–6* (BKAT II/1; Neukirchen-Vluyn: Neukirchener Verlag, 1988), 53–57.

[11] Siehe dazu Irmtraud FISCHER, „Zur Bedeutung der ‚Frauentexte' in den Erzeltern-Erzählungen", in *Tora* (hg. v. Irmtraud Fischer, Mercedes Navarro Puerto und Andrea Taschl-Erber; Die Bibel und die Frauen: Eine exegetisch-kulturgeschichtliche Enzyklopädie 1.1; Stuttgart: Kohlhammer, 2010), 238–275; 243f., sowie zu Genealogien Thomas HIEKE, „Genealogie als Mittel der Geschichtsdarstellung in der Tora und die Rolle der Frauen im genealogischen System", in ebd., 149–185.

schichte, hergestellt, andererseits die soziale bzw. ethnische Zugehörigkeit festgelegt wird. Wenn nun aber Jesus von Nazaret als jüdischer Retter von messianischem Zuschnitt mit Kindheitsgeschichte dargestellt wird, ist es von der literarischen Konvention her zwingend notwendig, ihn auch in das genealogische System des Volkes Israel einzubinden. Sowohl in den ntl. Texten als auch in den dafür herangezogenen atl. Prätexten spielen Frauen in den Stammbäumen eine entscheidende Rolle.

1.1.1 Jesu Stammbaum bei Mt
Der Stammbaum „Jesu Christi, des Sohnes Davids, des Sohnes Abrahams" in Mt 1,1–17 führt sein letztes Glied, Jesus, den Sohn Josefs und Marias, über David auf Abraham zurück.[12] V 17 stellt dabei fest, dass die angeführten Generationen in drei Epochen gegliedert zu lesen sind (vorstaatliche Zeit, Königszeit, nachexilische Zeit), wobei jede von ihnen in vierzehn Gliedern repräsentiert ist.[13] Der Stammbaum erfüllt zwar dieselbe Funktion wie die großen zehngliedrigen Genealogien der Hebräischen Bibel (vgl. z. B. die Toledot in Gen 5 oder Rut 4,18–22), ist jedoch nicht so streng linear gestaltet wie diese. Teils hat er segmentäre Ergänzungen, indem nicht nur die direkten Ahnherrn, sondern auch deren Brüder erwähnt werden (z. B. Serach neben Perez in V3, vgl. auch V11); teils werden auch die Mütter genannt, wobei für beide Irregularitäten keine schlüssige Erklärung erhoben werden kann.

Im ersten Abschnitt werden Tamar, Rut und Rahab genannt, im zweiten Batseba als namenlos bleibende „Frau des Urija", die dritte Epoche wird durch Maria beschlossen. Auffallend ist dabei, dass alle Frauen jeweils als Mütter ihrer Söhne erwähnt werden und keine als Ehefrau des Vaters des betreffenden Kindes bezeichnet wird. Tatsächlich ist nach Gen 38 Tamar nicht die Ehefrau Judas, sondern dessen Schwiegertochter, der er die Schwagerehe (vgl. Dtn 25,5–10) mit seinem dritten Sohn verwehrt. Um sich die verweigerte Nachkommenschaft dennoch von der Familie ihres verstorbenen Mannes zu beschaffen, verkleidet sie sich als Prostituierte und wird aufgrund dieser Tat als gerechter empfunden als Juda (Gen 38,26). Von Rahab wird ausdrücklich erwähnt, dass sie Prostituierte ist (Jos 2,1–24; 6,17–25). Durch die namenlose Vorstellung von Batseba als Frau Urijas wird, obwohl dieser nach den Davidserzählungen zum Zeitpunkt der Geburt Salomos bereits tot ist, explizit der Ehebruch mit David eingespielt (2 Sam 11,1–27). Die Ausländerin Rut ist nach einer Mischehe mit einem Judäer Witwe (Rut 1,4f.). In einem Akt, der Levirat (Dtn 25,5–10) und (Er-)Lösung (Lev 25,23–31) mit-

---

[12] Thomas RÖMER und Jan RÜCKL, „Jesus, Son of Joseph and Son of David, in the Gospels", in *The Torah in the New Testament: Papers Delivered at the Manchester-Lausanne Seminar of June 2008* (hg. v. Michael Tait und Peter Oakes; Library of New Testament Studies 401; London: T&T Clark, 2009), 65–81, verweisen darauf, dass Jesus nicht nur als Messias in davidischer Tradition vorgestellt wird, sondern auch in der Nachfolge des in Gen 37–50 als Retter Israels charakterisierten Josef, der vor allem mit dem Norden verbunden ist. „It is for this reason that he must be born in Bethlehem, while at the same time being from Nazareth, from the north, as messiah son of Joseph" (ebd., 80).

[13] Zum Problem dieser angegebenen, jedoch nicht im Text vorhandenen Vierzehnergliederung siehe Ulrich LUZ, *Das Evangelium nach Matthäus (Mt 1–7)* (EKKNT 1/1; Zürich: Benziger, [5]2002), 129.

einander verbindet, wird sie schließlich von Boas geehelicht (4,1–13). Keine der Frauen kommt damit jungfräulich oder in erster Ehe zu jenem Mann, der der Vater des erwähnten Kindes ist. Bei Maria heißt es in Mt 1,16:

> Jakob zeugte Josef, den Mann Marias, aus welcher Jesus, der Christus genannt wird, gezeugt/geboren wurde.

Die Frauenforschung hat sich sehr früh der Erklärung der Nennung gerade dieser vier Frauen in der Genealogie Jesu gewidmet und vielerlei Gemeinsamkeiten mit Maria zu erheben versucht.[14] Gemeinsam ist allen die irreguläre Art der Geburt,[15] durch die der jeweilige Sohn besonders hervorgehoben wird.

1.1.2 Jesu Stammbaum bei Lk
Die Genealogie Jesu wird bei Lk polar zu jener bei Mt vorgestellt: Sie fungiert nicht als Eingang zur Kindheitsgeschichte, sondern als Abschluss derselben samt Taufe durch jenen Johannes, dessen Kindheitsgeschichte mit der von Jesus von Anfang an verwoben ist. Lk 3,23–38 leitet die Genealogie mit dem Hinweis auf Jesu erstes öffentliches Auftreten im Alter von etwa 30 Jahren ein und geht von ihm zurück zu Adam. Die ausschließlich Namen aufzählende Genealogie führt nur männliche Glieder an, wobei das erste und das letzte Glied insofern aus der Reihe fallen, als Jesus nur für den Sohn Josefs, dessen Genealogie folgt, „gehalten wurde" (V23) und in V38 auf Adam als letztes Glied der Genealogie Gott folgt. Damit versteht sich dieser Stammbaum als (soziale) Herkunftsangabe und nicht als Abstammung über Zeugung. Der Stammbaum ist frauenfrei, allerdings ist zu betonen, dass die Liste von David bis Perez aus dem Rutbuch (4,18–22) zitiert ist.[16]

1.2 Elisabet und Maria in der Tradition unfruchtbarer Frauen

In der Hebräischen Bibel werden sowohl *Verheißungsträger* als auch Retter dadurch hervorgehoben, dass sie von Müttern geboren werden, die zuvor unfruchtbar sind. Dies gilt insbesondere für Sara, die den verheißenen Sohn Isaak erst nach ihrer fruchtbaren Lebensphase empfängt (Gen 18,1–14; 21,1–7), aber auch für Rahel (Gen 29,31; 30,1–3) und wird auch für Rebekka in Gen 25,21 nachgetragen. Bei den *Rettern* Israels wird das Motiv der unfruchtbaren Mutter bei Simson (Ri 13) und Samuel (1 Sam 1–2)

---

[14] Vgl. etwa Jane SCHABERG, *The Illegitimacy of Jesus: A Feminist Theological Interpretation of the Infancy Narratives* (Sheffield: Sheffield Phoenix Press, 2006 [Erstausgabe 1987]).

[15] So bereits die Deutung von Xavier LÉON-DUFOUR, *Études d'Évangile* (Paris: Éditions du Seuil, 1965), 59, der zudem die nicht-jüdische Abstammung der Frauen betont.

[16] Arie TROOST, „Elisabeth and Mary – Naomi and Ruth: Gender-Response Criticism in Luke 1–2", in *A Feminist Companion to the Hebrew Bible in the New Testament* (hg. v. Athalya Brenner; FCB 10; Sheffield: Sheffield Academic Press, 1996), 159–196, stellt in einem ausführlichen Artikel die Zusammenhänge zwischen den beiden Frauen der Kindheitsgeschichte Jesu und jenen im Rutbuch dar. Zur Schlussgenealogie in Rut siehe Irmtraud FISCHER, *Rut* (HTKAT; Freiburg i. Br.: Herder, 2001), 67–76.

eingeführt. Für die Kindheitsgeschichten der Evangelien werden allerdings nur die Geschichten um Sara, um die Frau des Manoach und um Hanna als Typos herangezogen.[17]

Die Geburtsankündigungen an Zacharias und Maria in Lk 1,5–38 sind jener an die Frau des Manoach nachgestaltet:[18] In allen drei Erzählungen findet sich das Motiv des verkündigenden Engels.[19] Während bei Simsons Geburtsankündigung der Engel vorerst seiner Mutter, dann aber auch seinem Vater Manoach erscheint (Ri 13,3–22), wird das Motiv des Verkündigungsengels bei Lk zweigeteilt: Er erscheint Zacharias, dem Vater von Johannes (Lk 1,11–20), und der Mutter Jesu (Lk 1,26–38), wobei der Engel jeweils einen Namen, nämlich Gabriel, trägt, bei Simsons Geburt jedoch explizit namenlos bleibt (Ri 13,17f.). Sowohl die Ankündigung des Täufers als auch jene von Simson stehen mit kultischen Handlungen, mit Gebet und Opfer, in Verbindung und beide Söhne werden mit dem Abstinenzgebot des Nasiräats belegt (Ri 13,7.13f.; Lk 1,15). An die Geburtsankündigung Isaaks in Gen 17,17; 18,12–14 ist das Motiv des vorläufigen Unglaubens aufgrund der realistischen Einschätzung des Alters der Eltern angelehnt (Lk 1,18–22.60–64). Jenes des vom Engel vorgegebenen Namens (Lk 1,13.60–63) greift jedoch die Geburtsankündigung an Hagar in Gen 16,11 auf. Die Dichte der intertextuellen Verweise macht es damit unmöglich, die lk Geschichten um die Ankündigung der Geburten ohne die Hebräische Bibel zu verstehen. Sie sind Signale, die das Verständnis des im Folgenden Erzählten unwiderruflich an die Geschichte des Volkes Israel zurückbinden.

1.3 Jungfrauengeburt als Umkehrung des Motivs der Geburt von einer unfruchtbaren Mutter

Während die Geburt des Johannes von überalterten Eltern und steriler Mutter an das biblische Motiv der Geburtsankündigung an die Unfruchtbare anknüpft und damit signalisiert, dass die folgenden Geschichten[20] als ihre Fortsetzung zu verstehen sind, ist die Jungfrauengeburt, die sich bei Mt 1,18–25 und Lk 1,27.34–37 findet, als Umkehrung dieses Motivs zu lesen: Nicht die Frau, bei der aufgrund des fortgeschrittenen Alters keine Empfängnis mehr möglich ist, wird schwanger, sondern eine, bei der noch keine Schwangerschaft möglich ist, da sie noch mit keinem Mann verkehrt. Die aus der

---

[17] Da sowohl Jesus als auch Johannes als Einzel- bzw. Erstgeburt vorgestellt werden, sind jene Texte, die von Mehrfachgeburten erzählen, als Intertexte weniger geeignet.

[18] Bea WYLER, „Mary's Call", in *A Feminist Companion to the Hebrew Bible in the New Testament* (hg. v. Athalya Brenner; FCB 10; Sheffield: Sheffield Academic Press, 1996), 136–148, sieht die drei Erzählungen unter dem Aspekt der Berufung.

[19] Ein Verkündigungsengel tritt bereits in Gen 16,11–14 bei der Ankündigung der Geburt Ismaels an Hagar auf, allerdings im Kontext der Rettung einer fruchtbaren Sklavin, die stellvertretend für ihre Herrin gebären soll.

[20] Siehe ausführlicher zur Figur der Maria in diesem Band: Silke PETERSEN, „Maria aus Nazaret: Eine Geschichte der Verwandlung".

Geburtsankündigung an Sara zitierte Notiz, dass bei Gott kein Ding unmöglich sei (Gen 18,14; Lk 1,37), stellt diesen Motivzusammenhang explizit her. Er wird zudem durch den Schriftbeweis aus der *Septuaginta*version (die Hebräische Bibel kennt keine Jungfrauengeburt!)[21] von Jes 7,14 unterstrichen: Die Jungfrau wird empfangen und einen Sohn gebären (Mt 1,23), allerdings soll nach Lk 1,31 sein Name nicht Immanuel, sondern Jesus sein. Da der ursprüngliche Kontext die Ankündigung der Geburt Immanuels für eine junge Frau aus dem davidischen Königshaus war, wird die Anspielung auf Jes 7,14 auch in den Evangelien explizit mit der davidischen Tradition verbunden. Auf die Natansverheißung von 2 Sam 7,12–16, die den ewigen Bestand der davidischen Dynastie ankündigt, wird in Lk 1,32f. angespielt, nachdem Maria in V27 als Verlobte des aus davidischer Abstammung kommenden Josef vorgestellt wurde. Wenn die Geburt des Kindes des in Nazaret ansässigen Paares erzählerisch nach Betlehem verlegt wird (Mt 2,1.5; vgl. Lk 2,1–5) und dies explizit durch Mi 5,1–4 begründet wird, ist dies für bibelkundige HörerInnen der Zeit ebenso als Hinweis auf den messianischen Charakter des von einer „Gebärenden" zu gebärenden Kindes zu lesen (vgl. Mi 5,2).

Maria antwortet dem Engel auf die Ankündigung der Geburt in Lk 1,38 mit „Siehe, ich bin die Magd des Herrn". Damit wird nicht etwa die Demut dieser Frau betont, sondern ihre Bildung und Herkunft; denn die Selbstbezeichnung „Sklave", „Sklavin" oder „Magd" ist aus dem diplomatischen Code entnommen. Mit ihr benennen sich in der Hebräischen Bibel nur freie Menschen im höfischen Kontext, die ihr Gegenüber ehren wollen, niemals jedoch Menschen aus dem unfreien Stand.[22]

1.4 Maria rezipiert Hannas Lied

Anlässlich der Begegnung der beiden irregulär schwanger gewordenen Frauen (Lk 1,39–56) wird Maria ein Lied in den Mund gelegt, wie wir es in 1 Sam 2,1–10 bei Hanna nach der Geburt Samuels finden. Beide Frauen besingen den Umsturz der herkömmlichen Gesellschaftsordnung, die davon geprägt ist, dass die Reichen die Besitzlosen dominieren. Maria wie Hanna besingen eine heilige Gottheit, die die Hungernden sättigt, die Reichen jedoch leer ausgehen lässt (1 Sam 2,5; Lk 2,53) und die die Mächtigen von den Thronen stürzt, die Niedrigen jedoch erhöht (1 Sam 2,7; Lk 2,52). Hannas Lied thematisiert in einer Gesellschaft, die den Lebensunterhalt von alt und ge-

---

[21] In Jes 7,14 wird nach der Hebräischen Bibel für die עַלְמָה, die „junge Frau von Stand" (vgl. Christoph DOHMEN, „עַלְמָה, 'almāh", *ThWAT* 6:167–177), Schwangerschaft angekündigt. Die LXX übersetzt jedoch mit παρθένος, dem möglichen terminus technicus für eine virgo intacta, wodurch die Motivumkehr im NT wohl auch angeregt wurde.

[22] Siehe dazu ausführlich Irmtraud FISCHER, „Die Rede weiser Menschen ist höflich: Über die Umgangsformen von Weisen in den Davidserzählungen und den multikausalen Bias in der Exegese derselben", in *Horizonte biblischer Texte: Festschrift für Josef M. Oesch zum 60. Geburtstag* (hg. v. Andreas Vonach und Georg Fischer; OBO 196; Freiburg/Schweiz: Academic Press, 2003), 21–38.

brechlich gewordenen Menschen durch die nächste Generation sichert, zudem die Umkehrung des auch materiellen Leids von kinderlosen Frauen: Die Unfruchtbare wird mit sieben Kindern beschenkt, die Kinderreiche jedoch kinderlos werden (1 Sam 2,5).[23] Wenn diese Lieder den Müttern und nicht den Vätern in den Mund gelegt werden, so wird auch das Handeln Gottes an ihnen – und damit die Heilsrelevanz von Frauen – ausdrücklich betont.

1.5 Die Prophetin am Tempel

Die lk Kindheitsgeschichte zeichnet die Eltern Jesu als tora-observante, gesetzestreue jüdische Gemeindeglieder. Sie lassen ihren Sohn beschneiden, lösen ihn als Erstgeborenen im Tempel aus und bringen die nach dem Gesetz für die Reinigung der Wöchnerinnen vorgeschriebenen Opfer dar (Lk 2,21–24 mit Bezug auf Lev 12; Num 18,15f.). Anlässlich dieses Tempelbesuchs treten ein Mann und eine Frau auf, die vom Gottesgeist inspiriert sind und den Lebensweg des Kindes als für Israel erlösend deuten.
Simeon wird in den Tempel geführt, um Jesus in die Arme zu schließen, sein *Nunc dimittis* zu singen und dessen Mutter Leid anzukündigen (Lk 2,25–35). Die hochbetagte Witwe Hanna, die mit kleiner Genealogie samt Stammeszugehörigkeit und Lebensalter vorgestellt wird (2,36–38), erkennt ebenso die Bedeutung des Kindes und preist Gott öffentlich im Tempel. Sie wird explizit als Prophetin bezeichnet. Da zudem betont wird, dass sie sich ihr Leben lang ständig im Tempel aufgehalten hat, ist sie möglicherweise als eine Vertreterin jener ihren Dienst am Eingang zum Offenbarungszelt versehenden Frauen (vgl. Ex 38,8; 1 Sam 2,22) zu deuten, deren Funktion wahrscheinlich ebenso prophetisch zu verstehen ist.[24] Hanna, die Tochter eines Mannes mit dem sprechenden Namen Penuël, „Gottesschau", bietet mit ihrer Amtsbezeichnung einer prophetisch Begabten die gesamten Prophetinnen und Propheten der Hebräischen Bibel auf, deren Bücher in der Kindheitsgeschichte häufig zitiert werden. Diese Episode am Ende der Kindheitsgeschichte Jesu liest sich damit wie eine Amtsübergabe; die nächste Geschichte zeigt den Halbwüchsigen bereits als Tora-Lehrer ebendort, wo Hanna ihren Dienst versah.

---

[23] Zu den Kontexten beider Lieder, der gemeinsamen Semantik und Motivik siehe Irmtraud FISCHER, „Il contesto canonico del Cantico di Anna e del Magnificat", in *I rintocchi del Salterio* (hg. v. Piero Stefani; Brescia: Morcelliana, 2011), im Druck.

[24] Zu dieser These siehe Irmtraud FISCHER, „Genderbias in Übersetzung und Exegese: Am Beispiel der Dienste am Eingang zum Offenbarungszelt", in DIES., *Gender-faire Exegese: Gesammelte Beiträge zur Reflexion des Genderbias und seiner Auswirkungen in der Übersetzung und Auslegung von biblischen Texten* (Exegese in unserer Zeit 14; Münster: LIT, 2004), 45–62, sowie DIES., *Gotteskünderinnen: Zu einer geschlechterfairen Deutung des Phänomens der Prophetie und der Prophetinnen in der Hebräischen Bibel* (Stuttgart: Kohlhammer, 2002), 95–108: Auch die Prophetin von Jes 8,3 und Noadja in Neh 6,14 sind in diesem Kontext zu verstehen.

1.6 Knabenmord bedroht das Volk

Während Lk seine Kindheitsgeschichte mit zwei Erzählungen, die im Tempel spielen, beendet und damit sowohl einen kultischen als auch einen prophetischen Strang zusammenknüpft, nimmt Mt das Urereignis Israels, den Exodus, auf.

Die Geschichte der Sterndeuter in Mt 2[25] symbolisiert einerseits das Offenbarwerden des königlichen Messias vor der ganzen Völkerwelt und präfiguriert andererseits bereits den Erfolg der Botschaft Jesu bei den Heiden sowie die ihm entgegenschlagende Skepsis unter den Juden. Die Völkerwelt kommt, um Jesus zu huldigen (vgl. die Gaben von Mt 2,11 mit jenen von Jes 60), während Herodes und das Jerusalemer Establishment ihm nach dem Leben trachten. Josef, dem in der mt Kindheitsgeschichte wesentlich mehr Bedeutung beigemessen wird als in jener des Lk, wird in Mt 2,13–15 in einem Warntraum von einem Engel angewiesen, mit Maria und dem Kind nach Ägypten zu fliehen. Dies wird in V15 mit dem ausdrücklichen Schriftverweis auf Hos 11,1 „aus Ägypten rief ich meinen Sohn" versehen, wodurch die folgende Erzählung über den Kindermord von Betlehem ausdrücklich als Aktualisierung des Tötungsbefehls des Pharaos über die hebräischen Knaben aus Ex 1 gelesen werden will. Beide Male wird vom Herrscher der Befehl gegeben, die männlichen Neugeborenen zu töten. Während sich jedoch in Ägypten die Hebammen Schifra und Pua dem Befehl widersetzen und die Todgeweihten durch ihre List am Leben bleiben, kommt man (die Subjekte werden verschwiegen – sind es weisungsgebundene Soldaten?) in Betlehem und Umgebung dem Befehl offenbar nach (Ex 1,15–22; Mt 2,16–18). Dies wird wiederum mit einem Schriftzitat als Erfüllung gekennzeichnet: Wenn in Jer 31,15 Rahel untröstlich um ihre Kinder weint, so wird damit wiederum eine Frauentradition eingespielt, Betlehem (vgl. Gen 35,16–20) und ganz Israel werden in dieser Ahnfrau repräsentiert.

1.7 Resümee:
 Söhne unfruchtbarer Mütter haben mehr mit Gott als mit ihren Vätern zu tun

Dieses dichte Netz an intertextuellen Verweisen signalisiert den LeserInnen der ntl. Kindheitsgeschichten, dass derjenige, von dem in der Folge erzählt wird, die neuerliche Erfüllung der Verheißungen an die Erzeltern darstellt. Er ist zudem von Anfang an zur Rettung des Volkes bestimmt und sein Schicksal wird gleichsam zum Brennglas der messianischen Texte der Hebräischen Bibel. Wie alle Söhne vorerst unfruchtbarer Mütter hat auch er, der aus einer mangels Umgang mit einem Mann noch Unfruchtbaren geboren wurde, mehr mit Gott zu tun denn mit seinem irdischen Vater. Er wird dadurch für die im Judentum versierten LeserInnen der beiden Evangelien Mt und Lk als Nachfolger jener großen Verheißungsträger und messianischen Figuren wahrgenommen, die die urchristliche Bibel, das AT, prägen.

---

[25] Vgl. die nach S. 126 eingefügte Falttabelle mit biblischen und außerbiblischen Belegen über Geschichten von verfolgten und geretteten Königskindern bei LUZ, *Evangelium nach Matthäus*.

2. Wundergeschichten

So genannte „Wunder", Ereignisse, die gegen das in der Natur Erwartbare geschehen, dienen bereits in der Hebräischen Bibel zum Aufweis der göttlichen Sendung von Menschen sowie der Rettung des Volkes. Einige dieser Wundergeschichten, die vor allem über die beiden Propheten Elija und Elischa erzählt werden, sind bereits in der Bibel Israels mit Frauen verbunden und werden im NT denn auch mit weiblichen Protagonistinnen aktualisiert. Nur ihnen[26] soll im Folgenden nachgegangen werden.

2.1 Vermehrung von Grundnahrungsmitteln zur Überlebenssicherung

In einer Zeit der Dürre wird Elija nach 1 Kön 17,8–16 nach Sarepta geschickt, um eine Witwe mit ihrem Sohn vor dem Verhungern zu bewahren und sich von ihr versorgen zu lassen (V9; zitiert in Lk 4,25f. mit Fokus auf die heidnische Herkunft der Frau). Der Witwe, die bereit ist, das letzte Öl und das letzte Mehl mit dem Propheten zu teilen, werden aufgrund ihrer großen Gastfreundschaft ein in der Hungersnot nie versiegender Ölkrug und ein nie leer werdender Mehltopf geschenkt. Sie kann damit nicht nur sich und ihren Sohn versorgen, sondern auch Elija dauerhaft bewirten.

Eine ähnliche Geschichte wird von Elischa in 2 Kön 4,1–7 erzählt, wobei bei dieser Witwe allerdings nicht Hunger, sondern das Ableben des Ehemannes und die Hinterlassenschaft von Schulden die Not verursachen. Elischa befiehlt der Frau, sich von den Nachbarinnen viele leere Krüge zu borgen und sie bereitzustellen, um Öl in sie zu gießen. Alle Gefäße werden wundersam voll, und die Witwe kann davon nicht nur ihre Schulden bezahlen, sondern auch mit ihren Kindern davon leben. Beide Erzählungen greifen das Mannamotiv (vgl. Ex 16) auf, indem die Frauen vertrauen, dass Gott die Grundversorgung sicherstellen kann.

In 2 Kön 4,42–44 wird hingegen eine Vermehrung der Brote eines Mannes durch Elischa erzählt, die schließlich hundert Männer zu speisen vermag. Eine Notiz nimmt dabei explizit auf die Mannaerzählung und wohl auch auf das Rutbuch Bezug („man wird noch übrig lassen, wie JHWH gesagt hat", V44; vgl. Ex 16,19f. sowie das Motiv in Rut 2,14: יתר, „übrig lassen").

Diese drei Erzählungen um die Vermehrung von Grundnahrungsmitteln werden von ihrer Motivik her im NT mehrmals aufgegriffen, wobei die Bezüge zur letzten Erzählung am deutlichsten sind, da es sich jeweils um eine, an die Gabe des Mannas an das gesamte hungernde Volk angelehnte, öffentliche Speisung einer großen Menschenmenge handelt: Nach Mt 14,13–21 par. Mk 6,30–44[27]; Lk 9,10–17; Joh 6,1–15 vermehrt Jesus fünf Brote und zwei Fische und speist damit fünftausend Männer mit ihren Frauen und Kindern (Mt 14,21). Nach Mt 15,32–39 par. Mk 8,1–10 (vgl. Mk 8,19f.)

---

[26] Heilungen von Männern werden auch in anderen Kontexten erzählt (z. B. Jes 38; 2 Kön 20 die Krankheit und Heilung Hiskijas; die Rahmenerzählung Ijobs oder die Heilung des Syrers Naaman in 2 Kön 5) und im NT aufgegriffen.

[27] Zu den atl. Intertexten siehe ausführlicher Mercedes NAVARRO PUERTO, *Marcos* (Guías de lectura del Nuevo Testamento 1; Estella: Verbo Divino, 2006), 247–250.

sind es viertausend Männer samt Familien, die Jesus folgen und hungrig sind. Beide Male werden explizit die Sattheit der Menschen und der Zug des Überflusses betont (Mt 14,20; 15,37; Mk 6,42f.; 8,8; Lk 9,17; Joh 6,12f.).

Die Erzählungen um die Vermehrung von karg gewordener alltäglicher Speise, wie sie Öl, Brot und Fisch im Alten Orient darstellen, haben die Funktion, zu zeigen, dass Gott sich der Bedürftigen, der Armen, Witwen und Waisen annimmt, umso mehr, wenn sie trotz gravierendem Mangel gastfreundlich sind. In deren Rezeption im NT wird zwar auf das atl. Motiv der Versorgung der Frauen nur beiläufig zurückgegriffen, aber der Grundgedanke bleibt erhalten. Allerdings wird er um eine zusätzliche Dimension erweitert: Indem Jesus wie Mose, Elija und Elischa handelnd gezeichnet wird, wird er in die Tradition von „Gesetz und Prophetie" gestellt (vgl. bei der Verklärungsszene die Hütten für Mose, Elija und Jesus Mt 17,4 par. Mk 9,5; Lk 9,33), die er mit seiner Lehre fort- und weiterführt.

2.2 Heilungswunder

Wundersame Heilungen sind in der Hebräischen Bibel selten (vgl. z. B. die Heilungen des Syrers Naaman in 2 Kön 5,1–27; Hiskijas in Jes 38 par. 2 Kön 20,1–11; Ijobs in der Rahmenerzählung Ijob 42,10), und noch seltener wird eine Frau geheilt (so etwa Mirjam vom Aussatz[28] Num 12,10–16; Dtn 24,8f.). Im NT gibt es jedoch – einige wenige – Geschichten von Heilungen an Frauen. Bei manchen handelt es sich, wenn man von den beschriebenen Symptomen auf dahinter liegende Krankheiten schließen will, um typische Frauenleiden. Die Texte sind für unsere Fragestellung allerdings nur insofern relevant, als sie die Hebräische Bibel rezipieren.

Die in die Erzählung von der Totenerweckung der Tochter des Synagogenvorstehers eingebettete Heilung der Frau, die seit zwölf[29] Jahren an Blutungen leidet (Mt 9,20–22 par. Mk 5,25–34; Lk 8,42–48), greift mit der Berührung des Saumes zwar die atl. Vorstellung auf, dass die Gewandsäume die äußersten Ränder einer Persönlichkeit repräsentieren (vgl. etwa Jes 6,1), aber viel relevanter sind die im Text nicht thematisierten, jedoch sozial massiv wirksamen Kategorien von Rein und Unrein.[30] Sie

---

[28] Die Heilung von Aussatz hat bei Mirjam mit sozialer Reintegration zu tun. Zu Aussatz als Chiffre für soziale Strafe siehe Ursula RAPP, *Mirjam: Eine feministisch-rhetorische Lektüre der Mirjamtexte in der hebräischen Bibel* (BZAW 317; Berlin: de Gruyter, 2002), 119f. 394.

[29] Auf die Verbindung der zwölfjährigen Tochter des Synagogenvorstehers mit der seit zwölf Jahren an Blutungen leidenden Frau verweist Monika FANDER, „Das Evangelium nach Markus: Frauen als wahre Nachfolgerinnen Jesu", in *Kompendium Feministische Bibelauslegung* (hg. v. Luise Schottroff und Marie-Theres Wacker; Gütersloh: Kaiser, 1998), 499–512; 502.

[30] Die Begrifflichkeit verwendet offenkundig auf die LXX-Version der betreffenden Lev-Gesetze; siehe dazu bereits FANDER, „Evangelium nach Markus", 502. Zu Rein und Unrein siehe Dorothea ERBELE-KÜSTER, „Geschlecht und Kult: ‚Rein' und ‚Unrein' als genderrelevante Kategorien", in *Tora* (hg. v. Irmtraud Fischer, Mercedes Navarro Puerto und Andrea

bewirken bei gesunden Frauen im gebärfähigen Alter den zyklischen Ausschluss von der Kultfähigkeit. Dauerhafte Blutungen stellen damit ein anhaltendes Verbot, am Kult teilzunehmen, dar und verbieten der Frau noch dazu jeglichen sexuellen Umgang, weil dieser nach den Reinheitstabus während der Menstruation einen Gräuel darstellt (vgl. etwa Lev 12,2.5; 15,25–33; 18,19; 20,18; Ez 22,10). Da nirgends erwähnt ist, dass die Frau Witwe oder unverheiratet wäre, leidet diese Frau nicht nur an physischen Folgeerscheinungen, sondern auch an familiärer Isolation. Wenn Jesus diese Frau heilt, selbst nachdem sie sein Kleid berührte und damit auch ihn in die Sphäre des Unreinen hineinzog, so ist dies im Rahmen der Diskussion über das Halten der Gebote in Mk 7,1–23 zu lesen, dass das Volk mehr an den Auslegungen von Menschen als an den das Leben leitenden Weisungen Gottes interessiert sei (Mk 7,8).

Die Erzählung von der seit achtzehn Jahren gekrümmten Frau (ob sie an Osteoporose leidet?) in Lk 13,10–17 bietet Jesus aufgrund des Einspruchs des Synagogenvorstehers, dass er am Sabbat heile, die Gelegenheit zur Erteilung einer Halacha. Wenn sogar Tiere am Sabbat versorgt werden können, um wie viel mehr muss man sich dann der Menschen annehmen! Die hier „Tochter Abrahams" genannte Frau wird durch diese Gesetzesauslegung daher völlig legitim geheilt. Bereits in der Hebräischen Bibel selber gibt es Hinweise darauf, dass die Weisungen der Tora nicht wortwörtlich, sondern vielmehr lebensförderlich – insbesondere auch für Frauen – ausgelegt werden können und müssen.[31] Geschichten um Dämonenaustreibungen, die im NT vor allem mit männlichen Protagonisten eine prominente Stelle einnehmen, gibt es in der Hebräischen Bibel nicht.[32]

Taschl-Erber; Die Bibel und die Frauen: Eine exegetisch-kulturgeschichtliche Enzyklopädie 1.1; Stuttgart: Kohlhammer, 2010), 347–374, sowie zu deren Relevanz in der Erzählung: Nuria CALDUCH-BENAGES, *Il profumo del Vangelo: Gesù incontra le donne* (Mailand: Paoline, 2007), 19–28.

[31] Zur Schriftauslegung im Rutbuch siehe FISCHER, *Rut*, 49–61, sowie DIES., „The Book of Ruth: A ‚Feminist' Commentary to the Torah?", in *Ruth and Esther* (hg. v. Athalya Brenner; FCB 2.3; Sheffield: Sheffield Academic Press, 1999), 24–49.

[32] Allerdings wird eine solche indirekt in der deuterokanonischen Schrift Tobit erzählt. Sara, die Tochter Raguëls, wird von einem Dämon geplagt, der verhindert, dass die junge Frau eine Ehe vollziehen kann (Tob 3,8; 7,11–8,3). Von der Heilung einer von einem Dämon besessenen Tochter einer syrophönikischen Frau erzählen Mt 15,21–28 und Mk 7,24–30, wobei hier nichts von den Auswirkungen der Besessenheit erzählt wird, sondern der Zug hervorgehoben wird, dass es sich bei den Müttern um zwei Frauen aus den Völkern handelt und nicht um Jüdinnen. Welche Art von Schäden außer Krankheiten die sieben Dämonen von Maria von Magdala verursacht haben könnten, von der Lk 8,2 sagt, dass Jesus diese (sowie andere Dämonen aus einigen anderen Frauen) ausgetrieben habe, wird nicht beschrieben. In der patristischen Zeit wird die Begegnung Marias aus Magdala mit dem Auferstandenen (Joh 20,11–18) durch die Gartenmetaphorik und das Motiv des Suchens und Findens intertextuell mit der Paradieseserzählung und dem Hohenlied verbunden. Explizite Anspielungen sind jedoch im Text kaum vorhanden. Siehe dazu Andrea TASCHL-ERBER, „‚Eva wird Apostel!' Rezeptionslinien des Osterapostolats Marias von Magdala in der lateinischen Patristik", in *Geschlechterverhältnisse und Macht: Lebensformen in der Zeit des frühen*

2.3 Totenerweckungen

Die Totenerweckungserzählungen der Hebräischen Bibel, die das NT intertextuell aufgreift, haben je einen Propheten und eine diesen versorgende Frau als ProtagonistInnen, wobei der einzige Sohn der Frau auferweckt wird. In 1 Kön 17,17–24 ist dies der Sohn jener Witwe aus Sarepta, die ihn in Zeiten der Hungersnot versorgte und deren Öl und Mehl nicht versiegten, in 2 Kön 4,8–37 die Frau aus Schunem, der Elischa einen Sohn verschaffte.

Als der Sohn der Witwe von Sarepta stirbt, bringt sie dessen Tod mit dem Besuch des mirakulösen Gottesmannes in Verbindung und wirft diesem vor, dass er bloß gekommen sei, um sie durch das Sterben ihres einzigen Sohnes als sündig zu erweisen (V18). Elija erwidert diesem verbitterten Vorwurf nichts, sondern bittet um den Sohn, den er in sein Zimmer nimmt. Dort wirft er sich unter Anrufung JHWHs dreimal über den Jungen. Gott erhört Elija, der in seinem Gebet die Frage der Gerechtigkeit stellt, und lässt das Leben in den Knaben zurückkehren. Als Elija der Frau das Kind mit den Worten „Siehe, dein Sohn lebt!" zurückbringt, bezeugt sie ihn als wahren Gottesmann, in dessen Mund das Wort JHWHs sei (V23f.).

In 2 Kön 4,8–37 stirbt der Sohn der vorerst kinderlosen Frau von Schunem. Sie hat Elija im ersten Stock ihres Hauses ein Gästezimmer eingerichtet, und er belohnte sie für ihre Gastfreundschaft mit einer Geburtsankündigung und schließlich einem Sohn (V14–17). Wenn ausgerechnet dieses heiß ersehnte, einzige Kind stirbt, kommt das für die wohl als Prophetenjüngerin zu bezeichnende Frau (vgl. V23) einer Katastrophe abrahamitischen Ausmaßes gleich (vgl. Gen 22). Obwohl das Kind soeben verstorben ist, verlässt sie Mann und Totenhaus und eilt zu Elischa, besteht darauf, mit ihm persönlich zu reden und darauf, dass er persönlich kommt. Elischa schließt sich mit dem Jungen in dessen Kammer ein und wirft sich über ihn. In einem gleichsam magischen Erweckungsritual, in dem er dem Verstorbenen von Mund zu Mund, Augen zu Augen und Händen zu Händen nahe kommt (V34), vermag er das Kind, das daraufhin siebenmal niest, ins Leben zurückzuführen und seiner Mutter zu übergeben. Diese wirft sich vor Elischa nieder, nimmt ihren Sohn und geht.

Die Konstellation, dass der einzige Sohn einer Witwe verstirbt und auferweckt wird, ist im NT bei Lk 7,11–17 in der Erzählung um den Jüngling von Naïn gegeben. Zusammen mit der unmittelbar vorher erzählten Auferweckung des Sklaven des Hauptmanns von Kafarnaum bildet diese Erzählung ein Diptychon, wobei jeweils ein Mann und eine Frau als Trauernde an Jesus mit der Bitte um Hilfe herantreten. Die Geschich-

---

Christentums (hg. v. Irmtraud Fischer und Christoph Heil; Exegese in unserer Zeit – Kontextuelle Bibelinterpretationen 21; Münster: LIT, 2010), 161–196.

Eine weitere Rezeption einer deuterokanonischen Schrift ist vermutlich in der Geschichte um die Enthauptung des Täufers (Mk 6,14–29) verarbeitet: Salome und ihre Mutter Herodias sind durch die Forderung nach dem Kopf des Johannes als Anti-Jaël bzw. Anti-Judit dargestellt. Während die beiden atl. Frauenfiguren mit ihrer Tat des Tyrannenmords als Retterinnen des Volkes auftreten, sind die beiden ntl. Frauen des Königshauses selber Teil eines unterdrückenden Regimes und nutzen ihre Macht brutal aus.

te um die Witwe von Naïn ist dabei ganz an die beiden atl. Erzählungen angelehnt, nur dass Jesus in den Wundererzählungen mit Berührung arbeitet und sich nicht über die Toten wirft. Dem Befehl aufzustehen kommt der junge Mann unmittelbar nach. Am geprägten Zug, dass der Auferweckende den Knaben seiner Mutter zurückgibt (V15; 1 Kön 17,23; vgl. 2 Kön 4,36f.), merkt man die Kraft der Vorlage, denn der junge Mann ist in Lk 7,11ff. zweifelsohne kein Kind mehr, das man der Mutter in die Arme legen könnte. Die Umstehenden deuten die Erweckung als Zeichen dafür, dass Gott sich seines Volkes angenommen hat, und preisen Gott, denn sie erkennen Jesus in der Nachfolge Elijas und Elischas, wenn sie, die Worte aus dem dtn Prophetiegesetz paraphrasierend (V 16; Dtn 18,15.18), bekennen, dass „ein großer Prophet unter uns aufgetreten" ist.[33]

Die Geschichte von der Auferweckung des Lazarus[34] reflektiert in der ProtagonistInnenkonstellation wohl bereits die urchristlichen Gemeinden. Nicht mehr die Mutter der freilich schon erwachsenen Kinder trauert um den Sohn, sondern seine beiden offenkundig unverheirateten, weil noch im Elternhause lebenden Schwestern (Joh 11,1–46). Zu allen drei Geschwistern pflegt Jesus ein freundschaftliches Verhältnis. Der Text erzählt vorerst von der Krankheit des Mannes und dass die Schwestern nach Jesus schicken, um ihn zu Hilfe zu holen (V2f.). Als Jesus im Haus der Schwestern ankommt, ist Lazarus bereits verstorben und vier Tage lang im Grab. Die joh Erzählung greift zwar auf das bei Totenerweckungen übliche Szenario (Gebet des Erweckenden, Befehl an den zu Erweckenden zum Aufstehen, Probe des Lebens durch Gehen oder Essen, Glaube der Trauernden) zurück, baut dieses jedoch für ein ausführliches Messiasbekenntnis und für eine Lektion über das Weiterleben nach dem Tod aus, die im Dialog zwischen Jesus und Marta gegeben wird (V21–27).

Während in der Hebräischen Bibel nur Söhne von Frauen auferweckt werden, gibt es im NT auch Totenerweckungen von Frauen. In einer Umkehrung der Geschlechter der ProtagonistInnen wird von einer Totenerweckung bei der Tochter eines Synagogenvorstehers, der bei Mk Jairus genannt wird, erzählt (Mt 9,18–26 par. Mk 5,21–43; Lk 8,40–56). Der Vater kommt zu Jesus und bittet ihn, zu seiner bei Mk sterbenden, bei Mt und Lk bereits verstorbenen Tochter zu kommen, um ihr die Hand aufzulegen, damit sie wieder lebendig werde. Auch in dieser Geschichte sind die Totenklageriten beim Eintreffen Jesu bereits fortgeschritten und er muss daher – wie die Propheten im AT vor ihm – die Menschen hinausschicken, um mit der Toten, die er als schlafend bezeichnet, alleine zu sein. Als er sie an der Hand fasst, steht diese tatsächlich – wie die erweckten Knaben im AT – von ihrer Bahre auf, wobei Lk, ganz in biblischer Manier

---

[33] Die ständige Betonung, dass das NT in der Aufnahme von atl. Geschichten „keine bleiche Nachahmung", sondern „Überbietung" sei (so z. B. François BOVON, *Das Evangelium nach Lukas (Lk 1,1–9,50)* [EKKNT 3/1; Zürich: Benziger, 1989], 358), halte ich für eine in antijüdischen Fahrwassern rudernde, prinzipielle Verkennung intertextueller Verknüpfungen, die immer mit neuer Botschaft verbunden sind.

[34] Zur gesamten Perikope sowie relevanter Literatur siehe die neue Monographie von Silvia PELLEGRINI, *L'ultimo Segno: Il messaggio della vita nel racconto della risurrezione di Lazzaro* (Bologna: Edizione Dehoniane, 2009).

(vgl. Ri 13,15–23), für die Erprobung, ob das Mädchen wieder zu den Diesseitigen zu zählen ist, sogar noch einen Essenstest durchführen lässt.

In Apg 9,32–43 wird die Erzählung der Heilung eines gelähmten Mannes mit jener der Totenerweckung einer Frau verbunden, wodurch Petrus in die Nachfolge Jesu – und vermittelt dadurch auch in die Nachfolge der Propheten Elija und Elischa – gestellt wird. Tabita wird als wohltätige Jüngerin vorgestellt, die nach kurzer Krankheit stirbt. Man bahrt sie in dem für Totenerweckungen typischen Obergemach auf und vollzieht bereits die üblichen Begräbnisriten an ihr (V36f.). Da man Petrus in der Nähe weiß, schickt man zu ihm und bittet ihn, wie die Frau von Schunem den Propheten Elischa, persönlich zu kommen. Petrus geht daraufhin in das Obergemach, schickt wie Elija in Sarepta alle hinaus, kniet nieder und betet. Als er ihr befiehlt: „Tabita, steh auf!", öffnet sie tatsächlich die Augen, und vor der versammelten Hausgemeinde wird festgestellt, dass sie lebt, was wiederum viele Menschen zum Glauben führt.

Das Motiv, dass sich der Gottesmann zur Totenerweckung auf den Toten wirft, welches in beiden atl. Erzählungen konstitutiv ist (1 Kön 17,21; 2 Kön 4,34), wird in Apg 20,7–12 bei Eutychus in Troas wieder aufgenommen. Paulus, während dessen Predigt der junge Mann einschläft und in der Folge aus dem Fenster fällt, gelingt die Wiederbelebung, und er stellt dies in V10 wie Elija in 1 Kön 17,21 mit den Worten „Er lebt!" fest.

3. Neutestamentliche Erzählungen in Diskussion mit dem Eherecht der Hebräischen Bibel

3.1 Typische Szene, aber mit Suchfehlern: Die Samariterin am Jakobsbrunnen

In der Hebräischen Bibel stellen Begegnungen von Männern mit Frauen am Brunnen typische Szenen dar,[35] in denen Frauen zum Heiraten gefunden werden. Der auf Brautschau gesandte Elieser trifft in Gen 24 dort auf Rebekka, die künftige Frau seines jungen Herrn. Er erkennt die rechte Frau daran, dass sie nicht nur seinen Durst stillt, sondern auch seinen Kamelen ausreichend zu trinken gibt (Gen 24,11–21). Jakob begegnet am Brunnen Rahel und übernimmt die Arbeit des Wasserschöpfens für sie (Gen 29,6–10). Mose trifft dort auf die Töchter des Priesters von Midian, die gerade mit Gewalt gezwungen werden, für alle Hirten die Schwerstarbeit des Wasserschöpfens zu verrichten, und hilft ihnen dabei (Ex 2,15–22). Zippora, eine der Töchter, wird schließlich seine Frau. Da es nach den Geschlechterrollen für junge Frauen nicht möglich ist, Männern Gastfreundschaft anzubieten, laufen alle Frauen in ihr Elternhaus, woraufhin männliche Familienmitglieder den fremden Mann in die Stadt und/oder in ihr Domizil bitten (Gen 24,28–32; 29,11–14; Ex 2,18–21).

---

[35] Vgl. Robert ALTER, *The Art of Biblical Narrative* (New York: Basic Books, 1981), 51–56.

In der Erzählung von Joh 4,³⁶ deren theologische Spitzen in einem Diskurs über das wahre Wasser des Lebens zu finden sind, trifft Jesus auf eine Frau aus Samaria just an dem Brunnen, der nach Jakob benannt ist. Als er sie um Wasser bittet, schöpft sie nicht sofort für ihn, sondern beginnt einen Disput über den Umgang von jüdischen mit samaritanischen Menschen, der in einem über das Wasser des ewigen Lebens endet. Schließlich bittet sie Jesus, dass er ihr dieses Wasser geben möge, um nicht mehr schöpfen zu müssen. Bedenkt man, dass nur Rebekka für den Brautwerber Wasser schöpft, aber sowohl Jakob als auch Mose Wasser für die Frauen schöpfen, so ist dies ebenso wenig ein irregulärer Zug in der typischen Szene³⁷ wie die Aufforderung Jesu, in die Stadt zu gehen und mit einem männlichen Familienmitglied wiederzukommen. Offenkundig hat man sich bei der Samariterin eine reifere Frau vorzustellen, denn Jesus nimmt an, dass sie verheiratet ist, und sie bestätigt, dass sie in einer Partnerschaft mit ihrem sechsten Mann lebt (4,17f.). Nach einer weiteren Diskussion über Jesu prophetische Begabung sowie messianische Sendung und die Stätte der wahren Anbetung kommen die Jünger hinzu. Die Frau eilt daraufhin – ganz entsprechend der typischen Szene – in die Stadt und berichtet den Bewohnern von einer Begegnung mit einem Mann am Brunnen, woraufhin diese aus der Stadt zu ihm hinaus laufen, ihm Gastfreundschaft anbieten (Joh 4,28f.40) und viele zum Glauben finden.

Ganz offenkundig will die Erzählung in Joh 4 von keiner Brautschau Jesu erzählen.³⁸ Wenn es um die theologische Lehre und nicht um das Finden einer Ehefrau geht, warum wird dann überhaupt die typische Brautwerbungsszenerie, die noch dazu mit dem Jakobsbrunnen gleichsam „zitiert" wird, eingeführt? Diese Frage muss letztlich unbeantwortet bleiben, es können nur Versuche zur Beantwortung³⁹ unternommen werden. Als Alttestamentlerin scheint mir die Deutung wahrscheinlich, dass Jesus am Jakobsbrunnen kein neues Familienmitglied im herkömmlichen Sinn trifft, sondern eine Jüngerin, die ihm – nach gut urchristlichem Verständnis, dass die eigentliche Familie⁴⁰

---

³⁶ Siehe dazu ausführlicher die Artikel von Judith HARTENSTEIN sowie Turid Karlsen SEIM in diesem Band.

³⁷ Vgl. Ruth HABERMANN, „Das Evangelium nach Johannes: Orte der Frauen", in *Kompendium Feministische Bibelauslegung* (hg. v. Luise Schottroff und Marie-Theres Wacker; Gütersloh: Gütersloher Verlagshaus, ³2007), 527–541; 532f. Die in der ntl. Forschung manchmal zu findende Deutung, dass die Männer die fünf in 2 Kön 17 genannten Fremdkulte symbolisierten, erachte ich als Alttestamentlerin für allzu allegorisch.

³⁸ Siehe dazu den erhellenden Artikel von Mirjam ZIMMERMANN und Ruben ZIMMERMANN, „Brautwerbung in Samarien? Von der moralischen zur metaphorischen Interpretation von Joh 4", *Zeitschrift für Neues Testament* 2 (1998): 40–51.

³⁹ Siehe dazu Adeline FEHRIBACH, *The Women in the Life of the Bridegroom: A Feminist Historical-Literary Analysis of the Female Characters in the Fourth Gospel* (Collegeville: Liturgical Press, 1998). ZIMMERMANN und ZIMMERMANN, „Brautwerbung", 50, sehen die Funktion der Brautschauerzählung in der Darstellung der „Exklusivität der Gottesbeziehung ..., wie sie in der Begegnung mit dem Messiasbräutigam auf intime Weise ermöglicht wird".

⁴⁰ Auch die Zerstörung der herkömmlichen Familienbande wird durch die Rezeption eines Prophetietextes als Erfüllungszitat dargestellt: Mt 10,35f. par. Lk 12,51–53 zitieren Mi 7,5f.,

nicht durch Genealogie, sondern durch Nachfolge zustande kommt – gleichsam seine neue Familie in Samaria zuführt.

3.2 Das Levirat in der Ewigkeit

In der Perikope, in der die Sadduzäer die Auferstehungsfrage thematisieren (Mt 22,23–33 par. Mk 12,18–27; Lk 20,27–40), wird die Leviratsregelung von Dtn 25,5–10 als Beispiel herangezogen. Das Levirat[41] sieht im Falle einer kinderlosen Witwe vor, dass (wenn das Erbe nach dem Tod des Vaters noch nicht aufgeteilt ist) der nächstälteste Bruder mit der Witwe ein Kind zeugen soll, das rechtlich als Sohn des Verstorbenen gilt. Da in Alt-Israel die Ehe zwar polygyn gelebt werden kann, Frauen jedoch nur sukzessiv mehrere Männer haben können, bedeuten geschlechtliche Beziehungen einer verheirateten Frau zu anderen Männern immer Ehebruch, wohingegen ein Mann mit mehreren Frauen gleichzeitig verheiratet sein kann. Die Sadduzäer, die die Auferstehung der Toten leugnen, führen nun den unwahrscheinlichen, aber theoretisch möglichen Fall einer Frau ins Treffen, die mit sieben Brüdern das Levirat vollziehen muss. Sie verschärfen damit die Frage, wessen Frau eine mehrfach Verheiratete schließlich sei, wenn es eine Auferstehung geben sollte, zumal dann alle Männer der Frau miteinander blutsverwandt sind. Die heikle Schlussfolgerung, dass nach einer Auferstehung aller Toten die Frau plötzlich mehrere Männer habe, kann logisch eigentlich nur mit einem Verheiratungsverbot für Witwen gelöst werden. Jesus umgeht ein solches jedoch dadurch, dass er für Auferstandene andere Bedingungen des Zusammenlebens annimmt, als sie im Diesseits gelten, und transferiert damit die halachische Diskussion auf eine andere Ebene.

3.3 Diskussion um die Ehescheidung

Im Alten Israel und seiner Umwelt waren sowohl Polygynie als auch Ehescheidung möglich, allerdings finden sich dazu erdenklich wenige biblische Textbelege. Nach Dtn 24,1–3 muss bei der Scheidung eine Urkunde ausgestellt werden, da aufgrund des patriarchalen Eherechts Frauen nur sukzessiv polygam leben dürfen und daher für eine Wiederverheiratung eine Bescheinigung brauchen, dass die vorhergehende Ehe nicht mehr besteht. Da ein Mann mehrere Frauen gleichzeitig haben kann, braucht er für eine weitere Heirat keine Scheidungsurkunde. Diese rechtlichen Gegebenheiten haben oft zu einer Missdeutung von Dtn 24,1–4 geführt, indem angenommen wurde, dass jeweils nur der Mann ein Scheidungsrecht besaß, nicht aber auch die Frau.[42] Neuere Forschun-

---

der den Tag des Gerichts durch den Bruch aller Solidaritäten (Mutter – Tochter, Vater – Sohn, Schwiegermutter – Schwiegertochter) charakterisiert.

[41] Siehe dazu ausführlich FISCHER, *Rut*, 49–52.

[42] So exemplarisch etwa Joachim GNILKA, *Das Evangelium nach Markus (Mk 8,27–16,20)* (EKKNT 2/2; Zürich: Benziger, 1979), 76.

gen⁴³ haben jedoch erwiesen, dass diese Auslegung nicht zwingend ist: Im Archiv der jüdischen Gemeinde auf der Nilinsel Elephantine, das aus dem 6. Jh. v. Chr. stammt, findet sich ein Ehekontrakt der reichen Jüdin Miphtahia, in dem sie sich das Recht zur Scheidung festschreiben lässt.⁴⁴ Auch das Sklavinnengesetz von Ex 21,10, das die Freilassung im Falle der Nichterfüllung der Ehepflichten vorsieht, könnte als impliziter Hinweis auf ein Scheidungsrecht der Frau verstanden werden.

Die in den Evangelien bezeugte Diskussion um die Ehescheidung wird zwar generell unter ausschließlich androzentrischem Blickwinkel geführt, allerdings belegt auch Mk 10,12 ein Scheidungsrecht von Frauen.⁴⁵ In der Bergpredigt wird in Mt 5,27–32 einerseits das Ehebruchsverbot durch das Begehrensverbot verschärft, andererseits wird die Vorschrift, einer entlassenen Ehefrau einen Scheidebrief auszustellen, als Anleitung zum Ehebruch ausgelegt. Die in Mt 5,31f. gegebene Halacha, die auf ein wortwörtlich so nicht vorhandenes Gebot mit der Einleitung „ferner ist gesagt worden" verweist, verbietet jegliche Wiederverheiratung, es sei denn, es liegt ein sexuelles Vergehen der Frau vor. In Mk 10,1–12 thematisieren Pharisäer mit ausdrücklichem Verweis auf die Mosetora (V3f.) die Möglichkeit der Scheidung durch Scheidungsurkunde. Jesus jedoch begreift diese als Zugeständnis an die Hartherzigkeit der Männer und argumentiert mit den Schöpfungstexten von Gen 1,27 und Gen 2,24, deren Aussagen über die Einheit des Menschen als männlich und weiblich er als lebenslänglich bestehendes Band zwischen Eheleuten deutet (Mk 10,6–9).⁴⁶ Mk 10,11f. und Lk 16,18 verschärfen das neue Scheidungsverbot zusätzlich, wenn sowohl die Heirat mit einer Geschiedenen als auch Polygamie, selbst wenn sie sukzessiv gelebt wird, als Ehebruch qualifiziert werden.

Die Eherechtsvorstellungen der Hebräischen Bibel, die für Männer andere Konsequenzen als für Frauen haben, werden durch diese drei Texte einerseits genderfair angeglichen, indem für beide Geschlechter die Scheidung und Wiederverheiratung verboten wird; sie werden jedoch auch dahingehend verschärft, als aus einer missglückenden Ehe kein Ausweg mehr möglich ist.

---

[43] Vgl. etwa Yair ZAKOVITCH, „The Woman's Right in the Biblical Law of Divorce", *JLA* 4 (1981): 28–46.

[44] Siehe den Text bei Bezalel PORTEN und Ada YARDENI, Hg., *Textbook of Aramaic Documents from Ancient Egypt 2: Contracts* (Winona Lake: Eisenbrauns, 1989), 30–33.

[45] Das hat bereits Monika FANDER, *Die Stellung der Frau im Markusevangelium: Unter besonderer Berücksichtigung kultur- und religionsgeschichtlicher Hintergründe* (MThA 8; Altenberge: Telos, ²1990), 85, hervorgehoben.

[46] Zu zeitgenössischen Auslegungen der beiden AT-Stellen zur Zeit der Abfassung von Mk siehe ebd., 93–99. Ausführlich zu den rezipierten AT-Texten vgl. NAVARRO PUERTO, *Marcos*, 350–353.

3.4 Die ertappte Ehebrecherin

Eine mäeutische Halacha gibt Jesus in der Erzählung von Joh 8,2–11, in der die Schriftgelehrten und Pharisäer eine in flagranti erwischte Ehebrecherin zu ihm bringen. Obwohl die Vorschriften von Lev 20,10 und Dtn 22,22 eindeutig die Todeswürdigkeit des Ehebruchs für Mann und Frau feststellen, wird in Joh 8,3f. erzählerisch nicht erklärt, warum nur die Frau vorgeführt wird. Die Männer fragen im Angesicht der mitgezerrten Frau, wie Jesus denn zur Rechtsvorschrift aus der Mosetora stehe. Jesus antwortet darauf (V7) mit einem anderen Gesetz aus der Tora, mit Dtn 17,7, wonach die gleichzeitig als Zeugen, Richter und Vollstrecker auftretenden Anzeiger eines Verbrechens, auf das die Todesstrafe steht, den ersten Stein werfen müssen. Mit mäeutischer Methode konstruiert Jesus seine Halacha,[47] die zwei Gesetze aus der Tora miteinander verbindet, wodurch eines das andere auslegt. Die Männer erkennen nämlich ohne weitere Diskussion, dass sie kein *moralisches* Recht haben, die Strafe zu vollziehen (Joh 8,9f.). Die joh Erzählung über die Ehebrecherin endet damit wie alle atl. Texte über EhebrecherInnen auch: Die Todesstrafe wird nicht vollzogen. In der Hebräischen Bibel wird nach keinem einzigen erzählten Ehebruch die Steinigung vollzogen; über den Rechtsbrauch wissen wir ausschließlich durch die Rechtstexte.

4. Frau Weisheit und weiblich konnotierte Gottes- bzw. Christusbilder

Dass das NT für die Verkündigung der Heilsrelevanz Jesu als Christus weisheitlich geprägte Redeformen verwendet, ist der exegetischen Forschung seit längerem bewusst.[48] In der ntl. Briefliteratur wurden Weisheitsbezüge erhoben, die Christus teils als Gottes

---

[47] Zur Deutung der Stelle im Kontext mündlicher Tora zu den Rechtstexten siehe bereits Klaus WENGST, *Das Johannesevangelium: 1. Teilband: Kapitel 1–10* (TKNT 4,1; Stuttgart: Kohlhammer, 2000), 304.

[48] Vgl. z. B. Ulrich WILCKENS, *Weisheit und Torheit: Eine exegetisch-religionsgeschichtliche Untersuchung zu 1 Kor 1 und 2* (BHT 26; Tübingen: Mohr, 1959), 145–159. Neuere Forschungen siehe bei Martin SCOTT, *Sophia and the Johannine Jesus* (JSNTSup 71; Sheffield: Sheffield Academic Press, 1992). Elisabeth SCHÜSSLER FIORENZA, *Jesus: Miriam's Child, Sophia's Prophet: Critical Issues in Feminist Christology* (New York: Continuum, 1994; deutsch: *Jesus: Miriams Kind, Sophias Prophet: Kritische Anfragen feministischer Christologie* [Gütersloh: Gütersloher Verlagshaus, 1997]), versteht Christologie als Sophia-Logie. Zu Einzelaspekten siehe weiters Silke PETERSEN, „Die Weiblichkeit Jesu Christi", in *Die zwei Geschlechter und der eine Gott* (hg. v. Elmar Klinger, Stephanie Böhm und Thomas Franz; Würzburg: Echter, 2002), 97–123; CALDUCH-BENAGES, *Profumo*, 124–138, sowie die für einen breiteren Kreis konzipierten Publikationen von Verena WODTKE, Hg., *Auf den Spuren der Weisheit: Sophia – Wegweiserin für ein weibliches Gottesbild* (Freiburg i. Br.: Herder, 1991), und Silvia SCHROER, „Jesus Sophia: Erträge der feministischen Forschung zu einer frühchristlichen Deutung der Praxis und des Schicksals Jesu von Nazaret", in DIES., *Die Weisheit hat ihr Haus gebaut: Studien zur Gestalt der Sophia in den biblischen Schriften* (Mainz: Matthias-Grünewald-Verlag, 1996), 126–143.

Weisheit bezeichnen oder ihn wie die präexistente, bei der Schöpfung mitwirkende Weisheit sehen (z. B. 1 Kor 1,24; 2,7; vgl. Kol 1,15–20; Hebr 1,3). Diese Stellen können aber in diesem Band, der sich den erzählenden Texten des NT widmet, nicht Gegenstand der Untersuchung sein.

Aber auch in den Evangelien finden sich weisheitliche Elemente. Mt 11,19 par. Lk 7,35 (vielleicht auch Lk 11,49?) identifizieren offenkundig Jesus mit der Weisheit. Mt 11,25–27 par. Lk 10,21f. stechen dadurch hervor, dass ein Teil der Zuhörenden mit weisheitlichen Termini als Weise und Kluge angesprochen werden, denen allerdings die Offenbarung verborgen bleibt. Wie Frau Weisheit in Spr 1–9 lädt Jesus nach Mt 11,28 ein, seine Lehre anzunehmen. Silvia Schroer[49] hat auch auf die Bezüge der zum Gastmahl einladenden „Frau Weisheit" zu den Parabeln von den Gast- und Hochzeitsmählern hingewiesen (vgl. Spr 9,1–5 mit Mt 22,1–10; Lk 14,15–24). In den Weherufen gegen die gesetzestreuen Pharisäer, die in Lk 11,37–54 Jesus in den Mund gelegt werden, heißt es in V49, dass „die Weisheit Gottes" bereits gesagt habe, dass prophetisch und apostolisch Beauftragte zu ihnen gesandt und einige von ihnen getötet werden. Auch wenn die Identifikation Jesu mit der Sophia nicht ausdrücklich vollzogen wird, belegt dies, dass das NT Worte der personifizierten Weisheit schätzt. Die Geschichten, auf die in V51 verwiesen wird, finden sich allerdings nicht in einem Weisheitsbuch, sondern vielmehr in Gen 4 und 2 Chr 24,19–22, wodurch der Schrifterweis vom ersten (Gen) bis zum letzten Buch (2 Chr) der Hebräischen Bibel erbracht wird.[50]

4.1 Logos und Sophia

Joh beginnt in 1,1 wie das erste Buch der Bibel, die Genesis, mit Ἐν ἀρχῇ: „Am Anfang" erschafft Gott Himmel und Erde und an diesen Anfang setzt Spr 8,22f. die personifizierte Weisheit, die präexistent und bereits bei der Schöpfung mitgestaltend anwesend ist (vgl. Sir 24,9; Weish 8,6). An ebendiesen Anfang setzt Joh 1 den Logos, der wie die Weisheit in Spr 8,25LXX gezeugt (siehe die Verbalform von γεννάω) und nicht geschaffen wird (vgl. Joh 1,14 μονογενοῦς, „einziggeboren"). Wie die Weisheit in Sir 24,(4.)8 ihr Zelt in Israel aufschlägt (κατέπαυσεν τὴν σκηνήν), so tut dies auch der Logos nach Joh 1,14 (ἐσκήνωσεν; vgl. ebenso Spr 8,12LXX κατεσκήνωσα). Der inkarnierte Logos,[51] „das Fleisch gewordene Wort", wird somit in Bezug auf die

---

[49] Vgl. SCHROER, „Jesus Sophia", 130.
[50] Vgl. dazu Heinz-Martin DÖPP, *Die Deutung der Zerstörung Jerusalems und des Zweiten Tempels im Jahre 70 in den ersten drei Jahrhunderten n. Chr.* (Texte und Arbeiten zum neutestamentlichen Zeitalter 24; Tübingen: Francke, 1998), 37f., sowie RUSAM, *Das Alte Testament*, 219f.
[51] Silvia PELLEGRINI, „Feministische Anfragen an das Jesusbild", in *Die Tochter Gottes ist die Weisheit: Bibelauslegung durch Frauen* (hg. v. Andreas Hölscher und Rainer Kampling; Theologische Frauenforschung in Europa 10; Münster: LIT, 2003), 69–114; 90, ist der Ansicht: „Mit der Identifikation Jesus-Sophia steht der Inkarnationsgedanke im Vordergrund". WENGST, *Johannesevangelium*, 37–39, stellt unter der Überschrift „Zum religionsgeschichtlichen Hintergrund" die Anspielungen auf das AT und die deuterokanonischen Schriften zu-

vermittelnde Präsenz beim Schöpfungsvorgang (Joh 1,3) nicht nur der Weisheit gleichgesetzt (vgl. Spr 8,30), sondern auch dem Sprechen Gottes in Gen 1, das alles ins Dasein ruft.[52] Aber auch die bei Joh typische „Ich bin"-Rede kann als Rezeption der Selbstvorstellung von Frau Weisheit in Spr 8,12–17 gelesen werden.[53]

4.2 Gott als Vogelmutter

Die Hebräische Bibel hat – anders als das NT, das durch eine Konzentration auf das Vaterbild geprägt ist – eine Fülle weiblicher Gottesbilder,[54] die vermutlich das Resultat eines streng durchdachten Monotheismus sind:[55] Wenn es nur eine einzige Gottheit gibt, muss von dieser in allen nur erdenklichen Sprachbildern gesprochen werden, aber sie darf aufgrund der Gefahr der Verfestigung eines einzigen Bildes nicht bildlich dargestellt werden (vgl. die Paränese zum Bilderverbot in Dtn 4,15–20). Neben zahlreichen spezifisch weiblichen Bildern wie der Gebärenden, der Hebamme oder der Mutter finden sich auch Gottesbilder aus dem zoologischen Bereich, wie etwa die Bärin (Hos 13,8) oder die Adlermutter (Dtn 32,11f.; Ex 19,4; vgl. Jes 40,31f.). Vom Bild der Vogelmutter bzw. der Vogeleltern wird jener Zug aktualisiert, der das Beschützende und

---

sammen und betont für die Rezeption bei Joh 1 den Schöpfungsaspekt. Zu Joh 1 als Text über die Herkunft Jesu, der in gewissem Maße die Kindheitserzählungen von Mt und Lk „ersetzt", vgl. den Artikel von Turid Karlsen SEIM in diesem Band.

[52] Dass dabei die weibliche Sophia zum männlichen Gottessohn wird (so bereits Adele REINHARTZ, „The Gospel of John", in *Searching the Scriptures 2: A Feminist Commentary* [hg. v. Elisabeth Schüssler Fiorenza; London: SCM Press, 1995], 561–600; 565), wird in der feministischen Theologie immer wieder diskutiert. Zur unterschiedlichen Vorstellungswelt im Griechischen und Hebräischen siehe CALDUCH-BENAGES, *Profumo*, 126: „La sapienza greca era intesa come *logos* maschile."

[53] Dies hat Silke PETERSEN, *Brot, Licht und Weinstock: Intertextuelle Analysen johanneischer Ich-bin-Worte* (NovTSup 127; Leiden: Brill, 2008), 218f.273–279.310–313, ausführlich gezeigt. Siehe ebenso Judith LIEU, „Scripture and the Feminine in John", in *A Feminist Companion to the Hebrew Bible in the New Testament* (hg. v. Athalya Brenner; FCB 10; Sheffield: Sheffield Academic Press, 1996), 225–240, die auch die Begegnung Maria Magdalenas mit dem Auferstandenen im Garten in Joh 20 in guter Tradition der Kirchenväter mit dem Hohelied parallelisiert (vgl. ebd., 235–237).

[54] Frauenforschung hat dies bereits sehr früh thematisiert. Siehe die damals bahnbrechende Arbeit von Virginia R. MOLLENKOTT, *Gott eine Frau? Vergessene Gottesbilder der Bibel* (Beck'sche Schwarze Reihe 295; München: Beck, 1985); zu den weiblichen Vogelbildern siehe ebd., 86–98. Englisches Original: *The Divine Feminine: The Biblical Imagery of God as Female* (New York: Crossroad, 1984). Zu weiteren Beispielen einer weiblich konnotierten Bildwelt bei Joh siehe den Artikel von Turid Karlsen SEIM in diesem Band.

[55] Siehe zu dieser These ausführlicher Irmtraud FISCHER, „Donne nell' Antico Testamento", in *Donne e Bibbia: Storia ed esegesi* (hg. v. Adriana Valerio; La Bibbia nella Storia 21; Bologna: Edizioni Dehoniane, 2006), 161–196; 193–196, sowie DIES., „Frauen in der Literatur (AT)", in www.WiBiLex.de (2008), online: http://www.wibilex.de/stichwort/frauen_in_der_literatur_(at)/ (15.12.2010), Abschnitt 12: Weibliche Gottesbilder.

Rettende ins Bild setzt: Der Vogel breitet seine Schwingen aus und trägt bei Gefahr das Junge aus dem Nest davon. In Mt 23,37 par. Lk 13,34 wird in einem Jesuswort das Bild der Henne, die die Kinder Jerusalems unter ihren Fittichen sammeln will, verwendet. In diesem Text benützt Jesus dieses Bild im Rahmen der Beschreibung der gescheiterten Versuche seiner prophetischen Tätigkeit. Auch wenn das Wort von den Adlereltern nicht fällt, so übernimmt diese christologische Aussage dennoch das Bild eines die Brut aufziehenden Vogels,[56] das in der Hebräischen Bibel mit Gott konnotiert ist.

5. Weibliche Repräsentationen für die gläubigen Gemeinden

5.1 Jerusalem im Bild einer Frau

Die Hebräische Bibel und ihre Umwelt personifizieren Länder und Städte im Bild von Frauen. In der christlichen Bibel hallt dies nach, indem Jerusalem weiblich dargestellt wird. So wird am Kreuzweg, den Klagefrauen und Trauernde begleiten, offensichtlich die Bevölkerung der Hauptstadt mit „ihr Töchter Jerusalems" angesprochen, gleichzeitig aber auch die weibliche Öffentlichkeit ins Bild gesetzt (Lk 23,27–29). In antithetischer Aufnahme der Preisung im bereits erwähnten Hanna-Lied wird die Unfruchtbare, die nie gebar, gepriesen (Lk 23,29; vgl. 1 Sam 2,5).

Implizit wird Jerusalem in Lk 13,34; 19,41 als Frau gesehen, wenn im unmittelbaren Kontext von ihren Kindern die Rede ist. Explizit als „Tochter Zion" wird das Volk bei Jesu Einzug in Jerusalem bezeichnet: Joh 12,15 stellt allerdings ein direktes Zitat aus Sach 9,9 dar.

Ausgeschmückt wird das Bild von Jerusalem als Frau aber erst in Offb 21. In Aufnahme von Motiven aus dem Jesajabuch steigt das „neue Jerusalem" (vgl. Jes 65,17–19) „wie eine Braut, die sich für ihren Mann geschmückt hat" aus dem Himmel herab (V1; vgl. Jes 52,1; 62,4f.). In diesem Text wird Jerusalem sowohl als Gestalt als auch als Gelände[57] ins Bild gesetzt. So greift Offb 21,10 auf Jes 54,11–17, den Wiederauf-

---

[56] Zu nennen ist hier auch der Geist, der wie eine Taube bei der Taufe Jesu als Botenvogel herabschwebt. Da *ruaḥ* im Hebräischen weiblich ist und auch in der Hebräischen Bibel ein Symbol für Gottes Handeln ist, hat die feministische Theologie früh den Geist als weibliches Gottesbild thematisiert. Siehe dazu z. B. Silvia SCHROER, „Der Geist, die Weisheit und die Taube: Feministisch-kritische Exegese eines zweittestamentlichen Symbols auf dem Hintergrund seiner altorientalischen und hellenistisch-frühjüdischen Traditionsgeschichte", in DIES., *Die Weisheit hat ihr Haus gebaut: Studien zur Gestalt der Sophia in den biblischen Schriften* (Mainz: Matthias-Grünewald-Verlag, 1996), 144–175 (Erstpublikation in *FZPhTh* 33 [1986]: 197–225).
[57] Siehe dazu ausführlicher Odil Hannes STECK, „Zion als Gelände und Gestalt: Überlegungen zur Wahrnehmung Jerusalems als Stadt und Frau im Alten Testament", in DERS., *Gottesknecht und Zion: Gesammelte Aufsätze zu Deuterojesaja* (FAT 4; Tübingen: Mohr, 1992), 126–145.

bau Jerusalems aus Edelsteinen, zurück; Offb 21,4 rezipiert die endzeitliche Vision vom Festmahl am Zionsberg von Jes 25,6–8.

Verglichen mit der im AT sehr häufig vorkommenden Personifizierung einer Stadt als Frau sind die Belege im NT eher selten, da die Bevölkerung Jerusalems meist in ihren männlichen Repräsentanten angesprochen wird. Die wenigen Belege erweisen aber deutlich, dass das geprägte Bild der Stadt als Frau offensichtlich zum „cultural code" des Vorderen Orients gehörte.

5.2 Prophetische Töchter in der Apg als Erfüllung von Joël 3,1 und Repräsentation der Gemeinde

Dieser Beitrag beschäftigt sich nicht mit Fragen zur Geschichte des frühen Christentums und damit auch nicht mit der Historizität von Figuren aus der Apg, sondern mit der Rezeption von Texten. Es wird daher hier nicht gefragt, ob die in der Apg erwähnten Frauen historische Persönlichkeiten waren. Sie werden vielmehr als literarische Figuren gesehen, die die Ausbreitung des Christentums als fortlaufende Erfüllung der Rede des Petrus am Pfingsttag erweisen, die das Geschehen in der Urkirche durch Joël 3 deutet. Dieser universalistische Text verheißt in der Hebräischen Bibel die Ausgießung des Geistes über „alles Fleisch", über Frauen und Männer sowie über Freie und Unfreie, eröffnet die Möglichkeit der Rettung auch für die Völker und macht Israel in diesem Geschehen zur prophetischen Mittlerfigur.[58] Apg 2,17–21 wandelt den hebräischen Text[59] insofern ab, als der Geist nicht nur in Israel Prophetie bewirkt, sondern ein prophetisches Gottesvolk aus *allen* Völkern entstehen lässt, wobei durch die temporale Angabe in Apg 2,17 die eschatologische Dimension gegenüber Joël 3,1 verstärkt wird.

Der narrative Kontext der Pfingstrede ist durch die namentlich Genannten vorerst androzentrisch. In Apg 1,14 wird allerdings explizit betont, dass „alle", „zusammen mit den Frauen und Maria, der Mutter Jesu, und mit seinen Brüdern und Schwestern" im Gebet verharrten. Diese Definition der urkirchlichen Gruppe kann jedoch durchaus auch für die folgenden Episoden vorausgesetzt werden, wodurch die ausdrückliche Nennung des weiblichen Anteils am Gottesvolk in Joël 3 eine Entsprechung findet. Die einzelnen Erzählungen der Apg kommen der Vorstellung, dass die Gemeinden durch

---

[58] Die Suffixe der 1.P.Sg. verweisen darauf, dass Prophetie nur für Israel verheißen wird, nicht aber für „alles Fleisch". Israel wird in Joël 3 daher als Prophet für die Völker eingesetzt. Siehe dazu ausführlich Irmtraud FISCHER, „Israel und das Heil der Völker im Jesajabuch", in *Das Heil der Anderen: Problemfeld: „Judenmission"* (hg. v. Hubert Frankemölle und Josef Wohlmuth; QD 238; Freiburg i. Br.: Herder, 2010), 184–208; zu Joël 3 siehe DIES., *Gotteskünderinnen*, 235–254.

[59] Apg 2 geht aber an einigen Stellen auch mit der LXX nicht konform; siehe dazu und zum Folgenden Irmtraud FISCHER und Christoph HEIL, „Geistbegabung als Beauftragung für Ämter und Funktionen: Eine gesamtbiblische Perspektive", *Jahrbuch für Biblische Theologie* 24 (2009): 53–92.

Frauen wie Männer aufgebaut werden, jedenfalls nach, wobei sie zudem unterschiedlichste Motive und Textelemente aus dem AT aufgreifen.
- Sowohl die vier prophetisch begabten Töchter des Philippus, die in Apg 21,9 erwähnt werden, als auch die mit einem Wahrsagegeist begabte Sklavin in Philippi, die Paulus und seine Begleitung als Dienende des höchsten Gottes erkennt (Apg 16,16–18), sind Beispiele dafür, dass der Gottesgeist gemäß Apg 2 auch Frauen prophetisch reden lässt.
- In vielen neu gegründeten Gemeinden werden neben Männern explizit Frauen genannt: Damaris in Apg 17,34 für Athen, Priszilla für Korinth (Apg 18,2.18.26; Röm 16,3; 1 Kor 16,19; 2 Tim 4,19) und Tabita für Joppe (Apg 9,32–43).
- Die Geschichte von Hananias und seiner Frau Saphira, die ein Grundstück verkaufen und vorgeben, sich der urchristlichen Gütergemeinschaft anzuschließen, aber einen Teil für sich behalten (Apg 5,1–9), sieht Mann und Frau gleich verantwortlich. Die Strafe, die beide unmittelbar nach ihrer Lüge vor Petrus trifft, kann ebenso als Aufgreifen eines biblischen Motivs gelesen werden: In der Erzählung von der Bestrafung Datans und Abirams in Num 16 wird deutlich, dass mit sofortigem Gottesurteil zu rechnen hat, wer sich gegen die Führungsfigur (Mose wie Petrus) auflehnt.
- Die Geschichte von der Purpurhändlerin Lydia, die im Kreise jener Frauen aus Philippi sitzt, die Paulus außerhalb der Stadt zuhören (Apg 16,11–15.40), liest sich gleichsam als Verkörperung der sprichwörtlich fähigen Frau aus Spr 31,10–31: Sie ist gottesfürchtig (Apg 16,14; Spr 31,30), besitzt ein Haus, über das sie als Frau bestimmt (Apg 16,15; Spr 31,15.21), und beide haben es mit der Luxustextilie der Antike schlechthin, dem Purpur, zu tun (Apg 16,14; Spr 31,22).
- Auch Maria führt nach Apg 12,12–17 ihr eigenes Haus. Ihre Sklavin Rhode, wie die Herrin offenkundig christlich geworden, kann die Befreiung des Petrus aus dem Gefängnis ebenso kaum glauben wie die ganze, im Haus der Maria versammelte Hauskirche.
- Schließlich erwähnt selbst Stefanus in seinem völlig androzentrischen Rückblick auf die Geschichte Israels in seiner Rede zumindest die Tochter Pharaos, die Mose aus dem Nil gezogen hat (Apg 7,21).

6. Resümee

Die Schriften des NT entstehen zwar in griechischer Sprache, aber dennoch in sehr starker Tradition zu jenen der Hebräischen Bibel, wenngleich vermutlich in der Version der griechischen Übersetzung. Sie verwenden daher nicht die philosophische Terminologie, die im Griechischen bereitstünde und in der Dogmatik der Frühen Kirche auch immer häufiger gebraucht wurde. Wenn das NT in seinen erzählenden Schriften auf die theoretische Erklärung der Heilsbedeutung des Jesus von Nazaret als Christus verzichtet, muss es die Deutekategorien der ihm zur Verfügung stehenden Bibel benutzen, um den AdressatInnen die Botschaft vom nun kommenden Messias, der den Überhang der Verheißungen (neuerlich) erfüllt, deutlich zu machen. Das NT ist somit nicht nur selber zur Heiligen Schrift geworden, sondern gleichzeitig als eine frühe Rezeption der jüdischen Bibel zu verstehen.

Unter dem Genderaspekt betrachtet sind die vielfältigen Rezeptionen nicht über einen Leisten zu schlagen: Es gibt sowohl Aktualisierungen atl. Texte, die weibliche Figuren an die Stelle ihrer atl. Prä-Figuren setzen (z. B. Heilungen von Frauen) und damit für Frauen als befreiende Öffnung zu lesen sind. Aber es gibt auch ntl. Texte, die eine androzentrische Engführung ihrer atl. Vorbilder bedeuten. Wenn dies etwa gerade in der Frage der Gottesrede der Fall ist, wie bei der Ersetzung der weiblichen Frau Weisheit durch den männlich konnotierten Logos, ist dies zwar durch die Heilsrelevanz Jesu von Nazaret zu erklären, aber dennoch verarmt dadurch der Reichtum der Gottesbilder, der in nachexilischer Zeit als Folge monotheistischer Gottesvorstellung kreiert wurde. In den meisten Fällen aber stehen die ntl. Rezeptionen atl. Texte in direkter Linie zu diesen. „Frauentexte" werden durch Texte rezipiert, in denen wiederum Frauen die tragenden Figuren der Handlung sind. Keinesfalls aber lässt sich behaupten (wie das die frühe feministische Theologie teils getan hat), dass das NT im Vergleich zum AT insgesamt wesentlich frauenfreundlicher sei; beide Sammlungen Heiliger Schriften sind Zeugnisse einer patriarchalen Kultur, die auf weiten Strecken Texte hervorbringt, in denen Frauen nicht primär im Zentrum des Interesses stehen.[60]

---

[60] Ich danke Andrea Taschl-Erber für die intensive Diskussion des Beitrags und so manche Anregung zur Formulierung ntl. Sachverhalte.

Welcher Messias für Frauen?
Jüdische Messianismen und frühchristliche Christologien aus der Geschlechterperspektive

Luca Arcari
Università degli studi Federico II, Neapel

Im Lukasevangelium wird beschrieben, wie die Frauen, die sich auf dem Weg zum Grab Jesu befinden, auf zwei Männer in leuchtenden Gewändern treffen. Diese Männer verkündigen einen Spruch, wo der Menschensohn zitiert wird (Lk 24,5–7):

> „Was sucht ihr den Lebenden bei den Toten? Er ist nicht hier, sondern er ist auferstanden. Erinnert euch an das, was er euch gesagt hat, als er noch in Galiläa war: ‚Der Menschensohn muss den Sündern ausgeliefert und gekreuzigt werden und am dritten Tag auferstehen.'" Da erinnerten sie sich an seine Worte.

Diese Textstelle ist charakteristisch für das dritte Evangelium und ohne Parallelen in den anderen synoptischen Erzählungen über den Besuch am Grab. In ihr werden die Ankündigungen der Auferstehung in Lk 9,22.44; 18,31–33 zusammengefasst;[1] hier wird jedoch auch die Kreuzigung erwähnt. Die zwei Männer in leuchtenden Gewändern, die sich den Frauen offenbaren, sind scheinbar dieselben, die, ähnlich beschrieben (9,31: „in strahlendem Licht"; 24,4: „in leuchtenden Gewändern"), Petrus, Johannes und Jakobus während der Verklärungsszene (9,30f.) erscheinen. Vom Evangelisten werden sie dort als Mose und Elija identifiziert. Es ist gut möglich, dass sie vielleicht auch in der oben zitierten Textstelle die Schrift, das Gesetz (Mose) und die Propheten (Elija), repräsentieren, die von Jesus, dem Menschensohn, Zeugnis ablegen.[2]

Jenseits des historischen Gehaltes der Erzählung, die Lk wiedergibt, zeigt sich, wie der Evangelist die verschiedenen Ankündigungen Jesu, in denen die Bezeichnung *Menschensohn* auftritt – so vor der Menschenmenge (5,24; 7,33f.), den Pharisäern und Schriftgelehrten (5,24; 6,5) sowie vor den JüngerInnen (6,22) – als indirekt an Männer *und* Frauen gerichtet versteht. Es ist kein Zufall, dass in Lk nach dem Messiasbekenntnis des Petrus (9,20) diese Bezeichnung auch in anderen Sprüchen Jesu auftaucht. Sie ist nicht nur in Logien zu finden, die an die JüngerInnen oder an die Zwölf gerichtet sind (9,22.26.44.55f.; 12,8f.10.40; 17,22.24.26.30; 18,8.18.31–33; 21,27.36; 22,22.47f.), wie es in den anderen synoptischen Evangelien der Fall ist, sondern auch in einem Wort Jesu an einen Mann, der ihm folgen will (9,58), in Sprüchen an die Menge (11,29f.), an Zachäus und an die Leute (19,10). Lk unterstreicht, dass die Bezeichnung Jesu als „Menschensohn" kein spezifischer kommunikativer Code frühchristlicher Gruppen war, sondern ein messianisches Konzept, das im Judentum, in dem Jesus wirkte, einhellig akzeptiert war. Von dieser Ebene aus kann Lk besser die

---

[1] Vgl. Ian H. MARSHALL, *The Gospel of Luke: A Commentary on the Greek Text* (NIGTC 3; Grand Rapids: Eerdmans, 1978), 886.
[2] Vgl. Juan MATEOS und Fernando CAMACHO, *Il figlio dell'uomo: Verso la pienezza umana* (Assisi: Cittadella, 2003), 116.

Einmaligkeit der Erlösung Jesu besonders hervorheben und gleichzeitig rechtfertigen, wieso sich das Judentum dieser Erlösung verweigert.³ Außerdem betont die Erzählung über den Besuch des Grabes, dass die Frauen „sich an seine Worte erinnerten (ἐμνήσθησαν)" (Lk 24,8). Verwendet wird das Verb μιμνῄσκομαι – ein Schlüsselbegriff, um die Weitergabe der Worte Jesu an die verschiedenen frühchristlichen Gruppen zu verstehen. Dieses Thema erscheint umso wichtiger, wenn man bedenkt, dass sich der Mittelpunkt der theologischen Reflexionen von Lk um die Bezeugung des Auferstandenen dreht, die im Wesentlichen mit derjenigen des historischen Jesus zusammenfällt.⁴ Lk zufolge ist die Erinnerung der Frauen an Jesus zunehmend an die Sicht des Meisters als Menschensohn geknüpft, und diese Art der Erinnerung bringt sie zum „wahren" und „vollständigen" Verständnis eines Elementes, das vorher nicht in seiner vollen Tragweite erfasst worden ist.

Die aktive Präsenz von Frauen, die höchstwahrscheinlich in der jesuanischen Gemeinschaft beginnt, in den verschiedenen sich bildenden frühchristlichen Gruppen wirft die Frage auf, welches messianische Konzept die Voraussetzung ihres Glaubens war. Unterscheidet sich dieser Glaube von der Interpretation der Männer? Die (mögliche) Antwort hierauf kann von einer Untersuchung der so genannten „jüdischen Messianismen" nicht getrennt werden. Diese sollten aber nicht nur als ideologische Konzeptionen, sondern vor allem als Neuinterpretationen von einigen in der Tradition bedeutsamen Texten verstanden werden. Gerade die Parallelen zwischen der Erzählung vom Besuch am Grab aus Lk 24,1–8 und der Szene der Verklärung aus Mk 9,2–13 (und Lk 9,28–37) suggerieren nicht wenige Verbindungen mit der so genannten „apokalyptischen" Literatur (die Verklärung Jesu und der Glanz der Kleider) und spielen wahrscheinlich auf die Entrückung und die Verwandlung Henochs in den „Menschensohn" an.⁵ Daher wurde die Textstelle als „apokalyptisch" oder als messianische und eschatologische Relecture von Elementen, die der biblischen Tradition entstammen, verstanden.

1. Messianismen des hellenistisch-römischen Judentums und androzentrische Weltsicht

In der Vergangenheit neigte die judaistische Forschung dazu, das Judentum der hellenistisch-römischen Periode als eine Art „messianischen Schmelztiegel" zu betrachten, in dem mehr oder weniger kohärente messianische Entwürfe vermischt worden sind. Auf dem Hintergrund einer derart konstruierten Uniformität war es möglich, die

---

[3] Vgl. Jack D. KINGSBURY, „Observations on the ‚Son of Man' in the Gospel according to Luke", *CurTM* 17 (1990): 283–290.

[4] Vgl. Giorgio JOSSA, *La verità dei Vangeli: Gesù di Nazaret tra storia e fede* (Argomenti 12; Rom: Carocci, 1998), 134–138.

[5] Vgl. Giorgio JOSSA, *Dal Messia al Cristo: Le origini della cristologia* (Studi biblici 88; Brescia: Paideia, ²2000), 124–131.

Einzigartigkeit des Messias Jesus herauszuheben.[6] Diese Tendenz hat sich entschieden geändert. In der heutigen Forschung geht man davon aus, dass es im antiken Israel einen echten Messianismus (die Erwartung eines oder mehrerer Heilsbringer, seien sie politisch oder eschatologisch, Menschen, Engel oder übermenschliche Gestalten) mit wenigen Ausnahmen gar nicht gegeben habe[7] und dieser zudem nicht für *alle* jüdischen Gruppen der hellenistisch-römischen Periode zentral gewesen sei.[8] Neue methodologische Zugänge der Judaistik haben für die hellenistisch-römische Zeit erwiesen, wie problematisch es sein kann, das religionsgeschichtliche Bild dieser Periode zu nivellieren: Nicht zufällig ist der so genannte *Common Judaism* als extrem komplexe Realität kaum eindeutig zu definieren, wenn man nicht einige Spezifika übergehen will. Die Bestimmung des *Wesens* des Judentums im Zeitalter Jesu erscheint heute als „Chimäre".[9] Das Studium des so genannten „Messianismus" ist nicht frei von derartigen historiographischen Wertungen. Schon alleine die häufige Rede von Messiasgestalten[10] oder Messianismen[11] und von unterschiedlichen Strömungen im Judentum und Frühchristentum zeugt deutlich von der Schwierigkeit, eine einheitliche Linie im reichen Quellenmaterial der Epoche zu entdecken.[12]

---

[6] Vgl. JOSSA, *Dal Messia al Cristo*, 11–34; oder aktueller: Giorgio JOSSA, „Introduzione: L'idea del Messia al tempo di Gesù", in *Gesù e i Messia di Israele: Il messianismo giudaico e gli inizi della cristologia* (hg. v. Annalisa Guida und Marco Vitelli; Trapani: Il Pozzo di Giacobbe, 2006), 15–29; 20–29.

[7] Für eine ähnliche Einschätzung vgl. Ludwig KÖHLER, *Theologie des Alten Testaments* (Tübingen: Mohr, [4]1966), 229f.; Georg FOHRER, *Theologische Grundstrukturen des Alten Testaments* (Theologische Bibliothek Töpelmann 24; Berlin: de Gruyter, 1972), 17–24. Ein anderes Urteil fällt Antti LAATO, *A Star is Rising: The Historical Development of the Old Testament Royal Ideology and the Rise of Jewish Messianic Expectations* (University of South Florida International Studies in Formative Christianity and Judaism 5; Atlanta: Scholars Press, 1997).

[8] Was den so genannten davidischen Messianismus betrifft, vgl. den extremen Ansatz von Kenneth E. POMYKALA, *The Davidic Dynasty Tradition in Early Judaism: Its History and Significance for Messianism* (SBLEJL 7; Atlanta: Scholars Press, 1995).

[9] Mit diesen Problemen beschäftigt sich James H. CHARLESWORTH, *The Old Testament Pseudepigrapha and the New Testament: Prolegomena for the Study of Christian Origins* (SNTSMS 54; Cambridge: Cambridge University Press, 1985), 111–132.

[10] Vgl. Jacob NEUSNER, William S. GREEN und Ernest S. FRERICHS, Hg., *Judaisms and Their Messiahs at the Turn of the Christian Era* (Cambridge: Cambridge University Press, 1987); GUIDA und VITELLI, *Gesù e i Messia di Israele*.

[11] Vgl. Gabriele BOCCACCINI, Hg., *Il Messia: Tra memoria e attesa* (Biblia 9; Brescia: Morcelliana, 2005).

[12] Für eine generelle Übersicht über die Messiaserwartungen im Judentum der hellenistisch-römischen Periode vgl. John J. COLLINS, *The Scepter and the Star: The Messiahs of the Dead Sea Scrolls and Other Ancient Literature* (ABRL; New York: Doubleday, 1995); Gebern S. OEGEMA, *The Anointed and His People: Messianic Expectations from the Maccabees to Bar Kochba* (JSPSup 27; Sheffield: Sheffield Academic Press, 1998).

Dies ist nicht der Ort, sich mit all der Kritik, die mit diesem Problem verknüpft ist, auseinanderzusetzen,[13] allerdings kann man hier einen wichtigen Ausgangspunkt markieren: Gerade weil es sehr schwierig ist, von jüdischen messianischen Konzepten zu sprechen und dabei die sukzessive Reinterpretation durch die ersten ChristInnen auszublenden, erscheint es notwendig, zu erwägen, wie „messianisch" die Ideen sind, die in den sicher aus dem Judentum der hellenistisch-römischen Periode stammenden Texten auftauchen. Diese Texte scheinen auch das Fundament für die von den ersten ChristInnen entwickelten christologischen Konzepte zu legen. Da die Herausbildung des christlichen Kerygmas von der am besten realisierten jüdischen Erwartung eines kommenden Erlösers ausgeht (sei dieser irdisch, ein Engel oder ein Übermensch) und das frühchristliche Kerygma zumindest in seiner Entstehungsphase ein rein jüdisches kulturelles Produkt ist, ist es sinnvoll, den so genannten Messianismus nicht als allgemeines Konzept im Judentum zu betrachten, sondern als Kennzeichen spezieller Gruppen sowie als Funktion des gemeinschaftlichen Lebens dieser Gruppen. Deshalb muss jeder Text, der die Erwartung eines eschatologischen Akteurs ausdrückt, als Zeugnis einer bestimmten gesellschaftlichen Gruppe betrachtet werden.

Eng verknüpft mit diesem Aspekt ist die eigentlich *interpretative* Dimension der unterschiedlichen messianischen Konzepte, wie sie in den verschiedenen Schriften des hellenistisch-römischen Judentums auftreten. In beinahe allen Texten ist die Erwartung eines kommenden Erlösers das Ergebnis der Interpretation eines in der Tradition bedeutsamen Textes innerhalb einer gewissen sozialen Gruppe. Aus dieser Perspektive versteht man, dass die frühchristlichen Gruppen ihr jeweiliges messianisches oder christologisches Konzept als den vollständigsten Ausdruck der jüdischen Tradition betrachten: In vielen Fällen enthalten die messianischen Interpretationen, die Jesus in den Mund gelegt wurden oder die sich auf Jesus beziehen, Bezüge zur Hebräischen Bibel oder zu einer ihrer Erzählungen.

2. Die jüdischen Messianismen aus der Geschlechterperspektive

Ist es möglich, dass eine Untersuchung der jüdischen Messianismen bei der Kontextualisierung der Artikulation des Auferstehungsglaubens durch Frauen, wie sie vor allem in den Evangelien dargestellt wird, helfen kann?[14] In anderen Worten: Lassen einige

---

[13] Hierzu Gian Luigi PRATO, „In nome di Davide: simbologia, polivalenza e ambiguità del potere regale messianico", in *Gesù e i Messia di Israele: Il messianismo giudaico e gli inizi della cristologia* (hg. v. Annalisa Guida und Marco Vitelli; Trapani: Il Pozzo di Giacobbe, 2006), 31–55; 31–35.

[14] Zu diesem Problem und der nicht erwähnten Erstzeugenschaft von Frauen in Bezug auf die Auferstehung bei Paulus (1 Kor 15,3b–6) vgl. Marinella PERRONI, „Discepole di Gesù", in *Donne e Bibbia: Storia ed esegesi* (hg. v. Adriana Valerio; La Bibbia nella Storia 21; Bologna: Edizioni Dehoniane, 2006), 197–240; 215–224. Für eine generelle Rekonstruktion der Rolle von Frauen im Gefolge Jesu und in der kerygmatischen Ausarbeitung des Glaubens an seine Auferstehung vgl. die klassische Abhandlung von Elisabeth SCHÜSSLER FIORENZA, *Zu ihrem Gedächtnis ...: Eine feministisch-theologische Rekonstruktion der*

vorchristliche jüdische Texte eine Deutung der irdischen Taten Jesu aus der Perspektive einiger Frauen als messianisch zu? Diese Fragen sind nicht leicht zu beantworten, wenn man sich den substantiellen Androzentrismus des Großteils der Texte vor Augen führt, die das Erwarten eines Erlösers zeigen, der stets als Mann zu Männern kommt und der Attribute, die die Männlichkeit glorifizieren und verstärken (Ehre, Macht, Ruhm, Herrschaft usw.), repräsentiert.[15] Hierzu können die Beispiele, die einigen Dokumenten entnommen sind, als Sinnbilder gelten, um die wichtige Rolle von Frauen, was den Ursprung des eschatologischen Erlösers betrifft, anzuerkennen – auch wenn diese Rolle zugleich aufgrund der stark androzentrischen Perspektive verbogen wird.

2.1 Die Funktionalität des Weiblichen in einigen der in Qumran dokumentierten Messiaserwartungen

Die erste Gruppe der Dokumente, die sicher jüdisch und vorchristlichen Ursprungs sind, stammt aus der Qumran-Gemeinschaft. Der messianische Charakter dieser Texte ist umstritten. Wir finden in ihnen die Gründungserzählungen der Qumram-Gruppe. Betrachtet man diese im Lichte anderer Schriften, die in der Nähe des Toten Meeres

---

christlichen Ursprünge (Gütersloh: Kaiser, ²1993). Vgl. ebenso Andrea MILANO, *Donna e amore nella Bibbia: Eros, agape, persona* (Nuovi saggi teologici 75; Bologna: Edizioni Dehoniane, 2008), 125–160.177–234.

[15] Es ist interessant, wie beispielsweise in Qumran die Repräsentation des königlichen Erlösers zumindest in einigen Fällen stark davidisch geprägt ist: Obwohl der Bezug zu David grundsätzlich ein „genealogischer" Zug ist, werden Frauen in der Definition der Abstammung unsichtbar gemacht: vgl. 4Q285 (4QM^g = 4QKriegsrolle^g); 1Q28a (1QSa = 1QGemeinschaftsregel). Zur Bedeutung von Frauen in der jüdischen Genealogie vgl. Irmtraud FISCHER, *Gottesstreiterinnen: Biblische Erzählungen über die Anfänge Israels* (Stuttgart: Kohlhammer, ³2006); DIES., „Donne nell'Antico Testamento", in *Donne e Bibbia: Storia ed esegesi* (hg. v. Adriana Valerio; La Bibbia nella Storia 21; Bologna: Edizioni Dehoniane, 2006), 161–196; 167–172. Für eine aktuelle Übersicht über die „messianischen" Darstellungen in Qumran, die die „polymorphe" Vielfalt der Realität unterstreicht, vgl. Geza G. XERAVITS, *King, Priest, Prophet: Positive Eschatological Protagonists of the Qumran Library* (STDJ 47; Leiden: Brill, 2003); Ludwig MONTI, *Una comunità alla fine della storia: Messia e messianismo a Qumran* (Studi biblici 149; Brescia: Paideia, 2006). Diese stark androzentrische Weltanschauung schließt auch den Großteil der frühchristlichen Überlieferungen ein: dort wird Jesus mit maskulinen Merkmalen dargestellt, oft mit starker ideologischer Konnotation; vgl. hierzu Colleen M. CONWAY, *Behold the Man: Jesus and the Greco-Roman Masculinity* (New York: Oxford University Press, 2008), auch wenn in dieser Arbeit die exklusive Verbindung mit der griechisch-römischen „Maskulinität", die Macht, Ehre und Ruhm impliziert und dessen bestes Beispiel aus der Zeit Jesu die Darstellung des Kaisers in der Öffentlichkeit ist, nicht ganz überzeugt. Wenn diese Verbindung deutlich in manchen frühchristlichen Zeugnissen erscheint, dann ist das vor allem im Falle der Offb so, ansonsten scheint es plausibler, vom Ideal der typischen Männlichkeit mancher eschatologischer Heilsbringer des Judentums der hellenistisch-römischen Periode auszugehen.

gefunden wurden, treten allerdings einige Elemente in den Erzählungen hervor, die eine Lesart in einem „messianischen" Sinn oder als Anspielung auf die Zukunft und die endgültige Behauptung der Gemeinde gegenüber ihren Feinden unterstützen können.

Im Genesis-Apokryphon, einer aramäischen Midrasch-Version von Gen 6–15, in der in der ersten Person von verschiedenen biblischen Figuren erzählt wird, taucht eine abweichende Erzählung über die Geburt Noachs auf (1QapGen ar [1Q20] 2,1–26).[16] Lamech, der Vater Noachs und Sohn Methusalems, erscheint bestürzt über die Geburt seines Sohnes, eines Kindes von außergewöhnlicher Schönheit. Er muss sich mit jemandem beraten, der in der Lage ist, die wahre Identität des Neugeborenen – handelt es sich um seinen Sohn oder den eines Wächters? – zu enthüllen. Zunächst begibt er sich zu seiner Frau, Bitenos, die seine Vaterschaft beschwört, dann geht er zu Methusalem, der Henoch befragt,

> [...] denn er [i. e. Henoch] ist geliebt und [bei den Engeln(?)] ward sein Los zugeteilt und ihm geben sie alles kund.[17]

Hier wird Henoch als eine besonders bedeutsame Figur betrachtet, er steht den „Heiligen" oder „Engeln" nahe, und von ihnen wurde er in die Geheimnisse des Jenseits eingeweiht, was vielleicht auf die Entrückung des Stammvaters aus dem „Buch der Wächter" (vgl. 1 Hen 12–19) anspielt. Im weiteren Verlauf der Erzählung zeigt Lamech all seine Sorge hinsichtlich seiner Nachkommenschaft: Er fragt sich, ob seine Frau sich mit einem Wächter vereinigt haben könnte (hierfür wäre der stichhaltigste Beweis die außerordentliche Schönheit des Sohnes) und ob dessen Abstammung (wie bei einer Mischehe) unrein sein könnte.

Noach wird in den Qumran-Manuskripten häufig als Prototyp des Gerechten, als Vorkämpfer der Gemeindemitglieder, charakterisiert.[18] Seine Bedeutung als messianische Figur, die mögliche Interpretation des Stammvaters als messianische Präfiguration, resultiert vor allem aus 4Q534 (4QMess ar = 4QElect of God ar = 4QNoah^a ar). Hierbei handelt es sich um ein Fragment, das aus zwei Spalten besteht und paläographisch auf das Ende des 1. Jh. v. Chr. datiert werden kann.[19] Das Problem der Identifi-

---

[16] Vgl. Joseph A. FITZMYER, *The Genesis Apocryphon of Qumran Cave 1 (1Q20): A Commentary* (BibOR 18/B; Rom: Pontifical Biblical Institute, ^{3}2004), 73f.

[17] Vgl. Johann MAIER, *Die Texte vom Toten Meer 1: Übersetzung* (München: Ernst Reinhardt Verlag, 1960), 158.

[18] Vgl. Dorothy M. PETERS, *Noah Traditions in the Dead Sea Scrolls: Conversations and Controversies of Antiquity* (SBLEJL 26; Atlanta: SBL, 2008), 106–114.

[19] Für eine kommentierte Edition des aramäischen Textes vgl. Florentino GARCÍA MARTÍNEZ, *Qumran and Apocalyptic: Studies on the Aramaic Texts from Qumran* (STDJ 9; Leiden: Brill, 1992), 2–17. Dieser wurde zunächst mit einem messianischen Horoskop identifiziert (vgl. die Anmerkungen und die Bibliographie ebd.), obwohl die Beziehungen zwischen den im Text erwähnten speziellen körperlichen Merkmalen des Neugeborenen und seinem zukünftigen Leben nicht zufällig erscheinen (vgl. DERS., *Testi di Qumran: Traduzione dai testi originali con note di Corrado Martone* [Introduzione allo studio della Bibbia: Supplementi 10; Brescia: Paideia, ^{2}2003], 433). Wegen der Beziehung zu den Wächtern und zur Sintflut

zierung der erwähnten Personen scheint sich dank der grundlegenden Arbeiten von Florentino García Martínez gelöst zu haben: Die Außergewöhnlichkeit Noachs im Vergleich zu den anderen Menschen, seine Gerechtigkeit, für die Gott ihn der Sintflut entrinnen lässt, und seine außergewöhnliche Kenntnis aller Dinge (die auf die Lektüre der Bücher Henochs zurückzuführen ist: vgl. 1 Hen 68,1; Jub 4,17–19.21f.)[20] verleihen ihm eine unbestreitbare Autorität als Präfiguration der Mitglieder der eschatologischen Gemeinde. Hier wird Noach als „Erwählter Gottes"[21] beschrieben: eine Charakterisierung, die unter seinen ZuhörerInnen so manche Verbindung zum Begriff *Zaddik* oder zum „Gerechten" (vgl. Gen 6,9; 7,1) suggeriert haben muss, die auch in der Damaskusschrift genutzt wird, um den Sohn des Zadok zu beschreiben (vgl. CD-A 4,3f.).

In Qumran ist Noach eine Figur, die gleichsam „messianische" Würden erlangt. Gemeint ist, dass er jene Kategorie von Gerechten repräsentiert, aus der das Erbe der Gemeinde stammt. In 4Q204 5,2 (= 1 Hen 106,13–107,2) ist die Assoziation von Noach mit dem Gerechten noch expliziter: In diesem ideologischen Kontext beweist die vermutete Abstammung Noachs von einem Wächter oder aus einer unreinen Verbindung die Zurückdrängung des Weiblichen zum Zwecke der Realisierung des „männlichen" messianischen Programms.

Manche der messianischen Konzepte, wie wir sie in den Qumran-Rollen wiederfinden, verschreiben sich der Weltanschauung in dieser bestimmten Strömung des Judentums, in der das Weibliche zur Vergewisserung der Reinheit der ethnischen Herkunft funktional verstanden wird, letztlich immer auf das Männliche hin verzweckt: In gewissen Teilen des priesterlichen Judentums (oder wo man vorgibt, diesem zugehörig zu sein) muss der Priester sowohl väterlicher- als auch mütterlicherseits von priesterlicher Abstammung sein, genauso wie man jüdisch nicht nur durch die Abstammung väterlicherseits, sondern vor allem durch die Abstammung mütterlicherseits wird. Es ist kein Zufall, dass in den Büchern Jub und 1 Hen, die in der Qumrangemeinde besonders wichtig waren,[22] die Verbindung der Wächter mit den Frauen zum ersten Beispiel einer Mischehe wird (vgl. Jub 7,21). Diese Übertretung, die in andere Epochen der Geschichte Israels projiziert wird, wird unverhohlen verurteilt (vgl. etwa Jub 30,1–24).[23]

---

in der 2. Spalte wurde der geheimnisvolle Protagonist manchmal als Noach, manchmal als glorifizierter und auf einen Thron mit der messianischen Gestalt aus dem Buch der Gleichnisse (1 Hen 33–71; vgl. Anmerkungen und Bibliographie aus DERS., *Qumran and Apocalyptic*, 43f.) gestellter Henoch *redivivus* identifiziert.

[20] Vgl. ebd., 19; DERS., *Testi di Qumran*, 433.

[21] Vgl. 4Q534 1,10: [...] ח[שבונוהי כדי בחיר אלהא הוא מולדה ורוח נשמוהי] („... seine Berechnungen, weil er der Erwählte Gottes ist. Seine Geburt und der Geist seiner Seele ..."; deutsche Übersetzung aus: Johann MAIER, *Die Qumran-Essener: Die Texte vom Toten Meer 2: Die Texte der Höhle 4* [UTB 1863; München: Ernst Reinhardt Verlag, 1995], 705).

[22] Vgl. Aharon SHEMESH, „4Q265 and the Authoritative Status of Jubilees at Qumran", in *Enoch and the Mosaic Torah: The Evidence of Jubilees* (hg. v. Gabriele Boccaccini; Grand Rapids: Eerdmans, 2009), 247–260; siehe auch die dort enthaltene Bibliographie.

[23] Für die Begründung dieser offenen Verurteilung vgl. Francesco BIANCHI, *La donna del tuo popolo: La proibizione dei matrimoni misti nella Bibbia e nel medio giudaismo* (StudBib 3; Rom: Città Nuova, 2005), 87–115.

Die Mischehe ist hochgradig verunreinigend, da sie der Ursprung unreiner Nachkommenschaft und deshalb den Priestern untersagt ist. Aber während in Lev 21 nur die Vereinigung zwischen Priestern, Prostituierten und verstoßenen Frauen verurteilt wird, beweist Qumran, dass es für die Mitglieder der Gemeinde möglich war, die Vorschrift in einem noch engeren Sinne zu verstehen: dahingehend, dass sie sich auch nicht mit Frauen mischen durften, die in einem nicht assimilierbaren Status waren.[24]

2.2 Die Funktionalität des Weiblichen im so genannten „priesterlichen" Messianismus

In 2 Hen[25] erscheint eine sehr komplexe Henochfigur, die Attribute und Funktionen aufweist, die im Vergleich zur tradierten Henochfigur als vollkommen neu zu bezeichnen sind.[26] Im Abschnitt, den Paolo Sacchi als „Appendice di Melchisedek"[27], als „Anhang zu Melchisedek", bezeichnet hat, gibt es eine dem Genesis-Apokryphon recht ähnliche, messianisch-priesterliche Erzählung, die die wunderbare Geburt des Melchisedek thematisiert. Diese Erzählung gibt interessante Aufschlüsse über die Rolle des Weiblichen in der Weltanschauung der Gruppe, die hinter der Schrift steckt, vor allem, was den Ursprung des priesterlichen Heilsbringers betrifft.[28]

> Siehe, die Frau Nirs, mit Namen Sopanima, die unfruchtbar war, hatte dem Nir niemals geboren. Und Sopanima war in der Zeit ihres Alters, und in der Zeit des Todes empfing sie in ihrem Leib. Aber Nir, der Priester, hatte weder mit ihr geschlafen noch hatte er sie berührt seit dem Tag, an dem ihn der Herr eingesetzt hatte, vor dem Angesicht des Volkes zu dienen. (...) Und Nir sah sie und wurde sehr beschämt. Und er sagte ihr: ‚Was ist das, was du getan hast, o Frau, und hast mich beschämt vor dem Angesicht dieses Volkes? (...).' Und es geschah, während Nir zu seiner Frau Sopanima redete, daß Sopanima

---

[24] Vgl. 4Q396 (4QMMT^c) 1,4,4–11 (GARCÍA MARTÍNEZ, *Testi di Qumran*, 179).

[25] Für einen Überblick über die von 2 Hen aufgeworfenen Probleme (Datierung, Ursprungsgebiet, die Beziehung zwischen den beiden Rezensionen usw.) siehe Paolo SACCHI, Hg., *Apocrifi dell'Antico Testamento 1* (Mailand: Tascabili degli Editori Associati, ²1990), 503–519, und Christfried BÖTTRICH, „Recent Studies in the Slavonic Book of Enoch", *JSP* 9 (1991): 35–42. Der jüdische Inhalt und das Alter von 2 Hen wurden, obwohl in seiner Gesamtheit wohl nur das slawische Henochbuch beurteilt werden kann, jüngst von den meisten TeilnehmerInnen des 5. Henochseminars bestätigt, das vom 14.–18. Juni 2008 in Neapel zum Thema „Enoch, Adam, Melchisedek: Mediatorial Figures in 2 Enoch and Second Temple Judaism" abgehalten wurde.

[26] Vgl. Andrei A. ORLOV, *The Enoch-Metatron Tradition* (TSAJ 107; Tübingen: Mohr Siebeck, 2005); DERS., *From Apocalypticism to Merkabah Mysticism: Studies in the Slavonic Pseudepigrapha* (Supplements to the JSJ 114; Leiden: Brill, 2007).

[27] Vgl. SACCHI, *Apocrifi dell'Antico Testamento 1*, 517–519.592–606.

[28] In Qumran gibt es Zeugnisse einer Verbindung zwischen „königlichem" und „priesterlichem" Messianismus, vgl. 1Q21 (1QTLevi ar) 1,1–3; 1QS 8,15b–9,11; 1Q28a 2,11–20; 1Q28b 5,20–29; CD 12,23; 13,1; 14,19; 19,10f.; 20,1; 4Q175 (4QTest) usw. Für den priesterlichen Messianismus des Judentums der hellenistisch-römischen Periode vgl. XERAVITS, *King, Priest, Prophet*, 164–168.213–216.

> zu den Füßen Nirs niederfiel und starb. (...) Und sie legten Sopanima auf das Bett (...), während sie im Geheimen ein Grab aushoben. Und es kam ein Knabe aus der toten Sopanima hervor und setzte sich auf das Bett zu ihrer Rechten. (...) der Knabe war am Körper vollkommen wie ein Dreijähriger, und er redete mit seinem Mund und pries den Herrn. (...) und siehe, das Siegel des Priestertums war auf seiner Brust, und er war herrlich von Anblick. Und Noah und Nir sagten: ‚Siehe, Gott erneuert das Priestertum um der Obhut willen über uns hinaus, wie er will.' Und Noah und Nir eilten und wuschen den Knaben, und sie kleideten ihn in die Gewänder des Priestertums (...).[29]

Nir, der Vater des Melchisedek, ist der zweite Sohn des Lamech, des Vaters des Noach (vgl. 2 Hen 60,13) und Sohn des Methusalem (vgl. 2 Hen 60,4), dieser wiederum der Sohn des Henoch (vgl. 2 Hen 60,3). Melchisedek ist der letzte Nachkomme eines priesterlichen Stammes, der sich auf Henoch zurückführt. Der Nachfahre Methusalems ist Nir: Sein Priestertum bedeutet Leitung der Stammesfürsten („Fürst und Führer"[30]) (vgl. 2 Hen 70,14), ein Priestertum, dem jede andere Art von Macht unterworfen ist (vgl. auch TestJud 21,2f.; TestRub 6,7). Das Priestertum Melchisedeks fußt auf derselben Linie. JHWH sagt von Melchisedek:

> „(...) Und dieser Knabe wird nicht umkommen mit denen, die in diesem Geschlecht umkommen, denn ich habe offenbart, daß er ein Priester aller geweihten Priester sein soll, Melchisedek. Und ich werde ihn einsetzen, daß er das Haupt der Priester sei, die zuvor waren." (...) „Gepriesen sei der Herr, der Gott meiner Väter, der mir gesagt hat, daß er in meinen Tagen einen großen Priester erschaffen hat im Mutterschoß der Sopanima, meiner Frau. Denn ich hatte keinen anderen Knaben in diesem Stamm, daß er ein großer Priester werde. Doch dieser ist mein Sohn und dein Knecht, und du bist der große Gott. Denn du hast ihn hinzugerechnet zu deinen Knechten und großen Priestern, zu Seth und Enos und Rusi und Amilam und Prasidam und Maleleil und Seroch und Arusan und Aleem und Henoch und Methusalem und mir, deinem Knecht Nir. Und dieser Melchisedek wird das Haupt dieser 13 Priester sein, die zuvor waren. (...)"[31]

An die „reine" priesterliche Abstammung des Melchisedek – sowohl von väterlicher als auch von mütterlicher Seite – wird explizit erinnert; auch wenn die Empfängnis des Kindes durch eine direkte Intervention JHWHs geschah: es ist nicht aus einem Ehebruch entstanden, es ist der letzte Nachkomme eines priesterlichen Stammes, der von Henoch ausgeht.

> „Gepriesen sei der Herr, der Gott meiner Väter, der mir gesagt hat, daß er in meinen Tagen einen großen Priester erschaffen hat im Mutterschoß der Sopanima, meiner Frau. Denn ich hatte keinen anderen Knaben in diesem Stamm, daß er ein großer Priester werde. Doch dieser ist mein Sohn und dein Knecht, und du bist der große Gott. Denn du hast ihn hinzugerechnet zu deinen Knechten (...)"[32]

---

[29] 2 Hen 71,1–21. Christfried BÖTTRICH, *Das slavische Henochbuch* (JSHRZ 5, Lieferung 7; Gütersloh: Gütersloher Verlagshaus, 1995), 1018–1023.
[30] Ebd., 1014.
[31] 2 Hen 71,29–32; ebd., 1026–1029.
[32] 2 Hen 71,30f.; ebd.,1027f.

In diesem Abschnitt wird explizit gesagt, dass die Frau durch das Wort JHWHs den ewigen Priester empfängt. Dass Sopanima die Frau des Priesters Nir ist (der wiederum Bruder des Noach und Sohn des Lamech ist), erweist die androzentrische Sichtweise der Funktionalität des Weiblichen bei der Zeugung des priesterlichen Erlösers. Die eschatologische Versinnbildlichung verweist auf eine androzentrische Weltsicht, in der das Weibliche einen einzigen Zweck hat: nämlich die Reinheit der priesterlichen Abstammung zu bestimmen.

Der Text 2 Hen zeugt von einer Gruppe, die beansprucht, die „legitime" Priesterschaft zu verkörpern, dies vielleicht im Wettstreit mit anderen Gruppen mit ähnlichen Überlegenheitsansprüchen. Der Rückgriff auf die Autorität der auf Henoch zurückgeführten Priesterschaft, von der Melchisedek der hervorragendste und endgültige Nachkomme ist, zeigt, wie der Text sich auf eine „andere" Tradition als auf die des zadokidischen Priestertums zu stützen versucht. In diesem Kontext wird deutlich, wie stark die messianische Vorstellung in diesem Werk hervortritt, ohne einen „universalistischen Hauch" auszuschließen, der sich mit größter Wahrscheinlichkeit auf die Gruppe, die das Schriftstück verwendete, bezogen haben wird.

2.3 Die Rolle von Frauen in jüdischen Messianismen der hellenistisch-römischen Periode als Ausdruck der Liminalität

Die grundlegende Bedeutung des Androzentrismus – im Sinne einer Weltanschauung, die den Mann als „kulturellen Macher" und „Lenker des Heiligen" begreift – in den messianischen Vorstellungen des Judentums der hellenistisch-römischen Periode wurde bereits mehrfach unterstrichen. Schon in den Traditionen, die in der Hebräischen Bibel zusammenfließen, kann man erkennen, wie weibliche Symbolik als Mittel für eine „liminale" Selbstdefinition in Anspruch genommen wird. Diese Symbolik[33] stellte auch nach der Eroberung des Vorderen Orients durch Alexander einen wichtigen Vergleichspunkt dar; in einer Zeit also, in der sich die weiblichen Lebensbedingungen insbesondere im sozialen und kulturellen Bereich nicht wenig verändert haben dürften – auch wenn uns dies nur aus androzentrischem Blickwinkel zugänglich ist.[34]

---

[33] Hier kann nicht auf die Wichtigkeit des „Symbols" als Mittel zur Selbstdefinition und zur Aufdeckung der Weltanschauung des Kollektivs, das dieses Symbol nutzt, eingegangen werden. Bezüglich der so genannten weiblichen Symbolik als Mittel der Selbstdefinition in manchen jüdischen und frühchristlichen Gruppen vgl. bereits Luca ARCARI, *„Una donna avvolta nel sole ..." (Apoc 12,1): Le raffigurazioni femminili nell'Apocalisse di Giovanni alla luce della letteratura apocalittica giudaica* (Bibliotheca Berica 13; Padua: Edizioni Messaggero Padova, 2008), 17–24.

[34] Für einen Überblick vgl. Tal ILAN, *Jewish Women in Greco-Roman Palestine* (TSAJ 44; Tübingen: Mohr Siebeck, 1995); DIES., *Integrating Women into Second Temple History* (TSAJ 76; Tübingen: Mohr Siebeck, 1999).

Irmtraud Fischer hat hierzu in ihrer ausführlichen Studie Folgendes beobachtet:

> Die biblischen Bücher greifen in einer auffälligen Breite zu weiblichen Metaphern, um die Gottesbotschaft zu vermitteln. Diese lassen einerseits auf die soziokulturellen Lebensbedingungen von Frauen, andererseits auf die Vorstellungen vom weiblichen sozialen Geschlecht (gender) in Alt-Israel schließen.[35]

Die Ehemetapher (Israel als Braut JHWHs, z. B. Jes 49,18; 61,10; 62,5; Jer 2,32; 7,34; 16,9) oder jene der Prostituierten, dem Bild der Ehefrau entgegengesetzt und doch komplementär (vgl. z. B. Ez 16,30; 23,44; Am 7,17; Hos 1f.), sollen hier übergangen werden. Schon in der Hebräischen Bibel wird das Bild der Wöchnerin als Anspielung auf das Volk Israel genutzt (vgl. Jes 26,17; Jer 20,17; Hos 1,3–9; Am 1,13). Dieses Bild dient dazu, den Übergang zu beschreiben, die Erwartung der „endgültigen" Erlösung, die dank eines direkten Eingreifens JHWHs[36] überraschend eintreffen wird. Fast immer spielt der Text, wenn dieses Bild auftritt, auf eine momentane Krisensituation an, also auf die Liminalität, der JHWH jedoch Abhilfe schaffen kann.

Das Bild setzte sich im Judentum der hellenistisch-römischen Periode durch, vor allem wurde darauf zurückgegriffen, wenn eine Gruppe sich in einer Situation der Unterdrückung befand und auf die endgültige Befreiung durch JHWH wartete. Ein Fall aus der Qumran-Gemeinde ist hierbei besonders interessant. Wie wir oben festgestellt haben, bediente sich vor allem diese Gemeinde des Weiblichen in Verbindung mit der jüdischen Messiaserwartung. Hierzu betrachten wir den Text 1QH^a 11,8ff., einen Hymnus, der vor allem wegen seiner lexikalischen und literarischen Ähnlichkeit mit Offb 12 hervorsticht. Gerade diese Ähnlichkeit verleitete in der Qumranforschung anfänglich teilweise dazu, die hier beschriebene Szene streng messianisch oder als Anspielung auf einen eschatologischen Erlöser zu begreifen – also im Sinne von Offb 12.[37]

---

[35] Irmtraud FISCHER, „Frauen in der Literatur (AT)", in www.WiBiLex.de (2008), online: http://www.wibilex.de/ stichwort/frauen_in_ der_literatur_(at)/ (11.7.2011).

[36] Vgl. auch 4 Esra 9,26–10,60 (auch wenn dort nicht die Geburt dargestellt wird, weint die Frau um ihren Sohn; für 4 Esra ist es richtiger, vom „Symbol der Mutterschaft" und nicht vom „Symbol der Geburt" im engeren Sinne zu sprechen), zumindest nach der Interpretation von Edith McEwan HUMPHREY, *The Ladies and the Cities: Transformation and Apocalyptic Identity in Joseph and Aseneth, 4 Ezra, the Apocalypse, and the Shepherd of Hermas* (JSPSup 17; Sheffield: Sheffield Academic Press, 1995), 57–81; für eine abweichende Interpretation vgl. Karina M. HOGAN, *Theologies in Conflict in 4 Ezra: Wisdom Debate and Apocalyptic Solution* (Supplements to the Journal for the Study of Judaism 130; Leiden: Brill, 2008), 174–178. Die Traditionen der „Geburt" im Inneren der Hebräischen Bibel behandelt James L. KUGEL, *Traditions of the Bible: A Guide to the Bible as it was at the Start of the Common Era* (Cambridge: Harvard University Press, 1998), 96.107f.135.143.

[37] Für eine aktuelle Arbeit über die Verbindung zwischen Offb 12 und 1QH^a 11,8ff. vgl. Luca ARCARI, „La ‚donna avvolta nel sole' di Apoc 12,1ss.: Spia identificativa per alcune concezioni messianiche espresse dal veggente di Patmos", *Marianum* 69 (2007): 17–122.

Die Interpretation der Qumrantexte im Lichte der Offb ist allerdings unzulässig, da diese zeitlich später anzusetzen ist.³⁸ Sehen wir uns den Text aus der Nähe an:

> Da geriet ich in Bedrängnis wie eine *gebärende Frau (Jer 13,21)*, die ihre Erstgeborenen gebiert, wenn [ihre] Schmerzen sie überfallen *(vgl. 1 Sam 4,19), vernichtende Wehen (Mi 2,10)* über ihrem Muttermund, zum Kreißen im ‚Schmelzofen' ... (...) ..., und unter Höllenqualen bricht hervor aus dem ‚Schmelzofen' der Schwangeren ein *Wunder von einem Ratgeber (Jes 9,5)* mit seiner Kraft, und ein Mann entrinnt den Wellen. (...) Und bei seiner *(Sing.)* Geburt brechen alle Schmerzen los im ‚Schmelzofen' der Schwangeren, und die mit einer Viper Schwangere (gerät) in vernichtende Wehen, und Wellen des Verderbens (bewirken) allerlei Werke des Schreckens. (...) ... und es schließen sich die Tore des Verderbens hinter der mit Unheil Schwangeren und die ewigen Riegel hinter allen Geistern der Viper.³⁹

Der Ausdruck פלא יועץ („ein Wunder von einem Ratgeber") in 1QHª 11,10 verweist auf Jes 9,5 und zog seit jeher die größte Aufmerksamkeit jener auf sich, die diesen Hymnus auf streng messianische Weise – also als Anspielung auf einen eschatologischen Erlöser – auslegten.⁴⁰ Auf der Basis des narrativen Kontextes erscheint es uns schwierig, den Text so zu lesen: Nicht zufällig wird, sozusagen als Gegenüberstellung, im Hymnus eine Frau beschrieben, die mit einer Viper schwanger ist, die die gleichen Attribute aufweist wie die von der Gottlosigkeit geschwängerte Frau, welche mit den Geistern der Viper in Zusammenhang gesetzt wird (11,18: „... und es schließen sich die Tore des Verderbens hinter der mit Unheil Schwangeren und die ewigen Riegel hinter allen Geistern der Viper"⁴¹).

---

³⁸ Siehe dazu Edmondo LUPIERI, *L'Apocalisse di Giovanni* (Scrittori greci e latini; Mailand: Mondadori, 1999), 192: „... procedimento rischioso, in quanto si proiettarono a ritroso idee posteriori di oltre due secoli".

³⁹ Johannes ZIMMERMANN, *Messianische Texte aus Qumran: Königliche, priesterliche und prophetische Messiasvorstellungen in den Schriftfunden von Qumran* (WUNT 2/104; Tübingen: Mohr Siebeck, 1998), 421f. Vgl. außerdem Johann MAIER, *Die Qumran-Essener: Die Texte vom Toten Meer 1: Die Texte der Höhlen 1–3 und 5–11* (UTB 1862; München: Ernst Reinhardt Verlag, 1995), 68–70; Mathias DELCOR, *Les Hymnes de Qumrân (Hodayôt): Texte hébreu, introduction, traduction, commentaire* (Paris: Letouzey & Ané, 1962), 123–130.

⁴⁰ Die Hauptprobleme, mit denen sich die Forschung konfrontiert sieht, betreffen den äußerst fragmentarischen Zustand des Hymnus, die Unverständlichkeit seiner Sprache und seine unklare Bedeutung – viel Spielraum auch für genau entgegengesetzte Interpretationen wie etwa jene von Adam S. VAN DER WOUDE, *Die messianischen Vorstellungen der Gemeinde von Qumran* (SSN 3; Assen: van Gorcum, 1957), 153, und DELCOR, *Les Hymnes de Qumrân*, 123–126: Ersterer maß dem Text gar keine messianischen Merkmale bei, während der andere darin Anspielungen auf die Geburt des Messias und seinen himmlischen Antagonisten fand.

⁴¹ ZIMMERMANN, *Messianische Texte*, 422.

Die Beziehung zwischen den beiden Frauen scheint auf eine kollektive Bedeutung des weiblichen Symbols zu verweisen: Die Frau, die das „Wunder von einem Ratgeber" hervorbringt, wird gerade durch das Bild des „Schmelzofens" (11,9.12) mit der Entstehung der Gemeinde, die vom Lehrer der Gerechtigkeit gegründet worden ist, verbunden. In CD 20,1–3 steht:

> Entsprechend ist auch das Urteil für alle Mitglieder der Gemeinde der Männer der vollkommenen Heiligkeit [i. e. die Gemeinde von Qumran]: Verschmäht einer es, die Befehle Redlicher [i. e. qumranische Vorschriften] auszuführen, handelt es sich um den Mann, der im Schmelzofen ausgeschmolzen wird.[42]

Der Hymnus spielt auf das Faktum an, dass in Qumran der „Gerechte" oder das Gemeindemitglied so beschaffen ist „vom Mutterleib an [...], daß er sich bewahre in Deinem Bund und um zu wandeln in allem" (1QH^a 7,15)[43]. So betrachtet, wird der endgültige Sieg der Qumrangemeinde, also die Vernichtung aller Ungläubigen durch JHWH unter Mitwirkung von messianischen Gestalten, die aus der Gemeinde stammen werden, zum wichtigsten Mittel, um ihr gegenwärtiges Handeln zu legitimieren. Die Qumrangemeinde ist *implizit* „messianisch", weil sie sich selbst im Lichte der Zukunft und des endgültigen Sieges über die „Anderen" definiert. In diesem Sinne könnte sich der Hymnus also auf den eschatologischen Triumph der Gemeinde beziehen, der von Anfang an in der Erwartung des endgültigen Sieges von JHWH geheiligt wird.

Der Gebrauch eines weiblichen Symbols wie dem der schwangeren Frau dient dazu, eine Situation des Leidens und die Erwartung einer endgültigen Erlösung zu beschreiben. Das Symbol wird auch hier mit einer absolut „androzentrischen" Weltanschauung verknüpft. Es spricht immer ein Mann, und der Mann wendet sich immer an Männer. Dennoch ist das Bild der leidenden Frau besser als andere geeignet, um die Situation der Liminalität auszudrücken, die einige soziale Gruppen kennzeichnet. Außerdem wird zur gleichen Zeit die Erwartung einer Zukunft ohne Feinde, die sich endgültig und vollständig nur im eschatologischen Zeitalter erfüllen wird, beschrieben. Diese „Liminalität" ist vergleichbar mit jener einiger jüdischer Gruppen des hellenistisch-römischen Zeitalters. Diese hatten, um ihre autoritativen Forderungen gegenüber den „Ausgeschlossenen" (die vielleicht den *status quo* innehatten) besser rechtfertigen zu können, die „Nutzung" bestimmter messianischer Praktiken nicht nur den Mitgliedern der eigenen Gruppe, sondern auch aufnahmegewillten Außenstehenden zugestanden, die bereit waren, eine eingeschränkte und mit Auflagen verbundene Zugehörigkeit zur Gruppe in Kauf zu nehmen. Im Wesentlichen wurde aus diesem Grund der Bereich messianischer Praktiken vergrößert. Der soeben beschriebene Fall der Qumrangemeinde ist sinnbildlich. Die Gemeinde nimmt sich als „heiligen Rest" wahr und somit als Gegensatz zu den nicht näher spezifizierten „Anderen", die aber dennoch in der Lage

---

[42] Für die deutsche Übersetzung: MAIER, *Qumran-Essener*, 35.
[43] Ebd., 57. Vgl. auch 1QH^a 10,20–22: „[(Leer)] Ich danke Dir, Herr! Denn Du bargst meine Seele im Beutel des Lebens und schütztest mich vor allen verderblichen Fallen (שחת; vgl. 1QH^a 11,18), [denn] Machthaber trachteten nach meinem Leben, da ich festhielt an Deinem Bund." (MAIER, *Qumran-Essener*, 65.)

sind, den Lehrer der Gerechtigkeit an den Rand zu drängen. In 1QpHab 2,1–10 bezieht sich der Text von Hab 1,5 in der Interpretation der Gemeinde auf die

> ... Verräter mit dem Mann der Lüge, denn sie haben nic[ht gehört auf die] Worte des Anweisers der Gerechtigkeit aus dem Mund Gottes. Und auf die Verrä[ter am Bund], dem neuen, den]n sie haben sich [nic]ht als gläubig bewährt im Bund Gottes [und entweihten] den Nam[en] Seiner Heiligkeit. Und wahrlich – [(leer)] die Deutung des Wortes bezieht sich [auf alle die Verr]äter am Ende {'} der Tage. Sie sind Gewalttät[er am Bun]de, die nicht glauben, wenn sie all das hören, was da ko[mmen wird über] die letzte Generation aus dem Mund des Priesters, dem Gott in [sein Herz Wisse]n gegeben hat, zu deuten all [d]ie Worte Seiner Propheten ...[44]

Die Qumrangemeinde beschuldigt ihre Rivalen, die Normen der Tora nicht anzunehmen, sie verschanzen sich hinter einer Art „Extremrigorismus", der als Bollwerk dient, um die Laxheit der Feinde aufzuzeigen und zu kontrastieren:[45] Die „Anderen" interpretieren die Tradition nicht auf die richtige Weise, nur die Leute von Qumran haben die Möglichkeit hierzu – dank der Gabe, die sie durch den Lehrer der Gerechtigkeit direkt von JHWH verliehen bekommen haben. Das Symbol der Wöchnerin aus 1QH^a 11,8ff. wird durch diesen Referenzrahmen verstanden: Das traditionelle Symbol gewinnt seine wirkliche Bedeutung nur, wenn es auf die Mitglieder der Gemeinde bezogen wird. Dazu kommt, dass im Bereich der antiken prophetisch-ekstatischen Praktiken – nicht nur im Judentum – die Rolle von Frauen alles andere als zweitrangig ist: sei es in der griechischen Welt (Frauen als Seherinnen und Prophetinnen wie Pythia[46]) oder in der jüdischen Welt (zahlreichen Frauen werden in der antiken jüdischen und dann in der frühchristlichen Tradition ekstatische Fähigkeiten zugeschrieben[47]). Die Prophetie ist,

---

[44] Für die deutsche Übersetzung: ebd., 158.

[45] Vgl. Paul HEGER, *Cult as the Catalyst for Division: Cult Disputes as the Motive for Schism in the Pre-70 Pluralistic Environment* (STDJ 65; Leiden: Brill, 2007).

[46] Zu Pythia vgl. Eric R. DODDS, *I Greci e l'irrazionale* (Mailand: Biblioteca Universale Rizzoli, 2009), 115–119; Originalausgabe: *The Greeks and the Irrational* (Berkeley: University of California Press, ^{6}1968); deutsche Übersetzung: *Die Griechen und das Irrationale* (Darmstadt: Wissenschaftliche Buchgesellschaft, ^{2}1991); zu den anderen weiblichen ekstatischen Praktiken im antiken Griechenland vgl. Barbara E. GOFF, *Citizen Bacchae: Women's Ritual Practice in Ancient Greece* (The Joan Palevsky Imprint in Classical Literature; Berkeley: University of California Press, 2004). Zu den prophetischen Phänomenen im antiken Griechenland vgl. Michael FLOWER, *The Seer in Ancient Greece* (The Joan Palevsky Imprint in Classical Literature; Berkeley: University of California Press, 2008). Zu den Seherinnen vgl. Ileana CHIRASSI COLOMBO und Tullio SEPPILLI, Hg., *Sibille e linguaggi oracolari: Mito, storia, tradizione: Atti del convegno, Macerata-Norcia Settembre 1994* (Pisa: Istituti editoriali e poligrafici internazionali, 1998); Giulia SFAMENI GASPARRO, *Oracoli, profeti, sibille: Rivelazione e salvezza nel mondo antico* (Biblioteca di Scienze Religiose 171; Rom: Libreria Ateneo Salesiano, 2002).

[47] Vgl. FISCHER, „Donne nell'Antico Testamento", 179–186; auch die aktuellste Bibliographie ist hierin enthalten. Zu den ekstatischen Praktiken im Judentum zur Zeit des Zweiten Tempels vgl. Frances FLANNERY-DAILEY, „Dream Incubation and Apocalypticism in Second Temple Judaism: From Literature to Experience?", *Paper Presented at the 2000 Annual*

zumal wenn sie sozial „marginale" oder freiwillig in der Liminalität verharrende Gruppen betrifft, das Vorrecht der Frauen. So betrachtet, gewinnt das Bild der Wöchnerin mit seiner starken eschatologischen Konnotation, wie es uns im qumranitischen Hymnus begegnet, seine ganze Prägnanz, wenn wir es als symbolische Transfiguration und Weiterverwendung faktisch ekstatisch-prophetischer „liminaler" Praktiken (sobald jene von Frauen ausgeübt werden) verstehen.[48]

Ein anderer Aspekt, der eng mit dem eben besprochenen zusammenhängt, kann in diesem Zusammenhang aus Platzgründen und wegen der lückenhaften Quellenlage bloß angedeutet werden. Wenn die „Feinde" der Qumrangemeinde zur „dominanten" Gesellschaft gehören und vielleicht Repräsentanten der Klasse, die den Tempelkult trägt, sind, stellen diese den höchsten Ausdruck des kulturellen und kultischen Androzentrismus dar, der einer der grundlegenden Chiffren auch der antiken jüdischen Kultur ist. Es wäre nicht verwunderlich, wenn sich die Qumrangemeinde (trotz ihrer Tendenz, sich als authentischste Hüterin der Tradition zu begreifen) zur Abgrenzung von den „Feinden" den Frauen (die im Tempelkult stets eine nur marginale Rolle gespielt haben) auf irgendeine Art geöffnet hätte. Es ist kein Zufall, dass die jüngsten Forschungen immer mehr dazu neigen, die Rolle von Frauen in Qumran zu untersuchen – auch wenn dies durch die schlechte Quellenlage kein leichtes Unterfangen ist.[49]

Meeting of the SBL, und Laura S. NASRALLAH, *An Ecstasy of Folly: Prophecy and Authority in Early Christianity* (HTS 52; Cambridge: Harvard University Press, 2003).

[48] Erinnern wir uns auch an das Bild der Geburt, das als Sinnbild eines Etwas, das zunächst im Dunkeln liegt und dann ans Licht kommt, gilt und das in der antiken Welt häufig in Verbindung mit ekstatisch-prophetischen Praktiken gebracht wird: vgl. Mario VEGETTI, „Iatròmantis: Previsione e memoria nella Grecia antica", in *I signori della memoria e dell'oblio: Figure della comunicazione nella cultura antica* (hg. v. Maurizio Bettini; Biblioteca di Cultura 208; Florenz: La Nuova Italia, 1996), 65–81; Stefanella BARBIERI, „Letò: il potere del parto", *Il potere invisibile: Figure del femminile tra mito e storia: Studi in memoria di Maria Luisa Silvestre* (hg. v. Simona Marino, Claudia Montepaone und Marisa Tortorelli Ghidini; Neapel: Filema, 2002), 55–61.

[49] Vgl. Eileen M. SCHULLER, „Evidence for Women in the Community of the Dead Sea Scrolls", in *Voluntary Associations in the Graeco-Roman World* (hg. v. John S. Kloppenborg und Stephen G. Wilson; London: Routledge, 1996), 252–265; DIES., „Women in the Dead Sea Scrolls", in *The Dead Sea Scrolls After Fifty Years: A Comprehensive Assessment 2* (hg. v. Peter W. Flint und James C. Vanderkam; Leiden: Brill, 1999), 117–144; Sidnie W. CRAWFORD, „Not According to Rule: Women, the Dead Sea Scrolls and Qumran", in *Emanuel: Studies in Hebrew Bible, Septuagint, and Dead Sea Scrolls in Honor of Emanuel Tov* (hg. v. Shalom M. Paul et al.; VTSup 94; Leiden: Brill, 2003), 127–150; Benjamin G. WOLD, *Women, Men, Angels: The Qumran Wisdom Document Musar leMevin and Its Allusions to Genesis Creation Traditions* (WUNT 2/201; Tübingen: Mohr Siebeck, 2005), mit interessanten Anregungen und der aktuellsten Bibliographie.

3. Welcher Messias für Frauen? Die jüdischen Messiaserwartungen, das „apokalyptische" frühchristliche Kerygma und die Frauen

Einige der Messiaserwartungen in Qumran und in anderen Bereichen des Judentums der hellenistisch-römischen Periode werden ausschließlich den sich dazu bekennenden Gemeindemitgliedern zugeschrieben, wobei das so genannte „universalistische" Element meist der Erwartung der Befreiung untergeordnet ist; vor allem trifft dies auf jene Gruppen zu, in denen die Messiaserwartung virulent ist. Hingegen findet man im Kern des Judentums der hellenistisch-römischen Periode eine Reihe von Messiaserwartungen, die versuchen, das eigentlich „universalistische" Anliegen, das schon in der Hebräischen Bibel (vgl. etwa Jes 56,1–8; 66,20f.; Sach 8,20–23)[50] auftaucht, voranzubringen. Dies ist nicht der Ort, um ein soziologisches Modell zu entwickeln, das diese spannungsvolle Koexistenz beschreibt, die einerseits die Ausbreitung des Heils, andererseits die Beschränkung auf die eigenen Gemeindemitglieder betrifft. Es genügt, festzustellen, dass es sich nicht um eine direkte Konsequenz aus dem sozialen *Status* der Gruppen handelt, welche die Messiaserwartung promulgieren. In anderen Worten: Die universalistische Tendenz leitet sich nicht automatisch von einer Gruppe, die in die Außenwelt integriert ist, ab, genauso wie die Tendenz zum Rückzug nicht unmittelbar bedeuten muss, eine absolute autoritative Forderung bezüglich des Judentums aufzugeben (der Fall der Qumrangemeinde ist in dieser Hinsicht exemplarisch).

Ein Fall von Messiaserwartung, der eine Öffnung über die Mitglieder der Gruppe hinaus zu belegen scheint, kann in den „Bilderreden" von 1 Hen 37–71, die bezüglich einiger Verse noch immer Rätsel aufgeben, festgestellt werden.[51] Hier finden wir zahlreiche Erwähnungen eines Kollektivs. Die Stellen sind aber meist schwierig zu interpretieren, gerade weil sie zwischen einer eschatologischen Bedeutung und einer Bedeutung, die sich auf die gegenwärtige Gruppe bezieht, oszillieren.[52] 1 Hen 38,1 zeigt

---

[50] Zu den historischen Beweggründen dieser „universalistischen" Öffnung vgl. die grundlegende Arbeit von Paolo SACCHI, *Storia del Secondo Tempio: Israele tra VI secolo a.C. e I secolo d.C.* (Turin: Società Editrice Internazionale, ²2002), 92–99.

[51] Hier können wir nicht auf alle komplexen philologischen und historischen Probleme dieses Werkes eingehen, ebensowenig wie auf die Frage der Datierung. Vgl. hierzu Gabriele BOCCACCINI, Hg., *Enoch and the Messiah Son of Man: Revisiting the Book of Parables* (Grand Rapids: Eerdmans, 2007). Einen Überblick über die aktuelle Forschung bietet Luca ARCARI, „Il Libro delle Parabole di Enoc: Alcuni problemi filologici e letterari", in *Gesù e i Messia di Israele: Il messianismo giudaico e gli inizi della cristologia* (hg. v. Annalisa Guida und Marco Vitelli; Trapani: Il Pozzo di Giacobbe, 2006), 81–92. Als deutschsprachige Edition des Textes mit ausführlicher Einleitung und Kommentierung empfiehlt sich Siegbert UHLIG, *Das äthiopische Henochbuch* (JSHRZ 5, Lieferung 6; Gütersloh: Gütersloher Verlagshaus Gerd Mohn, 1984).

[52] Vgl. David W. SUTER, *Tradition and Composition in the Parables of Enoch* (SBLDS 47; Missoula: Scholars Press, 1979), 107–145; Andrew CHESTER, *Messiah and Exaltation: Jewish Messianic and Visionary Traditions and New Testament Christology* (WUNT 207; Tübingen: Mohr Siebeck, 2007), 344–345.

eine bipolare Gegenüberstellung der „Gemeinde der Gerechten" und der „Sünder"[53] (der Text spielt auf die eschatologische Phase an, deshalb sind die Verben im Futur). Schon aus dem ersten Gleichnis wird sichtbar, das die Gegenüberstellung einen weiteren Kontrast widerspiegelt, zwischen jenen, „die die Erde besitzen", also den Herrschenden und Mächtigen (auf Äthiopisch *le'ulān*), und den Gerechten. Der Text unterstreicht, was in der letzten Phase geschieht, in der jene

> nicht mehr mächtig und erhaben sein [werden], und sie vermögen nicht das Angesicht der Heiligen zu sehen, denn das Licht des Herrn der Geister ist erschienen auf dem Angesicht der Heiligen, Gerechten und Auserwählten. Und die Könige und Mächtigen werden in dieser Zeit zugrunde gehen, und sie werden in die Hand der Gerechten und Heiligen gegeben werden. (38,4f.)[54]

In diesem Kontext findet sich in Verbindung mit der Kritik derer, welche die Erde besitzen (38,4–6), der erste ziemlich explizite „universalistische" Hinweis (38,2):

> ... und (wenn) das Licht der Gerechten und der Auserwählten erscheinen wird, denen, die auf dem Festland wohnen ...[55] (vgl. auch 37,1f.).

Die Gegenüberstellung der Reichen, Herrschenden oder Mächtigen und der Heiligen, die mit der eschatologischen Erlösung assoziiert und als „Auserwählte" oder „Gerechte" definiert werden, könnte auf den Fall eines Ausschlusses von der Klasse der „Mächtigen" verweisen. Dies wäre im Folgenden durch die Liturgie bestätigt, die die „Heiligen" im Text zelebrieren (vgl. z. B. 1 Hen 39,5f.), die nicht unbedeutende Kontaktpunkte mit dem Tempel zeigt, wie von Martha Himmelfarb[56] (vgl. 1 Hen 39,9–12; 40f.) dargestellt. Die Befreiung der „Heiligen" wird gemäß einem typischen Schema des visionären Genres im Judentum auf eine eschatologische Perspektive projiziert, um die Erwartungen der Gruppe in der Gegenwart zu bewahren: Die Gruppe, die hinter den „Bilderreden" steht, feiert eine wahrhaft himmlische Liturgie und erstrebt eine Änderung der gegenwärtigen Lage der Entfernung von der irdischen Liturgie.

Heute ist es beinahe unmöglich, die Ursprünge des frühchristlichen Kerygmas zu rekonstruieren, wenn man sich auf eine einzige Tendenz oder ein einziges jüdisches Schema bezieht. Bis vor einigen Jahren (!) konnte man noch auf das so genannte „traditionelle" Bild rekurrieren, das im Prinzip alles auf diese Art von „Hologramm", die jüdische Apokalypse, zurückgeführt hat.[57] Die Forschungen der letzten Jahre über verschiedene Gruppen und/oder Texte des Judentums der hellenistisch-römischen Periode haben zunehmend festgestellt, wie schwierig es ist, die Zeugnisse, die sich in unserem Besitz befinden, auf ein so einheitliches Bild zu reduzieren. Ähnliches gilt für die Hin-

---

[53] UHLIG, *Äthiopisches Henochbuch*, 576.
[54] Ebd., 577.
[55] Ebd.
[56] Vgl. Martha HIMMELFARB, *Ascent to Heaven in Jewish and Christian Apocalypses* (Oxford: Oxford University Press, 1993), 59–61.
[57] Vgl. etwa Ernst KÄSEMANN, „Zum Thema urchristlicher Apokalyptik", in DERS., *Exegetische Versuche und Besinnungen 2* (Göttingen: Vandenhoeck & Ruprecht, ³1968), 105–131; 108ff. Vgl. auch JOSSA, *Dal Messia al Cristo*, 153–185.

terlassenschaften des Josephus Flavius (vgl. *A.J.* 17,271ff.; 18,18ff.; *B.J.* 2,56ff. 119ff.).⁵⁸ Im Übrigen zeigt der Fall der Qumrangemeinde die Unmöglichkeit, eine – wenn auch vage – einheitliche Gedankenlinie zu finden. Dasselbe gilt auch für andere separatistische Gruppen entlang des Toten Meeres.

Deshalb könnte man sich auch darauf einigen, eine einheitliche Konzeption von „Apokalyptik" zur Diskussion zu stellen: Diese erscheint nicht mehr als eine spezielle Tradition eines uniform gedachten und monolithischen hellenistisch-römischen Judentums, die charakteristisch für eine klar definierte Gruppe war, sondern höchstens als ein Literaturgenre, das von verschiedenen sozialen Gruppen genutzt wurde.⁵⁹ Trotz der Kritik an einer einheitlichen Rekonstruktion der Verkündigung Jesu und des nachfolgenden frühchristlichen Kerygmas und gerade wegen der vielfältigen Blickwinkel, aus denen die neueren Forschungen betrieben worden sind,⁶⁰ ist an der Möglichkeit festzuhalten, dass zumindest noch einige der Elemente (weniger als in der Vergangenheit) auf den Bereich zurückgeführt werden können, der früher mit einer gewissen Unschärfe als „jüdische Apokalyptik" bezeichnet worden ist.⁶¹ Wenn die so genannten „apokalyptischen" Texte von den ekstatischen Praktiken literarisches Zeugnis ablegen, wie viele Forschende meinen,⁶² ist es nicht verwunderlich, dass die ekstatisch-visionäre Strömung des Judentums die Entwicklung jener speziellen Verkündigung begünstigte, von der die Frauen in vielen der frühchristlichen Traditionen Sprachrohr waren, welche sich auch auf die „universalistische" Tendenz stützten, die offenkundig für jene Autori-

---

⁵⁸ Zur Diskussion und für eine ausführliche Bibliographie vgl. Marcello DEL VERME, *Didache and Judaism: Jewish Roots of an Ancient Christian-Jewish Work* (New York: T&T Clark, 2004), 130–135. Zu den Messiasanwärtern bei Josephus vgl. Dario GARRIBBA, „Pretendenti messianici al tempo di Gesù? La testimonianza di Flavio Giuseppe", in *Gesù e i Messia di Israele: Il messianismo giudaico e gli inizi della cristologia* (hg. v. Annalisa Guida und Marco Vitelli; Trapani: Il Pozzo di Giacobbe, 2006), 93–105, der in meinen Augen das Zeugnis des Historikers überbewertet.

⁵⁹ Für eine Zusammenfassung vgl. ARCARI, *„Una donna avvolta nel sole"*, 24–76.

⁶⁰ Bezüglich einer genauen und aktuellen Zusammenfassung zur Verkündigung Jesu und der frühchristlichen Gemeinschaft vgl. Mauro PESCE, „Alla ricerca della figura storica di Gesù", in *L'enigma Gesù: Fonti e metodi della ricerca storica* (hg. v. Emanuela Prinzivalli; Biblioteca di testi e studi 457; Rom: Carocci, 2008), 94–127; Adriana DESTRO und Mauro PESCE, *Forme culturali del cristianesimo nascente* (Scienze Umane 2; Brescia: Morcelliana, 2005).

⁶¹ Zu einem aktuellen Ansatz, der in diese Richtung geht, vgl. Martin HENGEL, „,Setze dich zu meiner Rechten!': Die Inthronisation Christi zur Rechten Gottes und Psalm 110,1", in *Le Trône de Dieu* (hg. v. Marc Philonenko; WUNT 69; Tübingen: Mohr, 1993), 108–194; DERS., „Jesus der Messias Israels", in *Der messianische Anspruch Jesu und die Anfänge der Christologie: Vier Studien* (hg. v. Martin Hengel und Anna Maria Schwemer; WUNT 138; Tübingen: Mohr Siebeck, 2001), 1–80; Giorgio JOSSA, *Gesù Messia?: Un dilemma storico* (Rom: Carocci, 2006).

⁶² Vgl. den exemplarischen Titel von FLANNERY-DAILEY, „Dream Incubation and Apocalypticism in Second Temple Judaism", und Susan NIDITCH, „The Visionary", in *Ideal Figures in Ancient Judaism: Profile and Paradigms* (hg. v. John J. Collins und George W. E. Nickelsburg; SBLSCS 12; Chico: Scholars Press, 1980), 153–179.

tät, die mit der ekstatischen Erfahrung verbunden war, fundamental war. Gerade die Erfahrung der Auferstehung bei Lk und in den anderen Evangelien, von der wir zu Beginn des Textes ausgegangen sind, ist nichts anderes als ein Visionsbericht („Siehe [καὶ ἰδού[63]], da standen zwei Männer [ἐπέστησαν] in strahlenden Kleidern bei ihnen": Lk 24,4[64]): eine Erzählung, die „real" begreifen lässt, was Jesus früher gesagt hatte.[65] Es ist also kein Zufall, dass im Verlauf der Geschichte der christlichen Gemeinden die ekstatische und/oder „apokalyptische" Vision das Werkzeug einer „marginalen" oder absichtlich „liminalen" Autorität wird – trotz der mehr oder weniger expliziten „universalen" Ausrichtung der Gruppen, in denen Frauen eine alles andere als marginal zu bezeichnende Rolle spielen.[66]

---

[63] Diese Wendung zeigt in apokalyptischen Werken immer die Eröffnung einer Vision in einem ekstatischen Kontext an, vgl. für das Frühchristentum Offb 1,7.18; 2,10.22; 3,8; 4,1f.; 5,5; 6,2.5.8; 7,9; 9,12; 11,14; 12,3; 14,1.14; 16,15; 19,11; 21,3.5.7; 22,7.12.

[64] Für die redaktionellen Beziehungen zwischen der Erzählung vom Besuch am Grab und der Verklärung vgl. MATEOS und CAMACHO, Il figlio dell'uomo, 116. Man kann in der Erzählung, mit der das dritte Evangelium abschließt, einige Verbindungen zur frühchristlichen Gemeinde herauslesen, die früher als „apokalyptisch" bezeichnet worden ist. Die These, dass die Verklärungsszene stark von den so genannten apokalyptischen Erzählungen des Judentums der römisch-hellenistischen Epoche abhängt, wird auch heute noch von vielen Forschenden mit guten und triftigen Argumenten gestützt. Vgl. JOSSA, Dal Messia al Cristo, 126–128 (mit der aktuellsten Bibliographie).

[65] Vgl. Marinella PERRONI, „'Murió y fue sepultado': La contribución de las discípulas de Jesús a la elaboración de la fe en la resurrección", in En el umbral: Muerte y teología en perspectiva de mujeres (hg. v. Mercedes Navarro Puerto et al.; Bilbao: Desclée de Brouwer, 2006), 147–180.

[66] Vgl. Karen L. KING, Hg., Images of the Feminine in Gnosticism (SAC; Harrisburg: Trinity Press, 2000). Vgl. auch den relativ bekannten Fall der montanistischen Prophetie: Adriana VALERIO, „Il profetismo femminile cristiano nel II secolo: Bilancio storiografico e questioni aperte", in Profeti e profezia: Figure profetiche nel cristianesimo del II secolo (hg. v. Anna Carfora und Enrico Cattaneo; Trapani: Il Pozzo di Giacobbe, 2007), 159–172, mit ausführlicher Diskussion und Bibliographie.

Das Matthäusevangelium: Zwischen Bruch und Kontinuität

Amy-Jill Levine
Vanderbilt University, Nashville, TN

Der Untertitel „Zwischen Bruch und Kontinuität" geht davon aus, dass das Evangelium nach Matthäus, und in Erweiterung die matthäische Gemeinschaft, als „jüdisch-christlich"[1] oder „christlich-jüdisch"[2] verstanden werden sollten. Die „Kontinuität" besteht mit jüdischen Texten, Traditionen und dem jüdischen Volk (definiert als ein ἔθνος), der „Bruch" verweist auf die Trennung von der Synagoge und die Selbstidentifikation als neue Gemeinschaft (ἐκκλησία). Obwohl das Evangelium erhebliche Vertrautheit mit jüdischen Bräuchen, Glaubensüberzeugungen und exegetischen Traditionen zeigt[3] und seine Hauptcharaktere, einschließlich Jesus, Teil des jüdischen/judäischen ἔθνος sind, das sich durch Abgrenzung von den Samaritern und Nichtjuden definiert, scheint die Beziehung zu zeitgenössischen jüdischen Gemeinden bereits abgebrochen zu sein. Zusätzlich wird der Versuch, den sozialen Kontext des Mt zu lokalisieren, dadurch erschwert, dass das Evangelium oft ein Interesse an der nichtjüdischen Welt und freundliche Kontakte zu ihr bekundet. Daher kann das Thema der weiblichen Figuren im mt Erzählzusammenhang und der Frauen unter den idealen AdressatInnen nicht fein säuberlich auf die – wie auch immer konstruierte – Schablone einer jüdischen Gemeinde übertragen werden.

Auch ist nicht klar, wie ein solcher jüdischer Kontext unser Verständnis der literarischen Darstellungen von Frauen bei Mt oder ihrer textexternen sozialen Rollen in den Gemeinden, welche in Beziehung zum Evangelientext Form annahmen, beeinflussen würde. Keine körperlichen Merkmale (z. B. Tätowierungen, Piercings, Frisuren) oder

---

[1] Bezüglich einer hilfreichen Neubewertung dieser Kategorie siehe die Aufsätze in Matt JACKSON-MCCABE, Hg., *Jewish Christianity Reconsidered: Rethinking Ancient Groups and Texts* (Minneapolis: Fortress Press, 2007).

[2] Siehe David L. TURNER, *Matthew* (Baker Exegetical Commentary on the New Testament; Grand Rapids: Baker Academic, 2008), 1; anknüpfend an Anthony J. SALDARINI, *Matthew's Christian-Jewish Community* (Chicago: University of Chicago Press, 1994).

[3] Folgende Daten stützen dies: Toraobservanz (5,17–20); „rabbinische" Form der Argumentation (12,11f.); Mose-Typologie (Kap. 2–7); Polemik gegen die Pharisäer (Kap. 23), gekoppelt mit 23,2f.: „auf dem Stuhl des Mose" (ἐπὶ τῆς Μωϋσέως καθέδρας) sitzen die Schriftgelehrten und die Pharisäer, „tut und befolgt also alles, was sie euch sagen"; Auslassung der mk Notiz (7,19), dass Jesus alle Speisen für rein erklärte. Dennoch wurde Mt als Heide angesehen. Die klassische Studie hierzu stammt von Kenneth W. CLARK, „The Gentile Bias in Matthew", *JBL* 66 (1947): 165–172. Siehe auch Georg STRECKER, *Der Weg der Gerechtigkeit* (Göttingen: Vandenhoeck & Ruprecht, ²1966), 34f.; Schuyler BROWN, „The Matthean Community and the Gentile Mission", *NovT* 22 (1980): 193–221. 1976 stellte John P. MEIER fest: „If there is one area of Matthean Studies in which consensus does not reign, it is in the question of a Jewish-Christian vs. Gentile-Christian redactor" (DERS., *Law and History in Matthew's Gospel: A Redactional Study of Mt 5:17–48* [AnBib 71; Rom: Biblical Institute Press, 1976], 163).

markante Kleidung unterschieden jüdische Frauen – oder in der Sprache des Mt: die innerhalb „Israels" (10,6) – von ihren nichtjüdischen oder samaritischen Schwestern (10,5b).[4] Jüdische und nichtjüdische Frauen im römischen Reich hatten die gleiche Mobilität, die gleichen wirtschaftlichen Chancen und Ressourcen. Mt beschreibt die wenigen Fälle, in denen sie sich sozial unterschieden (z. B. im Vorhof [jüdischer] Frauen im Jerusalemer Tempel), nicht detailliert. Es mag auch sein, dass jüdische und nichtjüdische Frauen Seite an Seite in den Synagogen des Altertums gesessen haben.

Doch wie gleich jüdische und nichtjüdische Frauen unter ihresgleichen in Text und Gemeinschaft sein mögen, sie sind nicht gleich wie die Männer, weder in der Erzählung des Mt noch in der Welt außerhalb des Textes. Das Evangelium bestätigt normative Geschlechterrollen:

> Zwei (Männer) werden auf dem Feld sein, der eine wird mitgenommen, der andere zurückgelassen; zwei (Frauen) mahlen mit der Mühle, die eine wird mitgenommen, die andere zurückgelassen (Mt 24,40f.).[5]

Die Männer verrichten landwirtschaftliche Arbeit auf dem Feld, die Frauen Küchenarbeit in der Nähe der Wohnstätte. Jesus beruft einzelne Männer; keine Frau erhält eine Aufforderung, ihm nachzufolgen. Ausschließlich Männer erscheinen bei der Verklärung, dem Letzten Abendmahl und Getsemani; nur Männer erhalten den Missionsbefehl (28,16–20). Jesus weist die Frauen beim Grab an: „Geht und verkündet meinen Brüdern, dass sie nach Galiläa gehen" (28,10), aber diese Anweisung beschränkt ihre Verkündigung auf Menschen, die bereits in ihrer Gruppe sind. Das Evangelium fördert ein dienendes Führungsmodell, aber es bleibt dennoch ein hierarchisches Modell und ist somit nicht egalitär. Ebenso fordert der Text die Reichen nicht dazu auf, ihren Reichtum zu veräußern, obwohl er Interesse an den Armen zeigt (z. B. 25,40). In Bezug auf die umfassenden Kategorien von Geschlecht und Ökonomie bestätigt Mt den Status quo.

Der Hauptpunkt, in dem sich Frauen in der Erzählung des Mt und möglicherweise in der realen Hörer-/Leserschaft von den meisten jüdischen und nichtjüdischen Frauen außerhalb der Kirche unterschieden, ist ihre Familienkonstruktion. Jüdische und nichtjüdische Frauen heirateten in der Regel und gebaren Kinder; das Evangelium preist jedoch, der Jesustradition folgend (und Erinnerungen an die bei Philo, *Contempl.*, erwähnten TherapeutInnen wachrufend), die Ehelosigkeit. Es zeigt vorzugsweise Frauen ohne Ehemänner und Väter und rät von Eheschließung und Schwangerschaft ab. In der narrativen Welt des Evangeliums besteht die Gemeinde aus „Müttern", „Brüdern" und „Schwestern", aber nicht Ehemännern oder Vätern. Jesus ist der einzige Bräutigam.

---

[4] Shaye J. D. COHEN, *The Beginnings of Jewishness* (Berkeley: University of California Press, 1999), 3, zeigt sowohl, dass jüdische Identität im Altertum schwer zu fassen war angesichts des Mangels einer einzigen oder einfachen Definition von *Ioudaios*, als auch das Fehlen empirischer oder „objektiver" Kriterien, um zu bestimmen, wer Jude/Jüdin sei.

[5] Zu traditionellen Geschlechterrollen siehe auch Jerome H. NEYREY, „Jesus, Gender and the Gospel of Matthew", *Semeia* 45 (2003): 43–66.

Die Erzählung des Mt schildert eine neue Familie, eine „fiktive Verwandtschaft" oder „freiwillige Gemeinschaft", nicht durch Abstammung oder Ehe erschaffen, sondern durch die Taufe (28,19). Die Gemeinschaft versammelt sich im Namen Jesu, betet auf eine neue Weise (6,9–13) und nimmt sich selbst als von außen abgelehnt wahr (10,22; 24,9). Um die Grenzen der neuen Gruppe festzulegen, dekonstruiert das Evangelium Beziehungen, die auf ehelicher oder biologischer Verwandtschaft basieren, und legt weniger Wert auf Unterschiede im ethnisch-religiösen Hintergrund. Stattdessen wird Gruppenzugehörigkeit durch die Beziehung zu Jesus bestimmt und durch die Teilhabe an der neuen Verwandtschaft. Die neue Gruppe wird durch eine Rechtschaffenheit, die größer als die der Pharisäer ist, charakterisiert, durch Mobilität statt Stillstand sowie durch gute Taten und nicht in erster Linie durch die Verkündigung Jesu als Herrn.

1. Jüdische und nichtjüdische Frauen im Evangelium

Das erste Evangelium beschreibt zahlreiche Frauen in Israel:[6] Maria, die Mutter Jesu (1,16; 2,18–3,21; 12,46f.; 13,55), die Schwiegermutter des Petrus (8,14f.), die unter Blutungen leidende Frau (9,20–22), die Tochter des Vorstehers (9,18.24f.), Herodias und ihre Tochter (14,3–11),[7] die Frauen und weiblichen Kinder bei der Speisung der 5000 Männer (14,21) und möglicherweise der 4000,[8] die kanaanäische Frau und ihre Tochter (15,21–28), die Mutter von Jakobus und Johannes (20,20f.; 27,56), die salbende Frau (26,7–13), Maria Magdalena (27,56.61; 28,1–10) und Maria, die Mutter des Jakobus und Joses (27,56.61; 28,1–10). Jüdische Frauen werden Jesus in Synagogen und im Jerusalemer Tempel sprechen gehört haben (dass Kinder im Tempel mit Kleinkindern und Säuglingen verglichen werden [21,16], zeigt die Anwesenheit von Müttern und/oder Ammen). Sie werden unter den vielen Kranken und Besessenen ge-

---

[6] Die narrative Verortung in Galiläa und Judäa setzt jüdische Identität voraus. Anstatt den kürzlich populär gewordenen Begriff „judäisch" in den Vordergrund zu stellen, verwendet diese Abhandlung die Bezeichnung „jüdisch", um auf ein bestimmtes Glaubenssystem und die damit zusammenhängenden Praktiken zu verweisen und um von den geographischen und „ethnischen" Konnotationen von „judäisch" Abstand zu nehmen. Die jüdische Gemeinde in der Zeit des Mt (und später) hieß ProselytInnen willkommen, aber diese ProselytInnen wurden nicht „judäisch".

[7] Trotz der Tendenz einiger NeutestamentlerInnen, Herodes (und somit seine Familie) als „Halbjuden" oder „Idumäer" zu beschreiben, erkannten die meisten im Altertum Herodes nicht nur als „König der *Ioudaioi*" an, sondern auch als Juden – wenn auch als einen nicht besonders gläubigen. Siehe COHEN, *Beginnings of Jewishness*, 13–24.

[8] Zu den 4000 mit ihren Frauen und Kindern (15,38): Jesus befand sich im Gebiet von Tyrus und Sidon oder an dessen Grenze. „Nachdem Jesus von dort weitergezogen war (μεταβάς), kam er an (ἦλθεν παρά) den See von Galiläa und stieg auf den Berg ..." (15,29). Es ist plausibel, dass der Abstieg ins obere Galiläa führt und somit die zweite Speisung auch innerhalb israelitischen Territoriums stattfindet. Trotz des Glaubens der kanaanäischen Frau ist die Zeit der Heidenmission nicht vor dem Missionsbefehl gekommen.

wesen sein, die zu Jesus gebracht wurden (8,16), wie auch unter denen, die den Kranken und Besessenen halfen und sie transportierten. Die einzige ausgesprochen jüdische Praxis, die diese Frauen kennzeichnet, ist, dass zwei von ihnen „nach dem Sabbat" (28,1; vgl. Mk 16,1) zum Grab kommen, um nach ihm zu sehen.[9]

Die „jüdischen Frauen" (ein Begriff, den Mt nicht verwendet), die sich von Jesus ansprechen lassen, gehören zu den „verlorenen Schafen des Hauses Israel" (10,6; 15,24), die von ihren Führern irregeleitet wurden. In der Erzählung kommt das Wort „Israel" zwölfmal vor (2,6.20.21; 8,10; 9,33; 10,6.23; 15,24.31; 19,28; 27,9.42), wo es in erster Linie Abrahams Nachkommen bezeichnet (es konnotiert auch das Abraham verheißene Land). Diese „verlorenen Schafe" werden zur „Kirche" – obwohl sie nicht ihre Identität als Mitglieder des „Hauses Israel" verlieren.[10] Die Sendung zu den „verlorenen Schafen des Hauses Israel" ist nicht aufgehoben, sondern sie wird durch den Missionsbefehl erweitert, „aus allen Völkern/Nationen (πάντα τὰ ἔθνη) JüngerInnen zu machen" (28,19). Für Mt sind Nichtjuden, die den Glauben an Jesus aufweisen und „im Namen des Vaters, des Sohnes und des Heiligen Geistes" getauft sind, mit den „verlorenen Schafen des Hauses Israel" gleichzusetzen (vgl. 10,6; 15,24). Daher ist die neue Gemeinschaft, die Jesus ins Leben ruft, nicht das „neue Israel" oder das „wahre Israel"[11], sondern die Kirche, die ἐκκλησία (16,18; 18,15.17.21).

Angesichts der Union von Juden und Heiden in der Kirche des Mt betont das Evangelium die jüdische Identität weiblicher Figuren nicht; stellenweise ist das Gegenteil der Fall, wenn zum Beispiel der Text eine explizite Verbindung zum Judentum ausschließt. Im Vergleich zu Mk 5,22 und Lk 8,41 fehlt in Mt 9 nicht nur der Name „Jaïrus" (vgl. 3 Esr 5,31), sondern er ändert auch „*Synagogen*vorsteher" (Mk: εἷς τῶν ἀρχισυναγώγων; Lk: ἄρχων τῆς συναγωγῆς) in „Vorsteher" (ἄρχων). Die Tochter des Vorstehers verliert ihre Verbindung zur Synagoge; Mt lässt die Mutter ganz weg. Bei

---

[9] Die Aussage des Mt, dass die Frauen gingen, um das Grab „zu sehen" (θεωρῆσαι, 28,1), kann jüdischen Trauerriten zugeordnet werden. Siehe Thomas R. W. LONGSTAFF, „What Are Those Women Doing at the Tomb of Jesus? Perspectives on Matthew 28.1", in *A Feminist Companion to Matthew* (hg. v. Amy-Jill Levine mit Marianne Blickenstaff; Cleveland: Pilgrim Press, 2001), 196–204, der sich bezieht auf Dov ZLOTNICK, *The Tractate „Mourning" (Semahot): Regulations Relating to Death, Burial, and Mourning 1* (Yale Judaica Series 17; New Haven: Yale University Press, 1966). Doch suchten auch nichtjüdische Frauen Gräber auf.

[10] Obwohl Mt „Israel" zum ersten Mal in 2,6 verwendet, schlägt Herbert BASSER, *The Mind Behind the Gospels: A Commentary to Matthew 1–14* (Brighton: Academic Studies Press, 2009), 35, vor, dass es in 1,21 impliziert sei, im Bezug auf „sein Volk", da sich im Tanach „sein Volk" immer auf Israel beziehe (1 Sam 12,22; Ps 29,10; 105,24; Rut 1,6; 2 Chr 2,10; 25,11; 32,10). Basser sieht eine Parallele in Ps 130,8: „Er wird Israel von all seinen Sünden erlösen" und merkt an, dass „sein Volk" und „Israel" zusammen in Ri 11,23; 2 Sam 5,12 und anderswo auftauchen. Die Hinweise auf Nichtjuden von der Genealogie bis zur Heidenmission verweisen jedoch darauf, dass „sein Volk" nicht nur Israel, sondern auch die Kirche meint.

[11] Gegen Wolfgang TRILLINGs klassische Studie *Das wahre Israel* (München: Kösel, ³1964).

Mt fehlen der lk Bericht über die Frau in der Synagoge (Lk 13,10–17) und der mk Bericht über die Frau, die dem Tempel Münzen spendet (vgl. Mk 12,42f.; Lk 21,2f.).

Während „Israel" der interne Sprachgebrauch der mt Erzählung ist, verwenden nicht-jüdische Erzählfiguren den Begriff Ἰουδαῖοι, „Juden". Die Magier fragen: „Wo ist der neugeborene König der *Juden*" (2,2); Pilatus fragt: „Bist du der König der *Juden*?" (27,11); die römischen Soldaten verspotten Jesus: „Heil dir, König der *Juden*!" (27,29). Die Verwendung ist ironisch. Das Evangelium trennt die „Juden" von Israels Stammbaum, Schrift und Verheißungen und verwendet Ἰουδαῖοι in 28,15 strategisch für diejenigen, die behaupten, Jesu JüngerInnen hätten seinen Leichnam aus dem Grab gestohlen. Die Männer und Frauen von Kafarnaum und Betsaida, die EinwohnerInnen von Nazaret, Pharisäer und Hohepriester, Schriftgelehrte und Älteste sowie alle, die es ablehnen, Jesus nachzufolgen, bleiben Ἰουδαῖοι – bis zum Ende des Evangeliums sind diese Gruppen in der Phantasie der LeserInnen alle miteinander verschmolzen – und haben keinen Platz in der Kirche.

Im Vorgriff auf den Missionsbefehl beschreibt der Text des Mt zahlreiche Nichtjuden, die meisten von ihnen Frauen: Tamar, Rahab und Rut in der Genealogie (nur im ersten Evangelium), die Königin des Südens (12,41; vgl. Lk 11,31), die kanaanäische Frau (15,21–28) und die Frau des Pilatus (27,19; ebenfalls ausschließlich im ersten Evangelium). Es waren vermutlich nichtjüdische Frauen unter denjenigen „in ganz Syrien", welche die Heilung durch Jesus suchten (4,24) und die ihm „aus Galiläa, der Dekapolis, Jerusalem, Judäa und von jenseits des Jordans folgten" (4,25), obwohl Syrien auch eine blühende jüdische Bevölkerung hatte (Josephus, *B.J.* 2,461–468). Da im Tempel öffentliche Lehre im Vorhof der Heiden stattfand und da Synagogen Gottesfürchtige willkommen hießen, haben vermutlich auch nichtjüdische Frauen die Lehren Jesu dort hören können.

Diese nichtjüdischen Frauen machen nichts explizit Heidnisches (z. B. Anbeten römischer Götter; Essen von Götzenopferfleisch). Stattdessen kommen sie – wie die Magier und der Zenturio beim Kreuz – nach Israel (Volk und Land) und weisen Merkmale auf, die sie mit Israel verbinden. So lässt die kanaanäische Frau zum Beispiel die Klagepsalmen in ihrer Bitte an Jesus[12] anklingen und dadurch, dass sie ihn als „Sohn Davids" begrüßt, bestätigt sie seine israelitischen Ursprünge, während ihr Gruß gleichzeitig Tamar, Rahab und Rut (Davids „Mütter" in der Genealogie) wieder ins Gedächtnis ruft. Die Frau des Pilatus verwendet den mt und jüdischen terminus technicus des „Gerechten", δίκαιος (27,19), mit dem zugrunde liegenden hebräischen צַדִּיק. Mit dem Missionsbefehl erfüllen Jesu AnhängerInnen die Vorhersage von 12,18.21: „... er wird den Völkern das Recht verkünden ... Und auf seinen Namen werden die Völker ihre

---

[12] Siehe Gail O'DAY, „Surprised by Faith: Jesus and the Canaanite Woman", in *A Feminist Companion to Matthew* (hg. v. Amy-Jill Levine mit Marianne Blickenstaff; Cleveland: Pilgrim Press, 2001), 114–125.

Hoffnung setzen."[13] Der „Name" Jesu in der Taufformel von 28,19 bestätigt die Erfüllung.

2. Missdeutungen des jüdischen Kontextes

Trotz der Fortschritte, die in den vergangenen drei Jahrzehnten in der feministischen Kritik, in den jüdisch-christlichen Beziehungen sowie in der Geschichtsforschung über Frauen gemacht wurden, treten weiterhin negative Stereotype über das Judentum und vor allem über jüdische Ansichten über Frauen in der ntl. Forschung auf. Die folgenden Beispiele zeigen die Fallen, in die man geraten kann, wenn Geschichte durch Unwissenheit und Apologetik ersetzt wird.

2.1 Das zionistische/kolonialistische Modell

Die Geschichten von Rahab und Rut wurden als proto-zionistische, koloniale Apologie (über-)interpretiert, die erschaffen worden seien, um Frauen zu ermutigen, ihre eigenen religiösen und kulturellen Wurzeln zu verraten. In dieser Lesart ist die kanaanäische Mutter als Hinweis auf die dem Evangelium inhärente Ideologie der Auserwähltheit zu sehen, „a common ideology among the imperialist nations, (that) reduces the concept of *Basileia* by filtering it through that oppressive ideology"[14]. Diese reduzierende Sicht versteht die innerjüdische Diskussion um die „Auserwähltheit" nicht (z. B. auserwählt zu sein, die Gebote zu befolgen; durch Gnade und nicht durch Verdienst auserwählt zu sein; auserwählt zu sein, den Völkern Zeugnis abzulegen; auserwählt, die Identität zu bewahren anstatt sich zu assimilieren), indem sie in die mt Erzählung einen Begriff mitsamt seinen Konnotationen einführt, den Mt Israel nicht zuschreibt. Das einzige „auserwählte" Volk im ersten Evangelium sind Jesus (12,18 [αἱρετίζω]; hier anstelle der Bundesgemeinde in einem Zitat aus Jes 42,1) und seine NachfolgerInnen (22,14. 22.24.31 [ἐκλεκτοί]).

Mt beschränkt die anfängliche Mission auf die „verlorenen Schafe des Hauses Israel" nicht aufgrund einer Ideologie der Auserwähltheit und nicht aufgrund irgendeiner hypothetischen jüdisch-christlichen Quelle, die eine Kirche ohne Frauen und ohne Nichtjuden zu schaffen suchte. Mit der Einschränkung wird vielmehr anerkannt, dass, historisch gesehen, Jesu Mission den „verlorenen Schafen des Hauses Israel" galt und nicht den Nichtjuden in Damaskus, Athen oder Rom. Die Sprache der Exklusivitätslogien (10,5b–6; 15,24) ist sehr wahrscheinlich redaktionell: Mt erklärt, warum Jesus sich nicht auf eine Heidenmission einließ (die Pfingstszene des Lk gibt eine andere Erklärung), obwohl es die Aufnahme von Nichtjuden in die Kirche vorwegnimmt.

---

[13] Mt folgt der LXX-Version von Jes 42,4; der hebräische Text endet nicht mit der Hoffnung der Nichtjuden auf seinen Namen, sondern mit der Sehnsucht der „Inseln" nach „seiner Tora".

[14] Leticia A. GUARDIOLA-SÁENZ, „Borderless Women and Borderless Texts: A Cultural Reading of Matthew 15:21–28", *Semeia* 78 (1997): 69–81; 73 Anm. 2.

2.2 Das fremdenfeindliche und patriarchale Judentum-Modell

Ein weiterer wissenschaftlicher Trend beginnt entweder explizit oder implizit mit der monolithischen Darstellung der jüdischen Gesellschaft als fremden- und frauenfeindlich; die Beschreibung der kanaanäischen Frau als von Juden verachtet und als Frau in einer patriarchalischen Gesellschaft unterdrückt[15] veranschaulicht diesen Ansatz. Jesu Schweigen auf ihre ursprüngliche Bitte, sein Beharren, dass seine Mission auf Israel beschränkt sei, und seine Bezeichnung der Frau als Hund werden als Inbegriff *jüdischer* Frauen- und Ausländerfeindlichkeit verstanden. Sein Sinneswandel wird dann zu einer *christlichen* Lehre.[16]

Solche theologisch tendenziösen und ahistorischen Ansätze ignorieren das Judentum, wie es durch den Großteil des Tanach repräsentiert wird, durch den Stammbaum des Mt, die zahlreichen jüdischen Frauen, die Jesus unterstützten, und die unzähligen Beispiele für den Respekt für Frauen und Nichtjuden in der frühen jüdischen Geschichte. Alle Traditionen weisen ausschließende und frauenfeindliche Lehren auf und ich behaupte nicht, dass die jüdische Gesellschaft im 1. Jh. ein egalitäres Paradies war. Vielmehr kritisiere ich Ansätze, die ein dualistisches Modell suggerieren, in dem das Judentum als das Böse dargestellt wird und Jesus sozialen Fortschritt repräsentiert – herausgelöst aus seinem jüdischen Kontext, anstatt ihn in diesen vollkommen eingebettet zu sehen. Solche dualistischen Ansätze ignorieren nicht nur die Komplexität der Geschichte von Frauen, sondern sie verdrängen und schwächen somit auch kirchliche Frauenfeindlichkeit und Engstirnigkeit ab, indem sie die Sünden der Kirche auf die Juden projizieren.

Die mt Erzählung nimmt die letztendliche Heilung der Tochter der kanaanäischen Frau durch Jesus vorweg, indem sie mindestens eine andere kluge, aber verzweifelte kanaanäische Frau in der Genealogie darstellt. Die Kanaaniterin Rahab überzeugt Josua, nicht nur sie, sondern auch ihren Haushalt zu verschonen (Jos 2,13; vgl. 2,18; 6,25). Wie die kanaanäische Frau in Mt 15 war Rahab kein Teil der israelitischen Führungsriege; sie sollte Teil des חֵרֶם, des Bannes, sein, wie der Rest ihrer Stadt. Aber Josua (LXX: Ἰησοῦς) änderte seine Meinung. Der neue Ἰησοῦς, Jesus von Nazaret, wird das Gleiche tun.[17]

Eine Variante dieser antijüdischen Interpretationsstrategie ist es, die Geschichte der kanaanäischen Frau als die Verschlüsselung eines massiven Einwandes gegen Mög-

---

[15] Vgl. Kwok PUI-LAN, „Overlapping Communities and Multicultural Hermeneutics", in *A Feminist Companion to Reading the Bible: Approaches, Methods and Strategies* (hg. v. Athalya Brenner und Carole Fontaine; Sheffield: Sheffield Academic Press, 1997), 203–215; 215.

[16] Siehe z. B. Amy-Jill LEVINE, „Matthew's Advice to a Divided Community", in *The Gospel of Matthew in Current Study: Studies in Memory of William G. Thompson, S.J.* (hg. v. David E. Aune; Grand Rapids: Eerdmans, 2001), 22–41.

[17] Rahab in Jos 2,6 mag eher pragmatisch als gläubig gewesen sein: Hätte Israel die Schlacht verloren, wäre sie in Jericho sicher geblieben. Doch Mt und die frühen jüdischen Ausleger ihrer Geschichte betrachteten sie als gläubig gegenüber Israels Gott.

lichkeiten der Beteiligung von Frauen und Nichtjuden am liturgischen und theologischen Leben der Gemeinschaft zu sehen.[18] Dies ist eine plausible Lesart, die jedoch durch zwei Punkte in Frage gestellt wird. Erstens haben wir keine Belege für irgendein frühchristliches Verbot, dass Frauen oder Heiden Heilungen empfangen oder beten dürfen. Alle Kirchen hießen Frauen und Nichtjuden willkommen: Nicht ihre Mitgliedschaft war das Problem, sondern die Geschlechterrollen und Praktiken, die für alle Katechumenen vorgeschrieben waren.

Die Geschichte macht die Frau nicht zu einer liturgischen Leiterin oder Theologin, obwohl sie sie zu einer Ethikerin macht. Durch ihre Weigerung, auf Jesu Schweigen einzugehen, auf seine Exklusivitätsbehauptung oder seine Beleidigung durch entweder Gewalt oder Erniedrigung, dient sie als Modell für die Lehren der Bergpredigt. Anstatt zurückzuschlagen oder feige zu sein, „hält sie die andere Wange hin" (5,39), indem sie Jesu Beleidigung annimmt und dennoch darauf besteht, dass er sie erhört. Ein Modell der Frömmigkeit ist ein Musterbeispiel, aber dies verweist nicht notwendigerweise auf eine Führungsfunktion. Die mt Änderung der mk Quelle verhindert auch, dass durch die Geschichte der Frau eine theologische Lehre etabliert wird. In Mk 7,29 basiert Jesu Bereitschaft, den Exorzismus durchzuführen, auf dem *Wort* der Frau (διὰ τοῦτον τὸν λόγον). Mt stellt jedoch nicht das *Wort*, sondern den *Glauben* der Frau in den Vordergrund (μεγάλη σου ἡ πίστις, 15,28).

Zweitens ist es problematisch, von einer einzigen literarischen Figur auf eine soziale Gruppe in der Gemeinschaft des Evangelisten zu schließen, insbesondere wenn die erzählte Szene konventionell ist. Die Geschichte des Evangeliums mag eine Debatte über die kirchliche Praxis reflektieren, sie kann auf der anderen Seite aber auch eine literarische Rekapitulation der wichtigsten Motive der Heiligen Schrift Israels und des moralischen Gedankenguts Roms sein. Ein Elternteil, der um die Heilung eines Kindes fleht, ist sowohl in der jüdischen als auch in der nichtjüdischen Literatur ein bekanntes Motiv. Die Witwe von Sarepta bittet um Elijas Hilfe (1 Kön 17,17–24), damit er ihren Sohn auferwecke; die reiche Frau aus Schunem sucht Elischas Dienste und wird, wie unsere kanaanäische Frau, zunächst abgewiesen, als der Prophet versucht, seinen Diener Gehasi an seiner statt zu senden (2 Kön 4,18–37). In ähnlicher Weise wendet sich eine Frau an Elischa mit der Bitte um Befreiung von den Schulden (2 Kön 4,1–7). In einem Spiel mit der Konvention, als die Frau des Jerobeam (in Verkleidung) zum Propheten Ahia geht, um ihn um ein Heilmittel für ihren Sohn zu ersuchen (1 Kön 14,1–17), wird ihre Bitte abgelehnt. Die Konventionalität der Szenen, insbesondere der weiblichen Figuren, zeigt sich auch bei Philostratus, *Vit. Apoll.* 3,38, wo eine Frau um ihren Sohn bittet, der zwei Jahre von einem Dämon besessen ist.

---

[18] Vgl. Elaine WAINWRIGHT, „The Gospel of Matthew", in *Searching the Scriptures 2: A Feminist Commentary* (hg. v. Elisabeth Schüssler Fiorenza; New York: Crossroad, 1994), 635–677; 671; siehe auch DIES., „A Voice from the Margin: Reading Matthew 15:21–28 in an Australian Feminist Key", in *Reading from this Place 2: Social Location and Biblical Interpretation in Global Perspective* (hg. v. Fernando F. Segovia und Mary A. Tolbert; Minneapolis: Fortress Press, 1995), 132–153; 139.

Die Geschichte der kanaanäischen Frau entfaltet auch das Motiv des „gütigen Königs", wonach die Autoritätsperson aufgrund der Argumente eines/einer Untergebenen zu einem Sinneswandel geführt wird.[19] Solche Berichte unterweisen Führungspersonen, sich mit den Anliegen derjenigen außerhalb ihrer Zuständigkeit zu befassen, und diejenigen außerhalb des Hofes werden ermutigt, ihre Interessen friedlich, aber beharrlich zu verfolgen.

Der mt Text indiziert nicht einen „jüdischen" versus „christlichen" Umgang mit Frauen. Jesus heilt Frauen: die Schwiegermutter des Petrus, die Frau mit den Blutungen, das tote Kind. Die Perikope ist wahrscheinlich als Statement in der Heidenmission zu verstehen, aber hier ist das Thema nicht der Gegensatz zwischen einer „jüdischen" oder „christlichen" Sichtweise von Heiden. Der mt Jesus führt auch eine Heilung eines nichtjüdischen Zenturio durch (obwohl seine Bemerkung in 8,7: ἐγὼ ἐλθὼν θεραπεύσω αὐτόν, „ich werde kommen und ihn heilen", auch als Frage, „soll ich kommen und ihn heilen?", und somit als eine anfängliche Zurückweisung verstanden werden kann), und Nichtjuden sind möglicherweise in das Summarium von Heilungen in 4,24 und eventuell 8,16 miteinbezogen.

2.3 Das legalistische Judentum-Modell

Die Vereinigung von Israel und den Völkern zu einer einzigen Gemeinschaft wird durch Petrus garantiert: Nachdem er die Schlüssel des Himmelreiches erhalten hat (16,19), sollen er und seine Apostelkollegen zu „allen Völkern" (πάντα τὰ ἔθνη, 28,19) gehen. Das erste Evangelium stellt damit nicht nur das Insistieren des Paulus, dass *er* zu den Völkern und Petrus zu den Juden gesandt worden sei (Gal 2,7f.), implizit in Frage, sondern auch die Legitimität der Freiheit vom Gesetz, das eines der Vermächtnisse des Paulus war. Die Jünger sollen die Völker lehren, „alles zu befolgen", was Jesus geboten hat (28,20), einschließlich des Toragehorsams (5,16–20).[20]

Die Einhaltung der Vorschriften wird für Frauen nicht belastender gewesen sein, als es heute für uns alle ist, den Gesetzen unserer Länder zu folgen. Doch welche konkreten Verhaltensweisen Mt von Frauen in der/den Kirche(n) erwartete, ist unklar.

Ob die Frauen in der/den Kirche(n) des Mt in irgendeiner Weise in Kontakt mit der örtlichen Synagoge waren, kann nicht bestimmt werden. Wo ein Kirchenvater oder rabbinischer Weiser eine Spaltung gesehen haben mögen, haben die Menschen in der Nachbarschaft dies möglicherweise nicht. Für einige AnhängerInnen Jesu geht die

---

[19] Vgl. LEVINE, „Matthew's Advice".

[20] Die aktuellste und ausführlichste Argumentation gegen diese Sichtweise stammt von Roland DEINES, *Die Gerechtigkeit der Tora im Reich des Messias* (WUNT 177; Tübingen: Mohr Siebeck, 2005); siehe eine Zusammenfassung in DERS., „Not the Law but the Messiah: Law and Righteousness in the Gospel of Matthew – An Ongoing Debate", in *Built upon the Rock: Studies in the Gospel of Matthew* (hg. v. Daniel M. Gurtner und John Nolland; Grand Rapids: Eerdmans, 2008), 53–84. Siehe die kritische Rezension von Benedict A. VIVIANO in *FZPhTh* 52 (2005): 790–794.

Spaltung auf die Zeit nach Konstantin zurück.²¹ Auch können HistorikerInnen nicht direkt vom Text auf die dahinter stehende Gemeinschaft schließen: Dieselben Texte wurden von zahlreichen Gemeinden mit verschiedenen Bevölkerungsgruppen gelesen.²²

Die Hinweise des Mt auf Verfolgung in Synagogen (10,17; vgl. auch 23,34f.) können zeigen, dass einige Kirchenmitglieder sich der Synagogendisziplin unterwarfen. Doch Mt 10,17 kann auch auf einen Zeitraum in der Vergangenheit der Kirche verweisen, bezogen auf die erste Generation, sodass das Thema bereits obsolet ist.²³ Die Veränderung in der Identifikation der Gemeinde in 28,15 spricht für die letztere Auffassung.

Wenn pharisäische Lehre bei Mt auf Synagogenpraxis hinweist, dann ist die Kommentierung dieser Lehre im Evangelium inkonsistent. Mt 23,2f. würdigt pharisäische Lehre, da die Pharisäer auf dem Thron des Mose sitzen. Allerdings beschreibt Mt ihre Lehre als „schwere Lasten" (φορτία βαρέα) (23,4). Diese schwer zu verkraftenden Belastungen (vgl. auch die πεφορτισμένοι, die „Beladenen", in 11,28) kontrastieren mit Jesu leicht zu tragendem Joch (11,29f.). Auch wirbt das Evangelium nicht für die „Überlieferungen der Ältesten" (15,2). Mt empfiehlt dagegen die Zahlung des *Fiscus Iudaicus* (17,24–27), der auch von Frauen gezahlt wurde:²⁴ Ob HeidenchristInnen diese Steuer bezahlten oder ob es sich auch hierbei um eine veraltete Reminiszenz statt eines aktuellen Anliegens handelte – der legendenhafte Charakter der Geschichte legt Letzteres nahe –, kann nicht festgestellt werden.

Nichtjüdische Frauen in der mt Gemeinde mögen die auf der Tora basierenden Verhaltensregeln (z. B. bezüglich Speisen, Sabbat, Tauchbad) befolgt haben. Allerdings ist – insbesondere wenn die mt Kirchen in der Diaspora waren (was wahrscheinlich ist) – das Ausmaß, in dem auch Jüdinnen und Juden diese Praktiken beibehielten, nicht klar. Die jüdischen Gemeinden erwarteten dies im Großen und Ganzen auch nicht von den nichtjüdischen Mitgliedern, dass diese ausgesprochen jüdische Praktiken befolgten, wie es die Position der so genannten „Gottesfürchtigen" bezeugt.

Falls Frauen in der/den Kirche(n) des Mt die Gebote der Tora befolgt haben, lässt dies keinen geringeren Status in ihren Gemeinden, geschweige denn einen marginalisierten oder stigmatisierten, erkennen. Forschungen zur Frau mit den Blutungen und zum verstorbenen Mädchen (9,18–26), die sich über deren rituelle Unreinheit äußern und Jesus als jemanden sehen, der das Reinheitssystem in Frage stellt, oder behaupten,

---

[21] Siehe z. B. Adam H. BECKER und Annette Yoshiko REED, Hg., *The Ways That Never Parted: Jews and Christians in Late Antiquity and the Early Middle Ages* (Minneapolis: Fortress Press, 2007), sowie Daniel BOYARIN, *Borderlines: The Partition of Judaeo-Christianity* (Divinations; Philadelphia: University of Pennsylvania Press, 2004).

[22] Siehe z. B. Richard BAUCKHAM, *The Gospels for All Christians: Rethinking the Gospel Audiences* (Grand Rapids: Eerdmans, 1998).

[23] Erörterung in Douglas R. A. HARE, *The Theme of Jewish Persecution of Christians in the Gospel According to St. Matthew* (Cambridge: Cambridge University Press, 1967).

[24] Siehe *Corpus papyrorum judaicarum* (hg. v. Victor A. Tcherikover; 3 Bde; Cambridge: Harvard University Press, 1957/1960/1964), 160–229. Siehe Martin GOODMAN, „Nerva, the Fiscus Judaicus and Jewish Identity", *JRS* 79 (1989): 40–44.

dass die Schwiegermutter des Petrus (8,15) „a possible pollutant"[25] sei, vor allem, wenn diese Krankheit mit der Zeit ihrer rituellen Unreinheit verknüpft ist, und dass Jesus durch die Berührung die Reinheitsgebote ignoriert, verkennen, welche Funktion Reinheitsgebote hatten und vernachlässigen die Rolle von Reinheit in der Völkerwelt.[26] Vielleicht erfreuen sich nichtjüdische Frauen, die die jüdischen Reinheitsrituale übernahmen, an der Heiligung des Körpers, schätzten das Ritual des Tauchbads in der Mikwe (eine Praxis, die keines der Evangelien erwähnt, weder für Männer noch für Frauen) oder schlossen sich jüdischen Frauen in dieser neuen Gemeinschaft an. Vielleicht brachten sie sogar ähnliche Praktiken aus ihrem eigenen heidnischen Hintergrund mit.

3. Das Modell frei gewählter Zugehörigkeit

3.1 Kreation von Verwandtschaftsverhältnissen: der Stammbaum Jesu bei Matthäus

Die mt Genealogie Jesu nennt vier Einzelpersonen – Tamar, Rahab, Rut und die (Frau) von Urija –, die ihre Häuser verlassen und sich dem Volk Israel und der davidischen Linie anschließen. Sie eröffnen das Thema der „Gerechten aus den Völkern", das durch die Geschichten von den Magiern (Mt 2), vom Zenturio, der um eine Heilung bittet (8,5–13), von der kanaanäischen Frau (15,21–28), der Frau des Pilatus (27,19) und

---

[25] Elaine WAINWRIGHT, *Towards a Feminist Critical Reading of the Gospel According to Matthew* (BZNW 60; Berlin: de Gruyter, 1991), 84; wieder aufgenommen in ihrem Beitrag „The Gospel of Matthew", 648.

[26] Die Mehrheit der Kommentatoren argumentiert, dass in dieser Geschichte, in der eine Frau mit Blutungen und ein totes Mädchen miteinander verknüpft werden, zwei Individuen dargestellt sind, die in der jüdischen Gesellschaft aufgrund der Geschlechter- und Reinheitsvorschriften marginalisiert seien. Jede Figur wird zunächst als marginal identifiziert, weil es sich um Frauen handelt. Darüber hinaus wird die blutflüssige Frau als „unrein" kategorisiert, da sie vermutlich an chronischen Gebärmutterblutungen leidet, und das Mädchen gilt als „unrein", weil sie tot ist. Im Gegenzug wird Jesus als jemand dargestellt, der die Barrieren, die die jüdische Gesellschaft und das Gesetz zwischen Männern und Frauen, Rein und Unrein, errichtet haben, überwindet. Durch die Heilung der beiden Frauen bekräftigt er, was sein jüdischer sozialer Kontext leugnet: ihre Menschlichkeit und Würde. Indem er sie berührt, ignoriert und verwirft er die Reinheitsgebote. Und damit sind die Barrieren zwischen Rein und Unrein aufgehoben. Diese Beschreibung der Forschungslandschaft siehe bei Amy-Jill LEVINE, „Discharging Responsibility: Matthean Jesus, Biblical Law, and Hemorrhaging Woman", in *A Feminist Companion to Matthew* (hg. v. Amy-Jill Levine mit Marianne Blickenstaff; Feminist Companion to the New Testament and Early Christian Writings 1; Sheffield: Sheffield Academic Press, 2001), 70–87; 70f. (zuerst veröffentlicht in David R. BAUER und Mark Allan POWELL, Hg., *Treasures Old and New: Recent Contributions to Matthean Studies* [SBLSymS 1; Atlanta: Scholars Press, 1996], 379–397). Solche Interpretationen zu Mt 9,18–26 sind heute nach wie vor gang und gäbe. Und sie sind nach wie vor nicht korrekt.

vom Zenturio beim Kreuz (27,54) entfaltet wird, die den Missionsbefehl in 28,19 antizipieren.

Ein zweites in der Genealogie begonnenes Thema ist eine kritische Haltung gegenüber Heirat und Fortpflanzung. Im Gegensatz zu Sara, Rebekka, Rahel und Lea drückt keine der Frauen, die im Stammbaum Jesu erwähnt werden, einen Kinderwunsch aus, auch nicht die Männer, mit denen sie konfiguriert werden.[27] Somit nimmt der Stammbaum das Lob der „Eunuchen um des Himmelreichs willen" (19,12) vorweg. Fortpflanzung wird im besten Fall als Notwendigkeit dargestellt.

Tamar, die erste Frau, die im Evangelium erwähnt wird, ist auch die erste Frau in der messianischen Linie, die nicht explizit mit Abrahams Familie verbunden ist. Sara ist Abrahams „Schwester, die Tochter seines Vaters, aber nicht die Tochter seiner Mutter" (Gen 20,12). Abraham ermahnt seinen Diener: „Schwöre mir ..., dass du meinem Sohn keine Frau nimmst von den Töchtern Kanaans ..., sondern dass du in das Land meiner Eltern und zu meiner Verwandtschaft ziehst ..." (Gen 24,3f.) Die Braut ist Rebekka, „die dem Betuël, dem Sohn der Milka, der Frau Nahors, des Bruders Abrahams, geboren wurde" (Gen 24,15). Um Jakob zu schützen, führt Rebekka Esaus Exogamie an: „Mich ekelt vor meinem Leben wegen der Töchter der Hetiter. Wenn Jakob sich eine Frau von den Töchtern der Hetiter nimmt wie diese von den Töchtern des Landes, was ist für mich dann noch mein Leben?" (Gen 27,46) Daher gebietet Isaak Jakob: „Nimm dir nicht eine Frau von den Töchtern Kanaans, sondern mach dich auf und zieh nach Mesopotamien zum Hause Betuëls, des Vaters deiner Mutter, und nimm dir von dort eine Frau von den Töchtern Labans, des Bruders deiner Mutter." (Gen 28,1f.)

Ein möglicher exogamer Zug beginnt mit Bilha und Silpa, aber die nächste Generation beteiligt sich explizit an Mischehen: Josef heiratet Asenat, die Tochter des ägyptischen Potifar, des Priesters von On, Juda heiratet Bat-Schua, eine Kanaanäerin. Keine dieser Beziehungen bringt die messianische Linie hervor.

Weil Tamars genealogische Identität nicht genannt wird, boten die Kommentatoren des Altertums Details. Philo (*Virt.* 220–222; *de Nob.* 6), *Tg. Ps.-J.* (zu Gen 38,3) und *b. Soṭah* 10 beschreiben sie als Konvertitin zum Judentum. Nach *Jub.* 41,1 und *TestJud* 10,1; 12,2 ist sie eine „Tochter Arams" und damit in der semitischen Linie (siehe Gen 10,22f.). *Gen. Rab.* 85,11 (zu Gen 10,22) identifiziert Tamar als Tochter Sems.[28] In Mt wird Tamar demnach wohl als Proselytin betrachtet oder zumindest als eine „Gerechte aus den Völkern".

---

[27] Vgl. Amy-Jill LEVINE, „Women's Humor and Other Creative Juices", in *Are We Amused? Humor About Women in the Biblical Worlds* (hg. v. Athalya Brenner; JSOTSup 383; Bible in the Twenty-First Century 2; London: T&T Clark, 2003), 120–126; 122. „In the genealogy, the men face a challenge to their sexual prowess. And in all cases, including that of the Matthean Jesus, ‚normal' procreation is irrelevant if not a nuisance" (ebd., 121).

[28] Siehe die Diskussion bei Amy-Jill LEVINE, *The Social and Ethnic Dimensions of Matthean Salvation History* (Studies in the Bible and Early Christianity 14; Lewiston: Edwin Mellen, 1988), 74–76.

In sexueller Hinsicht sind Tamars Erfahrungen irregulär. Sie ist verwitwet, nachdem ihre ersten beiden Ehemänner erschlagen worden sind; der zweite, Onan, stirbt wegen seines Versuchs zu verhüten. Juda rät Tamar aus Angst, dass sein dritter Sohn Schela wie seine Brüder sterben würde: „Bleibe Witwe im Haus deines Vaters, bis mein Sohn Schela erwachsen ist" (Gen 38,11). Als sie allmählich begreift, dass Juda die dritte Ehe nicht arrangieren wird, verlässt Tamar das Haus ihres Vaters, es gelingt ihr durch eine List, Geschlechtsverkehr mit Juda zu haben, und sie wird schwanger. Juda droht, sie bei lebendigem Leibe verbrennen zu lassen, aber sie zeigt seinen Stab und seinen Siegelring, um seine Vaterschaft zu beweisen. Juda beurteilt sie daraufhin als gerecht (δεδικαίωται/צָדְקָה, Gen 38,26).

Tamars Platz in der davidischen Genealogie beruht nicht auf einer Eheschließung, da sie und Juda niemals heiraten, und auch nicht auf sexueller Intimität, denn „er verkehrte nicht mehr mit ihr" (καὶ οὐ προσέθετο ἔτι τοῦ γνῶναι αὐτήν). Gen 38,26 antizipiert damit Mt 1,25, wo es heißt, dass Josef keine ehelichen Beziehungen mit Maria hatte, bis sie Jesus gebar (καὶ οὐκ ἐγίνωσκεν αὐτήν). Tamars Eingliederung in die Juda-Linie ist durch ihre Initiative, das Haus ihres Vaters zu verlassen, und Judas Anerkennung ihrer Gerechtigkeit gesichert.

Rahab ist eine Kanaaniterin aus Jericho. Sie und ihre Familie bleiben in – jedoch getrennt von – Israel; wie Jos 6,25 feststellt, „hat ihre Familie in Israel gewohnt" (וַתֵּשֶׁב בְּקֶרֶב יִשְׂרָאֵל; καὶ κατῴκησεν ἐν τῷ Ισραηλ). Ihre Aufnahme in die Gemeinschaft basiert darauf, dass sie die Kundschafter versteckte (Jos 6,17), und wird von ihrer Rezitation der Heilsgeschichte Israels ergänzt (Jos 2,9–11).

In sexueller Hinsicht ist anzumerken, dass Mt, obwohl Rahab eine Prostituierte ist, sie nicht als solche bezeichnet (anders Hebr 11,31; Jak 2,25). Auch Jos hebt ihren Beruf nicht hervor: Sie nimmt die Kundschafter auf, hat aber keinen Geschlechtsverkehr mit ihnen. Josephus (*A.J.* 5,8) und *Tg. Onq.* werten sie zu einer „Gastwirtin" auf. *B. Meg.* 14b (siehe auch *Ruth Rab.* 2,1; *Num. Rab.* 8,9) betrachtet sie als Proselytin, verheiratet sie mit Josua und erklärt sie zur Ahnfrau von neun ProphetInnen, einschließlich Hulda.[29] Mt behauptet anachronistisch, dass Rahab Salmon heiratet (den Vater von Boas; Rut 4,20f.), und fügt sie somit in die messianische Genealogie ein. Es gibt keine weiteren Beschreibungen ihres Ehelebens oder anderer Kinder als Boas.

Tamar verlässt das Haus ihres Vaters, Rahab verlässt ihre Stadt, und *Rut* kehrt, im Gegensatz zu Orpa, nicht zum „Haus ihrer Mutter", zu „ihrem Volk und ihren Göttern" zurück (Rut 1,8.15). Boas erkennt ihre frei gewählte Zugehörigkeit an: „du hast deinen

---

[29] Siehe Edwin D. FREED, „The Women in Matthew's Genealogy", *JSNT* 29 (1987): 3–19; Anthony Tyrrell HANSON, „Rahab the Harlot in Early Christian Tradition", *JSNT* 1 (1978): 53–60; John Paul HEIL, „The Narrative Roles of the Women in Matthew's Genealogy", *Bib* 72 (1991): 538–545. Ich danke Barbara E. BOWE für diese Literaturhinweise. Bowe untersucht Rahabs Vereinnahmung durch 1 Clem; siehe DIES., „,Many Women have been Empowered through G-d's Grace …' (1 Clem. 55.3): Feminist Contradictions and Curiosities in Clement of Rome", in *A Feminist Companion to Patristic Literature* (hg. v. Amy-Jill Levine und Maria Mayo Robbins; Feminist Companion to the New Testament and Early Christian Writings 12; London: T&T Clark, 2008), 15–25.

Vater und deine Mutter und das Land deiner Verwandtschaft verlassen und bist zu einem Volk gegangen, das du zuvor nicht kanntest" (Rut 2,11). Auch von der jüdischen Tradition wird sie als Proselytin erachtet (*b. Yebam.* 76b–77a; *Ruth Rab.* 4,1).[30] Dennoch bleibt Rut die „Moabiterin" und damit eine „Gerechte aus den Völkern" (Rut 1,4.22; 2,2.5.21; 4,5.10). Ihre Ursprünge gehen nicht verloren.

Wenngleich Rut Boas auf der Tenne in eine kompromittierende Position bringt, ist in sexueller Hinsicht alles, was sie tun, miteinander zu reden. Und obwohl, „als er zu ihr ging, JHWH ihr Schwangerschaft gab und sie einen Sohn gebar", wird Ruts Mutterrolle von Noomi übernommen (Rut 4,13–17) und es wird nicht gesagt, dass Rut weitere Kinder hat. Trotz all der sexuellen Anspielungen des Buches passiert eigentlich nicht viel zwischen Rut und dem viel älteren Boas.

Die Erwähnung der vierten Frau in der Genealogie betont, dass das Handeln von Frauen (und wie es in der Gemeinde bewertet wird) für die Zugehörigkeit zur Gemeinschaft wichtiger ist als deren ehelicher Status. Anstatt *Batseba* bei ihrem Namen zu nennen, spricht Mt von „der des Urija" (τῆς τοῦ Οὐρίου). Jedoch war Batseba zum Zeitpunkt der Empfängnis Salomos nicht mehr „Urijas Frau", sie war Davids Frau. Die Formulierung verstärkt den Hinweis auf sexuell suspekte Beziehungen und führt die Figur Urijas, des Hetiters, ein, des Gerechten aus den Völkern, der treu bleibt, während „die Lade und Israel und Juda in Hütten wohnen" (2 Sam 11,11) und während David Ehebruch mit seiner Frau begeht.

In sexueller Hinsicht verweist der Bezug auf Urija auf eine Mischehe, da Urija ein Hetiter und Batseba vermutlich eine Israelitin war.[31] Der Text bietet keine Einzelheiten über ihre anscheinend kinderlose Ehe. Das Paar tritt nie zusammen auf. David zeigt anfänglich auch keinerlei Interesse an der Vaterrolle in Bezug auf Batsebas Kind, denn seine Bemühungen, Urija nach Hause zu schicken, verdeutlichen, dass Davids Hauptanliegen die Vermeidung der Anerkennung seiner Vaterschaft ist. Am Ende stirbt das durch Ehebruch empfangene Kind: Somit passt es, wie der „Sohn" des Zenturio, die Tochter des Vorstehers und die Tochter der kanaanäischen Frau, in das Schema des Evangeliums, das die Verletzlichkeit von Kindern zeigt und, weitergedacht, die Preisung derer, die keine haben.[32]

Die ersten drei Frauen werden durch die Formel ἐκ („aus") + Name der Frau eingeführt; die Nennung Urijas ist die erste Unterbrechung des Schemas und jene Josefs die zweite: Mt 1,16 erwähnt einen Ehemann, aber keinen Vater; die Mutter wird genannt und sie ist es, *von der* das Kind abstammt:

---

[30] Vgl. Josephus, *A.J.* 5,337, der keine Bekehrung erwähnt, sondern Ruts Geschichte als Hinweis auf die göttliche Macht sieht, die ohne Schwierigkeiten diejenigen, die von gewöhnlicher Abstammung sind, zu Würde und Größe erheben könne.

[31] Batseba ist die Tochter Eliams (2 Sam 11,3) und Eliam – wenn es sich um den gleichen Eliam handelt – ist der Sohn Ahitofels, des Giloniten (2 Sam 23,34). Falls Ahitofel, ein Verräter, kein Israelit war, überrascht es, dass der Text dieses Faktum nicht erwähnt.

[32] Dieses Thema, zusammen mit dem Tod im Kindbett, wird in der späteren Kirchengeschichte, z. B. in Gregor von Nyssas Abhandlungen über die Jungfräulichkeit, entfaltet, um Ehelosigkeit zu fördern.

Ἰακὼβ δὲ ἐγέννησεν τὸν Ἰωσὴφ τὸν ἄνδρα Μαρίας, ἐξ ἧς ἐγεννήθη Ἰησοῦς ...
Jakob aber zeugte Josef, den Mann Marias, aus der Jesus geboren wurde ...

Wie Tamar hat Maria keinen Stammbaum. Wie Tamar und Batseba wird sie auf eine Weise schwanger, die von dem Mann, mit dem sie zusammen ist, weder erwartet noch anfänglich willkommen geheißen wird. Die Verminderung der Bedeutung ihrer Figur im Vergleich zu Lk und Joh deutet auf eine mögliche Schwächung des Gewichts der Mutterrolle hin. Durch die Fokussierung auf Josef greift die mt Erzählung auf eine Gemeinschaft vor, die nicht auf sexuelle Zugehörigkeit gegründet ist. Indem Marias Herkunft nicht berichtet wird, findet sich hier kein Hinweis auf eine nichtjüdische Verbindung – wo doch die anderen Frauen in der Genealogie als Proselytinnen betrachtet werden. Das Evangelium sieht Maria als Jüdin und auch Jesus als Juden, aber das Schweigen über ihre Herkunft antizipiert die Bewegung hin zu einer Kirche, die weder jüdisch noch nichtjüdisch ist.[33]

Josef teilt mit Tamar, Rut, Rahab und Urija eine frei gewählte Beziehung zur messianischen Linie: Obwohl er von Abraham und David abstammt, verschiebt die Genealogie bei der Empfängnis Jesu den Schwerpunkt vom Biologischen auf das Spirituelle. Was die Sexualität betrifft, empfängt Maria als Jungfrau (1,23) und Josef verzichtet auf eine sexuelle Beziehung zu ihr (1,25).

Der Stammbaum stellt Individuen in den Vordergrund, die ihre Familien und Städte verlassen – was auch Josef und Maria im nächsten Kapitel tun werden. Er hebt unerwartete und nicht wiederholte sexuelle Begegnungen hervor. Er stellt frei gewählte Zugehörigkeit über Ehe und Biologie und etabliert somit das Ethos der mt Kirche.

3.2 Ersetzen von Verwandtschaft: Ermahnungen und Charakterisierungen

Die Verkündigung von Johannes dem Täufer führt die Thematik des Ersetzens von ehelichen und biologischen Verbindungen durch fiktive Verwandtschaftsverhältnisse fort. Johannes hat weder Abstammung noch Heimat (diff. Lk 1), und er verachtet die Pharisäer und Sadduzäer als falsche Kinder. Dass er sie als „Schlangenbrut" bezeichnet (3,7; vgl. Jesu Anklage der Pharisäer und Schriftgelehrten in 12,34; 23,33) wie auch seine verletzende Aussage „Meint nicht, ihr könntet bei euch selbst sagen: ‚Wir haben Abraham zum Vater!' Denn ich sage euch: Gott kann aus diesen Steinen Kinder Abrahams machen" (3,9) zeigen den Bruch mit der Biologie. Nattern wurde nachgesagt, ihre Mutter von innen her aufzufressen,[34] deshalb ist diese Bezeichnung angemessen für Führungsgestalten, die Mt als heuchlerisch und feindselig identifiziert. Ebenso trägt sie zur negativen Wertung von Reproduktion bei Mt bei. Darüber hinaus ist der Verweis auf Steine und Kinder wahrscheinlich ein hebräisches Wortspiel („Steine" klingt

---

[33] Ob Mt das matrilineare Prinzip anerkannte, kann nicht ermittelt werden. COHEN, *Beginnings of Jewishness*, 263–307, insbes. 283, merkt an, dass das matrilineare Prinzip in der Mischna wie ein Blitz aus heiterem Himmel auftauche.

[34] Quellen und Diskussion in Craig S. KEENER, *A Commentary on the Gospel of Matthew* (Grand Rapids: Eerdmans, 1999), 122f.

auf Hebräisch [אֲבָנִים] ähnlich wie „Kinder" [בָּנִים]). Möglicherweise reflektiert der Vers auch – negierend – die rabbinische Vorstellung des *zekhut avot*, der „Verdienste der Eltern", mit denen sich die Gemeinschaft auf die fortdauernde Bedeutung der Gerechtigkeit der Ahnen berief.

Jesu Lehren setzen den Bruch mit herkömmlichen Verwandtschaftsstrukturen fort. Für ihn sind „Bruder und Schwester und Mutter" (12,50) diejenigen, die den Willen des wahren Vaters erfüllen. Die Betonung liegt nicht auf der Zeugung von Kindern, sondern darauf, wie diese zu werden (18,3; vgl. 19,14). Alle sind Kinder desselben Stammvaters: „Ihr sollt niemand auf Erden euren Vater nennen; denn nur einer ist euer Vater, der im Himmel." (Mt 23,9)

Julian Sheffield zeigt: „Matthew's use of πατήρ ... is carefully shaped both to emphasize the fatherhood of G-d and to displace the earthly father in favor of the father in heaven"[35]. Nur in 3,9 verwendet Mt πατήρ mit Bezug auf Abstammung sowie in einer zweiten Schelte der Pharisäer in 23,30–33, wo die Anrede mit „Schlangenbrut" ebenfalls auftaucht. Diese Redeweise, schlussfolgert Sheffield, „emphatically places the Pharisees *outside* the community which relates to G-d as father and to whom G-d relates as father"[36].

Sheffields Behauptungen werden durch 15,4–6 nicht entschärft, wo Jesus im Streit mit den Pharisäern ausruft:

> Gott hat gesagt: „Du sollst Vater und Mutter ehren!" und: „Wer Vater oder Mutter verflucht, ist des Todes." Ihr aber lehrt: „Wer zu Vater oder Mutter sagt: ‚Ich erkläre zur Opfergabe, was ich dir schuldig bin', der braucht seinen Vater oder seine Mutter nicht mehr zu ehren."

Noch erfahren sie einen Ausgleich durch den Zusatz zu den Geboten, denen der reiche junge Mann folgen muss, nämlich Vater und Mutter zu ehren (19,19). Der Vater ist für Mt der „Vater im Himmel" (23,9), die Mutter ist neu definiert in der neuen Verwandtschaft als die Kirche.

Die Details der Geschichte vom reichen jungen Mann bestätigen diese Neudefinition der Familie. Jesus antwortet seinem Gesprächspartner: „Wenn du vollkommen sein willst, geh, verkauf deinen Besitz und gib das Geld den Armen" (19,21). In diesem Fall hätten die biologischen Eltern keinerlei Unterstützung durch ihren Sohn. Weder Jesus noch die Pharisäer, so scheint es, kümmern sich um das Wohlergehen der älteren Generation. Stattdessen „werden alle", wie Jesus sagt, „die um meines Namens willen Häuser oder Brüder, Schwestern, *Vater*, *Mutter*, Kinder oder Äcker verlassen haben, dafür das Hundertfache erhalten und das ewige Leben gewinnen" (19,29). Die Geburtsfamilie, die Institution für die Übertragung von Eigentum, wird durch die neue Familie und himmlischen Besitz ersetzt.

---

[35] Julian SHEFFIELD, „The Father in the Gospel of Matthew", in *A Feminist Companion to Matthew* (hg. v. Amy-Jill Levine mit Marianne Blickenstaff; Cleveland: Pilgrim Press, 2001), 52–69; 52.

[36] SHEFFIELD, „Father in the Gospel of Matthew", 59.

Wenn die Leute daher in der Synagoge seiner Heimatstadt fragen: „Ist das nicht der Sohn des Zimmermanns? Heißt nicht seine Mutter Maria und sind nicht Jakobus, Josef, Simon und Judas seine Brüder? Leben nicht alle seine Schwestern unter uns?" (Mt 13,55f.), kennen die LeserInnen die Antworten: Nein, dies ist nicht der Sohn des Zimmermanns; das ist der Sohn Gottes. Für Mt schützt Josef „das Kind und seine Mutter" (vgl. 1,18; 2,11.13.14.20.21), aber er wird nicht „Vater" genannt. Und nein, das sind nicht seine Brüder und Schwestern, denn seine JüngerInnen sind seine Brüder und Schwestern.

Das erste Evangelium schildert nicht nur die Schaffung einer neuen Familie, sondern es demontiert auch Beziehungen, die auf Heirat oder Blut gegründet sind. Jesus warnt:

> Ich bin gekommen, um den Mann und seinen Vater zu entzweien und die Tochter und ihre Mutter und die Schwiegertochter und ihre Schwiegermutter; und die Mitglieder des Hauses eines Menschen werden seine FeindInnen sein. Wer Vater oder Mutter mehr liebt als mich, ist meiner nicht wert, und wer Sohn oder Tochter mehr liebt als mich, ist meiner nicht wert. (Mt 10,35–37; vgl. Mi 7,6)

Sollten potenzielle AnhängerInnen ihrer Herkunftsfamilie treu bleiben, warnt Jesus: „Ein Bruder wird den Bruder dem Tod ausliefern und Eltern ihre Kinder, und die Kinder werden sich gegen ihre Eltern erheben und sie töten" (10,21).

Das Evangelium ermutigt zu einer solchen Ablehnung der Familie und ihrer späteren Neukonstitution, indem es die Probleme mit traditionellen Familien schildert. Josefs erster Gedanke, als er von Marias Schwangerschaft erfährt, ist, sich von ihr zu trennen. Herodias verlässt ihren ersten Ehemann und ihre Ehe mit Herodes hat den Tod des Täufers zur Folge. Im Gleichnis vom königlichen Hochzeitsmahl (22,2–14) wird keine Braut erwähnt und der Sohn wird nicht verheiratet; stattdessen bestraft der Vater die Gäste, die der Einladung nicht Folge leisten, indem er ihre Stadt verbrennen lässt (22,7). Dem Mann, der ohne Hochzeitsgewand erscheint, werden Hände und Füße gebunden und er wird in die äußerste Finsternis hinausgeworfen (22,13). Das Thema unwillkommener und nicht einladender Hochzeiten wird im Gleichnis von den klugen und törichten Jungfrauen fortgesetzt: Der Bräutigam kommt spät, die Braut fehlt und die halbe Hochzeitsgesellschaft ist ausgeschlossen (25,1–13).[37]

Eine Ehe kann auch in der Kirche aufgelöst werden. Im Gegensatz zu Mk 10,2–12 (vgl. Lk 16,18; 1 Kor 7,10) erlaubt Mt die Scheidung in Fällen von πορνεία, „Unzucht" (5,32; 19,3–12). Dieses Zugeständnis kann mehrere Gründe haben: Rückgang der eschatologischen Naherwartung, Interesse an den Toragboten gegen Ehebruch, das römische Recht, das einen Mann der Kuppelei anklagen würde, wenn seine Frau in ehebrecherische Handlungen verwickelt wäre, und/oder nichtjüdische Paare in der Kirche, deren Ehe die levitischen Gesetze in Bezug auf Blutsverwandtschaft verletzen.

---

[37] Zu der Assoziation des Mt von Hochzeiten und vor allem Bräutigamen mit Gewalt siehe Marianne BLICKENSTAFF, „While the Bridegroom Is with Them": Marriage, Family, Gender and Violence in the Gospel of Matthew (Library of New Testament Studies 292; London: T&T Clark, 2005).

Doch in jedem Fall sieht die Botschaft an Männer und Frauen in der Kirche so aus, dass die Ehe, wenngleich nicht verurteilt, jedoch auch nicht empfohlen wird.

Abgesehen von Maria und Josef, die lediglich in den ersten beiden Kapiteln zusammen sind, sind der Tetrarch (ὁ τετραάρχης) Herodes und Herodias das einzige explizit verheiratete Paar, das gemeinsam bei Mt auftritt. Die Geschichte von Herodes, Herodias und ihrer Tochter in Mt 14 ist eine Variation derjenigen des namenlosen „Vorstehers" (ἄρχων, 9,18), der Jesus bittet, seine Tochter (θυγάτηρ, 9,18; vgl. 14,6: ἡ θυγάτηρ τῆς Ἡρῳδιάδος), ein junges Mädchen (τὸ κοράσιον, 9,24; vgl. 14,11: τῷ κορασίῳ), von den Toten zu erwecken. In dieser Version ist die Tochter des Herrschers nicht tot, sondern die Beauftragte, die mit ihrer Mutter den Tod bringt. Für den Tetrarchen ist seine Ehefrau ein Problem; was den namenlosen Vorsteher betrifft, wird seine Frau in der Erzählung nicht erwähnt (diff. Mk 5,40; Lk 8,51). Bei Mt heißt es:

> Herodes hatte Johannes festnehmen und in Ketten ins Gefängnis werfen lassen. Schuld daran war Herodias, die Frau seines Bruders Philippus. Denn Johannes hatte zu Herodes gesagt: „Du hattest nicht das Recht, sie zur Frau zu nehmen" (14,3f.; Lev 18,16 verbietet einer Frau, mit zwei Brüdern verheiratet zu sein).

Das Anliegen einer angemessenen Ehe, das von Jesus in 5,31f. geäußert und in 19,4–6 wiederholt wird, wird hier mit Johannes dem Täufer verbunden. Diese Szene erinnert an die Genealogie, denn wie Tamar, Rahab, Rut, Batseba – und auch Maria –, ist Herodias in sexuelle Irregularitäten mit einem Mitglied der Herrscherlinie verwickelt. Doch anders als ihre Pendants wird sie nicht als gerecht bejubelt, ist sie nicht mit dem Haus David verbunden, gebiert sie nicht einen Sohn, um die Linie fortzusetzen, und bringt sie nicht in Wort oder Tat Treue zu Israel zum Ausdruck. Auf der anderen Seite heißt es bei Josephus, dass Antipas sich in sie „verliebte" (ἔραμαι, A.J. 18,5,110), ein Begriff, der nicht auf diese anderen Frauen angewandt wird. AußenseiterInnen finden in der Genealogie Eingang in Israel, wogegen sich Herodias durch ihre Taten aus Israel ausschließt und eine Vorläuferin jener Gruppe ist, die Mt „Juden" nennen wird.

Bei Mt ist die Rolle der „Ehefrau" den Ansprüchen der neuen Verwandtschaftsgruppe untergeordnet. Während Mk beim Kreuz „Maria aus Magdala, Maria, die Mutter von Jakobus dem Jüngeren und von Joses, und Salome" verortet (Mk 15,40; Lk 23,49 berichtet von einer Gruppe namenloser Frauen), ersetzt die mt Erzählung Salome durch „die Mutter der Söhne des Zebedäus" (27,56; vgl. 20,20f.). Sie wird als Mutter zweier anderer in der Verwandtschaftsgruppe identifiziert und nicht als die Frau des Zebedäus; Zebedäus selbst bleibt in Galiläa. Die Ehemänner der kanaanäischen Frau, der Frau mit den Blutungen, der salbenden Frau, Marias von Magdala und der „anderen Maria" (28,1) – soweit es Ehemänner gab – bleiben unerwähnt.

Alle anderen biologischen Beziehungen sind bestenfalls problematisch. Die Eltern in Bethlehem müssen die Tötung ihrer Kinder mit ansehen (2,16); Rahel weint um ihre Kinder (2,18); Pharisäer und Sadduzäer können sich nicht auf die Verdienste der Väter für die Kontinuität der an jene ergangenen Verheißungen berufen (3,9); die Söhne des Zebedäus „verließen das Boot und ihren Vater" (4,22); Unkeuschheit in der Ehe wird zugegeben (5,32; 19,9); die Schwiegermutter des Petrus erscheint ohne ihre Tochter und somit fehlt die Frau des Petrus (8,14f.); die Tochter des Vorstehers ist gestorben

(9,18f.23–25); Kinder sind von Dämonen besessen (15,21–28; 17,14–18); eine Mutter fördert die Interessen ihrer Söhne (20,20f.) und schafft damit Zwietracht in der Gemeinde (20,24)[38]; Hochzeiten führen zu Tod und Trennung (22,1–14; 25,1–13); die Ehe wird bei der Auferstehung eliminiert (22,30); Frauen, „die in jenen Tagen schwanger sind oder ein Kind stillen", werden leiden (24,19); Pilatus verursacht seiner Frau seelische Not (27,19). Jesus sagt:

> Wie Menschen aßen und tranken, heirateten und verheirateten in den Tagen vor der Flut bis zu dem Tag, an dem Noach in die Arche ging, und nicht erkannten, bis die Flut kam und alle wegraffte, so wird auch die Ankunft des Menschensohnes sein. (Mt 24,38f.)

Familie, Ehe und traditionelle Verwandtschaft sollen hinweggefegt werden. Kein Wunder, dass der ideale Zustand der der Eunuchen um des Himmelreichs willen ist (vgl. 19,12); kein Wunder, dass Mt die Zeit antizipiert, wenn Menschen „wie die Engel im Himmel" werden, die weder heiraten noch verheiratet werden (22,30).

Frei gewählter Beitritt und Akzeptanz sind der Zement der Mitgliedschaft in der Kirche. Sobald diese Mitgliedschaft erlangt ist, kann sie nicht aufgehoben werden. Während Ehen enden und biologische Beziehungen abgelehnt werden können, ist die Mitgliedschaft in der *Ecclesia* ewig. Der gute Hirte verlässt die neunundneunzig, um die verirrten zu suchen (18,12–14); dem Gleichnis folgen Anweisungen zur Versöhnung innerhalb der Kirche. Ein aufmüpfiges Mitglied der Kirche ist wie „ein Heide und ein Zöllner" (ὁ ἐθνικὸς καὶ ὁ τελώνης, 18,17) zu behandeln – dabei sind dies nach Mt genau diejenigen, die evangelisiert werden sollen.

4. Aufbruch zu einem neuen Ort

4.1 Mobile Frauen

Neben familiären Brüchen wird weniger Gewicht auf geographische Zugehörigkeit gelegt. Die Frauen in der Genealogie, Tamar, Rahab, Rut, verlassen ihre Herkunftshäuser. Tamar verlässt das Haus ihres Vaters, um Juda auf der Straße zu treffen; Rahab verlässt ihr Haus in Jericho; Rut folgt Noomi aus dem „Haus ihrer Mutter" in Moab nach Betlehem. Das gleiche Mobilitätsmuster kennzeichnet andere Frauen, die das erste Evangelium aus der Schrift in Erinnerung ruft: Rahel ist in Rama begraben (2,18), fern von ihrem Zuhause in Padam-Aram und ihrem zukünftigen Haus in Kanaan. Die Königin des Südens „kam vom Ende der Erde, um die Weisheit Salomos zu hören" (12,42). Mobilität ist wünschenswert, Stehenbleiben hingegen nicht.

Die Frauen, die Jesus folgen, sind alle, wie ihre genealogischen Schwestern, unabhängig und mobil. Die Schwiegermutter des Petrus bewegt sich im wahrsten Sinne des Wortes von Stillstand zu Mobilität, als sie Jesus begegnet:

---

[38] SHEFFIELD, „Father in the Gospel of Matthew", 60–63, zeigt auf, wie Mt Jakobus und Johannes als „die Söhne des Zebedäus" bezeichnet, wenn es um Handlungen geht, die im Gegensatz zu der neuen Familie stehen, die Jesus konstruiert.

> Jesus ging in das Haus des Petrus und sah, dass dessen Schwiegermutter das Bett hütete (βεβλημένην) und fiebrig war. Da berührte er ihre Hand, und das Fieber wich von ihr. Und sie stand auf und sorgte für ihn. (Mt 8,14f.)

Sie bewegt sich vom liegenden Zustand zum Stehen, vom Umsorgtwerden zum Umsorgen.[39] Sie ist unabhängig von Ehemann, Vater oder Sohn; als Petrus seine Heimat verlässt, kann sie diejenige werden, die die Familie zusammenhält, wenn dies nicht schon längst der Fall war.

Die Schwiegermutter, die aufstehen kann (ἠγέρθη), nachdem Jesus ihre Hand berührt hat, antizipiert die Erweckung (ἠγέρθη) der Tochter des Vorstehers in 9,25. Die spezifische Form des griechischen Verbs erscheint an anderer Stelle nur in Bezug auf die Auferstehung, entweder des Täufers (14,2) oder Jesu (27,64; 28,6f.), und konnotiert damit eine Bewegung vom Tod zum Leben. Das mt Anliegen der Mobilität geht bei der gestorbenen Tochter von ihrem Vater aus, der zu Jesus kommt (ἔρχομαι, 9,18) und mit Jesus zu dem Kind zurückkehrt (9,23).

Die Frau mit den Blutungen (9,20–22) nähert sich (προσελθοῦσα) Jesus ebenfalls in der Öffentlichkeit. Somit hat auch sie Bewegungsfreiheit. Dass Jesus sie als „Tochter" (θύγατερ, 9,22) anredet, heißt sie in der neuen Verwandtschaftsgruppe willkommen – und zwar so, dass auf eine nicht-mütterliche Rolle verwiesen wird. Obwohl nun ihre gynäkologische Gesundheit wieder hergestellt ist, ist es die Rolle der Frau, Tochter anstatt Mutter zu sein. Und schließlich antizipiert ihre Heilung die der Tochter des Vorstehers (9,18, θυγάτηρ) und der Tochter der kanaanäischen Frau.

Als sich Jesus nach dem Tod von Johannes dem Täufer zurückzieht, folgen ihm die Massen „zu Fuß aus den Städten" (14,13, ἠκολούθησαν αὐτῷ πεζῇ ἀπὸ τῶν πόλεων). Darunter sind Frauen und Kinder, zusammen mit 5000 Männern. Auch gemäß 15,30, der Einleitung zur Erzählung der Speisung der 4000, sind die Leute mobil: sie „kommen zu" Jesus (προσῆλθον).

Als Jesus sich dem Gebiet von Tyrus und Sidon nähert, „kommt" die kanaanäische Frau „heraus" (ἐξελθοῦσα, 15,22), vielleicht mit ihrer Tochter, um ihn um Heilung zu ersuchen. Obwohl er ihre Bitte ignoriert, „kommt" sie wieder (ἐλθοῦσα, 15,25) und kniet vor Jesus. Sollte die Tochter bei ihr, anstatt wie in Mk zu Hause, gewesen sein – Mt schweigt zum Aufenthaltsort des Mädchens –, dann bietet der Text ein weiteres Beispiel für eine weibliche Figur, deren Mobilität zu einem heilbringenden Ereignis führt. Die kanaanäische Frau folgt Jesus jedoch nicht. Sie steht damit im Kontrast zu den beiden jüdischen Blinden (20,29–34), die Jesus auch als „Sohn Davids" begrüßen, ihn „Herr" nennen, ihn um Erbarmen bitten und von den Leuten anfangs Widerstand erfahren. Die Zeit für die Heidenmission ist noch nicht gekommen.

Die „Mutter der Söhne des Zebedäus", die in 20,20 auftaucht, hat ihre Kinder von Galiläa nach Judäa begleitet. Sie „kommt" (προσῆλθεν) zu Jesus, und wie die kanaanäische Frau kniet sie (προσκυνέω, 20,20; vgl. 15,25) vor ihm. Doch im Gegensatz zu den anderen Nachfolgerinnen Jesu stellt sie die falsche Frage. Statt um eine Heilung zu bitten, ersucht sie um eine statische Position für ihre Söhne, dass sie rechts und links

---

[39] Die Heilung der Schwiegermutter und ihr Dienen für Jesus erfolgen am Sabbat, jedoch wird gegen keine Halacha verstoßen.

neben Jesus „sitzen" (καθίσωσιν, 20,21). Jesu Antwort erfolgt im Plural: Das angesprochene „ihr" (20,22) könnte die Mutter einschließen, aber die direkte Anrede richtet sich an die Söhne. Stärkere Parallelen könnten zwischen der kanaanäischen und der galiläischen Mutter gezogen werden: nicht nur das Flehen für ihre Kinder und das Knien, sondern auch die Einbeziehung der Jünger, die Abfuhr und das Interesse an der Christologie. Aber während die kanaanäische Tochter Heilung erfährt, bekommen die galiläischen Söhne etwas, das gleichbedeutend mit einem Todesurteil ist.

Erlösung erhält diese galiläische Mutter beim Kreuz:

> Auch viele Frauen waren dort und sahen von weitem zu; sie waren Jesus seit der Zeit in Galiläa nachgefolgt und hatten ihm gedient. Zu ihnen gehörten Maria aus Magdala, Maria, die Mutter des Jakobus und des Josef, und die Mutter der Söhne des Zebedäus. (Mt 27,55f.)

Vielleicht lässt ihre Abwesenheit am Grab auf ihre Rückkehr mit ihren Söhnen nach Galiläa schließen; ihre Mobilität legt nahe, dass sie weiterhin zu den Mitgliedern der neuen Familie Jesu gehört.

Schließlich „kommt" (προσῆλθεν) die salbende Frau in 26,6–13 zu Jesus. Sie scheint der Inbegriff der mt Frauen zu sein: unabhängig (sie wird nicht durch einen Ehemann oder Vater begleitet), mit Zugang zu ihren eigenen finanziellen Mitteln und gleichgültig gegenüber potenziellem Skandal oder Kritik.

4.2 Statische Frauen

Mt folgt Jesus, der seine Herkunftsfamilie ablehnt und von ihr abgelehnt wird, mittels einer Geschichte, die eine böse Familie schildert. Keinerlei Verben der Bewegung sind Herodias zugeordnet, sondern sie schafft Stillstand: Herodes fesselt Johannes und wirft ihn wegen Herodias ins Gefängnis (14,3). Herodes geht nirgendwo hin. Die Tochter tanzt (ὠρχήσατο, 14,6), ein Verb körperlicher Bewegung, aber sie bewegt sich nicht über den ihr zugewiesenen Ort hinaus. Die einzige Bewegung in der Geschichte ist die der Schüler des Täufers, die kommen (προσελθόντες), den Leichnam mitnehmen und ihn begraben. Dann gehen sie (ἐλθόντες) und erzählen es Jesus (14,12). Verstärkt wird der Unterschied zwischen der Unbeweglichkeit des Hofs und der Bewegung der Jünger des Johannes durch die Reaktion Jesu und die der Massen:

> Als Jesus das hörte, entfernte er sich von dort mit einem Boot in eine einsame Gegend, um allein zu sein. Aber die Leute in den Städten hörten davon und folgten ihm zu Fuß. (14,13)

Maria reist – oder genauer gesagt, Josef nimmt sie mit (παρέλαβεν, 2,14.20.21) – von Betlehem nach Ägypten sowie nach Nazaret und passt so in das Mobilitätsmuster. Doch in 12,46 „stehen" (εἱστήκεισαν) Jesu „Mutter und seine Geschwister" draußen vor dem Haus, wo er lehrt. Sie gehen nicht mit Jesus, stattdessen geht (ἐξελθών) er „aus dem Haus hinaus" (13,1). Maria wird entweder von jemand anderem bewegt oder sie bleibt statisch. Sie fungiert hier als biologische Mutter und somit ergänzen sich ihre Statik und ihre traditionelle Rolle, jedoch nicht auf komplementäre Weise.

Der letzte Verweis auf sie erfolgt in 13,54–57, wo die Menschen in der Synagoge von Nazaret Jesus für den „Sohn des Zimmermanns" (13,55) halten und sich zu seinen Brüdern und Schwestern äußern. Jesus hatte im vorigen Kapitel diejenigen als „Bruder und Schwester und Mutter" identifiziert, die den „Willen meines Vaters im Himmel" erfüllen (12,50). Ob die Brüder „Jakobus, Josef, Simon und Judas" oder die namentlich nicht genannten „Schwestern" (13,56) sich der Bewegung anschließen, kann nicht ermittelt werden. Dass sie nicht explizit in der Synagoge anwesend sind, könnte eine Trennung von der jüdischen Gemeinde nahe legen und damit eine Verbindung mit der Kirche, aber Jesu Bemerkung, „ein Prophet hat nirgends so wenig Ansehen wie in seiner Heimat und in seinem eigenen Haus" (13,57), gekoppelt mit dem Kommentar über den „Unglauben" (13,58), suggeriert, dass die Geburtsfamilie seine Mission ablehnte. Für Mt ist Petrus das Haupt der Kirche und nicht Paulus oder Jakobus.

5. Schlussbetrachtungen

Die Erzählung des Mt würdigt ehelose Frauen, mobile Frauen und Frauen, die sich freiwillig der Jesus-Gruppe anschließen und damit eine neue Familie schaffen. Frauen in Israel und Frauen aus den nichtjüdischen Völkern treten der Kirche bei: Ihre ethnische Herkunft, religiösen Hintergründe und Verwandtschaftsverhältnisse sind alle ihrer neuen Identität als „Mütter" und „Schwestern" Christi untergeordnet. In diesem neuen Umfeld haben sie die gleichen sozialen Rollen wie vor der Taufe: Reisefreiheit, Zugang zu finanziellen Mitteln, die Möglichkeit, als Patroninnen zu dienen, die Anwesenheit in den religiösen Institutionen und eine Stimme in der Gemeinde. Ihre neue Situation ist nicht egalitär – wie es ihre bisherige ebenfalls nicht gewesen ist.

Der einzige Punkt, in dem ihr Leben sich möglicherweise unterschied, ist ihr sexuelles Ethos. Vielleicht half ihnen die Betonung der Ehelosigkeit, ihre Gesundheit zu erhalten; sie würden nicht durch Schwangerschafts- und Geburtsprobleme sterben. Vielleicht trug der Mangel an Konzentration auf die Ehe dazu bei, ihre finanzielle Unabhängigkeit zu behalten. Vielleicht zog dies insbesondere unfruchtbare oder unverheiratete Frauen an (einschließlich Witwen und Geschiedene). Oder vielleicht nahmen sie die Abwertung von Ehe und Familie und das Lösen aus ihren familiären Bindungen als Opfer wahr, aber lohnend um des Himmelreichs willen. Wir werden es niemals erfahren.

Jüngerinnen bei Markus?
Problematisierung eines Begriffs

Mercedes Navarro Puerto
Universidad de Sevilla – EFETA

0. Einleitung: Was wir wissen und was wir nicht wissen

Die JüngerInnenschaft von Frauen ist in den letzten Jahrzehnten eingehend erforscht worden.[1] Dass Frauen tatsächlich Jüngerinnen waren, scheint durch die Evangelienerzählungen belegt. Bei Mk wird dies insbesondere in der Kreuzigungsszene in 15,41 deutlich, wo der Erzähler die Frauen als Subjekt des Verbs ἀκολουθέω, „nachfolgen", positioniert, das (vorausgesetzt, die Nachfolge bezieht sich auf Jesus) als Fachterminus für das gilt, was gemeinhin als Nachfolge oder JüngerInnenschaft Jesu bezeichnet wird. Als zweiter terminus technicus dafür gilt das hier verwendete Verb διακονέω, „dienen". Einen weiteren Hinweis liefert die Information, wonach diese Frauen Jesus seit Galiläa und auf dem Weg nach Jerusalem begleitet haben.[2] Teils mit und teils ohne Namensnennung werden sie zu denen gezählt, die Jesus „nachfolgen". Doch hier enden die geschichtlichen Belege und in gewisser Weise auch die Erzählungen. Das, was wir

---

[1] Vgl. u. a. die Untersuchungen von Jane KOPAS und Mary Ann BEAVIS, „Women as Models of Faith in Mark", *BTB* 18 (1988): 3–9; Adela Yarbro COLLINS, *Is Mark's Gospel a Life of Jesus? The Question of Genre* (Père Marquette Lecture in Theology; Milwaukee: Marquette University Press, 1990); Monika FANDER, *Die Stellung der Frau im Markusevangelium: Unter besonderer Berücksichtigung kultur- und religionsgeschichtlicher Hintergründe* (MThA 8; Altenberge: Telos, ³1992); Winsome MUNRO, „Women Disciples: Light from Secret Mark", *JFSR* 8 (1992): 47–64; Elizabeth Struthers MALBON, „Text and Contexts: Interpreting the Disciples in Mark", *Semeia* 62 (1993): 81–102; David HELLHOLM, Halvor MOXNES und Turid Karlsen SEIM (Hg.), *Mighty Minorities? Minorities in Early Christianity – Positions and Strategies: Essays in Honour of Jacob Jervell on his 70th Birthday, 21 May 1995* (ST 49,1; Oslo: Scandinavian University Press, 1995). Einen Forschungsüberblick bis 1997 bietet Marinella PERRONI, „L'interpretazione biblica femminista tra ricerca sinottica ed ermeneutica politica", *RivB* 45 (1997): 439–468. Neuere Beiträge: Mary Ann BEAVIS, „,She had heard about Jesus': Women Listening to the Gospel of Mark", *TBT* 44 (2006): 25–29; Amy-Jill LEVINE und Marianne BLICKENSTAFF, Hg., *A Feminist Companion to Mark* (Feminist Companion to the New Testament and Early Christian Writings 2; Sheffield: Sheffield Academic Press, 2001); Willard M. SWARTLEY, „The Role of Women in Mark's Gospel: A Narrative Analysis", *BTB* 27 (1997): 16–22; Suzanne Watts HENDERSON, *Christology and Discipleship in the Gospel of Mark* (SNTSMS 135; Cambridge: Cambridge University Press, 2006).

[2] In diesem Text verdichten sich verschiedene Bezüge auf Nachfolge und Jüngerschaft: die dritte Ankündigung des Leidens (10,33), das Begriffspaar „nachfolgen" – „dienen" und die Anweisungen im Hinblick auf die Bedingungen der Nachfolge (8,34–38) und des Dienens (9,33–37). Vgl. hierzu Marinella PERRONI, „Discepole di Gesù", in *Donne e Bibbia: Storia ed esegesi* (hg. v. Adriana Valerio; La Bibbia nella Storia 21; Bologna: Edizioni Dehoniane, 2006), 197–240: 204.

nicht wissen, ist mehr als das, was wir wissen. Das Problem besteht meiner Ansicht nach darin, dass der Begriff der Jüngerschaft, wie die Evangelien ihn verwenden, von den AutorInnen nur selten hinterfragt wird.

0.1 Keine Berufung von Frauen

Bei Mk werden einige Figuren, die der Erzähler als Jünger bezeichnet und mit denen er den Fachbegriff der Nachfolge verbindet, von Jesus berufen. Diese Berufung gilt als Beleg für die Historizität ihrer Jüngerschaft. Der Erzähler stellt die Berufung nach einem geprägten biblisch-literarischen Schema dar, das, mit gewissen Abweichungen, stereotyp auf Männer angewandt wird. Diese werden in die Gruppe der Jünger integriert und letztlich mit ihr identifiziert. Obwohl es ohne jeden Zweifel auch Frauen in der Nachfolge gegeben hat, kommen sie im literarischen Berufungsschema nicht vor, sodass sich die Frage erhebt, warum das so ist. Diese Frage legt sich wie ein Schatten über den vorgefassten Begriff der Jüngerschaft.

0.2 Der Begriff „Jünger": Maskulinum Plural

Die Untersuchungen zeigen, dass das griechische Wort für „Jünger" bei Mk ausschließlich im Maskulinum Plural verwendet wird (οἱ μαθηταί). Von den 42 Vorkommen sind 37 auf die Jünger Jesu und die übrigen auf die des Täufers und der Pharisäer bezogen.[3] Der Singular erscheint weder in der maskulinen noch in der femininen Form. Wenn der Begriff (in Bezug auf die Nachfolgegemeinschaft Jesu) in Abgrenzung gegen die Gruppe der Zwölf gebraucht wird, kann der Plural entweder inklusiv für beide Geschlechter verwendet werden oder sich ausschließlich auf Männer beziehen.. Wird hingegen die Gruppe der Zwölf mit den Jüngern gleichgesetzt, sind die Frauen ausgeschlossen. Der Ausdruck „seine Jünger" ist, chronologisch gesehen, älter als „die Zwölf". Zu Letzteren gehören die Erstberufenen und einige, die später dazugekommen sind. Entsprechend dieser erzählerischen Dynamik schließt der Begriff der Zwölf die (oder viele der) Jünger mit ein – doch trifft dies auch in umgekehrter Richtung zu? Wenn wir diese Frage mit Ja beantworten, sind die beiden Gruppen gleich. Lassen wir die Frage jedoch unbeantwortet, haben wir es womöglich mit unterschiedlichen Gruppen zu tun, die auch unterschiedliche narrative (und theologische) Rollen spielen.

Obwohl viele Hinweise dafür sprechen, dass die „Jünger" Jesu mit den Zwölf identisch sind, bleiben einige Fragen, die uns als seriöse WissenschafterInnen verpflichten, auch andere Möglichkeiten in Betracht zu ziehen.[4] Erstens: Warum spricht Mk im

---

[3] Vgl. Juan MATEOS, Los „Doce" y otros seguidores de Jesús en el evangelio de Marcos (Lecturas del Nuevo Testamento; Madrid: Ediciones Cristiandad, 1982), 21–23.

[4] Ich danke Xabier Pikaza für seine kritischen Überlegungen und seinen Beitrag zur Diskussion über einige Argumente aus dem historisch-kritischen Umfeld, die ich im Folgenden darlege.

Abendmahlstext – der doch so eindeutig auf Israel verweist – von den „Jüngern" und nicht von den „Zwölf"? Zweitens: Warum wird Petrus in dem Auftrag, den der Engel den Frauen am leeren Grab erteilt (16,7), eigens erwähnt und von der Gruppe der „Jünger" separiert? Im zweiten Fall sind die Zwölf nicht mehr existent, doch im ersten Fall muss es einen anderen Grund geben.

In jedem Fall sind, wie Victoria Phillips[5] zeigt, die Möglichkeiten, von „Jüngerinnen" zu sprechen, dadurch beschnitten worden, dass man sich ausschließlich auf die spärlichen Stellen beschränkt hat, an denen sie explizit erwähnt werden. Die lückenhafte Darstellung begünstigte eine patriarchale und androzentrische Lesart. Das Fehlen ausdrücklicher Informationen wurde zum Vorwand genommen, um die Leerstellen mit Geschlechterstereotypen zu füllen.[6] Ein gutes Beispiel hierfür ist die Interpretation des Verbs διακονέω, „dienen".[7]

0.3 Erzählung und Geschichte

Bis heute haben weder die historischen Forschungen über die Zeit zwischen dem zweiten vor- und dem zweiten nachchristlichen Jahrhundert noch die Rekonstruktion der historischen Leseszenarien oder die Untersuchungen der Ursprünge des Christentums eine zureichende Antwort auf die Fragen zur Jüngerschaft im Hinblick auf Frauen geben können. Ich werde, wenn ich mich nun dem Markusevangelium nähere, vom Zusammenhang zwischen alten Erzählungen und Geschichtsschreibung ausgehen. Wie der Titel bereits andeutet, wird der Begriff der „Jüngerinnen" hinterfragt, um die narrativen (und, wenn möglich, auch die geschichtlichen) Voraussetzungen seiner Konstruktion zu problematisieren.[8]

---

[5] Victoria PHILLIPS, „Full Disclosure: Towards a Complete Characterization of the Women Who Followed Jesus in the Gospel According to Mark", in *Transformative Encounters: Jesus and Women Re-viewed* (hg. v. Ingrid Rosa Kitzberger; BibIntS 43; Leiden: Brill, 2000), 13–31.

[6] Ich stimme mit der Autorin darin überein, dass sich eine solche Lektüre im heutigen Kontext nahe legt. Ich glaube jedoch nicht, dass es sich hierbei um eine patriarchale Strategie im eigentlichen Sinne handelt, Charakteristisch für die biblische Erzählung sind, wie schon Meir STERNBERG, *The Poetics of Biblical Narrative: Ideological Literature and the Drama of Reading* (Indiana Literary Biblical Series; Bloomington: Indiana University Press, 1985), gezeigt hat, ihre Leerstellen, und diese narrative Strategie dient jeweils unterschiedlichen Zwecken.

[7] Darauf hat Joel F. WILLIAMS, *Other Followers of Jesus: Minor Characters as Major Figures in Mark's Gospel* (JSNTSup 102; Sheffield: Sheffield Academic Press, 1994), 30, hingewiesen.

[8] Die meisten feministischen Autorinnen untersuchen die weiblichen Figuren bei Mk isoliert. Sie setzten einen JüngerInnenbegriff voraus, dem sie diese oft anzupassen versuchen. Ausgehend von der Erforschung der Einzelgestalten sowie ihrer Zusammenschau entwerfen diese Publikationen ein alternatives Konzept von Jüngerschaft. Meines Erachtens besteht das Problem im Ausgangspunkt, genauer gesagt darin, dass von vornherein ein bestimmter

Grundlage meiner Arbeit ist die mk Erzählung in ihrer kanonischen Fassung. Ich werde sowohl die möglichen und wahrscheinlichen Beziehungen dieser alten Erzählung zur Historie als auch den damaligen Geschichtsbegriff im Blick behalten. Schließlich ist sie in biblischer Tradition verwurzelt und ausdrücklich für eine Neuinterpretation geschaffen. Auch wenn man nicht kategorisch sagen kann, dass die „Zwölf" und die „Jünger" Jesu absolut identisch sind, werde ich doch von der Hypothese einer sehr großen Nähe zwischen den beiden Begriffen und Gruppen ausgehen. In Anbetracht dessen, dass sich die Gruppe der Zwölf, die so kläglich gescheitert ist, aufgelöst hat, hat sich der mk Erzähler gewissermaßen ein Hintertürchen offen gehalten.

0.4 Erste Schritte

Da das Verb ἀκολουθέω, „nachfolgen", nicht ausschließlich auf jene angewendet wird, die die Jüngergruppe bilden; da ferner nicht nur die Jüngerschaft, sondern überdies eine Gruppe von Menschen existiert, die Jesus mit und ohne formelle Berufung nachfolgen (περὶ αὐτὸν ὄχλος); und da ich von der Hypothese ausgehe, dass der Pluralbegriff οἱ μαθηταὶ αὐτοῦ der Gruppe der Zwölf außerordentlich nahe kommt, reicht die terminologische Ebene nicht aus, um Antworten auf komplexe Fragen zu erhalten. Und auch das Raster einer festen Berufungsformel ist unzulänglich, zumal das betreffende Vokabular bei Mk selten ist und sich im Zuge der Erzählung entwickelt.

Das vorherrschende Verständnis von Jüngerschaft, wonach eine kleine Gruppe namentlich berufener Männer direkt von Jesus zur Nachfolge aufgefordert wird, ist für Mk gänzlich ungeeignet. Neben der Phrase οἱ μαθηταὶ αὐτοῦ, „seine Jünger". finden wir „die Zwölf", ausschließlich Männer, und die vermutlich geschlechterinklusive Formulierung οἱ περὶ αὐτὸν, „die um ihn". Das Verb ἀκολουθέω bezeichnet eine Handlung, die mit dem Reich-Gottes-Projekt konnotiert wird und einer narrativen Entwicklung unterliegt. Die Belegstellen sind rar. Wenn wir das Verb als Ausgangspunkt nehmen, stellen wir fest, dass Mk zwischen Jesu erstem und seinem letzten Auftreten einen narrativen Weg zurücklegt.[9] Zum ersten Mal kommt ἀκολουθέω bei der Berufung der vier Männer in 1,16–20 vor. Und bei seinem letzten Vorkommen in 15,41 ist es auf vier Frauen bezogen und mit dem Verb διακονέω, „dienen", kombiniert. Diese Inklusion setzt einen Weg voraus: von den Männern zu den Frauen; von innen (Israel und den „Kindern") nach außen; vom Zentrum (den jüdischen Institutionen) zur Peripherie (den heterogenen Gruppen). All das erzeugt einen inklusiven Effekt, der nur vom Ende her wahrgenommen und verstanden werden kann. Für die LeserInnen beginnt mit der Berufung der ersten Jünger etwas Wichtiges und Neues. Die am Ende erwähnten Frauen in der Nachfolge Jesu bringen sie auf die Spur einer weiteren mög-

---

Begriff der besagten Jüngerschaft akzeptiert wird, der dann alle weiteren Analysen und Deutungen prägt.

[9] Innerhalb dessen, was gemeinhin als öffentliches Wirken Jesu bezeichnet wird: von der ersten Verkündigung des Reiches Gottes bis zu seinem Tod. Der Erzählfaden entspinnt sich zwischen diesen beiden Punkten.

lichen Neuerung. Einige ExegetInnen haben die Frage aufgeworfen, weshalb der Erzähler bei der ersten Berufung Frauen und bei der letzten Berufung Männer ausgeschlossen hat. Diese Frage ist bislang unbeantwortet.

Wenn man den Begriff der Jüngerinnen problematisiert, betrifft dies die Jüngerschaft ganz allgemein. Deshalb gehe ich von der Hypothese aus, dass die *Jüngerschaft* bei Mk (auf der narrativen Ebene) möglicherweise eine paradigmatische Bedeutung hat und den „Zwölf" sehr nahe kommt, dass sie zunächst kein offenes Konzept ist, sondern dies erst wird. Wie wir noch sehen werden, geschieht dies durch ihre Einbindung in eine andere Gruppe und in ein weiter gefasstes Modell. Hingegen ist der Begriff der *Nachfolge* mit seinen Entwicklungen, Veränderungen und Brüchen durchaus von Anfang an offen. Zwischen der ersten und der letzten Erwähnung des Verbs ἀκολουθέω[10] findet ein narrativer Kurswechsel statt, über dessen Bedeutung wir uns klar werden müssen.

1. Jüngerinnen bei Markus?

1.1 Die Nachfolge im Evangelium

Es ist unerlässlich, uns kurz den Rahmen vor Augen zu führen, innerhalb dessen wir JüngerInnenschaft von Frauen in diesem Evangelium problematisieren.

1.1.1 Die „Jünger", die „Zwölf" und andere Gruppen im ersten Teil von Markus
Auf der narrativen Ebene sind Frauen bei Mk aus der Absicht Jesu, nach dem Beginn der Verkündigung seines Reich-Gottes-Projekts eine Gruppe von Gefährten um sich zu scharen, ausgeschlossen. Die erste Berufung der Vier bedeutet im Hinblick auf die biblische Tradition, in der der Ruf Gottes fast immer an Männer gerichtet ist, Kontinuität und Bruch zugleich.[11] Schon sehr bald lässt der Erzähler uns wissen, dass Jesus weitere Personen beruft, wobei andere Formeln verwendet werden – wie etwa im Fall der Zwölf (3,13–19).[12] Nach und nach stoßen Personen, die nicht formell berufen worden sind, zu der Gruppe hinzu und schließen sich ihr an. Für diese Gruppe gibt es unter-

---

[10] Da zu diesem Thema bereits Untersuchungen vorliegen, gehe ich an dieser Stelle nicht auf die Deutungen hinsichtlich des Verlaufs und der Entwicklung des Konzepts von Jüngerschaft ein.

[11] Die Differenz besteht in der Charakterisierung der Figuren und im Begriff der Jüngerschaft selbst, die in der kanonischen Bibelüberlieferung so nicht bekannt, doch zur Zeit Jesu in verschiedenen Formen präsent war: im jüdischen Bereich als Jüngerschaft von Rabbinen oder Lehrern, in bestimmten Formen der eschatologischen Prophetie und in der Praxis des Täufers. Im heidnischen Bereich kennt man Ähnliches etwa von den kynischen Philosophen. Vgl. PERRONI, *Discepule*, 201; Mauro PESCE, „Discepulato gesuano e discepulato rabbinico: Problemi e prospettive della comparazione", *ANRW* II/25.1:351–389, und Gerd THEISSEN, *Studien zur Soziologie des Urchristentums* (WUNT 19; Tübingen: Mohr, 1979).

[12] Natürlich gibt es, wie bereits von verschiedenen AutorInnen angemerkt, Überschneidungen wie etwa die Verwendung des Verbs ποιέω; vgl. hierzu MATEOS, *Los „Doce"*, 37.

schiedliche Bezeichnungen: „die um ihn", die Verwandten Jesu, diejenigen, die ihm „nachfolgen", oder es handelt sich um konkrete Figuren wie den blinden Bartimäus.[13]

Im ersten Teil des Evangeliums (Mk 1,1–8,30) beginnt die Gruppe um Jesus mit der Berufung von vier Männern, die er auffordert, alles zu verlassen und ihm zu folgen, und denen er verspricht, dass er sie zu Menschenfischern machen wird. An dieser Szene (Ruf-Antwort-Schema) fällt auf, dass der Ruf Jesu (zu dem auch die Sendung gehört) das Versprechen einer inneren Verwandlung beinhaltet. Die Nachfolge wird aus herkömmlichen Fischern *Menschen*fischer machen. Des Weiteren fällt auf, dass der Erzähler weder über den Inhalt oder die Form der Jesusnachfolge noch über die Bedeutung des Begriffs „Menschenfischer" oder über den Inhalt seines Reich-Gottes-Programms informiert (siehe 1,15: „Kehrt um und glaubt an das Evangelium"). Die Episode mit der Schwiegermutter des Petrus, in der zum ersten Mal bei Mk das Verb διακονέω, „dienen", vorkommt – am Ende des Evangeliums die typische Bezeichnung für die Nachfolge und Nachahmung Jesu –, entspricht nicht dem biblischen Berufungsschema. Erst a posteriori ist zu erkennen, dass hier möglicherweise etwas Neues vorweggenommen wird.

In der Szene mit Levi (Ruf-Antwort-Schema) lassen sich die Worte Jesu von seiner Sendung zu den SünderInnen (2,17) als verheißenes Angebot einer inneren Verwandlung verstehen. In 3,13–19 wird die Ruf-Antwort-Szene durch die Stimme des Erzählers ersetzt, der uns mitteilt, dass Jesus die ruft, die er erwählt hat,[14] und „zwölf" einsetzt. Bis 3,31–35 wird nirgends explizit von einer größeren Gruppe von Berufenen/ Nachfolgenden gesprochen, der dann vermutlich auch Frauen angehört haben. Während man in den anderen Evangelien mit Elisabeth Schüssler Fiorenza und Luise Schottroff eine inklusive Sprache annehmen kann, ist dies bei Mk nicht möglich. Juan Mateos hat den Unterschied zwischen der auf Israel verweisenden (hier narrativ geschlossenen) Gruppe der „Zwölf Jünger" und der (narrativ offenen) heterogenen Gruppe derer, die ihm „nachfolgen", erschöpfend behandelt. Seine Schlussfolgerung stützt sich auf die Terminologie bei Mk. Der Autor setzt die „Zwölf" mit den „Jüngern" gleich,[15] eine Auffassung, die ich, wie schon gesagt, nicht unbedingt teile, und kommt zu dem Ergebnis, dass der Erzähler mit jeder der im Evangelium vorkommenden Bezeichnungen (siehe oben) eine andere Gruppe meint. Mateos zeigt außerdem, dass auf der narrativen Ebene keine dieser Gruppen den anderen überlegen ist. Seiner Ansicht nach ist die Mehrheit der bei der Berufung der Zwölf explizit erwähnten Bedingungen

---

[13] Vgl. MATEOS, Los „Doce", 247–252.

[14] Mateos kommt in seiner Untersuchung zu dem Ergebnis, dass der Ausdruck auf den Status des Auserwähltseins verweist, der die Beziehung zwischen Gott und seinem Volk charakterisiert.

[15] Dieselbe Gleichsetzung findet sich bei David M. RHOADS, Joanna DEWEY und Donald MICHIE, *Marcos como relato: Introducción a la narrativa de un evangelio* (BEB 104; Salamanca: Sígueme, 2002), 169–170 [Original: *Mark as Story: An Introduction to the Narrative of a Gospel* (Minneapolis: Fortress Press, ²1999)]; Robert M. FOWLER, *Let the Reader Understand: Reader-Response Criticism and the Gospel of Mark* (Minneapolis: Fortress Press, 1991), 70–73.173f.

– die Nähe zu Jesus und der Verkündigungsauftrag (allerdings nicht so sehr die Vollmacht, Dämonen auszutreiben) – im Verb ἀκολουθέω impliziert. Wenn dem so ist, was hat es dann zu bedeuten, dass eben dieses Verb am Ende des Evangeliums auf die Frauen angewendet wird – zu einem Zeitpunkt, als bereits klar ist, dass sie nicht zu den „Zwölf Jüngern" gehören?

1.1.2 Die neue Familie: Mk 3,21.31–35[16]

Wenn wir es angesichts ihres geschlossenen Charakters (und trotz der Problematisierung im Hinblick auf die Frauen) als gegeben annehmen, dass die Gruppe der Jünger (und der Zwölf) bis zum Ende bestehen bleibt, müssen wir uns auf jene andere, weiter gefasste Gruppe von Männern und Frauen konzentrieren, die Jesus nachfolgen. In der Szene mit den Angehörigen Jesu, vor allem in 3,31–35, findet ein höchst bedeutsamer Umschwung statt: Das Ruf-Antwort-Schema, das für die Israel repräsentierende Gruppe charakteristisch gewesen ist, verändert sich. Es ist nicht mehr vertikal (von Jesus zu den anderen), und es ist auch nicht mehr exklusiv an Männer gerichtet. Die Institution, die umgestaltet wird, ist die Familie, der Kern jenes Israels. Die Formulierung geht von Jesus selbst aus, wie die Wiederholung der Possessivpronomina deutlich macht: „Wer ist meine Mutter und wer sind meine Geschwister?" Es gibt nur den Ruf, die Antwort wird allerdings von Jesus selbst gegeben und ist offen formuliert: „Wer den Willen Gottes erfüllt, der ist für mich Bruder und Schwester und Mutter." Am Ende der Szene dominiert das feminine Element (Mutter und Schwestern). Der Vordersatz „wer den Willen Gottes erfüllt" stellt den LeserInnen eine Nachfolgegemeinschaft vor Augen, die, von dieser einen Bedingung abgesehen, durch keine Einschränkungen gekennzeichnet ist. An keiner Stelle des Evangeliums wird eine explizite Verbindung zwischen der Jüngergruppe und der Gruppe der Nachfolgenden hergestellt. Der Unterschied zwischen der geschlossenen und der offenen Gruppe ist beträchtlich: Die geschlossene Gruppe entsteht aus der einseitigen und vertikalen Initiative Jesu; die offene Gruppe impliziert eine dialogische, freie und horizontale Initiative bei allen, die die Bedingung, den Willen Gottes zu tun, akzeptieren. Was diese Szene dennoch mit den Berufungsszenen verbindet, ist die innere Veränderung, denn die natürlichen und kulturell-religiösen Familienbande werden in Kategorien verwandelt, die zumindest die Option einer freien Wahl beinhalten. Eine konkrete und vorherbestimmte Sendung gibt es nicht. Das Ziel besteht darin, Jesu *Familie* zu sein.

Von diesem Moment an dürfen wir auf der Grundlage der Erzählung selbst annehmen, dass es in der Gruppe derer, die Jesus nachfolgen, auch Frauen gibt. Diese Frauen können wir jedoch nicht im eigentlichen Sinne als *Jüngerinnen* bezeichnen.

---

[16] Eine ausführliche Analyse des Textes unter besonderer Berücksichtigung der Kategorie der „Mutter" bietet Mercedes NAVARRO PUERTO, „Cruzando fronteras, rompiendo estructuras: Estudio narrativo del itinerario de María de Nazaret en Mc", *Ephemerides Mariologicae* 52 (2002): 191–224; vgl. auch Xabier PIKAZA, *Pan, casa, palabra: La Iglesia en Marcos* (Biblioteca de Estudios Bíblicos 94; Salamanca: Sígueme, 1998).

1.1.3 Die Zwölf und „die um ihn": Mk 4,1–20
Wenn, wie ich es in einer anderen Arbeit postuliert habe,[17] das Gleichnis vom Samenkorn und der Erde in Mk 4 ein Schlüssel zur Interpretation des gesamten Evangeliums – des vorangehenden und des nachfolgenden Teils – ist, müssen wir den qualitativen und unerwarteten hermeneutischen Sprung berücksichtigen, der diese Szene kennzeichnet. Tatsache ist, dass sich das Gleichnis in seinen drei ersten Phasen in einem logischen Crescendo entfaltet, dann aber einen darüber hinausgehenden Qualitätssprung vollzieht, als die Rede auf den fruchtbaren Boden und die Ernte kommt.[18] In 4,10 erwähnt der Erzähler, dass οἱ περὶ αὐτὸν σὺν τοῖς δώδεκα, „die um ihn mit den Zwölf", Jesus, als er alleine war, nach dem Sinn der Gleichnisse gefragt hätten. Das heißt, die Gruppe um Jesus (bezeichnet durch ein inklusives Maskulinum) und die Gruppe der Zwölf werden voneinander unterschieden. Zu denen „um Jesus" gehören aller Wahrscheinlichkeit nach auch Frauen. Es stellt sich die Frage, inwieweit Frauen in diesem gesamten ersten Teil Empfängerinnen interner Belehrungen sind, da Jesus selbst zu bestimmten Gelegenheiten die Zahl derer beschränkt, die ihm Gesellschaft leisten. Wir können jedoch davon ausgehen, dass alles, was vor der Gruppe der Nachfolgenden geschieht, auch die Anwesenheit von Frauen mit einschließt.

1.1.4 Die Krise von Cäsarea Philippi und der zweite Teil des Evangeliums
In 8,27–34, dem Übergang vom ersten zum zweiten Teil des Evangeliums, der üblicherweise als „Krise von Cäsarea Philippi" bezeichnet wird, kündigt Jesus zum ersten Mal sein Leiden, seinen Tod und seine Auferstehung an. Anwesend sind nur οἱ μαθηταὶ αὐτοῦ, „seine Jünger". Nach der Antwort des Petrus und der allgemeinen Reaktion ruft (προσκαλεσάμενος) Jesus die Volksmenge (τὸν ὄχλον) gemeinsam mit (σὺν) „seinen Jüngern" zu sich und sagt zu ihnen: „Wer mein Jünger sein will, der verleugne sich selbst, nehme sein Kreuz auf sich und folge mir nach."[19] Diesen Worten fügt er das Paradox vom Leben, das gewonnen wird, wenn man es um seinetwillen und um des Gottesreichs willen verliert, hinzu. Der Wendepunkt, der den narrativen Umschwung vom ersten zum zweiten Teil des Evangeliums markiert, betrifft die Nachfolge und ihre explizite Verknüpfung mit dem Bevorstehenden, das heißt – auf narrativer Ebene – dem Ostergeschehen (Leiden, Tod, Auferstehung). Die Verbindung zwischen der geschlossenen und der offenen Gruppe ist klar und der Ruf zur Nachfolge ist generell. Das Herbeirufen betrifft die Frauen und alle, die am „Rand" stehen. Diesen Befund stützen zwei Belege: erstens der Gebrauch des Verbs „zu sich rufen", das in 3,13 und 6,7 bei der Konstituierung der Zwölf und in 3,22f. bei der Belehrung der Schriftgelehrten von Jerusalem verwendet wird; zweitens die Erzählung von der Syrophönizierin und die daraus erwachsenden Konsequenzen.[20] Diese Episode geht der

---

[17] Mercedes NAVARRO PUERTO, *Marcos* (Guías de lectura del Nuevo Testamento 1; Estella: Verbo Divino, 2006).
[18] Siehe ebd.
[19] Das Verb ἀκολουθέω kehrt signifikant wieder.
[20] Vgl. den interessanten Beitrag von Jean-Paul MICHAUD und Pierrette T. DAVIAU, „Jésus au-delà des frontières de Tyr, Marc 7,24–31", in Adèle Chené et al., *De Jésus et des femmes:*

Krise unmittelbar voraus (7,24–37). Die Frau hatte Jesu Prioritäten hinterfragt, die seinem Verständnis von der Zusammensetzung seiner Gruppe und ihrer Bedeutung entsprachen: zuerst die „Kinder", Israel (die Zwölf), und dann, ohne sie auszuschließen, aber an zweiter Stelle, die anderen.[21] Die Frau verursacht eine kritische Zäsur in der Art, wie Jesus seine eigene Sendung wahrnimmt – nicht, weil sie nicht inklusiv wäre, sondern weil man sie auch anders angehen könnte. Darauf weisen die Fortsetzung seines Weges durch heidnische Gebiete und insbesondere die zweite Vermehrung von Broten und Fischen im Grenzland hin (8,1–9). Wir können daraus schließen, dass Jesu innerjüdische Logik in ihrer Konzeption einer ersten und vorrangigen (allerdings nicht exklusiven) Jüngerschaft ins Wanken geraten ist. Wenn wir Recht haben, müsste sich dies im zweiten Teil des Evangeliums auch auf die Gemeinschaft Jesu auswirken.

Fassen wir zusammen: Zwei Passagen im ersten Teil betreffen den Vorrang, den Jesus den *Zwölf Jüngern* als Vertretern des geliebten und auserwählten Volkes Israel bei der Gründung des Gottesreichs zugedacht hat. Die erste ist die Episode mit den Angehörigen Jesu (3,31–35), die zweite ist seine Begegnung mit der Syrophönizierin (7,24–31). In beiden Fällen sind Frauen anwesend, die aus narrativer Sicht und im Hinblick darauf, wie Jesus die Prioritäten in der Nachfolge handhabt, eine kritische Rolle spielen.[22]

Angesichts der Kritik vonseiten der heidnischen Frau könnten die LeserInnen Veränderungen in der Gemeinschaft Jesu erwarten. Sie könnten z. B. erwarten, dass den Menschen am Rand oder der weiter gefassten Gruppe derer, die ihm nachfolgen, nun größere Aufmerksamkeit zuteil wird. Doch das Gegenteil ist der Fall: Der gesamte zweite Teil (Mk 8,31–16,8) ist bis zum Beginn der Leidensgeschichte der im engeren und ausdrücklichen Sinne an seine *Zwölf Jünger* gerichteten Lehre gewidmet. Die LeserInnen stellen fest, dass Jesus einerseits nicht auf seine Prioritäten verzichtet und andererseits die Konsolidierung dieser Gruppe sogar noch forciert[23], sodass er in die entgegengesetzte Richtung zu gehen scheint. Sie könnten schlussfolgern, dass Jesus seine Jünger vielleicht nicht verlieren will, nachdem er ihre spontane Reaktion auf die Ankündigung seines Leidens erlebt hat. Die Jüngerschaft vermag seine Erwartungen jedoch auch weiterhin nicht zu erfüllen. Dies steigert sich bis zum Geschehen am Ölberg – hier beginnt eine geradezu skandalöse Absenz dieser Gruppe – und gipfelt in der

---

Lectures sémiotiques: Suivies d'un entretien avec A. J. Greimas (Recherches NS 14; Montreal: Bellarmin, 1987), 35–57.

[21] Gemäß dem jüdischen Glauben, der hier eine universale Dimension annimmt, wobei die zeitliche Priorität nicht ausgrenzend, sondern einschließend ist.

[22] Hierzu wäre natürlich mehr zu sagen, wenn wir uns mit der Analyse jeder Einzelnen der in diesem ersten Teil des Evangeliums vorkommenden Frauen und ihren entscheidenden Beiträgen zu den Inhalten der Nachfolge beschäftigen wollten. Unser Blickwinkel ist jedoch ein allgemeiner und geht nicht näher auf diese Fragen ein, die im Übrigen von den feministischen Exegetinnen gründlich erforscht worden sind.

[23] Das ist nichts Negatives. Auf der Grundlage seiner Erfahrung seit der Begegnung mit der Syrophönizierin ist es durchaus möglich, dass Jesus die Vorbereitung seiner *Zwölf Jünger* für die Verkündigung nun als besonders dringlich empfindet: Jesus könnte die Unterweisung der *Zwölf Jünger* intensivieren, weil ihm ihre Blindheit nun deutlicher bewusst ist.

Szene, in der auch Petrus aus dem Blickfeld verschwindet. Damit ist ein weiterer Wendepunkt in der Leidensgeschichte bezeichnet: Die LeserInnen werden auf die Anwesenheit von Frauen aufmerksam gemacht. Und sie werden gleichzeitig indirekt mit der Frage konfrontiert, ob der Auftrag des Engels (am leeren Grab), den Jüngern und Petrus die Nachricht zu bringen, dass Jesus lebt, als Kontinuität oder Wandel zu verstehen ist.

Im zweiten Teil des Evangeliums können die LeserInnen davon ausgehen, dass die Frauen immer dann anwesend sind, wenn der Erzähler von der Gruppe um Jesus und von denen, die ihm nachfolgen, spricht. Wenn jedoch die Gruppe eingeschränkt wird und von der Unterweisung der *Zwölf Jünger* erzählt wird, kann die besagte Anwesenheit nicht vorausgesetzt werden. Möglicherweise sind sie in folgenden Episoden als anwesend zu denken: bei der Diskussion über die Ehescheidung (10,2–9); als die Leute einige Kinder zu Jesus bringen, damit er sie segnet (10,13–16); bei der Heilung des blinden Bartimäus (10,46–51); beim Einzug in Jerusalem (11,1–10); bei der Vertreibung der Händler aus dem Tempel; bei der Diskussion mit den Hohenpriestern (11,15–19.27–33); als Jesus das Gleichnis von den Winzern erzählt (12,1–12); bei der Diskussion über die Steuerzahlungen an den Kaiser; bei der Debatte mit den Sadduzäern über die Auferstehung und bei der Belehrung über das wichtigste Gebot (12,13–40). In diesen Episoden hält sich Jesus an öffentlichen Plätzen auf oder wendet sich ausdrücklich an die Allgemeinheit. In jenen Passagen jedoch, in denen Jesus seine Lehren an die Jünger richtet (einschließlich der Ankündigungen von Leiden, Tod und Auferstehung und der in Mk 13 dargelegten Lehre) kann nicht von einer Beteiligung der Frauen ausgegangen werden.

1.1.5 Die Präsenz von Frauen in der Passions- und Ostererzählung

Die Passionserzählung beginnt mit der Salbung in Betanien. Da der Erzähler sich nicht ausdrücklich auf die Jünger, sondern auf die Gäste bei Tisch bezieht, können wir annehmen, dass außer der Frau, die Jesus salbt, möglicherweise auch andere Frauen anwesend sind. Von der Vorbereitung und der Feier des Paschamahls und der Getsemani-Episode bleiben sie jedoch in der mk Darstellung ausgeschlossen. In den öffentlichen Szenen, als man sich nach dem Ortswechsel wieder auf offenem Gelände befindet, ist ihre Anwesenheit denkbar. In 14,17 ist Jesus mit den Zwölf zusammen. Er feiert das Abendmahl allein mit der geschlossenen Gruppe jüdischer Männer. Die Wendung, mit der ausgedrückt wird, dass sie nach dem Ende des Mahls zum Ölberg gehen (14,26), weist darauf hin, dass Jesus und die Zwölf dorthin gehen – wie in 14,32, als er sie bittet zu warten, während er sich zurückzieht, um zu beten. Wenn die Frauen im Garten Getsemani nicht anwesend sind, schließt der Erzähler sie auch nicht in den Plural mit ein, wenn er berichtet: „Da verließen ihn alle." Nicht die Frauen verlassen ihn, sondern die Gruppe der *Zwölf Jünger*.[24] Diese Schlussfolgerung beeinflusst die Interpretation ihrer Anwesenheit beim Kreuz und ihres Besuchs am Grab. Bis zur Sterbe- und Begräbnisszene sind die Frauen für die LeserInnen unsichtbar. Die Art, wie der Erzähler sie dann präsentiert, lässt diese Präsenz als eine bewusste erzählerische Strategie erscheinen.

---

[24] Siehe PHILLIPS, „Full Disclosure", 27.

Die Vorbereitung und Feier des Abendmahls mit den *Zwölf Jüngern* wirft eher auf der diskursiven als auf der historischen Ebene Probleme auf, insbesondere aber auf der theologischen, da es um die Frage der Zeugen und Adressaten der Handlungen Jesu geht. Wenn dabei nur die Zwölf im Blick sind, also jene Gruppe, die endgültig gescheitert ist, wer bewahrt dann das Zeugnis der so wichtigen Handlungen Jesu, die doch ebenso universal und inklusiv sind wie das, was anschließend geschieht? Können wir daraus schließen, dass diese Gesten, gerade weil diese Gruppe scheitert, nun in die Verfügungsgewalt der Gruppe der Nachfolgenden übergehen? Diese Schlussfolgerung ist nicht beweisbar, sie ist jedoch möglich.

Die Erzählung verweist uns an die Historie, auf den extratextuellen Bereich. Muss man schlussfolgern, dass die Markusgemeinschaft Frauen nicht an den Feiern des Abendmahls Jesu beteiligt hat? Das ist undenkbar, wenn wir davon ausgehen, dass die Zwölf um das Jahr 70 nicht mehr existiert haben und die JüngerInnenschaft (wenn wir sie auf der historischen Ebene überhaupt so nennen wollen) aus der weiter gefassten und heterogenen Nachfolgegruppe besteht. Kann dies ein Hinweis darauf sein, dass es schwierig ist, die Mitglieder dieser weiter gefassten Gruppe und insbesondere die Frauen in eine Leitungsfunktion oder etwas Vergleichbares zu integrieren? Spiegelt das Evangelium eine bestehende Situation wider? Wenn es eine Situation reflektiert, die einer Lösung bedarf, bleibt diese Lösung für verschiedene Deutungen offen. Aus erzählerischer Perspektive kann sich dies alles erst am Ende auflösen. Erst am Ende entdecken die LeserInnen, wie wichtig Jesu Handlungen beim letzten Abendmahl sind. Erst am Ende, ohne die Zwölf, können sie sich die Frage stellen, ob diese Handlungen fruchtlos bleiben oder im Gegenteil erzählt werden, weil sie übernommen worden sind, obwohl es die Zwölf nicht mehr gibt.[25] Bleiben sie nun, da sie erzählt sind, etwa nicht in der Verfügungsgewalt der Gemeinschaft Jesu, der mk Gemeinde, die das Evangelium rezipiert? Alles steht und fällt offenbar mit dem Verschwinden der Zwölf, das bei Mk außer Zweifel steht. Was in der narrativen Sequenz ein Zeichen der Vertrautheit und der eingeschworenen Gemeinschaft ist, erhält ein Kapitel später mit den Ereignissen bei der Verhaftung Jesu und mit der Flucht der Zwölf eine ganz andere Bedeutung. Diese Ereignisse legen das Abendmahl mit seinen universalen Zeichenhandlungen in die Hände vieler anderer Menschen und nicht mehr nur in jene der nicht mehr existenten Zwölf.

Doch kehren wir zur Erzählung und damit auf die intratextuelle Ebene zurück. Der Besuch am Grab bedeutet im Unterschied zu dem, was andere Autoren und Autorinnen (selbst ich in früheren Arbeiten[26]) erklärt haben, nicht, dass die Frauen am Ostermorgen die Salbung in Betanien nicht anerkennen. Er bedeutet auch nicht, dass sie deren Tragweite nicht verstehen. Für diese Interpretation spricht die Tatsache, dass der Erzähler für die Salbung durch die namenlose Frau und für die Absicht der anderen Frauen, Jesus zu salben, unterschiedliche Verben verwendet. Dadurch, dass er die an-

---

[25] Daraus ergeben sich sogar Probleme für das Konzept der so genannten „apostolischen Sukzession".

[26] Mercedes NAVARRO PUERTO, *Ungido para la vida: Exégesis narrativa de Mc 14,3–9 y Jn 12,1–8* (Asociación Bíblica Española 36; Estella: Verbo Divino, 1999).

deren Begräbnisriten auslässt, die Salbung aber betont, weckt er die Aufmerksamkeit der LeserInnen, die den Unterschied zwischen μυρίσαι (14,8) und ἀλείψωσιν (16,1) bemerken sollen. Das Verb μυρίζω bezieht sich auf die Totensalbung, die Teil der Begräbnisriten war. Das Verb ἀλείφω wird hingegen auch für die messianische Salbung verwendet.[27] Auf diese Weise wird zwischen dem tatsächlichen Vollzug der einen und der beabsichtigten Durchführung der anderen unterschieden. Erstere wird von Jesus mit der Totensalbung gleichgesetzt („sie hat im Voraus meinen Leib für das Begräbnis gesalbt", 14,8), während Letztere eine Handlung ist, die der Erzähler den Frauen, die zum Grab gehen, zuschreibt. Es ist interessant, dass die Frauen selbst sich in keinem der beiden Fälle äußern. Bei beiden Gelegenheiten ist die Salbung eine Zeichenhandlung. In Betanien wird sie von Jesus gedeutet, auf dem Weg zum Grab vom Erzähler berichtet. Über die Absicht der namenlosen Frau werden die LeserInnen nicht informiert, wohl aber über die Absicht der Frauen, die zum Grab gehen, um *ihn* (αὐτόν) zu salben – nicht in der Absicht, die Begräbnisrituale zu vollziehen, sondern ihn wie schon bei der ersten Salbung als Messias anzuerkennen (das Verb ist ἀλείφω).

1.2 Sind die Frauen in Mk 15,40f. Jüngerinnen?

Es ist ein langer Weg von den ersten vier Berufungen Jesu bis hin zu dem, was in 15,40f. geschieht. Das anfängliche Konzept der Jüngerschaft hat beträchtliche Veränderungen und Brüche durchgemacht. Die Bedeutung der Jüngergruppe bleibt bis zur Passion bestehen.[28] Von da an gewinnen die LeserInnen den Eindruck, dass diese Bedeutung schwindet. Parallel dazu treten einige Figuren in den Vordergrund, die auf die weiter gefasste und heterogene Gruppe der Nachfolgenden verweisen. Die engere, vertikale und unilaterale Gruppe wird in den entscheidenden Augenblicken, in denen die Wahrheit der Nachfolge auf dem Spiel steht (Passion und Ostern), durch die horizontale, dialogisch strukturierte Gruppe ersetzt. Jesus zählt sich selbst dazu und wird zum Bezugspunkt für die Neudefinition seiner Familie; die Frauen werden Teil des Projekts. Im weiteren Verlauf wird der (im Verhalten der Schwiegermutter des Petrus vorweggenommene) Dienst der nun auch das Kreuz umfasst, zur grundlegenden Bezugsgröße. Das Verb διακονέω hat bei Mk nur die Frauen (1,31; 15,40f.) und Jesus selbst (10,45) zum Subjekt und bezeichnet eine zur Nachahmung empfohlene Handlungsweise. Wenn die Verben ἀκολουθέω - διακονέω das Handlungspaar bilden, das den Weg der Nachfolge von den Anfängen in Galiläa bis zum Ende am Kreuz bestimmt, können wir daraus schließen, dass die eigentliche Nachfolge von den Frauen

---

[27] Vgl. Grant R. OSBORNE, „The Evangelical and Redaction Criticism: Critique and Methodology", *JETS* 22 (1979): 305–322.

[28] Vgl. auch Marinella PERRONI, „L'annuncio pasquale alle/delle donne (Mc 16,1-8): Alle origini della tradizione kerygmatica", in *Patrimonium fidei: Traditionsgeschichtliches Verstehen am Ende?: Festschrift für Magnus Löhrer und Pius-Ramon Tragan* (hg. von Marinella Perroni und Elmar Salmann; SA 124; Rom: Centro Studi S. Anselmo, 1997), 397–436.

praktiziert wird. Wenn die Gruppe der *Zwölf Jünger* nicht mehr handlungsfähig ist (worauf ich noch näher eingehen werde), könnten wir sogar schlussfolgern, dass die Nachfolge (unter dem Leitverb ἀκολουθέω), die durch eine weiter gefasste Gruppe charakterisiert ist, das ursprüngliche Konzept der Jüngerschaft ablöst und an ihre Stelle tritt.[29] Für diese Schlussfolgerung spricht, dass der Begriff „Jünger" nach wie vor verwendet wird, denn der Jüngling am Grab trägt den Frauen auf, „den Jüngern und Petrus" zu sagen, dass er ihnen nach Galiläa vorangeht. Also stellt sich die Frage, ob die Art, wie der Erzähler in der Kreuzigungsszene von den Frauen spricht, diese Gruppe, d. h. ihre Funktion und ihre Bedeutung, tangiert.

Die Frauen sind Subjekt der wichtigsten Verben, die die anspruchsvollste Form der Nachfolge (samt Kreuz und Leiden um des Himmelreichs willen) zum Ausdruck bringen. Ihre Anwesenheit zeigt, dass die weiter gefasste Gruppe in der Nachfolge Jesu vielen Hindernissen trotzt und viele Barrieren überwindet. Sie überwindet die Barrieren zwischen Reinheit und Unreinheit, Kenntnis und Unkenntnis, Gerechten und SünderInnen und insbesondere die Barrieren zwischen den Geschlechtern. Von Anfang an bedeutet diese Nachfolge auch Umwandlung. Sie ist Umwandlung von außen und nach außen, d. h. auf der Ebene der Gruppe (Stammeszugehörigkeit), der Institutionen (die Klasse der Schriftgelehrten, die Pharisäer, der Tempel) und der Gesellschaft (Familie und Ausgegrenzte). Und sie ist vor allem innere Umwandlung (wie wir es bereits bei den ersten Berufungen festgestellt haben), die sowohl nach innen als auch nach außen wirkt (ethische Neudefinition: Gute – Böse, Gesetzestreue – „Unreine"; individuelle Identität: familiäre, religiöse, berufliche, soziale und andere Zugehörigkeiten). Da es sich um eine offene Gruppe handelt, gibt es in ihr zudem einen gewissen Grad an Unentschlossenheit und Ungewissheit.[30]

In den Frauen, die am Ende der Kreuzigungsszene erwähnt werden, verdichtet sich die überwiegende Zahl der Transformationen: die bereits vollzogenen und die anderen, offenen; diejenigen in der Gruppe, die Jesus am nächsten steht, und in den Kennzeichen des Gottesreichs. In ihnen verdichten sich die Umschwünge und Umbrüche in der Entwicklung der Gruppen im Umfeld Jesu.

Am Ende des Evangeliums stehen wir bezüglich der Frage von Jüngerinnen bei Mk vor zwei Optionen:

a) ausgehend von den Frauen, die als Einzige in den entscheidenden Momenten anwesend sind, die Jüngerschaft neu zu interpretieren und so den Begriff der Jüngerschaft mit seiner Entwicklung und seinen Umbrüchen zu übernehmen, oder

---

[29] Man darf auch nicht außer Acht lassen, dass der Begriff „Jünger" nach dem Abendmahl beibehalten wird. Die „Zwölf" verschwinden, aber die „Jünger" nicht. Was das bedeutet, zeigt sich erst am Ende des Evangeliums.

[30] Diese Unentschlossenheit hat es vermutlich auch im Kreis der Jünger gegeben, denn wie in jedem menschlichen und göttlichen Projekt garantieren die Berufung und die ersten Schritte weder Beständigkeit noch Erfolg (Gott versichert seine Treue, der Mensch ist dazu jedoch nicht fähig).

b) den besagten Begriff von den Frauen her zu problematisieren und nach anderen Kategorien zu suchen, die sich aus dem gescheiterten Versuch einer bestimmten Jüngerschaft ergeben.

Im Allgemeinen bevorzugen die Autorinnen, wie wir noch sehen werden, die erste Option. Ich für meinen Teil möchte mich gerne mit der zweiten befassen.

1.2.1 Jüngerschaft von Gleichen?

Wenn wir uns nun den Gruppen zuwenden, aus denen die Jüngerschaft bei Mk besteht, gewinnen wir nicht unmittelbar den Eindruck, dass es sich um eine Jüngerschaft von Gleichen handelt – vorausgesetzt, „Gleichheit" ist für uns das Gegenteil einer erkennbar etablierten Unterschiedlichkeit. Der mk Jesus erwählt, selektiert, differenziert und unterscheidet. Die einen erwählt er nach einer festen Berufungsformel, die Zwölf erwählt und unterscheidet er präzise von den Übrigen. Gelegentlich sucht er die Gesellschaft von dreien, dann von vieren, dann die der Zwölf oder der Jünger. Diese willkürlichen, freien Unterscheidungen (immer narrativ gesprochen) verraten auch eine Ungleichheit: ungleichen Zugang zu Informationen, zur Gemeinschaft mit Jesu, zur Bezeugung bestimmter Handlungen, zur Teilnahme an außergewöhnlichen Momenten wie der Verklärung. Stets beziehen sich diese Unterscheidungen und Ungleichheiten auf Männer, die dem engeren Kreis angehören. Wenn diese Jüngerschaft das mk Modell ist, werden wir schwerlich von einer Gruppe von Gleichen sprechen können. Zumindest werden wir vor der Herausforderung stehen, zu erklären, was „Gleichheit" zunächst in der Gruppe der *Zwölf Jünger* und dann auch in der größeren Gemeinschaft Jesu bedeutet.

Meine Hypothese ist, dass diese Unterscheidungen nichts mit der Nachfolge, wohl aber etwas mit der Gestaltung der spezifischen Beziehungen zwischen „Meister" und „Jünger" zu tun haben. Streng genommen trägt die Jüngerschaft die Asymmetrie immer schon in sich. Daher ist es nicht verwunderlich, dass Unterschiede auftreten oder sogar betont werden, die nach dem Kriterium der Beziehung zum Meister auch hierarchisiert sein können. Wenn in der Erzählung die konkrete Jüngerschaft differenziert und bis zu einem gewissen Punkt hierarchisiert erscheint, gilt dies jedoch nicht für die Nachfolge, deren Prinzipien zwar utopisch erscheinen mögen, aber in jedem Fall egalitär sind. Wer Jesus nachfolgen und an seinem Reich-Gottes-Projekt teilhaben will, muss umkehren, an die Gute Nachricht glauben, den Willen Gottes erfüllen, das Kreuz auf sich nehmen, Jesus auf seinem österlichen Weg folgen und (ihm und den Kleinen) dienen.

Diese Unterscheidung bringt die geschichtliche und die diskursive Dimension (die Ebene, auf der der Erzähler mit seinen AdressatInnen kommuniziert) ins Spiel. Die Dimension der Geschichte verweist in gewisser Hinsicht auf den historischen Jesus und seine Bewegung. Die diskursive Dimension bezieht sich eher auf die Frage, wie sich nach dem Ostergeschehen die Nachfolge in der Gemeinschaft des Mk zu gestalten hat.

Welche Beziehung besteht also zwischen der bis zum Ende aufrechterhaltenen Jüngerschaft und der Gruppe von Männern und Frauen, die Jesus nachfolgen? Die üblichen Interpretationen erweitern normalerweise den Begriff der Jüngerschaft und machen ihn zum Paradigma der Nachfolge. Bei Mk wirkt dies wie ein Zugeständnis an das patriarchale Beziehungsschema, das nicht mit den egalitären Prinzipien des Gottesreichs übereinzustimmen scheint.[31] Ich werde jedoch von der entgegengesetzten Hypothese ausgehen, das heißt den Begriff der Nachfolge erweitern und ihn zum Paradigma der Jüngerschaft machen, denn nach dem kläglichen Scheitern der Zwölf ist die Jüngerschaft nicht verschwunden, sondern muss innerhalb der weiter gefassten Gruppe der Nachfolgenden verstanden und interpretiert werden. Es ist möglich, in diesen Begriffen zu sprechen, weil die Frauen während des gesamten spezifischen (aber nicht exklusiven) Weges der Jüngerschaft als *Nachfolgerinnen* und *Dienerinnen* sichtbar eingebunden sind. Dass es sich um *vier* Frauen handelt, die Aufzählung ihrer Namen und die Verben erinnern, wie wir gesehen haben, an die Berufung der ersten Jünger. Diese Hinweise laden die LeserInnen zu Assoziationen ein, die aber nicht rückwärtsgewandt, sondern zukunftsweisend sind. Was am Ende von der Jüngerschaft übrig bleibt, kann in die Nachfolgegruppe integriert werden. Diese Gruppe ist es eigentlich, die nun das Ruder übernimmt, und ihr ist es zu verdanken, dass das, was von der Gruppe der Jünger übrig ist, bewahrt werden kann. Niemand kann die Radikalität und die Weite, die die Gruppe der Nachfolgenden kennzeichnen, besser sichtbar machen als die Frauen.

2. Frauen in der Nachfolge bei Markus

2.1 Welche Frauen?

Bei Mk begegnen uns viele namentlich genannte und interessante Frauengestalten.[32] Im ersten Teil (Schauplatz Galiläa) sind dies die Schwiegermutter des Simon, die Mutter und die Schwestern Jesu, die an Blutfluss leidende Frau, die Tochter des Jaïrus, Herodias und ihre Tochter, die Syrophönizierin und ihre Tochter.[33] Unterwegs werden die Frauen nicht erwähnt (erst am Ende findet sich der Verweis auf die Witwe im Tempel). In Jerusalem und Umgebung treten die salbenden Frauen und die Frauen der Kreuzigungsszene in Erscheinung, von denen Maria aus Magdala, Maria, die Mutter des Jakobus, die Mutter des Joses und Salome namentlich erwähnt werden[34] – sie sind auch

---

[31] Die Unterscheidung zwischen den Verben „verkündigen" (κηρύσσω) und „lehren" (διδάσκω), die bei Mk so offensichtlich ist, ist ein weiterer Schlüssel zu der Umwandlung und Entwicklung, die sich im Laufe des Evangeliums vollzieht. Für Mk ist Jesus weniger ein *Rabbi* als vielmehr der *Meister* (διδάσκαλος).

[32] Eine detailliertere Darstellung findet sich in meiner Arbeit: Mercedes NAVARRO PUERTO, „Nombrar a las mujeres en Mc: Transformaciones narrativas", *EstBib* 57 (1999): 459–481.

[33] Auch wenn wir hier nicht näher darauf eingehen können, ist es interessant, den Beziehungsstatus dieser Frauen in Augenschein zu nehmen, die dank 3,31–35 nicht mehr innerhalb der gewohnten Schemata der jüdischen Familie begriffen werden können.

[34] Ob es sich um drei oder vier Frauen handelt, soll an dieser Stelle nicht diskutiert werden. Ich bevorzuge die Zahl 4, die bei Mk eine inklusive und allumfassende Bedeutung hat (8,1–9) und in einem interessanten Verhältnis zur Zahl 3 in der Grabesszene steht.

beim Begräbnis anwesend und drei von ihnen gehen zum Grab: Maria von Magdala, Maria, die Mutter des Jakobus, und Salome.

Wenn die Frauen keine Jüngerinnen sind, obwohl sie die grundlegenden Bedingungen der Nachfolge bis zum Ende erfüllen, können wir schlussfolgern, dass das Projekt der Zwölf in der mk Erzählung gescheitert ist. Die Jüngerschaft in größtmöglicher Nähe zur Gruppe der Zwölf (als einem trotz aller Brüche eher traditionell jüdischen Projekt) wird hingegen nach dem Tod Jesu (mit dem Auftrag an die Frauen) wieder aufgenommen und hat – immer vorausgesetzt, sie fügt sich in die Nachfolge ein – eine Chance auf Wiederbelebung.

Diese geschichtlichen und diskursiven Gegebenheiten lassen unterschiedliche Deutungen zu. Man kann sie als ein kritisches Nachdenken über die (narrativ eher geschlossene) Gruppe Jesu und ihre Bedeutung interpretieren, wobei dieses Nachdenken von der Markusgemeinschaft ausgeht und für sie bestimmt ist. Die mk Erzählung bestätigt die Existenz der Gruppe und die Kritik, die Jesus an ihr übt. Wenn Ostern eine zweite Chance ist, dürfen wir die Problematik, die sich mit der Gruppe der vier und später der drei Frauen in den abschließenden Szenen stellt, nicht außer Acht lassen.[35] Sie sind, wie wir gesehen haben, keine Jüngerinnen: Sie problematisieren die Rolle und Bedeutung der von Jesus geschaffenen Jüngerschaft. Sie sind nicht nur keine Jüngerinnen, sondern haben auch gar keinen Grund, es zu sein. Nach dem totalen Zusammenbruch der *Zwölf Jünger* bei Mk kann es keine zweite derartige Gruppe geben.[36] Was Bestand hat, ist die Nachfolgegruppe, in der ein Teil der verbleibenden männlichen Jüngerschaft aufgeht.

Wieder haben wir mehrere Optionen: erstens, den Begriff in unserer künftigen Lektüre des Evangeliums von den Frauen her wiederzubeleben, oder zweitens, andere Kategorien zu suchen, die im Passions- und Ostergeschehen von den Frauen her greifbar werden. Diese zweite Option fokussiert die Fragestellung erneut auf sie, ihre Handlungen und ihre unterscheidenden Merkmale. Darauf will ich mich im Folgenden konzentrieren.

Die Frauen treten in den drei entscheidenden Szenen des Passions- und Ostergeschehens in Erscheinung: bei Jesu Tod, bei seinem Begräbnis und bei der Verkündigung seiner Auferstehung. Der Erzähler beschreibt ihre Handlungen auf sehr konkrete Weise: anwesend sein und aus der Ferne zuschauen, beobachten, wohin Jesus gelegt wird, zum Grab gehen, um den Leichnam zu salben, und unterwegs diskutieren, in das Grab hineingehen, etwas sehen, erschrecken, vom Grab flüchten und niemandem etwas sagen (von dem, was sie gehört haben? von dem, was geschehen ist?). Außerdem stellt sie der Erzähler seinem Publikum als Nachfolgerinnen und Dienerinnen vor – zwei

---

[35] Der Parallelismus – 4 und 4, 3 und 3 – kann niemandem verborgen bleiben. Auch wenn er nicht zufällig und möglicherweise bedeutsam ist, können wir hier nicht näher darauf eingehen.

[36] De facto sind die Zwölf auf narrativer Ebene seit dem Verrat des Judas inexistent, auch wenn die Bezeichnung „Jünger" beibehalten wird. Es wird allgemein akzeptiert, dass der Titel der „Zwölf" symbolisch zu verstehen ist und daher wenig mit der tatsächlichen Anzahl zu tun hat.

grundlegende Charakterisierungen, mit denen er ihre Bedeutung untermauert und ihnen gleichsam ein Empfehlungsschreiben ausstellt, das die positive Reaktion der LeserInnen gewährleistet.

2.2 Feministische Interpretationen

Die erwähnten Gegebenheiten sind von den feministischen Exegetinnen in unterschiedlicher Weise interpretiert worden. Sehen wir uns einige dieser Interpretationen an:

Hisako Kinukawa kommt am Ende ihrer Studie über die Frauen bei Mk[37] zu dem Ergebnis, dass das Evangelium die Jüngerschaft der Männer wiederherstellen wolle, indem es auf die Gefahr hinweise, dass die Frauen als alternatives Paradigma erscheinen könnten. Diese Schlussfolgerung führt sie zu der Annahme, dass der Prozess der Repatriarchalisierung in der Gemeinschaft des Mk bereits im Gang gewesen sei. So könne die Evangeliumserzählung als Strategie zur Unterstützung dieses Prozesses gedeutet werden, doch die Autorin lässt noch eine weitere Deutungsmöglichkeit zu: dass nämlich die Frauen dazu ermutigt werden sollen, sich gegen den Druck, dem sie ausgesetzt sind, zu wehren. Dennoch spricht die Verfasserin von der Jüngerschaft als einer Kategorie, die durch die kritische Kraft der Frauen und anderer Randgruppen in der Nachfolge wiederhergestellt worden sei und als Herausforderung bestehen bleibe, um ihrerseits die Jüngerschaft von Gleichen aufrechterhalten zu können.

Joan L. Mitchell schreibt in ihrer Untersuchung über die Frauen und die Funktion der Angst und des Schweigens am Ende des Markusevangeliums, dass sowohl Männer als auch Frauen an der Jüngerschaft gescheitert sind.[38] Dieses Scheitern ist ihrer Ansicht nach narrativ, aber nicht historisch zu verstehen. Die Autorin bezieht sich mithin auf die Inhalte des Begriffs und geht davon aus, dass Frauen und Männer gleichermaßen JüngerInnen sind.

Susan Miller ihrerseits erklärt, dass das eigentliche Wesen der Jüngerschaft nur vor dem Hintergrund der Kreuzigung Jesu begriffen werden könne, denn nur hier werde deutlich, worin der Dienst der Jüngerinnen besteht. Für sie ist der Tod Jesu der Übergang von der alten zur neuen Ära. Nach dem Tod Jesu beginnt mit seiner Auferstehung eine neue Schöpfung. Diese neue Schöpfung wird in der Botschaft greifbar, die die Frauen den Jüngern und Petrus übermitteln sollen, und ist der Anfang einer inklusiven Gemeinschaft von Juden und Heiden, Frauen und Männern.[39] Nachdem sie die Jüngerschaft auf der Grundlage der Anwesenheit und Bedeutung der Frauen neu definiert hat, spricht die Verfasserin daher auch in ihrer Schlussfolgerung von Jüngerinnen.

---

[37] Hisako KINUKAWA, *Women and Jesus in Mark: A Japanese Feminist Perspective* (The Bible and Liberation Series; Maryknoll: Orbis, 1994), 142f.; deutschsprachige Übersetzung: *Frauen im Markusevangelium: Eine japanische Lektüre* (Luzern: Exodus, 1995).

[38] Joan L. MITCHELL, *Beyond Fear and Silence: A Feminist-Literary Approach to the Gospel of Mark* (New York: Continuum, 2001), 97.

[39] Susan MILLER, *Women in Mark's Gospel* (JSNTSup 259; London: T&T Clark, 2004), 202.

Diese Autorinnen sind nur eine kleine Auswahl aus der großen Zahl derer, die in ähnlicher Weise vorgehen. Ihnen allen gemeinsam ist die kritische Analyse der Jüngerschaft der Männer und des Nachfolgemodells der Frauen als Paradigmas einer echten und eigentlichen Jüngerschaft. Weder die genannten noch die meisten anderen AutorInnen problematisieren den Begriff selbst oder einige seiner Inhalte.[40] In diesem Punkt weicht mein Ansatz ab. Da Worte die Macht haben, Realitäten (und ihr Gegenteil) zu schaffen, wage ich zu behaupten, dass die Jüngerschaft bei Mk, die so eng mit den Zwölf verbunden und, wie bereits gezeigt, von ihrem Scheitern betroffen ist, ein fehlgeschlagenes Projekt Jesu darstellt. Ich habe in der mk Erzählung keine eindeutigen Anzeichen dafür gefunden, dass die Frauen oder die übrigen Mitglieder der Nachfolgegruppe versucht hätten, die Jüngerschaft wiederherzustellen. Der klassische Begriff der Jüngerschaft ist unverkennbar relational. Er impliziert eine bestimmte vertikale Beziehung zwischen dem Lehrer oder Meister (διδάσκαλος) und seinem Schüler oder Jünger (μαθητής). Die Frauen waren nicht in diese Beziehung eingebunden, wobei dies von großer Tragweite sein kann. Man kann annehmen – und das ist durchaus nicht negativ –, dass es sich bei ihrer Beziehung zu Jesus, wie Mk sie darstellt, nicht um eine Jüngerinnen-Meister-Beziehung handelt.[41] Das Evangelium spricht von Nachfolge und Dienst. Das Verb διακονέω, „dienen", hat eine narrative Entwicklung durchgemacht, die bei der Schwiegermutter des Simon beginnt, den Weg über Jesus und seine an die Jünger (nicht an die Frauen) gerichtete Lehre nimmt und als Erkennungsmerkmal der vier Frauen in der Kreuzigungsszene endet. Statt von der Jüngerschaft zu sprechen, einem Begriff, der bei Mk ganz nahe bei den Zwölf angesiedelt ist, wäre es daher angemessener, entweder den oben erschlossenen Terminus der Gemeinschaft Jesu zu verwenden oder, was besser zu dem für Mk typischen Vokabular passt, von der Gruppe der Nachfolgerinnen und Nachfolger zu sprechen. In die Gemeinschaft und/oder Gruppe der Nachfolgenden lassen sich dann auch die übrigen *Zwölf Jünger* integrieren, die aufgefordert sind, nach Galiläa zurückzukehren – dem Ort der Neugeburt, die, wie Miller schreibt, als neue Schöpfung zu verstehen ist.

Wenn wir darauf verzichten, die Frauen in der Kategorie der in Erzählung und Geschichte gescheiterten Jüngerschaft zu verorten, erwachen die anderen Kategorien des Markusevangeliums zu neuem, kraftvollem Leben. Die „um ihn" und die, die ihm „nachfolgen" – zwei Kategorien, die der Erzähler zuweilen unterschiedslos verwendet – führen uns zu einer dritten Gruppe, die von 3,31–35 an als die Familie Jesu betrachtet

---

[40] Elisa ESTÉVEZ LÓPEZ, *Mediadoras de sanación: Encuentros entre Jesús y las mujeres: Una nueva mirada* (Teología Comillas 8; Madrid: San Pablo, 2008), 257, vermutet, dass sich hinter einigen Erzählungen, in denen Frauen geheilt werden, eigentlich Berufungsszenen verbergen.

[41] Wenn das Meister-Jünger-Verhältnis an Bedeutung verloren hat, könnten wir daraus folgern, dass auch die für dieses Verhältnis typischen Tätigkeiten des Lehrens und Lernens weniger relevant sind. Mit dem Tod Jesu verschwindet der διδάσκαλος, und die Lehrtätigkeit weicht der für die Nachfolge typischen Tätigkeit des Verkündigens im Einklang mit dem Plan und Projekt des Reiches Gottes, das nicht „gelehrt" (Verb διδάσκω), sondern „verkündigt" (Verb κηρύσσω) wird.

wird und in gewisser Hinsicht mit dem vergleichbar ist, was wir in unserer heutigen Terminologie als „Gemeinschaft", „Kommunität" bezeichnen würden. In dieser Gruppe der Nachfolgenden ragen die Frauen heraus, die der Erzähler immer dann ausdrücklich erwähnt, wenn ein grundlegender Wandel stattfindet.

2.3 Welche Merkmale hat die Gruppe der Nachfolgenden?

Wie wir herausgearbeitet haben, empfängt diese Gruppe, der die Frauen angehören, keine vertikale Berufung und ihre Beziehungen zu Jesus sind nicht von der Asymmetrie des Meister-Jünger-Verhältnisses bestimmt. Sie zeichnet sich durch dialogische, freie Beziehungen und durch ihre Durchlässigkeit in punkto Zugehörigkeit aus.

2.3.1 Keine Jüngerinnen, sondern Nachfolgerinnen

Im ersten Teil des Evangeliums wird deutlich, dass die Gruppe derer, die am Rand stehen – eine Gruppe, die gemeinsam mit der Gruppe der *Zwölf Jünger* zur Gemeinschaft Jesu gehört –, auch Frauen beinhaltet. Außerdem zeigt sich, dass Jesus auf der historischen Ebene den Repräsentanten Israels den (zeitlichen) Vortritt vor den anderen lässt, die (in punkto ethnische Zugehörigkeit, Bildung, Herkunft, Geschlecht, Alter, moralischem Status etc.) heterogen sind. Beide Gruppen bilden die Gemeinschaft Jesu, die Reich-Gottes-Gemeinschaft. Der Erzähler stellt dar, wie Jesus bis zum letzten Augenblick versucht, diese Gruppe jüdischer Männer aufrechtzuerhalten, die mit Bezug auf das Volk Israel gegründet worden ist. Dass damit keine sexistische Ausgrenzung der Frauen und auch keine rassistische oder moralische Ausgrenzung verbunden sind, bestätigt jede einzelne Szene des Evangeliums. Vielmehr zeigt dies die Treue Jesu zu seinem Projekt, zu seinen Erwählten und seine unerschütterliche Hoffnung. Doch es verpflichtet uns auch, den Begriff der Jüngerschaft auf diese konkreten Männer zu beschränken, die in eine so enge Verbindung zu den Zwölf gebracht werden. Ihn auf die Frauen und andere Personen anzuwenden, ist zumindest unangemessen.

Die Tatsache, dass der Erzähler die Frauen so deutlich hervorhebt, ist auf vielerlei Weise interpretiert worden. Manche vertreten die Ansicht, es handle sich um einen Ersatz: Wenn die Männer scheitern, treten die Frauen an ihre Stelle. Diese Auslegung ist Teil des patriarchalen Wirklichkeitsverständnisses.[42] Andere sind der Auffassung, dass die Anwesenheit der Frauen, die von Anfang an dabei sind, während die Männer verschwinden, in Kontinuität zur Jüngerschaft der Männer ihre größere Treue beweise. Und wieder andere glauben, die Jüngerschaft sei von Anfang an eine gemischte Gruppe gewesen, obwohl der Erzähler die Frauen erst am Ende erwähnt; diese seien erst durch die Abwesenheit der Männer sichtbar geworden.

---

[42] Man bedenke, zu welchen Gelegenheiten Frauen bis heute an bestimmten Orten, in bestimmten Funktionen, Situationen oder Ämtern in Erscheinung treten: Wenn die Männer in den Krieg ziehen, arbeiten die Frauen in der Fabrik. Wenn bestimmte Berufe bei Männern und/ oder in der Gesellschaft nicht mehr angesehen sind, werden sie von Frauen ausgeübt usw.

Wir können auf der Grundlage des weiter oben Gezeigten weitere Interpretationsmöglichkeiten erproben.

2.3.2 Die Nachfolgerinnen im Markusevangelium
In der mk Erzählung ist es der Kontext des Alltagslebens und der Kontext der Nachfolge, wo Jesus explizit zu Frauen in Beziehung tritt: Der Schwiegermutter des Simon und der Tochter des Jaïrus begegnet er jeweils zuhause, der an Blutfluss leidenden Frau auf der Straße, der Syrophönizierin in einem Haus im Grenzgebiet, der Frau, die ihn salbt, im Haus Simons des Aussätzigen, den Nachfolgerinnen in der Nähe der Hinrichtungsstätte. Die Nachfolge hat bei Mk unterschiedliche Formen. Sie kann kontinuierlich (die Verwandten Jesu) oder punktuell sein, in physischer Nähe oder aus der Distanz erfolgen. Mit zunehmendem Handlungsfortschritt entdecken die LeserInnen, dass es sich um eine Nachfolge handelt, deren Mitte der Glaube an Jesus und die Treue zum Reich-Gottes-Projekt ist. Ihr Schauplatz ist das Leben und sie führt zur Entdeckung und Erfüllung des Willens Gottes im Hinblick auf den Dienst an den Geringsten. In dieser Nachfolge trotzt die Kraft des Glaubens den menschlichen Ängsten, die Freiheit entfaltet sich und man kämpft unterschiedslos für die Würde jedes Menschen. Die Frauen des Markusevangeliums sind sowohl Subjekt als auch Objekt dieser Kriterien. Sie zeigen ihren Glauben und ihren Wagemut, beschreiten einen Weg der Wahrheit und Freiheit (die an Blutfluss leidende Frau), sind Dienerinnen (die Schwiegermutter des Simon), Grenzgängerinnen und Heidinnen (die Syrophönizierin) und Angehörige der Gruppe Jesu (Maria Magdalena, Maria, die Mutter des Joses etc.), kümmern sich um die Schwachen oder gehören selbst zu ihnen (die arme Witwe) und glauben daran, dass Jesus der Messias und auferstanden ist (die Frauen am Grab), kurz: Sie sind eine plurale und heterogene Gruppe, die auf ganz unterschiedliche Weisen mit Jesus in Beziehung tritt. Sie können allgemein als seine Nachfolgerinnen bezeichnet werden.

2.3.3 Die narrative Rolle der Nachfolgerinnen
Wenn wir akzeptieren, dass die Umkehrung wichtiger Paradigmen – etwa im Hinblick auf das Dienen oder die kulturell und historisch bedingten Prioritäten (die Ersten werden die Letzten und die Letzten die Ersten sein) – einer der Dreh- und Angelpunkte der mk Erzählung ist, können wir die Hypothese formulieren, dass die Frauen in der Nachfolge im weiteren Sinne des Wortes gar keine Jüngerinnen sein müssen. Mehr noch: In keiner Szene bei Mk wird erzählt, dass auch nur einer der *Zwölf Jünger* Jesus eine Lektion erteilt – was hingegen bei einigen männlichen Figuren, die nicht zur Jüngerschaft gehören, und bei einigen Frauen durchaus der Fall ist. Mehrere von ihnen entlocken Jesus Ausrufe der Bewunderung, wie beispielsweise die an Blutfluss leidende Frau. Vor allem aber werden mehrere von ihnen zu „Meisterinnen", weil sie Jesus belehren oder zu etwas Anderem und Neuem inspirieren wie im Fall der Syrophönizierin und der Frau, die ihn salbt.[43] Manchmal brauchen die Frauen streng genommen gar

---

[43] Was historische und soziale Fragestellungen bzw. solche von Gegenkulturen betrifft, vgl. Esther MIQUEL PERICÁS, *Amigos de esclavos, prostitutas y pecadores: El significado sociocultural del marginado moral en las éticas de Jesús y de los filósofos cínicos, epicúreos y*

keinen Lehrer. Manchmal heben sie andere Aspekte der Person Jesu hervor, die in Bezug auf sein Reich-Gottes-Projekt ebenso wichtig oder wichtiger sind.[44] De facto machen viele von ihnen in dem im Lauf der Erzählung geschaffenen und aufrechterhaltenen Paradigma für die LeserInnen in der praktischen Realität (auf diskursiver Ebene) das sichtbar, was Jesus (auf der Erzählebene) seine Jünger lehrt. Damit wird ihre Funktion innerhalb der Erzählung auf beiden Ebenen neu definiert. Sie stehen Jesus in Aspekten seiner Lehre oder seines eigenen Beispiels zuweilen als kritischer und zuweilen (wie im zweiten Teil des Evangeliums) als praktischer Kontrapunkt zur Seite.

Unsere erste Schlussfolgerung besagt mithin, dass die Frauen bei Mk Nachfolgerinnen, aber keine Jüngerinnen sind. Ihre Nachfolge impliziert Beziehungen, die weniger von Asymmetrie geprägt sind, als diese für das Jünger-Meister-Verhältnis typisch ist. Diese Art von Beziehungen korreliert mit dem, wie von jenen gesprochen wird, die um ihn sind (Zirkularität), und zudem mit der Einbindung des Heterogenen ohne hierarchische Differenzen sowie mit der Neudefinition von *Familie*, wo die Wechselseitigkeit einige Stereotypen asymmetrischer Beziehungen aufbricht. Dies entspricht im Großen und Ganzen dem universalen und inklusiven Charakter des Reich-Gottes-Projekts.

Es liegt auf der Hand, dass wir nicht einfach vom Text zur Historie übergehen oder durch die Erzählung wie durch eine offene Tür in die Welt einer anderen Epoche eintreten können. Dennoch ist es legitim, nach dem geschichtlichen Hintergrund des Textes in seiner endredigierten Fassung zu fragen. Wir dürfen, wie es schon viele ExegetInnen und HistorikerInnen vor uns getan haben, nach der tatsächlichen Gegenwart von Frauen, ihren konkreten Rollen in den Gemeinschaften, ihren Ansprüchen, nach ihrer durch die Nähe zu Jesus begründeten Autorität und den Konflikten fragen, die dadurch vielleicht entstanden sind. Das Besondere an diesem Ansatz besteht darin, dass in diesem Zusammenhang auch das Verhältnis zwischen dem Status der Nachfolgerinnen und dem Status der Jüngerschaft hinterfragt wird. Darauf wird weiter unten noch zurückzukommen sein.

---

estoicos: Estudio desde la Sociología del Conocimiento (Asociación Bíblica Española 47; Estella: Verbo Divino, 2007), bes. 322–329.

[44] Wir denken hierbei aus geschichtlicher (extratextueller) Sicht an einen Jesus, der in seinem Kontext Lehrer oder Meister ist. Die Beziehungsarten und die Form der Anrede unterscheiden den Meister und Rabbi Jesus sowie seine Jünger von anderen Rabbis und anderen Schüler- oder Jüngergruppen. Der Unterschied zwischen „Rabbi" und „Meister" besteht in der jeweiligen Tätigkeit. Rabbis erklären und interpretieren das Gesetz. Lehren hingegen ist Sache Gottes, des Gesetzes. Andererseits wäre es notwendig, die Bedeutung der Anrede „Herr" in den Beziehungen zwischen Jesus und den Frauen weniger in jeder einzelnen Szene als vielmehr in der Erzählfolge selbst zu untersuchen.

3. Die Frauen in der markinischen Grabeserzählung

3.1 Die Frauen, die Jesus nachfolgen und dienen

Die Frauen, die der Erzähler in den Szenen des Todes, der Grablegung und der Verkündigung der Auferstehung Jesu erwähnt, spielen eine besondere Rolle. Wie ich andernorts bereits gezeigt habe,[45] ermöglicht ihre erzählerische Sichtbarmachung in 15,40f. es den LeserInnen, die Verbindung zwischen den beiden Teilen des Evangeliums zu erfassen. Die Frauen verleihen dem Projekt Jesu Kontinuität und Zusammenhang. Ihre Anwesenheit ist für die LeserInnen ein Hinweis darauf, dass dieses Projekt nicht mit ihm stirbt. Im Sinnzusammenhang des Gottesreichs sind sie seine Nachfolgerinnen und seine Familie. Sie können das weiterführen, was Jesus begonnen hat, denn als Nachfolgerinnen und Dienerinnen sind sie bevollmächtigt, sein Erbe anzutreten.

Hier kann die Dichte ihrer Anwesenheit nicht in allen Einzelheiten entfaltet werden, doch es soll zumindest versucht werden, insbesondere angesichts des folgenschweren Endes der mk Erzählung, einige mögliche Deutungen aufzuzeigen.

Wenn die Lehre Jesu an seine Jünger im zweiten Teil des Evangeliums von der ersten Ankündigung des Passions- und Ostergeschehens und der ablehnenden Reaktion der Jüngerschaft ausgeht, was hat es dann zu bedeuten, dass der Erzähler in den entscheidenden Momenten, die die Bewährungsprobe jeder Nachfolge und Jüngerschaft sind, Frauen in den Vordergrund rückt, die gar keine Jüngerinnen sind? In ihnen verknüpft der Erzähler Nachfolge, Dienst und die Ereignisse von Passion und Ostern. Auf der diskursiven Ebene stellt er die Frauen als Angehörige oder als Familie Jesu vor, die auf diese Ereignisse vorbereitet sind. Indem sie Jesus zur Seite stehen, führt sie der Erzähler den LeserInnen als Vorbilder vor Augen, von denen sie lernen können, wie man sich verhalten muss, um auch in den schwierigsten Augenblicken standzuhalten – in jenen Augenblicken, in denen das ganze Projekt Jesu zu scheitern scheint.

3.2 Die Frauen als Mittlerinnen des Zugangs zum Osterereignis

Bei der narrativen Analyse von Mk 16,1–8 kommt dem Blickwinkel der Frauen eine besondere Bedeutung zu. Diese Fokalisierung lenkt die Empathie auf sie – vor allem dann, wenn die Szene am leeren Grab als Theophanie zu verstehen ist.

Durch die Frauen erhalten die LeserInnen Zugang zu der paradoxen Welt des Grabes, der Sphäre unter der Erde, der Dunkelheit und des Lichts in einer Synthese von Gegensätzen, wie sie für die religiöse Erfahrung einer Theophanie kennzeichnend ist. Die Auferstehung selbst ist bei Mk nur indirekt zu erschließen und schwer greifbar. Die Lesenden bekommen sie aus dem Blickwinkel der Frauen dargestellt, durch das, was sie sehen, hören und fühlen. Für Mk ist dies grundlegend: Wenn die LeserInnen nicht den Blickwinkel der Frauen einnehmen, werden sie zu den österlichen Schlüsselereignissen keinen Zugang finden. Diese „vermittelnde" Funktion der Frauen ist ent-

---

[45] Siehe NAVARRO PUERTO, *Marcos*, und DIES., *Ungido*.

scheidend für die weiteren Lektüren des Evangeliums. Im Zentrum der Grabesszene stehen das Wort der Verkündigung und die ihnen anvertraute Mission, doch die Szene bleibt nicht bei diesem Zentrum stehen. Die aus Furcht und Entsetzen erwachsenden emotionalen Reaktionen sowie das abschließende Schweigen der Frauen sind bis heute eine Herausforderung für Exegetinnen und Exegeten. Die Interpretation darf jedoch nicht losgelöst von dem vorher Erzählten erfolgen. Obwohl das Geschehen auch etwas von einem Bruch hat, ist es doch in vielerlei Hinsicht mit allem Vorangegangenen verbunden. Die LeserInnen wissen, dass dieses Schweigen am Ende eine narrative Strategie ist;[46] Exegese und Theologie ist zudem bewusst, dass seine Bedeutung dechiffriert werden muss, was allerdings den Rahmen der vorliegenden Arbeit sprengen würde. Dies führt uns unweigerlich in den extratextuellen Bereich: Ist das Schweigen am Schluss eine Kritik, die darauf hinweist, dass es im Umfeld des Mk einen Konflikt gegeben hat, ob diese vermittelnde Rolle der Frauen im Hinblick auf die Bedeutung von Ostern akzeptiert werden soll oder nicht? Oder spricht dieses Schweigen von einer bestehenden Situation der Nichtintegration von Frauen?[47] Dann würde der Mk-Schluss nicht nur eine Kritik, sondern eine Provokation beinhalten. Dieser Schluss würde die LeserInnen kraftvoll dazu herausfordern, sich ihren Zugang zu Ostern auf dem einzig möglichen Weg zu suchen: über die Erfahrung der Frauen. Mithin würde dieses offene Ende die Lesenden gleichzeitig auf den intra- wie auch auf den extratextuellen Bereich verweisen.

3.2.1 Umwandlungen von innen heraus

Anders betrachtet gewinnen wir nun vor einem österlichen Hintergrund und im Kontext der neuen Schöpfung jene Dynamik zurück, die Jesus mit seinen unterschiedlichen Berufungen verschiedener Gruppen in Gang gesetzt hat: die Umwandlung von innen heraus. Betrachten wir einige Beispiele. Erstens evoziert der in 15,41 im Passions- und Osterkontext wieder aufgegriffene „Dienst" – losgelöst von allen essentialistischen Assoziationen und soziologischen sowie religiösen geschlechtsspezifischen Zuschreibungen – die Handlungsweise der Schwiegermutter des Simon und damit das „Dienen" der Frauen. Zweitens gewinnen wir – losgelöst von biologistischen Interpretationen – die familiären Beziehungskategorien als Art der Zugehörigkeit zum engeren Umfeld Jesu zurück. Diese familiären Beziehungen konstituieren eine in vielerlei Hinsicht neuartige Gemeinschaft und diese Neuartigkeit gipfelt insbesondere in der freien Rollenwahl von Frauen. Drittens gewinnen wir die emotionale Betroffenheit der Frauen im leeren Grab zurück: Sie erinnert an die Theophanien zahlreicher anderer biblischer Figuren, bei denen das Leben der Betreffenden, aber auch ihr Volk oder ihre Gruppe durch die göttliche Gegenwart entscheidend verändert werden. Hier sei, ohne weiter ins Detail zu gehen, nur auf die Erzeltern verwiesen, auf Mose oder einige der Propheten. Die Theophanien sind den LeserInnen durch die Beschreibung der emotionalen

---

[46] Wie PERRONI, *Discepole*, treffend bemerkt, bedeutet dieses Schweigen nicht, dass die Frauen immer geschwiegen hätten, genauso wenig wie die Erzählung von der Erblindung des Paulus bedeutet, dass er sein Augenlicht nicht wiedererlangt hätte.

[47] Diese Anregung verdanke ich Xabier Pikaza.

Betroffenheit der Figuren zugänglich. Im österlichen Kontext zeigt Mk den Lesenden Maria von Magdala, Maria, die Mutter des Joses, und Salome als diejenigen Frauen, durch die – in Kontinuität und gleichzeitig im Bruch mit den großen Persönlichkeiten aus der Geschichte Israels – Gott wesentliche Veränderungen in der Gruppe derer anregt, die Jesus nachgefolgt sind.

Dienst, familiäre Beziehungen und Emotionen,[48] die als Merkmale einer vermeintlichen „weiblichen Natur" gesehen werden, werden durch den Ruf in die Nachfolge Jesu von innen her umgewandelt: zum christologischen Dienst und zum Dienst der gesellschaftlichen Veränderung, zu zirkulären und inklusiven Familienbeziehungen in der Gemeinschaft Jesu und zur emotionalen Betroffenheit angesichts einer transformierenden und zur Umwandlung aufrufenden göttlichen Gegenwart und Sendung. Durch diese Transformation wird das vermeintlich typisch und ausschließlich Weibliche in allgemeingültige Kategorien verwandelt, die allen zugänglich sind, die die grundlegenden Bedingungen des Glaubens und der Treue zum Willen Gottes akzeptieren. All das erkennt man erst vor dem Hintergrund der österlichen Ereignisse. Nur dort wird seine Bedeutung offenbar: im leeren Grab, angesichts der Botschaft von der Auferstehung, wo sich mit den Frauen alles umkehrt und eine neue Schöpfung und eine neue Geschichte beginnen.

3.3 Die Frauen bei Markus: Erzählung und Geschichte

Die narrative Analyse befasst sich üblicherweise nicht direkt mit dem Verhältnis von Erzählung und Historizität. An einigen Punkten wurde auf die extratextuelle Welt Bezug genommen, um sie von der Erzählung selbst her zu befragen. Ich habe nicht vor, gegen die Prinzipien der Methode zu verstoßen. Dennoch kann ich das Konzept der Jüngerschaft als mutmaßliches Modell der Nachfolge in der Gemeinschaft des Mk problematisieren. Hierzu muss ich lediglich auf die Daten zurückgreifen, die die Analyse der diskursiven Ebene liefert, denn dort bietet der Autor den LeserInnen zahlreiche Informationen, weil er darauf zählt, dass sie diese verstehen oder zumindest darüber nachdenken können.

Aus welchem Grund sollte die mk Erzählung, die den Glauben ihrer LeserInnen und HörerInnen wecken will, einen Weg einschlagen, auf dem diese Schritt für Schritt das Scheitern der *Zwölf Jünger* miterleben, und sie gleichzeitig mit direkten und indirekten Hinweisen auf die Gruppe der Nachfolgenden aufmerksam machen? Mit welcher Absicht und zu welchem Zweck werden die Frauen am Ende des Weges mit jenem Osterereignis alleingelassen, das der ganzen Erzählung erst Sinn gibt und um das das gesamte Evangelium und jede künftige Lektüre besagter LeserInnen und HörerInnen kreist?

Eine erste Antwort verweist uns zurück auf die narrative Welt (die Szenen der Erzählung), führt uns aber gleichzeitig wieder aus ihr heraus und stellt eine Verbindung zum extratextuellen Bereich her, weil die Antworten Lesende und Hörende aus einer

---

[48] Hierbei handelt es sich um Beispiele, die noch erweiterbar wären.

bestimmten Gemeinschaft und einem bestimmten Kontext (*Sitz im Leben*) voraussetzen: empirische und nicht bloß virtuelle oder ideelle Lesende. Dieser mögliche extratextuelle Rahmen stellt sich auf den ersten Blick, wie schon gesagt, als ein zumindest konfliktbeladener Hintergrund dar.

Wir sprechen im Allgemeinen von Anzeichen einer Repatriarchalisierung. Diese Anzeichen verweisen auf verschiedene Reibungspunkte[49]: das Autoritäts- und Führungsverhältnis zwischen verschiedenen Gruppen, die auf eine historische Beziehung zu Jesus zurückgehen und sich darauf berufen; die Art der Führung und die Geltendmachung ihrer Autorität in der alltäglichen Praxis; und, was uns am meisten interessiert, die Schwierigkeit, Frauen und solche Personen zu integrieren, die den eher traditionellen jüdischen Zentren fern stehen. Die Tatsache, dass Frauen die ersten Zeuginnen der Auferstehung waren, und das Potential zur Veränderung und zur Transformation, das diese Tatsache in den Anfängen der Gemeinschaft des Mk besessen hat, ließen sich nicht verheimlichen. Mk hat es vorgezogen, die Konflikte meisterhaft zu „lösen", indem er die wichtigsten Punkte problematisierte und die Geschichte Jesu und seiner Nachfolge offen ließ. Narrativ hat er diese Offenheit mithilfe der Frauenfiguren gestaltet – jener Frauen, die tatsächlich dort waren: als Zeuginnen des radikal neuen Ereignisses, das die Geschichte tatsächlich verändert hat.

Ein zweiter Versuch einer Antwort setzt auf intratextueller wie extratextueller Ebene eine sorgfältige Untersuchung der Frage voraus, was es zu bedeuten hat, dass der Engel die Frauen nach Galiläa sendet. Er geht nicht von einer Phase der Repatriarchalisierung, sondern von einer anderen, früheren Phase aus. Pikaza schlägt die Hypothese vor,[50] dass Mk in einer Zeit schreibt, in der das Zeugnis der Frauen „Galiläa", den symbolischen und geographischen Ort der eigenen Gemeinschaft, noch nicht erreicht habe.[51] Für diese Hypothese spricht meines Erachtens das Schweigen als kritisches und offenes Element, das das Projekt Jesu unvollendet und seine Verwirklichung in der Schwebe lässt. Die Verwirklichung würde über die Integration der Frauen erreicht. Pikaza glaubt, dass in dieser Phase die Linie der Frauen und die der Jünger und des Petrus noch nicht zusammengeführt worden sind und dass Mk 16,7 diese Zusammenführung als mögliche und noch unerfüllte Zukunft andeuten will.

Meine Hypothese (mit der ich mich noch immer auf der extratextuellen Ebene bewege) liegt zwischen diesen beiden Antwortversuchen. Der Mk-Schluss bezieht sich meines Erachtens nach nicht auf eine Zeit der Repatriarchalisierung, denn diese wäre – auch im Vergleich zu den anderen Synoptikern – zu früh angesetzt. Ich glaube auch

---

[49] Andere Autorinnen haben diese Reibungspunkte mithilfe anderer Methoden herausgearbeitet.

[50] Diesen Hinweis verdanke ich persönlichen Gesprächen mit Xabier Pikaza. Seiner Ansicht nach ist auch die Familie Jesu – die Familie im weiteren Sinne entsprechend der Positionierungen, die Mk in 3,31–35 vornimmt – nicht integriert worden. Auf diese Weise setzt er die Frauen und die Familie zu dem in Beziehung, was er als die Wer-ist-wer-Frage in der Urgemeinschaft des Mk bezeichnet. Ohne Zweifel handelt es sich hierbei um einen interessanten Forschungsansatz.

[51] Galiläa und Syrien als wahrscheinliche Heimat der mk Gemeinschaft.

nicht, dass die mk Erzählung einfach einen Entwurf für etwas noch nicht Verwirklichtes darstellt. Chronologisch gesehen ist die Zeit zu kurz, die die Jesusbewegung, wo Frauen eingeschlossen sind, von der Endredaktion des Mk und damit von den Gemeinschaften, die aus dieser Bewegung hervorgegangen sind, trennt. Meiner Ansicht nach macht der Mk-Schluss den ungelösten Konflikt zwischen der heterogenen und vielfältigen Gruppe der Nachfolgenden und der verbleibenden Gruppe der *Zwölf Jünger* deutlich, bei denen Petrus nach wie vor eine wichtige Rolle spielt. Dass Petrus als individuelle Figur hervorgehoben wird, weist meiner Meinung nach auf einen Reibungspunkt hin,[52] doch der Lösungsweg führt über die Frauen und nicht umgekehrt. Ich glaube, dass der Erzähler mit dem Schweigen am Ende deutlich machen will, wie schwer sich die mk Gemeinden damit tun, die hermeneutische Vermittlung des Ostergeschehens durch die Frauen zu akzeptieren.

Die narrative Analyse erlaubt es nicht, noch weiterzugehen. Es erheben sich Fragen, die diese Methode nicht beantwortet und denen die feministischen ExegetInnen aus dem breiten Feld der historisch-kritischen Forschung weiter auf den Grund gehen sollten.

4. Schluss

Im Allgemeinen vertreten ExegetInnen und TheologInnen im Rahmen einer androzentrischen Mentalität, der man sich nur sehr schwer entziehen kann, die Ansicht, im Falle des Mk sei die Jüngerschaft das aus feministischer Sicht angemessene Paradigma für die Frauen in der Nachfolge Jesu. Mk spricht nicht von Aposteln – nur von Jüngern. Die Vorstellung einer exklusiven Jüngerschaft von Männern und Auserwählten ist dem erfolgreichen jahrhundertelangen Versuch geschuldet, diese in praktische Konsequenzen, nämlich in Formen der Macht und Führung, umzusetzen und für dieses Konzept von Jüngerschaft eine unanfechtbare Argumentationsbasis zu etablieren. Dies hat eine Analyse erschwert, in der auch abweichende und sogar gegensätzliche Sichtweisen möglich sind. Aus unserer Untersuchung können wir folgern, dass das vorherrschende Modell bei Mk das der Nachfolge ist; dass die Jüngerschaft sich in dieses Modell einfügen (16,7: „Geht und sagt ...") und sich ihm unterordnen muss; dass in diesem Paradigma Führung und patriarchale Macht, die dem Reich Gottes fremd sind, unablässig kritisiert werden; und dass in diesem Modell Frauen die Bezugsgröße schlechthin waren und auch weiterhin sein können (während das Patriarchat weiter besteht): eine Bezugsgröße, an der Mk zufolge keine Frau und kein Mann in der Nachfolge Jesu vorbeikommen.

---

[52] Vgl. Elisabeth SCHÜSSLER FIORENZA, *Zu ihrem Gedächtnis ...: Eine feministisch-theologische Rekonstruktion der christlichen Ursprünge* (Gütersloh: Kaiser, ²1993), und die nichtkanonischen Dokumente, aus denen der Konflikt zwischen Petrus und Maria Magdalena oder zwischen den beiden Führungslinien deutlicher hervorgeht, deren jede sich auf die Autorität Jesu und die Beziehung zu ihm beruft.

Einige dieser Schlussfolgerungen könnten helfen zu verstehen, warum in der mk Erzählung keine Frauen berufen werden. Da es sich wie bei den anderen Evangelien um einen Text mit einer Entstehungsgeschichte handelt, ist das, was darin erzählt wird, weder unschuldig noch zufällig. Vorausgesetzt, man hat akzeptiert, dass die Frauen unverzichtbar sind, um Jesus zu verstehen und die Dinge aus der Perspektive des Gottesreiches zu sehen – wie ist es dann zu erklären, dass der Erzähler von keiner Einzigen dieser Frauen eine Berufungsgeschichte erzählt, wenn diese Berufung tatsächlich eine so große theologische Bedeutung hätte, wie man sie ihr beigemessen hat? Genügt es, sich auf die empirische Geschichte zu berufen, und müssen wir das dann nicht auch tun, um andere ebenso wichtige oder wichtigere Fragen wie etwa die nach dem Prozess und der Verurteilung Jesu zu beantworten? Haben wir es hier nicht erneut mit dem so schwer auszurottenden Problem vorgefasster Meinungen, sexistischer Vorurteile oder patriarchaler Positionierungen zu tun?

Jüngerinnen, aber nicht Apostolinnen
Das lukanische Doppelwerk

Marinella Perroni
Pontificio Ateneo S. Anselmo, Rom

> Nach der Weissagung Simeons kam, da auch die Frauen gerettet werden müssen, eine Prophetin ... Welch schöne Reihenfolge! Es kam vor dem Mann nicht die Frau, sondern als erster kam Simon, ... dann erst kam die Frau. (Origenes, *Hom. Luc.* 17,9)[1]

Mittlerweile kann man Frauenfragen im lk Doppelwerk nicht mehr ohne eine Auseinandersetzung mit dem *status quaestionis* der heute mehr als je divergierenden Forschung dazu darstellen. Ende der Neunziger Jahre schien die Situation klar profiliert:[2] Einer beachtlichen Anzahl von Wissenschaftern und Wissenschafterinnen, die Lk als „den Evangelisten der Frauen" betrachteten, standen andere gegenüber, die die Position von Lk in Relation zur Präsenz und vor allem den Rollen von Frauen in der christlichen *ecclesia* für zumindest zweideutig, wenn nicht sogar für gefährlich, hielten. Sogar in Bezug auf ein so spezifisches und für diese Schriften nicht vorrangiges Thema wie das der Frauen scheinen sich das Evangelium und die Apostelgeschichte von Lk im Zentrum der Diskussion zu befinden: Handelt es sich vielleicht nur um eine der vielen Konsequenzen der mittlerweile verjährten Kontroverse um den Frühkatholizismus von Lk?[3]

Ohne Frage enthält das Lukasevangelium die meisten Perikopen, in denen Frauen eine wichtige Rolle spielen, unterschiedlich sowohl in Inhalt als auch literarischer Form. Vier Wundererzählungen stellen Frauen als die Adressatinnen des erlösenden Wirkens Jesu dar (Lk 4,38f.: die Schwiegermutter des Simon; 7,11–17: die Witwe von Naïn; 8,42b–48: die blutflüssige Frau; 13,10–17: die verkrümmte Frau).[4] Außerdem

---

[1] Zitiert aus Hermann-Josef SIEBEN, *Origenes: In Lucam Homiliae: Homilien zum Lukasevangelium 1* (FC 4/1; Freiburg i. Br.: Herder, 1991), 203–205.

[2] Vgl. die klare und präzise Skizzierung von Robert J. KARRIS, „Women and Discipleship in Luke", *CBQ* 56 (1994): 1–20.

[3] So KARRIS, „Women", 1f., unter Berücksichtigung der Diskussion zwischen Elisabeth Schüssler Fiorenza und John R. Donahue über die lk Perikope von Marta und Maria: siehe Elisabeth SCHÜSSLER FIORENZA, *Theological Criteria and Historical Reconstruction: Martha and Mary, Luke 10:38–42: Protocol of the Fifty-Third Colloquy, 10 April 1986* (Protocol of the Colloquy of the Center for Hermeneutical Studies in Hellenistic and Modern Culture 53; Berkeley: The Center for Hermeneutical Studies in Hellenistic and Modern Culture, 1987), 1–38.

[4] Hinzuzufügen wäre vielleicht auch die Tochter des Jaïrus (8,40–42a.49–56), aber in diesem Fall müsste eher der Vater als Heilsempfänger betrachtet werden, wie in der Episode der Witwe von Naïn auch die Mutter die Heilsempfängerin ist und nicht der Sohn.

bestätigen drei Gleichnisse markant die Beispielhaftigkeit ihres Verhaltens (13,20–22: der Sauerteig; 15,8–10: die verlorene Drachme; 18,1–8: die hartnäckige Witwe) und in einigen Erzählungen spielen Frauen die Hauptrolle (7,36–50: die Sünderin; 10,38–42: die Schwestern von Betanien; 21,1–4: die arme Witwe; 23,26–24,53: die Passions- und Ostererzählung). Dazu müssen auch die Kindheitserzählungen in Lk 1–2 gerechnet werden. Eine präzisierende Notiz fügt zudem Frauen in die begrenzte Gruppe der Jünger Jesu ein (8,1–3). In zwei Episoden sind sie unmittelbare Gesprächspartnerinnen Jesu (11,27f.: die Frau in der Menge; 23,27–31: die Töchter von Jerusalem). Teils ist es Jesus selbst, der sich, mehr oder weniger direkt, in seiner Verkündigung auf sie bezieht (14,25–27; 18,29: Worte über die JüngerInnenschaft; 16,18: über die Verstoßung einer Ehefrau; 21,23: Weheruf über die Schwangeren). Schließlich weist alles darauf hin, dass jedes Mal, wenn die Menge oder die „Jünger" als AdressatInnen der Worte Jesu erwähnt werden, Lk auf ein Publikum verweist, zu dem auch Frauen gehören.

Die Apostelgeschichte enthält ferner ein kleines Kompendium frühchristlicher Geschichtsschreibung über Frauen: die Erzählungen über die Gemeinschaft der Witwen in Joppe und über Tabita (9,36–42), über die Purpurhändlerin von Philippi (16,13f.) und Damaris von Athen (17,34), das Zeugnis über die Rolle einiger Frauen in den Gemeinden ihrer jeweiligen Städte (Maria in Jerusalem: 12,12–15; Priszilla in Ephesus: 18,2.18.26; die vier Töchter von Philippus in Cäsarea: 21,8f.) sowie zahlreiche allgemeine Hinweise in ganz unterschiedlichen Erzählkontexten (1,14; 5,14; 6,1; 8,3.12; 9,2; 13,50; 17,4.12; 22,4).[5] Wie die beiden Summarien in 5,12–16 und 8,12 zeigen, ist es genau die Absicht von Lk, die Geschichte der christlichen Ursprünge auch im Hinblick auf Frauen durchzudeklinieren: Von Anfang an waren sie Teil der christlichen Gruppen (9,2) und herausragende Gottesfürchtige unter ihnen waren ein wichtiges Element der Missionsgeschichte, indem sie die Ausbreitung der christlichen Verkündigung behinderten oder förderten (13,50; 17.4.12).

Sobald jedoch in der Forschung die Quantität der Qualität der Frauenerzählungen als Kriterium weichen musste, wurde die patriarchale Struktur der lk Erzählungen deutlich. Es setzte sich die Überzeugung durch, dass, sollte das Modell einer Kirche frei von allen Unterscheidungen aufgrund des Geschlechts weiterverfolgt werden, dies nur möglich wäre, wenn Lk „gegen die Intention von Lukas selbst" gelesen würde.[6] Eine solche Perspektive findet ihre Bestätigung in einer dichten historisch-kritischen Analyse, die sowohl die synoptische Frage als auch die Prozesse der Abfassung der Erzählungen der Evangelien in Betracht zieht.[7] Tatsächlich wurde in den letzten Jahrzehnten

---

[5] Vom literarischen Standpunkt her gesehen werden auch einige andere Figuren betont, wie Saphira (5,1–11), Rhode (12,13–15) und die junge Magd, die Paulus exorziert (16,16–18); außerdem werden die Mutter des Timotheus (16,1), Berenike, die Frau des Königs Agrippa (25,13.23; 26,30), und Kandake, die äthiopische Königin (8,27), erwähnt.

[6] Vgl. Turid Karlsen SEIM, *The Double Message: Patterns of Gender in Luke-Acts* (Edinburgh: T&T Clark, 1994); Barbara E. REID, *Choosing the Better Part? Women in the Gospel of Luke* (Collegeville: Liturgical Press, 1996), 54.

[7] Eine vom methodologischen Standpunkt her sehr gute Synthese, nach der es notwendig ist, die lk Zeugnisse über Frauen wertzuschätzen, bietet Mary Rose D'ANGELO, „(Re)presenta-

die Fokussierung auf die diachrone Perspektive aufgegeben und mit ihr auch der Anspruch, die Spannung zwischen traditionellem Material und redaktioneller Bearbeitung ans Licht zu bringen. Muss damit auch jeglicher Versuch, an den realen Autor näher heranzukommen, als überholt erachtet werden? Ist damit auch der Versuch obsolet, Lk in jener Phase des Frühchristentums zu verankern, in der der Prozess der Marginalisierung der Frauen in Bezug auf kirchliche Rollen und Funktionen bereits begonnen hatte, wie dies in der paulinischen und joh Tradition zu sehen ist? Mit anderen Worten: Wenn sich die Aufmerksamkeit auf die Einheitlichkeit des lk Erzählprogramms verschiebt und nur die Endform des Textes in Betracht gezogen wird, findet auch eine Frage wie die nach dem Stellenwert der weiblichen Figuren eine andere Lösung?

Meiner Meinung nach kann die Frage nach den Frauen im lk Doppelwerk heute nicht anders gestellt werden als genau an dieser Kreuzung, an der die detaillierten Hypothesen der historischen Kritik und die Ergebnisse der Erzählanalyse dazu zwingen, getrennte Wege zu gehen. Ohne hier in diese Diskussion einzutreten und im Wissen, dass die synchronen Methoden und ganz besonders die narrative Analyse auch von Seiten der Exegese immer mehr Anerkennung finden,[8] halte ich es doch für angemessener, das Thema der Frauen im lk Werk in den heute klassischen Begriffen der historisch-kritischen Exegese darzustellen. Ich bin davon überzeugt, dass es unentbehrlich ist, die Evangelien als die reife Frucht der vielfältigen Rezeption der Verkündigung von und über Jesus zu betrachten. Für die besondere Frage nach den Frauen ist dies weiterhin absolut notwendig, da sie sonst in apologetischer Form abgehandelt wird und nur zu weiteren Ehrerbietungsformen gegenüber den Frauen der Evangelien führen würde.[9]

Ich halte daher eine historisch-indikative Annäherung für weniger gefährlich für den Glauben und das Leben der Kirchen, als den Figuren eine nur literarische Substanz zuzuerkennen: Die Marginalisierung der Frauen in den Kirchen war keine *literarische* Strategie, ebenso wenig wie ihre Beteiligung an der Entstehung und Ausbreitung des christlichen Kerygmas eine war.

Ich hoffe, eine Diskussion innerhalb der heutigen Exegese zu fördern, die der Frauenfrage eine richtungsweisende Qualität zuerkennt, statt sie als Thema, das Zweck an sich ist, zu betrachten: Die Forschung über die Frauen im lk Werk betrifft nicht Frauen allein, sondern die lk Studien. Angesichts seiner fast einstimmigen chronologischen

---

tions of Women in the Gospel of Matthew and Luke-Acts", in *Women and Christian Origins* (hg. v. Ross Shepard Kraemer und Mary Rose D'Angelo; New York: Oxford University Press, 1999), 171–195.

[8] Vgl. die Beiträge von Mercedes NAVARRO PUERTO, Bernadette ESCAFFRÉ und Silvia PELLEGRINI in diesem Band.

[9] Ich stimme völlig mit Elisabeth SCHÜSSLER FIORENZA überein, die die feministische Forschung davor warnt, den postmodernen Theorien allzu unkritisch zu vertrauen, die alles auf eine bloß textuelle Realität reduzieren und damit Frauen aus der Geschichte verschwinden lassen. Vgl. als interessantes Ergebnis der bisherigen Forschung über die Frauen bei Lk Sylvie PAQUETTE, *Les femmes disciples dans l'évangile de Luc: Critique de la rédaction* (Diss., Universität Montréal, 2008), online veröffentlicht: http://www.theses.umontreal.ca/theses/nouv/paquette-lessard_s/these.pdf (17.7.2011).

Einordnung in die letzten Jahrzehnte des 1. Jh. und seiner Ausformung in zwei Schriften, die sich trotz deutlicher Unterschiede auch in gewisser Hinsicht nahe sind, bietet sich das lk Werk zudem in ganz besonderer Weise für einen historisch-literarkritischen Zugang an.

Nach der Untersuchung zweier Signaltexte des dritten Evangeliums (8,1–3 und 10,38–42), die die Formulierung einer überzeugenden Hypothese zu ihrer Interpretation erlauben (1), werde ich anschließend einige Texte behandeln, die den Standpunkt des dritten Evangelisten zur Beteiligung der Frauen an der Mission dem Übergang zur dritten christlichen Generation zuordnen (2), sowie die historischen Zeugnisse der Apg über den Beitrag der Frauen zu den apostolischen Kirchen (3).

1. Welche Diakonie? Zwei exemplarische Texte (Lk 8,1–3 und 10,38–42)

Nach der sorgfältigen Prüfung aller Texte der beiden Lk zugeschriebenen Werke, die sich auf Frauen beziehen, bin ich überzeugt, dass das Summarium über die Zusammensetzung der JüngerInnenschaft Jesu während seiner Verkündigung in Galiläa (8,1–3) und die Perikope vom Besuch Jesu im Haus von Marta und Maria (10,38–42) eine Vorbedingung, nicht nur ein einfaches Vorspiel, für den Versuch der Rekonstruktion der lk Haltung gegenüber Frauen darstellen. In diachroner Perspektive als die Bearbeitung von tradierten Informationen betrachtet, erlauben beide Texte, die typisch lk Rezeptionsweise von Überlieferungen über das Leben und die Verkündigung Jesu und deren spezifische Tradierung im Hinblick auf das Leben der Gemeinden, an die Lk sich wendete, zu erhellen. Beide Texte, der erste eher implizit, der zweite eindeutig, kreisen um die Frage der *diaconia*; dadurch wird es möglich, zu zeigen, dass Lk, wenn er auf die ekklesiale Organisation und nicht auf die Heilsökonomie verweisen will, klar dazu tendiert, Frauen zu marginalisieren.[10] Schwieriger festzustellen ist dagegen, ob er damit eine faktische Situation reflektiert oder ob er versucht, diese erst herzustellen.

1.1 Reiche Unterstützerinnen der christlichen Mission (Lk 8,1–3)

Die Distanz zwischen der Darstellung der galiläischen Jüngerinnen in Lk 8,1–3 und der Anmerkung in Mk 15,40f. über die Gegenwart von Frauen beim Kreuz überzeugt davon, dass der dritte Evangelist die Teilnahme der Frauen an der jesuanischen JüngerInnenschaft ganz anders als Mk betrachtete: Die galiläischen Jüngerinnen werden nicht mehr als die einzigen Zeuginnen der Kontinuität zwischen dem Wirken Jesu und seinem Tod beschrieben (Mk 15,40f.), sondern fungieren als Vorbilder für wohlhabende Unterstützerinnen der christlichen Mission (8,3b).

---

[10] Meine kurzen Anmerkungen führe ich in: Marinella PERRONI, „Discepole di Gesù", in *Donne e Bibbia: Storia ed esegesi* (hg. v. Adriana Valerio; La Bibbia nella Storia 21; Bologna: Edizioni Dehoniane, 2006), 197–240 (v. a. 203–210), weiter aus.

Ich kann mich nicht mit dem genauen Studium des Textes, seiner literarischen Besonderheiten und seiner redaktionellen Funktion aufhalten,[11] sondern beschränke mich auf die Beobachtung, dass in der vierfachen Verwendung des verbindenden καί, das die Aufzählung der verschiedenen Subjekte gliedert, die vierteilige Struktur des Textes deutlich wird. Die Aufzählung ist bedächtig, fast monoton, unterbrochen nur von der Einfügung der Namensliste. Von jedem der vier Subjekte der Gruppe bietet Lk eine Charakterisierung: Jesus verkündigt, die Zwölf und die drei geheilten Frauen, die namentlich identifiziert werden,[12] sind „mit ihm" (σὺν αὐτῷ); viele andere Frauen schließlich stellen ihre Mittel der ganzen JüngerInnenschaft Jesu zur Verfügung. Anders als gemeinhin behauptet, meine ich, dass sich von der Syntax her das Relativpronomen in V3b auf das unmittelbar vorhergehende Subjekt beziehen muss, also auf die „vielen anderen" (ἕτεραι πολλαί), und nicht auf „einige Frauen" (γυναῖκές τινες) vom Versanfang, die bereits durch einen Relativsatz näher bestimmt sind. Die auffallende literarische Parallele in 24,10 bestätigt nur, dass die ἕτεραι πολλαί von 8,3 für den Evangelisten eine spezifische Identität und Rolle haben, unterschieden von jenen der γυναῖκές τινες. Der Text sagt nicht, dass die galiläischen Jüngerinnen, die Teil von Jesu Nachfolgegemeinschaft sind, ihm dienen. Aber seine Konstruktion begünstigt eine Rhetorik der Inklusion, so dass der letzte Relativsatz „die ihnen mit ihren Gütern dienten" auch alle vorher erwähnten Frauen einschließen kann.

Anders als in Mk 15,40f. betrifft die *diaconia* die letztere Frauengruppe und nicht die drei namentlich erwähnten galiläischen Jüngerinnen. Vor allem präzisiert sich die *diaconia* im Unterhalt der ganzen Gruppe derer, die „mit ihm" sind, und nicht im JüngerInnendienst an „ihm" (Mk 15,41: αὐτῷ). Der Schlüsselbegriff ist hier in der Tat das Verb „dienen" (διηκόνουν) und seine Bedeutung ist angesichts seiner Präzisierung durch den Verweis auf die Mittel (ὑπαρχόντων) keineswegs unklar oder allgemein. Bei Lk hat der Begriff διακονεῖν sicher auch die Bedeutung von „bei Tisch bedienen"[13] oder auch von „für Essen sorgen"[14], und zweifellos spiegelt diese Bedeutung nicht nur die Erfahrung der frühchristlichen Gemeinde wider, sondern auch die von Je-

---

[11] Vgl. dazu Marinella PERRONI, „Ricche patrone o discepole di Gesù? (Lc 8,1–3): A proposito di Luca ‚evangelista delle donne'", in *„Lingue come di fuoco" (At 2,3): Scritti lucani in onore di Mons. Carlo Ghidelli* (hg. v. Giuseppe De Virgilio und Pier Luigi Ferrari; La cultura 189; Rom: Studium, 2010), 199–211.

[12] Dieser Punkt der Überlieferung ist wichtig und müsste vertieft werden: Kann man angesichts dessen, dass das dritte Evangelium keine Berufungserzählungen enthält, in denen Frauen die Hauptfiguren wären, vermuten, dass der Hinweis auf ihre Heilung bei Lk dieselbe Funktion hat? Vgl. dazu Isabel GÓMEZ ACEBO, *Lucas* (Guías de lectura del Nuevo Testamento; Estella: Verbo Divino, 2008), 216. Wichtig dazu auch Elisa ESTÉVEZ LOPEZ, *Mediadoras de sanación: Encuentros entre Jesús y las mujeres: Una nueva mirada* (Teología Comillas 8; Madrid: San Pablo, 2008), v. a. 255–282. Die Frage ist komplex, da sie m. M. nach eine Umkehrung des Blickwinkels verlangt: Kann der *topos* des Rufs, wie er positiv in Lk 5,1–11 und negativ in 18,17–23 erscheint, als jesuanisch gelten oder spiegelt er nicht eher post-jesuanische einschränkende Kriterien wider?

[13] Wie in 12,37; 17,8; 22,26.

[14] Wie in 4,39; 10,40; Apg 6,2.

sus selbst.¹⁵ Es stellt sich allerdings die Frage, ob Lk in 8,3b mit dem Ausdruck „sie dienten mit ihren Gütern" (διηκόνουν αὐτοῖς ἐκ τῶν ὑπαρχόντων αὐταῖς) nicht auf etwas anderes verweisen will. Der Kontext, den er in V1 entwirft, ist die Situation der Wanderschaft, gänzlich unterschieden von den anderen, örtlich klar determinierten Situationen, in denen der Begriff διακονεῖν „bei Tisch bedienen" bedeutet. Die Konstruktion ὑπάρχειν mit dem Dativ (statt Genitiv, wie üblicher bei Lk) verweist außerdem auf zwei erhellende Texte: In seiner Warnung vor Habgier erinnert Jesus daran, dass für niemanden das Leben von dem abhängt, „was ihm gehört" (12,15: ἐκ τῶν ὑπαρχόντων αὐτῷ), und im Summarium in Apg 4,32–35 wird die frühchristliche Praxis beschrieben, nach der niemand als seinen Besitz betrachtet, „was ihm gehört" (τι τῶν ὑπαρχόντων αὐτῷ). Auch in 8,3b handelt es sich also um Güter im Besitz einer großen Gruppe von Frauen, und ihre Diakonie muss so verstanden werden, dass sie ihre eigenen Mittel zur allgemeinen Verfügung stellen. Aufgrund des klaren Gegensatzes zu Jesu Stil eines Wanderpropheten und der geringen Plausibilität der Notiz auf dem Hintergrund der sozio-ökonomischen Situation jener Zeit in Palästina muss der Hinweis des Lk auf eine große Gruppe von Frauen in der Nachfolge Jesu, die ihre Güter, über die sie autonom bestimmen, der JüngerInnenschaft Jesu zur Verfügung stellen, als eine Glosse betrachtet werden, mit der der Evangelist die vermögenden Frauen seiner Gemeinde einlädt, die christliche Mission durch ihren Reichtum zu unterstützen.

Dies kann angesichts des ekklesiologischen Zuschnitts, den der Evangelist dem ganzen Erzählabschnitt von der zweiten Periode des galiläischen Wirkens Jesu zu geben versucht, nicht überraschen. Noch kann die genaue Analogie im Vokabular zwischen 8,1–3 und 9,1f. für Zufall gehalten werden:¹⁶ Die Sendung der Zwölf wird wohl die gleichen Charakteristika haben wie jene Jesu. Verschwunden aus der Passionsüberlieferung und nicht mehr als ein spezifisches Merkmal einer bestimmten Gruppe von Jüngerinnen betrachtet, bezieht sich die *diaconia* der „vielen anderen" (ἕτεραι πολλαί) also auf die Verkündigungstätigkeit Jesu als Präfiguration jener der lk Gemeinde.

1.2 Zum Schweigen gebrachte oder schweigende Jüngerinnen (10,38–42)

Kommen wir zur lk Erzählung des Besuchs Jesu im Haus von Marta in 10,38–42, einem Text mit einer enormen historisch-kritischen Forschungsgeschichte,¹⁷ der aber auch aus einer erzählanalytischen Perspektive schon detailliert untersucht wurde.¹⁸

---

[15] Man denke an Erzählungen wie die von der Heilung der Schwiegermutter des Simon (4,38f.) oder von Marta und Maria (10,38–42).

[16] Die Zwölf (δώδεκα), die Dämonen (δαιμόνια), heilen (θεραπεύειν), verkündigen (κηρύσσειν), Kranke/Krankheiten (ἀσθενεῖς/ἀσθένειαι).

[17] Ich weise hier nur auf die wichtigsten Werke hin: siehe zunächst die klassischen Kommentare, wie z. B. François BOVON, *Das Evangelium nach Lukas (Lk 1,1–9,50)* (EKKNT 3/1; Zürich: Benziger, 1989); Joseph A. FITZMYER, *The Gospel according to Luke: Introduction, Translation, and Notes* (2 Bde; AB 28–28A; Garden City: Doubleday, 1981/1985); I. Howard MARSHALL, *The Gospel of Luke: A Commentary on the Greek Text* (NIGTC 3;

Es handelt sich um eine Erzählung, die Lk nicht mit den beiden anderen Synoptikern teilt, die aber im Blick auf die Figurenkonstellation bei Joh eine interessante Parallele findet (11,1–44 und 12,1–8): Über die Feststellung hinaus, dass es sich um dieselben zwei Frauen handelt, zeigt der Vergleich zwischen Lk und Joh Textstellen, wie beide Frauenfiguren einen literarischen Umwandlungsprozess zugunsten der jeweiligen Erzählabsichten durchgemacht haben. Im joh Bericht übernimmt *Marta* als erste Zeugin des Glaubens an die Auferstehung die Rolle einer positiven Heldin, während der lk Text sie in die Rolle der Antiheldin abschiebt. Sie wird zur Gefangenen einer Diakonie, die sie von der authentischen JüngerInnenschaft distanziert. Interessant ist aber, dass in beiden Evangelien, obwohl Joh eine christologische Richtung verfolgt, Lk dagegen klare ekklesiologische Absichten hat, eine ernste Mahnung Jesu dazu dient, die Identität *Marias* als Jüngerin hervorzuheben:[19] eine schweigende Jüngerin für Lk, eine Garantin der christologisch-messianischen Dimension der JüngerInnenschaft bei Joh.

In einem diachronen Zugang zielt die Exegese der lk Perikope von Marta und Maria auf die Fragen ab, welche Kontinuität zwischen dem Standpunkt des Lk und der Verkündigung Jesu besteht und welche Ziele der Evangelist mit dem Hinweis auf genau diese beiden Frauenfiguren erreichen will: Wie konnte in der lk Kirche der Gegensatz zwischen zwei Frauen ein so brisantes Problem darstellen, dass der Streit auf der Basis eines Mahnwortes Jesu gelöst werden musste?

Dies ist keine neue Frage. Die lange Rezeptionsgeschichte der lk Erzählung fand ihren Ausdruck in einer beträchtlichen Vielfalt von Interpretationsmodellen. Ohne ins

---

Grand Rapids: Eerdmans, 1978); Walter SCHMITHALS, *Das Evangelium nach Lukas* (ZBK 3.1; Zürich: Theologischer Verlag, 1980); Gerhard SCHNEIDER, *Das Evangelium nach Lukas* (2 Bde; ÖTK 3/1–2; Gütersloh: Mohn, [2]1984/[3]1992); Heinz Jürgen SCHÜRMANN, *Das Lukasevangelium* (2 Bde; HTKNT 3/1–2; Freiburg i. Br.: Herder, 2001 [Sonderausgabe]); Eduard SCHWEIZER, *Evangelium nach Lukas* (NTD 3; Göttingen: Vandenhoeck & Ruprecht, [20]2000); außerdem Jutta BRUTSCHECK, *Die Maria-Marta-Erzählung: Eine redaktionskritische Untersuchung zu Lk 10,38–42* (BBB 64; Frankfurt: Hanstein, 1986); REID, *Choosing the Better Part?*; Jacques DUPONT, „De quoi est-il besoin (Lc 10,42)", in DERS., *Études sur les Évangiles Synoptiques 2* (BETL 70B; Leuven: Leuven University Press, 1985), 1049–1054; André KNOCKAERT, „Analyse structurale du texte biblique", *Lumen vitae/Edition française* 33 (1978): 331–340; PAQUETTE, *Les femmes*, 260–328.

[18] Für eine umfassende Darstellung des Abschnitts aus erzählkritischer Perspektive vgl. Matteo CRIMELLA, *Marta, Marta! Quattro esempi di „triangolo drammatico" nel „grande viaggio di Luca"* (Studi e ricerche; Assisi: Cittadella, 2009). Bemerkenswert ist der große Detailreichtum, der aus dem aufmerksamen Studium der narrativen Entscheidungen von Lk hervorgeht (v. a. die Verknüpfung von Hinter- und Vordergrund, zwei unterschiedlichen Ebenen, die für ihn jedoch gewollt interagieren). Crimellas Studie geht allerdings nicht über eine exemplarische Betrachtung der beiden Frauen hinaus; für ihn ist die Problematik der ekklesialen Rollen dem Text völlig fremd, während sie für mich entscheidend ist.

[19] Auch in Joh 12,1–8 ist im Grunde die Anmaßung der JüngerInnenschaft durch Maria von Betanien die Ursache eines offenen Streits mit einem der Zwölf.

Detail zu gehen,[20] lässt sich bei der Durchsicht der Wirkungsgeschichte feststellen, dass der historische Erfolg jener Modelle, die nur den Verhaltensgegensatz betonen, die Vorstellung präziser Geschlechtsasymmetrien gefördert hat und daher direkt proportional mit dem patriarchalen Willen ist, die sozio-religiösen Rollen von Frauen zu kontrollieren. Was mich hier allerdings mehr interessiert, ist die Frage, ob diese Asymmetrien schon im Evangelientext zu finden sind und daher ein Interpretationsschlüssel sein können.[21] Aus exegetischer Sicht ist das Problem nun folgendes: Hat die Erwähnung der Frauen in Lk 10,38–42 bloß einen exemplarischen Wert, wie bei anderen Figuren des Evangeliums, etwa Zachäus oder dem guten Schächer, oder kann sie analog zum Fall der Jünger oder Apostel funktionale Bedeutung haben und auf Rollen und Funktionen in der Gemeinde verweisen?[22]

Anders gesagt: Betrifft die Kontroverse zwischen Marta und Maria, die durch ein entscheidendes Wort Jesu gelöst wird, die JüngerInnenschaft (*discipleship*) von Frauen oder ihre Führungspositionen (*leadership*)? Auch in diesem Fall müssen wir uns im Grunde fragen, wie dies Irmtraud Fischer für die Erzählungen der Tora tut,[23] warum den biblischen Konflikten zwischen Männern immer ein ätiologischer Wert oder eine heilsgeschichtliche Bedeutung zugestanden werden, während jene zwischen Frauen auf Modelle spiritueller Haltungen oder moralischen Verhaltens zurückgeführt werden.

Bezogen auf die lk Begrifflichkeit, geht es um die Frage nach der Affinität oder zumindest Nähe zwischen Lk 10,38–42 und Apg 6,1–7. Offen ersichtlich ist der formale Unterschied zwischen einer historischen Ätiologie (Apg 6,1–7), die auf der Basis einiger tatsächlich geschehener Ereignisse die christliche Geschichte neu deutet und eine erste Teilung der Funktionen in der frühen Kirche als einen Konflikt um die Führung darstellt, und einer gleichnishaften Erzählung (Lk 10,38–42), in der die möglichen realen Elemente nebensächlich sind und die Bedeutung des Textes ganz darin liegt, wie Jesus die Ausübung der JüngerInnenschaft durch die beiden Frauen interpretiert.[24] Die formgeschichtliche Differenz löst jedoch das grundlegende Problem nicht auf: Warum

---

[20] Vgl. dazu die grundlegende Studie von Daniel A. CSÁNYI, „Optima pars: Eine Auslegungsgeschichte von Lk 10,38–42 bei den Kirchenvätern der ersten vier Jahrhunderte", *StudMon* 2 (1960): 5–78.

[21] Dies geht weit über das Zugeständnis von SCHÜRMANN, *Lukasevangelium 2*, 161f., hinaus, der bekräftigt, dass, wie Origenes, die mittelalterlichen Bettelorden oder die alte Tübinger Schule auf diesen Text die unterschiedlichsten Interessen projiziert hatten, auch heute wieder ein „feministisches Desiderat" darin entdeckt werden solle. Die zentrale literarische Rolle der beiden Schwestern, wie auch vieler anderer Frauen in den Evangelien, ist gewiss keine feministische Erfindung.

[22] Ich stimme gänzlich überein mit der Interpretation von REID, *Choosing*, 144–162.

[23] Irmtraud FISCHER, „Zur Bedeutung der ‚Frauentexte' in den Erzeltern-Erzählungen", in *Tora* (hg. v. Irmtraud Fischer, Mercedes Navarro Puerto und Andrea Taschl-Erber; Die Bibel und die Frauen: Eine exegetisch-kulturgeschichtliche Enzyklopädie 1.1; Stuttgart: Kohlhammer, 2010), 238–275; 241.

[24] Die Bandbreite der vorgeschlagenen Lösungen dieses diffizilen Problems ist angesichts des weiten semantischen Felds von διακονία enorm und kann hier nicht im Detail diskutiert werden.

muss sich Martas *diaconia* unbedingt auf den häuslichen Dienst beziehen? Und warum wird die Jüngerinnenschaft von Frauen nur hervorgehoben, wenn sie schweigend ist?

Ich beschränke mich darauf, einige Linien anzudeuten, die weiter verfolgt werden müssten.

Zuallererst die Frage: Welcher Text wird zugrunde gelegt? Es lässt sich nicht verhehlen, dass zahlreiche textkritische Unsicherheiten die Interpretation der Erzählung schwierig machen und dass Instrumentalisierungen des Textes durch das Fehlen der Transparenz im Text selbst gefördert werden.[25] Ohne auf die Details der vielen kleineren Varianten wie auch auf die Diskussion um die vielen überlieferten Lesarten des jesuanischen Logions, mit dem die Erzählung feierlich abschließt,[26] einzugehen, ist Folgendes dazu zu sagen:

1. Die „häusliche" Umgebung, ob sie nun expliziert wird, wie in den verschiedenen langen Lesarten von V38, oder nur logisch vorausgesetzt oder auch bewusst impliziert wird, ist für das Verständnis des Textes fundamental. Sie verankert die Szene auf jener Grenzlinie zwischen Familie und Kirchlichkeit, die die Geschichte der Jesustradition als eine Geschichte der Entwicklung der christlichen *ecclesia* entscheidend geprägt hat.[27] Sie zeigt vor allem eine deutliche Anpassung des Textes an den Kontext des ganzen dritten Evangeliums, in dem das „Haus" der privilegierte Ort der Evangelisierung und des ekklesialen Lebens ist.[28]

2. Wenn der Titel „Herr" (κύριος) in V39 eine spätere Variante des archaischeren „Jesus" (Ἰησοῦς) ist, muss angenommen werden, dass eine Szene wie die im Haus von Marta und Maria als für Leben und Wirken Jesu relevant angesehen wurde. Wie die Anweisungen für die Mission in 9,1–6 par. verdeutlichen, war der „häusliche" Rahmen der normale Kontext der Verkündigung Jesu wie auch seiner JüngerInnen. Für die Jesustradition wie ihre Überlieferung lag in der Möglichkeit, dass eine Frau zu Füßen Jesu, also in der Haltung eines/einer JüngerIn, saß, ein Konfliktpotential, das nur durch Berufung auf ein Herrenwort gelöst werden konnte.

3. Auch wenn man sie nur als wenig mehr als ein banales Versehen des Schreibers betrachten will, würde die Variante des Imperfekts des Verbs „zu Füßen sitzen" (παρακαθεσθεῖσα πρὸς

---

[25] Bis heute gültig ist die Beobachtung von Rudolf BULTMANN, *Die Geschichte der synoptischen Tradition* (FRLANT 29; Göttingen: Vandenhoeck & Ruprecht, [8]1970), 33: „Die Analyse wird durch die Unsicherheit der Textüberlieferung für V41f. erschwert"; dies wird durch die Untersuchung der zahllosen weiteren Varianten des Textes bestätigt, vgl. BRUTSCHECK, *Maria-Marta*, 4–12.

[26] Vgl. Marinella PERRONI, „Il Cristo Maestro (Lc 10,38–42): L'apoftegma di Marta e Maria: Problemi di critica testuale", in *Mysterium Christi: Symbolgegenwart und theologische Bedeutung: Festschrift für Basil Studer* (hg. v. Magnus Löhrer und Elmar Salmann; SA 116; Rom: Pontificio Ateneo S. Anselmo, 1995), 57–78.

[27] Vgl. dazu Xabier PIKAZA, „Iglesía de mujeres: Marta y María (Lc 10,38–42): Lectura histórica y aplicación actual", in *Relectura de Lucas* (hg. v. Isabel Gómez-Acebo; En clave de mujer …; Bilbao: Desclée de Brouwer, 1998), 117–177.

[28] Mittlerweile ist das Thema oft behandelt worden; vgl. zusammenfassend Mercedes NAVARRO PUERTO, „De casa en casa: Las mujeres en la iglesia doméstica lucana", *Reseña Bíblica* 14 (1997): 35–44; DIES., „Las apóstoles y sus hechos: Mujeres en los Hechos de los apóstoles", in *Relectura de Lucas* (hg. v. Isabel Gómez-Acebo; En clave de mujer …; Bilbao: Desclée de Brouwer, 1998), 181–237; 225, und in diesem Band Adriana DESTRO und Mauro PESCE, „Dentro e fuori le case".

τοὺς πόδας) andeuten, dass Marias Verhalten, für das Marta die Verurteilung durch den Meister verlangt, nichts Ungewöhnliches, durch den Besuch Jesu Bedingtes darstellt, sondern eher ein wiederholtes Verhalten.

4. Dass die Lesart der Worte Jesu (V41f.) von Anfang an eine *crux interpretum* bildete, zeigt schließlich, dass schon auf dem Niveau der vorlk Überlieferung die Rezeption dieses Jesuswortes mit vielfältigen kontextuellen Anwendungen verbunden war, die im Fluss befindliche Interpretationen zur Folge hatten.[29] Es ist ein Unterschied, ob das Mahnwort Jesu in eine Szene der Bewirtung eingeordnet wird, ob es als moralische Ermahnung allgemeinen Charakters betrachtet wird oder ob versucht wird, es als Prinzip der kirchlichen Organisation zu etablieren. Die unterschiedlichen Varianten reichen von einer reduzierten bis zu einer elaborierten Form und können nach einer zweifachen Typologie klassifiziert werden:

a) *Formen, die die Antithese Marta – Maria betonen* und die Lehre vom *unum necessarium* ganz ausschließen:[30] Im Zentrum des Logions steht Jesu Anerkennung, dass Maria im Gegensatz zu Martas Sorge die richtige Haltung gewählt habe. Ein so einschneidendes Logion ist in der Verkündigung Jesu durchaus wahrscheinlich, weil die JüngerInnen, die das Reich Gottes gewählt haben, die Sorge um anderes aufgeben. Die Zusätze „nur eines ist notwendig" wie auch „wenig ist notwendig" wären dann nur erklärende Glossen.

b) *Formen mit präzisierenden Elementen*, die den Gegensatz zwischen den Frauen im Hintergrund lassen und darauf abzielen, das Verhalten von Maria hervorzuheben, mit der je nach den verschiedenen Versionen mehr oder weniger betonten Aussage, wie viel notwendig ist.[31] Die historisch-kritische Forschungstradition ist davon offensichtlich stark beeinflusst, daher sind auch moderne Kommentare alles andere als einer Meinung. Zusammenfassend ist also die Hypothese, nach der die Lesart „nur eines ist notwendig" eine Verbesserung der Lesart „nur wenig ist notwendig" sei, sehr plausibel. Die Lehre Jesu wäre dann: Es ist nicht notwendig, dass du viel tust, denn ich habe nur wenige Bedürfnisse.

Es ist allerdings gut möglich, dass der Ausdruck „wenig ist notwendig", der ganz auf der Linie der Verkündigung Jesu über den Verzicht auf Vorsorge (12,22–32) liegt, in dem Moment radikalisiert wird, als er den Abschluss einer ekklesiologisch paradigmatischen Erzählung bildet, die auf die korrekte Ausübung der frühchristlichen Mission verweist. Noch später wäre die Entscheidung zwischen den beiden Versionen schwierig geworden und man hätte zusammengesetzte Formen verwendet, die eine Harmonisierung versuchen.

Egal welche der beiden Lesarten verwendet wird, die Antwort Jesu ist immer zusammengefügt aus dem Gegensatz der beiden Elemente: der Ermahnung Martas und dem Lob Marias, die den einzigen „guten Teil" gewählt hat, also den, der nicht genommen wird.

---

[29] Anders als CRIMELLA, *Marta*, 202, Anm. 189, halte ich die Entscheidung des Editionsteams des *Greek New Testament*, der kurzen Version nur einen Grad C (beträchtliche Zweifel) zuzuschreiben, wenn nicht gerade für entscheidend, so doch für bedenkenswert.

[30] a1: Marta, Marta, Maria ...; a2: Marta, Marta, du mühst dich, Maria ...; a3: Marta, Marta, du mühst dich um vieles, Maria ...; a4: Marta, Marta, du mühst und sorgst dich um vieles, Maria ...

[31] b1: Marta, Marta, du mühst und sorgst dich um vieles, nur eines ist notwendig, Maria ...; b2: Marta, Marta, du mühst und sorgst dich um vieles, wenig ist notwendig, Maria ...; b3: Marta, Marta, du mühst und sorgst dich um vieles, wenig ist notwendig, oder auch nur eines, Maria ...

Diese beiden Elemente lassen sich auf die Verkündigung Jesu über das Vertrauen in die Vorsehung zurückführen.³²

Der Annahme ist beizupflichten, dass der einheitliche Charakter der Erzählung Lk 10,38–42 vorredaktionell sei und dass das Zusammentreffen von Grundmotiven, wie die Beschreibung Jesu als Gast, die Frage nach der Präsenz von Frauen in der Gemeinde, das Verhältnis von Armut und Solidarität, die Betonung der Notwendigkeit des Hörens auf das Wort Jesu und die Identifizierung des erhöhten Herrn mit dem irdischen Jesus, auf das lk Sondergut verweist, also auf die Tradition, um die sich das ekklesiale Bewusstsein seiner Gemeinde geformt hatte.

Ausgehend von diesen Beobachtungen kann man eine große thematische Nähe zwischen den Worten an Marta und der Empfehlung, keine Schätze auf Erden anzusammeln, wo Motten und Rost sie fressen und Diebe sie stehlen (Mt 6,19–21; Lk 12,33f.), erkennen. Die dialogische Struktur des Abschnitts dient dazu, unter Berufung auf die Autorität eines Wortes Jesu eine bestimmte Polemik zu beenden, die in einer Situation von Bewirtung und Gastfreundschaft – und zwar von jemandem mit einer Botschaft – aufgetreten war. Es handelt sich nicht um ein Streitgespräch um den Inhalt der Botschaft, ihr Verständnis oder ihre Rezeption; die Ermahnung besteht darin, die Funktion des Botschafters als nur interimistisch zu betrachten, während die Botschaft das ist, was dem oder der, die hören, nicht genommen werden wird. Diese Ermahnung ergeht nicht an alle JüngerInnen im Allgemeinen, sondern ausschließlich an eine Frau, gerade weil sie nicht die moralische Bereitschaft zum Hören thematisiert, sondern die besonderen Aufgaben, die der Empfang des Botschafters verlangt. In der hauskirchlichen Situation betraf der Konflikt Dienen – Hören Frauen, und daher stellen die Worte Jesu dem Verhalten von Marta nicht das von irgendjemand anderem gegenüber, sondern das einer anderen Frau.

Die Bedeutung, die Lk selbst dem überlieferten Bericht zuschrieb, kann nur unter Rücksicht auf die literarische Struktur des Abschnitts und – noch wichtiger – seine kontextuellen Verbindungen erschlossen werden.

Wörtlich genommen bieten das Treffen und der Dialog zwischen Marta und Jesus die Gelegenheit, auf eine problematische Situation hinzuweisen.³³ Auch für Lk zielt also die Erzählung darauf ab, eine maßgebliche Lehre Jesu zu übermitteln, die eine

---

³² Bekannt von der synoptischen Tradition bis zu den Paulusbriefen stellt das Verb „sorgen" (μεριμνάω) das Zentrum des ersten Teils der Erklärung Jesu dar. Wie die Bergpredigt in Mt 6,25–34 und die lk Entsprechung zum Überfluss der Vorsehung (12,22–32) zeigen, war die Aufforderung, sich nicht zu sorgen, Teil der Lehre Jesu wie auch der frühen Kirche. Paulus dagegen gibt dem Begriff eine andere Bedeutungsnuance, wenn er will, dass die ChristInnen von Korinth „ohne Sorge" sein sollen (1 Kor 7,32: ἀμερίμνους): Der Kontext (7,32–35) ist eschatologisch, das Vokabular apokalyptisch, der Gegensatz zwischen dem Herrn und der Welt hat einen asketischen Charakter.

³³ Vgl. dazu die erhellende Studie von KNOCKAERT, *Analyse*, 331–335.

kontroverse Situation löst: Die primäre Intention des Textes muss also in der Disqualifizierung der Diakonie Martas gesehen werden.[34]

Lk schreibt zu einer Zeit, in der die Termini διακονεῖν – διακονία – διάκονος schon ihre spezifische Bedeutung innerhalb der christlichen Gemeinde erlangt hatten.[35] Das einzige Mal, wo Lk in seinem Evangelium den Begriff διακονία verwendet, liegt im Fall Martas vor. Seine Bedeutung kann daher nur mit einer gewissen Vorsicht bestimmt werden.[36] Einen Hinweis kann seine Verbindung mit dem Verbpaar „sich mühen – sich aufregen" (μεριμνάω – θορυβάζω) im folgenden Vers geben, durch das der „vielfache Dienst" (πολλὴν διακονίαν) weiter bestimmt wird. Allerdings ist an das weite semantische Feld des griechischen Verbs περισπάομαι zu erinnern: Ist Marta mit vielen Dingen „beschäftigt" oder „müht sie sich ab" mit ihnen? Erinnert Jesus sie an die zentrale Rolle, die die Verkündigung des Wortes im christlichen Kultus haben sollte, oder daran, ihre nervöse Unzufriedenheit zu beruhigen? Meiner Meinung nach ist hier nicht Martas Labilität das Thema und noch weniger ihre gute Erziehung. Nicht deshalb erweist sich die Hausherrin im Vergleich mit ihrer Schwester als unterlegen. Es stellt sich aber die Frage, warum im dritten Evangelium Marta die Einzige ist, die

---

[34] Die narrative Struktur der Erzählung wird durch verschiedene Gegensätze charakterisiert: Vor allem jener zwischen den Jüngern und Jesus (αὐτούς/αὐτός) ist im griechischen Text sehr deutlich und wird durch den Kontrast zwischen dem Bewegen der einen (πορεύεσθαι) und dem Haltmachen des anderen, der in ein Haus eintritt (εἰσῆλθεν), zusätzlich betont; Letzteres hat die Funktion, Jesus als Hauptfigur einzuführen. Noch entscheidender allerdings ist der Gegensatz zwischen Jesus (αὐτός) und Marta (γυνή), weil er reziproke Tätigkeiten gegenüberstellt und der Erzählung einen harmonischen Charakter verleiht: Jesus tritt ein (εἰσῆλθεν) und Marta empfängt ihn (ὑπεδέξατο). Mit den folgenden Versen 39–40a beginnt die Spannung zwischen den beiden weiblichen Hauptfiguren, die nicht in sich entsprechender Gleichheit präsentiert werden: Es ist Marta, die eine Schwester namens Maria hat, die ihrerseits in einer Situation der Unterlegenheit beschrieben wird, sowohl gegenüber Jesus, als auch gegenüber Marta, die aktiv und in Bewegung ist (περιεσπᾶτο περὶ πολλὴν διακονίαν). Marta bringt die Spannung ans Licht, aber nicht, indem sie sich an die Schwester wendet, sondern an Jesus. Das Crescendo des Tons wird durch die Verwendung des Vokativs (κύριε) und dann des Imperativs (εἰπέ) betont. Die voneinander abweichenden Verhaltensweisen der Schwestern sind damit in einem fragilen Gleichgewicht, das im Erzählverlauf nicht mehr zu halten ist. Die an Marta gerichtete Rede Jesu wird mit einem doppelten Vokativ (Μάρθα Μάρθα) eröffnet. Der Verweis kontrastiert die Unruhe Martas und die Ruhe Marias als einen Gegensatz zwischen dem Notwendigen und dem Nicht-Notwendigen. Statt des Begriffs διακονία wird jetzt das viel allgemeinere „vieles" (πολλά) verwendet. Mit dem Lob Marias wird Marta, die sich als Opfer des Verhaltens ihrer Schwester sieht, disqualifiziert, während die ganze Betonung auf der Tatsache liegt, dass Maria eine spezifische Entscheidung treffen konnte (ἐξελέξατο).

[35] Es kann kein Zufall sein, dass er den Titel διάκονος sorgfältig vermeidet, obwohl er ihn in Mk 9,35; 10,43 (vgl. Mt 20,26; 23,11) vorfindet, und stattdessen die Partizipialform „der Dienende" (22,26f.: ὁ διακονῶν) bevorzugt.

[36] Vgl. den interessanten Exkurs zur Diskussion rund um διακονία in CRIMELLA, Marta, 181–185.

Jesus einen Vorwurf macht, obwohl mehrere Bitten an ihn gerichtet werden.[37] Vor allem ist zu fragen, warum, außer in Martas Fall, die lk Paränese sonst nie eine so präzise und entschiedene Distanznahme Jesu vom Verhalten oder der Bitte eines Jüngers oder einer Jüngerin kennt? Dass es sich um die Ermahnung einer beunruhigten Hausfrau handeln sollte, erscheint mir dürftig: Im gesamten dritten Evangelium wird kein Jünger so zum Schweigen gebracht wie Marta und kein Gesprächspartner wird derart persönlich getadelt.[38]

Der Gegensatz zwischen Marta und Maria, Ursprung des Problems und Hinweis auf den Konflikt, den die frühchristliche Wandermission unter den Frauen zwischen ihrem Dienst zugunsten der Mission und dem Hören der Botschaft auslöste, wird nun zu einem Streitgespräch zwischen Marta und Jesus. Mehr noch: Wenn Marta den Verweis verdient, dann nicht, weil sie verlangt, dass ihre Schwester ihr hilft. Jesus kritisiert ihre *diaconia* als eine, die sich mit zu vielen Dingen beschäftigt.

Es muss hervorgehoben werden, dass sich im Reisebericht (9,51–19,28) die ekklesiale Paränese des Lk auf die HausherrInnen bezieht.[39] Man kann sich also fragen, ob nicht auch die Erzählung von Marta und Maria auf eine frühe Form von privater *agape* verweist (wie 7,36; 11,37; 14,1), für die die Reglementierung der Rollen und Funktionen von Frauen als notwendig erachtet wurde. Der Kult war eine der zentralen Handlungen der Hauskirchen und es ist sehr wohl vorstellbar, dass in den lk Gemeinden gerade der Vollzug des häuslichen Gottesdienstes durch Frauen Probleme geschaffen hatte.[40] Auf diesem Hintergrund wird der Streit zwischen Marta und Jesus beunruhigend, vor allem wenn man bedenkt, dass die Ermahnung des „Herrn" (κύριος) ihn mit einer Verurteilung des „vielfachen Dienstes" (πολλὴν διακονίαν) beendet. Die Ermahnung über die zentrale Rolle des Wortes wird nicht in eine Einladung zu einer anderen Art der Ausübung der Diakonie in Form von Evangelisierung und Verkündigung übersetzt, sondern in das schweigende Hören der Maria.

---

[37] Linguistisch gesehen ist die Frage Martas analog zur Frage des Mannes in der Menge in 12,13 formuliert. Jesus entzieht sich dem Anspruch des anonym bleibenden Mannes, indem er bestreitet, dass man von einem Meister eine nicht-spirituelle Tätigkeit wie die Teilung eines Erbes verlangen könne. Er drückt dabei aber keinerlei Geringschätzung ihm gegenüber aus, sondern seine Abweisung hat im Grunde eine rein rhetorische Funktion, da die Unterweisung, die darauf folgt, nicht nur an ihn gerichtet ist, sondern an alle. Im Fall von Marta ist das jedoch anders: Die Forderung Martas ist nicht nur funktional für die Einleitung einer allgemeinen Lehre, und deshalb wird sie persönlich von Jesus ermahnt.

[38] Im Fall von Petrus dagegen streicht Lk aus dem Mk-Bericht, im Gegensatz zu Mt, sowohl seine Reaktion auf die erste Passionsankündigung als auch die harte Gegenreaktion Jesu, der ihn von sich weist und „Satan" nennt (Mk 8,31–33; Mt 16,21–23; Lk 9,22).

[39] Man denke an die Spiegelgleichnisse vom treuen und klugen Verwalter (12,41–48) und vom unehrlichen Verwalter (16,1–9) oder von den wachsamen Dienern (12,35–40), wie auch an die Hinweise dazu, wer eingeladen werden soll (14,12–24).

[40] Die religiösen Gewohnheiten der paganen Frauen, die nach ihrer Bekehrung zum Christentum Teil der lk Gemeinden wurden, und insbesondere die wichtige Rolle, die sie in der häuslichen Frömmigkeit ausübten, sind konstitutiv für den Hintergrund, vor dem die Botschaft des Evangeliums und die christliche Praxis rezipiert und in den sie integriert wurden.

Lk vermittelt den Anschein, dass Frauen in der „Hauskirche" (ἡ κατ' οἶκον ἐκκλησία) nicht an der Ausbreitung des Wortes beteiligt sind. Ihre JüngerInnenschaft ist ausschließlich eine des Hörens. Sie sind Jüngerinnen in dem Sinn, dass sie Glaubende sind, aber sie sind nicht Missionarinnen.

Die Darstellung der galiläischen Jüngerinnen und die Erzählung des Besuchs im Haus der Marta können also als Signaltexte betrachtet werden und verweisen deutlich auf die lk Sicht der ekklesialen Rolle von Frauen. Sie machen deutlich, dass Lk die Überlieferung über die *diaconia* der galiläischen Jüngerinnen in Begriffen der ökonomischen Unterstützung der christlichen Mission rezipierte. Die Beteiligung von Frauen am Leben der Hauskirchen wird im Sinn des Hörens der Verkündigung und nicht als eine *diaconia* des Wortes verstanden. Die Ausübung der *diaconia* und vor allem der *diaconia* des Wortes erscheint also als das wesentliche Unterscheidungskriterium, von dem ausgehend sich die lk Auffassung der JüngerInnenschaft unter Berücksichtigung der Kategorie „Geschlecht" erheben lässt.

Es handelt sich um eine Vorannahme, die durch eine umfassendere Bewertung des Themas der JüngerInnenschaft im lk Werk bestätigt wird: eine JüngerInnenschaft zweierlei Art in Bezug auf das Geschlecht.

2. Das dritte Evangelium: Anzeichen eines Übergangs

Wir können hier nicht alle Texte des dritten Evangeliums untersuchen, die direkt oder indirekt Frauen betreffen. Das würde außerdem bedeuten, dass das gesamte Evangelium untersucht werden müsste, das sich ja gewiss auch an Frauen richtet, angesichts ihrer Präsenz in den lk Kirchen und also auch ihrer Initiation durch die Taufe, ihrer Teilnahme an der Katechese und am eucharistischen Mahl. Es erscheint mir daher sinnvoller, die schon begonnene Linie weiter zu verfolgen und nur einige Texte zu untersuchen, die zeigen, dass zur Zeit des Lk die Zugehörigkeit von Frauen zur christlichen *ecclesia* mit einigen, für das Gemeindeleben neuen Instanzen in Konflikt zu geraten begann. Einerseits herrscht die Notwendigkeit, mit immer besseren Argumenten auf die Anklagen gegen die ChristInnen zu antworten, da die Konfrontation mit dem römischen Heidentum immer deutlicher und schwieriger wurde. Andererseits wird die zunehmende Anziehungskraft von Formen der Askese deutlich, die sich gut dazu eigneten, die prophetisch-eschatologische Spannung der jesuanischen Botschaft und des ersten christlichen Kerygmas auf eine ethische Ebene zu verschieben. Hier erscheinen mir die restriktive lk Relektüre der Überlieferung von der Gegenwart der Frauen während der Osterereignisse (23,4–24,52) sowie die lk Version der beiden jesuanischen Aussprüche über die JüngerInnenschaft (14,26; 18,29) besonders aussagekräftig.

2.1 Eine diskriminierende Apologie: Frauen in der Passionserzählung (Lk 23f.)

Lk stimmt mit den anderen drei Evangelienredaktionen darin überein, dass Frauen zentrale Figuren der österlichen Ereignisse waren, und bewahrt zumindest teilweise ihre kerygmatische Charakterisierung als Zeuginnen von Kreuzigung, Begräbnis und Auferstehung (23,49.55; 24,1–11).⁴¹ Wie der Bericht der Jünger von Emmaus zudem deutlich zeigt (24,22–24), stellt der Hinweis auf das Zeugnis der Frauen für ihn Teil der ekklesialen *paradosis*, der kirchlichen Überlieferung, dar – wenngleich von noch ungewissem Wert. Nichts hindert schließlich daran, anzunehmen, dass Frauen für Lk zu der Gruppe derer gehörten, die sich um die Elf versammelten (24,33b: τοὺς σὺν αὐτοῖς) und dass sie daher auch bei der letzten Erscheinung des Auferstandenen zugegen waren. Damit hätten auch sie den Missionsauftrag erhalten und der Himmelfahrt Jesu beigewohnt.⁴²

Es ist unmöglich festzustellen, wie viele Frauen beim Kreuz waren, da in 23,48 γυναῖκες ohne Artikel erscheint und Mk 15,40 und Mt 27,55 sie als πολλαί definieren, noch, wer genau sie waren, da die verschiedenen Namenslisten weder in der Reihenfolge, den einzelnen Namen⁴³ noch in der Anzahl übereinstimmen. Die Liste in Lk 24,10 entspricht außerdem nicht einmal jener, die Lk selbst in 8,2f.⁴⁴ bietet. Eine andere Namensliste, nämlich die der Zwölf, hatte dagegen ein ganz anderes Schicksal: Sie findet sich zwar nicht in der Redaktion der Passionsgeschichte, auch nicht im ganzen vierten Evangelium, dennoch erscheint ihre Überlieferung ausreichend stabil, sowohl bei den Synoptikern als auch in der Apg.⁴⁵ Dies verweist erneut darauf, dass der Überlieferungsprozess der historischen Jesustradition in Bezug auf das Geschlecht mit unterschiedlichen Modalitäten funktionierte.

Die literarhistorische Frage, die in der Vielfalt der Namenslisten und ihren Unterschieden impliziert ist, ist nicht entscheidend für das spezifische Problem, das hier interessiert. Zentral ist allerdings der signifikante Widerspruch zwischen der Fülle an narrativen Notizen und der geringen Bedeutung, die die lk Redaktion der Rolle der Frauen zuschreibt: Statt theologischem Gewicht haben die Hinweise auf Frauen für Lk vor allem deskriptiven Wert.

---

⁴¹ Vgl. Mt 27,55f.57–61; 28,1–8; Mk 15,40f.47; 16,1–8; Joh 19,24b–27; 20,1–13.

⁴² Dagegen ist in der Beschreibung der Himmelfahrt, mit der die Apostelgeschichte beginnt, klar, dass Zeugen der Ereignisse nur die Männer aus Galiläa (1,11) waren, genauer, die Gruppe der Apostel, die Jesus in Galiläa ausgewählt hatte (1,2; vgl. Lk 6,13ff.).

⁴³ Mt 27,56: Maria von Magdala, Maria, die Mutter von Jakobus und Josef, und die Mutter der Söhne des Zebedäus; Mk 15,40: Maria von Magdala, Maria, die Mutter von Jakobus dem Kleinen und Joses, und Salome; Lk 24,10: Maria von Magdala, Johanna und die Maria des Jakobus; Joh 19,25: seine Mutter, die Schwester seiner Mutter, die Maria des Klopas und Maria von Magdala. Seit Martin HENGEL, „Maria Magdalena und die Frauen als Zeugen", in *Abraham unser Vater: Juden und Christen im Gespräch über die Bibel: Festschrift für Otto Michel* (hg. v. Otto Betz, Martin Hengel und Peter Schmidt; AGSU 5; Leiden: Brill, 1963), 243–256, die Rolle wiederentdeckt hat, die die alte Überlieferung Maria Magdalena und mit ihr den Frauen zugeschrieben hat, lässt sich der historische Wert der Namenslisten schwer aberkennen. Die verschiedenen Kataloge von Frauen zeigen sowohl die Bedeutung, die die Verkündigung Jesu besonders für Frauen in Israel gehabt haben musste, als auch welchen spezifischen Rang ihr Zeugnis innerhalb der Gemeinde mit sich bringen musste.

⁴⁴ Hier erscheint Salome anstelle der Maria des Jakobus.

⁴⁵ Vgl. Mt 10,2ff.; Mk 3,16ff.; Lk 6,14ff.; Apg 1,13.

Ich habe bereits darauf hingewiesen, dass Lk die Nachricht von der Gegenwart der Frauen während der Kreuzigung bewahrt, sie aber gleichzeitig einiger besonderer Konnotationen im Hinblick auf ihre JüngerInnenschaft beraubt. Hingegen betrachtet Mk (15,40f.) ihre Gegenwart als Höhepunkt ihrer Nachfolge Jesu, die schon während seines Wirkens in Galiläa begann.[46] Angesichts der Zäsur durch den Tod des Meisters garantiert für Mk niemand sonst als diese kleine Gruppe galiläischer Jüngerinnen die Kontinuität zwischen der irdischen Mission Jesu und den folgenden Osterereignissen. Nach dem feierlichen christologischen Bekenntnis des Hauptmanns positioniert, ist in der mk Redaktion der Hinweis auf die drei galiläischen Frauen bezeichnend für die Situation des kirchlichen Glaubens, der sich mit der Abwesenheit Jesu auseinandersetzen muss. Mk erwähnt ihre Namen außerdem noch einmal sowohl im Begräbnisbericht (15,47) als auch in der Einleitung zum Schlussabschnitt seines Evangeliums (16,1). Die dreifache Wiederaufnahme der Namensliste skandiert daher jede erzählerische Wende, gibt dem Ganzen eine präzise literarische Prägung, garantiert, dass seine Dreiteilung einen ausgeprägten kerygmatischen Charakter erhält, und zielt vor allem darauf ab, vor dem Vorwurf der Mythisierung zu bewahren: Die Gegenwart jener namentlich bekannten Frauen bei Kreuzigung, Grablegung und am leeren Grab stellt den historisierenden Kontrapunkt des christlichen Osterkerygmas dar. Man darf zudem nicht vergessen, dass die mk Passionserzählung durch die Erzählung der Salbung in Betanien eingeleitet wird, in der alle Motive schon angekündigt werden und auf die auch die nachfolgenden Erwähnungen der Teilnahme der Frauen an den Ereignissen bezogen werden müssen.

Durch einen Vergleich mit dem Abschnitt 8,27–10,52 kann man den Wert feststellen, den Mk der JüngerInnenschaft der Galiläerinnen im Licht seiner Theologie der Nachfolge und der *diaconia* zuschreibt. Hier kehren sowohl der genaue Hinweis auf das Hinaufziehen nach Jerusalem wieder (10,32: ἀναβαίνοντες εἰς Ἱεροσόλυμα) als auch in den Belehrungen über die Bedingungen der Nachfolge (8,34–38) der Begriff „nachfolgen", der in 15,41 die JüngerInnenschaft der Frauen (ἀκολουθεῖν) definiert. Zudem findet sich eine alte christliche Paränese, nach der die Gemeindediakonie im Leben des Jüngers oder der Jüngerin den Tod des Messias aktualisiert (10,41–48), die als der Kern der Theologie des Mk über die christliche JüngerInnenschaft betrachtet werden kann. Weil schließlich Nachfolge bei Mk für jeden Jünger und jede Jüngerin Kreuzesnachfolge ist (8,31–33.34–38), verbindet sie sich angesichts dessen, dass das Schicksal des Jüngers oder der Jüngerin parallel mit dem des leidenden Messias verläuft (13,9–13), mit dem Motiv der Furcht (10,32).

Bei Lk wird dagegen seine Neigung, die Bedeutung der Frauen zu verwischen, in der ganzen Erzählung deutlich. Es gibt keinen Hinweis auf die Episode von Betanien, obwohl sie wichtige Elemente für die lk Paränese enthält. Für den dritten Evangelisten bleiben außerdem die Frauen bis zum Schluss der Ereignisse anonym. Sie sind Teil eines großen und undifferenzierten Publikums, das der Kreuzigung beiwohnt und von

---

[46] Mt stimmt im Großen und Ganzen mit Mk überein; während aber Mk Imperfektformen verwendet (ἠκολούθουν – διηκόνουν: „folgten nach" – „dienten"), gebraucht Mt dagegen den Aorist (ἠκολούθησαν) und das Partizip Präsens (διακονοῦσαι).

dem im Unterschied zu Mk nicht einmal die Zwölf ausgeschlossen zu sein scheinen. Statt als Jüngerinnen werden die Frauen jedoch als Begleiterinnen Jesu dargestellt. Das Fehlen einer namentlichen Erwähnung flacht ihr Profil ab. Verschmolzen mit „allen Bekannten" (πάντες οἱ γνωστοί),[47] die das AT anklingen lassen, verliert der Hinweis auf die Frauen jeden besonderen Wert und dient einzig dazu, die Gleichsetzung des Todes Jesu mit dem des leidenden Gerechten zu verstärken.[48]

Vor allem bleibt die Beschreibung der Frauen, nachdem der Hinweis auf den Dienst weggefallen ist, einzig an das Faktum gebunden, dass sie Jesus von Galiläa an begleitet haben. Da ὁρῶσαι, ein feminines Partizip Präsens, ausschließlich auf die Frauen bezogen werden muss, hätten aus der Sicht des Lk diese Frauen Jesus nur deshalb begleitet, um zu sehen, was geschehen würde. Interessant ist auch die vorangestellte Erzählung der am Kreuzweg weinenden Frauen (23,27), die nur Lk kennt: Auch in diesem Fall ist das Subjekt der Handlung die Menge und „nachfolgen" (ἀκολουθεῖν) wird in einem allgemeinen Sinn gebraucht. Aus erzählkritischer Perspektive ist es fast unmöglich, die Frauen von 23,49, die mit ihm nach Jerusalem heraufgezogen sind (αἱ συνακολουθοῦσαι αὐτῷ ἀπὸ τῆς Γαλιλαίας) und der Kreuzigung beiwohnen, von der großen Menge von Volk und Frauen (πολὺ πλῆθος τοῦ λαοῦ καὶ γυναικῶν), die ihm folgt (ἠκολούθει δὲ αὐτῷ) und über ihn klagt (23,27), zu unterscheiden. Auch wenn die galiläischen Frauen in keiner Weise mit den Jerusalemerinnen identifiziert werden können, besteht in beiden Fällen eine starke Tendenz zur Generalisierung und das Verb ἀκολουθεῖν bedeutet nichts anderes als jemanden zu begleiten.

Dass Lk es vorziehen sollte, das Hinaufziehen der galiläischen Frauen nach Jerusalem zu verschweigen, erscheint umso vielsagender, als die lk Überlieferung dazu tendiert, genau daraus ein Kriterium für die Legitimität der JüngerInnenschaft zu machen: In Apg 13,31 stimmen die Zeugen der Auferstehung genau mit denen überein, die mit Jesus von Galiläa nach Jerusalem hinaufgezogen sind (τοῖς συναναβᾶσιν αὐτῷ ἀπὸ τῆς Γαλιλαίας εἰς Ἰερουσαλήμ), und die, die mit ihm von Galiläa hinaufgezogen sind, entsprechen der Gruppe der Zwölf (siehe Apg 1,2–13).

Das bisher Gesagte findet seine Bestätigung darin, dass Lk die Ostererscheinung vor den Frauen als einen noch sehr unsicheren Moment der Entstehung des Osterglaubens beschreibt (23,4–24,52). Der katechetische Charakter der lk Passionserzählung springt ins Auge:[49] Welche Bedeutung schreibt nun Lk in dieser großen ekklesiologi-

---

[47] Vgl. Ps 37,12LXX und Ps 87,9f.LXX.

[48] Das Verb θεωρέω, mit dem Mk die Funktion der Frauen unter dem Kreuz erklärt, bezieht Lk auf die Menge und deutet so die liturgisch-sakramentale Teilhabe aller ChristInnen an.

[49] Ausgehend von der Verkündigung der Engel entfaltet sich eine Erzählsequenz, deren katechetisches Ziel offensichtlich ist. Man denke an den wiederholten Gebrauch der Frageform (24,5c.17.18.19a.26.32), an den Verweis auf die Zerknirschtheit der Menge als eine erste Frucht des Todes Jesu (23,48), an das wiederkehrende Motiv der Schwierigkeit zu glauben (24,4.11.16.25.37.41) und der auf der Relektüre der prophetischen Worte Jesu über seinen Tod (24,6b–7.44) und der Schriften begründeten Lehre (24,27), an das Element der Protophanie vor Simon (24,34), an die apologetische Sorge, genau zwischen Auferstehung und Unsterblichkeit zu unterscheiden (24,36–40), und an den eucharistischen Hintergrund der Erscheinungen (24,30.35.41ff.).

schen Katechese der vierfachen Erwähnung von Frauen (23,49.55; 24,10.22) und vor allem der Namensliste zu, zumal er diese erst unmittelbar nach der Erzählung ihrer bei den anderen Jüngern keinen Glauben findenden Osterverkündigung platziert? Mit der Verkündigung an die Apostel (24,9–11) beginnt Lk den zweiten, im Vergleich mit Mk ursprünglicheren Teil der Erzählung. Der Evangelist scheint die joh Überlieferung der Ostererscheinungen zu kennen, da er zweimal auf den Besuch des Petrus am Grab verweist (24,12.24; vgl. Joh 20,3ff.). Warum vermeidet er es also peinlichst, von der Erscheinung vor Maria Magdalena zu sprechen, die in der joh Erzählung so große Bedeutung hat, dass sie im Anhang des Mk explizit als eine Protophanie bezeichnet wird (16,9: ἐφάνη πρῶτον Μαρίᾳ τῇ Μαγδαληνῇ, „er erschien *zuerst* Maria Magdalena"), und von der auch die mt Redaktion ein Zeugnis bewahrt (28,1)?

Im Erzählverlauf ist die Angelophanie vor den Frauen am Ostermorgen die erste einer Serie von Erscheinungen, von denen einige detailliert erzählt werden, wie die vor den beiden Jüngern von Emmaus (24,13–35) und jene vor der ganzen Gemeinde (24,36–49), andere nur angedeutet, wie die vor Simon (24,34). Ohne Probleme lässt sich auf der Grundlage der Erzählung die Notwendigkeit erkennen, das christliche Kerygma von jeder anderen Übermittlung subjektiver, ekstatischer Erfahrungen zu unterscheiden. Die Sequenz ist progressiv und in einem narrativen Crescendo strukturiert, an dessen Gipfel die feierliche abschließende Christophanie steht: Die liturgisch konfigurierte *ecclesia*, vereint um die Apostel und die ersten Zeugen, wird vom Auferstandenen selbst als das Israel Gottes, dem er die Völkermission anvertraut (24,36–49), eingesetzt. Warum ist aber im lk Bericht die Erscheinung vor den beiden in Emmaus (anders als im zweiten Markusschluss, in dem ihr ebenso wenig Glauben geschenkt wird wie der Erscheinung vor den Frauen [16,13]), eine kommunizierbare und glaubwürdige Erfahrung (24,35), die Erscheinung vor Simon ein maßgebliches Ereignis (24,34), während diejenige vor den Frauen als Gerede eingestuft wird (24,11: λῆρος)? Ihr Zeugnis erscheint weder von seinen Voraussetzungen her legitim, noch wird es durch Bestätigungen ratifiziert. Auch wenn sie Augenzeuginnen des Todes und Begräbnisses (23,49.55) wie auch Empfängerinnen der Angelophanie (24,1–6a) und der ersten Osterkatechese (24,6b–8) sind, verkünden die Frauen ein noch keinen Glauben findendes Kerygma (24,9–11) und übermitteln eine ekstatische Erfahrung, die unkommunizierbar bleibt (24,22). Und erst an diesem Punkt fügt Lk die Namensliste ein, wobei er eine Variation vornimmt, die auf 8,1–3 zurückverweist.

Es fällt nicht schwer, den offen apologetischen Zweck des Ganzen zu erkennen, aber diese die christliche Botschaft verteidigende Sorge scheint vor allem das Wort der Frauen zensieren zu wollen.[50]

Entscheidend ist daher noch eine letzte Beobachtung: Sowohl der Akt des Zeugnisgebens der Frauen vor den Aposteln als auch deren ungläubige Reaktion werden durch zwei Imperfektformen ausgedrückt (ἔλεγον – ἠπίστουν), als ob Lk auf eine bestehende

---

[50] Die Kommentare stimmen darin überein, dass die Tradition über die österlichen Erscheinungen an die Frauen und damit verbunden der Vorwurf, dass der neue Glaube auf einer Halluzination basiere, im frühen Christentum tief verankert und weit verbreitet gewesen sein musste.

Situation in seiner Kirche verweisen wollte. Ist dies ein Zeichen für das Problem, das in der lk Gemeinde durch den Anspruch der Frauen entstand, ihr Zeugnis und ihre Verkündigungsaktivität zu bestätigen? Unvermeidlich kommt hier die apologetische Akzentuierung der *schweigenden* JüngerInnenschaft Marias, der Schwester Martas, in den Sinn.

2.2 Auf die Ehefrau verzichten, aber nicht auf den Ehemann (Lk 14,26; 18,29)

Die lk Version der beiden Worte Jesu über die JüngerInnenschaft, über die Geringachtung der Verwandten (14,26) und über den Lohn, den Jesus jenen verspricht, die alles verlassen haben, um ihm nachzufolgen (18,29f.), würde eine genauere Behandlung verdienen, denn sie stellt meines Erachtens einen interessanten Indikator für eine Veränderung der Perspektive im Verständnis der christlichen JüngerInnenschaft dar. Anders als die Worte über die Nachfolge in 9,57–62, die sich ausdrücklich an Männer wenden, und die Berufungserzählungen in 5,1–11.27–29; 18,18–23, in denen bestimmte Männerfiguren die Hauptrolle spielen, verweisen diese Worte auf alle JüngerInnen. Während sich nach den anderen synoptischen Redaktionen[51] diese Logien Jesu auf eine Gruppe von JüngerInnen beziehen, unter denen auch Frauen sein könnten, ist das für Lk anscheinend nicht so. Im Gegenteil, sein präziser redaktioneller Eingriff ist ein sprechendes Zeugnis für sein Verständnis der JüngerInnenschaft als einer ausschließlich Männern vorbehaltenen Möglichkeit.

Beide Texte bieten die gleiche Besonderheit: Das Logion über die Geringachtung der Verwandten enthält die Erwähnung der Ehefrau (14,26: „Wenn einer zu mir kommt und nicht seinen Vater, seine Mutter und seine Ehefrau gering achtet ..."), aber keine symmetrische Erwähnung des Ehemanns; noch ist im Logion über den Lohn für die, die alles verlassen (18,29: „... es gibt niemanden, der Haus oder Frau verlassen hat ..."), die Möglichkeit, dass Ehefrauen ihren Mann verlassen könnten, auch nur im Geringsten vorgesehen. Ist es also möglich, dass für Lk JüngerInnenschaft und der Missionsauftrag, den er davon ableitet, wenn schon nicht ein Privileg, so doch eine nur für Männer bestehende Möglichkeit darstellen?

2.2.1 Logion über die Geringachtung der Verwandten
Dieses Logion (Lk 14,26 = Mt 10,37) ist eines der Elemente der Überlieferung, aus denen Lk eine kurze, aber intensive Rede Jesu über die radikalen Erfordernisse der JüngerInnenschaft komponiert (14,25–35). Mit der dreifachen Wiederholung des Ausdrucks „der kann nicht mein Jünger sein" (V26c.27b.33b: οὐ δύναται εἶναί μου μαθητής) stellt er eine direkte Verbindung zwischen den beiden früheren Logien und jenem in V33 – Höhepunkt der ganzen Perikope – her und sichert seine Aktualisierung: Jesus verlangt die radikale Aufgabe allen Eigentums (πᾶσιν τοῖς ἑαυτοῦ ὑπάρχουσιν).

Auch wenn der Kontext, in dem der dritte Evangelist dieses Logion situiert, nicht wie in Mt 10,1–42 der spezifische des Missionsauftrags an die Zwölf ist, ist doch auch

---
[51] Für Lk 14,26 vgl. Mt 10,37; für Lk 18,29 vgl. Mk 10,29 und Mt 19,29.

für Lk der Bezugshorizont für diese Anweisung, in der Jesus selbst die Parameter für das Erkennen eines authentischen Jüngers oder einer Jüngerin festlegt, die christliche Mission. Genauer handelt es sich in diesem Fall um die authentischen christlichen MissionarInnen.[52] In seiner Darstellung der Gemeinschaft der JüngerInnen, umgeben von der Menge, an die sich die Mission richtet, situiert der Evangelist die harten Anforderungen an die JüngerInnenschaft im Rahmen der christlichen Mission. In diesem Sinn muss daher auch das anfängliche „er sagte zu ihnen" (εἶπεν πρὸς αὐτούς) verstanden werden: Jesus wendet sich nicht an die Menge, die mit ihm zog, sondern vielmehr an die JüngerInnen, gerade weil die Menge mit ihm zog.

Dort, wo der Ruf zur Nachfolge mit dem Ruf zum ChristInsein zusammenfällt, schildert Lk die Notwendigkeit der Besitzaufgabe immer in einer solidarischen Perspektive, nie als einen totalen Verzicht. Abgesehen von diesem Text spielt dies erst im redaktionellen Epilog der Erzählung vom wundersamen Fischfang eine Rolle, mit dem Lk einer gänzlich singulären Erfahrung des Petrus paradigmatischen Charakter verleiht (5,11), sowie in der Erzählung der ebenfalls – wenn auch im negativen Sinn – paradigmatischen Berufung des reichen Jünglings (18,22).

Die restriktive Präzisierung von V26 mit ihrem ausdrücklichen Verweis auf den ehelosen Missionar muss daher von genau dieser Stellung im missionarischen Kontext bewertet werden.

Anders als bei Mt hat das Logion bei Lk eine sehr starke lexikalische Akzentuierung: Das Verb „hassen" (μισεῖν) ist sicher stärker markiert als „mehr lieben" (φιλῶν ὑπὲρ ἐμὲ) bei Mt, wie auch der Ausschluss „der kann nicht mein Jünger sein" (οὐ δύναται εἶναί μου μαθητής) radikaler ist als das allgemeine und moralisierende „ist meiner nicht würdig" (οὐκ ἔστιν μου ἄξιος).[53] Die lange Aufzählung aller Verwandtschaftsbeziehungen, die deutlich als sekundäre Hinzufügung des dritten Evangelisten erscheint, trägt schließlich zu einer diskriminierenden Färbung des Logions bei: Der Jünger ist Sohn, Ehemann, Vater, Bruder, und gerade durch den Hinweis auf die Ehefrau wird es unmöglich anzuerkennen, dass es sich auch um die Tochter, Ehefrau, Mutter, Schwester handeln könnte. Dass dieser Text zusammen mit 18,29 eine enge Ver-

---

[52] Dass Lk sich hier nicht an alle ChristInnen wenden will, sondern vor allem an jene JüngerInnen, die wie die Gruppe um Jesus direkt für die Mission verantwortlich sind, erschließt sich aus der Wiederaufnahme des traditionellen Abschlusses des Gleichnisses vom Sämann (8,8b; vgl. Mk 4,9; Mt 13,9) und – sehr wichtig – aus der gleichen szenischen Anordnung wie in der Feldpredigt von 6,12–19.

[53] Die gleiche Radikalität wie bei Lk findet sich dagegen auch im Thomasevangelium: „Jesus spricht: ‚Wer nicht seinen Vater hassen wird und seine Mutter, wird mir kein Jünger sein können. Und wer nicht seine Brüder und seine Schwestern hassen wird (und) nicht sein Kreuz tragen wird wie ich, wird meiner nicht würdig sein.'" (ThomEv 55; zitiert aus Uwe-Karsten PLISCH, *Das Thomasevangelium: Originaltext mit Kommentar* [Stuttgart: Deutsche Bibelgesellschaft, 2007], 147.) Das ThomEv enthält eine weitere Formulierung des ersten der beiden Logia: „Wer nicht seinen [Vater] und seine Mutter hassen wird wie ich, wird mir nicht [Jünger] sein können. Und wer seinen [Vater und] seine Mutter [nicht] lieben wird wie ich, wird mir kein [Jünger] sein können. Denn meine Mutter [...], meine wahre [Mutter] aber gab mir das Leben." (ThomEv 101; zitiert aus ebd., 236.)

bindung zwischen Nachfolge und Ehelosigkeit erkennen lässt, ist schon wiederholt hervorgehoben worden, doch die lk Version des Logions bedeutet noch mehr, da sie das Paradigma des ehelosen und ausschließlich männlichen Jüngers legitimiert.

Wenn man den Kontext näher betrachtet, enthält zudem die Perikope des Festmahls (14,15–24), die den Anweisungen über die Nachfolge unmittelbar vorangeht, einen wichtigen Hinweis: Die Ehe als solche stellt ein potentielles Hindernis für die Aufnahme der Einladung Gottes dar.[54] Das bestätigt auch der Vergleich mit der mt Parallele des Gleichnisses vom königlichen Hochzeitsmahl (22,2–10) und mit ThomEv 64.

Im Ausdruck „ich habe eine Frau genommen" (γυναῖκα ἔγημα), bei Mt nicht zu finden, liegt eine der verschiedenen Entsprechungen, sowohl stilistisch als auch thematisch, zwischen der lk Redaktion und der des ThomEv vor, allerdings mit einem grundlegenden Unterschied: Das Schlusswort des Gleichnisses in ThomEv 64 („Die Käufer und die Händler [werden] nicht eingehen zu den Orten meines Vaters"[55]) verleiht ihm eine klare Orientierung: Die Entschuldigungen der Eingeladenen ähneln einander in der Priorität, die sie ihren Geschäften zuschreiben. Bei Lk dagegen gibt es diese geschäftliche Nuance nicht; die grundsätzliche Moral erschöpft sich in einer unbestimmten Verurteilung der Reichen: Für den dritten Evangelisten sind die, die den Platz der Eingeladenen einnehmen werden, nicht irgendwelche Leute, wie im ThomEv, sondern die Armen (V21).[56] Außerdem unterscheiden sich die beiden Texte bezüglich der Bedeutung, die dem Hinweis auf die Ehe zukommt. Es stimmt wohl, dass in beiden die dritte Entschuldigung der Eingeladenen mit Hochzeit zu tun hat. Diese verweist jedoch im ThomEv im Einklang mit dem Rest auf die Geschäfte: Der Eingeladene entschuldigt sich, weil er die Rolle des Organisators der Hochzeit eines Freundes übernehmen muss („Mein Freund wird heiraten, und ich bin es, der das Mahl bereiten wird"[57]). Im lk Text wiederum wird die Ehe als solche als Hindernis, die Einladung Gottes anzunehmen, dargestellt.

Es ist also unbestreitbar, dass eine negative Sicht der Ehe Teil des Denkens des dritten Evangelisten ist. Gerade auf diesem Hintergrund ist es aber möglich, eine plausible Erklärung der diskriminierenden Präzisierung, die Lk dem Logion über die Geringachtung der Verwandten hinzufügt, zu finden.

---

[54] Hier kehrt nicht nur der ausschließliche Bezug auf die Ehefrau ohne jenen auf den Ehemann (V20) wieder, sondern auch der Begriff ἔρχομαι, der im Doppellogion von V26f. die Nachfolge Jesu umschreibt. Die Verbindung zwischen der Paränese über die JüngerInnenschaft in V25–35 und dem Gleichnis vom Hochzeitsmahl (V15–24) ist also offensichtlich. Lk setzt die mögliche Ablehnung der radikalen Forderung nach dem Verzicht auf den Reichtum (V33) mit der Ablehnung der Einladung Gottes, „das Brot des Reiches Gottes zu essen" (V15), gleich. Vgl. dazu die klassische Studie von Pier Franco BEATRICE, „Il significato di Ev. Thom. 64 per la critica letteraria della parabola del banchetto (Mt 22,1–14; Lc 14,15–24)", in *La parabola degli invitati al banchetto: Dagli evangelisti a Gesù* (hg. v. Jacques Dupont; TRSR 14; Brescia: Paideia, 1978), 237–277.

[55] Zitiert aus PLISCH, *Thomasevangelium*, 168.

[56] Nach orientalischer Mentalität waren Bucklige, Blinde und Lahme weniger Kranke als vielmehr BettlerInnen.

[57] Zitiert aus PLISCH, *Thomasevangelium*, 167f.

2.2.2 Das Verlassen der Ehefrau im Logion über den Lohn der Nachfolge
Auch in das Logion über den Lohn für diejenigen, die alles verlassen haben, um Jesus nachzufolgen (Lk 18,29f. = Mk 10,29f. = Mt 19,29), fügt Lk als Einziger die Forderung nach dem Verlassen der Ehefrau ein. Und wieder fehlt dabei die symmetrische Referenz auf die Trennung vom Ehemann. Thematisch ganz analog zum Wort über die Geringachtung der Verwandten, verdient das Wort über den Lohn doch eine eigene Analyse, vor allem wenn man seinen Kontext beachtet. Alle drei Synoptiker überliefern es im selben Kontext, nämlich bei der Belehrung über die Gefahr des Reichtums (Mk 10,23–31 par.), die die Erzählung von der Begegnung Jesu mit dem reichen Jüngling (Mk 10,17–22 par.) ergänzt. In allen drei Redaktionen ist das zentrale Thema des ganzen Abschnitts die christliche JüngerInnenschaft, wie die Tatsache bestätigt, dass die Verbindung zwischen dem narrativen und dem didaktischen Teil durch die zweifache Wiederkehr des Verbs „nachfolgen" (Mk 10,21.28 par.) gesichert ist. Die Erinnerung an die Gruppe der JüngerInnen Jesu hat in diesem Kontext exemplarische Funktion. Anders als bei Mk und Mt zielt Lk aber darauf ab, asketische Konnotationen der JüngerInnenschaft autoritativ zu legitimieren, indem er sie auf eine explizite Forderung Jesu an die Gruppe der Zwölf zurückführt.

Die Belehrung über das Problem des Reichtums ist eine Lehre an die Gemeinde, die im weiteren lk Kontext des Reiseberichts (9,51–19,27) mehrfach vorkommt, exemplifiziert an einer Reihe von Figuren, für die der Reichtum ein unüberwindliches Hindernis in der Nachfolge darstellt.[58] Sie wird schließlich gekrönt von der Bekehrung des obersten Zollpächters, der sehr reich war (ἀρχιτελώνης καὶ αὐτὸς πλούσιος).[59] Die Tendenz, aus der Forderung nach der Aufgabe des Besitzes eine Aktualisierung der Worte Jesu über die JüngerInnenschaft zu machen, ist offensichtlich nicht eine lk Besonderheit, sondern stellt eines der privilegierten Themen der christlichen Katechese der zweiten Generation dar.

Im Unterschied zu Mk 10,23 und Mt 19,23 richtet Lk es so ein, dass das Versprechen von Lohn an ein großes Publikum gerichtet erscheint,[60] zu dem nach wie vor auch der verhinderte Jünger gehört. Dies ist signifikant, denn es zeigt, dass die Unversöhnbarkeit von Heil und Reichtum ein im Leben der Gemeinschaft, an die Lk sich wendet, andauerndes moralisches Dilemma bildet, und erklärt das Schillern des Evangeliums in dieser Frage. Nicht anders als Mt 19,27 aber stellt der dritte Evangelist den Ausruf des Petrus „Wir haben alles, was zu uns gehört, verlassen und sind dir nachgefolgt" (V28: ἰδοὺ ἡμεῖς ἀφέντες τὰ ἴδια ἠκολουθήσαμέν σοι)[61] als die Bezeugung einer Entscheidung zur JüngerInnenschaft in einem bestimmten Moment dar: Die Ersetzung des mk Perfekts[62] durch den Aorist ἠκολουθήσαμεν verweist auf jene Entscheidung, mit

---

[58] Vgl. 12,16–21: der törichte Reiche; 16,1–13: der unehrliche Verwalter; 16,19–31: der reiche Prasser, der lieber die Berufung ablehnt, als auf seine Reichtümer zu verzichten.
[59] 19,1–10: Zachäus.
[60] Vgl. Lk 18,29 im Verhältnis zu V26.
[61] Nur Mt fügt der Erklärung des Petrus eine direkte Frage über das Schicksal derer, die alles verlassen haben, um Jesus nachzufolgen, hinzu.
[62] Auf der Grundlage der Handschriften B C D W ist das Perfekt vorzuziehen.

der die JüngerInnenschaft als Lebenssituation begann. Die Worte des Petrus beziehen sich auf ein bestimmtes historisches Ereignis, dem der Evangelist paradigmatischen Wert zuschreibt. Die Situation ist also nicht identisch mit jener der Belehrung über die JüngerInnenschaft, die wir oben untersucht haben (14,25–35). Im Unterschied diesmal zu Mt, der das mk „alles" (19,27: πάντα) bewahrt, bevorzugt Lukas die Verwendung des weniger totalisierenden Ausdrucks „unsere Güter" (18,28: τὰ ἴδια) und verweist so auf die Praxis der Gütergemeinschaft, die der Evangelist seinen ChristInnen als ethisches Paradigma vorschlägt.[63] Die Solidarität mit den Armen, zu der sie Lk wiederholt aufruft, steht für ihn also in Kontinuität mit der Situation der JüngerInnen Jesu und mit ihr ist das Versprechen des göttlichen Lohns verbunden. Während aber die Schwierigkeiten, das Heil zu erlangen, alle Reichen, ohne Unterschied zwischen Männern und Frauen (V24), betrifft, zeigt die Analyse des Logions, dass Lk in seiner Verknüpfung des Themas der christlichen JüngerInnenschaft mit dem der Mission wieder ein asketisches Modell des christlichen Missionars vorschlägt, das Frauen ausschließt.

Aus lexikalischer Sicht unterscheidet sich Lk von den beiden anderen Synoptikern, weil er nicht (im Unterschied übrigens auch zu 14,26) die Wortpaare Vater – Mutter, Brüder – Schwestern aufnimmt, sondern sie in den jeweiligen Kollektivbegriffen Geschwister – Eltern (ἀδελφούς – γονεῖς) wiedergibt. Thematisch gesehen, unterdrückt er den Hinweis auf die Felder. Angesichts dieser verkürzenden Tendenzen sticht die Erwähnung der Ehefrau noch mehr hervor. Sie steht an erster Stelle, auch wenn dies mit der Bedeutung des Logions gänzlich inkongruent ist. Denn das Versprechen der Vermehrung kann für spirituelle Geschwister- oder Kindesbeziehungen sinnvoll sein, nicht aber für die Beziehung zwischen Ehegatten. Doch die Erwähnung der Ehefrau ist gewiss nicht zufällig.

Mit dem Ausdruck βασιλεία τοῦ θεοῦ verweist Lk wiederholt auf die Verkündigung des Evangeliums.[64] Der Bezug auf die Missionstätigkeit muss jedoch auf einer zweifachen Ebene betrachtet werden, und der exemplarische Rekurs auf die historische Gruppe der JüngerInnen Jesu hat für Lk daher eine doppelte Funktion. In einem verallgemeinernden Sinn bedeutet dieser: Wie die JüngerInnen für die Verkündigungstätigkeit Haus und Familienbeziehungen verlassen haben, so müssen um des Heils willen alle Gläubigen alles, was ihnen gehört (τὰ ἴδια), verkaufen und den Erlös den Armen geben. Auf dieser allgemeinen, aber deshalb nicht weniger radikalen Ebene bestätigt Lk die frühere Tradition: Die Solidarität mit den Armen aktualisiert die Berufung zum ChristInsein. Mit der Erinnerung an die historische JüngerInnengruppe soll jedoch auch ein bestimmtes Bild christlicher – bei Lk auf Männer beschränkter – Missionare übermittelt werden. Auf dieser spezifischeren Ebene ist die Ehelosigkeit für Lk die unverzichtbare asketische Konnotation des Binoms Jünger – Mission. Um in das Reich Gottes eingehen zu können, wird dieser Verzicht nicht verlangt, um an der Verkündigung teilzunehmen, aber schon.

---

[63] Siehe Apg 4,32b (vgl. 2,44): „und niemand nannte etwas von dem, was ihm gehörte, sein Eigentum" (καὶ οὐδὲ εἷς τι τῶν ὑπαρχόντων αὐτῷ ἔλεγεν ἴδιον εἶναι). Dies wird durch die Verwendung des Verbs διαδίδωμι statt des mk δίδωμι noch verstärkt.

[64] Vgl. 4,43; 8,1.10; 9,2.11.60.62; 10,9.11; 11,20; 16,16; 17,20f. usw.

Die weitere Entwicklung einer christlichen Ethik auf zweifachem Niveau, die die radikale Forderung nach Verzicht auf einige wenige beschränkt, für alle aber die Logik des Kompromisses vorschlägt, setzt damit nur eine bereits im lk Text enthaltene Differenzierung fort. Wenn die Forderung nach Teilen des Reichtums eine asketische Färbung annimmt und vor allem, wenn sie mit der nach Ehelosigkeit verbunden wird, setzt sich eine Art Zwei-Stufen-Ethik durch – vielleicht nicht des Verdiensts, aber gewiss der Bereiche: Die Ehelosigkeit als Bedingung der ἀποστολή, des Apostolats, macht die christlichen Missionare den Jüngern Jesu gleich und wird ihr unterscheidendes Merkmal. Unvermeidlicher Zusatz: Frauen nehmen nach Lk an der christlichen Mission nicht teil.

2.2.3 Zusammenfassung

Resümierend lässt sich sagen, dass für Lk der Verzicht auf die Ehefrau einer von jenen ist, die von Jesus selbst verlangt werden und an denen festzuhalten die christlichen Missionare um des guten Gelingens der Mission willen aufgefordert sind. Der christliche Missionar muss ehelos sein, im Unterschied zu 1 Kor 9,5 oder auch zu dem, was sich aus glaubwürdigen sozio-historischen Rekonstruktionen des Phänomens des frühchristlichen Wanderradikalismus schließen lässt. Aber er muss nicht nur ehelos, sondern auch ausschließlich männlich sein: Das Binom Jüngerschaft – Ehelosigkeit findet seine Begründung schon in der bei Lk auf die Zwölf beschränkten Apostelgruppe. Das Ethos der charismatischen Wanderradikalen transformierte sich also für Lk in eine Ethik des Verzichts, auch auf die Ehe.

Gerd Theissen hat schon lange klargestellt, dass die Logienüberlieferung ihre ursprünglichen Grenzen nur um den Preis der radikalen Transformierung überschreiten konnte.[65] Zu einer Zeit, die durch den Übergang von der Verkündigung zur Katechese und das Abflachen der unmittelbaren Parusieerwartung, aber vor allem durch die Ausbreitung des Christentums in den urbanen Gebieten charakterisiert war, konnte die Radikalität der Worte Jesu, die von der Wandermission durchgesetzt wurde, nur unter der Voraussetzung ihrer religiösen Ideologisierung weiterhin als normativ betrachtet werden. Dies ging konform mit der starken Notwendigkeit moralischer Vorschriften, wie sie für die Zeit typisch war. Für einige Merkmale der ursprünglichen Erfahrung der christlichen Nachfolge bedeutet dieser Anpassungsprozess in Wirklichkeit eine Art Aufweichung. Man denke nur daran, dass gerade der lk Jesus in seiner Abschiedsrede an die JüngerInnen die eigenen Belehrungen im Blick auf die Mission,[66] vor allem in Bezug auf die Gewaltlosigkeit, widerruft – nicht aber im Hinblick auf die Sexualität, für die der Evangelist stattdessen asketische Strenge fordert. Sein Argwohn gegenüber

---

[65] Vgl. Gerd THEISSEN, „Wanderradikalismus: Literatursoziologische Aspekte der Überlieferung von Worten Jesu im Urchristentum", in DERS., *Studien zur Soziologie des Urchristentums* (WUNT 19; Tübingen: Mohr, ³1989), 79–105; 102f.

[66] Zu vergleichen sind hier Lk 9,3–5; 10,3–12 und 22,35–38.

der Ehe wird außerdem durch den expliziten Hinweis im Gleichnis vom Hochzeitsmahl bestätigt (14,20).[67]

Es handelt sich hierbei gewiss nicht um eine ausschließlich lk Tendenz. Es genügt, an die Verknüpfung von Nachfolge, Jungfräulichkeit und Vollkommenheit zu erinnern, die in der Apokalypse bezeugt wird.[68] Die Entstehung und Entwicklung der christlichen Askese ist ein Phänomen, dessen Spuren sich quer durch die verschiedenen ntl. Traditionen ziehen, extrem unterschiedlich je nach Zeit und Umständen. Jede Tradition zeigt jedoch Eigenheiten, die um einiges interessanter sind als die zweifellos bestehenden Gemeinsamkeiten.

Für Lk ist die Mission ein dominantes Thema und in enger Verbindung mit ihr müssen daher die Forderung nach der Ehelosigkeit wie auch ihre rückwirkende Zuschreibung an Jesus selbst und die Gruppe der Zwölf interpretiert werden. Das heißt gewiss nicht, dass Lk als ein enkratisches, ein streng asketisch orientiertes, Evangelium zu betrachten ist. Doch ist im Hinweis auf die Ehelosigkeit eine aktualisierende Verschiebung zu erkennen. Wenn Lk den Verzicht auf die Ehe als eines der Merkmale des christlichen Missionars darstellt, lässt sich durchaus schließen, dass er sich so auf eine offene Polemik gegen die charismatischen Wanderradikalen, die in der Region noch aktiv sind, einlässt.[69] Es ist durchaus möglich, dass er die unkontrollierbare Anarchie der umherziehenden MissionarInnen, ihren Autoritätsanspruch und ihre Unbeugsamkeit in Bezug auf Institutionalisierung kritisch betrachtete.

Aus der Verknüpfung von Asketismus mit der polemischen Haltung gegenüber dem charismatischen Frühchristentum entwickelt sich also nach und nach die Figur des ehelosen Missionars. Von dieser Typisierung sind jedoch Frauen gänzlich ausgeschlossen. In der Missionstätigkeit gibt es für sie nicht einmal als Ehefrauen einen Platz. Ihr Ausschluss von jeder Form der ἀποστολή, ein bereits unvermeidlicher Nebeneffekt der zunehmenden Betonung der exklusiven Rolle der Zwölf, scheint sich so weiter auszudefinieren – auch auf der Basis expliziter asketischer Motivationen.

Die Beschneidung der Rolle der Jüngerinnen in der Entwicklung des Osterglaubens sowie der Teilnahme von Frauen an der frühchristlichen Mission bekräftigt damit nur, was die lk Beschreibung der Nachfolge Jesu (8,1–3) und die harte Mahnung an Marta (10,41f.) bereits erahnen ließen. Als Zeuge einer Übergangszeit belegt der dritte Evangelist, dass der Preis, der für die Veränderung gezahlt wurde, der zunehmende Aus-

---

[67] Auch die lk Version von Mk 12,23–25, dem Streitgespräch Jesu mit den Sadduzäern über die Auferstehung, gewinnt eine ganz besondere Färbung durch die klar negative Akzentuierung der Ehe: Für Lk stellt Jesus nicht die Vergänglichkeit des Gesetzes der Leviratsehe in Frage, sondern bekräftigt vielmehr die Ehelosigkeit als die Bedingung dafür, der Auferstehung für würdig erachtet zu werden (Lk 20,34–36).

[68] Siehe Offb 14,4f.: „Diese sind es, die sich mit Frauen nicht befleckt haben, denn sie sind jungfräulich, diese sind es, die dem Lamm folgen, wohin es geht. Diese sind unter den Menschen als die Erstlinge für Gott und das Lamm ausgelöst worden, und in ihrem Mund hat sich keine Lüge gefunden, sie sind ohne Makel."

[69] THEISSEN, „Wanderradikalismus", 104, argumentierte bereits so, allerdings auf der Basis der lk Version des Gleichnisses vom Hochzeitsmahl (22,35f.).

schluss von Frauen war – nicht vom Heil und auch nicht von der *ecclesia*, aber von der missionarischen Verkündigung und der apostolischen Funktion.

Einige Überlegungen zur Apg bestätigen, dass aus dieser Sicht die lk Tradition eine der paulinischen und johanneischen analoge Rückentwicklung erfährt: In den „Kirchen der Apostel" verwischt sich die Erinnerung an die „apostolischen Kirchen", die ihren Ursprung auch Jüngerinnen Jesu und christlichen Missionarinnen verdankten, immer mehr.

3. Ein Schritt zurück: Die Apostelgeschichte

Ich bin mir dessen bewusst, dass die Frage nach der literarischen Einheit des lk Doppelwerks alles andere als gelöst ist.[70] Aber auch ohne in die Diskussion einzusteigen, glaube ich, dass eine gewisse Form der Nähe zwischen dem dritten Evangelium und der Apostelgeschichte festgestellt werden kann, und die Vermutung, dass in beiden der Charakter einer „lk Tradition" erkennbar ist, genügt hier, um einige Anmerkungen zum Thema der Frauen machen zu können.

Der These von Jacob Jervell[71], dass am Charakter der Apg nichts verändert würde, wenn man alle Texte über Frauen aus ihr entfernte, pflichte ich bei. Die Aufmerksamkeit, die der Hagiograph den Frauenfiguren zukommen lässt, geht in der Tat nicht über ein rein dokumentarisches Interesse hinaus. Es ist kein Zufall, dass alle Texte über Frauen aus dem Material stammen, das der Autor für seine Kompilation der Anfänge der Christentumsgeschichte verwendet. Sie erlauben es also, die Apg als eine wichtige

---

[70] Vgl. die dichte stilistische und linguistische Untersuchung der Unterschiede zwischen Lk und Apg, mit der die seit 1900 Jahren bestehende Überzeugung von der Identität ihrer Autoren in Frage gestellt wird, von Patricia WALTERS, *The Assumed Authorial Unity of Luke and Acts: A Reassessment of the Evidence* (SNTSMS 14; Cambridge: Cambridge University Press, 2009).

[71] Jacob JERVELL, „Die Töchter Abrahams: Die Frau in der Apostelgeschichte", in *Glaube und Gerechtigkeit: In Memoriam Rafael Gyllenberg* (hg. v. Jarmo Kiilunen, Vilho Riekkinen und Heikki Räisänen; Schriften der Finnischen Exegetischen Gesellschaft 38; Helsinki: Suomen Eksegeettinen Seura, 1983), 77–93; 83f. Vgl. die klassischen Kommentare: Colin J. HEMER, *The Book of Acts in the Setting of Hellenistic History* (WUNT 49; Tübingen: Mohr, 1989); Franz MUSSNER, *Apostelgeschichte* (NEB.NT 5; Würzburg: Echter, ^{4}1999); Rudolf PESCH, *Die Apostelgeschichte* (2 Bde; EKKNT 5/1–2; Zürich: Benziger, ^{3}2005/^{2}2003); Jürgen ROLOFF, *Die Apostelgeschichte* (NTD 5; Göttingen: Vandenhoeck & Ruprecht, ^{19}2010); Walter SCHMITHALS, *Die Apostelgeschichte des Lukas* (ZBK 3.2; Zürich: Theologischer Verlag, 1982); Gerhard SCHNEIDER, *Die Apostelgeschichte* (2 Bde; HTKNT 5/1–2; Freiburg i. Br.: Herder, 1980/1982); Gustav STÄHLIN, *Die Apostelgeschichte* (NTD 5; Göttingen: Vandenhoeck & Ruprecht, ^{16}1980); Alfons WEISER, *Die Apostelgeschichte* (2 Bde; ÖTK 5/1–2; Gütersloh: Mohn, 1981/1985); sowie Mary Rose D'ANGELO, „Women in Luke-Acts: A Redactional View", *JBL* 109 (1990): 441–461, und NAVARRO PUERTO, *Las apóstoles*.

Informationsquelle für die herausragende Rolle der Frauen in den frühen Kirchen[72] zu betrachten und so im Vergleich zum dritten Evangelium in der Chronologie einen Schritt zurück zu machen.

3.1 Tabita (9,36–43)

Für Lk hat die Erweckung der Tabita, wie auch die unmittelbar vorhergehende Heilung des Gelähmten von Lydda (9,32–35), apologetische[73] und missionsgeschichtliche[74] Bedeutung: Die Figur der Tabita hat eine wichtige Funktion für die Erzählung der fortschreitenden Entfaltung der Mission des Petrus. Da die Figur des Äneas viel weniger profiliert ist als die der Tabita und seine Geschichte die Form einer Heilungserzählung hat, während jene von Tabita eine Erweckungserzählung ist, ist anzunehmen, dass die Figuren schon in der Tradition unterschiedlich stark hervorgehoben wurden.

Der aramäische Name Tabita (in 9,36 übersetzt als Δορκάς, „Gazelle") wird – außer mit Joppe, einer bekannten Stadt an der Mittelmeerküste – mit einer bestimmten Gruppe verbunden, nämlich den Witwen, und dem Gewerbe der Herstellung von Tuniken und Mänteln.[75] Die Konstruktion εἶναι μετά mit dem Genitiv („mit jemandem sein") in V39c verweist auf die Zugehörigkeit zu den Witwen und weniger auf eine externe Tätigkeit. Hingegen assoziiert das Imperfekt ἐποίει („sie machte") eine fortgesetzte Tätigkeit und ist so eine weitere Bestätigung der dauerhaften Präsenz von Tabita in der Gruppe der Witwen. Diese Gruppe erscheint in V39 nur als ein Kreis von Weinenden, nimmt aber in V41 die Konfiguration eines wirklichen Standes an. Man kann daher postulieren, dass gerade die Gruppe der Witwen von Joppe eine Wundererzählung, die ihre Gründung bestätigte, bewahrt und überliefert habe.

Aus dem Text kaum zu erkennen ist, ob die Herstellung von Tuniken und Mänteln für diese Witwengruppe nur eine karitative Tätigkeit war oder ob sie daraus auch ihren Lebensunterhalt bestritten. Gewiss erscheint die Gruppe nicht, wie gewöhnlich angenommen, als Objekt von Mitleid und Barmherzigkeit, sondern stellt sich vielmehr als Kern dar, um den sich die Gemeinde von Joppe versammelte: In V41 sind die Witwen

---

[72] So schon Constance F. PARVEY, „The Theology and Leadership of Women in the New Testament", in *Religion and Sexism: Images of Woman in the Jewish and Christian Tradition* (hg. v. Rosemary Radford Ruether; New York: Simon & Schuster, 1974), 117–149; 142.

[73] Darauf weisen die Summarien in V35.42, die die beiden Erzählungen abschließen, deutlich hin.

[74] Die beiden Wunder sind wichtige Vorgeschichten der entscheidenden Wendung in der Mission zugunsten der HeidInnen, die unmittelbar danach durch die Bekehrung des Kornelius (10,1–48) bekräftigt wird. Die Entwicklung der Ereignisse vollzieht sich damit, entsprechend dem feierlichen Versprechen des Auferstandenen, ausgehend von Jerusalem in Judäa (8,1) und v. a. in Samaria (8,5–25), in Galiläa (9,31) und schließlich in Südwest-Palästina (9,32–10,48).

[75] Eine interessante Parallele bietet Josephus Flavius, *B.J.* 4,3,5/145, wo von einem „Gazellensohn" (Δορκάδος υἱός) die Rede ist. Andere Beispiele finden sich in Inschriften aus dem 4. und 2. Jh. v. Chr. in Athen und für eine Frau aus Zyrene aus dem 2.–1. Jh. v. Chr.

eine vom Rest der „Heiligen", also vom Rest der Gemeinde, unterschiedene Gruppe. Das „obere Stockwerk" (V39b: ὑπερῷον), das anderswo den Raum, in dem sich die christliche Hausgemeinde versammelt, bezeichnet (1,13; 20,8), lässt die Hypothese eines Wohnhauses dieser Gruppe von Witwen, in der sich auch der Rest der Gemeinde von Joppe zusammenfand, glaubhaft erscheinen. Schließlich spricht auch die Tatsache, dass die Gläubigen von Joppe (wie kurz zuvor die von Lydda in V32) als „Heilige" (V41: ἁγίους), ein im lk Vokabular fremder Ausdruck, angeredet werden, für den Ursprung der beiden Erzählungen in den Gründungstraditionen dieser beiden Ortsgemeinden. Nur durch die repräsentative Rolle Tabitas für die Gründung der Gemeinde kann man ferner rechtfertigen, dass die Tradition – einzigartig im ganzen NT – diese Frau mit dem starken Epitheton „Jüngerin" (V36: μαθήτρια) bezeichnet.

Man kann daher annehmen, dass die Witwen nicht immer sozial schwach und der Fürsorge der Gemeinde anvertraut waren, sondern gelegentlich im Bereich der Caritas und Wohltätigkeit aktiv waren. 1 Tim 5,10, wo außerdem starke lexikalische Affinitäten mit der Perikope über Tabita auftreten, verstärkt die Plausibilität dieser Annahme zusätzlich.

3.2 Lydia (16,13–15.40)

Die Bekehrung von Lydia, wie auch die von Kornelius (10,1–48), stellt für Lk ein Zeugnis für den Erfolg der christlichen Verkündigung unter den „Gottesfürchtigen" dar. Trotz der thematischen Parallele und einiger genauer Übereinstimmungen[76] haben die beiden Ereignisse jedoch für Lk ganz unterschiedliche Relevanz. Die Asymmetrie zwischen dem trockenen Ton einer Chronik in der Erzählung von Lydia, die doch als die erste europäische Christin betrachtet werden kann, und der literarischen und theologischen Erweiterung, die die Erzählung von Kornelius erfährt, springt ins Auge: Auf dem Grat zwischen der Juden- und Heidenmission angesiedelt, besiegelt die Taufe des Kornelius nach dem Willen des Heiligen Geistes die endgültige Emanzipation von der Beschneidung. Die Taufe Lydias und ihrer Hausgemeinschaft hingegen wird nur in einem Nebensatz erwähnt, obwohl es die erste Taufe durch Paulus ist, und ist nur als Indiz der fortschreitenden Mission des Apostels zu sehen; auffällig ist auch das Fehlen einer wörtlichen Rede des Paulus.

Da hier keine besondere Betonung seitens der Redaktion vorliegt und eine Typologisierung als historischer Bericht (und nicht hagiographische Legende) vorgenommen werden kann, ist die Identifikation der traditionellen Nachrichten über Lydia noch einfacher und zuverlässiger als bei Tabita. Auch in diesem Fall entwickelte sich um eine Frauenfigur eine lokale Überlieferung, die auf eine bestimmte Stadt verweist, nämlich die römische Kolonie Philippi, wichtiges Verwaltungszentrum von Mazedonien.

---

[76] Auch Kornelius wird als Gottesfürchtiger vorgestellt (10,2: φοβούμενος τὸν θεόν); beide Episoden sind durch eine Vision vorbereitet (10,9–16; 16,9–10); die Konversion der beiden Personen führt auch zur Taufe ihrer Familien (10,24.44–48; 16,15).

Der Text bietet eine genaue Beschreibung dieser Frau. Aus religiöser Sicht wird Lydia als „gottesfürchtig" (V14: σεβομένη τὸν θεόν) und als Mitglied einer Art Frauensynagoge charakterisiert. Ich kann hier nicht die Diskussion um den historischen Hintergrund der „Gottesfürchtigen" aufrollen.[77] Was es für heidnische Frauen bedeutete, ihre religiöse Herkunft in die jüdische Religion zu integrieren, lässt sich schwer präzisieren.[78] Die Frage der Beschneidung war für sie nicht direkt relevant, wenngleich sie nicht völlig bedeutungslos war, da sie ihre Ehemänner oder Söhne betreffen konnte. Außerdem ist es sehr schwierig, mögliche Modalitäten des Proselytismus von Diasporajüdinnen und der Beteiligung heidnischer Frauen am Synagogengebet oder an den Reinheitsritualen zu rekonstruieren.

Wie kann man die völlige Abwesenheit von Männern in der Synagogenversammlung am Sabbat erklären oder mit plausibler Genauigkeit den Verlauf einer religiösen Versammlung nur von Frauen rekonstruieren? Wie fügte sich die Verkündigungsaktivität der christlichen Apostel in sie ein?

Wenn viele Fragen nach einer präzisen Identifizierung dieser Frau aus religionsgeschichtlicher Sicht offen bleiben, ist ihre soziale Charakterisierung hingegen mit bemerkenswerter Genauigkeit überliefert worden: Lydia ist eine Handelstreibende aus der Stadt Thyatira und besitzt ein Haus. Sie ist also eine unabhängige Frau, ökonomisch produktiv und wohlhabend. Epigraphische Dokumente bestätigen die Bedeutung der Purpurindustrie und des Purpurhandels in Lydien und Phrygien, in Städten Mazedoniens wie Philippi und Thessaloniki sowie in Ägypten. Es ist auch möglich, dass Lydia eine Freigelassene war.[79] Wichtiger noch ist ihre Unabhängigkeit von ehelichen Banden:[80] Auch wenn die fehlende Erwähnung eines Ehemannes aus dem Faktum,

---

[77] Vgl. dazu Jack T. SANDERS, „Who is a Jew and Who is a Gentile in the Book of Acts?", *NTS* 37 (1991): 434–455; 439f.

[78] Auch wenn man die Extremposition von Alf Thomas KRAABEL, „The Disappearance of the ‚God-Fearers'", *Numen* 28 (1981): 113–126; 117, nicht akzeptiert, nach der die ProselytInnen eine Erfindung des Lk seien, hat deren Definition als „Halbschatten" um die jüdische Diasporasynagoge einen großen Signalwert, v. a. wenn es um Frauen geht.

[79] Aus einigen Zeugnissen wird deutlich, dass in der Purpurproduktion und seinem Handel viele SklavInnen beschäftigt waren. Ein weiterer Hinweis auf den Status Lydias als ehemalige Sklavin könnte ihr Name sein, da viele SklavInnen einen Namen, der ihre Herkunft andeutet, erhielten; vgl. dazu die Dokumentation in Greg H. R. HORSLEY, *New Documents Illustrating Early Christianity: A Review of the Greek Inscriptions and Papyri Published in 1977* (NewDocs 2; North Ryde: Macquarie University Press, 1982), 25–32. Er stellt auch die These auf, dass Lydia mit einem Mitglied des „Hauses von Caesar" identifiziert werden könnte (vgl. Phil 4,22).

[80] Luise SCHOTTROFF, *Lydias ungeduldige Schwestern: Feministische Sozialgeschichte des frühen Christentums* (Gütersloh: Kaiser, 1994), 305f., hat Lydias Status als ledige Frau, wie auch bei Maria Magdalena, Tabita und anderen, betont. Nach Schottroff wurde in den frühchristlichen Gemeinden dieser Status nicht als Mangel betrachtet, da im Frühchristentum die Ehe nicht als einziger von Gott gewollter Weg angesehen wurde.

dass nur sie sich bekehrt hatte, resultieren könnte,[81] ist es wahrscheinlicher, dass sie, die vermögend und in finanzielle Transaktionen involviert war, Witwe oder geschieden war.[82]

Wenn man die Erwähnung der Taufe der ganzen Hausgemeinschaft zusammen mit Lydia (V15) Lk zuschreibt und damit ihrem Status als Familienoberhaupt keine besondere Relevanz attribuieren will, gibt es doch keinen Zweifel darüber, dass diese Frau ihr Haus frei für die christlichen Gemeindeversammlungen zur Verfügung stellt (V40). Dass Paulus und Silas, kaum dem Gefängnis entkommen, sich in der Gewissheit, die versammelte Gemeinde vorzufinden, dorthin wenden, spricht dafür, dass gerade Lydias Haus den festen Bezugspunkt der entstehenden Kirche von Philippi darstellte.[83]

Es ist jedoch nicht einfach, festzustellen, worin diese Versammlungen bestanden. Die Tatsache, dass es für heidnische Frauen Usus war, im familiären Kult eine wichtige Rolle auszuüben, bildete sicher einen wichtigen Bezugsrahmen. Hingegen bleibt zu präzisieren, wie sich diese Gewohnheit in die gottesdienstliche Liturgie der christlichen Hausgemeinden übersetzte. Für den Autor der Apg ist Lydia gewiss in der Unterstützung der christlichen Mission engagiert. Es scheint aber, dass er einzig ihre Rolle als Gastgeberin der Apostel (V15c) hervorheben und als beispielhaft vorstellen wollte. Der deutlich paränetische Charakter der Forderung Lydias, eine Bestätigung ihres Glaubens von Seiten der Apostel zu erhalten (V15b), lässt die Absicht erahnen, die Hausgemeinden in enger Abhängigkeit von der Bestätigung durch die Apostel darzustellen. Jenseits redaktioneller Akzentsetzungen entwickelten jedoch die Christinnen und Christen von Philippi eine Gründungserzählung ihrer Kirche um diese Frau, ihre Bekehrung, ihre Verbindung mit Paulus und ihre Rolle als Verantwortliche einer Hauskirche. Gänzlich plausibel ist dann auch, dass gerade Lydia die finanzielle Unterstützung des Paulus und seiner Mission zu verdanken ist, von der der Apostel bei den beiden Gelegenheiten, als er sich an die Kirchen in Mazedonien wendet (2 Kor 11,8f.; Phil 4,15f.), spricht.

---

[81] Auch in 2 Tim 1,5 werden nur die Mutter und Großmutter von Timotheus erwähnt, während sich aus Apg 16,1 ableiten lässt, dass es auch einen Vater gab, der jedoch nicht konvertiert war.

[82] Vgl. noch einmal die reichhaltige papyrologische und juristische Dokumentation, die die Möglichkeit von ökonomisch unabhängigen Frauen bestätigt: HORSLEY, New Documents, 27–32.

[83] Die stringenten literarischen Parallelen mit 4,23 und 12,12 (in allen drei Fällen begeben sich die Apostel, aus dem Gefängnis entkommen, sofort in ein Haus, wo sie sicher sein können, die Gemeinde versammelt zu finden) legen ein redaktionelles Eingreifen nahe. Trotzdem können die Präzisierungen über das Haus der Maria in Jerusalem und das der Lydia in Philippi als Versammlungsorte der jeweiligen Ortsgemeinde Lk nur aus der Überlieferung bekannt sein.

3.3 Damaris von Athen (17,34)

Aus der kurzen Notiz über diese Frau lässt sich gewiss nicht mehr herausholen, als sie als solche bieten kann.[84] Welche Meinung AutorInnen auch über die Überlieferungsgeschichte des ganzen Komplexes bezüglich des Aufenthalts des Paulus in Athen (17,16–34) haben mögen, sie stimmen doch darin überein, dass Lk die Namen der Mitglieder der christlichen Gemeinde in Athen aus der Tradition übernommen hat. Er bedient sich ihrer, um den mangelnden Erfolg des Paulus auszugleichen und um durch die Zufügung eines allgemeinen Verweises auf „andere mit ihnen" (17,34: ἕτεροι σὺν αὐτοῖς)[85] glauben zu lassen, dass es in Athen bereits einen Kern von ChristInnen gegeben habe.

Eine einzige spezifische Anmerkung kann hinsichtlich Damaris, ausgehend von dem Faktum, dass in der Apg keine direkte Rede an Frauen gerichtet ist, gemacht werden.[86] Auch wenn man Frauen in allgemeine Bezeichnungen wie „Brüder" (ἀδελφοί) einschließen will, müssten sie doch von dem öfter in der Apg verwendeten „Männer" (ἄνδρες)[87] ausgeschlossen sein. Auch die Rede auf dem Areopag beginnt freilich mit der Anrede „Männer von Athen" (ἄνδρες Ἀθηναῖοι) und endet mit der Information über die Bekehrung einer Frau, Damaris, woraus sich schließen lässt, dass sie im Publikum war. Ohne die Frage der historischen Plausibilität der Gegenwart einer Frau bei einer öffentlichen Versammlung in Athen genauer zu erörtern, muss doch unterstrichen werden, dass die Verwendung grammatikalisch männlicher Anredeformen seitens Lk nicht zu kategorischen Schlüssen führen darf: Für ihn war Damaris unter jenen Männern (V34: τινὲς δὲ ἄνδρες), an die sich die Areopagrede richtete. Auch ihr verdankt sich also die Gründung der Gemeinde von Athen.

3.4 Maria von Jerusalem (12,12–15)

Die karge Notiz über die Mutter des Johannes Markus und die Gemeinde, die sich in ihrem Haus versammelt, ist eines der wenigen kostbaren Stücke, aus denen sich die Jerusalemer Urgemeinde rekonstruieren lässt.

Aus literarkritischer Sicht ist deutlich, dass Lk zwei autonome Legenden aufnimmt und miteinander verschmilzt, nämlich die der wundersamen Befreiung des Petrus (12,3–19) und die über den Tod des Herodes (12,20–23). Mit dem Verweis auf zwei offensichtlich bekannte Persönlichkeiten wie Maria und ihren Sohn Johannes Markus erhält die Wundererzählung eine realistische Verankerung, und das göttliche Eingreifen zugunsten der apostolischen Mission wird durch den Verweis auf nachprüfbare Zeugnisse bekräftigt. Trotz der literarischen und theologischen Charakterisierung, die

---

[84] Ich gehe hier nicht weiter auf die bereits diskutierte Frage des frauenfeindlichen Charakters des Codex D ein, der diese Notiz aus dem Text entfernt.
[85] Vgl. Lk 8,3; 24,33.
[86] Vgl. JERVELL, *Töchter*, 84f.
[87] 1,16; 2,14; 3,12; 7,1; 13,16; 14,15; 15,7.13; 17,22.30; 22,1; 23,1; 28,17.

Lk selbst vor allem der Szene der Wiedererkennung des Petrus im Haus von Maria (V12–17) aufstempelt, gibt es keinen Grund, am historischen Charakter der Notiz über Maria zu zweifeln, vor allem weil sie angesichts der Erwähnung ihres bekannteren Sohnes (V25; 13,5.13) nicht unentbehrlich ist.

Im Haus dieser Frau versammelte sich die Gruppe der Jerusalemer Christen und Christinnen. Dass es sich um ein Herrenhaus handelt und Maria also zu einer gehobenen sozialen Schicht gehört, lässt sich aus zwei Details ablesen, nämlich der Erwähnung eines Außentors und der Gegenwart einer jungen Dienerin. Aus einem pln Verweis (Kol 4,10) ergibt sich eine Verwandtschaft Marias mit Barnabas. Wieder lässt die fehlende Erwähnung eines Ehemannes vermuten, dass Maria Witwe war. Schließlich kann aus der klaren Unterscheidung der Gruppe in Marias Haus von jener des Jakobus und der „Brüder und Schwestern" (sodass Lk eine Forderung seitens des Petrus nach einer formalen Verbindung mit ihr einfügt, V17) geschlossen werden, dass es sich um eine Gruppe von judenchristlichen HellenistInnen handelt, die sich nach der Vertreibung der HellenistInnen aus Jerusalem weiter im Haus der Maria versammelte. Griechische Namen wie Markus oder Rhode sowie die Verwandtschaft mit Barnabas können dies weiter bestätigen.

Was war nun die Rolle, die diese Frau als Gastgeberin der Gemeinde ausübte? Obwohl die exakte pln Charakterisierung „Hauskirche" (ἡ κατ' οἶκον ἐκκλησία) fehlt, kann die regelmäßige Versammlung, in der eine beträchtliche Anzahl von Personen zusammenkommt, nur die einer christlichen Gruppe in Jerusalem sein, die sich in Marias Haus zu den Gemeindeversammlungen trifft. Gerade die häuslichen Gemeindeversammlungen erlaubten es den Christen und Christinnen, die innovativen Aspekte ihres Glaubens auszudrücken und ihren Kult gemeinschaftlich zu vollziehen. In den Häusern mussten die ChristInnen jene Facetten ihres Glaubens leben, die nicht von den anderen Juden und Jüdinnen geteilt wurden.[88] In Kontinuität zu den vorhergehenden Anmerkungen (1,14; 2,47; 6,6) müssen wir sie uns als eine Gebetsgemeinschaft vorstellen, aber im Blick auf die Präzisierungen in den Zusammenfassungen in 2,42–47 und 5,42 sieht wohl Lk selbst das Haus der Maria als einen jener Orte, wo Verkündigung und Herrenmahl stattfanden.

Was Marias Rolle angeht, muss man sich hingegen mit Schlussfolgerungen zufrieden geben. Als Hellenistin (und Witwe) in Jerusalem hatte sie sicher Kontakt mit der hellenistischen Verkündigung. Ihr Sohn Johannes Markus begleitete später Barnabas und Saulus von Jerusalem nach Antiochien (12,25) und auf dem ersten Stück der folgenden Missionsreise (13,5). Lk bezeichnet ihn als „Helfer" (ὑπηρέτης), um seine Unterordnung unter Paulus zu unterstreichen,[89] während Johannes Markus nach Phlm 24 ein συνεργός ist, also ein „Mitarbeiter" auf der gleichen Stufe im apostolischen Dienst. Man kann daher annehmen, dass das Haus der Maria ein wichtiger Ort der Begegnung für Evangelisierung und Katechese war, wo Johannes Markus sich auf seine künftige missionarische Tätigkeit vorbereitete. Auf jeden Fall ist sicher, dass Gebet

---

[88] So schon Floyd V. FILSON, „The Significance of the Early House Churches", *JBL* 58 (1939): 105–112; 109.

[89] Vgl. Lk 1,2; 4,20; Apg 5,22.26; 26,16.

und gemeinsames Mahl nicht durch Fragen ritueller Reinheit bedingt waren, so dass auch Frauen voll integriert waren – auch in leitender pastoraler und liturgischer Funktion?

Die Frage nach dem Amt der LeiterInnen der Hauskirchen[90] – und also auch von Frauen – ist bereits vor langem diskutiert worden. Raymond E. Brown[91] hat richtig festgestellt, dass die Forderung nach dem Ausschluss von Frauen aus solchen Rollen die Beweislast zu tragen habe, und Alfons Weiser[92] argumentiert, dass sich erst spät aufgrund antignostischer Tendenzen und des jüdischen Einflusses eine Position wie die von 1 Tim 2,11f. und dem davon abhängigen Einschub in 1 Kor 14,34f. herausbilden konnte.

3.5 Priszilla (18,2f.18–22.26–28)

In Anbetracht der zahlreichen Belege, die wir in den Briefen von Paulus finden (wo sie Priska genannt wird), sind die Zeugnisse der Apg über diese Frau und ihren Ehemann von historisch großer Zuverlässigkeit. Das Zeltmacherpaar war in verschiedenen christlichen Gemeinden bekannt, weil sie in verschiedenen Städten eine wichtige Rolle in der christlichen Bewegung gespielt hatten. Paulus bezeichnet die beiden wie auch andere seiner MissionsmitarbeiterInnen[93] als τοὺς συνεργούς μου ἐν Χριστῷ Ἰησοῦ, „meine MitarbeiterInnen in Christus Jesus" (Röm 16,3), und erinnert sich an sie, weil sie sein Leben, und damit auch die Heidenmission, gerettet hatten (Röm 16,3f.). Außerdem wurde ihr Haus, in welcher Stadt sie sich auch befanden, zum Sitz einer Hauskirche (ἡ κατ' οἶκον ἐκκλησία).[94]

Lk dagegen schreibt der autonomen Mission von Priszilla und Aquila keine besondere Bedeutung zu. Im Gegenteil, das σὺν αὐτῷ („mit ihm", i.e. Paulus) in der resümierenden Notiz über die gemeinsame Reise von Korinth nach Ephesus (18,18) offenbart eher seine entschiedene Absicht, sie als der Mission des Paulus untergeordnet darzustellen. Trotzdem überliefert Lk aber einige wichtige Informationen über Priszilla und Aquila, die er aus verschiedenen Quellen gewinnt.[95] Wenn das Interesse des Lk für

---

[90] Vgl. 1 Thess 5,12; Phil 1,1; Tit 1,5; 2 Joh 10; 3 Joh 9.
[91] Siehe Raymond E. BROWN, „New Testament Background for the Concept of Local Church", *Proceeding of the Catholic Theological Society of America* 36 (1981): 1–14; 6f.
[92] Siehe Alfons WEISER, „Die Rolle der Frau in der urchristlichen Mission", in *Die Frau im Urchristentum* (hg. v. Gerhard Dautzenberg, Helmut Merklein und Karlheinz Müller; QD 95; Freiburg i. Br.: Herder, 1983), 158–181; 173f.
[93] Vgl. Röm 16,9.21; 2 Kor 8,23; Phil 4,3; Phlm 1,24.
[94] Vgl. Röm 16,5; 1 Kor 16,19; 2 Tim 4,19.
[95] Die Nachrichten über die Ankunft des Paulus in Korinth nach seinem Aufenthalt in Athen (V1; vgl. 1 Thess 3,1.6), über die Begegnung mit Aquila und Priszilla (V2; vgl. 1 Kor 16,19), über das Handwerk (V3; vgl. 1 Thess 2,9; 1 Kor 9,15.18; 2 Kor 11,9) und über seinen langen Aufenthalt bei ihnen (V3) übernahm er vermutlich aus einem Reisebericht (so SCHNEIDER, *Apostelgeschichte 2*, 327; WEISER, *Apostelgeschichte 2*, 484), während der Hinweis auf die Flucht von Aquila und Priszilla aus Rom aufgrund des Edikts von Claudius

diese Traditionen darauf abzielt, eine Verbindung mit der Missionstätigkeit des Paulus herzustellen, lässt die historische Bedeutung, die dem christlichen Handwerkerpaar von einer Vielzahl so unterschiedlicher Quellen zugeschrieben wird, vermuten, dass sie innerhalb der frühchristlichen Bewegung eine wichtige Rolle gespielt haben müssen, auch in der Zeit, als sie noch keine Verbindung mit dem Apostel hatten.

Ungewöhnlich ist außerdem – zumindest im jüdischen und frühchristlichen Bereich –, dass in zwei von drei Fällen (V18.26), wie auch in Röm 16,3 und 2 Tim 4,19, Priszillas Name dem des Aquila vorausgeht, so dass die Kommentare anerkennen, dass der Anteil, den diese Frau an der frühchristlichen Mission hatte, wichtiger und entscheidender als der ihres Mannes gewesen sein muss.[96]

Ist es, ausgehend vom lk Text, nun möglich, Priszillas Rolle genauer zu bestimmen? Es handelt sich gewiss um eine Christin der ersten Stunde, deren gemeinsame Bekehrung mit ihrem Ehemann Aquila nichts mit Paulus zu tun hat und vermutlich auf das römische Frühchristentum zurückgeht. Ihre geschäftliche Tätigkeit gewährte ihr Mobilität und Wohlstand, und in großen Städten wie Rom, Korinth oder Ephesus wurde ihr Haus ein Zentrum des Gemeindelebens. Auch diese Aktivität des Ehepaares ist, wie ihre Bekehrung, gänzlich unabhängig vom Werk des Paulus. Wenn sich Paulus, eben in Korinth angekommen, an Aquila und Priszilla wendet (18,3), so deshalb, weil die beiden vor allem als Mittelpunkt eines judenchristlichen Teils jener Stadt bekannt waren. Der Text präzisiert erst danach, dass Paulus beschloss, bei ihnen zu bleiben, weil beide in seinem Beruf arbeiteten (V3). Das Haus von Priszilla und ihrem Mann ist in Ephesus nicht nur ein Begegnungsort der Christinnen und Christen, sondern auch ein Kreuzungspunkt wichtiger Missionsbeziehungen: Der Kontakt zwischen dieser Gruppe und den ChristInnen von Achaia garantierte Apollos die Aufnahme in Korinth (18,27). Vor allem das alte Zeugnis über die Missionstätigkeit des Apollos, später Mitarbeiter der pln Mission (vgl. 1 Kor 16,12) in jener Stadt, spricht in erster Linie Priszilla eine herausragende katechetische Tätigkeit zu. Lk selbst vermindert diese nicht, sondern

---

(V2b–c) eher auf andere Kenntnisse des Evangelisten zurückgehen (vgl. WEISER, *Apostelgeschichte 2*, 484) und der Bericht über die Belehrung des Apollos durch das Paar (V24–26) zum Material über das vorpaulinische Christentum in Ephesus gehören könnte (vgl. ebd., 505).

[96] Schon Johannes Chrysostomos bewertete die Reihenfolge der beiden Namen so. Carla RICCI, „Priscilla, una donna annuncia il vangelo: Dossier Donna", *Prospettiva Persona* (1992): XXII–XXVI; XXIV, bemerkt, dass es sich hier um eine einzigartige Ausnahme von der Regel der sprachlichen Unterordnung handelt, denn üblicherweise, wenn ein Ehepaar erwähnt wird, wird der Name des Ehemannes zuerst genannt (Apg 5,1f.; 21,5; 24,24; 25,13.23.30); wenn gemischte Gruppen erwähnt werden, stehen in der Reihenfolge immer die Männer den Frauen voran (Apg 5,14; 8,3.12; 9,2; 17,4.12; 21,5; 22,4). Wenn die Unterordnung in der Sprache die der historischen Realität widerspiegelt, muss, so folgert sie, auch die Ausnahme in der Sprache ihren Ursprung und ihr Fundament in einer konkreten, historischen Situation haben.

unterstreicht sogar ihre Reichweite, da er sie mit dem Superlativ „mit größter Sorgfalt" (V26: ἀκριβέστερον) charakterisiert.[97]

Die genauere Umschreibung der historisch-ekklesiologischen Bedeutung von Priszillas Rolle gegenüber Apollos verlangt jedoch eine gewisse Vorsicht. Kann es sein, dass es um das unzureichende Verständnis der Taufe des judenchristlichen Missionars ging?[98] Oder war der alexandrinische Missionar in die spezifisch christliche Tauftheologie eingeführt und ermutigt worden, die eigene Verkündigung durch die Taufe gerade im Haus des christlichen Paares zu vervollständigen?[99] Mit anderen Worten: Muss die vom Ehepaar ἀκριβέστερον erteilte Unterweisung als eine Taufkatechese betrachtet werden, da Apollos nur die Taufe des Johannes kannte (V25c)? Kann man daher annehmen, dass der Taufritus Teil der Glaubenspraxis der Hausgemeinden war? Auch wenn die Frage der genauen Rolle Priszillas eng mit jener des religiösen Standes des Apollos zusammenhängt, würde die Diskussion der komplexen Frage des Fortbestehens einer mit der Johannestaufe zusammenhängenden Form des Christentums in Ephesus zu weit führen. Außerdem ist die Frage, die hier interessiert, eine andere: Warum spricht man weder von einer Handauflegung noch von einer Taufe durch Priszilla und Aquila, während gleich darauf die analoge Situation der zwölf Männer von Ephesus, die wie Apollos mit der Johannestaufe getauft worden waren (19,3), durch ein kleines Pfingstereignis gekrönt wird? In einer so engen redaktionellen Folge kann der unterschiedliche Ausgang von so analog angelegten Prämissen nicht unbeobachtet bleiben.[100]

Sehr wahrscheinlich verweisen die Traditionen über das vorpaulinische Christentum von Ephesus, die Lk in Apg 18f. verwendet, auf eine archaische Form des Christentums, die an die Johannes-Bewegung gebunden war. Es lässt sich aber schwer behaupten, dass diesen Christen und Christinnen eine zweite Taufe auferlegt wurde, wie Apg 19,5ff. verlangt. Hingegen ist es sehr wohl möglich, dass Lk die Legitimation ihrer Identität als christliche JüngerInnen durch eine zweite Taufe mit Handauflegung durch Paulus notwendig erschien. Aber wie kann er dann eine so offensichtliche Inkongruenz akzeptieren, da er doch konstatiert, dass die zwölf Jünger von Ephesus die Johannestaufe als nur vorbereitend anerkennen und eine zweite Taufe empfangen müs-

---

[97] Wenn man von Mt 2,8 absieht, findet sich das Adverb ἀκριβῶς nur im lk Doppelwerk (Lk 1,3; Apg 18,25f.; 23,15.20; 24,22). Es verweist auf die akkurate Suche nach Informationen und die genaue Sichtung der Zeugnisse.

[98] Vgl. Rudolf SCHNACKENBURG, „Ephesus: Entwicklung einer Gemeinde von Paulus zu Johannes", *BZ* 35 (1991): 41–64; 43. Seiner Meinung nach hatte sich Lk in der Komposition der Episode von Apollos von den darauf folgenden Nachrichten über die zwölf Jünger von Johannes anregen lassen (19,1–7).

[99] Vgl. Knut BACKHAUS, *Die „Jüngerkreise" des Täufers Johannes: Eine Studie zu den religionsgeschichtlichen Ursprüngen des Christentums* (Paderborner Theologische Studien 19; Paderborn: Schöningh, 1991), 225.

[100] Die beiden Erzählungen sind durch die Abfolge im Kontext, die redaktionelle Verbindung (vgl. Apg 19,1), die Einheit des Ortes (18,24; 19,1), das Grundmotiv der Bekehrung und das besondere Motiv der Johannestaufe (18,25; 19,3) miteinander verbunden: vgl. BACKHAUS, *Jüngerkreise*, 190.

sen, während für Apollos zur weiteren Bestätigung seiner Rolle als christlicher Missionar stattdessen eine Richtigstellung und katechetische Vertiefung ausreichend erscheint? Könnte Lk sich vorstellen und vor allem bestätigen, dass auch Priszilla und Aquila dem Wandermissionar Apollos in einer zweiten Taufe den Heiligen Geist übertragen hätten?

Die Erinnerung, die die Tradition von Priszilla bewahrt hat, ist also die an eine Christin der ersten Generation, kultiviert und aktiv, gewohnt, in der Diaspora die Synagoge zu besuchen und zusammen mit ihrem Ehemann verschiedene judenchristliche Gemeinden zu leiten. Dies ist eine Rolle, die Lk ihr nicht aberkennt, sondern die er im Gegenteil als eine Verbindungsstelle zwischen der Autarkie des Apollos und der pln Mission darstellt. Für ihn ist Priszilla imstande, Apollos, einen kultivierten Mann, Wanderprediger und Kenner der Schriften, mit größter Genauigkeit (ἀκριβέστερον) zu unterrichten. Aber sein Schweigen über die Notwendigkeit einer neuen Taufe im Geist auch für Apollos (wie für die zwölf Jünger in Ephesus) kann als ein Zeichen seiner Schwierigkeit gesehen werden, die ursprüngliche Autonomie der Hausgemeinden, vor allem im Bereich der Erteilung der Taufe, und – in Konsequenz – auch die Rolle einer Frau als Amtsträgerin anzuerkennen.

3.6 Die vier Töchter von Philippus (21,8f.)

Nach Jervell[101] stellen die Töchter des Philippus die einzige Ausnahme vom Ausschluss der Frauen aus der Prophetie in der Apg – eine Ausnahme übrigens von beschränkter Bedeutung, wenn man bedenkt, dass sie für Lk im Grunde nur Statistinnen in einer Szene, die sich auf die Prophetie des Agabus konzentriert, sind. Trotz der mangelnden redaktionellen Hervorhebung erlaubt Lk die Annahme, dass sich das Frühchristentum in Cäsarea auf Philippus als seinen Gründer (8,40) zurückführte und dass sein Haus der Bezugspunkt für Wandermissionare war; das kann daraus geschlossen werden, dass Paulus wie auch der charismatische Prophet Agabus bei ihm Halt machten. Zur Gruppe der HellenistInnen gehörend, nach dem Martyrium des Stephanus aus Jerusalem geflohen waren, übt Philippus eine intensive Missionstätigkeit in Samarien (8,5–13) und danach in der Küstenregion (8,40) aus. Wie die Erzählung von der Bekehrung des Eunuchen (8,26–39) zeigt, wurde ihm in hellenistischen Kreisen die erste Taufe eines Heiden zugeschrieben.

Auf diesem Hintergrund muss also die Prophetie, die sich in seinem Haus vollzieht, gesehen werden. Es ist gewiss kein Zufall, dass gerade eine prophetisch-pneumatische Figur wie Philippus eine Gruppe von Töchtern mit der Gabe der Prophetie um sich hat und dass in ihrem Haus Agabus prophezeit. Die Frauen waren also von einer frühen Form des ekstatischen Christentums, bezüglich deren Bedeutung die Apg wie Paulus übereinstimmen, nicht ausgeschlossen.[102]

---

[101] Vgl. JERVELL, *Töchter*, 89.
[102] Wie HEMER, *Book of Acts*, 436, bemerkt, stimmt die Zuschreibung von ekstatischen Erfahrungen in der Apg mit dem Zeugnis von Paulus in 1 Kor 14,18 und v. a. 2 Kor 12,1–7

3.7 Resümee

Zusammenfassend lässt sich sagen, dass die Dokumente über Frauen, die Lk in der Apg bewahrt, durchaus relevant sind. Jervell[103] hat Recht, wenn er wiederholt, dass Lk wusste, dass sich, wie die Erzählungen von der Auferweckung Tabitas und der Bekehrung Lydias zeigen, um Frauenfiguren wichtige lokale Traditionen entwickelten. Sie sind ein Zeichen dafür, dass die frühen Gemeinden es nicht für unter ihrer Würde hielten, gerade in der Erfahrung einer Frau die Basis zur eigenen Entstehung zu erkennen. Er wusste auch, dass einige Frauen in der Gemeinde und als herausragende Missionarinnen eine wichtige Rolle spielten. Darauf kann man schließen, da Gestalten wie Maria von Jerusalem, Lydia, Priszilla, aber auch die vier Töchter des Philippus eng mit den Hauskirchen, den Orten der Evangelisierung und des Kultes wie auch Kreuzungspunkte der apostolischen und missionarischen Verkündigung, verbunden sind. Das Fehlen einer besonderen redaktionellen Hervorhebung unterstreicht jedoch, dass die weiblichen Figuren in der Tradition ein Faktum darstellten, mit der die frühchristliche Historiographie rechnen musste.

Aus dieser Perspektive ist Lk einerseits Zeuge der historischen Zusammenhänge, andererseits ist sein Gebrauch der ihm bekannten Überlieferungen zumindest reduktiv. Es stimmt, dass in der Apg nicht nur die Frauen, sondern alle, abgesehen von Petrus und Paulus, StatistInnen sind. Die Frauenfiguren sind jedoch besonders ausdruckslos. Daraus muss geschlossen werden, dass in einem Werk, das durch einen deutlich apologetischen Charakter angesichts des kaiserlichen Heidentums gekennzeichnet ist, der Widerstand des Lk gegen die volle Anerkennung der Rolle von Frauen ein weiteres Mal als der Preis erscheint, den das lk Christentum im Übergang zu seiner Legitimation zu zahlen hat.

Adolf Harnack[104] hatte von Anfang an Recht, als er die Existenz einer gegen Frauen gerichteten Strömung hervorhob, die sich der in der Apg überlieferten Tradition bemächtigt und auch die Paulusbriefe durchdrungen hatte. Im Gegensatz zu einer anderen, den Frauen entschieden wohlwollend gegenüberstehenden Strömung hatte diese das ganze 2. Jh. durchzogen.

4. Schluss: Einladung zur Diskussion

Ich habe versucht zu zeigen, wie das von Lk für die Zusammenstellung der Apg verwendete Material erlaubt, zumindest einige Seiten der frühchristlichen Frauengeschichte zu rekonstruieren, während die Texte über Frauen im dritten Evangelium die Be-

---

überein. Die Beispiele ekstatischer Phänomene in der Apg sind zahlreich und in den Wir-Abschnitten sowie allen Abschnitten, in denen die Verwendung traditionellen Materials besonders deutlich ist, zu finden.

[103] Vgl. JERVELL, *Töchter*, 80.85f.90.
[104] Siehe DERS., *Die Mission und Ausbreitung des Christentums in den ersten drei Jahrhunderten 2: Die Verbreitung* (Leipzig: J. C. Hinrichs, ⁴1924 [Erstausgabe 1902]), 590f.

deutung und den Wert der Gegenwart von Frauen innerhalb der lk Gemeinden einige Jahrzehnte später reflektieren.[105]

Josef Blanks These, dass für Lk das Verhalten Jesu gegenüber Frauen die Gleichheit zwischen Frauen und Männer hinsichtlich ihres Heils demonstrierte,[106] ist sicher richtig. Die Bezeichnung einer Frau als Tochter Abrahams (Lk 13,16: θυγατέρα Ἀβραάμ) betont die Absicht des Lk, die Überwindung der Ökonomie der Beschneidung anzuerkennen und so die volle Integration von Frauen ins errettete Israel zu legitimieren. Ebenso richtig ist aber Jervells Warnung bezüglich der Ambivalenz dieser Benennung – angesichts dessen, dass der Ausschluss von Frauen aus ekklesialen Führungsrollen ihre Bedeutung reduziert.[107]

Die Texte über Frauen bieten eine Vielzahl von Elementen, die untereinander nicht kompatibel sind. In ihrer Gesamtheit betrachtet, scheint diese Widersprüchlichkeit gerade die wichtigste Charakteristik der ekklesiologischen Vision des Lk bezüglich der spezifischen Fragestellung der Gegenwart und Teilnahme von Frauen in der Gemeinde zu sein. Als Spiegel ekklesiologischer Fragen weisen diese Texte auf eine Vielfalt von Ebenen und Sichtweisen hin:

Literarkritisch gehören die wichtigsten Texte zum lk Sondergut. Das zeigt nach Schürmann[108], dass es Traditionsblöcke gegeben haben könnte, die explizit an Fragen der gemeindlichen Zugehörigkeit und Teilnahme von Frauen interessiert waren: Nur das starke Interesse eines Traditionsstranges an der Überlieferung der Heilungstätigkeit Jesu auch gegenüber Frauen oder ihrer Modellhaftigkeit in den Gleichnissen, aber vor allem das Interesse für die Präsenz von Frauenfiguren in der Gefolgschaft Jesu und während der Passionsereignisse können die Bildung und Weitervermittlung dieses beträchtlichen Materials über zentrale Frauenfiguren rechtfertigen.[109] Es ist wahrscheinlich, dass diese Gegenwart von Frauen problematische Konnotationen hatte, da sie eine Revision von Grundfragen wie etwa der Reinheit verlangte.

Eine analoge Spannung ist auch auf redaktioneller Ebene feststellbar. Der Raum, den der Evangelist selbst dem Frauenthema gibt, erklärt sich nur durch die effektive Präsenz von Frauen in der Gemeinde. Dennoch scheint diese beträchtliche und entscheidende Präsenz von Frauen für Lk Probleme aufgeworfen zu haben, wenn er es für notwendig hielt, die Repräsentation des Weiblichen zwar zu betonen, aber auch ihre Grenzen genau festzulegen.

Wenn die lk Ekklesiologie vor allem eine soteriologische Reflexion wäre, wäre ihr egalitärer Charakter schwer zurückzuweisen: Auf der Ebene der Teilhabe am Heil

---

[105] Meiner Meinung nach kann die Endredaktion des dritten Evangeliums nicht vor 70–80 stattgefunden haben; das Material, das Lk für sein zweites Buch verwendet hat, kann dagegen durchaus sehr viel älter sein.

[106] Vgl. Josef BLANK, „Frauen in den Jesusüberlieferungen", in *Die Frau im Urchristentum* (hg. v. Gerhard Dautzenberg, Helmut Merklein und Karlheinz Müller; QD 95; Freiburg i. Br.: Herder, 1983), 9–91; 63.

[107] Vgl. JERVELL, *Töchter*, 84.

[108] Vgl. SCHÜRMANN, *Lukasevangelium 1*, 702.

[109] Vgl. dazu die interessante Position von ESTÉVEZ LOPEZ, *Mediadoras*, 29–84.

scheint es kein Anzeichen für eine Diskriminierung zwischen Männern und Frauen zu geben. Lk anerkennt den prophetischen Geist der Verkündigung und Handlungen Jesu. Daher ist die Aufmerksamkeit für eine Witwe, die ihren Sohn verloren hat (Lk 7,11–17), ein Zeichen für die Begegnung mit Gott in Jesus, und die Haltung der verkrümmten Frau ist ein Modell des Heilsglaubens. Zwei Witwen, eine bedürftig (21,1–4), die andere aufdringlich (18,1–8), sind Beispiele für eine Katechese über Almosen und Gebet. Außerdem bieten die Dialoge Jesu mit der Frau in der Menge (11,27f.) und den Töchtern Jerusalems (23,27–31) angesichts ihrer expliziten Einschränkung des Werts und der sozialen Verpflichtung der Mutterschaft einzigartige Beispiele für die Entwicklung der christlichen Botschaft für ein weibliches Publikum.[110] Schließlich kann man, wenn man die Erzählungen von der Sünderin (7,36–50) und von der blutflüssigen Frau (8,42b–48) oder das Streitgespräch, das die Erzählung von der gekrümmten Frau (13,14–17) abschließt, in Betracht zieht, unmöglich glauben, dass für Lk Fragen der Reinheit Frauen vom Kontakt mit Gott oder von einer vollen liturgischen Teilhabe ausschließen sollten. Außerdem ist es zumindest diskutabel, ob bei Lk Frauen vom letzten Abendmahl wirklich ausgeschlossen waren.

Das Selbstbewusstsein der Gemeinde spiegelt sich jedoch nicht nur in soteriologischen Ausführungen oder der moralischen Anwendung, sondern es entwickelt sich grundlegend auch durch die Gemeindedisziplin und -organisation. In diesen spezifischen Bereichen verliert die lk Ekklesiologie jedoch ihren egalitären Charakter. Der Ausschluss der Frauen von Ämtern wird nicht explizit erklärt, aber Lk, der Evangelist des Wortes, verbannt die Frauen in eine Jüngerinnenschaft des Schweigens (10,38–42) und schränkt ihre Verkündigung ein (24,10). Der kirchliche Dienst kann sich für Frauen nach ihrem Ausschluss von der Verkündigung nur auf eine indirekte Unterstützung der Mission reduzieren (8,3); ihre Jüngerinnenschaft verliert jegliche Repräsentanz (24,9.33; vgl. Apg 1,14).

Gleichheit und Asymmetrie heben sich nicht notwendigerweise gegenseitig auf, genauso wenig wie Anerkennung und Negation, Zentralität und Marginalisierung. Die Bestätigung der Zugehörigkeit von Frauen zum erretteten Israel und ihrer vollen Teilhabe am Heil kann deshalb nicht als Antwort auf die Frage nach der offensichtlichen Asymmetrie, die Lk auf der Ebene der kirchlichen Funktionen und Verantwortung festlegt, verwendet werden. Die beiden Ebenen des lk Diskurses über Jüngerinnen dürfen nicht verwechselt werden. Ihre Unterschiedenheit und auch Widersprüchlichkeit müssen vielmehr offengelegt werden, die Diskussion darüber muss weitergehen.

---

[110] Vgl. auch den Weheruf über die schwangeren Frauen (21,23).

Frauen und Genderperspektiven im Johannesevangelium

Turid Karlsen Seim
The Norwegian Institute in Rome, University of Oslo

Der Genderdiskurs im Johannesevangelium[1] ist komplex, aber es ist nicht nötig, eine Lampe anzuzünden, das Haus zu kehren und sorgfältig zu suchen, bis man Frauen entdeckt. Bei Joh sind Frauen nicht nur in beiläufigen Bemerkungen erwähnt oder – wie bei Mk – vor allem in jenen Teilen der Erzählung zu finden, wo männliche Jünger aus unterschiedlichen Gründen nicht länger anwesend sind. Das relevante joh Material ist sowohl umfangreich als auch literarisch und theologisch komplex. Frauen tauchen als Hauptcharaktere in größeren Episoden auf, wo ihnen eine einzigartige Funktion in ihrer Beziehung zu Jesus zukommt: Joh 2,1–12 (die Mutter Jesu); 4,4–42 (die samaritanische Frau); 11,1–44 (Marta und Maria); 12,1–8 (Maria und Marta); 19,25–27 (die Mutter Jesu, ihre Schwester Maria und Frau des Klopas, Maria von Magdala); 20,1–18 (Maria von Magdala). Auf die Erzählung in 7,53–8,11 wird später eingegangen.

1. „Frau, was ist zwischen dir und mir?" Neuverhandlung von Beziehungen

Die Frauen in Joh sind individualisiert dargestellt, sie handeln und sprechen selbstständig und werden außer der Mutter Jesu und der samaritanischen Frau auch mit Namen genannt. Im Falle der letzteren beiden, die namenlos bleiben, wird die Aufmerksamkeit einfach auf andere hervortretende Kennzeichen ihrer Identität gelenkt, die als hermeneutische Schlüssel für ihre Bedeutung fungieren können. Jedenfalls haben sie alle eine repräsentative, ja sogar symbolische Funktion in der Erzählung. Außer der Mutter Jesu kommen alle Frauen nur in einer oder zwei Episoden im gleichen Erzählabschnitt vor. Sie erscheinen nicht männlicher Autorität untergeordnet, sondern unabhängig davon[2] und wie alle anderen Charaktere in der Erzählung stehen sie bloß hinter Jesus zurück, der die einzige autoritative Figur ist.

---

[1] Vor beinahe 25 Jahren habe ich hierzu einen grundlegenden Artikel veröffentlicht: „Roles of Women in the Gospel of John", in *Aspects on the Johannine Literature* (hg. v. Lars Hartmann und Birger Olsson; ConBNT 18; Uppsala: Almqvist & Wiksell, 1987), 56–73. Diesen möchte ich als Gelegenheit nutzen, meine früheren Positionen im Lichte der späteren Essays zu überdenken: „Descent and Divine Paternity in the Gospel of John: Does the Mother Matter?", *NTS* 51 (2005): 361–375; „Motherhood and the Making of Fathers in Antiquity: Contextualizing Genetics in the Gospel of John", in *Women and Gender in Ancient Religions: Interdisciplinary Approaches* (hg. v. Steven P. Ahearne-Kroll, Paul A. Holway und James A. Kelhoffer; WUNT 263; Tübingen: Mohr Siebeck, 2010), 99–123; „In Transit from Tangibility to Text: Negotiations of Liminality in John 20", in *Noli me tangere in Interdisciplinary Perspective: Textual, Iconographic and Contemporary Interpretations* (hg. v. Reimund Bieringer, Barbara Baert und Karlijn Demasure; BETL; Leuven: Peeters, im Druck).

[2] Vgl. Sandra M. SCHNEIDERS, „Women in the Fourth Gospel and the Role of Women in the Contemporary Church", *BTB* 12 (1982): 35–45.

In einigen der Episoden werden Genderfragen explizit zum Thema, etwa wenn der Erzähler in 4,27 berichtet, dass die Jünger schockiert sind, als sie Jesus nach ihrer Rückkehr im Gespräch mit einer Frau vorfinden. Dass sie eine Samariterin ist, erscheint ihnen weniger skandalös – auch wenn Jesu Überschreitung ethnischer Grenzen die Frau, als er sie beim Brunnen erstmals anspricht, zunächst selbst überrascht. Doch keiner der Jünger wagt, Jesus zu fragen, was er von der Frau wollte oder weshalb er ein Gespräch mit ihr begonnen habe, denn man will eine Reaktion, die Kritik an Jesus impliziert, vermeiden. In der Erzählung resultiert dies in einer Art nonverbaler Kommunikation – die bei Joh auch anderswo eingesetzt wird –, um zu vermitteln, dass Jesus in unerwarteter, ja sogar schockierender Weise gehandelt haben mag: Die dadurch hervorgerufenen Reaktionen wären artikuliert worden, wenn seine Autorität nicht unumstritten wäre.

Ein anderes Charakteristikum verschiedener Episoden ist Jesu spezieller Gebrauch der Anrede γύναι, „Frau" (2,4; 4,21; 19,26; 20,13.15). Während Männer kaum direkt und niemals dementsprechend angesprochen werden, scheint γύναι bei den meisten seiner Begegnungen mit Frauen seine übliche Anrede zu sein.[3] Was sie bedeutet, ist umstritten; einerseits scheint sie nicht feindselig zu sein, andererseits ist sie aber auch kein Zeichen von Vertrautheit, sondern markiert eine – wenngleich höfliche – Distanz. Für viele InterpretInnen wird die Angelegenheit dadurch verkompliziert, dass Jesus auch seine Mutter an den zwei Stellen, wo sie auftaucht, so anredet. In ihrem Fall ist zudem signifikant, dass ihre Identität nur durch ihre Bezeichnung als „Mutter Jesu" und somit durch ihre Beziehung zu ihm bestimmt wird[4] – ansonsten bleibt sie namenlos. Hierbei besteht ein gewisses Spannungsverhältnis zwischen der durch die Bezeichnung „Mutter" implizierten Intimität und der durch die Anrede γύναι angedeuteten Distanz.

Diese Spannung tritt zum ersten Mal bereits in Joh 2,1–12 auf, wo die bisher nicht erwähnte Mutter in der Erzählung ziemlich abrupt bei einer Hochzeit in Kana auftaucht, auf welcher auch Jesus mit seinen Jüngern anwesend ist. Als der Wein ausgeht, sagt sie zu Jesus: „Sie haben keinen Wein mehr." Jesu Entgegnung in 2,4 ist rätselhaft: „Frau, was ist zwischen dir und mir?" Es gibt eine fast exzessive Diskussion unter den InterpretInnen darüber, ob – und wenn ja, in welchem Maß – seine Worte eine unverblümte Abweisung darstellen. Es überrascht nicht weiter, dass auch mariologische Überlegungen bei der Deutung der Äußerung und den vielen Versuchen, deren Härte abzumildern, eine Rolle gespielt haben. Dennoch bestehen kaum Zweifel, dass die Bezeichnung γύναι, ohne jede weitere Angabe, eine eher unterkühlte Art und Weise zu sein scheint, seine Mutter anzusprechen, selbst wenn man die damaligen Bräuche in

---

[3] Siehe auch Mt 15,28 und Lk 13,12.

[4] Judith LIEU, „The Mother of the Son in the Fourth Gospel", *JBL* 117 (1998): 61–77; 63, erwähnt, dass die Überlieferung so zum Evangelisten gekommen sein könnte, denn es gab wohl „a firm tradition about stories about the relationship between Jesus and his mother, and perhaps other members of his family, which spoke of them only in terms of kinship and did not use their names". Weiter sei diese Art der Anrede die traditionelle gewesen, um sich an Frauen zu wenden, die durch einen Sohn gesegnet waren.

Erwägung zieht.⁵ Es sieht wie eine Zurückweisung aus, in dem Sinne, dass Jesu Mutter kein besonderes Anrecht auf ihn habe, wobei sogar eine besondere Beziehung verweigert wird.⁶ Die offenkundige Absurdität seiner Frage oder Zurückweisung verlangt eine Erklärung. Der nachfolgende Satz könnte als solche gesehen werden: „Meine Stunde ist noch nicht gekommen." Es besteht allgemeiner Konsens, dass der Hinweis auf „meine Stunde" eine Prolepse darstellt, einen Vorgriff auf die Stunde von Jesu Verherrlichung/Kreuzigung.⁷ An dieser frühen Stelle der joh Erzählung wird so in fast verschlüsselter Sprache auf die bevorstehende Sendung und auf den Weg verwiesen, den Jesus bis zur Stunde der wechselseitigen Verherrlichung des Vaters und des Sohnes gehen muss. Die Mutter muss dem Vater weichen (vgl. 6,42); denn die Einheit des Sohnes mit seinem göttlichen Vater und dessen Wille, nicht der Wunsch seiner irdischen Mutter, beherrschen und formen das Schicksal des Sohnes. Trotzdem reagiert die Mutter außergewöhnlich – sie ist nicht peinlich berührt ob der harschen Antwort und scheint noch immer zu erwarten, dass er auf ihre indirekte Bitte eingehen wird – was er schlussendlich auch tut. Die unbeeindruckte Reaktion seiner Mutter ist bemerkenswert und zeigt, dass die Beziehung weiterhin fortbesteht. Dennoch ist die Behauptung, dass sie einer Probe unterzogen wird, aus der sie als Heldin des Glaubens hervorgeht, bestenfalls eine Übertreibung.⁸ Dies leitet, wie Judith Lieu gezeigt hat, zu unserer Fragestellung über. Lieu macht die literarische Beobachtung, dass die Verblüffung der

---

5 Heikki RÄISÄNEN, *Die Mutter Jesu im Neuen Testament* (AASF B 158; Helsinki: Suomalainen Tiedeakatemia, 1969), 162, meint hierzu ganz richtig: „Das Wort γύναι betont, dass Maria keine Sonderstellung einnimmt; sie wird den anderen Frauen des Evangeliums an die Seite gestellt." Er lehnt auch ganz entschieden ab, dass die Figur der Mutter Gottes irgendeine symbolische, d. h. ekklesiologische, Implikation in sich birgt.

6 Beverly Roberts GAVENTA, *Mary: Glimpses of the Mother of Jesus* (Personalities of the New Testament; Columbia: University of South Carolina Press, 1995), 83–85, zeigt, wie die Übersetzungen darum kämpfen, den Sinn der Fragen Jesu zu transportieren. Auch wenn Jesu Worte als Zurückweisung der mütterlichen Forderung verstanden werden, variiert deren Stärke erheblich. Ihre eigenen Schlüsse, die auch biblische Parallelen (LXX) wie 1 Kön 17,18; Ri 11,12; 1 Esr 1,26; 2 Sam 16,10 etc. miteinbeziehen, zeigen, dass die genaue Bedeutung seiner Zurückweisung unklar bleibt, aber doch deutlich wird, dass in den Worten der Mutter implizit eine Forderung mitschwingt und die Spannung des Vorfalls gesteigert werden soll.

7 Adeline FEHRIBACH, *The Women in the Life of the Bridegroom: A Feminist Historical-Literary Analysis of the Female Characters in the Fourth Gospel* (Collegeville: Liturgical Press, 1998), 31, schlägt entsprechend ihrer Sicht, Jesus werde bei Joh als der messianische Bräutigam dargestellt, vor, dass Jesu Erwiderung in die Richtung von „das ist nicht meine Hochzeit" geht. Diese Idee ist originell und regt zum Nachdenken an, überzeugt letztendlich aber nicht. Das Gleiche gilt für ihre Hauptthese. LIEU, „Mother of the Son", 65f., betont vor allem das fehlende γάρ und behauptet, dass die Verbindung zwischen den zwei Elementen in Jesu Antwort unklar sei.

8 Vgl. Francis MOLONEY, *Belief in the Word: Reading the Fourth Gospel, John 1–4* (Minneapolis: Fortress Press, 1993), 83.

LeserInnen durch die Reaktion der Mutter gesteigert wird – da diese gerade nicht verblüfft ist, sondern sich wie jede andere Mutter auch verhält.[9]

Der Austausch zwischen Jesus und seiner Mutter auf der Hochzeit in Kana dient also nicht primär dazu, zu zeigen, dass Jesus eine Bitte abschlägt. Das Zeichen wird tatsächlich stattfinden, sodass sich seine Herrlichkeit zu offenbaren beginnt. Eine ähnliche Diskrepanz zwischen Bitte und Antwort begegnet auch an anderen Stellen, etwa in 4,47 und 11,2–6. So wird unterstrichen, dass Jesu Handlungen vom Willen seines göttlichen Vaters und nicht durch irgendeine menschliche Initiative determiniert sind. Der kurze Dialog zwischen Jesus und seiner Mutter soll also eher darstellen, dass Jesu Beziehung zu seiner Mutter nichts Besonderes ist: Für ihn ist sie wie jede andere Frau. Das entspricht der bemerkenswerten Tatsache, dass von der Anwesenheit der beiden auf der Hochzeit separat berichtet wird: Seine Mutter ist dort, und Jesus ist mit seinen Jüngern eingeladen (V1f.). Die Atmosphäre der Distanzierung wird auch in der späteren Szene beim Kreuz (19,26) nicht aufgehoben, obwohl dort die Situation von Fürsorge und Rücksichtnahme geprägt scheint und Gefühle der InterpretInnen hervorruft, wie sich ein sterbender Sohn gegenüber seiner Mutter verhalten sollte. Auch in diesem letzteren Fall scheint jedoch γύναι kaum in der intimeren Familiensphäre verwendet worden zu sein, sondern eine Distanz auszudrücken, die im Kontext der Neudefinition der Beziehung zwischen Jesus und seiner Mutter zu sehen ist.

Dies ist Teil einer umfassenderen Abhandlung, die die Kompabilität oder Inkompabilität von menschlicher und göttlicher Existenz betrifft. Einzig Jesus wird so dargestellt, dass er beides kombinieren kann, und folglich gibt es zwei offenkundig konkurrierende Ansprüche in Bezug auf die Herkunft Jesu. Der Prolog (1,1–18) führt Jesus als Logos ein, der immer existiert hat und dessen Ursprung in Gott liegt, er ist „von oben", eine himmlische, göttliche Figur, die herabgestiegen und Fleisch geworden ist. Bei Joh gibt es wenig Hinweise darauf, wie das geschieht. Es existiert kein ähnlicher Bericht über wunderbare Ereignisse wie in den Geburtserzählungen von Lk und Mt. Vereinzelt lassen sich auch Hinweise auf eine irdische und gewöhnliche Familienzugehörigkeit finden, die nicht durch irgendwelche besonderen Umstände hervorgehoben ist (1,45; 2,12; 6,42; 7,1–9; 19,25f.).

---

[9] Vgl. LIEU, „Mother of the Son", 64.66f. Lieu meint jedoch, dass Jesus sich nicht an diesem Punkt von der elterlichen Autorität seiner Mutter löst. Solche Behauptungen verwirft sie, weil sie unter dem Einfluss von Lk 2,41–52 stünden. Siehe auch Dorothy LEE, *Flesh and Glory: Symbolism, Gender, and Theology in the Gospel of John* (New York: Crossroad, 2002), 144–147, und GAVENTA, *Mary*, 89, für welche die Mutterschaft Marias eine wichtige Rolle spielt, um die Menschlichkeit des inkarnierten Logos zu bestätigen. Lee umgeht die Tatsache, dass kein menschlicher Elternteil im Prolog erwähnt wird, indem sie argumentiert, die Hochzeit in Kana entspräche den Geburtserzählungen: indem sie den Glauben der Mutter Jesu nicht zu Beginn seines irdischen Lebens, sondern seines öffentlichen Wirkens zeige.

2. Die Mutter Jesu – warum ist sie dabei?

Die Beziehung zwischen Jesu göttlichem Ursprung und seinem irdischen Dasein ist in die Erzählung des Joh so verwoben, dass sie ständig thematisiert wird. Als LeserInnen, die mit den Erzählungen von Mt und vor allem Lk vertraut sind, tendieren wir dazu, die Mutter Jesu als Bindeglied zwischen seiner göttlichen und menschlichen Existenz zu betrachten. Sie hilft, die zwei unterschiedlichen Herkunftsansprüche zu versöhnen, die sonst vielleicht in Konkurrenz träten. Viele InterpretInnen halten es offenbar für schwierig, an Joh ohne dieses Vorwissen heranzugehen, sodass die lk Darstellung Marias als hermeneutischer Schlüssel für die Interpretation der Mutter Jesu bei Joh verwendet wird. Doch gibt es bei Joh keine Jungfrauengeburt, sondern eine Zusammenstellung von unterschiedlichen Ideen, um Jesu Herkunft zu verstehen. Adele Reinhartz spricht deshalb von der relativen Abwesenheit der Mutter Jesu – im auffallenden Kontrast zur Omnipräsenz seines Vaters.[10]

Wieso wird dann aber bei Joh, anders als in den synoptischen Evangelien, die Mutter Jesu beim Kreuz platziert? Es scheint fixer Bestandteil der Tradition zu sein, dass eine Gruppe von auf irgendeine Art mit Jesus verbundenen Frauen bei seiner Kreuzigung anwesend war. Trotzdem unterscheiden sich die Evangelien darin, wer die Frauen sind, und auch darin, ob noch andere Personen anwesend sind.[11] Darüber hinaus scheinen bei Joh die Frauen beim Kreuz einen anderen Zweck zu erfüllen als in den synoptischen Evangelien, wo ihre Anwesenheit bei der Kreuzigung ihre kontinuierliche Rolle als Zeuginnen einleitet. Dort beobachten sie zuerst den Tod Jesu, dann seine Grablegung und schließlich finden sie das leere Grab und bezeugen so, dass das Grab, in das der Leichnam gelegt wurde, dasselbe ist, das jetzt leer ist. In der joh Version sind sie bei der Grablegung abwesend. Beim Kreuz werden die Frauen und der Geliebte Jünger erwähnt, bevor Jesus stirbt, nicht danach, und es hat wenig Sinn, darüber zu diskutieren, ob sie blieben, um seinen Tod zu bezeugen, oder nicht. Die joh Erzählung richtet besondere Aufmerksamkeit auf die Rolle von Verwandtschaft, was in den synoptischen Berichten überhaupt kein Thema ist.

Im weiteren Verlauf der joh Erzählung nach der Hochzeit in Kana erfahren wir, dass Jesu Geschwister zu seinen GegnerInnen werden; sein Vater Josef taucht im ganzen Evangelium nicht auf. Das bedeutet, dass bei Jesu Tod seine Mutter das einzig verbliebene Familienmitglied ist von denjenigen, für die bisher exklusiv Verwandtschaftsbeziehungen zu Jesus galten. Sie wird von ihrer Schwester begleitet, und sie werden vor Maria, der Frau des Klopas, erwähnt – falls diese nicht mit der Schwester identisch ist. Die beim Kreuz versammelte Gruppe repräsentiert eine einmalige Mischung aus Familie und FreundInnen. Das ist deshalb so bemerkenswert, weil an früheren Stellen

---

[10] Siehe Adele REINHARTZ, „And the Word Was Begotten: Divine Epigenesis in the Gospel of John", *Semeia* 85 (1999): 83–103; 94.

[11] Auch über die Anzahl der Frauen wird diskutiert, vgl. Richard BAUCKHAM, *Gospel Women: Studies of the Named Women in the Gospels* (Grand Rapids: Eerdmans, 2002), 297–302. Zu den Namensvariationen vgl. Turid Karlsen SEIM, *The Double Message: Patterns of Gender in Luke-Acts* (Edinburgh: T&T Clark, 1994/2004 [Taschenbuchausgabe]), 31f.

im Evangelium Familienmitglieder und FreundInnen/JüngerInnen immer als separate Gruppen gekennzeichnet werden.[12] Unter dem am Kreuz erhöhten Jesus begegnen einander Verwandtschaft und JüngerInnenschaft und stehen in Wechselbeziehung. Der Diskurs um die Neudefinition von Verwandtschaft, der unterschwellig bei Joh immer da ist, wird wieder aufgenommen und vervollständigt, denn in dieser gemischten Gruppe werden die Beziehungen modifiziert – erneut zwischen Jesus und seiner Mutter, aber auch zwischen der Mutter und dem Jünger, den Jesus liebte. Das ist auch der Grund, weshalb die Frage, warum Jesus sichergehen wollte, dass seine Mutter vom Jünger, den er liebte, versorgt werde, während sicherlich auch andere biologische Söhne anwesend waren, irrelevant ist. Der Punkt ist vielmehr, dass Jesus am Kreuz, in der Stunde seiner Rückkehr zu seinem Vater, sich allem, was mit seinem irdischen Leben zusammenhängt, entzieht – einschließlich seiner Mutter.[13] Die Mutter repräsentiert die Verwandtschaft dem Fleische nach, sie erinnert an seine irdische Körperlichkeit und an seine Geschichte im Fleisch. Gail P. Corrington Streete stellt fest, dass die Mutter als das Mittel erscheint, durch welches das Wort Fleisch wurde, und dass bestätigt wird, dass Jesus eine irdische, physische Mutter hat. Die daraus resultierende Verlegenheit wird in den beiden Szenen, in denen die Mutter auftaucht, aufgelöst, diese sind extra darauf angelegt, Jesus von der körperlichen Geburt und seiner biologischen Mutter zu lösen.[14]

Beim Kreuz findet ein Kind-/Eltern-Tausch statt, der auf Adoptionsmodellen beruht; am Kreuz erhöht, überträgt Jesus ihre Mutterschaft auf jemanden, dessen Körper nicht von ihrem Blut stammt und den sie nicht aufgezogen hat, und versorgt den geliebten Jünger mit einer Mutter, mit deren Körper er keine Verbindung hat und von deren Milch er nie ernährt worden ist. Verwandtschaftsbegriffe werden so neu definiert. Das bedeutet auch, dass die bereits während der Hochzeit in Kana angedeutete Distanzierung Jesu von seiner Mutter nun abgeschlossen wird, da alles „vollendet" ist. Die Anwesenheit seiner Mutter erst in Kana und schließlich am Ende seiner irdischen Mission bildet also eine *inclusio*, eine Klammer um die Texte.

Diese fast ikonische joh Szene beim Kreuz hat eine durchaus kreative Interpretationstätigkeit hervorgerufen. Da sowohl die Mutter Jesu als auch der Geliebte Jünger im ganzen Evangelium namenlos bleiben, werden sie oft als primär symbolische Figuren betrachtet. Doch gibt es keine Einigkeit über ihre symbolische Bedeutung, sei es individuell oder aufeinander bezogen, die Vorschläge sind vielfältig und oft ausgeklügelt. Raymond E. Brown meinte in seinem einflussreichen Kommentar, dass Jesu Ablehnung der impliziten Bitte seiner Mutter in 2,1–11 bedeute, dass sie keine Rolle in seinem irdischen Wirken spiele, das gänzlich dem Willen des Vaters entspringe. Erst als seine Stunde gekommen sei, am Kreuz, könne er seiner Mutter die Vormundschaft über den prototypischen „geliebten" Jünger gewähren. Fortgeführt wird das Ganze dadurch, dass die Mutter als neue Eva gedeutet wird, als Mutter aller Gläubigen oder der

---

[12] Siehe SEIM, „Descent", 368.
[13] Vgl. ebd., 92–96.
[14] Siehe Gail Paterson CORRINGTON, *Her Image of Salvation: Female Saviors and Formative Christianity* (Louisville: Westminster, 1992), 165f.169.

Kirche derer, die zu ewigem Leben geboren sind – die von dem Jünger, den Jesus liebte, repräsentiert werden. Die symbolische Verbindung zwischen der Mutter Jesu und der Kirche wird vermittelt durch die Darstellung Evas als Mutter aller Lebenden in Gen 3,10 und der Frau, γυνή, in Offb 12, die als die Mutter, von der die Kinder Gottes geboren werden, begriffen wird und die dann als Kirche ihre verfolgten Kinder beschützt. Der Rückgriff auf Offb 12 bringt auch eine positive Bedeutung der sonst befremdlichen Anrede γύναι. Die Szene am Kreuz steht für die Geburtswehen, in der Stunde von Jesu Tod und Auferstehung „men are recreated as God's children when the spirit is breathed forth. (...) In becoming the mother of the Beloved Disciple (the Christian), Mary is symbolically evocative of Lady Zion who, after the birth pangs, brings forth a new people in joy."[15] Jene InterpretInnen, für die die Mutter die Frau Zion oder das Judenchristentum, ja sogar das Judentum repräsentiert, betonen auch die symbolische Wechselbeziehung, die in 19,25–27 zwischen ihr und dem Geliebten Jünger etabliert werde. Im Gegensatz oder in komplementärer Beziehung zur jüdischen Abstammung der Mutter stehe der Geliebte Jünger für die christliche Gemeinde oder die Kirche aus den Völkern.[16]

Judith Lieu stellt zu Recht fest, dass solche Interpretationen eine ganze Reihe ungerechtfertigter exegetischer Schachzüge voraussetzen: Nicht nur werden die Geburtswehen von der Mutter auf das Kind übertragen, sondern ihr wird auch eine Rolle im Blick auf alle Gläubigen zugeschrieben, die bei Joh kaum gegeben ist.[17] Ich habe solche Interpretationen als Wildwuchs exegetischer Spekulationen aufgrund von Stichwortverbindungen beschrieben.[18] Die Versuche, die assoziativen Zugänge als Intertextualität zu verkleiden, haben daran nichts geändert. Trotzdem sollte angemerkt werden, dass Raymond Brown seine Position später deutlich relativiert hat: Die Szene am Kreuz zeige eher, wie jemand, der mit Jesus blutsverwandt und Teil seiner natürlichen Familie ist, nun durch den Geist zum Mitglied seiner idealen Jüngerschaft wird.[19] Browns Sinneswandel steht für einen breiteren Trend hin zu einer literarischen Perspektiven und einer viel kritischeren Bewertung von der Mariologie dienenden Spekulationen. Diese werden aber trotz allem nur von sehr wenigen InterpretInnen gänzlich aufgegeben.

---

[15] Raymond E. BROWN, *The Gospel according to John (xiii-xxi): Introduction, Translation, and Notes* (AB 29A; Garden City, New York: Doubleday, 1970), 925. SCHNEIDERS, „Women", vermutet, dass die Rolle Marias im vierten Evangelium entweder einzigartig oder universell sei, sodass ihr nicht mehr Bedeutsamkeit für Frauen als für Männer zukomme. Joh scheine zu implizieren, dass „the Mother of Jesus had some special role in relation to the salvific work of Jesus" (ebd., 37).

[16] Vgl. Rudolf BULTMANN, *Das Evangelium des Johannes* (KEK 2; Göttingen: Vandenhoeck & Ruprecht, [18]1964), 521.

[17] Vgl. LIEU, „Mother", 74.

[18] Vgl. SEIM, „Roles of Women", 60–62.

[19] Raymond E. BROWN, *The Death of the Messiah: From Gethsemane to the Grave: A Commentary on the Passion Narratives in the Four Gospels 2* (ABRL; New York: Doubleday, 1994), 1024.

Dorothy Lee spricht sich für eine modifizierte Version der Idee aus, dass die Mutter Jesu bei Joh die Mutter der christlichen Gemeinschaft wird, die durch den Geliebten Jünger repräsentiert wird. Im Unterschied zur Metapher der Vaterschaft bei Joh überbrückt Mutterschaft nach Lee die Scheidung zwischen Göttlichem und Menschlichem. So bündelt sie die Argumente:

> In the iconography of the scene, the mother of Jesus functions both as a maternal figure within the new family and as representative of the community's motherhood, bequeathed by the dying Jesus, and pointing the reader to Old Testament imagery of Jerusalem as mother.[20]

Darüber hinaus sei der joh Jesus, indem er Züge der Weisheitstradition anzieht, in seinem irdischen Wirken die „Mutter" des geliebten Jüngers gewesen. Nun, in der Stunde seines Todes, verkörpert seine Mutter diese mütterliche, gebärende und nährende Rolle Jesu. Da die Mutter Jesu und der Geliebte Jünger höchstwahrscheinlich die Gründerfiguren der Gemeinschaft seien, werden sie – so Lee – von Joh herangezogen, um die Gemeinschaft zu symbolisieren, da diese sowohl Kindschaft als auch Mutterschaft in Beziehung zu Gott als Vater beinhaltet. Das lässt den Israel-Jerusalem-Zion-Symbolismus, wie er in anderen Quellen dieser Zeit verbreitet ist, anklingen. Die Stärke der These Lees liegt darin, dass die Mutterschaft in ihrer symbolischen Bedeutung wahrgenommen wird. Die Schwäche liegt darin, dass die Symbole und Bilder von Mutterschaft Jesus, „den" Geist und die Mutter Jesu auf einen gemeinsamen Nenner zu bringen versuchen und so verschmelzen lassen. Die Mutter verbindet sich dabei mit Jesus in seiner mütterlich-nährenden Dimension. Sie werden so nicht nur symbiotisch, die Mutter Jesu wird durch den Symbolismus überflutet und schließlich könnte man sich fragen, weshalb sie überhaupt auftritt. Hätte Jesu gebärende und nährende Mutterschaft als Frau Weisheit nicht genügt? Darüber hinaus spielen in dieser Interpretation die anderen beim Kreuz anwesenden Frauen keine Rolle und die Tatsache, dass nicht die Mutter, sondern Maria Magdalena dem Auferstandenen begegnet, könnte als Gegenargument verwendet werden.[21]

So wie ich es sehe, wird der Mutter keine kontinuierliche Brückenfunktion oder gestaltende Rolle zugesprochen, wenn die Beziehungen, die in der Gemeinschaft der JüngerInnen etabliert werden, in Verwandtschaftsbezeichnungen ausgedrückt werden. Nach der Kreuzigung taucht die Mutter nicht mehr auf, sie scheint keine weitere Rolle zu spielen.[22] Immer dann, wenn die Mutter bei Joh auftaucht, scheint sie dem göttli-

---

[20] Vgl. LEE, *Flesh and Glory*, 155–157.165.

[21] LEE, *Flesh and Glory*, 158, vermutet vage, dass sie einander ergänzen sollen. Es gibt aber auch keine überzeugende Reflexion, warum der erklärende Hinweis des Erzählers in diesem Abschnitt auftaucht. Im Gegensatz zu Lees Vorstellung von der Mutterschaft setzt der Hinweis voraus, dass der Jünger, den Jesus liebte, sich um sie gekümmert hat, nicht sie um ihn. Innerhalb der Erzählung erscheint dieser scheinbar ablenkende Kommentar merkwürdig und stört die Chronologie. Es hat den Anschein, dass die Lesenden auf etwas Wohlbekanntes gestoßen werden sollten.

[22] Die Texttradition, die sich vielleicht bei Tatians Diatessaron und Aphrahat zeigt, nach der die Frau beim leeren Grab und im Garten die Mutter Jesu und nicht Maria von Magdala sei,

chen Vater Platz zu machen. In der Episode in Kana war Jesu scharfe Erwiderung gegenüber seiner Mutter der Unterwerfung unter den Willen des Vaters geschuldet, und wenn der auferstandene Jesus den neuen Status der JüngerInnen nach seiner Auferstehung verkündet, spricht er in einer nie da gewesenen Art von „meinem Vater und eurem Vater", ohne eine Mutter zu erwähnen. Ihre Zugehörigkeit zur Gemeinde hängt vom Vater ab, den sie nun teilen – auch wenn die Sprache zurückhaltend ist, sodass bei der Erklärung der Gemeinsamkeit gleichzeitig auch eine Unterscheidung zwischen Jesus und den anderen vorgenommen wird.

3. Der Vater, der Leben in sich hat

In den meisten Interpretationen des Joh wird einfach angenommen, dass Gott und Vater austauschbare Begriffe sind, weil Gott häufig als Vater angesprochen wird. Marianne Meye Thompson bezweifelt dies und betont, dass man, um in Joh Gott als Vater zu begreifen, den Fokus auf die Beziehung zwischen Sohn und Vater richten muss.[23] Gottes Handeln als Vater konzentriert sich auf Jesus und bis auf wenige Ausnahmen spricht nur Jesus von oder zu Gott als Vater. Es ist der Vater, der den Sohn sendet, und Jesus folgt nicht dem Willen Gottes, sondern dem Willen des Vaters. Das primäre Verständnis Gottes als Vater in Joh kommt in 5,26 zum Ausdruck: „Denn wie der Vater das Leben in sich hat, so hat er auch dem Sohn gegeben, das Leben in sich zu haben."

Überhaupt enthält Joh viele Hinweise darauf, dass Schöpfung und Hervorbringen männliche Vorrechte sind. Im Prolog, Joh 1,1–18, ähnelt die Darstellung der Rolle des Logos bei der Schöpfung („alles ist durch ihn geworden, und ohne ihn wurde nichts, was geworden ist") jener von den Taten und Fähigkeiten der Weisheit (Sophia) in der jüdischen Weisheitsliteratur in Spr 8,22–31 und Sir 24,1–12. Dennoch gibt es zwei

---

ist sicherlich sekundär und kann wohl als Versuch gewertet werden, eine dem Celsus zugeschriebene Kritik zu umgehen, dass der christliche Auferstehungsglaube auf dem Zeugnis einer als weinerlich bekannten Frau basiere (vgl. Origenes, *Cels.* 2,55.59). Vgl. Tjitze BAARDA, *Essays on the Diatessaron* (CBET 11; Kampen: Kok-Pharos, 1994), 46 (mit weiteren Belegen in Anm. 101). Ann Graham BROCK, *Mary Magdalene, the First Apostle: The Struggle for Authority* (HTS 51; Cambridge: Harvard University Press, 2003), 134f., lenkt die Aufmerksamkeit auf ein koptisches Fragment aus der Sammlung von Revillout, *Revillout Fragment 14*, in dem Maria von Magdala in der Gartenszene durch Maria, die Mutter Jesu, ersetzt wird. Brock interpretiert dies als Teil einer kirchlichen Strategie, Maria von Magdala zu marginalisieren, um Petrus zusammen mit Maria, der Mutter Jesu, zu begünstigen. Man sollte aber trotzdem nicht die Möglichkeit ausschließen, dass der Text ursprünglich nur von einer Maria spricht, ohne weitere Identifizierung, um welche Maria es sich handeln soll. Dies könnte zu zwei unterschiedlichen Traditionen geführt haben; zu einer, die sich auf Maria von Magdala bezieht, und zu einer, die Maria, Jesu Mutter, einsetzt, obwohl der Name Maria bei Joh nie auf Jesu Mutter bezogen wird.

[23] Vgl. Marianne Meye THOMPSON, „The Living Father", *Semeia* 85 (1999): 19–31, und Gail R. O'DAY, „Show Us the Father, and We Will Be Satisfied (John 14:8)", *Semeia* 85 (1999): 11–17.

wichtige Unterschiede. Einer ist die Bezeichnung Logos, der andere ist die Tatsache, dass der Logos selbst kein Teil der göttlichen Schöpfung ist. Im Falle von Sophia ist deutlich, dass sie das erste Werk Gottes ist, das bei der Schöpfung anwesend oder Mitakteurin ist.

Adele Reinhartz hat gezeigt, wie die „Vater-Sohn"-Rede, die im vierten Evangelium gebraucht wird, um die Beziehung zwischen Gott und Jesus zu beschreiben, von der aristotelischen Theorie der Epigenese durchdrungen ist.[24] Nach dieser Theorie stammen sowohl Tiere als auch Menschen organisch aus männlichem Samen, während der Nährboden zum weiteren Wachsen vom Weiblichen bereitgestellt wird. Der männliche Samen bestimmt die Form des Embryos und den weiteren Reifeprozess. Das Menstruationsblut der Frau liefert die Substanz, aus welcher der Embryo entsteht. Insofern ist die Frau von Bedeutung, da sie die Materie bereitstellt. Ihr überschüssiges Blut erfüllt schließlich seinen Zweck, indem es dem Fötus zur Materie und Nahrungsgrundlage wird. Sie ist das Gefäß und die Ernährerin. Wesentlich für die Form, wie sie vom männlichen Samen bereitgestellt wird, ist die empfindende Seele, die sich im *pneuma* befindet. Der Same wird als Vehikel für den *logos* und das *pneuma* des Vaters gesehen, der alleine die Form und das Wesen der Nachkommenschaft bestimmt. Nach Reinhartz impliziert die Diskussion des Aristoteles, „that in ideal circumstances, which rarely if ever exist in nature, a man will father a son who is identical to the father in all respects". Spuren solcher Elemente findet sie auch in Philos Schriften[25]. Sie zeigen, dass hellenistische jüdische Autoren, die aus ungefähr der gleichen Zeit wie Joh stammen, das aristotelische Konzept und Vokabular auf Gott als den Schöpfer der Weisheit, der Seelen der HebräerInnen, der Tugenden und des Glücks anwandten. Daher ist es vorstellbar, dass „the author of John was aware – at least in a general way, of Aristotelian views on conception and generation and of traditions in which divine creation was seen in analogous terms"[26]. Reinhartz identifiziert terminologische Parallelen zwischen Aristoteles' Darstellung der Epigenese und der Weise, in der im vierten Evangelium, vor allem im Prolog, Jesu Ursprünge beschrieben werden. Anklänge an den Text der Genesis zeigen eine Ambiguität, die vielleicht durch die Weisheitstheologie vermittelt wurde und auch im Prolog wirkt. Dort wird ein Wechselspiel zwischen den Verben γίγνομαι und γεννάω kreiert. Als der vom göttlichen Vater in die Welt Gesetzte wird Jesus zur Verkörperung des göttlichen Logos und des göttlichen *pneuma*. So weilt das Wesen des Vaters und vielleicht auch in bestimmter Weise der Vater selbst in ihm. In diesem Falle ist der Idealzustand nach der aristotelischen Genetik eingetroffen und das männliche Prinzip hat einen Sohn gezeugt, der mit ihm in jeder Hinsicht identisch ist; die Zwei sind eins.

Der Begriff γεννάω taucht das erste Mal im Prolog auf, in 1,13. Im vorangehenden V12 wird festgehalten, dass er (der Logos oder das „wahre Licht") jenen, die an ihn

---

[24] Siehe REINHARTZ, „Word", 83–103. Vgl. eine ähnliche Stoßrichtung bei Michael THEOBALD, *Die Fleischwerdung des Logos: Studien zum Corpus des Evangeliums und zu 1 Joh* (NTAbh 30; Münster: Aschendorff, 1988), 243.
[25] Siehe *Opif.* 67; *Mos.* 1,279; *Cher.* 43f.; *Det.* 60.
[26] REINHARTZ, „Word", 91.

glauben, das Anrecht gibt, Gottes Kinder zu werden. In V13 wird dieses „Werden" durch physiologische Begriffe präzisiert. Die Kinder Gottes sind nicht aus „Blut" (Plural im Griechischen) oder dem Willen des Fleisches oder dem Willen des Mannes, sondern aus Gott geboren. Die Wortstellung ist ungewöhnlich, die präzise Bedeutung jedes einzelnen Wortes ist nicht einfach zu ermitteln, und es nicht ganz klar, wie sie sich aufeinander beziehen. Jedenfalls werden sie alle negiert, da sie im göttlichen Prozess der Hervorbringung nicht benötigt werden. Ein Widerspruch wird implizit zwischen göttlicher und menschlicher Empfängnis und Geburt begründet. Das erste zu negierende Element ist Blut, in einer eigenartigen Pluralform, die als „mehrere Blute" übersetzt werden könnte. Wie oben erwähnt, betrachtete die antike Physiologie das väterliche und das mütterliche Blut als essentiell für die menschliche Zeugung und Empfängnis, wenngleich auf unterschiedliche Weise. Das könnte die merkwürdige Pluralform erklären. Die ersten beiden Elemente scheinen die Voraussetzungen menschlicher Fortpflanzung darzustellen, während sich das dritte insbesondere auf den Willen des Männlichen oder des Mannes bei der Zeugung von Nachkommenschaft bezieht. Sjef van Tilborg hat vorgeschlagen, dass der Text dieses Verses hinsichtlich des Prozesses menschlicher Reproduktion chronologisch rückwärts verläuft.[27] Der Wille des Mannes initiiert den Geschlechtsverkehr, er hat das Recht und die Pflicht, dem „Willen des Fleisches" Form und Substanz zu geben. Er bestimmt den Ort und die Weise, wo und wie Frauen eine aktive Rolle spielen können; die Vermengung von mehreren Bluten, dem der Mutter und dem des Vaters, geht darauf zurück. Die dreifache Negation in Joh 1,13 hat zur Folge, dass göttliche Zeugung sich von menschlicher dadurch unterscheidet, dass sie ein unabhängiger und autarker kreativer Akt des göttlichen Vaters ist, der in der Lage ist, monogenetisch zu zeugen. Nur die joh Literatur verwendet die einfache Form des Verbs γεννάω mit Gott implizit oder explizit als Handelndem. Was auf Jesus zutrifft, trifft irgendwie auch auf die Glaubenden zu: Sie sind von Gott allein geboren/gezeugt oder auf die Welt gesetzt. Er, der selbst nicht aus Blut (den Bluten) oder dem Willen des Fleisches oder dem Willen des Mannes, sondern aus Gott geboren/gezeugt ist, ist fähig, denjenigen, die an ihn glauben, die Macht zu geben, Kinder Gottes zu werden.

4. Zeugung von oben in Wasser und Geist

Wie könnte das geschehen? Auf diese Frage wird in der Unterhaltung Jesu mit Nikodemus in Joh 3 eingegangen. Das Gespräch wird von Nikodemus mit einem Hinweis auf die Herkunft Jesu angestoßen: „Rabbi, wir wissen, du bist ein Lehrer, der von Gott gekommen ist; denn niemand kann die Zeichen tun, die du tust, wenn nicht Gott mit ihm ist." Jesu Erwiderung in Joh 3,3: „Wenn jemand nicht von neuem geboren wird, kann er das Reich Gottes nicht sehen" wird selten mit dem Inhalt der Rede des Nikodemus

---

[27] Siehe Sjef van Tilborg, *Imaginative Love in John* (BibIntS 2; Leiden: Brill, 1993), 41–47. Tilborg bezieht sich auf 1,29; 3,13; 8,28; 21,18 als weitere Beispiele für dieselbe literarische Form.

in Verbindung gebracht, in der Tat verdreht sie aber das Verständnis von Herkunft, das in den Worten des Nikodemus impliziert wird. Der Evangelist lässt Nikodemus mit der lächerlichen Aussage antworten, dass ein erwachsener Mann unmöglich in den Schoß seiner Mutter zurückkehren kann, um von neuem geboren zu werden. Nikodemus hörte Jesus von Wiedergeburt reden und meinte, ἄνωθεν bedeute „wiederum" und die Verbalform γεννηθῇ beziehe sich auf die Geburt aus dem Schoß der Mutter. Die Unmöglichkeit der Aussage wird schon dadurch deutlich, dass das Griechische eine negative Antwort voraussetzt.

In seiner zweiten Antwort an Nikodemus führt Jesus seine Argumentation mit einer längeren und offensichtlich erläuternden Darstellung fort (V5–8). Der doppeldeutige Ausdruck ἄνωθεν, der von Nikodemus missverstanden wird, wird durch den doppelten Zusatz „aus Wasser und Geist" erklärt. Die Annahme des Nikodemus, dass ἄνωθεν zeitlich zu verstehen sei, wird korrigiert. Ebenso scheint die Idee einer zweiten Geburt oder einer Wiedergeburt verworfen zu werden als Teil des Missverständnisses. Die Sprache erinnert an 1,13 und bezieht sich auf dieselbe göttliche Zeugung, die hier als „von oben" geschildert wird.

Eine Passage Philos von Alexandria wurde als möglicher Hintergrund für diesen Teil von Joh 3 schon erwähnt.[28] Philo antwortet auf die Frage, warum Mose am siebten Tag nach oben gerufen wurde:

> But the calling above of the prophet is a second birth better than the first. For the latter is mixed with a body and has corruptible parents, while the former is an unmixed and simple soul of the sovereign, being changed from a productive to an unproductive form, which has no mother but only a father, who is (the father) of all. Wherefore the calling above or, as we have said, the divine birth happened to come about for him in the ever-virginal nature of the *hebdomad*. For he is called on the seventh day, in this respect differing from the earth-born first moulded man, for the latter came into being from the earth and with body, while the former came from the ether and without a body. (*QE* 2,46)

Moses Aufstieg auf den Sinai ist hier als zweite Geburt durch die unvermischte Seele des „Souveräns" interpretiert, eine Geburt, die allein durch den Vater (von allen) stattfindet – eine Mutter ist explizit nicht involviert.

Es könnte wirklich der Fall sein, dass der Begriff Geburt eine falsche Übersetzung ist, denn das griechische Verb γεννάω ist doppeldeutig und kann sich sowohl auf den Akt der Zeugung als auch auf den Prozess des Gebärens beziehen. Leander Keck besteht darauf, dass das Wort nicht auf den Prozess der Geburt verweist und mit „gezeugt worden sein" übersetzt werden sollte, weil es sich auf die zeugende, hervorbringende

---

[28] Siehe dazu Peder BORGEN, „The Gospel of John and Hellenism: Some Observations", in *Exploring the Gospel of John: In Honor of D. Moody Smith* (hg. v. R. Alan Culpepper und C. Clifton Black; Louisville: Westminster John Knox, 1996), 98–112; 104–106. Borgen gibt jedoch γένεσις konsequent als Geburt wieder. Der Text ist nur auf Armenisch erhalten geblieben, mit griechischen und lateinischen Fragmenten. Teile dieser speziellen Passage sind in allen drei Sprachen bekannt, aber lange nicht alles. Deshalb müssen einige Fragen offen bleiben, schließlich ist eine präzise Terminologie für den Vergleich wichtig.

Funktion des Vaters, die den Ursprung des Lebens darstellt, bezieht.[29] Im griechischen Sprachgebrauch bezeichnet γεννάω vor allem die männliche Rolle bei der Fortpflanzung, aber es kann auch auf beide Elternteile oder die Mutter allein angewandt werden. Immer, wenn es im Passiv benutzt wird, ohne den Urheber oder die Urheberin der Handlung zu nennen – so wie es bei Joh meistens der Fall ist –, muss die genaue Bedeutung aus dem Kontext entschieden werden. Ist es jedoch überhaupt möglich, die präzise Bedeutung in Joh 3 und anderen joh Stellen, wo mit Vieldeutigkeiten und Missverständnissen gespielt wird, zu klären?

Jesu zweite Antwort an Nikodemus führt außerdem eine binäre Gegenüberstellung von Fleisch und Geist ein: „was aus dem Fleisch geboren ist, das ist Fleisch; was aber aus dem Geist geboren ist, das ist Geist." Dies soll offenbar erklären, dass die Zeugung von oben nicht eine Zeugung durch Fleisch, sondern durch Geist ist. Dies wird in der abschließenden Feststellung in V8 wiederholt: „So ist es mit jedem, der aus dem Geist geboren ist." Judith Lieu meint, dass diese Art joh Ironie nicht als eine Form von Dualismus betrachtet werden sollte. Irdische Erfahrung sei vielmehr ein Zeichen, das auf göttliche Wahrheit hinweise und diese verkörpere, ohne sie zu umfassen. Im Falle von Joh 3 bedeutet das, die Wiedergeburt bzw. die Geburt von oben ist nicht „alien to and contrasted with the ‚mundane' birth from a mother. On the contrary, the latter enfleshes; it is a sign of and a carrier of the former"[30].

Ein anderer, aber nicht gegensätzlicher Ansatz wird von Dorothy Lee verfochten, die die natürliche Geburt als Ausgangspunkt für eine symbolische Interpretation oder Aufladung der spirituellen Geburt betrachtet.[31] Weiter ist sie der Meinung, dass die wörtliche Bedeutung auch mitklingen sollte und „Geist" nicht voreilig auf den Heiligen Geist bezogen werden sollte: Der Säugling muss durch das Wasser der Entbindung, der Atem in seine Nasenlöcher ist der Lebensatem. Auf einer metaphorischen Stufe bezieht sich der Prozess der körperlichen Geburt auf den Eintritt in eine neue Art von Leben, das ewig ist. Die Übertragung verlangt einen ähnlichen Prozess auf einer spirituellen Ebene – vielleicht ein Initiationsritual, durch das der Geist durch Wasser übermittelt wird. So symbolisiert die physische Geburt die spirituelle Geburt. Judith Lieu und Dorothy Lee wollen die Gebärerfahrung von Frauen als relevant für die Interpretation göttlicher Hervorbringung sehen. Aber ihre Interpretation von Joh 3 zeigt insofern Schwächen, als das Hendiadyoin „Wasser und Geist" in V5 nicht ohne Weiteres der kontrastierenden Konstellation „Fleisch gegen Geist" entspricht: „Was aus dem Fleisch geboren ist, das ist Fleisch; was aber aus dem Geist geboren ist, das ist Geist." Gleiches zeugt Gleiches; und Geist ist nicht etwas, das dem Fleisch fehlt, sondern eher seine Antithese.

---

[29] Vgl. Leander KECK, „Derivation as Destiny: ‚Of-ness' in Johannine Christology, Anthropology, and Soteriology", in *Exploring the Gospel of John: In Honor of D. Moody Smith* (hg. v. R. Alan Culpepper und C. Clifton Black; Louisville: Westminster John Knox, 1996), 274–289; 275f. Siehe auch Raymond E. BROWN, *The Gospel according to John (i-xii): Introduction, Translation, and Notes* (AB 29; Garden City: Doubleday, 1966), 29.

[30] Vgl. LIEU, „The Mother of the Son", 76.

[31] Vgl. LEE, *Flesh and Glory*, 68–71.

Einige Kommentatoren haben auf Stellen verwiesen, wo „Wasser" für Flüssigkeiten verwendet wird, die mit Fortpflanzung zu tun haben, und sich auf Samen bezieht.[32] Dies würde implizieren, dass Wasser in Verbindung mit Geist wie in Joh 3,5 männlichen Samen bezeichnet. Gleichzeitig ist bei Joh der Geist ein göttliches Prinzip, das laut Joh 6,63 Leben gibt oder lebendig macht. Wenn Jesus in Joh 3 über eine göttliche Herkunft von oben als „aus Wasser und Geist geboren" spricht, könnte sich dies auf den göttlichen Samen beziehen. Genau dieser Begriff wird in 1 Joh 3,9 verwendet: „Jeder, der von Gott stammt, tut keine Sünde, weil sein Same in ihm bleibt ..."

Eine andere Spur zur Metaphorik der Fortpflanzung könnte sich wiederum ergeben, wenn Wasser als die amniotische Flüssigkeit, mithilfe derer das Kind aus dem Schoße der Mutter fließt, betrachtet wird. An einer anderen unklaren Stelle, Joh 7,37–39, werden Wasser und Geist in einem vorgeblichen Schriftzitat erneut in Verbindung gebracht: „aus seinem Schoß (κοιλία) werden Ströme von lebendigem Wasser fließen." Je nach Interpunktion kann die Person, aus deren Schoß Ströme fließen werden, Jesus oder der/die Glaubende sein – oder auch beide als offene Möglichkeit, denn der Originaltext ist ohne Interpunktion. Der Begriff κοιλία ist im Kontext von Joh 7,37f. ungewöhnlich und suggestiv, aber er wird häufig verniedlichend auf das Herz, das Innere und Ähnliches bezogen. Obwohl κοιλία im klassischen Griechisch kein gebräuchliches Wort für Gebärmutter ist, wird es in diesem Sinne in der Septuaginta (Gen 25,24; Dtn 11,1; 28,4; Rut 1,11) und andernorts im NT (Mt 19,12; Lk 11,27; Gal 1,15) benutzt. Am häufigsten taucht der ergänzte Ausdruck „Schoß der Mutter" auf, etwa in Joh 3,4, wo Nikodemus Jesu Worte naiv missversteht, wenn er, wie bereits erwähnt, feststellt, dass es für einen alten Menschen unmöglich ist, in den Schoß der Mutter für eine zweite Geburt zurückzukehren. Die Wortwahl in 7,37–39 könnte von 3,4 geprägt sein oder aber auch eine Vorbereitung oder einen Vorgriff auf das Wasser und Blut darstellen, das in 19,34 aus der durchbohrten Seite des Leichnams Jesu kommt.[33]

---

[32] Schon 1929 lenkte Hugo ODEBERG die Aufmerksamkeit auf einige jüdische Texte, in denen ein hebräischer Begriff für Wasser Samen bezeichnet. Er schlug vor, *Wasser* in Joh 3,5 könnte sich auf männlichen Samen beziehen, als Metonym für *Fleisch* in 3,6 und als Opposition zu *Geist* in 3,5f. Vgl. DERS., *The Fourth Gospel Interpreted in Its Relation to Contemporaneous Religious Currents in Palestine and the Hellenistic-Oriental World* (Uppsala: Almqvist & Wiksell, 1929), 48–69. TILBORG, *Imaginative Love*, 49–52, stellte fest, dass der hebräische Begriff eher einen Tropfen irgendeiner Flüssigkeit meine und die Rabbinen sich darüber im Klaren waren, dass Samen nicht Wasser ist, obwohl die Kombination „Wasser und Geist" in der (klassischen) Physiologie genau auf den männlichen Samen verweist. Eine Hauptquelle ist Aristoteles (*Gen. an.* 735a–b), weitere Belege aus der Zeit vom 4. Jh. v. Chr. bis zum 2. Jh. n. Chr. stammen etwa von Philo von Alexandria (*Opif.* 67) und Clemens von Alexandria (*Paed.* 1,6,49,1). Tilborgs überzeugender Schluss ist, dass trotz der Differenzen im theoretischen Hintergrund das gemeinsame Element darin besteht, dass *pneuma* als das wichtigste Prinzip des männlichen Samens gesehen wird.

[33] Der Mangel an wörtlichen Entsprechungen zwischen 7,38 und 19,34 stellt eine Schwierigkeit dar, könnte aber auf einem unterschiedlichen Fundus biblischer Assoziationen beruhen. Mary L. COLOE, *God Dwells with Us: Temple Symbolism in the Fourth Gospel* (Collegeville: Liturgical Press, 2001), 208f., betont diesen Mangel verbaler Assoziationen stark. Be-

Grund für die unterschiedlichen Bezugsfelder könnte sein, dass die Begriffe für die Fortpflanzung in Joh 3 semantisch fließend sind und offen gelassen werden. Weil sie in keine Richtung spezifiziert werden, werden hierin Anspielungen auf die männliche und weibliche Fortpflanzung verwoben und ein signifikanter Mangel an terminologischer Präzision erzeugt. Diese Genderbalance impliziert jedoch, dass jedes Element der Fortpflanzung unter den göttlichen Vater in einem göttlichen Akt der Zeugung subsumiert wird. Der einzig gezeugte Gott/Sohn, der im Schoß des Vaters ruht (Joh 1,18), hilft, die Kinder Gottes, in denen der Geistessamen Gottes wohnt, hervorzubringen. Sie sind nicht aus dem Blut (Pl.), nicht aus dem Willen des Fleisches oder dem Willen des Mannes, sondern aus Gott gezeugt/geboren, d. h. aus dem Vater und dem Sohn – eins in ihrem Zwecke und beide mit der exklusiven Eigenschaft ausgestattet, Leben in sich zu haben.

5. Wie eine gebärende Frau

In seiner Abschiedsrede bereitet Jesus die JüngerInnen auf den kommenden Leidensweg vor, indem er ihn mit den Erfahrungen einer gebärenden Frau vergleicht (16,21). Das Gleichnis beschreibt, wie eine Frau in den Geburtswehen Schmerzen hat, weil ihre Stunde gekommen ist, aber, nachdem das Kind auf der Welt ist, nicht mehr an ihre Pein denkt aufgrund der Freude, einen Mensch zur Welt gebracht zu haben. Die Betonung liegt auf dem Kontrast zwischen dem Geburtsschmerz und der Freude, die der Geburt des Kindes folgt. Die Analogie scheint darin zu bestehen, dass in ähnlicher Weise Schmerz und Pein der JüngerInnen bei Jesu Tod/Weggang in Freude verwandelt werden, wenn sie ihn wiedersehen. Trotzdem weist dieses Gleichnis, das auf den ersten Blick passend und geradlinig scheint, bei genauerem Hinsehen eine Reihe auffälliger Besonderheiten auf. Sie wirken nicht störend auf das Bild, jedoch repräsentieren sie eine besondere Terminologie, die durch interne und externe intertextuelle Bezüge ein Netz von Bedeutungen webt. Dies hat zu vielen Versuchen geführt, die codierte Sprache des kurzen, bewusst bedeutungsschwangeren Spruchs zu entschlüsseln.

Der Vergleich „wie eine Frau in Wehen" wird beinahe stereotyp in der Hebräischen Bibel verwendet – oft, um die extreme Angst und Pein von Angegriffenen zu schildern (Jes 13,7–8a; 21,3; Jer 6,24; 49,24). Keine dieser Stellen zeigt ein Interesse für die Geburt an sich, der Fokus liegt völlig auf dem akuten Schmerz und der Pein der Gebärenden. Es gibt keinen Schmerz, der so qualvoll und schrecklich sein könnte wie dieser. Die einzige andere vergleichbare Erfahrung ist die des Krieges. Medeas berühmte Klage, sich lieber dreimal ins Getümmel der Schlacht stürzen zu wollen als einmal zu gebären (Euripides, *Med.* 250), kommt in den Sinn, wenn man diese Stellen liest.[34] Das

---

dingt durch ihr ekklesiologisches Verständnis von 7,37–39 sieht sie diese Passagen als unabhängige Einheiten.

[34] In Jes 42,13f. werden sowohl das Bild eines Kriegers als auch das einer Gebärenden verwendet, um Gottes Zorn zu illustrieren wie auch, im Falle der Gebärenden, Gottes Zurückhaltung, bis eine Reaktion nicht länger unterdrückt werden kann. Beide Gleichnisfiguren ha-

Gebären der Frauen ist also vor allem durch die Mühe, den Schmerz und das Leiden charakterisiert. Wenn die Frau im Mittelpunkt steht, steht mit ihr der Schmerz im Mittelpunkt.

Zwei Textstellen waren besonders wichtig für die Interpretation von Joh 16,21. Manche sehen das joh Gleichnis als bewusste Bezugnahme auf eine Passage in Jes 66, denn der Wortlaut von Jes 66,7, „sie brachte einen Knaben zur Welt", könnte zur Klärung einer begrifflichen Besonderheit in 16,21 beitragen: Die Frau entbindet einen ἄνθρωπος, einen „Menschen". Im Vergleich zu den anderen Stellen, wo Wehen und Schmerz vorherrschen und es gleichgültig scheint, ob die Entbindung stattfindet oder nicht, beschreiben sowohl Joh 16 als auch Jes 66 die Geburt als wichtiges Ereignis und heben in ungewöhnlicher Weise das Frohlocken, dass ein Kind geboren ist, hervor. Der Unterschied ist jedoch genauso bemerkenswert wie die Ähnlichkeit. In Joh 16,21 leidet die Frau unter Schmerzen, bevor das Kind geboren ist, sodass die Freude keine über eine schmerzlose Geburt wie in Jes 66 ist, sondern im Kontrast zur anfänglichen Sorge steht, die ihr die Schmerzen der Wehen bereiten.

Ein anderer Text, in dem ebenfalls einige derselben Stellen aus der Hebräischen Bibel mitschwingen, ist ein Hymnus aus Qumran (1 QH 11,7–18)[35], der häufig als Resonanzboden für Joh 16,21 betrachtet wird.[36] Er betont die bevorstehenden Gefahren der Geburt, die von unkontrollierbaren Kräften ausgehen. Das Bild der gebärenden Frau mischt sich mit den Bildern eines vom Sturm geschüttelten Schiffes und einer belagerten Stadt.[37] Es besteht eine doppelte Struktur der Handlung und symbolischen Figuren; die Sprache ist außergewöhnlich reich an Wortspielen; eine schwangere Frau an sich ist ein duales, doppelbödiges Wesen, umso mehr eine Frau, die mit einem גֶּבֶר, einem „männlichen Kind", schwanger ist. Zudem gebären zwei schwangere Frauen, eine ist mit einem „männlichen Kind" schwanger, die andere mit einer „Viper" oder einem „Nichts", symbolisiert wird also Leere oder ein monströser Bastard.

---

ben eine Intensität gemeinsam, die durch eine starke auditive Charakterisierung gekennzeichnet ist: beide schreien, die Frau schnauft und hechelt außerdem; vgl. Katheryn PFISTERER DARR, „Like Warrior, Like Woman: Destruction and Deliverance in Isaiah 42:10–17", *CBQ* 49 (1987): 560–571; 564. Helen KING, „Sacrificial Blood: The Role of the Amnion in Ancient Gynaecology", *Helios* 13 (1987): 117–126; 120, untersucht, was sie die reziproke Beziehung zwischen der Metaphorik von Krieg und von Geburt nennt.

[35] Was die Übersetzung und Interpretation dieses Textes angeht, beziehe ich mich auf Carol NEWSOM, *Self as Symbolic Space: Constructing Identity and Community at Qumran* (STDJ 52; Leiden: Brill, 2004), 240–253. Sie versteht den Hymnus als eine metaphorische Darstellung der Krise und der Erlösung der sprechenden Person.

[36] Der Hymnus ist ein schwieriger und komplizierter Text, dessen Interpretation viel diskutiert worden ist. Die wichtigsten Alternativen sind, dass er sich entweder auf die Geburt einer messianischen Figur bezieht oder die Entstehung der Gemeinde durch den Lehrer der Gerechtigkeit beschreibt, der sie gründet und leitet.

[37] Während NEWSOM, *Self*, 242, diese als separate Bilder betrachtet, neige ich zu einer Sichtweise, die das Bild der Geburt mit dem Bild des Meeres, der Wellen und des Schiffes überblendet.

Da geriet ich in Not *wie eine Frau*
bei der Geburt ihrer Erstgeborenen,
wenn [ihre] Schmerzen einsetzten
und *tödliche Qual* mit ihren Wehen
zum Kreißen im Schwangerschafts-Schmelzofen geführt,
weil Söhne zu Todeswehen/wellen *gelangten*,
und die ein Männliches trägt,
Pein leidet in ihren Wehen,
weil unter Todeswehen(/wellen) sie
etwas Männliches fortbringt
und es unter Höllenqualen durchdringt
aus dem Schwangerschafts-Schmelzofen. [(leer!)]

(Der) Wunder(bare) berät sich mit Seiner Macht
und ein Mann (Knabe) entkommt den Wehen,
doch in seiner Schwangeren eilen (weiter)
alle Wehen und tödlichen Qualen
bei ihrer (!) Geburt
und Krämpfe bei ihrem (!) Gebären.
Bei seiner (!) Geburt setzen alle Schmerzen (wieder) ein
im SCHWANGERSCHAFTS-SCHMELZOFEN,
die Wahn-Schwangere gerät in tödliche Pein
und Verderbens*WEHEN* wirken *ALLERLEI* Krämpfe.

Da schwanken Mauerfundamente
wie ein Schiff auf Gewässern
und Wolkenhimmel tosen mit lautem Schall,
Staubbewohn*ER WIE SEE*fahrer
SIND VOR (DEM) WASSERGETOSE ERSCHROCKEN
UND all ihre *WEI*sen gleichen Schiffern auf Ti*EFE*n.
DENN VERSCHLUNGEN WIRD ALL IHRE WEISHEIT
*IM ME*eresgetose,
wenn *URTI*efen aufk*OCHEN* über Wass*ER*-Urquel*LEN*
UND zur Höhe *[HOCHBRAND]EN*
Wellen und Wasserwogen.
BEIM TOSEN ihres *SCH*a*LLS* und bei ihrem Branden öffnen Un[terwe]*LT* sich [und Abgrund,
al]le Ver*DERBENS*pfeile *MIT IHREM SCHRITT*,
bis zur Urtiefe hört man ihren Schall.
Da öffnen sich Pforten [...... für alle] Trug*WERKE*
*U*nd es schließen Verderbenstüren sich
hin*TER* einer Unrecht-*SCHWANGE*ren zu
und ewige Rie*GEL HINTE*r allen Trug-Geistern. [(leer)][38]

---

[38] 1 QH 11,7–18. Deutsche Übersetzung aus: Johann MAIER, *Die Qumran-Essener: Die Texte vom Toten Meer 1: Die Texte der Höhlen 1–3 und 5–11* (UTB 1862; München: Ernst Reinhardt Verlag, 1995), 68–70. Hervorhebungen im Original.

Der Vorgang der Entbindung wird nicht nur als schmerzhaft, sondern auch als lebensbedrohlich dargestellt, und noch erbarmungsloser im zweiten Fall, denn die Geburt ist sinn- und nutzlos. Die große Nähe zwischen Geburt und Tod war tatsächlich eine alltägliche Erfahrung, denn Komplikationen bei der Geburt trugen erheblich zur Sterblichkeit der Frauen bei. Die Geburt bedeutete, sich großem Schmerz, Verletzlichkeit und Todesgefahr sowohl für die Mutter als auch für das Kind auszusetzen. Während der Geburt standen sich Leben und Tod gegenüber – nicht nur in der harschen Realität des menschlichen Lebens, sondern auch auf einer symbolischen Ebene. Auch im Rahmen der joh Abschiedsreden bezieht sich die Analogie in Joh 16,12 auf eine Situation, in der der Tod droht.

Der Ausdruck ἡ ὥρα αὐτῆς, „ihre Stunde", in 16,21 war kein geläufiger griechischer Ausdruck für den Geburtstermin, und auch der Gebrauch von ὥρα mit einem auf eine Person bezogenen possessiven Genitiv ist ungewöhnlich.[39] Dieser spezielle Wortgebrauch erinnert daher unvermeidlich an den Ausdruck „seine/meine/die Stunde", der sich als stilistische Eigenart dieses Evangeliums auf den Moment des Leidens und des Todes Jesu am Kreuz erhöht bezieht. Die Stunde der Gebärenden spielt in gewisser Weise auf diese Stunde Jesu an. Dies könnte weiter im Zusammenhang mit dem seltenen Gebrauch von λύπη für die Wehen oder die Geburtsschmerzen einer Frau stehen. Das griechische Wort λύπη wird meist für Seelenqualen verwendet, wie im unmittelbaren Zusammenhang, wo es mehrfach die Trauer der JüngerInnen über Jesu Weggang beschreibt. Nach Gen 3,16LXX ist es jedoch Teil des Fluches über die Frau, dass sie ihre Kinder ἐν λύπαις, „mit Schmerzen", auf die Welt bringen solle; λύπη und θλίψις werden zum Frauenschicksal bei der Geburt. Diese terminologische Ähnlichkeit zwischen Joh 16,21 und Gen 3,16 beinhaltet auch die Tatsache, dass Eva in Gen 3 nur ἡ γυνή, „die Frau", genannt wird und dass sie in 4,1 nach der Geburt Kains sagt, sie habe einen ἄνθρωπος – kein Kind – durch Gott erworben. Deswegen ist es wahrscheinlich, dass die Frau von Joh 16,21 irgendwie Eva als die prototypische Frau widerspiegelt. Aber ich stimme mit Judith Lieu überein, die nicht so weit geht, die Mutter Jesu als neue Eva zu sehen. Bei Joh repräsentiert nur Jesus das Neue, er ist kein neuer Mose oder Adam, sondern der, der von oben kommt, und die Kinder sind keine neue Menschheit oder Gläubige geboren von Eva, sondern von Gott geborene Kinder.[40]

6. Kinder Gottes hervorbringen

Geschieht dies, wenn die Stunde gekommen ist und Jesus am Kreuz erhöht ist? Wir haben bereits untersucht, wie Jesus am Kreuz die Verwandtschaftsbeziehungen gegenüber jenen, die auf dem Blut basieren, neu definiert. Hallen in der Erzählung vom Tod Jesu bei Joh Anklänge an eine Entbindung nach?

---

[39] Vgl. Charles Harold DODD, *Historical Tradition in the Fourth Gospel* (Cambridge: University Press, 1963), 371, der auch beweist, dass die ὥρα einer Frau eher die Blüte ihrer Jugend meint.

[40] Vgl. LIEU, „Mother", 71f.

In 19,34 wird ein besonderes Ereignis mit Verweis auf einen Augenzeugen erwähnt: „einer der Soldaten stieß mit der Lanze in seine Seite, und sogleich floss Blut und Wasser heraus". Dies passiert, als Jesus gerade seinen Geist übergeben hat, und das Ereignis könnte als intratextuelle Erfüllung der Verheißung von 7,37–39 verstanden werden, dass aus seiner κοιλία Ströme von lebendigem Wasser fließen werden. Folglich wird impliziert, dass die JüngerInnen, anders als vorher, nun im Begriff stehen, den Geist zu empfangen. Doch es fließt nicht nur Wasser, sondern auch Blut, wie bei jeder Geburt. Für Josephine Massyngbaerde Ford und einige andere wird Erlösung so als Geburt konzipiert und die Männlichkeit Jesu neu ausgehandelt, um in einer mütterlichen Rolle Ausdruck zu finden, in der Geburt durch seine κοιλία (s. o.)/πλευρά („Seite") geschieht.[41] Parallelen wurden auch zu Gen 2 und der Schöpfung Evas aus der Seite Adams gezogen, um die ekklesiologische Interpretation weiterzuentwickeln: Wie Adam durch göttliche Intervention Eva aus seiner Seite gebären sollte, so gebar die durchbohrte Seite Jesu die (Mutter-)Kirche. Deborah Sawyer hat kritisch untersucht, wie dieses Bild in der kirchlichen Auslegungsgeschichte entfaltet worden ist, indem die Unterwerfung der Kirche unter Jesus die Unterwerfung des Weiblichen unter das Männliche und umgekehrt widerspiegelt. Ihrer Meinung nach kreiert Joh keine Gegentradition, wenn es Jesus auf dem Kreuz als weibliche, gebärende Figur zeigt. Vielmehr übernimmt Jesus weibliche Funktionen, während er ein Mann bleibt, wie die männliche Priesterschaft jedes Mal bei der Feier der Eucharistie: „an experience unique to women was symbolically appropriated by a male priesthood through their sacramental actions"[42].

Als Gegenstrategie bezweifelt Sawyer die Identifikation des joh Bildes von Christus, aus dessen durchbohrter Seite Blut und Wasser fließen, mit einem Geburtsakt. Stattdessen besteht sie darauf, dass sich Joh 19,34 nicht auf die Geburt, sondern auf die Schöpfung beziehe, was sie durch Paulus in 1 Kor 11 bestätigt sieht: Nach Paulus habe nicht Adam Eva „geboren", sondern beide seien von Gott geschaffen worden. Weil sowohl der Autor von Joh als auch Paulus in der Diaspora lebende Juden „with many common interests and beliefs" gewesen seien, findet Sawyer es nicht überraschend, dass auch Joh „the advent of Eve in terms of creation rather than birth"[43] verstanden habe. Sawyer befreit Joh (und die Frauen) also durch Paulus. Ihr Manöver ist theolo-

---

[41] Vgl. Josephine Massyngbaerde FORD, *Redeemer – Friend and Mother: Salvation in Antiquity and in the Gospel of John* (Minneapolis: Fortress Press, 1997), 164–167.190–201. Sie verweist auf die spätere syrische Tradition und bezieht sich insbesondere auf Nancy Clark HILL, „Jesus' Death in Childbirth", *Cross Currents* 11 (1953): 1–9. LEE, *Flesh*, lehnt sich häufig an Josephine Massyngbaerde Ford an. Siehe auch Kathleen RUSHTON, „The (Pro)creative Parables of Labour and Childbirth (Jn 3.1–10 and 16.21–22)", in *The Lost Coin: Parables of Women, Work and Wisdom* (hg. v. Mary Ann Beavis; The Biblical Seminar 86; New York: Continuum, 2002), 206–229.

[42] Deborah SAWYER, „John 19.34: From Crucifixion to Birth, Or Creation?", in *A Feminist Companion to John 2* (hg. v. Amy-Jill Levine mit Marianne Blickenstaff; Feminist Companion to the New Testament and Early Christian Writings 5; London: Sheffield Academic Press, 2003), 130–139; 134.

[43] Ebd., 137.

gisch betrachtet wegen seiner guten Absichten verdienstvoll, aber exegetisch überzeugt es nicht, denn es scheint gänzlich von der meiner Meinung nach unwahrscheinlichen Annahme eines gemeinsamen Kontextes abzuhängen.

Tatsächlich scheint Joh auf genetischen Fortpflanzungstheorien zu basieren, die die Erschaffung von Leben als männliches Vorrecht begreifen. In einer patriarchalen sozialen Welt wie der der Antike wurden Kontinuität und Verbindung durch symbolische Verwandtschaftsbeziehungen zwischen Männern definiert. Obwohl sich Mutterschaft körperlich und unmissverständlich zeigt, während Vaterschaft nicht in derselben zwingenden Weise sichtbar und evident ist, erbringt die männliche Fortpflanzungsfähigkeit das Recht legitimer Zugehörigkeit. Weil es zu jener Zeit schwierig, ja unmöglich war, die Vaterschaft gegen Zweifel zu wahren oder zu beweisen, wurde sie weniger nachgewiesen als kreiert oder symbolisch konstruiert.[44] Die Fragilität der Vaterschaft machte es umso notwendiger, sie diskursiv und rituell abzusichern. Der Vater war ideell und rituell als der Geber des Lebens vorgesehen. Ein Mann, menschlich oder göttlich, der in der Antike als gebärend dargestellt wurde – was vorkam –, musste deswegen nicht feminisiert oder androgyn präsentiert werden. Er konnte genauso gut Vollkommenheit und Omnipotenz in sich selbst ausdrücken.

Derartige Ideen durchsetzen die theologischen Ursprungsreflexionen in Joh. Der Sohn, der monogenetisch vom Vater gezeugt worden ist, ist eins mit dem Vater in seinem Willen und seiner Mission und vom Vater wurde ihm die Fähigkeit gegeben, Leben in sich selbst zu haben.

7. Frauen – Mittlerinnen, Mediatorinnen und Gläubige

Sind Frauen in dieser männlichen Leistung des Zeugens etwas anderes als Gefäße und Vehikel? Es gibt keinen Hinweis darauf, dass Frauen davon ausgenommen sind, Kinder Gottes zu werden. Sie sind auch nicht durch männliche Kategorien definiert. Als DialogpartnerInnen sind die vielen Frauen, die bei Joh auftreten, positiv dargestellt und spielen wichtige Rollen, wie die im ersten Absatz dieses Aufsatzes aufgelisteten Episoden zeigen.

7.1 Die Samaritanerin

Die samaritanische Frau in Joh 4 ist zunächst eine Gesprächspartnerin Jesu und wird dann, weil sie Menschen zu Jesus schickt, zu einer Missionarin. Als sie eingeführt wird, wird die doppelte Charakterisierung „samaritanische Frau" dreimal wiederholt. Somit wird der Gegensatz zum männlichen Juden Jesus und die daraus resultierende Kluft zwischen beiden eindringlich unterstrichen. Dass sie fünf Männer hatte, verführte Interpreten zu der Annahme, dass sie eine Frau mit lockeren Sitten sei – dabei wurde aber außer Acht gelassen, dass Eheschließung und Scheidung der Entscheidung der

---

[44] Siehe Nancy JAY, *Throughout your Generations Forever: Sacrifice, Religion and Paternity* (Chicago: University of Chicago Press, 1992). Vgl. auch meinen Artikel „Motherhood".

Männer unterworfen waren. Es geht im Text aber nicht darum, die Moral oder Morallosigkeit jener Frau freizulegen, sondern vielmehr darum, Jesu prophetische Fähigkeiten anhand seines überraschenden Wissens über eine spezielle Situation zu beweisen.

Das Gespräch zwischen Jesus und der samaritanischen Frau handelt von lebendigem Wasser, das nicht aus einem Brunnen geschöpft und in einem Krug getragen werden kann, sondern von Jesus gegeben und den wahren Anbetenden zur Anbetung in Geist und Wahrheit verhelfen wird. Dass die Frau, die ja zum Wasserholen zum Brunnen gekommen ist, gleichwohl in das Dorf zurückkehrt und dabei den Wasserkrug zurücklässt, unterstreicht diese Aussage. Hier finden sich auch Anklänge an die Berufungserzählungen in der synoptischen Tradition. Dass die JüngerInnen alles hinter sich lassen, um Jesus zu folgen, betont, dass ihre Reaktion unvermittelt und kompromisslos erfolgt. Auch als die samaritanische Frau in 4,29 den MitbewohnerInnen ihres Dorfes zuruft: „kommt und seht", ist das ein Widerhall dessen, was die Jünger in Joh 1,35–51, vor allem in V39.46, sagen. Die Ausführung des Sendungsauftrags bei Joh scheint zu dieser Art des Sammelns zu führen – Menschen zu Jesus zu bringen, sodass sie selbst hören und sehen. Die missionarische Funktion der Frau zielt nicht speziell auf Frauen ab, aber die Geschichte deutet doch eine Arbeitsteilung an. Während sie die SamaritanerInnen veranlasst, zu Jesus zum Brunnen hinauszukommen, fordert er seine Jünger auf, ihre Augen zu erheben und zu sehen, dass die Felder schon weiß/reif zur Ernte sind. Das könnte darauf hinweisen, dass sie gesät hat und jene ernten können. Tatsächlich spielen mehrere Frauen bei Joh eine entscheidende, jedoch vermittelnde Rolle. Dies trifft auf die Mutter Jesu, auf die samaritanische Frau und, wie wir noch sehen werden, auf Maria von Magdala zu. Darin wird auch eine generelle Strategie in den joh Erzählungen widergespiegelt: Eine Person nach der anderen taucht auf – nur, um danach wieder zu verschwinden, sodass sich alle Aufmerksamkeit auf Jesus konzentrieren kann.

7.2 Marta und Maria

Die Schwestern Marta und Maria von Betanien sind vor allem aus der berühmten kurzen Geschichte in Lk 10,38–42 bekannt. Doch werden die Beziehung zwischen ihnen und die Rolle, die jede Einzelne spielt, ganz anders und viel harmonischer in der längeren Erzählung des Joh herausgearbeitet. In Joh erscheint Marta und nicht Maria als die wichtigere Figur und die Hauptträgerin der spezifischen Botschaft des Evangelisten. Im Gespräch Jesu mit ihr, voll von Vorahnungen, wird das Geheimnis seines Todes und seiner Auferstehung geoffenbart. Darauf antwortet Marta mit dem am weitesten entwickelten Bekenntnis des Joh: „du bist der Messias, der Sohn Gottes" (11,27). Damit übernimmt sie die Rolle, die in der synoptischen Tradition Petrus in der so genannten Caesarea Philippi-Episode zukommt.[45] In der joh Erzählung geht Martas Bekenntnis der Auferweckung des Lazarus durch Jesus voraus – welche sie nicht zu er-

---

[45] Diese Beobachtung wurde schon von Raymond E. BROWN, „Roles of Women in the Fourth Gospel", *TS* 36 (1975): 688–699, gemacht.

warten scheint. Folglich glaubt sie also, noch bevor sie gesehen hat, und reiht sich jenen ein, die Jesus in dem abschließenden Spruch von 20,29 als selig bezeichnet: „Selig sind, die nicht sehen und doch glauben." Dieser Spruch ist umso überraschender, wenn man überlegt, wie wichtig das Sehen zur Wahrnehmung der Wahrheit bei Joh ist.[46]

Die Geschichte in 12,1–8, die in V3 Maria die Hauptrolle zuweist, positioniert sie in Abgrenzung zu Judas als Prototyp der Nachfolge im Tun. Sowohl Marta als auch Maria bereiten erzählerisch auf Jesu Tod vor, zusammen repräsentieren sie zwei Dimensionen von Jüngerschaft: Marta das christologische Glaubensbekenntnis, Maria die Praxis der Selbsthingabe.

7.3 Maria von Magdala

Schließlich ist Maria von Magdala die letzte Frau, die in der Evangelienerzählung auftritt. Sie ist nicht nur beim Kreuz anwesend, sondern auch die Erste, die am frühen Morgen zum Grab geht. Ihre Rolle in der Erzählung, in der die JüngerInnen am Ostermorgen zum leeren Grab kommen, ist wichtig, aber beherrscht diese nicht. In der recht verwickelten ersten Episode des Kapitels (20,1–18) scheint die komplizierte Darstellung aus einer versuchten Balance zwischen den drei involvierten Personen zu resultieren, sodass jede von ihnen in gewisser Hinsicht ErstzeugIn ist: Maria ist die Erste, die sieht, dass der Stein vom Grab entfernt worden ist. Der „andere Jünger, den Jesus liebte" überholt Petrus und kommt als Erster der beiden beim Grab an; als er hineinspäht, sieht er die Leinenbinden dort liegen. Petrus ist wiederum der Erste, der hineingeht, deshalb sieht er neben den Leinenbinden auch das Schweißtuch. Ihm folgt der Jünger, den Jesus liebte, ins Grab, der auch sieht – und glaubt. Die explizite Bemerkung, dass der Geliebte Jünger glaubte, ist viel diskutiert und wird oft verwendet, um zwischen den drei JüngerInnen zu differenzieren, was ihre Glaubensentwicklung betrifft. Der Geliebte Jünger wird als privilegiert betrachtet, da er schon im leeren Grab zum Auferstehungsglauben kommt – im Gegensatz zu Maria von Magdala und Petrus. Auch wenn ich ein Konkurrenzmotiv in der Strategie der Erzählung nicht gänzlich ausschließen möchte, tendiere ich eher dazu, die Geschichte von der Entdeckung des leeren Grabes nicht im Sinne eines hierarchischen, sondern eines gemeinschaftlichen Zeugnisses zu interpretieren: Um die Darstellung zu vervollständigen, müssen sie sich alle aufeinander beziehen und ihre Teile zu einer gemeinsamen und geteilten Geschichte zusammensetzen.[47]

---

[46] Dorothy LEE, „The Gospel of John and the Five Senses", *JBL* 129 (2010): 115–127; 120, sieht das Dilemma ein, aber nimmt es wahr „as an encouragement to the implied reader who does not have access to the literal sense of sight".

[47] Dies entspricht diversen Versuchen, die verschiedenen Traditionen/Quellen, auf die sich der Autor des Evangeliums vermutlich bezieht, zu unterscheiden: ein erster Besuch der Frauen am Grab, eine spätere Inspizierung durch Petrus und/oder mehrere andere Jünger und schließlich eine Erzählung einer Erscheinung vor Maria von Magdala; vgl. Susanne

Die zwei männlichen Jünger kehren nach Hause zurück, aber Maria bleibt im Garten vor dem Grab. Sie weint, ihr tränenreiches Klagen wird viermal unterstrichen: Zweimal macht der Erzähler darauf aufmerksam, einmal die Engel und schließlich Jesus selbst. Sie ist somit die einzige Figur im Evangelium, die tatsächlich tut, was Jesus in 16,20 voraussagt: „Ihr werdet weinen und klagen."[48] Die Verwandlung von Schmerz und Leid in Freude, die die Hauptaussage des Gleichnisses von der gebärenden Frau ist, wird also in der erzählerischen Gestaltung der Gartenszene evident. In dem Moment, in dem Jesus sich Maria zu erkennen gibt, vergeht ihr Kummer; in 20,20 wird über die kollektive Gruppe der JüngerInnen explizit gesagt, dass sie sich freuen, als sie den Herrn sehen.

Das Umschlagen im Dialog zwischen Jesus und Maria wird auch durch eine Änderung in der Form der Anrede gekennzeichnet. Statt Maria wie vorher als „Frau" anzusprechen, nennt Jesus sie nun bei ihrem Namen Mariam, und sie antwortet, in ihre Muttersprache wechselnd, mit „Rabbuni". Ihre Antwort wurde als falsches Festhalten an ihrer früheren Beziehung gedeutet oder als aufgeladen mit emotionalen Untertönen, die sie eher als gefühlvolle Anrede denn als Bekenntnis definiert.[49] Deshalb wird die Gartenszene oft epistemologisch gelesen als eine langsamere und teilweise missverstehende Annäherung Marias an tieferes Glauben und Verstehen. Sie wurde als die stereotype „klammernde Frau" interpretiert, die ihren Mann zurückzuhalten versucht und hofft, dass er in seiner irdischen Gestalt erhalten bleibt, ohne zu begreifen, dass die Tage mit ihm, wie er war, der Vergangenheit angehören.[50] Jesus verbiete ihr nicht nur, ihn festzuhalten, sondern erkläre auch, warum alles Festhalten enden soll. Seine Mahnung „berühre mich nicht" solle Maria entwöhnen, sich zu ihm auf eine unangemessene Weise in Beziehung zu setzen. Dies biete ein entwicklungspsychologisches Modell, wie das Evangelium die Lesenden zu größerer Reife im Glauben leite. Nach einer anderen eher didaktischen Interpretation halte Marias angebliche Berührung Jesu zu-

---

RUSCHMANN, *Maria von Magdala im Johannesevangelium: Jüngerin – Zeugin – Lebensbotin* (NTAbh 40; Münster: Aschendorff, 2002), 67–82.

[48] Vgl. Colleen CONWAY, „Gender Matters in John", in *A Feminist Companion to John 2* (hg. v. Amy-Jill Levine mit Marianne Blickenstaff; Feminist Companion to the New Testament and Early Christian Writings 5; London: Sheffield Academic Press, 2003), 79–103; 95.

[49] Siehe LEE, *Flesh*, 224 – unter Bezugnahme auf Robert Gordon MACCINI, *Her Testimony is True: Women as Witnesses according to John* (JSNTSup 125; Sheffield: Sheffield Academic Press, 1996), 212f. Lee entwickelt die emotionale, erfahrungsbezogene Bedeutung sogar weiter mit Bezug auf Carla Ricci, die Marias außergewöhnliche Gefühlstiefe und -intensität betont.

[50] Vgl. CONWAY, „Gender", 97. Es könnte auch ein Einfluss von Lk 7,39 impliziert sein: „Wenn er wirklich ein Prophet wäre, müsste er wissen, was das für eine Frau ist, die ihn berührt …" Die Verschmelzung Marias von Magdala mit der namenlosen Prostituierten aus Lk 7,36–50 und auch mit Maria von Betanien, die nach Joh 12,3 diejenige war, die Jesus salbte, ist seit der Patristik bekannt.

rück, seine Sendung zu erfüllen, indem er zu seinem Vater aufsteige: Jesus sollte keinesfalls durch vorgefasste Erwartungen gehindert werden.[51]

Eine psychologische oder didaktische Perspektive könnte auch auf Marias weiteres Handeln angewandt werden. Der Garten ist kein Ort des Verweilens; sie sollte sich lieber auf den Weg zu ihrer neuen Aufgabe machen. Sandra Schneiders regt dazu an, die Stelle so zu deuten, dass Jesus Marias Verlangen nach Einheit mit ihm von seinem körperlichen und irdischen Körper, der nicht mehr existiert, auf den neuen Ort seiner Präsenz in der Welt, also auf die Gemeinde seiner Brüder und Schwestern umlenken will. Schneiders' Ansatz beinhaltet eine originelle, aber nicht überzeugende Wendung, wenn sie den Begründungssatz von 17b als eine rhetorische Frage, die eine negative Antwort voraussetzt, versteht: „bin ich denn noch nicht zum Vater aufgestiegen?"[52] In einem aktuelleren Artikel argumentiert Schneiders in eine ähnliche Richtung: Jesus ist tatsächlich zum Vater gegangen, aber in Marias Wahrnehmung ist er noch nicht aufgestiegen, weil sie noch nicht realisiert hat, dass er auch verherrlicht ist.[53] Jesus sendet sie zur Gemeinschaft seiner Brüder und Schwestern, die – auf geheimnisvolle Weise – sein verherrlichter Leib ist. Diese Deutungen sind auf vielfache Weise attraktiv, aber nach ihnen ist das Problem weiterhin Marias Verlangen und nicht der Status Jesu.

Darüber hinaus wird für die Interpretation der Gartenszene in Joh 20 häufig das Hohelied als Intertext herangezogen, was zu sexuellen Anspielungen oder zur Deutung im Sinne einer erotischen Beziehung anregt. Maria von Magdala wird als die Geliebte vorgestellt, die auf der Suche nach dem ist, den sie liebt, ihn aber nicht findet, den sie ruft, aber keine Antwort erhält, bis sie ihn endlich findet, ihn festhält und ihm eröffnet, dass sie ihn nicht gehen lassen werde.[54] In einer extremen Version dieser Interpreta-

---

[51] Siehe Gail R. O'DAY, „John", in *The Women's Bible Commentary* (hg. v. Carol Ann Newsom und Sharon H. Ringe; London: SPCK, 1992), 294–302; 301.

[52] Sandra M. SCHNEIDERS, „John 20:11–18: The Encounter of the Easter Jesus with Mary Magdalene – A Transformative Feminist Reading", in *„What Is John?": Readers and Readings of the Fourth Gospel* (hg. v. Fernando F. Segovia; SBLSymS 3; Atlanta: Scholars Press, 1996), 155–168; 163. Siehe dazu Harold ATTRIDGEs überzeugende Ablehnung des Vorschlags aus grammatikalischen Gründen in DERS., „'Don't Be Touching Me': Recent Feminist Scholarship on Mary Magdalene", in *A Feminist Companion to John 2* (hg. v. Amy-Jill Levine mit Marianne Blickenstaff; Feminist Companion to the New Testament and Early Christian Writings 5; London: Sheffield Academic Press, 2003), 140–166; 151.

[53] Siehe Sandra M. SCHNEIDERS, „The Resurrection (of the Body) in the Fourth Gospel", in *Life in Abundance: Studies of John's Gospel in Tribute to Raymond E. Brown* (hg. v. John R. Donahue; Collegeville: Liturgical Press, 2005), 168–199; 183f.

[54] Vgl. Adele REINHARTZ, *Befriending the Beloved Disciple: A Jewish Reading of the Gospel of John* (New York: Continuum, 2002; deutsche Übersetzung: *Freundschaft mit dem geliebten Jünger: Eine jüdische Lektüre des Johannesevangeliums* [Zürich: Theologischer Verlag Zürich, 2005]), 107–110, die auch eine Verbindung zum ersten Menschenpaar im Garten Eden herstellt und ein Echo findet, „which suggests a contrast between the sexual relationship which developed between the first man and woman and the relationship of devotion between Jesus and Mary" (ebd., 108). ATTRIDGE, „Don't Be Touching Me", 149, erwähnt,

tionsweise lässt Adeline Fehribach Maria Magdalena als Braut, die die Gemeinschaft der JüngerInnen symbolisiert, auftreten, während zur selben Zeit Jesus als messianischer Bräutigam die Ehe am Kreuz schon vollzogen hat – wodurch er zur Mutter seines Volkes wird. Fehribachs Interpretationsmodell ist viel zu komplex und inkonsistent, um Sinn zu machen.[55] Genauso wenig überzeugend ist Sjef van Tilborgs Verwertung des hellenistischen philosophischen Diskurses über die Liebe zwischen einem männlichen Lehrer und seinen männlichen Jüngern.[56] Tilborg behauptet, dass Jesus zu seiner Beziehung mit dem Geliebten Jünger zurückkehrt und für den männlichen Partner sowohl die Mutter als auch Maria von Magdala verlässt. Am Ende werden die Frauen marginalisiert und Joh 20,17 ist, so Tilborg, ein Beweis für diese Gesamttendenz. In einer weniger erotisierten Sprache könnte dies auch einfach so beschrieben werden, dass die Frau dem Mann weichen muss – und das könnte sich, wie ziemlich viele InterpretInnen glauben, auf eine Rivalität konkurrierender Gruppen in der joh Gemeinde beziehen, die sich auf unterschiedliche OsterzeugInnen als primäre Autoritätsfiguren beriefen. Feministische Interpretationen neigen dazu, Maria als die fallen gelassene Partnerin zu sehen, was in meinen Augen bei Joh nicht der Fall ist – zumindest, wenn man Kap. 21 außer Acht lässt.

ExegetInnen sehen manchmal auch eine gattungsmäßige Verwandtschaft zwischen der Gartenszene und der populären Romanliteratur aus der hellenistischen und kaiserzeitlichen Periode. Marias Suche nach Jesus und ihr Versuch, ihn leidenschaftlich zu umarmen, werden im Lichte von Wiedererkennungsszenen, wie sie in diesen Geschichten häufig auftreten, interpretiert. Darin wird beschrieben, wie ein lange vermisster Geliebter nach vielen Missverständnissen, als die Hoffnung schon verloren scheint, schließlich wiedergefunden wird. Jo-Ann Brant hat untersucht, inwieweit die Umarmung in Wiedererkennungsszenen Emotion anzeigt und wie sehr die Worte einer Figur auf diese Geste hindeuten.[57] Sie nimmt deswegen an, dass durch Jesu Worte „halt mich nicht fest" die Lesenden angeleitet werden, sich eine Szene vorzustellen, in der Maria Jesus umarmt.

Kaspar Bro Larsen richtet den Fokus eher darauf, dass Jesu Antwort eine überraschende Verletzung der erzählerischen Konvention ist, "since physical contact and reunion is never denied in the recognition scenes unless *anagnorisis* has not yet taken

---

dass in der traditionellen katholischen Liturgie beim Fest Marias von Magdala Hld 3,2–5 und 8,6f. gelesen wird.

[55] Vgl. FEHRIBACH, *Women*, 157–166. Eine kürzere Fassung ist in DIES., „The ‚Birthing' Bridegroom: The Portrayal of Jesus in the Fourth Gospel", in *A Feminist Companion to John 2* (hg. v. Amy-Jill Levine mit Marianne Blickenstaff; Feminist Companion to the New Testament and Early Christian Writings 5; London: Sheffield Academic Press, 2003), 104–129, zu finden. ATTRIDGE, „Don't Be Touching Me", 156, kommentiert hierzu: „The complexity of Fehribach's reading rivals that of Hippolytus, who also found a connection between the lover of the Song of Songs and Mary, the new Eve, but who evinces no awareness of the groom's transsexuality or the crucifixion as rape".

[56] So TILBORG, *Imaginative Love*.

[57] Jo-Ann A. BRANT, *Dialogue and Drama: Elements of Greek Tragedy in the Fourth Gospel* (Peabody: Hendrickson Publishers, 2004), 10.56f.86.

place"⁵⁸. Nachdem Maria Jesus wiedererkannt hat, glaubt sie, dass die Geschichte nun zu einem guten Ende gekommen ist, da sie mit ihrem geliebten Meister wiedervereint ist. Deswegen möchte sie an dieser wiedererlangten Wirklichkeit festhalten. Doch die joh Szene verlässt die literarischen Konventionen, indem Jesu Auferstehung nicht bloß seine berührbare Gegenwart wiederherstellt, sondern auf eine neue Form des Zusammenseins weist. Daher wird Maria gesagt, sie solle loslassen, damit Jesus noch einmal fortgehen und zum Vater zurückkehren kann. So könnte seine vorübergehende, teilweise Gegenwart in eine immerwährende, universelle verwandelt werden. Der Kontrast ist wahrscheinlich sogar noch dramatischer, da während der glücklichen Wiedervereinigung die Konventionen dadurch manipuliert oder untergraben werden, dass Jesus sich, nachdem er Maria beim Namen genannt hat, weiterhin einer Intimität widersetzt und diese sogar verbietet.

Allerdings gibt es im Text keinen Hinweis darauf, dass Maria zu einer Umarmung einlädt oder diese versucht. Marias Handlungen werden nicht erzählt, außer dass sie sich zweimal zu Jesus wendet, als er zu ihr spricht. Die Vorstellung, dass Maria Jesus aus eigener Initiative berührt oder sich an ihn klammert, wird einfach durch Jesu Verbot gestört – sei es durch die Logik oder die Grammatik. Es ist jedoch wahrscheinlich, dass der Präsens-Imperativ in Joh 20,17 keinen durativen (kontinuierlichen), sondern einen konativen (angestrebten) Sachverhalt ausdrücken soll, sodass Jesu Ermahnung präventiv erscheint – was auch besser zur Wahl des Verbs passen würde.⁵⁹ Im Gegensatz zu dem, was von den meisten ExegetInnen angenommen wird, dass Jesu Worte implizieren sollen, Maria und ihre Berührung stellten ein Problem dar, gibt es also keine Berührung. Jesus verbietet einen Akt, der nicht stattgefunden hat. Nach der Erzählung ist alles, was zwischen Maria Magdalena und Jesus passiert, daher ein Offenbarungsdialog.

In Joh 20 werden mehrere Sinne angesprochen: der Tastsinn, das Hören, das Sehen. Maria erkennt Jesus wieder, als sie seine Stimme, die ihren Namen ruft, hört. Deswegen wendet sie sich ihm zu, was impliziert, dass sie ihn auch sieht. Später, in ihrem Bericht an die anderen JüngerInnen, liegt die Betonung darauf, dass sie ihn gesehen und gehört habe. Es wird weithin erkannt, dass Jesu Rufen ihres Namens an die entsprechende Charakterisierung der „Seinen" in Joh 10 erinnert. Das bedeutet einen klaren Fortschritt in der Beziehung – im Gegensatz zu Jesu wiederholten Distanzbekundungen in der Beziehung zu seiner Mutter in 19,25–27. Bemerkenswert ist auch, dass Maria von Magdala die einzige Frau in Joh ist, die mit Namen angesprochen wird. Zudem ist beachtenswert, dass sie von Jesus nicht zu ihm hin, sondern von ihm weg gelenkt wird, nämlich zu seinen Brüdern und Schwestern, um den neuen Grad an Intimität in ihrer gemeinsamen Beziehung zu Gott zu verkünden.

---

⁵⁸ Kaspar Bro LARSEN, *Recognizing the Stranger: Recognition Scenes in the Gospel of John* (BibIntS 93; Leiden: Brill, 2008), 191 (auch für das Folgende).
⁵⁹ Siehe Reimund BIERINGER, „*Noli me tangere* and the New Testament: An Exegetical Approach", in *Noli me tangere: Mary Magdalene: One Person, Many Images* (hg. v. Barbara Baert et al.; Documenta Libraria 32; Leuven: Peeters, 2006), 13–27; 17–19.

8. Noch eine doppelte Botschaft? Abschließende Andeutungen

Colleen Conway hat untersucht, wie Männer und Frauen bei Joh konfiguriert sind. Sie kam zum Ergebnis, dass sie sowohl durch die Erzählstruktur als auch durch den Inhalt kontrastiert sind. Die samaritanische Frau wird Nikodemus gegenübergestellt, Maria von Betanien Judas und Maria von Magdala den beiden Jüngern am Grab. Ein anderer Kontrast, zwischen Marta und Petrus, resultiert nicht aus der Struktur der Erzählung, sondern aus der möglichen Vertrautheit der Lesenden mit petrinischen Traditionen. Aus dem kumulativen Effekt dieser Beispiele schließt Conway, dass Frauen insgesamt in positiveren Rollen als ihre männlichen Gegenüber porträtiert werden. Vor allem, was den Erfolg ihrer Interaktionen mit Jesus betrifft, überbieten sie nach den Wertmaßstäben der Erzählung die Männer.[60] Doch was zunächst wie eine Kritik an den institutionalisierten Autoritäten erscheint und nach einer untergrabenen Geschlechterhierarchie aussieht, könnte schlussendlich doch wieder dazu dienen, die vorherrschende Sichtweise zu stützen. Frauen können in der Erzählung prominente Stellen besetzen, weil jeder weiß, dass sie tatsächlich nie solche Rollen einnehmen würden. Zudem erlangen Frauen in der Erzählung Bedeutung durch ihre angemessene Antwort an Jesus, der das ideale männliche Subjekt repräsentiert, da Joh dazu tendiert, die männlich geprägte Sprache über Jesus und Gott zu bestärken.

Nach Conway könnte durch die geschlechtlichen Zuschreibungen insbesondere die korrekte Beziehung zwischen der Menschheit und dem Göttlichen repräsentiert werden. Weibliche Charaktere werden als Infragestellung der Zwänge irdischer Geschlechterverhältnisse vorgestellt und erscheinen als frei von solchen Zwängen auf der sozialen Ebene, aber auf der kosmischen oder spirituellen Ebene ist die übliche Beziehung zwischen Mann und Frau eingeschrieben. Frauen werden für das Wiedererkennen und ihre Ergebenheit gegenüber den ultimativen männlichen Figuren der Erzählung – den Vater und den Sohn – gerühmt. Durch ihre untergeordnete, abhängige Rolle werden sie zu Beispielen für die angemessene Beziehung zu Gott. Conway findet provokante Unterstützung dafür in der rätselhaften (in vielerlei Hinsicht an die joh Frauen erinnernden) Charakterisierung des Geliebten Jüngers, der der „ideale" Jünger und grammatikalisch gesehen männlich ist.

Aus diesem Aufsatz sollte es ersichtlich sein, dass ich viele Beobachtungen Conways teile, dennoch erscheint es mir schwierig, zu verstehen, wie die weiblichen Charaktere, die in der Erzählung die Zwänge irdischer Geschlechterverhältnisse herausfordern und unabhängiger als ihre männlichen Pendants agieren, zur gleichen Zeit als Beispiele für die korrekte Beziehung zu Gott in einer untergeordneten und abhängigen Rolle dienen sollen. Bemerkenswert ist auch, dass sich eine signifikante Entwicklung abzeichnet, wie die Beziehung der Glaubenden zu Jesus im Erzählfortschritt beschrieben wird. Sie werden von SklavInnen zu FreundInnen (15,14f.) und schließlich von FreundInnen zu Geschwistern, da Jesu Vater nun auch ihr Vater wird (20,17) – sie sind nicht aus dem Blut, nicht aus dem Willen des Fleisches, nicht aus dem Willen des Mannes, sondern aus Gott geboren/gezeugt. Erzählerisch verwirklicht sich dies in den

---

[60] Vgl. CONWAY, „Gender Matters", 85f.

Begegnungen nach der Auferstehung, wenn der verherrlichte Jesus sein Versprechen aus 7,39 wahr macht und sie mit dem Heiligen Geist anhaucht.

Der Genderdiskurs bei Joh beruht weniger auf einem Sozialgefüge als auf einer Kosmologie und Genealogie, die in den zahlreichen Anspielungen auf den Ursprung und dem besonderen und kontinuierlichen Gebrauch von Reproduktionsbegriffen zum Vorschein kommen. Diese Begriffe stehen für einen phallogenetischen Diskurs, durch den die Vaterschaft in der Antike abgesichert wurde und der Vater durch seinen Samen, der nach dieser Sichtweise *pneuma* and *logos* enthielt, als Lebensspender dargestellt wurde. Bei Joh wird dieser Diskurs theologisiert und wirksam gemacht durch das Bestimmen der Beziehung des Vaters zum einzig geborenen Sohn. Der Sohn, der vom Vater gesandt wird und dessen lebensspendende Fähigkeit teilt, erfüllt seine Mission, indem er Kinder Gottes hervorbringt und ermächtigt durch den göttlichen Geist-Samen, der sie formt und prägt. Diese Kinder konstituieren eine Gemeinde von Glaubenden, von Frauen und Männern, die gemäß ihrem radikalen Selbstverständnis in einem Zustand konstanter Liminalität leben – da sie *in* der Welt, aber nicht *von* ihr sind.

Die Johannesbriefe
Der Beitrag der feministischen Exegese

Pius-Ramón Tragán
Pontificio Ateneo S. Anselmo, Rom

In der Anordnung des neutestamentlichen Kanons, wie wir ihn in den heutigen Bibeln finden, stehen die drei dem heiligen Johannes zugeschriebenen Briefe zwischen dem vierten Evangelium und der Offenbarung.[1] Sie bilden ein wichtiges Zeugnis, um die Lebenssituation der christlichen Gemeinden in Kleinasien kennen zu lernen, die mit besagtem Evangelium oder mit den „joh" Zirkeln verbunden waren. Der erste und längste der drei Briefe gehört streng genommen nicht zur Gattung der Briefe. Die Exegese betrachtet ihn allgemein als ein Lehr- und Mahnschreiben, das sich an eine oder mehrere Gemeinden wendet. Der zweite und vor allem der dritte folgen genau der Form des hellenistischen Briefes: Autor, Name des Adressaten, Vorwort, Briefcorpus und abschließender Gruß. Auf jeden Fall stellen die theologischen Analogien und die Ähnlichkeit des Vokabulars außer Zweifel, dass eine Beziehung zwischen dem vierten Evangelium und den drei Johannesbriefen besteht.

Diese Schriften repräsentieren ein dreifaches Problem:
a) Welches Motiv bewog den Autor (oder die AutorInnen), den ersten und zweiten Johannesbrief zu schreiben?
b) Wie ist die chronologische Reihenfolge des Evangeliums und der Briefe?
c) Wie ist die Tatsache zu bewerten, dass in keinem der Briefe irgendeine weibliche Person ausdrücklich erwähnt wird?

Es wird sich zeigen, dass diese letzte Frage, die im Mittelpunkt unseres Interesses steht, im Zusammenhang mit den zwei vorausgehenden Fragen, d. h. in Bezug auf die historisch-kritische Fragestellung, eine spezifisch exegetische Relevanz erlangt.[2] Einerseits trägt diese dritte Frage zur Präzisierung der Hypothesen bei, welche die historische Kritik zwangsläufig ungenau herausarbeitet, wenn sie die Perspektive des Geschlechts nicht berücksichtigt. Andererseits bietet sie die Chance, Hypothesen für eine mögliche Lösung noch offener Fragen aufzustellen.

---

[1] Zu dieser Reihenfolge siehe Raymond E. BROWN, *The Epistles of John* (AB 30; Garden City: Doubleday, 1982), 32–35, der von der Priorität des Evangeliums ausgeht. Weiter unten wird eine andere Hypothese zur Chronologie der joh Schriften geboten.

[2] In den meisten hier zitierten Werken herrscht die traditionelle Exegese vor. Spezifische Studien über die Rolle von Frauen in den Johannesbriefen sind nicht zahlreich und sehr häufig beziehen sie sich nicht auf rein exegetische Themen. Judith M. LIEU, *I, II & III John: A Commentary* (NTL; Louisville: Westminster John Knox, 2008), hat die Grundlagen und Resultate der historisch-kritischen Methode mit der Begründung angefochten, dass ihre Ergebnisse immer hypothetisch bleiben müssen. Vgl. ihre Auseinandersetzung zum joh Kanon und ihre formale Klassifikation der joh Schriften (ebd., 2–9).

1. Keine weibliche Person?

Das Schweigen der Briefe hinsichtlich weiblicher Personen überrascht, verglichen mit der prominenten Rolle von Frauen im vierten Evangelium. Deshalb stellt sich die Frage: Bedeutet das Fehlen weiblicher Namen in den joh Briefen den Ausschluss der Frauen von jeglicher gemeindlicher Verantwortung und Aktivität? Wie Kerstin Ruoff unter Berufung speziell auf 1 Joh richtig beobachtet, charakterisiert Anonymität diese Schrift insgesamt und beschränkt sich nicht nur auf Frauen.³ Es gibt dennoch literarische Indizien und gewisse historische Daten, die es erlauben, zu einem angemessenen Resultat zu gelangen.

1.1 Begriffe, die beide Geschlechter einschließen

Das Schweigen der Briefe bedeutet nicht automatisch die Negation der Präsenz oder der Bedeutung der Frauen in den Gemeinden. In den frühen Kirchen nahmen die Frauen wichtige Rollen ein. Das zeigen die vier Evangelien, die Paulusbriefe und die Offenbarung. Es ist nicht möglich, dass der/die AutorIn – oder die AutorInnen⁴ – der Johannesbriefe dieses Faktum gänzlich vernachlässigen. Der Gebrauch des maskulinen Plurals im griechischen Text muss inklusiv verstanden werden und bezieht sich somit auf alle Mitglieder der Gemeinschaft.⁵ Ausdrücke wie ἀδελφοί („Geschwister")⁶, πατέρες („Eltern")⁷, νεανίσκοι („Jugendliche")⁸, ἀγαπητοί („Geliebte")⁹ beziehen sich ohne Unterscheidung des Geschlechts auf alle Mitglieder der Kirche,¹⁰ da ja das inklu-

---

3 Siehe Kerstin RUOFF, „Der erste Brief des Johannes: Du, laß dich nicht verhärten …", in *Kompendium Feministische Bibelauslegung* (hg. v. Luise Schottroff und Marie-Theres Wacker; Gütersloh: Gütersloher Verlagshaus, ³2007), 709–714; 709. Nach LIEU, *I, II & III John*, 9, spiegelt die Anonymität eine spezifische literarische Strategie wider: InterpretInnen müssen darauf achten, dass sie sich ihr nicht widersetzen, indem sie Details über die AutorInnen und AdressatInnen suchen.

4 Mit Recht spricht RUOFF, „Brief", 709, von „AbsenderIn" oder von „AutorInnen" oder ebenso von „ProphetInnen", indem sie eine inklusive Schreibweise verwendet. Im Unterschied zu den angelsächsischen und germanischen Sprachen erlauben es die lateinischen Sprachen nicht, Wörter zu benützen, die unmittelbar dieses inklusive Potential ausdrücken. Im Deutschen verwendet die Reihe „Die Bibel und die Frauen" die Schreibweise mit Binnen-I. Wenn also von „AutorInnen" die Rede ist, wird die Möglichkeit offen gehalten, dass die Johannesbriefe von „Frau/en" geschrieben sein können. Siehe auch die *Bibel in gerechter Sprache*, beispielsweise 1 Joh 2,1: „Wenn eine oder einer doch Unrecht tut …"

5 1 Joh ist an die Mitglieder einer oder mehrerer Gemeinden mit dem Pronomen im Plural gerichtet: „wir verkünden euch …"

6 Vgl. 1 Joh 3,13. Der/die VerfasserIn insistiert auf der Liebe zu den Geschwistern, das heißt zu den Mitgliedern der Gemeinde: 1 Joh 2,10; 3,14.16; 4,20f.; 3 Joh 3.5.10.

7 Vgl. 1 Joh 2,13f.

8 Vgl. 1 Joh 2,13f.

9 Mit Bezug auf die ganze Gemeinde: vgl. 1 Joh 2,7; 3,2.21; 4,1.7.11; 2 Joh 1.13.

10 Siehe auch „meine Kinder" (τέκνα, ein Neutrum): vgl. 1 Joh 2,1.12.18; 3,7.18; 4,4.

siv zu verstehende Maskulinum die besondere Verfasstheit aller ChristInnen ohne Ausnahme voraussetzt: Allen „ist vergeben", alle haben „den erkannt, der von Anfang an ist"[11], alle haben „den Bösen besiegt"[12], alle „wissen/erkennen" und „haben Hoffnung/Zuversicht"[13] und sind „vom Tod zum Leben hinübergegangen"[14]. Für alle, ohne Unterschied des Geschlechts, ist die letzte Stunde gekommen und alle haben die Salbung des Heiligen empfangen[15].

Von dieser Feststellung ausgehend können wir auch annehmen, dass der Plural, mit dem 1 Joh beginnt, inklusive Bedeutung hat:

> ... was wir gehört, was wir mit unseren Augen gesehen, was wir betrachtet und unsere Hände betastet haben vom Wort des Lebens ...[16]

Wenn man dem Plural inklusive Bedeutung in Bezug auf die AdressatInnen des Briefes zuschreibt, dann muss man dies analog auch auf die für die Weitergabe der Botschaft des Evangeliums Verantwortlichen anwenden und man kann nicht ausschließen, dass Frauen einen Verkündigungsauftrag hatten. 3 Joh hingegen reagiert auf einen Einzelfall im Sinne eines Präzedenzfalls. Er spricht nur von zwei männlichen Personen: Gaius, einer wichtigen Person in der Gemeinschaft, und Diotrephes, der Anspruch auf den ersten Platz in der Kirche erhebt. Aber auch in diesem konkreten Fall gibt es kein ausdrückliches Motiv für den Schluss, dass die Frauen nicht am Gemeindeleben partizipiert hätten.

1.2 Der ephesinische Kontext

Die vollständige Ausgabe der Inschriften von Ephesus[17] hat erlaubt, die Bedeutung von Frauen in der dortigen Gesellschaft präziser zu fassen. Wie aufgrund von Inschriften aus dem ersten bis dritten Jh. n. Chr. zu ersehen ist, waren zahlreiche Priesterinnen dem Kult der Artemis geweiht. Einige erreichten sogar die Stufe einer Hohepriesterin. Ebenso sind Adorantinnen, Verehrerinnen der Artemis belegt sowie die *prytaneis*, die das heilige Feuer hüteten. *Prytaneis* waren Vorsitzende des Stadtrates, wobei in den Listen auch Frauennamen wie Claudia, Kourzia, Julia, Vedia Marcia bezeugt sind. Viele Frauen tragen den Titel *presbytera*, woraus man schließt, dass sie zur *gerousia*,

---

[11] Vgl. 1 Joh 2,13f.
[12] Vgl. 1 Joh 2,13f.; 5,4f.
[13] Vgl. 1 Joh 2,18; 3,2f.24; 4,17; 5,20.
[14] Vgl. 1 Joh 3,14.
[15] Vgl. 1 Joh 2,20.27.
[16] Vgl. 1 Joh 1,1.
[17] Hermann WANKEL, Christoph BÖRKER und Reinhold MERKELBACH, Hg., *Die Inschriften von Ephesos* (8 Bde; Inschriften griechischer Städte aus Kleinasien; Bonn: Habelt, 1970–1984). Die hier vorgelegte Untersuchung basiert auf der Studie von Sjef van TILBORG, *Reading John in Ephesus* (NovTSup 83; Leiden: Brill, 1996), 154–164, welcher detailliert den sozialen und religiösen Kontext erforscht, in dem sich die jüdische Tradition entfaltete, und die Stellung von Frauen im hellenistischen Ephesus beschreibt.

dem Ältestenrat, gehörten. Weiters steht sogar fest, dass eine Frau Mitglied des römischen Senats war. Auch unter jenen Personen, die Projekte finanzierten oder bei der Errichtung der *stoa* oder der *agora* mitwirkten, sind Frauen angeführt. In der Gesellschaft von Ephesus galten Frauen als Autoritäts- und Würdenträgerinnen als etwas völlig Normales, sowohl im zivilen als auch im religiösen Bereich.[18]

In Ephesus – wie in anderen Städten der Region – war das Christentum nicht nur mit heidnischen Göttern konfrontiert, sondern auch mit Muttergottheiten. Speziell in Ephesus waren die Schutzgottheiten der Stadt Göttinnen, aber ihr Kult war keineswegs nur auf Sexualität und Fruchtbarkeit ausgerichtet. Er beeinflusste die verschiedenen Bereiche des gesellschaftlichen Lebens.[19] Die Städte Kleinasiens waren pluralistische Städte, charakterisiert von einer offenen Mentalität hinsichtlich des Denkens und der Gebräuche.[20] Nicht unterschätzt werden darf die Bedeutung der weiblichen Prophetie in Kleinasien. Sie hatte ohne Zweifel Einfluss auf die Ausformung der mündlichen Überlieferung und darüber hinaus auf die weitere Ausrichtung bis hin zu heterodoxen Strömungen.[21]

Aus all dem ist zu schließen, dass in diesem Kontext die joh Tradition, oder wenigstens ein Teil davon, ohne irgendeine Schwierigkeit auch den Frauen wichtige Verantwortung in den Gemeinden zuteilen konnte.[22]

1.3 Der Titel „die auserwählte Herrin"

Im Unterschied zum ersten beginnt der zweite Johannesbrief mit der Erwähnung des Absenders und der AdressatInnen: „Der Älteste an die auserwählte Herrin und ihre Kinder"[23]. Was bedeutet diese Bezeichnung? Einige ExegetInnen sahen in der Bezeichnung „auserwählte Herrin" einen Hinweis auf eine historische Frauengestalt[24], auf die

---

[18] Zum Phänomen des weiblichen Euergetismus (siehe das griechische Verb εὐεργετεῖν), der antiken Art öffentlichen Sponsorings, in Kleinasien vgl. Mercedes NAVARRO PUERTO, „Jezabel (Ap 2,18–29): Un conflicto eclesial", *Reseña Bíblica* 27 (2000): 21–30; 25.

[19] Vgl. ebd., 25.

[20] Vgl. ebd., 22–24.

[21] Vgl. ebd., 25–27. LIEU, *I, II & III John*, 14, hingegen meint, dass die Frage nach dem möglichen ephesinischen Kontext keinen Einfluss auf die Interpretation der joh Schriften habe.

[22] Die Weigerung von LIEU, *I, II & III John*, 9–14, den historischen Kontext der joh Schriften als ein unverzichtbares Element der exegetischen Forschung zu beachten, kann hier nicht weiter diskutiert werden. Zwar gilt, dass kein historischer Rekonstruktionsversuch ohne hypothetische Annahmen auskommen kann. Aber hinsichtlich des Problems der Stellung von Frauen im Urchristentum ist es jedenfalls besser, dieses Risiko einzugehen und damit wenigstens eine Diskussion zu ermöglichen, als in völlig verallgemeinernde Interpretationen zu verfallen.

[23] Vgl. 2 Joh 1.

[24] BROWN, *The Epistles*, 652–655, zitiert etliche Autoren, die diese Meinung unterstützen. Zu dieser Hypothese vgl. auch Maria-Luisa RIGATO, *Giovanni: L'enigma il Presbitero il culto il Templo la cristologia* (Testi e commenti; Bologna: Edizioni Dehoniane, 2007), 319f.; sie

Mutter einer Großfamilie, die für eine Kirche verantwortlich ist. Am Ende des Briefes wird die Anrede ähnlich wiederholt, klar bezogen auf die Gemeinde, welcher der Verfasser des Briefes angehört: „Es grüßen dich die Kinder deiner auserwählten Schwester."[25] Sicher folgt der Verfasser des 2 Joh der biblischen Tradition, die der Gemeinschaft Israels kollektive Titel wie „Jungfrau Israel"[26] zuteilt und der Stadt Jerusalem „Tochter Zion"[27]. Folglich werden im ersten und im letzten Vers dieses Briefes als Kinder der „auserwählten Herrin" alle ChristInnen, die Mitglieder einer Kirche, bezeichnet.

2. Polemische Intention in 1 Joh und 2 Joh

Nach der vorherrschenden Exegese lassen die drei Johannesbriefe eine angespannte Gemeindesituation erkennen, die aus einer internen prägnostischen oder vordoketischen Spaltung zu erklären ist und die womöglich auch mit Auseinandersetzungen von judenchristlichen und heidenchristlichen Gruppen zusammenhängt. Es handelt sich um eine Situation, die ihre Wurzeln von Anfang an in den unterschiedlichen Interpretationstendenzen des Evangeliums hatte.

Es ist nicht leicht, die Position der GegnerInnen festzulegen, die nach 1 Joh und 2 Joh nicht der ursprünglichen Tradition folgen. Eine wichtige Frage in diesem Zusammenhang ist, ob diese Dissidenten Teil einer organisierten Opposition waren oder ob es sich um einzelne christologische Abweichungen handelt. Bei der Festlegung, um welche Art von Irrlehre es geht, sind sich die ExegetInnen nicht einig. Hier ist weder die Zeit noch der Ort, diesen schon oft behandelten Aspekt der Johannesbriefe zu diskutieren.[28] Auf jeden Fall ist offensichtlich, dass 1 Joh und 2 Joh einerseits ChristInnen entgegentreten, die sich von der traditionellen Interpretation des Evangeliums entfernen, und andererseits den Glauben an die rechte Lehre stärken sollen. Das Ziel von 1 Joh und 2 Joh ist also polemisch und gleichzeitig paränetisch.

---

denkt, die Adressatin des Briefes sei, ebenso wie beim Schlussgruß, eine konkrete Frau, die verantwortlich für die Gemeinde ist, und dass es sich dabei um die in Ephesus verstorbene Tochter des Philippus, eines der zwölf Apostel, handeln könnte. Als Beweis der Existenz von Frauen, die Gemeinden vorstehen, führt sie Phöbe an, eine Diakonin und Kirchenleiterin in Kenchreä, dem Hafen von Korinth (Röm 16,1).

[25] Vgl. 2 Joh 13.
[26] Vgl. Jer 31,21.
[27] Vgl. Jer 4,31; 6,2.23.
[28] Zu diesem Punkt kann man konsultieren: BROWN, *The Epistles,* 36–86; Michèle MORGEN, *Les épîtres de Jean* (Commentaire biblique: Nouveau Testament 19; Paris: Cerf, 2005), 28–30; Pius-Ramón TRAGÁN, „Las fórmulas de fe en las cartas de S. Juan", in *Mysterium Christi: Symbolgegenwart und theologische Bedeutung: Festschrift für Basil Studer* (hg. v. Magnus Löhrer und Elmar Salmann; SA 116; Rom: Pontificio Ateneo S. Anselmo, 1995), 79–106.

2.1 Die kerygmatische Formel

Nach François Vouga[29] entspricht die in diversen Kommentaren vertretene Ansicht, die Formel in 1 Joh 4,2f. stelle das Orientierungskriterium für die Interpretation des gesamten Briefes dar, um seine polemische antidoketische[30] Absicht zu enthüllen, weder dem wahren Sinn des Textes noch der Intention des Verfassers. Dieser polemisiere hier nicht, sondern bekräftige ein fundamentales Element des überlieferten Glaubens der joh Gemeinschaft: Jesus Christus ist im Fleisch gekommen.[31] Wenn das Ziel des Briefes gewesen wäre, mit Hilfe dieser Formel ein Kriterium gegen GnostikerInnen aufzustellen, könnte man nicht erklären, dass andere gnostische Texte das Kommen des Retters im Fleisch klar anerkennen.[32] Von dieser Feststellung ausgehend sieht Vouga auch in 1 Joh 5,5f. („Der ist es, der durch Wasser und Blut gekommen ist, Jesus Christus; nicht im Wasser allein, sondern im Wasser und im Blut") eine traditionelle Glaubensformel, die wegen des symbolischen Gehaltes der Worte zugleich eine sakramentale Dimension anspreche. Darüber hinaus verweisen im Evangelientext Joh 19,34 Blut und Wasser, die aus der Seite Christi fließen, nicht auf die Realität des physischen Todes Jesu, sondern haben symbolischen Wert und dürfen deshalb nicht im antidoketischen Sinn interpretiert werden. Der Gegensatz besteht nicht in Wasser und Blut, sondern im Wasser allein auf der einen und in Wasser und Blut auf der anderen Seite: Es genügt nicht, getauft zu sein, sondern man muss in die Geheimnisse der eschatologischen Gemeinschaft eingeführt sein. Diese Thematik prägt auch den symbolischen Gehalt der Erzählung von der Fußwaschung, einem Zeichen der Reinigung, in Joh 13,4–7 sowie den eucharistischen Text in Joh 6,51–56. Bei Joh hat der Symbolismus eine dominante Funktion. Nach der These von Vouga hätten die joh Schriften dann keinen direkt antignostischen Charakter, wohl sei es aber dieselbe joh Schule, die wegen ihres Hanges zum Symbolismus indirekt den späteren gnostischen Spekulationen den Weg eröffnet hätte.[33]

Vougas Interpretation reicht indessen nicht aus, um zu erklären, warum es zu einer Spaltung innerhalb der joh Gemeinden gekommen ist. Selbst wenn die Johannesbriefe nicht als Polemik gegen den Doketismus betrachtet werden dürften, zeigen sie doch entscheidende und gefährliche Variationen im Glaubensbekenntnis. Was unser spezifisches Thema angeht, kann man nur anmerken, dass Frauen quer durch die unter-

---

[29] François VOUGA, „Jean et la gnose", in *Origine et postérité de l'Évangile de Jean* (hg. v. Alain Marchadour et al.; LD 143; Paris: Cerf, 1990), 107–126; 112–120.

[30] Vgl. Judith LIEU, *The Second and Third Epistles of John: History and Background* (Studies of the New Testament and its World, Edinburgh: T&T Clark, 1986), 81f.

[31] Vgl. Raimo HAKOLA, „The Reception and the Development of the Johannine Tradition in 1, 2 and 3 John", in *The Legacy of John: Second-Century Reception of the Fourth Gospel* (hg. v. Tuomas Rasimus; NovTSup 132; Leiden: Brill, 2010), 17–47; 42f.

[32] VOUGA, „Jean et la gnose", 117–120, enthält die Belege für diese Texte.

[33] Auf alle Fälle zeigt die Gegenüberstellung „aus Gott sein und nicht aus Gott sein", d. h. zum Antichrist gehören (1 Joh 4,2f.), eine ernsthafte Polemik innerhalb der Gemeinden. Genau festzulegen, dass diese Polemik antidoketistisch sei, ist eine andere Frage. Die Meinung Vougas überzeugt nicht.

schiedlichen Gruppierungen im Inneren der joh Gemeinden präsent gewesen sein müssen und dass sie auch an der Formulierung der verschiedenen christologischen Strömungen und an der Konfrontation zwischen den diversen Gruppen Teil hatten.

2.2 Frauen unter den FalschprophetInnen

Das inklusiv zu verstehende Maskulinum, welches das Vokabular der ersten zwei Briefe charakterisiert, kann man auch auf die FalschprophetInnen, welche die Häresie unter den AdressatInnen der Briefe verbreiten, ausweiten. Wie schon im Zusammenhang mit 1 Joh 1,1–3 beobachtet wurde, ist die Anwesenheit von Frauen unter den tatsächlich für die Verkündigung Verantwortlichen mehr als wahrscheinlich; und man kann – stets unter Berufung auf das beide Geschlechter repräsentierende Maskulinum – schwerlich ausschließen, dass es Frauen unter den Pseudopropheten und Verführern gegeben hat.[34] Ein ausdrückliches Beispiel dafür findet sich in Offb 2,20: eine Prophetin, „die meine SklavInnen belehrt und verführt". Man gibt ihr den symbolischen Namen Isebel. Die gnostischen Evangelien, die sich häufig von Joh inspirieren lassen, teilen Frauen Führungsrollen in der Kirche zu. Konkret rühmen einige gnostische Gruppen vor allem Maria Magdalena als hervorragende Empfängerin vieler Offenbarungen Jesu.[35] Nach Xavier Alegre[36] bezeugen einige gnostische Evangelien zu Beginn des 2. Jh. eine Stellungnahme, oder besser gesagt einen Protest, gegen die fortschreitende Zurückdrängung von Frauen in der Kirche. Ein ähnlicher Prozess der Marginalisierung lässt sich auch in anderen kanonischen Schriften feststellen, zum Beispiel in 1 Tim[37]. Im ersten Petrusbrief[38] wie im deuteropaulinischen Brief an die Gemeinde in Ephesus[39] fordern die Verfasser konkret die völlige Unterordnung von Frauen unter ihre Ehemänner.

Obwohl den Formulierungen im Plural eine inklusive Bedeutung beizumessen ist, muss man doch einräumen, dass die joh Gemeinden einem internen Transformationsprozess unterworfen waren. Betrachtet man das Evangelium als chronologisch erste joh Schrift, folgt daraus evident die Tendenz zur zunehmenden Marginalisierung von Frauen. Genau das Thema der Frauen würde dann die Hypothese stützen, dass in der Zeitspanne, die das Evangelium und die Johannesbriefe trennt, hinsichtlich des Konzepts und der Organisation der Gemeinden eine rückschrittliche Entwicklung stattfand.

---

[34] Vgl. 1 Joh 4,1–3.
[35] Siehe etwa Carmen BERNABÉ, „El Evangelio de María", in *Los evangelios apócrifos: Origen – Carácter – Valor* (hg. v. Pius-Ramón Tragán; El mundo de la Biblia: Horizontes 8; Estella: Verbo Divino, 2008), 184–201.
[36] Xavier ALEGRE, „Evangelios apócrifos y gnosticismo", in ebd., 107–134; 116–118. Die Aussagen des Autors sind im Licht der chronologischen Annahme, der zufolge die Briefe nach dem Evangelium entstanden sind, zu verstehen.
[37] Vgl. 1 Tim 2,11–15.
[38] Vgl. 1 Petr 3,1–6.
[39] Vgl. Eph 4,22–24.

Auch dass 2 Joh und 3 Joh den *presbyter* als Autorität anerkennen, lässt sich als Beleg werten. Ferner weist 3 Joh auf eine Spannung zwischen zwei Männern wegen Fragen der Macht hin.[40] Der Prozess einer einseitigen Rezeption des vierten Evangeliums wäre der paulinischen Tradition ähnlich, wie sie sich in den Pastoralbriefen darlegt.[41] Die Offenbarung erwähnt nur eine Frau ausdrücklich, welche, wie wir gesehen haben, als Falschprophetin die Irrlehre in der Kirche von Thyatira verbreitet. Es handelt sich um einen Fall, der letztlich die rückschrittliche Entwicklung auf Grund einer einseitigen Rezeption der Tradition des vierten Evangeliums bestätigen würde.[42]

3. Eine alternative Hypothese zur Chronologie

Die traditionelle Chronologie der joh Schriften, welche die drei Briefe und die Offenbarung als nach dem Evangelium entstanden betrachtet, wird in Frage gestellt. Mit ernst zu nehmenden Argumenten vertreten bedeutende Exegeten wie Georg Strecker[43] und Udo Schnelle[44] die Meinung, dass nicht dem Evangelium die zeitliche Priorität zukomme, sondern den Briefen. Dann wären jene freilich nicht das erste Zeugnis der Rezeption des vierten Evangeliums.[45] Folglich könnten sie nicht als Beweis für eine fortschreitende Zurückdrängung von Frauen dienen. Im Gegenteil, das Evangelium wäre der finale Ausdruck einer Tradition, die deutlich die Wichtigkeit von Frauen in der Kirche aufzeigt. Nach dieser Hypothese wäre die Abfolge der Briefe folgendermaßen: 2 Joh und 3 Joh entsprächen der ersten Phase der Überlieferung, während 1 Joh, der in Vokabular und Inhalt dem Evangelium ähnlicher ist, unmittelbar vor dem Evangelium geschrieben wäre.[46] Somit stellt das Evangelium, präsentiert als Zeugnis der Lehre Je-

---

[40] Ein wenig überspitzt erscheint die Behauptung von Kerstin RUOFF, „Der dritte Brief des Johannes: Ringen um Toleranz", in *Kompendium Feministische Bibelauslegung* (hg. v. Luise Schottroff und Marie-Theres Wacker; Gütersloh: Gütersloher Verlagshaus, ³2007), 717f.; 717, dass der *presbyter* nicht notwendigerweise ein Mann sei.
[41] Vgl. 2 Tim 3,5; 1 Tim 6,4–15.
[42] Vgl. NAVARRO PUERTO, „Jezabel", 27–30.
[43] Georg STRECKER, *Die Johannesbriefe* (KEK 14; Göttingen: Vandenhoeck & Ruprecht, 1989), 19–28.
[44] Udo SCHNELLE, *Antidoketische Christologie im Johannesevangelium: Eine Untersuchung zur Stellung des vierten Evangeliums in der johanneischen Schule* (FRLANT 144; Göttingen: Vandenhoeck & Ruprecht, 1987), 65–75.
[45] So François VOUGA, „La réception de la théologie johannique dans les épîtres", in *La communauté johannique et son histoire: La trajectoire de l'évangile de Jean aux deux premiers siècles* (hg. v. Jean-Daniel Kaestli, Jean-Michel Poffet und Jean Zumstein; MdB 20; Genf: Labor et Fides, 1990), 283–302.
[46] Werner VOGLER, *Die Briefe des Johannes* (ThKNT 17; Leipzig: Evangelische Verlagsanstalt, 1993), 30–33, schlägt folgende Lösung vor: Die Ordnung, in der sich die Briefe jetzt in der Bibel befinden, ist nicht die ursprüngliche. Die ersten Briefe seien 2 Joh und 3 Joh, verfasst um das Jahr 100. Der letzte, 1 Joh, sei um das Jahr 110 geschrieben. Das Entstehungsdatum des Evangeliums wäre früher anzusetzen, d. h. zwischen 90 und 100.

su, die autorisierte und definitive Antwort auf die unterschiedlichen Situationen der Gemeinden dar und bietet mit seiner Autorität die nötigen Klarstellungen, um die vielfältigen Irrlehren zu beseitigen. Die chronologisch gesehen letzte Schrift wäre die Offenbarung. Unter der Voraussetzung dieser chronologischen Ordnung hätte die joh Tradition den fortschreitenden Ausschluss von Frauen nicht gekannt, sondern es wäre zur vollen Anerkennung der theologischen und kirchlichen Bedeutung der Frauen gekommen.

3.1 Argumente für eine alternative Chronologie

Welche Argumente stützen diese alternative Möglichkeit und welchen Wert hat sie? Anders als das anonyme Evangelium beginnen 2 Joh und 3 Joh mit der expliziten Nennung des Autors, des „Ältesten". Dabei handelt es sich um eine Persönlichkeit, die wohl in verschiedenen Gemeinden bekannt ist. Der „Älteste" besitzt anerkannte Autorität und Verantwortung zur Weitergabe der Überlieferung des Evangeliums, jener Überlieferung, mittels derer die joh Schule die christliche Botschaft schon vor der Redaktion des Evangeliums mündlich tradierte. Die Verantwortlichen für diese Überlieferung waren beglaubigte Persönlichkeiten. Zu ihnen muss man den Verfasser zählen, der sich als „der Älteste" vorstellt, ausgestattet mit Autorität gegenüber den Kirchen. Das Zeugnis des Papias[47], der die Nachfolger der Jünger der ersten Generation *presbyteroi* nennt, verweist wohl auf diesen *presbyter*. Tatsächlich waren diese Ältesten für die Weitergabe der Botschaft des Evangeliums autorisiert. Deswegen müssten 2 Joh und 3 Joh in der Zwischenphase der Überlieferung liegen, in der ersten nachapostolischen Epoche, in der Phase, in welcher die mündliche Tradierung dominierte. Zu dieser Zeit war der „Älteste" Mitglied der Gruppe der Verantwortlichen[48], welche jenen Gemeinden Unterweisung und Orientierung gaben, in denen Konfusion und Irrlehren aufzutreten begannen. Die „Ältesten" übten eine effektive Autorität im Dienst an den Kirchen aus. Die Schlussredaktion des vierten Evangeliums[49] wäre dann das letzte Wort, der endgültige Bezugspunkt der Predigt und der joh Theologie.

1 Joh, eine theologisch-ermahnende Schrift, wäre später als die beiden anderen Briefe, aber früher als das vierte Evangelium anzusetzen. Strecker führt verschiedene Gründe auf.[50] Einer davon ist das Vokabular. Das Wort ἀρχή, „Anfang", findet sich am Beginn des 1 Joh und ebenfalls am Beginn des Evangeliums, aber jeweils mit einer völlig unterschiedlichen Bedeutung. In 1 Joh, wie auch in 2 Joh 1,5f., bedeutet ἀρχή den Beginn der JüngerInnenschaft, das grundlegende Datum der Gemeindegründung.

---

[47] Siehe Eusebius, *Hist. eccl.* 3,3f.
[48] Vgl. 1 Joh 1,1f.
[49] Vgl. STRECKER, *Die Johannesbriefe*, 28.56–66. Seine Argumente stützen sich auch auf die interne Kritik, auf das Vokabular und auf den Inhalt der Texte, indem er die Johannesbriefe mit dem Evangelium vergleicht.
[50] Vgl. ebd., 56–59.

Die wiederholten Formulierungen im Plural, die auf ein prophetisches Kollektiv verweisen, implizieren eine klar ekklesiologische Bedeutung:

> ... was wir gehört haben, was wir mit unseren Augen gesehen haben, was wir betrachtet und unsere Hände berührt haben, vom Wort des Lebens, ... verkünden wir auch euch ...

Im Gegensatz dazu gebraucht das Evangelium den Terminus ἀρχή im Hymnus für den *logos*. Er bezieht sich ganz und gar nicht auf den Anfang einer Gemeinde, sondern auf den absoluten Anfang, auf den Ursprung aller Dinge jenseits der Zeit, auf das präexistente Wort und offenbart auf diese Weise seine tiefste christologische Bedeutung. Diese Bedeutung könnte in 1 Joh 1,1 impliziert sein, das Evangelium jedoch hat die christologische Virtualität des Terminus ἀρχή zu ihrem höchsten Ausdruck gebracht. Man kann 1 Joh nicht als vom Text des Evangeliums inspiriert ansehen. Wenn es so wäre, hätte der Verfasser die tiefe Aussage seiner Quelle zerstört. Demgegenüber bekundet das vierte Evangelium im Terminus ἀρχή eine viel tiefere theologische Vision; sie wandelt ihn um zum Kern der „hohen Christologie", welche diesem Evangelium zu Eigen ist.

Eine ähnliche Entwicklung von der ursprünglichen Verkündigung des Kerygmas zur Redaktion der Evangelien zeigt sich bei den Osterüberlieferungen. In 1 Kor 15,3–11 sind als ZeugInnen des Auferstandenen Petrus, die Zwölf, mehr als fünfhundert Brüder und Schwestern auf einmal, Jakobus und „alle Apostel", schließlich auch Paulus angeführt. In den Berichten der Evangelien (Mk 16,1–8 par.) hingegen sind es Frauen, welche zu Jesu Grab gehen und die Botschaft von der Auferstehung erhalten, und sie sind (zumindest bei Mt und Joh) die Ersten, welche den Auferstandenen sehen. Man könnte annehmen, die Evangelisten hätten versucht, die historische Bedeutung der Frauen zur Zeit Jesu wiederherzustellen, indem sie die frühe judenchristliche Tendenz, welche die in den Synagogen gebräuchliche Struktur der *presbyteroi* in die Gemeinden einführte, korrigierten. Zwischen der kerygmatischen Formel in 1 Kor 15 und der Erzählung in Mk 16,1–8 herrscht kein Gegensatz, sondern es liegt vielmehr eine Erläuterung vor. Die scharfsinnige Studie von Marinella Perroni zeigt, dass die ursprüngliche Glaubensformel in 1 Kor 15, die Paulus als *regula fidei* betrachtet und welcher er durch die Weitergabe den Charakter einer apostolischen Überlieferung beimisst, das doppelte Thema des Grabes und der Erscheinungen des Auferstandenen enthält. Auch die Erzählungen in Mk 16,1–8 par. nehmen dieselben Themen auf, aber in Form narrativer Verkündigung. Beide Überlieferungsstränge repräsentieren also die urchristliche Verkündigung, aber bloß in ihrem Kern, sodass in der kerygmatischen Formel in 1 Kor 15 der Hinweis auf die Frauen nur implizit in der Erwähnung der mehr als fünfhundert Geschwister als ZeugInnen einer Erscheinung des Auferstandenen enthalten ist. In der Verkündigungserzählung in Mk 16 hingegen sind nur Frauen AugenzeugInnen des Osterereignisses.[51] Diese Feststellung würde darüber hinaus die Hypothese unterstüt-

---

[51] Siehe Marinella PERRONI, „L'annuncio pasquale alle/delle donne (Mc 16,1–8): Alle origini della tradizione kerygmatica", in *Patrimonium fidei: Traditionsgeschichtliches Verstehen am Ende?: Festschrift für Magnus Löhrer und Pius-Ramón Tragán* (hg. v. Marinella Perroni

zen, dass eine narrative Christologie besser entfaltet und deshalb später zu datieren ist als die Formeln, auch wenn diese als *regula fidei* gelten.

3.2 Wachsende Bedeutsamkeit der Frauen in der johanneischen Schule

Trifft diese These zu, könnte man anstatt einer fortschreitenden Marginalisierung von Frauen in der joh Tradition auch einen gegenteiligen Prozess nachweisen, d. h. eine stets wachsende Bedeutsamkeit der Frauen und eine intensive weibliche Präsenz in der Mission der Kirche. In diesem Fall wäre die Beweiskraft des inklusiven Vokabulars der Briefe konsistenter und die joh Tradition hätte das Potential, das in der Botschaft des Evangeliums steckt, Geschwisterlichkeit, Liebe, Gleichberechtigung, entfaltet, ohne den Wert der Frauen, die Jesus unmittelbar nachfolgten und Vorbilder für das Leben der Kirche waren, zu vernachlässigen. Das Johannesevangelium erwiese sich somit als letzte Etappe jener fruchtbaren Entwicklung, die gut in die ephesinische Umgebung passt, eben weil sie den Frauen Bedeutung beimisst.

Ab der zweiten Hälfte des 2. Jh. verlieren Frauen in vielen Gemeinden an Bedeutung, kurz vor der Entstehung der apokryphen Evangelien gnostischen Charakters. Die zentrale Rolle von Jüngerinnen in vielen dieser Schriften könnte einen Protest gegen die Marginalisierung von Frauen darstellen, welche der Tradition des Evangeliums fremd war, wie wir oben gezeigt haben.

Nach dieser Hypothese ist das vierte Evangelium in die erste Hälfte des 2. Jh. zu datieren.[52] Den zweiten und dritten Johannesbrief hingegen müsste man um das Jahr 100 ansetzen. Der erste Johannesbrief wäre einige Jahre vor der Redaktion des vierten Evangeliums entstanden.

3.3 Der Weg der johanneischen Schule

Die Frage nach der zeitlichen Reihenfolge der joh Schriften ist alt[53], jedoch nicht zu Ende diskutiert.[54] Tatsächlich ist es schwierig, in überzeugender Weise zugunsten einer bestimmten Reihenfolge des *corpus iohanneum* zu argumentieren. Der Verfasser von 1 Joh beruft sich auf das ursprüngliche Geschehen wie auf ein empfangenes Zeugnis „von Anfang an", gestützt von dem, was gesehen und gehört worden ist, d. h. von der Überlieferung (1 Joh 1,1–3). Ebenso inspiriert sich das Evangelium an der ursprüngli-

---

und Elmar Salmann; SA 124; Rom: Pontificio Ateneo S. Anselmo, 1997), 397–436; 397–413.

[52] Vgl. STRECKER, *Die Johannesbriefe*, 27f.

[53] Siehe Ferdinand C. BAUR, „Das Verhältnis des ersten johanneischen Briefes zum johanneischen Evangelium", *Theologisches Jahrbuch* 16 (1857): 315–331; Raymond E. BROWN, *An Introduction to the Gospel of John* (hg. v. Francis J. Moloney; ABRL; New York: Doubleday, 2003), 40–89.

[54] Siehe die oben präsentierte alternative Hypothese zur Chronologie.

chen Überlieferung, interpretiert sie, entfaltet sie und drückt sie auf seine eigene Art aus.[55] De facto enthält das Evangelium Hinweise auf eine fortschreitende Ausformung, was unterschiedliche Etappen seiner Entstehung bedingt.

Der Mehrheit der Kommentare zufolge muss man 1 Joh, um ihn angemessen zu verstehen, in Zusammenhang mit dem Evangelium oder der vorausgehenden joh Überlieferung sehen.[56] Dieser Brief setzt die rezipierte Unterweisung voraus, und seine Argumentation hat Sinn, wenn sie auf den Inhalt der Überlieferung des Evangeliums bezogen wird. Damit will nicht gesagt sein, dass es sich dabei um die Endredaktion des Evangeliums handelt.[57] Es geht hier nicht darum, alle Argumente zugunsten dieser Interpretation, die es in der Exegese gibt, wiederzugeben; man findet sie ausführlich und detailliert in den Werken von Raymond E. Brown[58], Werner Vogler[59], Hans-Josef Klauck[60] und Michèle Morgen[61]. Ich beschränke mich darauf zu unterstreichen, dass die Gründe für die Hypothese, welche die Briefe als erste Rezeption der Überlieferung des Evangeliums betrachtet, mehrheitliche Zustimmung finden.

Da der Weg der Überlieferung derart komplex ist, erweist es sich als extrem schwierig, eine Reihenfolge innerhalb der joh Schriften festzulegen. Diachron ausgedrückt: Die spezifische Frage nach den Frauen in den joh Gemeinden kann vielleicht einen weiteren Beitrag eher zugunsten der einen als der anderen Hypothese leisten. Zudem spiegelt die paulinische Tradition mit hoher Wahrscheinlichkeit eine in Bezug auf die Zurückdrängung von Frauen exemplarische Entwicklung wider:[62] Die Lokalisierung der postpaulinischen Briefe in Ephesus legt den Schluss nahe, dass gerade die Marginalisierung von Frauen als Hinweis auf eine analoge Rückentwicklung innerhalb der joh Tradition betrachtet werden kann.

---

[55] Vgl. Jean ZUMSTEIN, *Miettes exégétiques* (MdB 25; Genf: Labor et Fides, 1991), 310.

[56] Dazu vgl. HAKOLA, „Johannine Tradition", 17–47. Der Autor interpretiert die Briefe nicht als Reaktion auf eine Spaltung, die durch eine verfälschte Lesart des Evangeliums verursacht sei, sondern als Entfaltung der joh Tradition.

[57] Siehe Jean ZUMSTEIN, „Les épîtres johanniques", in *Introduction au Nouveau Testament: Son histoire, son écriture, sa théologie* (hg. v. Daniel Marguerat; MdB 41; Genf: Labor et Fides, ³2004), 371–386; 380f.

[58] BROWN, *The Epistles*, 757–759, zeigt die Übereinstimmungen zwischen 1 Joh und dem Evangelium auf. Vgl. BROWN, *Introduction*, 40–89.

[59] Vgl. VOGLER, *Die Briefe des Johannes*, 6–10.

[60] Vgl. Hans-Josef KLAUCK, *Der erste Johannesbrief* (EKKNT 23/1; Zürich: Benziger, 1991), 45–47.

[61] Vgl. MORGEN, *Les épîtres de Jean*, 26–28.

[62] Vgl. Christoph NIEMAND, „„... damit das Wort Gottes nicht in Verruf kommt' (Tit 2,5): Das Zurückdrängen von Frauen aus Leitungsfunktionen in den Pastoralbriefen – und was daraus heute für das Thema ‚Diakonat für Frauen' zu lernen ist", *ThPQ* 144 (1996): 351–361.

Babylon und Jerusalem als Frauenfiguren in der Offenbarung
Visionen, Traditionen und Intermedialität[*]

Daria Pezzoli-Olgiati
Universität Zürich

Im Figurenensemble, das in der Offenbarung inszeniert wird, spielen die Frauengestalten eine wichtige und differenzierte Rolle.[1] Im Rahmen des Projekts *Die Bibel und die Frauen* ist es m. E. angebracht, die Untersuchung zweier ausgewählter weiblicher Figuren vorzuschlagen, die in vier Schritten vorgenommen werden soll. Das erste Kapitel situiert den Zugang zum Thema und zum Text, der diesen Beitrag charakterisiert. Das zweite Kapitel ist der Analyse der zwei Figuren Babylon und Jerusalem gewidmet. In einem dritten Schritt werden einige Stationen der Rezeptionsgeschichte der Texte, in denen die zwei Städte eine zentrale Stellung einnehmen, durchlaufen. Einige Überlegungen zu Charakterisierung und Funktion der analysierten Figuren beschließen den Aufsatz.

1. Kontextualisierung des Zugangs zur Offenbarung

1.1 Hermeneutischer Zugang

Angelehnt an die historisch-kritische Methode, geht die Analyse der ausgewählten weiblichen Figuren vom kanonischen Text der christlichen Bibel aus. Danach wird der

---

[*] Ich danke Natalie Fritz ganz herzlich für die Übersetzung des italienischen Textes.
[1] Die steigende Zahl der Publikationen dokumentiert das Interesse für dieses Thema. Vgl. einige ausgewählte Studien in chronologischer Ordnung, auf denen der hier publizierte Aufsatz basiert. Tina PIPPIN, *Death and Desire: The Rhetoric of Gender in the Apocalypse of John* (Literary Currents in Biblical Interpretation; Louisville: Westminster, 1992); DIES., „Eros and the End: Reading for Gender in the Apocalypse of John", *Semeia* 59 (1992): 193–210; DIES., „The Heroine and the Whore: Fantasy and the Female in the Apocalypse of John", *Semeia* 60 (1992): 76–82; Adela Yarbro COLLINS, „Feminine Symbolism in the Book of Revelation", *BibInt* 1 (1993): 20–33; Luzia SUTTER REHMANN, *Geh – Frage die Gebärerin: Feministisch-befreiungstheologische Untersuchungen zum Gebärmotiv in der Apokalyptik* (Gütersloh: Gütersloher Verlagshaus, 1995); Daria PEZZOLI-OLGIATI, „Zwischen Gericht und Heil: Frauengestalten in der Johannesoffenbarung", *BZ* 43 (1999): 72–91; Alison M. JACK, „Out of the Wilderness: Feminist Perspectives on the Book of Revelation", in *Studies in the Book of Revelation* (hg. v. Steve Moyise; Edinburgh: T&T Clark, 2001), 149–162; Luca ARCARI, *„Una donna avvolta nel sole" (Apoc 12,1): Le raffigurazioni femminili dell'Apocalisse di Giovanni alla luce della letteratura apocalittica giudaica* (Padua: Edizioni Messaggero Padova, 2008); Hanna STENSTRÖM, „Feminists in Search for a Usable Future: Feminist Reception of the Book of Revelation", in *The Way the World Ends? The Apocalypse of John in Culture and Ideology* (hg. v. William John Lyons und Jorunn Økland; The Bible in the Modern World 19; Sheffield: Sheffield Phoenix Press, 2009), 240–266 (mit weiterführenden bibliographischen Hinweisen).

Blick auf die Rezeptionsprozesse – hier beschränkt auf einige wenige Beispiele aus der bildenden Kunst – geöffnet, die auf die Visionen der Offb zurückzuführen sind. Die Wiederaufnahmen, Transformationen, Aktualisierungen und Korrekturen des Textes, die im Lauf der Geschichte gemacht worden sind, dürfen wir zeitgenössische Leserinnen und Leser des NT nicht als Hindernis, das sich uns entgegenstellt, sondern als Relektüren und Neuauslegungen begreifen, die auf signifikante Weise jeden Zugang zum letzten Buch der Bibel markieren.[2] Tatsächlich kennen viele diese Schrift nur dank ihrer komplexen Rezeptionsprozesse, die nicht in schriftlicher Form, sondern durch andere Medien gewährleistet wird: Die visuellen Künste, die musikalische Produktion oder auch das Kino stellen zweifellos wichtige Kanäle für die Verbreitung „apokalyptischer" Motive dar, die in ihren spezifischen Kontexten sehr unterschiedliche und nicht selten einander widersprechende Konnotationen und Interpretationen hervorrufen.

Beim Lesen der Offb ist es hilfreich, zwei Aspekte des Zugangs zum Text und zu seinen Wiederaufnahmen, die sich über die Jahrhunderte hinweg entwickelt haben, nicht aus den Augen zu verlieren: Einerseits ist es wichtig, diese Quellen im historischen Kontext ihrer Produktion und Rezeption zu lesen,[3] andererseits ist es von Nutzen, die mit der Offb verbundenen Motive diachron zu betrachten.[4] Diese doppelte Betrachtungsweise, die zunächst in Bezug auf die Kontextualisierung des kanonischen Textes, dann hinsichtlich seiner Neuauslegungen und anschließend auf die Rezeptionsprozesse auf der Zeitachse angewendet wird, kann (und muss) auf jede religionsgeschichtliche Quelle appliziert werden. Im Kontext der Offb nimmt diese Vorgehensweise allerdings gerade deshalb eine zentrale Bedeutung ein, weil sie charakteristisch für den theologischen Diskurs ist, der vom Werk entworfen wird und als eine Reflexion über die Geschichte und die Mächte, die diese auf politischer und kosmologischer Ebene regieren, zusammengefasst werden kann.[5] Es ist aufgrund des deutlich „visionären", metaphorischen Charakters der Offb besonders interessant, darauf zu achten, wie die Interpretation der Beziehung zwischen Gott und den Mächten des Bösen zu unter-

---

[2] Siehe Judith KOVACS und Christopher ROWLAND, *Revelation: The Apocalypse of Jesus Christ* (Blackwell Bible Commentaries; Oxford: Blackwell, 2004), 1–39.

[3] Bezüglich der komplexen Dynamik zwischen Produktion und Rezeption, die sich nicht in eindeutigen und linearen Termini erfassen lässt, vgl. Stuart HALL, „Encoding/Decoding", in *Documentary Research 1* (hg. v. John Scott; London: Sage, 2006), 233–246.

[4] Dieser Aspekt, der hier wegen Platzgründen weggelassen werden muss, charakterisiert auch die Entstehung des Textes der Offb selbst, in dem die Bearbeitung und Neukombination von vielen vorhergehenden Überlieferungen offensichtlich sind. Vgl. beispielsweise Luca ARCARI, *„Una donna avvolta nel sole"*. Als erste Einführungen zu diesem Thema sind zudem aufschlussreich: Thomas Edward MCCOMISKEY, „Alteration of OT Imagery in the Book of Revelation: Its Hermeneutical and Theological Significance", *JETS* 36 (1993): 307–316; Steve MOYISE, „The Language of the Old Testament in the Apocalypse", *JSNT* 7 (1999): 97–113.

[5] Vgl. Daria PEZZOLI-OLGIATI, *Täuschung und Klarheit: Zur Wechselwirkung zwischen Vision und Geschichte in der Johannesoffenbarung* (FRLANT 175; Göttingen: Vandenhoeck & Ruprecht, 1997).

schiedlichen historischen Zeitpunkten in den jeweiligen Kontext der Adressaten und Adressatinnen eingearbeitet worden ist.

Es wird nicht möglich sein, auf alle diese Aspekte im Detail einzugehen; in einigen Punkten werden knappe Hinweise genügen müssen. Diese hermeneutische Einleitung ist jedoch wichtig, um den Zugang zu den analysierten Frauenfiguren zu situieren und zu begründen.

1.2 Die Kategorie der Intermedialität

Aus literarischer Perspektive präsentiert sich die Offb wie ein von Johannes an die sieben Gemeinden der römischen Provinz Asien adressierter Brief.[6] Der Brief enthält eine Abfolge von Visionen, deren Struktur Anlass zu vielen Diskussionen gegeben hat.[7] Ohne die Bedeutung der Siebenerzyklen als signifikante Elemente für die narrative Struktur des Textes schmälern zu wollen, scheint es weiterführend, auch das Motiv der Reise hervorzuheben, welche das Visionsgeschehen in vier Phasen unterteilt: Auf seiner außergewöhnlichen Reise verlässt Johannes die Insel Patmos, steigt in den Himmel auf, wird von einem Engel in die Wüste getragen und landet letztendlich auf einem hohen Berg.[8] Dank dieser Ortsveränderung „im Geist" verfügt der Prophet über die Möglichkeit, exklusive Einsichten über die Weltgeschichte einzuholen. Sie spiegeln sich in den Visionen wider, in denen die Figuren, welche die Macht im Himmel und auf der Erde innehaben, hervorgehoben werden.

Bei den Visionen handelt es sich um Sprachbilder, in denen Verben aus der Bedeutungssphäre des Sehens dominieren. Neben den visuellen Eindrücken kommt auch der auditiven Sphäre eine beachtliche Bedeutung zu: Die Kombination von „Sehen" und „Hören" verleiht diesen Texten einen stark szenischen, theatralen Charakter.[9] Möglicherweise hat die Offb genau wegen ihrer charakteristisch plastischen Sprache Anlass zu einer breiten ikonographischen Tradition gegeben, die heterogene Genres, Stile und visuelle Medien umfasst. Die weite Verbreitung der apokalyptischen Motive und Zyklen innerhalb unterschiedlicher kultureller Bereiche bestätigt, dass die Wahrnehmung dieses biblischen Textes über seine vielfältigen Darstellungsformen und Bearbeitungen übermittelt wird. Zeitgenössische Leserinnen und Leser nähern sich einem Text, den sie auf die eine oder andere Weise – buchstäblich – schon *gesehen* haben; aus hermeneutischer Sicht kann man eine visuelle Vorkenntnis des Textes voausset-

---

[6] Siehe Martin KARRER, *Die Johannesoffenbarung als Brief: Studien zu ihrem literarischen, historischen und theologischen Ort* (FRLANT 140; Göttingen: Vandenhoeck & Ruprecht, 1986); PEZZOLI-OLGIATI, *Täuschung und Klarheit*, 33–44.

[7] Siehe Ugo VANNI, *La struttura letteraria dell'Apocalisse* (Brescia: Morcelliana, ²1980).

[8] Die Übergänge von einem Ort zum anderen werden mit der Formel ἐγενόμην ἐν πνεύματι (Offb 1,10; 4,1) bzw. ἀπήνεγκέν με (...) ἐν πνεύματι (17,3; 21,10) eingeleitet.

[9] Vgl. PEZZOLI-OLGIATI, *Täuschung und Klarheit*, 187–201; siehe auch Nazzareno MARCONI, *Le mille immagini dell'Apocalisse: Una introduzione al linguaggio audiovisivo dell'Apocalisse* (Fede e Comunicazione 11; Mailand: Paoline, 2002).

zen.¹⁰ Wenn man bedenkt, dass die Interaktion zwischen dem Text und seinen heterogenen Darstellungsformen innerhalb unterschiedlicher Medien den Rezeptionsprozess der Offb stark kennzeichnet, ist dieser biblische Text wie kaum ein anderer ein „intermediales Unterfangen".

1.3 Die Genderkategorie

Wie bereits angedeutet, eignen sich die Figuren der Offb in idealer Weise für eine Betrachtung aus Genderperspektive, sowohl hinsichtlich der Aspekte, die sich direkt auf das Leben der Menschen beziehen, an welche die Offb adressiert war, als auch hinsichtlich derjenigen, die sich auf die Welt der Visionen beziehen. Im ersten Fall lassen sich über den Text Geschlechterspannungen in den Gemeinden erahnen, während im zweiten Fall eine Reflexion über die Geschlechtszugehörigkeit interessante Befunde vor allem hinsichtlich der außergewöhnlichen weiblichen Figuren, die innerhalb der erzählerischen Struktur fundamentale Rollen und Funktionen einnehmen, zutage fördert.

In diesem Aufsatz ist die Analyse der Texte als Versuch zu verstehen, die oben genannten Elemente zu vereinen: Achtsamkeit für den komplexen Interpretationsprozess eines Textes mit einer langen Überlieferungsgeschichte, eine Sensibilität für die typische Intermedialität der Offb und ein Interesse für die Genderfrage.¹¹ Die Auswahl der Texte wendet letztere Frage im Bereich des zweiten Teils des Visionszyklus an. Die Textanalyse beabsichtigt eine Betrachtung weiblicher Figuren in der literarischen Fiktion innerhalb des Visionsteils. Folglich werden Themen ausgeklammert, die mit soziohistorischen Aspekten von Gender-Zuschreibungen verbunden sind, um die Aufmerksamkeit der Lektüre ganz auf die Figuren Babylon und Jerusalem zu konzentrieren. Die Genderfrage ist demnach auf die Vorstellungswelt fokussiert, die mit den Frau/Stadt-Doppelfiguren in den letzten zwei Etappen der außergewöhnlichen Reise des Johannes verbunden ist.¹²

---

[10] Siehe Kylo-Patrick HART und Annette M. HOLBA, *Media and the Apocalypse* (New York: Lang, 2009).

[11] Für eine theoretische Reflexion dieser Aspekte vgl. Ann JEFFERS, „Einleitung", in *Handbuch Gender und Religion* (hg. v. Ann Jeffers, Anna-Katharina Höpflinger und Daria Pezzoli-Olgiati; UTB 3062; Göttingen: Vandenhoeck & Ruprecht, 2008), 201–208; Daria PEZZOLI-OLGIATI, „Religiöse Kommunikation und Gender-Grenzen", in *Kommunikation über Grenzen* (hg. v. Friedrich Schweitzer; Veröffentlichungen der Wissenschaftlichen Gesellschaft für Theologie 33; Gütersloh: Gütersloher Verlagshaus, 2009), 786–800.

[12] Mit besagter Auswahl konzentriert sich der Blick auf die Gestalten der Frau/Stadt. Dabei werden die Figuren von Isebel (Offb 2,18–29), von der Frau im Himmel (12,1–18) sowie das m. E. für die Fragestellung relevante Bild der „Jungfrauen" (14,1–5) vernachlässigt, das in einem aus der Geschlechterperspektive interessanten Kontext verwendet wird. Texte dazu finden sich in der unter Anm. 1 angegebene Bibliographie.

2. Weibliche Figuren und Rollen in ausgewählten Visionen

Die Figuren Babylon und Jerusalem werden in der Offb mehrmals erwähnt.[13] Die Kapitel 17f. und 21f. sind gänzlich ihrer Beschreibung gewidmet, weshalb sie im Zentrum dieser Analyse stehen, welche in erster Linie auf der Struktur der ausgewählten Texte und der wesentlichen Elemente, die die zwei Figuren charakterisieren, aufgebaut ist.

2.1 Offb 17f.

Die Beschreibung Babylons verlangt, wie zuvor bereits angedeutet,[14] den Ortswechsel von Johannes in die Wüste. Der Text führt einen *interpres*-Engel[15] ein, der Johannes an einen passenden Ort bringt und ihm die zentrale Figur, die alsbald schwarzmalerisch als große Hure und Verbündete der Könige und Bewohner der Erde bezeichnet wird, vorführt (17,2). Die Verurteilung Babylons durch Gott ist von Beginn weg eindeutig.[16] Dementsprechend führen die Verse 17,1–3 diese Gestalt ein, indem sie bereits einleitend ihre Negativität und daraus folgend die Wichtigkeit ihrer Vernichtung erklären.

Diese Vorwegnahme löst die Spannung, die die Abfolge der nachfolgenden Visionen begleitet, jedoch nicht auf. Die Struktur des bei 17,3 beginnenden Textes ist besonders gegliedert: In einem ersten Teil werden die Frau und ihre Handlungen beschrieben (17,3b–6a). Es folgt ein Dialog zwischen Johannes und dem Engel. Der Letztgenannte lädt Johannes und die Lesenden mit einer Reihe von Anspielungen und Hinweisen dazu ein, über die wahre Identität dieser Figur nachzudenken (17,6–18). In der folgenden Vision liegt der Akzent auf der Ausführung und der Bedeutung der Zerstörung Babylons (18,1–24). Die Darstellung Babylons entwickelt sich in der Abfolge von Erscheinung, Interpretation und Verurteilung.

Diesem dreiteiligen Schema folgend, betrachten wir zuerst die Attribute dieser außergewöhnlichen Frau. Babylon hat eine besondere Verbindung zur Macht und wird mit königlichen Merkmalen gekennzeichnet: Sie sitzt auf einem Tier wie auf einem Thron,[17] ist in die königlichen Farben Purpur und Scharlach gekleidet und mit wertvollen Materialien wie Gold, Edelsteinen und Perlen geschmückt. Die Negativität Babylons wird jedoch weniger mit diesen Attributen hervorgehoben, sondern vielmehr mit den Beziehungen, die sie charakterisieren. Ihr Verbündeter ist das Tier, eine Figur, die eine willkürliche und unterdrückende Macht repräsentiert; in ihrem Kelch befindet sich Abscheuliches. Babylon ist trunken vom Blut ihrer Opfer, der Heiligen und Märtyrer.

---

[13] Babylon: Offb 14,8; 16,19; Jerusalem: 3,12; siehe auch 2,7 (παραδείσῳ).

[14] Vgl. Offb 14,8 und 16,19.

[15] Zu dieser zentralen Figur der besagten Visionen siehe Hansgünter REICHELT, *Angelus interpres-Texte in der Johannesapokalypse: Strukturen, Aussagen und Hintergründe* (EHS.T 507; Frankfurt: Lang, 1994).

[16] Vgl. die Wiederholung von κρίμα in 17,1.

[17] Offb 17,1 greift das Verb κάθημαι auf. Zu den Bedeutungen, die mit diesem Verb verbunden sind, das innerhalb der Offb auch mit Bezug zu Gott verwendet wird, siehe PEZZOLI-OLGIATI, *Täuschung und Klarheit*, 52–55.

Die königlichen Merkmale, die eigentlich positiv besetzt sind, kontrastieren auf radikale Weise die für diese Frau typischen Handlungen. Die Bezeichnungen „Blasphemie" und „Prostitution" fungieren hier, indem sie zwei stark voneinander abweichende Sphären miteinander verbinden, als Scharnier. Beide Substantive akzentuieren die beachtliche Ambiguität dieser Frau. Sie ist „blasphemisch", weil sie eine andere Identität zu haben vorgibt; sie stellt etwas dar, was sie nicht ist. Sie tritt wie eine große Königin auf, ist aber eine Mörderin. Auch der Verweis auf die Prostitution kann in diesem Sinne aufgefasst werden. Die Prostituierte steht zwar im Zentrum von zweideutigen Beziehungen, aber dies beruht lediglich auf finanziellen und eigennützigen Motiven, nicht auf Hingabe. Der kulturelle und literarische Hintergrund, in den diese Termini eingeflochten sind, verstärkt die Konnotationen in diese Richtung zusätzlich.[18]

Sind es die Macht, die Schönheit und Größe Babylons oder die radikale Negativität, die bei Johannes Staunen hervorrufen? Möglicherweise entspringt diese Reaktion aus dem Kontrast zwischen dem Aussehen und den Handlungen der Frau. Babylon ist schwierig zu erfassen. Der Diskurs zwischen dem Engel und Johannes nimmt die Ambiguität der Figur mit dem Versprechen, das „Mysterium" zu enthüllen, wieder auf (V6).[19]

Die Verse 8–18 haben meiner Ansicht nach eine doppelte Funktion: Einerseits suggerieren sie eine Interpretation der Figur, andererseits deuten sie eine exemplarische Haltung angesichts der Mächte, die die Geschichte lenken, an. Sie besitzen, nicht zuletzt deswegen, eine stark hermeneutische Bedeutung. Denn die nachfolgende Aufklärung des Mysteriums liefert keine klare Interpretation, sondern enthüllt lediglich, dass es sich um ein Rätsel handelt, das durch „weises Denken" gelüftet werden soll.[20] Die Worte des Engels heben die Notwendigkeit des Auslegens hervor, ohne jedoch Johannes (und, dem Kontext des Briefs folgend, den Adressatinnen und Adressaten) die Aufgabe des Interpretieren zu ersparen. In dieser zentralen Szene der Offb wird auf die theologische und existenzielle Relevanz der Verbindung zwischen Sehen und Verstehen hingewiesen.

Die Rede des Engels führt wichtige Unterscheidungen ein und charakterisiert die Akteure der Vision sehr sorgfältig. Das Tier ist Ausdruck einer satanischen Macht und ist mit der dominanten politischen Macht verbunden. Die Köpfe des Tiers sind Hinweise auf Könige, die außergewöhnliche Taten zu vollbringen wissen.[21] Die Frau entspricht einer Stadt. Außerdem finden sich zwei Gruppen unterschiedlicher Menschen: die Verbündeten des Tiers und diejenigen des Lamms. Das Bild der Frau, die sich mit

---

[18] Zu Details zu den Attributen Babylons und der Analyse der berücksichtigten Texte vgl. *ebd.*, 142–160, und Daria PEZZOLI-OLGIATI, *Immagini urbane: Interpretazioni religiose della città antica* (OBO; Freiburg/Schweiz: Universitätsverlag, 2002), 199–214.

[19] Die griechische Formulierung ist schwierig zu übersetzen: Καὶ ἐθαύμασα ἰδὼν αὐτὴν θαῦμα μέγα.

[20] Vgl. Offb 17,9: ὧδε ὁ νοῦς ὁ ἔχων σοφίαν. Siehe auch Offb 13,8, wo die LeserInnen dazu aufgefordert werden, die Zahl des Tiers zu erraten.

[21] Zu dieser Frage vgl. beispielsweise Leonard L. THOMPSON, *The Book of Revelation: Apocalypse and Empire* (New York: Oxford University Press, 1990).

dem Blut der Heiligen betrinkt, wird mit dem Krieg zwischen den Mächten des Tiers und denjenigen des Lamms assoziiert. Dieses wird, nicht zuletzt weil sich das Tier und seine Verbündeten gegenseitig zerstören, als wahrer Sieger daraus hervorgehen: Die Opfer der Spirale des Bösen, die in diesem Text beschrieben ist, sind die negativen Figuren selbst.[22]

Hinsichtlich der Frage, die wir behandeln, muss die Identifikation zwischen der Frau und der „großen Stadt, die über alle Könige der Erde herrscht" in der Rede des Engels erklärt werden.[23] Der Hinweis auf ihre Zerstörung durch das Tier selbst führt die Vision der Verurteilung in Offb 18,1–24 ein. Die Beschreibung des Endes von Babylon gründet auf einem *suspense*-Effekt: Ein Engel verkündet den Zerfall, als sei er bereits geschehen (V1–3). Die Getreuen des Lammes werden in Sicherheit gebracht (V11–17a). Es folgen die Klagen der Verbündeten der großen Stadt. Es werden drei Gruppen genannt, um die herum das Machtnetz, das die Stadt stützt, gesponnen ist: die Könige (V9f.), die Händler (V11–17a) und die Schiffskapitäne (V17b–20). Die Vision wird mit einer suggestiven Beschreibung der Modalität der Zerstörung, die keinen entkommen lässt, beschlossen. Die Radikalität der Vernichtung wird mit dem von der Stadt vergossenen Blut der Heiligen begründet.

So wird Babylon sowohl als Frau als auch als Stadt von starken Kontrasten gekennzeichnet. Die Radikalität ihrer Zerstörung korrespondiert mit ihrem Übermaß an Luxus, wohingegen der Aufprall ihres Falls mit ihrer außergewöhnlichen Macht übereinstimmt. Der Text ist sehr detailreich, was sicherlich interessant zu analysieren wäre. Zusammenfassend kann man auf alle Fälle bestätigen, dass die Visionen Babylon als eine negative Frauenfigur und Stadt präsentieren, die machthungrig und zur Vernichtung bestimmt ist – dies, obwohl sie als reich, faszinierend und anziehend, als universale Macht, die die ganze Welt umfasst, dargestellt wird.

2.2 Offb 21,2–22,5

Auch in der Vision Jerusalems in Offb 21,2–22,5 wird man mit derselben Spannung zwischen der Figur der Frau und der Stadt konfrontiert. Die Vision wird in eine neue kosmologische Dimension verlegt, die auf die Zerstörung der ersten Schöpfung folgt. Die neue Welt wird in einem einzigen Vers beschrieben: „Und ich sah einen neuen Himmel und eine neue Erde. Denn der erste Himmel und die erste Erde sind vergangen und das Meer gibt es nicht mehr" (Offb 21,1). Aufgrund der Abwesenheit des Meeres, der Dimension, die den Ursprung der Kräfte des Bösen innerhalb der kosmologischen Vision der Offb markiert,[24] präsentiert sich die zweite Schöpfung als absolut positiv, bar jeder Doppeldeutigkeit.

---

[22] Vgl. Offb 17,16f., wo die Zerstörung Babylons durch ihre Verbündeten als Teil eines göttlichen Plans präsentiert wird (γνώμη).

[23] Offb 17,18: καὶ ἡ γυνὴ ἣν εἶδες ἔστιν ἡ πόλις ἡ μεγάλη ἡ ἔχουσα βασιλείαν ἐπὶ τῶν βασιλέων τῆς γῆς.

[24] Vgl. 12,18 und 13,1.

Die Vision von Jerusalem ist wie diejenige von Babylon sehr eindeutig. In V2–8 wird Jerusalem als außergewöhnliche Stadt eingeführt, die mit einer Braut verglichen wird (V2). Im restlichen Abschnitt betonen verschiedene Stimmen die Bedeutung und das Ausmaß dieser spektakulären Stadt. In V9–27 folgt eine detaillierte Beschreibung der Stadt. Die abschließenden Verse (22,1–5) beharren auf der einmaligen Lebensqualität dieser urbanen Dimension mit paradiesischen Merkmalen.

Während die Beschreibung Babylons auf der ambivalenten Macht der Frau/Stadt-Doppelfigur aufgebaut ist, eine augenfällige Metapher für eine den Adressaten und Adressatinnen der Offb bestens bekannte irdische Macht, präsentiert die Vision von Jerusalem eine eschatologische und zukünftige Dimension. Die Schilderung zielt darauf ab, eine Dimension zu evozieren, die über die irdische Welt hinausgeht. Indem der Text eine Realität beschreibt, die die Gegenwart der Adressatinnen und Adressaten transzendiert, wirkt er folglich sehr stark auf der Ebene der Vorstellungskraft.[25] Die Wesenszüge der Frau, der Braut des Lammes, werden in V2.9 lediglich mittels der Wiederaufnahme der Vorankündigung in 19,7 angedeutet. Dennoch ist die Eigenschaft als Braut des Lammes zentral für die Charakterisierung der Figur: Durch diese Form der Personifizierung wird ihre Beziehung zum Lamm, die von Reinheit, Liebe und Schönheit geprägt ist, verdeutlicht. Von Beginn weg charakterisieren diese Elemente Jerusalem auch als Stadt: Die Stadt ist heilig und steht sowohl in enger Verbindung mit dem Lamm als auch mit seinen Getreuen. Sie ist himmlischen Ursprungs und wurde von Gott auf die Erde gesandt, weshalb sie ohne die Ambivalenzen ist, die die anderen irdischen Städte kennzeichnen. Die Stadt ist wie die übrige Schöpfung von 21,1 an „neu". Sie zeigt eine typische Qualität der zweiten Epoche, in der die Negativität der ersten Welt überwunden worden ist.[26]

In der weiteren Beschreibung Jerusalems arbeitet der Text auf zwei Ebenen: Einerseits insistiert er auf der Bedeutung der Doppelfigur Frau/Stadt, andererseits auf ihrem Äußeren. Jerusalem ist insofern die verheißene Stadt, als dass sich in ihr eine direkte Nähe zwischen Gott und den Menschen realisiert. Diese Nähe verdeutlicht sich nicht nur durch die Koexistenz innerhalb desselben Raums, sondern auch durch die Abwesenheit von Leid, Schmerz und Tod (V3f.). Die Stadt ist, wie von Gott versprochen, die Realisierung einer göttlichen Offenbarung, die für die Erben des Lammes, welche seine Wirkung auf die Geschichte erlebt und bezeugt haben, bestimmt ist. Die theologische Konnotation der Stadt als göttlicher Raum wird, nicht zuletzt mittels des expliziten Ausschlusses alles Bösen, veranschaulicht (V8).

Auf der dramaturgischen Ebene der Vision führt der Text zuerst die Qualität Jerusalems als Realisierung des eschatologischen Versprechens an. Ihre detaillierte Schilderung wird durch die Notwendigkeit der Entrückung des Johannes auf einen hohen Berg verzögert (V9f.). Mit diesem Szenenwechsel unterstreicht der Text den Offenbarungscharakter einer aus der Gegenwart der Angeschriebenen nicht sichtbaren Dimen-

---

[25] Vgl. Michael Alban GRIMM, *Lebensraum in Gottes Stadt: Jerusalem als Symbolsystem der Eschatologie* (Jerusalemer Theologisches Forum 11; Münster: Aschendorff, 2007).
[26] Für zusätzliche Details zur Analyse des Textes siehe PEZZOLI-OLGIATI, *Täuschung und Klarheit*, 161–186.

sion. Um Jerusalem, das Element einer sukzessiven Phase ist, zu beschreiben, muss die räumlich-zeitliche Struktur der Erde durchbrochen werden. Johannes nimmt dementsprechend einen einzigartigen Standpunkt, der zwischen der künftigen und der gegenwärtigen Welt der Adressaten und Adressatinnen errichtet ist, ein. Wenn die Ankunft Jesu Christi in der Geschichte, wie in der Vision in Offb 5 thematisiert, als Interpretation eines historischen Ereignisses gelesen werden kann, transzendiert die Vision Jerusalems die gegenwärtige Welt und erkundet eine – wenn sie nicht durch den Text inszeniert würde – vollständig unerreichbare Dimension.

Die Schilderung der Stadt im zentralen Teil der Vision (V11–27) ist ausführlich und beschreibt die monumentalen architektonischen Komponenten: Man schreitet Mauern, Tore und Fundamente ab. Die Stadt ist sehr weitläufig, ihre Ausmaße sind mathematisch perfekt und harmonisch. Die für ihre Errichtung verwendeten Materialien sind äußerst kostbar und rein: Perlen und Edelsteine von unwirklichem Ausmaß sowie pures Gold verleihen der Stadt einen derartigen Glanz, dass die himmlischen Gestirne im Vergleich zu ihr nutzlos werden. Der außergewöhnliche Glanz Jerusalems ist auf die Herrlichkeit Gottes zurückzuführen, der ohne die Vermittlung durch einen Tempel mit seinen Getreuen zusammenlebt. Parallel zum ersten Teil der Schilderung Jerusalems endet die Darstellung ihres Äußeren mit einer Aussage über einen Ausschluss (V27).

Die Bedeutung Jerusalems, die in ihrer eschatologischen Dimension bar jeglicher negativer Wesenszüge ist, wird im abschließenden Abschnitt mit ihrer außergewöhnlichen architektonischen Qualität (V11–27) vereint. In 22,1–5 wird Jerusalem tatsächlich als eschatologisches Paradies, in dem ein Fluss mit Lebenswasser fließt und der Baum des Lebens das ganze Jahr über Früchte und heilsame Blätter trägt, beschrieben. Diese tröstlichen Aspekte sind im Wesentlichen an die Opfer Babylons, des Tiers und des Drachens gerichtet und werden zum dritten Mal mit der Formel, die alles Böse ausschließt, betont. Ein herrliches Licht charakterisiert diese Dimension des Zusammenlebens zwischen Gott, dem Lamm und den Menschen, in dem jegliches Leid überwunden ist.

2.3 Frau/Stadt-Doppelfiguren im Vergleich

Ein Vergleich zwischen den Visionen der Frau/Stadt-Doppelfiguren in der Offb hebt überraschende Symmetrien zwischen den zwei antagonistischen Gestalten hervor: Wenn auch in unterschiedlicher Weise, so sind doch beide ihrer Macht entsprechend gekleidet: Babylon in Bezug auf königliche, Jerusalem in Bezug auf göttliche Macht – was sie majestätisch erscheinen lässt. Sie sind mit Kräften verbunden, die den Lauf der Geschichte bestimmen: die Erste mit dem Tier und dem Drachen, die Zweite mit Gott und dem Lamm. Beide weisen mit ihrem Äußeren auf ihren Reichtum und Glanz hin. In den Schilderungen der zwei Figuren erscheinen teilweise dieselben Materialien wie Perlen, Edelsteine und Gold. Sie stehen beide mit allen Völkern der Erde in Beziehung: Babylon herrscht über sie (17,2; 18,3ff.), während Jerusalem zu deren eschatologischer Bestimmung wird; insofern ist beiden ein universaler Charakter gemein. Darüber hinaus inszenieren beide Visionen, wenn auch in einem anderen Verhältnis, die charakteristische Doppelrolle von Frau und Stadt. Auch auf der räumlich-zeitlichen Ebene spielen die Visionen auf Symmetrien an. Um Babylon und Jerusalem sehen zu können, muss ein Engel den Propheten „im Geiste" an neue Orte, in die Wüste und auf den hohen Berg transportieren. Beide Visionen sind in die Zukunft projiziert: Jerusalem wird in eine eschatologische, vollständig neue Dimension eingebettet. Babylon ist ihrerseits zwar Teil der irdischen Sphäre der ersten Schöpfung, aber ihre Zerstörung wird im Text mit Verben in der Zukunftsform geschildert (18,9.21ff.).

Diese Symmetrien verdeutlichen in letzter Konsequenz den radikalen Unterschied zwischen den beiden Figuren, die jeweils dem Bereich absoluter Negativität bzw. absoluter Positivität angehören. Babylon ist die irdische Dimension, die mit dem Tier und dem Drachen in Verbindung steht. Sie ist eine Hure, die ihre Macht, ihren Einfluss und ihren Reichtum auf Bündnissen aufbaut, die auf Zerstörung und Tod abzielen. Ihre Verbündeten werden sich gegen sie erheben und an ihrem Untergang beteiligt sein. Jerusalem dagegen ist die Braut des Lammes. Ihre Verbindung mit Gott und dem Lamm ist absolut und eindeutig; sie stellt eine Dimension dar, die frei von allem Bösen ist.

Das Spiel mit Parallelen und Kontrasten zwischen den Visionen ist Teil einer zeitlichen Entwicklung und einer sehr differenzierten, rein theologischen Wahrnehmung der Geschichte. Die zwei Visionen der negativen und der positiven Doppelfigur Frau/Stadt wenden sich zuerst an die direkten Empfänger und Empfängerinnen der Offb, die sieben Gemeinden der Städte Asiens, die in den Anfangskapiteln aufgelistet werden (Offb 1,12; 2f.): Ephesus, Smyrna, Pergamon, Thyatira, Sardes, Philadelphia und Laodizea. Die Visionen beziehen sich auf die Erfahrung von Gruppierungen, in denen eine Vielfalt an Ideen und Positionen hinsichtlich der Botschaft des Evangeliums besteht und die auf der Suche nach Identität sind. Offensichtlich stellen Babylon und Jerusalem Bilder von Frauen/Städten dar, die die urbane Realität der in ökonomisch florierenden und politisch stabilen Städten wohnenden Menschen des 1. Jh. imitieren.[27]

Der Text liefert eine analytische und kritische Darstellung der Mächte, die die Wahrnehmung der Welt bestimmen: Die Gestalten, die mit Babylon verbunden sind, spiegeln die Strukturen der politischen Macht Roms nicht nur in Bezug auf die Hauptstadt des Imperiums wider, sondern auch hinsichtlich der Strukturen der dominanten, in der Sichtweise des Textes negativen, unterdrückenden und ungerechten, politischen Maschinerie. Die Macht Roms wird ausgehend von der engen Verbindung zwischen den politischen Kräften und den transzendenten negativen Kräften, die durch die satanische Figur des Drachens repräsentiert werden, beschrieben. Die Vorstellung der destruktiven Macht gründet demnach nicht nur auf der Analyse der christlichen Wahrnehmung der historischen und anthropologischen Dimension, sondern hat einen kosmologischen Wert. Mit seinen Repräsentanten und seiner organisatorischen Maschine-

---

[27] Vgl. PEZZOLI-OLGIATI, *Täuschung und Klarheit*, 215–246. Siehe auch Peter LAMPE, *Die stadtrömischen Christen in den ersten beiden Jahrhunderten: Untersuchungen zur Sozialgeschichte* (WUNT 2/18; Tübingen: Mohr, ²1989); J. Nelson KRAYBILL, *Imperial Cult and Commerce in John's Apocalypse* (JSNTSup 132; Sheffield: Sheffield Academic Press, 1996).

rie bildet Rom im geschichtlichen Kontext der Adressaten der Offb eine kompakte Einheit mit den typischen Kräften des Bösen aus der „ersten Schöpfung".

Die Visionen insistieren auf der Überzeugung, dass dieser Aspekt der gegenwärtigen Schöpfung nicht ewig währt, sondern in der neuen Dimension, versinnbildlicht durch das Bild Jerusalems, überwunden werden wird. Die gerechte und heilbringende Macht Gottes ist in diesem Sinne, zwar noch unvollendet, auch in der aktuellen, unvollkommenen Schöpfung, im Kosmos und in der Geschichte, präsent. Dessen ungeachtet offenbart sich der Allmächtige durch das Lamm im gegenwärtigen Leben, indem er ihm eine neue Qualität von Gerechtigkeit und Erlösung zuspricht. Dieser Linie folgend, bietet die Vision Jerusalems nicht nur einen Ausblick auf eine Zukunft, sondern auch auf eine künftige Lebensqualität, an der die sich zu Christus Bekennenden bereits zum jetzigen Zeitpunkt ihrer Geschichte Anteil haben.

Die Beziehung zwischen dem historischen Kontext, in den die Offb eingebettet ist, und deren literarischem Fiktionscharakter wird in unterschiedlicher Weise sichtbar. Um diese Verbindung besser zu verstehen, ist es wichtig, den tendenziell eher metaphorischen als allegorischen Charakter der Visionen anzuerkennen.[28] Die ausgewählten Texte visualisieren durch Sprachbilder die Relevanz einer theologischen Botschaft, die auf der Geschichte basiert, ohne jedoch eindeutige Hinweise zwischen einzelnen Elementen der Visionen und historischen Personen zu forcieren. Die Visionen spielen auf die negativen Aspekte der römischen Macht an, indem sie sie in einem christologischen Konzept der Erlösung kontextualisieren. Babylon und Jerusalem erscheinen so als verschiedenartige Lebenssituationen in unterschiedlichen Dimensionen: Babylon repräsentiert die Stadt, in der die Getreuen des Lammes gezwungen werden, Unterdrückung, Ungerechtigkeit und in bestimmten Fällen gar den Tod zu ertragen. Jerusalem hingegen stellt die Erfüllung einer vollkommenen Erlösung dar. Gemäß dieser Auslegung werden die zwei Frau/Stadt-Doppelfiguren zu einem Leseschlüssel, der, obwohl ursprünglich im römischen Kontext des 1. Jh. verfasst und sich auf ebendiesen beziehend, im Folgenden auf unterschiedliche historische, politische und religiöse Kontexte angewandt wurde.

Obwohl sie auf der literarischen Ebene originelle und unabhängige Schöpfungen sind, müssen die Visionen in den historisch-religiösen jüdischen Kontext eingebettet werden, was bereits aufgrund der Eigennamen der Figuren „Babylon" und „Jerusalem" deutlich wird. Die vielfältigen Elemente der atl. Tradition und der jüdischen Literatur, die in den Visionen vorhanden sind, wurden aus einem christlichen Blickwinkel bearbeitet und neu kombiniert.[29] Auch die Verbindung zwischen Frau und Stadt kann nicht allein auf diesem religionsgeschichtlichen Hintergrund, sondern muss im weiteren Horizont der griechisch-römischen und vor allem der altorientalischen Welt, wo die

---

[28] Vgl. Ian PAUL, „The Book of Revelation: Image, Symbol and Metaphor", in *Studies in the Book of Revelation* (hg. v. Steve Moyise; Edinburgh: T&T Clark, 2001), 131–147.

[29] Für die Beziehung zwischen Offb und AT siehe beispielsweise Steve MOYISE, *The Old Testament in the Book of Revelation* (JSNTSup 115; Sheffield: Sheffield Academic Press, 1995), und Ugo VANNI, *Apocalisse e Antico Testamento: Una sinossi* (Rom: Editrice Pontificio Istituto Biblico, 1990).

Identifikation einer Göttin mit ihrer Stadt ein wiederkehrendes Element ist, begriffen werden.[30] In den untersuchten Textstellen werden die Städte jedoch nie vergöttlicht. Die Wiederaufnahme dieses Topos ist nach atl. Auffassung bearbeitet. Sie kann in einer Weltvorstellung zusammengefasst werden, gemäß der sich ihr Schöpfer und Lenker außerhalb der von ihm erschaffenen Lebensdimension befindet. Auch im Falle der Stadt Jerusalem, in der Gott, das Lamm und die Völker zusammenleben und deren Herkunft göttlich ist, bleibt Gott eine Entität, die sich deutlich von seiner neuen städtischen Schöpfung abhebt. Die Fixierung auf die architektonische Qualität Jerusalems und die Abschwächung ihrer weiblichen Züge könnten als zusätzliche Hinweise in diese Richtung gelesen werden.

3. Babylon und Jerusalem als konstante Motive visueller Tradierungsprozesse der Offenbarung

Die Funktion der Frau/Stadt-Doppelfiguren als Leseschlüssel zur Interpretation der Geschichte und der Mächte, die sie regieren, hat im Verlauf der Rezeptionsgeschichte großes Echo gefunden. Wie bereits zu Beginn vorweggenommen, lenken wir unseren Blick in diesem vorletzten Teil des Beitrags auf einige Beispiele, die der ikonographischen Tradition entnommen sind. Der Ausblick auf einige Etappen zielt darauf ab, die Spannung zwischen der Textrezeption und der theologischen Deutung der Geschichte aufzuzeigen. Die Visionen von Jerusalem und Babylon wurden in den verschiedenen Rezeptionsprozessen zwar transformiert und angepasst, aber nicht so sehr, dass sie ihren Visionscharakter, der stark mit den jeweiligen Adressatinnen und Adressaten interagiert, verloren hätten.

Als Illustrationen werden unterschiedliche Bildtypen vorgestellt, die aus umfassenden und komplexen Werken verschiedener Epochen und kultureller Kontexte stammen. Als Auswahlkriterium für die einzelnen Bilder dient die Beziehung zu den besprochenen Texten, die Babylon und Jerusalem als Frau und/oder Stadt explizit bearbeiten.

Die ersten visuellen Beispiele sind einer Manuskriptenreihe zum Offb-Kommentar des Beatus von Liébana aus dem 8. Jh. entnommen. Das Werk entstand auf der iberischen Halbinsel wenige Jahrzehnte nach der Ankunft des Islams in Spanien und erfuhr einen vielfältigen Rezeptionsprozess. Der Text der Offb wird mit einer Kompilation von Auszügen aus Kommentaren und anderen spätantiken Schriften kombiniert. Das Manuskript von Beatus wurde während eines Zeitraums von einem guten halben Jahrtausend immer wieder kopiert. Die hier vorgestellten Illustrationen gehören in eine ganz besonders interessante Abschrift dieser Handschriftenfamilie: Das Manuskript *Morgan Beatus* (M 644) ist auf den Mönch Maius, einen Kopisten und Illustratoren der zweiten Hälfte des 10. Jh. im Königreich León, zurückzuführen. Maius fügte in das

---

[30] Vgl. PEZZOLI-OLGIATI, *Immagini urbane*.

Werk des Beatus Illustrationen ein, die aufgrund der Qualität sowie des Stils eine neue Phase in der Überlieferung markieren (Abb. 1–4).[31]

Wenn man kurz die Darstellung von Babylon als Frau betrachtet (Abb. 1), erkennt man in Bezug auf Offb 17,1f. die Assoziation dieser Frau mit einer negativen Sichtweise der islamischen Macht, die den größten Teil des Territoriums der Halbinsel beherrscht. Babylon wird auf orientalische Art, nicht auf einem Untier mit sieben Köpfen, sondern auf einem Divan sitzend, mit Kleidung nach orientalischer Fasson und mit einem Halbmond auf der Krone, inszeniert.

Abb. 1: The Pierpont Morgan Library, M 644, f. 194v.
Abb. 2: The Pierpont Morgan Library, M 644, f. 202v.

Die Darstellung Babylons als Stadt (Abb. 2) fixiert die Vorstellung des Moments ihrer Zerstörung. Die Schrift assoziiert Babylon explizit mit dem Bösen der Welt: „Ubi babilon id est mundi ardet", auf Deutsch: „Wo Babylon, d. h. die Welt, brennt". Die Miniatur zeigt nicht so sehr eine Stadt, als vielmehr ein ganz bestimmtes Gebäude. Auf Anhieb verblüffen die Ähnlichkeiten mit Details der Moschee von Córdoba.

Im Gegensatz dazu erscheint in der Darstellung von Jerusalem die personalisierte Figur der Braut nicht. Im visuellen Programm von Maius ist die Vision von Jerusalem in zwei Illustrationen unterteilt, in denen verschiedene Momente aus dem Text, welche nicht der Reihenfolge in der Offb entsprechen, miteinander kombiniert werden. Indem

---

[31] Nähere Angaben zur Quelle in John WILLIAMS und Barbara A. SHAILOR, Hg., *A Spanish Apocalypse: The Morgan Beatus Manuscript* (New York: Braziller, 1991). Für zusätzliche Informationen zum Werk siehe Sheila Pugh WOLFE, *The Early Morgan Beatus (M 644): Problems of Its Place in the Beatus Pictorial Tradition* (Ann Arbor: UMI, 2004). Siehe auch Kenneth Baxter WOLF, „Muhammad as Antichrist in Ninth-Century Córdoba", in *Christians, Muslims, and Jews in Medieval and Early Modern Spain: Interaction and Cultural Change* (hg. v. Mark D. Meyerson und Edward D. English; Notre Dame Conferences in Medieval Studies 8; Notre Dame: University of Notre Dame Press, 1999), 3–19.

sie verschiedene Perspektiven miteinander verknüpft, stellt Abb. 3 eine strikt geometrische Vision der Stadt dar. Im Zentrum befinden sich Johannes, charakterisiert durch das Buch (die Offb?), und ein Engel, der die Ausmaße der Stadt – im Beisein des Lammes – mit einem goldenen Stock (Offb 21,15) misst. Die Struktur der Tore nimmt das architektonische Modell mozarabischer Prägung dieser Epoche auf, das auch in den nördlichen Gebieten, die nicht unter islamischer Herrschaft standen, verbreitet war. Abb. 4 hingegen bezieht sich auf Offb 21,9 und 22,1–5, Texte, denen Elemente vorangegangener Visionen, wie beispielsweise die Vision vom Thron Gottes in Offb 4, angefügt werden.

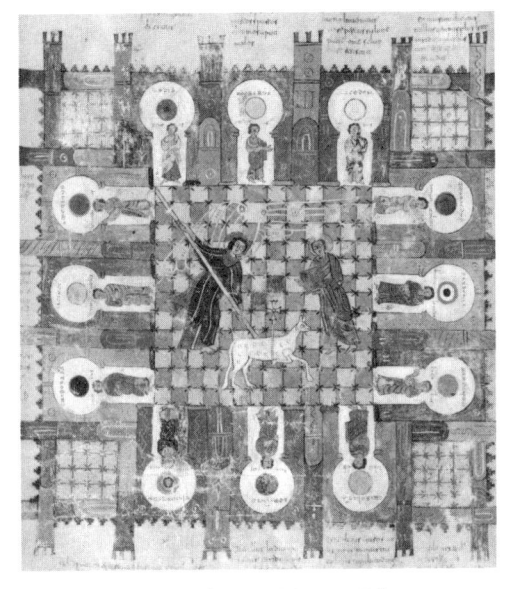

Abb. 3: The Pierpont Morgan Library, M 644, f. 222v.
Abb. 4: The Pierpont Morgan Library, M 644, f. 223.

Auf dem Hintergrund der Überlegungen hinsichtlich des Textes der Offb ist es interessant festzuhalten, dass einerseits die Darstellung der Macht Babylons eine deutliche Polemik gegen die islamische Herrschaft spiegelt und andererseits die Stadt in Flammen mit der gegenwärtigen Welt identifiziert wird. Gemäß dem visuellen Zyklus dieses Manuskripts kann der Kontrast zwischen Babylon und Jerusalem als eine Gegenüberstellung zwischen einer negativen Gegenwart und einer positiven eschatologischen Zukunft gesehen werden.

Die Abb. 5–6 zeigen Darstellungen von Babylon und Jerusalem, die sowohl in ein andersartiges ikonographisches Programm als auch in eine abweichende Repräsentationsstrategie eingefügt wurden. Die Darstellungen sind in einen Tradierungsprozess des letzten Buchs der Bibel im Umfeld der lutherischen Reform eingebunden. Die Bilder entstammen einer illustrierten Ausgabe der Offb von 1498 mit Darstellungen von

Albrecht Dürer und einer deutschen Übersetzung des Texts.³² Die Tafel XIII (Abb. 5) zeigt – zusätzlich zu Szenen aus anderen Kapiteln – Babylon, wie sie in Offb 17,3–4 beschrieben ist. Die Frau trägt die typische Bekleidung einer Edelkurtisane dieser Zeit nach dem Geschmack der venezianischen Mode. Im Hintergrund wird Babylon auch als Stadt im Augenblick ihrer Zerstörung inszeniert.

Abb. 5: Albrecht Dürer, Die heimlich Offenbarung Johannis, 1498, XIII Illustration.

Abb. 6: Albrecht Dürer, Die heimlich Offenbarung Johannis, 1498, XIV Illustration.

Weit entfernt vom Text erscheint hingegen die Darstellung Jerusalems (Abb. 6): Die Stadt ist im Hintergrund auf den Flanken eines Berges angelegt. Sie ist überhaupt nicht symmetrisch oder monumental, sondern nimmt vielmehr den realistischen Zug einer deutschen Stadt zu dieser Zeit, mit Gebäuden im typischen gotischen Stil, an. Das einzige „visionäre" Element ist durch die Figuren der Schutzengel gegeben, die jedoch nicht in dieser Weise im Text erwähnt werden. Der Gegensatz zwischen Babylon und Jerusalem ist, konfrontiert mit dem vorangegangenen Beispiel, überraschend, aber auf dem Hintergrund des künstlerischen, politischen und religiösen Kontexts, aus dem dieser Zyklus biblischer Illustrationen stammt, verständlich: Babylon, die Verbündete des Tiers, wird als Ausdrucks der römischen Kurie und der päpstlichen Allmacht gelesen, während Jerusalem zum heilbringenden Raum stilisiert wird, der auf der Erde dank des direkten Zugangs zur Schrift nach reformatorischem Prinzip bereits erfahrbar ist. Die

---

[32] Für eine Faksimile-Ausgabe siehe Ludwig GROTE, Hg., *Albrecht Dürer: Die Apokalypse: Faksimile der deutschen Urausgabe von 1498 „Die heimlich Offenbarung Johannis"* (München: Prestel-Verlag, 1970).

neue Beziehung zwischen Mensch und Gott, die ohne Vermittler funktioniert, erlaubt eine Annäherung der eschatologischen Stadt an die irdisch-historische Stadt, in der diejenigen leben, die am Ende des 15. Jh. die Bibel lesen.

Eine augenfällige Neubearbeitung Babylons als Hure nach Dürers Darstellung findet sich in Fritz Langs Film *Metropolis* von 1927 (Abb. 7).[33] Babylon erscheint hier in der Gestalt einer mechanischen Roboter-Frau, die von einem skrupellosen Wissenschaftler als artifizielle Replik der weiblichen Protagonistin des Films, Maria, produziert worden ist. Die Letztgenannte ist eine revolutionäre und sanfte Figur, die sich um die verwahrlosten Kinder der Arbeiterklasse, die von der Arbeit in einem kapitalistischen System versklavt ist, kümmert. Maria, deren Name offensichtlich Programm ist, nimmt einerseits die Gestalt einer Kindergärtnerin an und wird andererseits mit der Funktion einer Predigerin versehen, die die Massen dazu animiert, sich aus den Fängen der Unterdrückung zu befreien. Obwohl er nicht ausdrücklich für ein christliches Publikum konzipiert und produziert wurde, integriert

Abb. 7: *Metropolis*, Regie: Fritz Lang, Deutschland 1927, 01:16:24.

der Film, der die Stadt Metropolis fokussiert, verschiedene Ebenen biblischer Überlieferung. Diese deutsche Produktion der späten zwanziger Jahre des letzten Jahrhunderts ist ein Meilenstein in der Filmgeschichte und hat großen Einfluss auf den *science fiction*-Film, der häufig apokalyptische Motive aufgreift, ausgeübt.

Metropolis ist eine Stadt, in der die verschiedenen Stadtviertel von Bevölkerungsschichten bewohnt werden, die strikt voneinander getrennt sind. Die unterdrückte Arbeiterklasse, die im Untergrund lebt und arbeitet, garantiert die Energieversorgung der restlichen Stadt. In den hängenden Gärten über der Stadt vergnügen sich die Kinder der Industriellen, die aus Metropolis und seiner außergewöhnlichen Technologie ein wahres Wunderwerk erschaffen haben (Abb. 8). Außerdem gibt es Viertel, die ganz dem Vergnügen der städtischen Oberschicht gewidmet sind. Die Oberschicht ist einer industriellen Macht unterworfen, die sie mit Reichtum und Macht versorgt.

Abb. 8: *Metropolis*, Regie: Fritz Lang, Deutschland 1927, 00:16:48.

---

[33] Für eine Rekonstruktion des Films siehe die DVD-Ausgabe von Transit Classics, Deluxe Edition, 2003.

Wie bereits angedeutet, kann die mechanische Roboter-Frau auf der visuellen Ebene als Zitation Dürers apokalyptischer Frau Babylon identifiziert werden. Präsentiert wie eine Varietétänzerin, verzaubert diese Figur mit ihren Künsten sowohl die Oberschicht als auch die Arbeiterklasse. Als Racheinstrument eines Wissenschaftlers gegen den Diktator von Metropolis konzipiert, trägt Babylon als mechanische Frau zur Zerstörung eines beträchtlichen Teils der Stadt bei. Der Film, der einen sozial- und technologiekritischen Charakter aufweist, zeigt keine direkten Bilder von Jerusalem. Trotzdem wird der biblische Gegensatz zwischen Babylon und Jerusalem durch die Darstellung der futuristischen Stadt mit einer für diese Zeit außergewöhnlichen kinematographischen Technik zumindest angedeutet. Diese Interpretation bietet sich nicht nur aufgrund der visuellen und narrativen Ebenen des Werks an, sondern auch aufgrund konstanter Bezugnahmen des Films auf die Offb. Zum Beispiel wird nebst dem Bezug zur Hure Babylon, dem Objekt der Begierde der Mächtigen von Metropolis, ein Hinweis auf die Stadt Babylon durch ein direktes Zitat aus der Offb (Abb. 9) expliziert. Metropolis, die futuristische, aber typisch menschliche Stadt, weist sowohl die negativen Qualitäten Babylons als auch die positiven Jerusalems auf. Das Happy End suggeriert in der Tat die Möglichkeit eines konstruktiven Zusammenlebens verschiedener sozialer Schichten.

Die apokalyptischen Motive der christlichen Tradition breiten sich, ausgehend von Bereichen, die sich strikt an die christlichen Traditionen anlehnen, auf eine künstlerische Produktion aus, die in einer säkularisierten Gesellschaft verankert ist. Die Verbreitung durch das Kino – aber auch durch andere Ausdrucksformen – wiederholt sich immer wieder und nimmt sowohl innerhalb der kommerziellen als auch der Autorenproduktionen der letzten Jahrzehnte des 20. Jh. ein beachtliches Ausmaß an. Aus dieser Perspektive kann man bestätigen, dass die Motive, die mit der apokalyptischen Stadt verbunden sind, sich zu konstanten Elementen des Genres Katastrophenfilm entwickelt haben.[34] Im Unterschied zu *Metropolis* konzentriert sich die Bezugnahme allerdings auf die negative Stadt, inspiriert von Babylon. Dabei scheint sich die Darstellung der Frauenfiguren zu verflüchtigen.

Abb. 9: *Metropolis*, Regie: Fritz Lang, Deutschland 1927, 01:17:29.

---

[34] Vgl. Daria PEZZOLI-OLGIATI, „Vom Ende der Welt zur hoffnungsvollen Vision: Apokalypse im Film", in *Handbuch Theologie und populärer Film 2* (hg. v. Thomas Bohrmann, Werner Veith und Stephan Zöller; Paderborn: Schöningh, 2009), 255–275; Melanie WRIGHT, „,Every Eye Shall See Him': Revelation and Film", in *The Way the World Ends? The Apocalypse of John in Culture and Ideology* (hg. v. William John Lyons und Jorunn Økland; The Bible in the Modern World 19; Sheffield: Sheffield Phoenix Press, 2009), 76–94; Conrad E. OSTWALT, „The End of Days", in *The Continuum Companion to Religion and Film* (hg. v. William L. Blizek; London: Continuum, 2009), 290–299.

Diese Übersicht verdeutlicht, wenn auch nur mit knappen Andeutungen, die komplexe Dialektik zwischen Text und Bild, welche die Rezeption der Offb in der christlichen und westlichen Tradition charakterisiert. Das Beispiel des illuminierten spanischen Manuskripts zeigt eine dreifache Spannung zwischen dem Text der Offb, dem Kompendium der Kommentare und dem Bildprogramm auf. Nur das Letztgenannte enthält jedoch aktuelle Elemente auf dem Hintergrund des christlich-muslimischen Konflikts des 10. Jh. Auch im Falle der Lithographie Dürers fällt bezüglich der Spannung zwischen Text und Bildern den Letzteren die Rolle der Textinterpretierenden im Kontext der Adressaten und Adressatinnen zu. Im filmischen Werk, das noch Teil der Stummfilmproduktion war, sind die Verweise auf die Offb hingegen vielfältig: als biblisches Buch und als Zitat der Illustration Dürers. Die Bearbeitung der textlichen Grundlage übernimmt in einer Analyse der Stadt als doppeldeutigem, aber unverzichtbaren Raum für das Zusammenleben und die menschliche Entwicklung den Charakter eines kulturellen Topos.

4. Die weiblichen Figuren der Offenbarung zwischen Exegese, Geschichte und Kultur

Berücksichtigt man diese Beispiele heterogener Stationen in der Geschichte der Textrezeption, bemerkt man den Wandel der Vorstellungen von Babylon und Jerusalem über die verschiedenen Medien hinweg. Von den mittelalterlichen Manuskripten ausgehend, über die ersten Produktionen gedruckter Bücher, bis hin zu den bewegten Bildern des Kinos bleiben die apokalyptischen Motive konstant: Sie sind stets als solche erkennbar, obwohl sie innerhalb unterschiedlicher Umfelder, mit unterschiedlichen Medien und innerhalb unterschiedlicher soziopolitischer Kontexte verglichen werden. Sie bewahren auch in zeitgenössischen, säkularisierten Bereichen, die sich weit von einer strikt religiösen Überlieferung entfernt haben, den Bezug zum Originaltext. Auch wenn diese Motive sich konstant verändern, mit neuen Bedeutungen assoziiert und kombiniert werden, weisen sie explizit auf die Offb hin. Als solche verbreiten sie sich im kulturellen Gewebe und behalten die Funktion als Interpretationsschlüssel für die Geschichte bei.

In der Spannung zwischen Wiederaufnahme und Transformation werden die Frau/Stadt-Doppelfiguren vor allem auf Babylon als Hure und/oder als negative Stadt und auf Jerusalem als Stadt des Heils, reduziert. Vom Standpunkt einer genderfokussierten Interpretation können zusammenfassend zwei letzte Überlegungen formuliert werden.

Zuerst werden die Figuren als Binom untrennbarer Gegensätze gedacht. Die Schlechtigkeit Babylons kann nur in Verbindung mit ihrem Gegenstück Jerusalem, die von Gott in eine neue Welt, in der jegliches Böse überwunden ist, gesandt ist, begriffen werden. Die Utopie Jerusalems und die Dystopie Babylons entsprechen sich auch außerhalb des biblischen Textes, so wie die Prostituierte nach einem Kontrast in Form der Figur der Braut verlangt. Die Frau/Stadt-Doppelfiguren sind, was die Idealisierung im Positiven und im Negativen betrifft, äußerst stilisierte Prototypen.

In Verbindung mit diesem Aspekt steht die zweite Überlegung: Sowohl die urbane Vorstellung als auch diejenige der Frauen ist sehr weit von der historischen Situation von Frauen entfernt, auch wenn die Figuren der Prostituierten und der Braut schon auf der Ebene der Offb und ihrer literarischen Vorlagen symptomatisch für ein Frauenbild sind, das auf einem weiblichen Abhängigkeitsverhältnis von Männern basiert (die Freier der Prostituierten, der Bräutigam der Braut). Dabei handelt es sich um einen typischen Aspekt einer Kulturgeschichte, die auf einem patriarchalen Sozialmodell gründet. Auch auf dieser Ebene sind die apokalyptischen Motive nicht unveränderlich: Die utopische und dystopische Vorstellungswelt, die mit den Frau/Stadt-Doppelfiguren der Offb verbunden wird, zirkuliert in der Tat auch in der gegenwärtigen Gesellschaft, in der sich die weiblichen und männlichen Rollen in einer Phase des Übergangs und der Neudefinition befinden. Die erneute exegetische Lektüre des apokalyptischen Textes kann daher die Funktion übernehmen, „Jerusalem" und „Babylon" im Lichte ihrer Geschichte, Tradition/Überlieferung und kulturellen Präsenz zu überdenken.

Christologische Modelle der kanonischen Evangelien, entwickelt an exemplarischen Frauenfiguren

Romano Penna
Lateranuniversität Rom

Jedes der vier kanonischen Evangelien vermittelt ein eigenes Jesusbild, d. h. eine eigene Darstellung Jesu, ein spezifisches christologisches Modell oder Modul.[1] Jedes dieser Modelle ist die Frucht einer vielschichtigen hermeneutischen Ausgestaltung, die der Osterglaube stufenweise in Bezug auf die Figur des Nazareners hervorgebracht hat. Somit haben wir verschiedene Bilder, d. h. zusammengefasst: in Mk das Kontrastverhältnis zwischen Mächtigem und Gedemütigtem, in Mt den Lehrer, der das Warten Israels beendet, in Lk den Propheten, der die göttliche Barmherzigkeit vermittelt, und in Joh den himmlischen Offenbarer, der vom Vater herabsteigt und zu ihm zurückkehrt, nachdem er seine Mission erfüllt hat.

Die Intention des vorliegenden Beitrags ist nicht, die verschiedenen Christologien im Einzelnen zu wiederholen, sondern allenfalls deren wesentliche Merkmale in Erinnerung zu rufen, um sie mit Gender-Perspektive zu beleuchten. Es soll hier darum gehen, einige *Sub-Modelle* zu identifizieren und hervorzuheben, und zwar solche, die sich aufgrund der Rolle, die Jesus gemäß den einzelnen Evangelien in Bezug auf die Frauen spielt, die ihm begegnen oder denen er begegnet, erkennen lassen. Der Begriff „Sub-Modell" ist nicht einschränkend oder – schlimmer – als Herabsetzung zu verstehen, sondern als Identifizierung wichtiger Aspekte, die dazu beitragen, das Gesamtbild der Figur Christi zu erfassen. In diesem Fall sollen die weiblichen Figuren ermittelt werden, mit deren Hilfe sich die verschiedenen Komponenten des Jesusbildes umreißen lassen, um somit verborgenen Aspekten Beachtung zu schenken. Folglich ist also eine „Gender"-Perspektive[2] im Spiel, die meines Erachtens bisher in der Forschung zu den Evangelien und zum historischen Jesus noch nicht angewendet wurde. In der Tat ist dies weder eine Bestandsaufnahme oder Auflistung aller weiblichen Figuren, die in

---

[1] Als wesentliche Literatur ist zu nennen: Rudolf SCHNACKENBURG, *Jesus Christus im Spiegel der vier Evangelien* (Akzente; Freiburg i. Br.: Herder, 1998); Ben WITHERINGTON III, *The Many Faces of the Christ: The Christologies of the New Testament and Beyond* (New York: Crossroad, 1998), 127–152.169–184; Romano PENNA, *I ritratti originali di Gesù il Cristo: Inizi e sviluppi della cristologia neotestamentaria 2: Gli sviluppi* (Studi sulla Bibbia e il suo ambiente 2; Cinisello Balsamo: San Paolo, 1999, ²2003), 329–456. Darüber hinaus siehe die für die deutschsprachige feministische Exegese bedeutenden Publikationen: Elisabeth SCHÜSSLER FIORENZA, *Jesus – Miriams Kind, Sophias Prophet: Kritische Anfragen feministischer Christologie* (Gütersloh: Gütersloher Verlagshaus, 1997); CRÜSEMANN, Marlene, und Carsten JOCHUM-BORTFELD, Hg., *Christus und seine Geschwister: Christologie im Umfeld der Bibel in gerechter Sprache* (Gütersloh: Gütersloher Verlagshaus, 2009).

[2] Als allgemeine Referenz verwende ich den von Marinella PERRONI herausgegebenen Band „*Non contristate lo Spirito*": *Prospettive di genere e teologia: Qualcosa è cambiato?* (Negarine di San Pietro in Cariano: Gabrielli, 2007).

den Evangelien erwähnt werden,³ noch geht es darum zu zeigen, welch hohe Wertschätzung Jesus Frauen zuteil werden ließ (vielleicht im Kontrast zum Umfeld). Es soll vielmehr untersucht werden, welchen Beitrag die Frauen, denen Jesus begegnete, geleistet haben, um besondere Züge seiner Identität zu beleuchten. Es handelt sich deshalb nicht bloß um eine soziologische, sondern um eine tendenziell christologische Untersuchung: Von Interesse ist nicht so sehr, was Jesus für die Frauen getan hat, sondern vor allem, wie sie dazu beigetragen haben, ihn bekannt zu machen, indem sie eine vollständige Offenbarung gefördert haben. Die eingenommene Perspektive ist folglich nicht die von Jesus, sondern die der Frauen. Der Zweck der Studie lässt sich konkret in einer Frage zusammenfassen: Welcher Jesus ist in der Begegnung mit den Frauen erkennbar? Das bedeutet, welche Aspekte der Person bringen diese zum Vorschein? Die Absicht ist daher zu zeigen, dass verschiedene, aber grundlegende Aspekte der Identität Jesu gerade von weiblichen Figuren ans Licht gebracht werden.[4]

Die folgende Untersuchung verzichtet absichtlich auf Vollständigkeit und stellt lediglich einen Versuch dar, eine Skizze sozusagen, einen Essay, der darauf angewiesen ist, anschließend noch einmal überdacht und in ein detailliertes Gesamtbild integriert zu werden, zumal die behandelte Materie sehr viel umfangreicher und differenzierter ist.

Ich werde deshalb aus jedem der kanonischen Evangelien nur ein Beispiel analysieren, das ich als repräsentativ erachte für verschiedene weibliche Rollenmodelle als auch vor allem verschiedene Aspekte der Jesus-Figur.[5] Mit diesem Ziel folge ich methodologisch der kanonischen, nicht der chronologischen Abfolge der Evangelien.

---

[3] So etwa Ben WITHERINGTON, *Women in the Ministry of Jesus: A Study of Jesus' Attitudes to Women and their Roles as Reflected in His Earthly Life* (MSSNTS 51; Cambridge: Cambridge University Press, 1984); außerdem Ferruccio PARAZZOLI, *Gesù e le donne* (Mailand: Paoline, 1997); Dario FO, *Gesù e le donne* (Mailand: Rizzoli, 2007).

[4] Grundsätzlich ist zu bedenken, dass die geschichtlichen Ereignisse sowohl durch die narrative Verarbeitung als auch durch die Darstellung der jeweiligen Evangelienredaktion überlagert werden. Daher kommt auch in den Erzählungen von Jesu Begegnungen mit Frauen nicht unmittelbar der historische Jesus zum Vorschein.

[5] Es handelt sich um einen Lesevorgang, der über die einfache, oberflächliche Feststellung hinausgeht. Umberto ECO würde vom „semiotischen" (oder „ästhetischen") Leser sprechen, der dem „semantischen" Leser vorzuziehen sei (siehe DERS., *Die Bücher und das Paradies: Über Literatur* [München: Hanser, 2003], 222f.; Originalausgabe: *Sulla letteratura* [Mailand: Bompiani, 2002], 238f.).

1. Die Tochter des Synagogenvorstehers und die blutflüssige Frau: Mt 9,18–26

1.1 Die Begegnung und ihre Bedeutung

Nach der Bergpredigt, in der Jesus die Statuten für seine Nachfolge formuliert (siehe Mt 5–7), und vor der Aussendungsrede (siehe Mt 9,35–10,42) fügt die mt Redaktion eine Reihe von Begegnungen, vornehmlich von Heilungen ein, die wie folgt konzipiert ist: ein Aussätziger (8,1–4), der Sklave eines Hauptmanns (8,5–13), die Schwiegermutter des Petrus und andere Kranke (8,14–17), die Stillung des Seesturms (8,23–27), die Besessenen von Gadara (8,28–34), ein Gelähmter (9,1–8), die Berufung des Matthäus (9,9–13), die Kontroverse um das Fasten (9,14–17), *die Tochter des Synagogenvorstehers und die blutflüssige Frau* (9,18–26), zwei Blinde (9,27–31), ein von Dämonen besessener Stummer (9,32–34).

Der Text, der uns interessiert, begegnet nicht ausschließlich bei Mt, sondern gehört der synoptischen Überlieferung an. Aber seine Position bei Mt ist auffällig. In Mk, wo übrigens mehr erzählerische Details enthalten sind (5,21–43), steht er zwischen der Heilung des Besessenen von Gerasa (5,1–20) und dem Besuch Jesu in Nazaret (6,1–6) und ist somit nicht Bestandteil eines Zyklus von Wundergeschichten. In Lk (8,40–56) findet man insofern das mt Schema wieder, als der Text, der der Heilung des Besessenen von Gerasa folgt (8,26–39), unmittelbar der Aussendung der Zwölf (9,1–6) vorausgeht. Allen drei Erzählungen gemeinsam ist die interessante Verknüpfung der Geschichten zweier unterschiedlicher Frauen: Die Erzählung beginnt mit dem Jesus unterbreiteten Fall der verstorbenen Tochter des Synagogenvorstehers Jaïrus, fährt mit der Intervention und der Heilung der blutflüssigen Frau fort (die seit zwölf Jahren an unregelmäßigen Menstruationsblutungen leidet) und endet mit der Auferweckung des gestorbenen Mädchens. Aber die wichtigste Gemeinsamkeit der drei synoptischen Erzählungen ist der Zustand der Unreinheit, dem Jesus sich aussetzt, indem er sowohl mit einer Menstruierenden (siehe die Verbote in Lev 15,19.25f.28.33)[6] als auch mit einem Leichnam (siehe die Verbote in Num 19,11–16)[7] in direkten Kontakt kommt.

Was Mt unterscheidet, ist, dass er mit seiner Erzählung zum ersten Mal, und zwar in ausführlicher Form, eine Begegnung Jesu mit einer Frau, ja mit zweien, präsentiert. Denn davor hatte Mk bereits die Heilung der Schwiegermutter des Simon Petrus (siehe Mk 1,29–31) und die (nicht stattgefundene) Begegnung zwischen Jesus und seiner Mutter mitsamt seinen Geschwistern (siehe Mk 3,31–35) beschrieben, während Lk schon die Begegnungen Jesu mit der Witwe von Naïn (siehe Lk 7,11–17) und mit der Sünderin (siehe Lk 7,36–50; dazu unten) erzählt hatte, neben der Erwähnung der Frauen in seinem Gefolge (siehe Lk 8,2f.). Mt dagegen erwähnte die Heilung der Schwiegermutter des Petrus lediglich in knappen Worten (siehe Mt 8,14f.), so dass er

---

[6] Zur Halacha siehe ferner *m. Zabim* 5,6.
[7] Des Weiteren siehe *m. 'Ohal.* 1,2–4.

erst jetzt ausführliche Darstellungen der Begegnungen Jesu mit Frauen bietet, ergänzt durch situationsbezogene Dialoge.⁸

Das christologische Modell, das sich also aus dieser Erzählung gewinnen lässt, ist das eines *freien* Jesus: frei von jeglichen legalistischen Bedenken in Bezug auf Unreinheit. Sicher, dieser Zug ist auch den parallelen Passagen zu eigen und zeigt sich darüber hinaus in anderen Geschichten (siehe die Kontakte mit Aussätzigen, Prostituierten, Angehörigen der Völker, Zöllnern etc.). Aber in Mt sind es gerade die Frauen, zwei Frauen, die zum ersten Mal diesen charakteristischen Zug Jesu hervorheben. Wenn man bedenkt, dass das Konzept „rein" – „unrein" in Israel fundamental war⁹, und zwar so sehr, dass die Mischna ihm zwölf Traktate¹⁰ widmet, kann man sich also vorstellen, inwieweit sich Jesus außerhalb dieser Kasuistik bewegt hat und sie sozusagen ignoriert hat. Für ihn ist der Mensch, das Menschsein, mehr wert als jede religiöse Vorschrift, vor allem, wenn es sich um Verbote handelt! Insgesamt ist es interessant festzustellen, dass nach der mt Erzählung der bei Jesus über den religiösen Tabus stehende Mensch von Beginn an durch eine Frau repräsentiert ist, oder besser: durch zwei Frauen. Es sind genau diese, die den aufmerksam Lesenden ein überraschendes, unverwechselbares Charakteristikum der Identität Jesu deutlich machen.¹¹

1.2 Das matthäische Bild

Wenn wir die für Mt spezifische Christologie berücksichtigen, ist dies umso überraschender. Der Evangelist stellt in der Tat drei spezifische Dimensionen Jesu in den Mittelpunkt seines Diskurses: Jesus als Messias, Lehrer und Immanuel. Die Bezeichnung *Messias* beleuchtet den Aspekt, dass sich in Jesus die in den alten Schriften dargelegten Erwartungen erfüllen, indem ihm schon in der Einleitung in 1,1 die Abstammung von David (Königslinie) zugesprochen wird. Zwölfmal steht zudem eine Erfüllungsnotiz, die meist auf ihn bezogen wird („damit sich erfüllte/da erfüllte sich, was gesagt worden war ...": 1,22; 2,15.17.23; 4,14; 8,17; 12,17; 13,35; 21,4; 26,56; 27,9;

---

[8] Im Übrigen gab es im Fall der Schwiegermutter des Petrus kein Problem der Reinheit, weder nach der Tora noch der Halaka, da jene weder menstruierte noch gestorben war.

[9] Siehe Paolo SACCHI, *Storia del Secondo Tempio: Israele tra VI secolo a. C. e I secolo d. C.* (Turin: Società editrice internazionale, 1994), 415–453; Dorothea ERBELE-KÜSTER, „Geschlecht und Kult: ‚Rein' und ‚Unrein' als genderrelevante Kategorien", in *Tora* (hg. v. Irmtraud Fischer, Mercedes Navarro Puerto und Andrea Taschl-Erber; Die Bibel und die Frauen: Eine exegetisch-kulturgeschichtliche Enzyklopädie 1.1; Stuttgart: Kohlhammer, 2010), 347–374.

[10] Die *Tahorot* beschäftigen sich alle mit Anweisungen zur Reinheit (in Wirklichkeit allerdings mehr mit Unreinheit).

[11] Insgesamt vgl. Jonathan KLAWANS, *Impurity and Sin in Ancient Judaism* (Oxford: Oxford University Press, 2004), vor allem 146–150; Tom HOLMÉN, *Jesus and the Jewish Covenant Thinking* (BibIntS 55; Leiden: Brill, 2001), 236f.

sowie 13,14). Damit kann auch der berühmte Ausspruch „Ich bin nicht gekommen, um aufzuheben, sondern um zu erfüllen" (5,17) assoziiert werden.

Die zweite Qualifizierung, *Lehrer*, zeichnet sich durch ihre Originalität und nicht so sehr durch ihre quantitative Verwendung aus (die in Mk ähnlich ist), vielmehr durch ihre semantische Bedeutung, die sie in Mt erhält. Es würde genügen, an den Ausspruch „denn einer ist euer Lehrer; ihr aber seid alle Geschwister" (Mt 23,8) zu denken – doch darüber hinaus soll auf einige interessante Daten aufmerksam gemacht werden: Zum einen behält sie Mt nur denjenigen vor, die Jesus nahe stehen, während Mk diese Anrede auch solchen in den Mund legt, die keine JüngerInnen sind. Des Weiteren organisiert Mt die Worte Jesu in fünf thematischen Blöcken und zeigt somit eine offensichtlich didaktische Absicht. Schließlich treten hie und da verschiedene Bezüge zur Figur des Mose hervor (ausgehend von den Geschichten über die Kindheit Jesu bis zu der Formulierung „Ihr habt gehört, dass ... Ich aber sage euch ..." in 5,21–48), die Jesus zu einem Initiator eines neuen Volkes machen.

Die hebräische Bezeichnung *Immanuel*, die Jesus zu Beginn der Erzählung in 1,23 ausdrücklich zugesprochen wird, versehen mit der Übersetzung „Gott mit uns", bestimmt das Ganze, denn sie befindet sich in der Mitte des Evangeliums (siehe 18,20: „Denn wo zwei oder drei in meinem Namen versammelt sind, da bin ich *mitten unter ihnen*") und wird am Ende wiederholt (siehe 28,20: „Seid gewiss: *Ich bin bei euch* alle Tage bis zum Ende der Welt"). Auf diese Weise suggeriert Mt, dass sich in Jesus eine neue Präsenz Gottes inmitten Israels manifestiert. Ferner konstruiert Mt einen heilsgeschichtlichen Rahmen, den es in den anderen Evangelien nicht gibt: Er beginnt mit einer ausführlichen heilsgeschichtlichen Eröffnung, indem er Jesus *a parte ante* als Endpunkt einer langen Genealogie präsentiert, die mit Abraham beginnt (siehe 1,1–14), und endet, indem er *a parte post* einen universalen Horizont, der alle Völker einschließt, entwirft (siehe 28,19). Gerade mit dem abschließenden Versprechen Jesu, immer bei seinen JüngerInnen zu sein, ersetzt er die Verheißung des Geistes auf bedeutungsvolle Weise, mit der sowohl Lk (siehe 24,49) als auch Joh (20,19–23) schließen.

1.3 Schlussfolgerung

Die Begegnungen mit den beiden genannten Frauen, die die Freiheit Jesu gegenüber den Reinheitsvorschriften (siehe oben) betonen, erfolgen schließlich in der Linie dieser mt Hermeneutik. Sie zeigen nämlich, dass Jesus sowohl für einen neuen Messias steht, der über die Hoffnungen Israels hinausgeht, als auch für den Lehrer, der nicht einfach die von Mose verkündeten Gebote wiederholt, zudem ist er als Zeichen für eine neue Art der Gegenwart Gottes unter den Menschen zu verstehen. Im Hinblick auf all diese Gesichtspunkte scheint Jesus daher im Falle der zwei Frauen eine absolut befreiende Rolle innezuhaben in Bezug auf religiöse und ethische Auffassungen, die in Zusammenhang mit traditionellen Konzepten stehen.

2. Die Frauen in dem Bericht über die Passion und das leere Grab: Mk 15,40–16,8

Bei Mk betrachten wir zwei verschiedene Momente, die in der Tat aufeinander folgen und sich ergänzen, wobei zwei verschiedene christologische Komponenten durchscheinen.

2.1 Die beiden Momente und ihre Bedeutung

Mk führt als erster erbarmungslos das vollkommene Verlassensein Jesu von allen seinen Jüngern während der Festnahme in Getsemani an: „Da verließen ihn alle und flohen (ἔφυγον)" (Mk 14,50; dies ist lediglich noch in Mt 26,56b berichtet).[12] Die Knappheit der Anmerkung, frei von Kommentaren und auch ohne jeglichen Verweis auf die Schriften, suggeriert die Bestürzung des Erzählers, der dennoch aufrichtig die Tatsache verzeichnet. Dieses Faktum ist im Erzählverlauf umso überraschender und enttäuschender, als die Jünger selbst, entgegen der Prophezeiung Jesu bezüglich ihres Versagens (siehe 14,27), vorher noch protestiert hatten, indem sie auf der von Petrus beteuerten Verpflichtung bestanden, eher zu sterben als ihren Lehrer zu verlassen (siehe 14,29–31). Nach Mk ist dies auch das letzte Mal, dass Jesus und seine Jünger zusammen sind – vereint in einem gemeinsamen Schicksal, wenn auch auf gegensätzliche Weise und somit sehr ironisch und tragisch.[13]

Lediglich „einige Frauen" folgen ihm bis zum Kreuz und markieren so einen großen Unterschied zu den Zwölf (Männern). Am Kalvarienberg „sahen einige Frauen von weitem zu", wobei drei von ihnen mit Namen genannt werden:

> Maria aus Magdala, Maria, die Mutter von Jakobus dem Kleinen und Joses, sowie Salome, die Jesus schon in Galiläa nachgefolgt waren und ihm gedient hatten. Noch viele andere Frauen waren dabei, die mit ihm nach Jerusalem hinaufgezogen waren. (Mk 15,40f.)[14]

Auch die männlichen Jünger waren aus Galiläa und auch sie waren ihm bis nach Jerusalem gefolgt. Aber ihr Verhalten in der Stunde der Erprobung ist schlicht antithetisch!

Am leeren Grab hingegen „flohen" (ἔφυγον) die auch hier mit Namen genannten Frauen ebenso; „denn Zittern und Entsetzen hatten sie ergriffen. Und sie sagten niemandem etwas; denn sie fürchteten sich" (Mk 16,8). Und genau mit dieser Reaktion der Frauen endet das ursprüngliche Evangelium. Man könnte viel über diesen mk

---

[12] Dieses Faktum wird gemäß dem mk Bericht noch durch die Flucht eines anwesenden jungen Mannes verschärft, der nackt in ein Laken gewickelt war (siehe Mk 14,51f.).

[13] Vgl. Bastiaan VAN IERSEL, *Marco: La lettura e la risposta: Un commento* (Brescia: Queriniana, 2000), 400. Von einer älteren Auflage der niederländischen Originalfassung existiert eine deutsche Übersetzung: DERS., *Markus: Kommentar* (Düsseldorf: Patmos, 1993).

[14] Ich verzichte hier auf nähere Ausführungen zu den einzelnen Frauen (siehe die Kommentare).

Schluss diskutieren, um letztlich zu der Behauptung zu gelangen, dass das Schweigen der Frauen in Wirklichkeit „kerygmatisches Schweigen"[15] ist.

Also handelt es sich um zwei Fluchten: die der Jünger angesichts der Festnahme Jesu und die der Frauen angesichts der Überraschung durch das Unvorhersehbare. Aller Wahrscheinlichkeit nach haben weder die Jünger noch die Frauen mit den beiden Geschehnissen (der Festnahme und dem leeren Grab/der Engelerscheinung) gerechnet: Erstere haben ein so dramatisches Ende Jesu nicht erwartet (aber die Frauen blieben anwesend), während Letztere weder damit rechneten, dass das Grab leer sei, noch, dass sie zu einer göttlichen Epiphanie bestimmt seien, und deshalb erschüttert waren (hier sind die Jünger jedoch vollkommen abwesend).

Aus den jeweiligen Situationen ergibt sich eine doppelte christologische Aussage. Zum einen wird Jesus in einer Zeit der extremen Prüfung von Frauen *beigestanden*. Er, der so viele Menschen viele Male aktiv gerettet hatte, kommt jetzt persönlich und passiv in den Genuss der Hilfe anderer, in diesem Fall ausschließlich der von Frauen, auch wenn es vermutlich nicht das erste Mal war, dass er die Loyalität von Frauen zu spüren bekam.[16] Dass er den Beistand von Frauen annimmt, ist ein Ausdruck großer Menschlichkeit.

Andererseits wird Jesus als einer, der die an ihn gerichteten Erwartungen in *überraschender* Weise überschreitet, dargestellt. In der Tat ist seine Auferstehung von niemandem erwartet worden. Aber es wäre unangemessen, aus der Flucht der Frauen aus dem Grab eine negative Komponente abzuleiten: „It is devastating to watch those who have already demonstrated more faithfulness than the Twelve fail as well!"[17] Es ist vielmehr das Mysterium der Auferstehung Jesu, das ins Spiel kommt und von dem zwischen den Zeilen des mk Berichts im Hinblick auf das leere Grab zu lesen ist. Und wie bei jedem Mysterium kann man nur mit offenem Munde staunen. Hervorzuheben ist, dass es Frauen waren, die die ersten Erfahrungen mit dieser Überraschung machten, wobei der erschütternde Aspekt der Erfahrung lediglich die Unfassbarkeit des Ereig-

---

[15] So z. B. sehr scharfsinnig Marinella PERRONI, „L'annuncio pasquale alle/delle donne (Mc 16,1–8): Alle origini della tradizione kerygmatica", in *Patrimonium fidei: Traditionsgeschichtliches Verstehen am Ende? Festschrift für Magnus Löhrer und Pius-Ramon Tragan* (hg. v. Marinella Perroni und Elmar Salmann; Studia Anselmiana 124; Rom: Pontificio. Ateneo S. Anselmo, 1997), 397–436. Die Autorin unterstreicht sehr anschaulich die Tatsache, dass das Schweigen der Frauen zum einen ein „redaktionelles" Schweigen war, da die ZuhörerInnen/LeserInnen von Mk sehr wohl wussten, dass, wenn die Frauen wirklich geschwiegen hätten, die christliche Verkündigung nicht begonnen hätte, und dass zum anderen während der Entstehungszeit des Mk die Tradition der Beteiligung der Jüngerinnen an der christologischen und ekklesiologischen Artikulation des Osterglaubens noch nicht übergangen werden konnte (was später der Fall war).

[16] Siehe z. B. die Schwiegermutter des Petrus: während Mk 1,31; Lk 4,39 schreiben, dass sie „ihnen" (d. h. Jesus und der Gruppe der Jünger) nach der Heilung diente, präzisiert Mt 8,15, dass sie „ihm" diente (mit ausschließlichem Bezug auf Jesus).

[17] Mary Ann TOLBERT, „Mark", in *The Women's Bible Commentary* (hg. v. Carol A. Newsom und Sharon H. Ringe; London: SPCK, 1992), 263–274; 274.

nisses für bloß menschliches (Vor-)Verständnis bestätigt und gleichzeitig die Bedeutung der Frauen für die Überlieferung des Osterglaubens betont.

2.2 Der markinische Plot

Der gesamte mk Erzählzusammenhang kann als von zwei Stimmen eingerahmt aufgefasst werden: jener Johannes des Täufers, der Jesus als unvergleichlich „stärker" als sich selbst erklärt (1,7f.; umso mehr, als Gott selbst Jesus am Jordan als „geliebten Sohn" [1,11] bezeichnet), und jener eines jungen Mannes/Engels, der verkündet, dass Jesus jetzt nicht mehr in seinem Grab sei (siehe 16,6). Das Zeugnis des Täufers ist nicht ausreichend, denn die Leute von Kafarnaum stellen nach der Heilung des Besessenen die Frage nach der Bedeutung dieses von Vollmacht zeugenden Geschehens (siehe 1,27: „Was hat das zu bedeuten?"). Dagegen verweist das Ende des Evangeliums darauf, dass Jesus, wenn auch gekreuzigt, „der Sohn Gottes war" (15,39). Hier liegt ein Paradox vor, insofern die BewohnerInnen von Kafarnaum angesichts einer wunderbaren Machtdemonstration nach der Identität Jesu fragen, während der Hauptmann am Fuße des Kreuzes ein Bekenntnis zur Größe Jesu ablegt – im Augenblick der äußersten und schändlichen Ohnmacht eines Todes am Kreuze. Das Evangelium des Mk ist vollkommen von diesem dialektischen Geflecht durchzogen. Einerseits erzählt der Evangelist von einem Jesus, der Wunder zugunsten der Menschen vollbringt, die positive Urteile über ihn auslösen (siehe Mk 8,29: „Du bist Christus"), in denen er sich jedoch nicht voll und ganz wiedererkennt.[18] Andererseits lenkt Mk die Aufmerksamkeit auf die Dimension des gedemütigten und leidenden Jesus, worin dieser sich vollkommen wiedererkennt, welche die Masse und auch seine Jünger dagegen meiden und zurückweisen (siehe Mk 8,31–33). Mk ist übrigens der erste christliche Erzähler, der Jesus mit dem Titel „Menschensohn", verbunden mit einer Demonstration der Macht (bereits in 2,10 bezüglich der Vergebung der Sünden) oder im Zusammenhang mit dem traditionell unerhörten Thema des Leidens (siehe 8,31), bezeichnet. Auf jeden Fall verliert der Evangelist nie die irdische Dimension Jesu aus den Augen, wie z. B. durch den Gebrauch des Beinamens „Nazarener" (4-mal, nie in Mt), der an die historische und alltägliche Konkretheit seiner Herkunft erinnert. Und dies gilt auch dann, wenn der mk Jesus in 2,19f. von sich selbst als einem „Bräutigam" spricht, mit dem man feiern muss. Mk verbindet also in der Geschichte seiner Darstellung Jesu Gegensätze und lässt auf diese Weise die Unergründlichkeit seines Mysteriums durchscheinen.

---

[18] Zur Frage des so genannten Messiasgeheimnisses in Mk siehe die Diskussion in PENNA, *I ritratti originali*, Bd 2, 339–341.

2.3 Schlussfolgerung

Die weiblichen Figuren kennzeichnet hinsichtlich der unterschiedlichen Reaktionen am Fuße des Kreuzes und am Grab die gleiche Dialektik. Zuerst bleiben sie hartnäckig präsent, auch wenn alles dafür spricht, sich zu entfernen (wie dies ja die anderen Jünger tun), aber dann laufen auch sie ängstlich weg, gerade wenn es scheint, dass alles sich zum Besseren verändert hat. Für Mk ist dies eine andere Art zu sagen, dass Jesus höchst menschlich ist, wie sein Tod beweist, aber gleichzeitig ist er auch übermenschlich, wie seine Auferstehung es nahe legt. Die doppelte Singularität der Frauen besteht einfach in einem doppelten Teilen: dem des menschlichen Leidens Jesu und dem des menschlichen Unverständnisses des Mysteriums. Doch obwohl bereits im Leiden ein Mysterium besteht, zögern die Frauen nicht, es zu teilen.

3. Die Sünderin, der vergeben wurde: Lk 7,36–50

3.1 Der Fall

Der Text zählt zum lk Sondergut und die vergleichende Lektüre mit verwandten Salbungserzählungen (siehe Mk 14,3–9/Mt 26,6–13; Joh 11,2; 12,1–8) enthüllt seine Einzigartigkeit.[19] Diese Feststellung wird durch zwei weitere Beobachtungen bestätigt: Zum einen ist die Frau namenlos (wodurch dem Geschlecht eine größere Bedeutung als dem Individuum zukommt), zum anderen ist sie eine Sünderin, näherhin eine Prostituierte (stellvertretend für viele andere Sünder)[20].

Im Mittelpunkt der Episode steht die Kühnheit der Frau, die nicht nur möglichem Spott, sondern auch sicherem Protest die Stirn bietet und sich freimütig zu einem Gastmahl begibt, in die Nähe von Jesus, um zumindest in den Genuss seines wohlwollenden Verständnisses zu kommen. Die Geste kann nur einen Skandal provozieren, da der Kontakt mit Prostituierten in Israel als absolut verwerflich gilt (siehe Lev 19,29; Dtn 23,18–29; Jer 3,2f.)[21]. Während es in Mt/Mk die Jünger sind, die an dieser Geste Anstoß nehmen (in Joh speziell Judas), ist es in Lk der Pharisäer Simon, der Jesus eingeladen hatte. Es ist jedoch interessant, dass, während in Mt/Mk/Joh die Verschwendung von Geld der Grund für den Skandal ist, festgemacht an der Kostbarkeit des Parfüms, mit dem die Frau Jesus besprengt, es in Lk der von Jesus tolerierte Kontakt mit einer Sünderin dieser Art ist. Daher ist es eben nicht die Sünderin, die den Skandal mit ihrer Unverschämtheit provoziert, sondern Jesus mit seiner „Freizügigkeit"!

---

[19] Tatsächlich verortet Lk die Episode in Galiläa während des öffentlichen Lebens Jesu, wohingegen Mk, Mt und Joh die Salbungsgeschichte in Betanien in den letzten Tagen vor der Passion situieren. Ausführlicher siehe François BOVON, *Das Evangelium nach Lukas (Lk 1,1–9,50)* (EKKNT 3/1; Zürich: Benziger, 1989), 385–389.

[20] Es ist auffallend, dass das Wort ἁμαρτωλός, „SünderIn", in Mt 5-mal und in Mk 6-mal vorkommt, in Lk dagegen gut 17-mal.

[21] Siehe außerdem *t. Soṭah* 5,9; *y. Giṭ.* 9,50d.

Gerade darin besteht ein christologisches Modell, das sich gut in das Gesamtbild der lk Redaktion einfügt, aber es bringt uns auch wieder auf die Ebene der „*ipsissima figura*" des historischen Jesus. Im Kontext der Geschichte erlaubt es der Auftritt der Frau, dass Jesus eine Parabel erzählt (V41–43: die beiden Schuldner, denen vergeben wurde, mit Betonung auf den stärker belasteten), meiner Meinung nach die für die Evangelien charakteristischste unter jenen, die Jesus zugeschrieben werden. Auch wenn sie Ähnlichkeiten mit dem Gleichnis in Mt 18,23–34 aufweist (der rücksichtslose Schuldner, dem erst vergeben, aber der dann bestraft wird), brilliert sie ganz klar durch die Aussage der reinsten und bedingungslosen Großzügigkeit der durch den Gläubiger vollzogenen Handlung (auf Gott bezogen). Schulden zu erlassen einzig und allein aufgrund der Unfähigkeit der Schuldner, diese zu begleichen, ist völlig unerhört, und gerade dies macht die erstaunliche Großzügigkeit des Erlassenden[22] deutlich, hinter dem in nicht allzu verschleierter Form die Gestalt und das Verhalten Jesu selbst zu erkennen sind.

Aber der Fall der Sünderin, der vergeben wird, hebt eine andere Eigenschaft in der Beziehung zu Jesus hervor. Das wird in der von Jesus gesprochenen Abschlusserklärung ganz offensichtlich deutlich: „Dein Glaube hat dich gerettet ..." (V50). Also, streng genommen, ist es keine bloße Geste von Liebe (in diesem Fall: die Waschung der Füße, das Trocknen mit ihrem Haar, die Tränen), die der Sünderin die Vergebung der Sünden gebracht hat, sondern das, was hinter der Liebe steht, d. h. der reine Glaube, das sichere Vertrauen, dass sie bei ihm auf Akzeptanz und Vergebung stoßen würde.

Es ist etwas Paulinisches in alldem (wie auch in dem Gleichnis vom Pharisäer und Zöllner in Lk 18,9–14). Jesus manifestiert sich als derjenige, der barmherzig ist, jenseits aller kleinlichen moralischen Traditionen, und der in denen, die aktiv lieben, die Gegenwart (und Notwendigkeit) einer freien und reinen Haltung des Gläubigen erkennt (jedoch diese auch implizit fordert). Aber es sei darauf hingewiesen, dass ein solches christologisches Modell hier mit einer weiblichen Figur verflochten ist, sogar mit einer öffentlichen Sünderin. In der Tat ist sie es, die mit einer beinahe mäeutischen Handlung diese Identität Jesu beleuchtet, indem sie ihm die Gelegenheit dazu gibt, das auszudrücken, was ihn am meisten auszeichnet.

3.2 Die lukanische Komposition

Einige sprachliche Daten weisen uns auf den richtigen Weg zu den zentralen Aussagen des 3. Evangeliums, z. B. der Gebrauch des Begriffs χάρις, „Gnade/Dankbarkeit": Dieser kommt in Mt/Mk überhaupt nicht vor, in Lk dagegen 8-mal (1,30; 2,40.52; 4,22;

---

[22] Siehe Arland J. HULTGREN, *Le parabole di Gesù* (Brescia: Paideia, 2004), 213; Originalausgabe: *The Parables of Jesus: A Commentary* (Grand Rapids: Eerdmans, 2000).

6,32.33.34; 17,9).²³ Ein weiteres sprachliches Charakteristikum ist die ausschließliche Verwendung des Zeitadverbs „heute", σήμερον (2,11; 4,21; 19,5.9; 23,43), das Lk unveränderlich auf die aktuelle erlösende Präsenz Jesu in seinen Begegnungen bezieht.²⁴ Darüber hinaus findet sich der Titel κύριος, „Herr", den Mt und Mk nur in der direkten Anrede Jesu seitens verschiedener Personen verwenden, im lk Bericht in den Passagen des Erzählers und bringt daher den urkirchlichen Glauben zum Ausdruck (14-mal; siehe 7,13.19; 10,1.39.41 etc.). Schließlich ist festzustellen, dass Lk gut 17-mal (dagegen Mt 8-mal und Mk 7-mal) die Tatsache betont, dass im Blick auf Jesus etwas notwendigerweise geschehen „muss"/δεῖ (siehe z. B. 13,33: „Doch heute und morgen und am folgenden Tag *muss* ich weiterwandern ..."; 24,26: „*Musste* nicht der Messias all das erleiden, um so in seine Herrlichkeit zu gelangen?"). Wenn wir das tragende lk Thema zusammenfassen wollten, wäre dies die Idee einer ungeschuldeten Manifestation der Barmherzigkeit Gottes, die schon im Magnificat angekündigt wird: „Er erbarmt sich von Geschlecht zu Geschlecht über alle, die ihn fürchten" (1,50 = Ps 103,17). Das geht klar aus der Episode um den Auftritt Jesu in der Synagoge von Nazaret hervor, wo er Jes 61,1f. liest, welche im Gesamtbild des Evangeliums die Funktion einer Ouvertüre hat. In diesem kurzen Text kommt der Begriff ἄφεσις, „Vergebung, Erlass, Emanzipation, Befreiung", zweimal vor, als zusammenfassender Ausdruck des Dienstes Jesu: „Der Herr hat mich gesandt, ... damit ich den Gefangenen die *Befreiung* verkünde ...; damit ich die Zerschlagenen in *Freiheit* setze und ein Gnadenjahr des Herrn ausrufe" (4,18f.). Jesus bezieht den Text des Propheten explizit auf sich selbst (siehe 4,21: „Heute hat sich das Schriftwort, das ihr eben gehört habt, erfüllt"), indem er zwischen den Zeilen auf den Beginn eines Jubeljahres, in dem die Schulden erlassen werden, anspielt (siehe Lev 25,8–17). Also nimmt Jesus die Rolle eines Verkünders der göttlichen Gnade ein, desjenigen, der die gute Nachricht der Befreiung der Armen, Gefangenen, Blinden und Unterdrückten überbringt. Es sei darauf hingewiesen, dass nach Lk die ursprüngliche soziale Befreiung, die mit dem Jubeljahr einhergeht, auch eine Metapher für eine radikale innere Befreiung von der Sünde ist. Nicht, dass die erste Komponente fehlen würde, wie man in dem ausschließlich bei Lk erzählten Gleichnis vom barmherzigen Samariter sehen kann, das empfiehlt, demjenigen konkret ein Nächster zu sein, der bedürftig ist (siehe 10,30–37), dem Gleichnis vom verlorenen Sohn, der von seinem Vater großzügig wieder aufgenommen wird, trotz der Verschwendung des Familienvermögens (siehe 15,11–32), und dem des genusssüchtigen Reichen, welchem der arme Lazarus gegenübergestellt wird (siehe 16,19–31), der unter anderem die einzige Figur in allen Gleichnissen der Evangelien ist, die namentlich genannt wird! Aber auch in anderen lk Sondergut-Erzählungen wird die Komponente der „spirituellen" Freisprechung ausdrücklich betont, wie im Gleichnis vom Pharisäer und dem Zöllner deutlich wird (siehe 18,9–14), in der Passage über den Ober-

---

²³ Es ist interessant festzustellen, dass Joh ihn nur dreimal verwendet und das lediglich im Prolog! Hinzuzufügen ist, dass das Synonym ἔλεος, „Barmherzigkeit", in Lk 6-mal gebraucht wird, dagegen nur 3-mal in Mt und in Mk/Joh überhaupt nicht.

²⁴ Hier lässt sich das Adverb νῦν, „jetzt", assoziieren (14-mal in Lk und nur 4-mal in Mt, 3-mal in Mk).

zöllner Zachäus (siehe 19,1–10), im Fall des guten Schächers am Kreuz (siehe 23,39–43) und, was hier von Interesse ist, in der Episode der Sünderin, der vergeben wird.

3.3 Schlussfolgerung

Die anonyme Sünderin, der vergeben wird, kann auch als Symbol oder Ikone eines Jesus angesehen werden, der aus reiner Gnade vergibt, wenn auch als Reaktion auf eine eindeutige Glaubenshaltung. Der Fall hebt sich auch dadurch ab, dass Jesus nicht auf der Suche nach der Frau ist (wie nach Zachäus, in dessen Haus er eintreten wollte), sondern es ist die Frau, die ihn aufsucht, aus einem ganz persönlichen Motiv heraus. Es ist nicht so, dass sie Jesus seine Vergebung abnötigt, zumal sie ihn nicht einmal darum bittet (!), aber sie gibt ihm die Gelegenheit, all seine wohlwollende Großzügigkeit seiner Vergebung zu zeigen. Sie ist es also, die seine wahre Identität zum Vorschein bringt, indem sie einfach ihre große Schuld gegenüber einem absolut großzügigen Gläubiger bekennt.[25]

4. Jesus und die Samariterin: Joh 4,4–42

4.1 Die Bedeutung der Begegnung

Der Text des Joh ist nicht mit den synoptischen Evangelien zu vergleichen, sondern steht in seiner Einmaligkeit allein. In der Erzählung von Joh 4 sticht insbesondere eine weibliche Gestalt hervor, mit zweifellos einzigartigen Konturen (zumindest im ersten Teil: V7–26). Die Frau, die Jesus am Brunnen von Sychar vorfindet, ist gewissermaßen eine „erfahrene" Person, verheiratet, aber mit einer Geschichte von irregulären ehelichen Beziehungen (siehe V16–18). Darüber hinaus wird sie ohne eigenen Namen vorgestellt, wodurch sie eine gewisse typologische Dimension erhält. Daher ist es denkbar, dass ihr in der Perspektive des Joh ein symbolischer Wert zukommt und dass sie das gesamte Volk der Samariter repräsentiert, das nach etwas Besonderem dürstet. Auch wenn die Frau tatsächlich materiell Wasserschöpfen geht, hat sie eine tiefere Erwartung, wie ihre Antworten im Gespräch mit Jesus über den wahren Ort der Anbetung des Messias, der alles verkündigen wird (vgl. V25), offenbaren.[26]

---

[25] Vgl. den Kommentar von Ambrosius in *Exp. Luc.* 6,35: „An dieser Frau also wird uns jenes Wort des Apostels verständlich: ‚Übergroß war die Sünde, dass die Gnade übergroß war' [Röm 5,20]. Denn wenn die Sünde an dieser Frau nicht übergroß gewesen wäre, wäre die Gnade nicht übergroß gewesen. Sie erkannte nämlich die Sünde und trug die Gnade davon."

[26] Siehe Xavier LÉON-DUFOUR, *Lettura dell'evangelo secondo Giovanni 1 (capitoli 1–4)* (Cinisello Balsamo: Paoline, 1990), 465f.; Originalausgabe: *Lecture de l'Évangile selon Jean 1 (Chapitres 1–4)* (Parole de Dieu 26; Paris: Éditions du Seuil, 1988).

Im Zentrum des Gesprächs der beiden steht das Thema Wasser.[27] In der Auffassung des Joh kommt diesem sicher eine symbolische Bedeutung zu, wie es auch beim Wein (siehe 2,1–11), beim Brot (siehe 6,26–58) und beim Licht (siehe 8f.) der Fall ist. Jesus verwendet hier, um Wasser bittend, dieselben Worte, die das Volk Israel in der Wüste an Mose richtete (siehe Ex 17,2), und bietet sich in bildhaften Worten als Repräsentant des neuen Israels an. Aber dann geht er weit über diese Identifikation hinaus, indem er vorschlägt, eine neue Art von Wasser zu geben, „das zur sprudelnden Quelle wird, deren Wasser ewiges Leben schenkt" (V14b).

Die Geschichte hat einen zweiten Teil, in dem die Jünger Jesu die Szene betreten (siehe V31–38). Jesus scheint das Thema des Gesprächs zu wechseln, indem er das Thema der Ernte einführt.

In Wirklichkeit lässt sich zwischen den beiden Momenten eine ziemlich enge thematische Verbindung erkennen. Denn im Anschluss daran ist es die Samariterin, mit der sich das Thema von der Getreideernte verbindet. Die Frau, die fremd unter den Menschen des Volkes Israel ist, ist Jesu Adressatin für eine einzigartige Verkündigung, da er ihr nicht nur deutlich macht, dass „das Heil von den Juden kommt" (V22), sondern dass das Wasser, das er geben wird, bei weitem das in der Vergangenheit von den Vätern aus diesem Brunnen heraufgezogene übertreffen wird. Nun, wesentlich ist es, nicht nur die Aufnahmebereitschaft der Frau, die offen um das von Jesus versprochene Wasser bittet (siehe V15), zur Kenntnis zu nehmen, sondern auch ihre eigene Initiative, indem sie hinsichtlich des in Jesus gefundenen Neuen zur Verkünderin für ihre MitbürgerInnen wird (siehe V28f.).[28]

Daher ist auf dem Hintergrund des joh Textes ein *missionarischer Zug* zu erkennen, der alles andere als zweitrangig ist. In der Tat ist das christologische Modell, das sich zwischen den Zeilen herauslesen lässt, eine Öffnung Jesu zu denen, die sich außerhalb von Israel befinden. Er tritt als „Evangelisierender" auf, zumindest in dem Sinne, dass er als offen und zugänglich für Nicht-Israeliten erscheint. Auf diese Weise kündigt sich der universalistische Horizont an, der nach Ostern gleichsam explodiert. In Apg 8,5–25 ist von der ersten Mission der Gemeinde von Jerusalem außerhalb ihrer Grenzen zu lesen, und diese geschieht im Hinblick auf Samaria. Im Blick auf die Episode mit der Samariterin lässt sich sagen: „Obwohl diese Mission erst nach Jesu Tod ausgeführt wird, ist sie doch schon zu seinen Lebzeiten *vorweggenommen*."[29]

Die stark hervorgehobene Figur der Frau aus Samaria bietet Jesus nach Joh die Möglichkeit zur Selbstoffenbarung als erwarteter Messias: „Ich bin's, der mit dir re-

---

[27] Dies wird dadurch betont, dass in wenigen Versen das Wort „Wasser" 7-mal vorkommt und das Verb „trinken" 6-mal.

[28] Vielleicht ist sogar von Bedeutung, dass sie in Bezug auf ihn den einfachen Titel „Mensch", ἄνθρωπος, verwendet, der an dieser Stelle zum ersten Mal im 4. Evangelium auftaucht und der dagegen in den synoptischen keinerlei christologische Valenz hat (siehe Santi GRASSO, *Il Vangelo di Giovanni: Commento esegetico e teologico* [Rom: Città Nuova, 2008], 208).

[29] Oscar CULLMANN, *Der johanneische Kreis: Sein Platz im Spätjudentum, in der Jüngerschaft Jesu und im Urchristentum: Zum Ursprung des Johannesevangeliums* (Tübingen: Mohr, 1975), 51.

det!" (V26). Es ist wahr, dass sich die BewohnerInnen von Samaria, nachdem sie Jesus in Person begegnen, im weiteren Verlauf der Geschichte von der Frau freispielen, indem sie sagen: „Nicht mehr aufgrund deiner Rede glauben wir, denn wir haben selbst gehört und wissen: dieser ist wirklich der Retter der Welt" (V42). In jedem Fall ist die von ihr ausgeübte Funktion grundlegend und absolut typisch, denn sie zeigt die Struktur des Glaubensaktes, welcher sein Ziel nicht in jenen findet, die verkünden, sondern im Verkündigten. Insbesondere spielt die Frau wiederum eine Rolle bei der mäeutischen Selbstoffenbarung Jesu, nun in der joh Version, und bei einer seiner spezifischen Eigenschaften: seiner Funktion, denjenigen, die danach verlangen, den Durst zu stillen, denn „wer aber von dem Wasser trinken wird, das ich ihm gebe, der wird in Ewigkeit nicht dürsten" (V14a). Es muss natürlich präzisiert werden, dass mit diesem Wasser der Geist gemeint ist, den der auferstandene Jesus ohne Maß geben wird (siehe 3,35; 7,39); aber es ist die Frau aus Samaria, die Jesus nicht nur die Gelegenheit zu einer außergewöhnlichen Selbstoffenbarung gibt, sondern die auch die heutigen LeserInnen des Evangeliums auf den Weg zu einer entscheidenden Begegnung mit Jesus bringt.[30]

4.2 Der johanneische Kontext

Die theologische und christologische Dichte des 4. Evangeliums bildet den Ausgangspunkt einer immensen Zahl von Studien, die wechselnde Sichtweisen bieten.[31] Es ist nicht so sehr von Bedeutung, die explizit in der joh Christologie verwendeten Bezeichnungen herauszuarbeiten, auch wenn es hier wirklich originelle gibt, als vielmehr eine grundlegende Kategorie zu entwerfen, die als Basis und Bezugspunkt für alle in der Schrift enthaltenen doktrinären Entwicklungen dienen kann. Meiner Meinung nach ist „himmlischer Offenbarer" der wichtigste Titel der joh Christologie. Dies zeigt sich bereits am Schluss des Prologs: „Niemand hat Gott je gesehen; der eingeborene Sohn, der in des Vaters Schoß ist, der hat es uns verkündigt" (1,18). Das hier verwendete Verb (ἐξηγήσατο) gehört nicht zum apokalyptischen Vokabular und bedeutet nicht wirklich „enthüllen" im Sinne davon, alle Schleier zu entfernen und das Verborgene offenkundig sichtbar zu machen. Es verweist dezenter auf eine andere Art von Enthüllung, die, ohne das Mysterium zunichte zu machen, sehr wohl über die Dinge informiert ist und sie deshalb mit dem Wissen um die Gründe darlegt, sowohl mit Worten als auch mit „Zeichen"/Taten. In Wirklichkeit müssen wir jedoch erkennen, dass das genannte Verb sich nicht nur auf die Jesus-Ebene bezieht, d. h. auf das, was Jesus während seines irdischen Lebens wirklich gesagt und getan hat, sondern in gewisser Weise auch die vom Evangelisten geschriebenen Worte umfasst. Die von Jesus gegebene „Auslegung" ist

---

[30] Siehe auch Maria-Luisa RIGATO, *Giovanni: L'enigma, il Presbitero, il culto, il tempio, la cristologia* (Bologna: Edizioni Dehoniane, 2007), 179–209, die einen interessanten Vergleich zwischen der Samariterin und Nikodemus aufstellt.

[31] Siehe die Synthese bei PENNA, *I ritratti originali*, Bd 2, 387–456. Vgl. auch Gail O'DAY, *Revelation in the Fourth Gospel: Narrative Mode and Theological Claim* (Philadelphia: Fortress, 1986).

im Grunde identisch mit der des Verfassers/Redaktors des Textes, der de facto die Worte Jesu vermittelt. Die Diskussion über eine mögliche gnostische Dimension des Joh entscheidet sich am besten, indem präzisiert wird, dass man allenfalls von einer nicht proto-gnostischen, sondern vor-gnostischen Idee der Gestalt Jesu sprechen kann. Denn dies ist in einer Weise präsentiert, dass er von einem früheren Wohnsitz im Himmel, wo er die Dinge durch den Vater „gesehen und gehört" hat, in eine irdische Dimension wechselt (siehe Verben wie „herabsteigen", „kommen", „ankommen"), von der er sich dann loslöst und in den Himmel zurückkehrt (siehe Verben wie „aufsteigen", „weggehen", „verlassen", „sich entfernen"). Er ist ja derjenige, der die Dinge weiß/kennt und bekannt macht (siehe 7,29; 8,14; 17,26), indem er eine „Wahrheit" verlautbart, die zum Leben führt (siehe 5,24; 8,32.40; 14,6). Auf dieser Grundlage identifiziert der Evangelist die Person Jesu nicht nur durch eine traditionelle Betitelung (siehe Prophet, Menschensohn, Sohn, Christus, Herr und sogar Retter), sondern auch durch andere Qualifikationen mit sehr hoher christologischer Bedeutung, unter denen neben der Definition des Lammes vor allem die des Logos, des Brotes des Lebens, des Lichts der Welt, der Tür, des Guten Hirten, des Weinstocks, der Auferstehung und des Lebens hervorstechen (vgl. auch „der Weg, die Wahrheit und das Leben"), ganz zu schweigen von den so genannten absoluten „Ich bin"-Worten, ohne jegliches Prädikat, die seine Göttlichkeit deutlich implizieren (siehe 8,24.28.58; 13,19). Darüber hinaus ist der joh Jesus derjenige, der den Geist, den „Paraklet", den Beistand, schenkt (siehe 3,34; 7,37–39; 14,16.26, 15,26; 20,22f.), als „Ersatz", der Jesus weiterhin präsent hält in einem Leben nach dem Zeugnis des Evangeliums.

4.3 Schlussfolgerung

Der Dialog mit der Samariterin ist Teil einer Reihe von Begegnungen, die es Jesus nach Joh erlauben, wesentliche Aspekte seiner Person zu offenbaren. Es handelt sich um ganz unterschiedliche Gegenüber, wie Nikodemus (Kap. 3), den blind geborenen Mann (Kap. 9), Lazarus (Kap. 11), die JüngerInnen in den Abschiedsreden (Kapitel 13–17) und selbst Pilatus (Kap. 18). Von Zeit zu Zeit ist es eine neue Definition, die sich als Teilaspekt der Identität verstehen lässt. Die Frau aus Samaria entpuppt sich als eine ganz besondere Gesprächspartnerin. In der Tat hat sie nicht nur die Funktion, die Selbstoffenbarung Jesu, der erfrischendes Wasser für das ewige Leben schenkt, auszulösen, sondern sie wird auch zu einer wirksamen Zeugin und daher zu einer Mittlerin der Zustimmung zum Glauben vieler anderer (einziger Fall bei Joh). Es ist nicht gesagt, dass sie Jesus als Messias anerkennt, aber die Aufmerksamkeit, die Joh auf den Glauben der Samariter lenkt, lässt vermuten, dass auch sie diese Überzeugung teilt. Auf jeden Fall ist es, als ob Joh auch auf die Samariterin das Wort aus dem Prolog beziehen wollte: „Dieser kam zum Zeugnis, dass er von dem Licht zeugte, auf dass sie alle durch ihn glaubten (1,7)"[32].

---

[32] Maria-Luisa RIGATO, *Giovanni*, 202.

5. Resümee

In diesem Artikel wurde exemplarisch eine Reihe von weiblichen Figuren analysiert, denen die vier kanonischen Evangelien eine außergewöhnliche Aufmerksamkeit widmen. Die Frauen werden nicht nur zu passiven Empfängerinnen eines besonderen Interesses seitens Jesu, als ob er sie adeln möchte, da er sich ihrer Würde bewusst ist, und um sie aus einem angeblichen Zustand der Minderwertigkeit zu befreien. Vielmehr nehmen sie selbst aktiv Einfluss auf dessen Auftreten und somit die Entdeckung der spezifischen Aspekte seiner Identität. In diesem Zusammenhang sprachen wir über die „mäeutische" Funktion. Das griechische Wort μαιευτική (Mäeutik), das als Etikett der sokratischen philosophischen Methode[33] gilt, ist eigentlich ein Adjektiv (in Übereinstimmung mit dem darin angedeuteten Substantiv τέχνη/„Kunst"), das die Tätigkeit der Hebamme bei der Geburt angibt.[34] Es handelt sich also um eine typisch weibliche Rolle, wie vielleicht keine andere auf der Ebene von Berufen.

Nun, dies ist die Rolle, die mehrere Frauen im Lauf des öffentlichen Lebens Jesu gespielt haben. Die Reihe könnte sicherlich erweitert werden, indem man andere weibliche Figuren zitiert, wie z. B. die Witwe von Naïn, die Schwestern Marta und Maria, die gebeugte Frau, die an einem Sabbat geheilt wird, die Witwe, die den Obolus am Tempel entrichtet, Frauen, die um Jesus trauern, während er auf den Kalvarienberg steigt, Maria Magdalena. Es sind, wie man sieht, ganz bestimmte Rollen, die letztlich dazu dienen, zur Enthüllung der Identität Jesu beizutragen. In den meisten Fällen sind sie es, die ans Licht bringen, wer Jesus ist, indem sie einige seiner sehr grundlegenden Eigenschaften offenbaren. Indirekt ist es also Jesus selbst (näherhin der jeweilige Evangelist), der, indem er ihnen die Durchführung dieser Aufgabe gestattet, erkennt, dass die Frauen die Möglichkeit und auch die Wirksamkeit besitzen, einen fruchtbaren Beitrag zu seiner Selbstoffenbarung zu leisten und die Möglichkeit einer speziellen Beziehung zu ihm, da sie wissen, wer er wirklich ist.

Diese Lehre ist natürlich nicht auf die Anfänge des Christentums beschränkt, sondern spielt eine Vorbildfunktion bei der Förderung des christlichen Glaubens zu allen Zeiten, sowohl für die Frauen selbst, die aufgerufen sind, diese Rolle auch weiterhin einzunehmen, als noch mehr für die Männer, die dazu eingeladen sind, dies offen anzuerkennen und ihnen auf jeden Fall Dank zu schulden.

---

[33] Siehe z. B. Platon, *Theaet.* 161e; Diogenes Laertius, *Vitae philosophorum* 3,49.51.

[34] Zugrunde liegen das griechische Verb μαιεύομαι, „sich als Hebamme betätigen", „entbinden", „gebären helfen", „ans Licht bringen", sowie die Nomina μαιάς/μαιεύτρια, „Geburtshelferin", μαιεία, „Hebammenkunst", μαίευμα, „die Frucht der Geburt", μαίευσις, „Entbindung", und μαιευτικός, „das, was mit der Geburt zu tun hat". An der Spitze des Wortfeldes steht jedoch das archaische Substantiv μαῖα, das „Mama", „Ernährerin", „Amme" bedeutet und das in der Mythologie auch γαῖα, die „Erde", genannt wird (siehe Aischylos, *Cho.* 45). Vgl. Pierre CHANTRAINE, *Dictionnaire étymologique de la langue grecque: Histoire des mots* (Paris: Klincksieck, ²1999), unter dem betreffenden Wort.

Innerhalb und außerhalb der Häuser
Veränderung weiblicher Rollen von der Jesusbewegung bis zu den frühen Kirchen

Adriana Destro und Mauro Pesce
Università di Bologna

0. Vorbemerkungen

0.1 Unterschiedliche Erklärungsmodelle

Um die Entwicklung der Rollen von Frauen im frühen Christentum zu erklären, werden üblicherweise zwei verschiedene Interpretationsmodelle verwendet.[1]
- Das erste neigt dazu, die Diskontinuität zwischen Jesus und den frühen Kirchen zu betonen und eine Transformation von einer wichtigen zu einer untergeordneten Rolle von Frauen anzunehmen. Eine inferiore Position der Frauen hätte sich demnach vor allem nach der Entstehung des NT oder ab dem 3. Jh. herauskristallisiert.
- Das zweite Modell betont die Kontinuität und tendiert dazu, eine aktive Rolle von Frauen in der frühen Kirche auch dort zu entdecken, wo die Texte davon explizit nicht sprechen.

Wir unterstützen das Modell der Diskontinuität zwischen den frühesten Kirchen und der Jesusbewegung, glauben jedoch, dass die beiden Modelle nicht gegensätzlich sein müssen. Wir schlagen ein sozialanthropologisches Schema vor, das eine Wende zwischen der von Jesus gewählten sozialen Form und jenen Organisationen, die später vor-

---

[1] Siehe Elisabeth SCHÜSSLER FIORENZA, *Zu ihrem Gedächtnis ...: Eine feministisch-theologische Rekonstruktion christlicher Ursprünge* (Gütersloh: Gütersloher Verlagshaus, ²1993); Ross Shepard KRAEMER, *Her Share of the Blessings: Women's Religions Among Pagans, Jews, and Christians in the Greco-Roman World* (New York: Oxford University Press, 1992); Annette ESSER und Luise SCHOTTROFF (Hg.), *Feministische Theologie im europäischen Kontext: Feminist Theology in a European Context: Théologie féministe dans un contexte européen* (Jahrbuch der Europäischen Gesellschaft für die Theologische Forschung von Frauen 1; Kampen: Kok Pharos, 1993); Marinella PERRONI, „Lettura femminile ed ermeneutica femminista del NT: Status quaestionis", *RivB* 41 (1993): 315–339; DIES., „Scienze umane e interpretazione della Bibbia: Una valutazione dell'esegesi femminista: Verso un senso critico integrale", *StPat* 43 (1996): 67–92; Elizabeth A. CASTELLI, „Gender, Theory, and the Rise of Christianity: A Response to Rodney Stark", *JECS* 6 (1998): 227–257; Ross Shepard KRAEMER und Mary Rose D'ANGELO (Hg.), *Women and Christian Origins* (New York: Oxford University Press, 1999); Kathleen E. CORLEY, *Women and the Historical Jesus: Feminist Myths of Christian Origins* (Santa Rosa: Polebridge Press, 2002); Carolyn OSIEK und Margaret Y. MACDONALD mit Janet H. TULLOCH, *A Woman's Place: House Churches in Earliest Christianity* (Minneapolis: Fortress Press, 2006); Marinella PERRONI, „Discepole di Gesù", in *Donne e Bibbia: Storia ed esegesi* (hg. v. Adriana Valerio; La Bibbia nella storia 21; Bologna: Edizioni Dehoniane, 2006), 197–240. Siehe auch die Reihe „Feminist Companion to the New Testament and Early Christian Literature".

handen sind, ermittelt. Die von Jesus gewählte soziale Form für die Vereinigung seiner JüngerInnen ist in unterschiedlichster Weise definiert worden: als eine „Sekte" innerhalb des Judentums, als „Bewegung" im Weberschen Sinne (Gerd Theißen[2]) oder als „Faktion" (John H. Elliott[3], Dennis Duling[4]). Einige haben das Konzept des *ethnos* (Wolfgang Stegemann[5]), andere das der freiwilligen Assoziation („voluntary association", John S. Kloppenborg – Stephen G. Wilson[6]) verwendet. Wir glauben, dass die Gruppe der JüngerInnen als eine nicht stabile freiwillige Assoziation[7] verstanden werden sollte (unabhängig von der Zugehörigkeit zu einer Verwandtschaft oder zu einem *ethnos*).

Diese „voluntary associations" sind keine anerkannten und einflussreichen Institutionen wie die Synagoge und der Tempel, keine eigenständigen Gemeinschaften mit einem eigenen Sitz, wie ihn die Qumrangemeinschaft hat; sie sind jedoch durch *Interstitialität* gekennzeichnet,[8] d. h. durch eine Reihe von Verhältnissen, durch die sie sich innerhalb oder außerhalb der herrschenden sozialen Gruppierungen stellten und dort wirkten (vgl. dazu 1.2). Das Konzept der freiwilligen, *interstitiellen* Vereinigung ermöglicht es uns deshalb, die Logik der Beziehungen zwischen Jesus und diversen Menschen sowie die Triebfeder, welche die Entstehung neuer religiöser Formen verursacht, zu verstehen.

Jede Gruppe ordnet zwischenmenschliche Beziehungen, die sich verändern, wenn soziale Formen aufkommen, die ungewöhnliche Voraussetzungen besitzen. Die organisatorische Form, die Jesus für seine JüngerInnen gewählt hatte (eine „interstitielle Gruppe"), war jedoch anders im Vergleich zu den gemeinschaftlichen Zusammenschlüssen, die von den AnhängerInnen Jesu nach seinem Tod geschaffen wurden (den Kirchen). Aus unserer Sicht bringt die Organisation der JüngerInnen in „Kirchen" eine

---

[2] Gerd THEISSEN, *Studien zur Soziologie des Urchristentums* (WUNT 19; Tübingen: Mohr, ³1989).

[3] John H. ELLIOTT, „The Jewish Messianic Movement: From Faction to Sect", in *Modelling Early Christianity: Social-scientific Studies of the New Testament in its Context* (hg. v. Philip Francis Esler; London: Routledge, 1995), 75–95.

[4] Dennis DULING, „The Jesus Movement and Network Analysis", in *The Social Setting of Jesus and the Gospels* (hg. v. Bruce J. Malina, Wolfgang Stegemann und Gerd Theißen; Minneapolis: Fortress Press, 2002), 301–332.

[5] Wolfgang STEGEMANN, „The Emergence of Early Christianity as a Collective Identity: Pleading for a Shift in the Frame", *Annali di Storia dell'Esegesi* 24 (2007): 111–123.

[6] John S. KLOPPENBORG und Stephen G. WILSON, *Voluntary Associations in the Graeco-Roman World* (London: Routledge, 1996).

[7] Siehe Adriana DESTRO und Mauro PESCE, „Fathers and Householders in the Jesus Movement: The Perspective of the Gospel of Luke", *BibInt* 11 (2003): 211–238; DIES., *Forme culturali del cristianesimo nascente* (Scienze Umane 2; Brescia: Morcelliana, ²2008), 24f.84–88; Richard S. ASCOUGH, „Defining Community-Ethos in Light of the ‚Other': Recruitment Rhetoric Among Greco-Roman Associations", *ASEs* 24 (2007): 59–75.

[8] Vgl. Adriana DESTRO und Mauro PESCE, *L'Uomo Gesù: Giorni, luoghi, incontri di una vita* (Mailand: Mondadori, 2008), 42–58.

wesentliche Änderung der Rolle, die soziale Agenten (darunter auch Frauen) innerhalb der Jesusbewegung hatten, mit sich.

0.2 Kein direkter Zugang zu den Lebensverhältnissen

Die gründliche Untersuchung der rhetorischen Strategien der frühchristlichen Texte gibt zuerst und vor allem die Vorstellungen ihrer Autoren und nicht die von ihnen beschriebene soziale Realität zu erkennen. Häufig sprechen diese nicht vom Leben, wie es tatsächlich ist, sondern wie es ihrer Meinung nach sein sollte. Aber da es die Absicht von Autoren ist, durch Veränderung in Ereignisse einzugreifen, wird die soziale Wirklichkeit dennoch in die Texte eingeschrieben. So ist es auch möglich, diese zu rekonstruieren. Die Tatsache, dass 1 Kor 14,33–35 Frauen verbieten möchte, in der Gemeinde zu sprechen, weist darauf hin, dass Frauen aller Wahrscheinlichkeit nach aktiv am Gemeindeleben beteiligt waren. Oft schreiben die Evangelien Jesus ein Verhalten zu, das in ihren Kirchen vorhanden war. Der Vergleich zwischen den Texten der Evangelien ermöglicht es uns jedoch, zwischen den Lebensumständen Jesu und der Realität der Kirchen, der die Evangelisten angehörten, zu unterscheiden.

1. Die Lebenspraxis Jesu als „soziale Form"
   Direkte Beziehung und interstitielle Anwesenheit

1.1 Beziehungen außerhalb der herkömmlichen sozialen Netze

Jesus hatte sein eigenes Haus, die Arbeit und die Familie aufgegeben, besaß nichts und lebte in einem Zustand der ständigen Veränderung, indem er von Dorf zu Dorf zog auf der Suche nach persönlicher und unmittelbarer Beziehung zu den Menschen.[9] Die Situation des ständigen Ortswechsels ermöglichte das Entstehen von Beziehungen „ohne Netze" zwischen Jesus und den anderen, d. h. ohne die Verbindungen, die durch die normalen sozialen Beziehungen geformt werden. Gerade das Nichtvorhandensein eines bereits bestehenden Beziehungsnetzwerks machte es leichter, seine Botschaft und seine Lebensweise zu akzeptieren oder abzulehnen.[10]

Die *Beziehung* Jesu zu den Menschen ist deshalb *direkt*, von Angesicht zu Angesicht. Es ist seine Person, die bei der Begegnung eine Veränderung und Aufhebung der Beziehungsnetze in den Häusern und an den Arbeitsplätzen provoziert. Die gewohnten und etablierten Rollen werden aufgebrochen. Die Aufhebung herkömmlicher Verhältnisse schafft die Möglichkeit für jedes Individuum, eine direkte Beziehung zu Jesus herzustellen. Es handelt sich um eine ungewöhnliche Beziehung in gewöhnlichen Situationen im Haushalt und bei der Arbeit, in denen die jeweilige Rolle der Menschen dort modifiziert wird, wo sie leben und ihre Aufgaben miteinander teilen.

---

[9] Vgl. ebd., 58.91.134–136.153–156.209.
[10] Vgl. ebd., 44.

1.2 Interstitielle Anwesenheit

Es wurde gesagt, dass Jesus eine interstitielle „freiwillige Assoziation" ins Leben ruft. Mit dem Begriff „interstitiell" verweisen wir auf all das, was keinen bestimmten Platz in der Gesellschaft einnimmt und infolgedessen in die verbleibenden sozialen Räume, die sozusagen „leer" und nicht von Institutionen besetzt sind, eingeordnet werden muss. Der Begriff „interstitiell" bedeutet daher „spontan" und „vorübergehend". Weder kommt es zu einer endgültigen Besiedelung zugeteilter Räume, noch ist die Ausübung von notwendigerweise dauerhaften Funktionen das Ziel. Jesus und seine Gruppe bilden keine Gemeinschaft, die sich über oder neben den οἶκος, das antike Hauswesen, stellt.

Es ist ein ungewöhnliches Kennzeichen dieser „voluntary association", dass ihr die männlichen Mitglieder der ältesten Generation (die Väter der Jünger) nicht angehören. In der Gruppe um Jesus fehlt die „ältere Generation", während eine mittlere Generation vorherrscht, die nicht mehr mit der vorhergehenden durch die soziale Rangordnung einer starken Unterordnung verbunden ist. Die Mitglieder der erwachsenen, mittleren Generation scheinen jene zu sein, die sich dazu aufgefordert sehen, ihr Eigentum aufzugeben und Jesus nachzufolgen[11] (oder, falls sie ihm, wie Zachäus, nicht folgen, eine radikale Veränderung des Lebens vorzunehmen). Im Fall von Mk 1,16–20 gehört Zebedäus, der Vater von Jakobus und Johannes, der Lohnarbeiter beschäftigt, nicht der Gruppe der Jünger an, da er auf seinem Boot bleibt.

Im Wesentlichen ist in der Gruppe Jesu die männliche Generation, die die beständige und patriarchale Macht in den Familien repräsentiert, nicht vertreten. Die Generationenbeziehungen der Frauen, die Jesus folgen, sind jedoch unklar. Diese Unklarheit betrifft zum Beispiel eine Gruppe von Frauen, die ihm zusammen mit den Zwölf folgt (vgl. Lk 8,1–3): Maria Magdalena, Johanna, Susanna, Maria, die Mutter von Jakobus dem Jüngeren, Salome und „noch viele andere", deren Namen uns die Evangelien allerdings nicht mitteilen. Lk 8,1–3[12] lässt darauf schließen, dass so manche, die mit dem Namen genannt wird, vermögend ist und die Gruppe Jesu durch ihren Besitz unterstützt. Keine von ihnen kann unserer Meinung nach aufgrund von Generationskriterien definiert werden. Die Tatsache, dass sie über ihr Eigentum selbständig verfügen, würde sie jedoch in die Klasse der älteren Besitzenden stellen. Bei Johanna etwa, der Frau des Verwalters von Herodes, können wir weder behaupten noch ausschließen, dass es sich um eine Frau mit Kindern handelt.

---

[11] Siehe DESTRO und PESCE, *Forme culturali*, 78–86; DIES., *L'Uomo Gesù*, 137–143.

[12] Dazu Carla RICCI, *Maria di Magdala e le molte altre: Donne sul cammino di Gesù* (La Dracma 2; Neapel: D'Auria, 1991); englische Übersetzung: *Mary Magdalene and Many Others: Women who Followed Jesus* (Tunbridge Wells: Burns & Oates, 1994); in Bezug auf Lk als „Evangelisten der Frauen" siehe Marinella PERRONI, „Ricche patrone o discepole di Gesù? (Lc 8,1–3): A proposito di Luca ‚evangelista delle donne'", in *„Lingue come di fuoco" (At 2,3): Studi lucani in onore di Mons. Carlo Ghidelli* (hg. v. Giuseppe De Virgilio und Pier Luigi Ferrari; La cultura 128; Rom: Studium, 2010), 199–211.

Das Ziel Jesu ist es, das „Reich Gottes" zu verkünden und seine Ankunft in konkreten Arbeits- und Familiensituationen oder in zwischenmenschlichen Beziehungen zu ermöglichen. Er schafft aber Situationen, in denen alle herkömmlichen Beziehungen und Aktivitäten, die eine solche Ankunft „unmöglich" machen, aufgehoben oder unterbrochen werden.

2. Die Wirkung des Lebensstils Jesu auf Frauen

2.1 Die weibliche Beteiligung als Effekt der von Jesus geschaffenen sozialen Form

Jesus begegnet auch außerhalb der Gruppe seiner Jünger und Jüngerinnen, die ihn auf seinen Reisen begleitet, Frauen in verschiedenen sozialen Positionen: Ehefrauen, Müttern, Witwen, Kranken, den so genannten „Sünderinnen" oder Ehebrecherinnen, Frauen der eigenen Familie (z. B. Mutter und Schwestern) und nicht-jüdischen Frauen.

Um die innovative Rolle der Frauen in der Jesusbewegung zu verstehen, schlägt Ross Shepard Kraemer folgende Hypothese vor:

> For women, this constellation of intense convictions that the end of the world was at hand and that marriage, childbearing, and the transmission of property from one generation to the next were consequently no longer of any concern had major ramifications. … it is precisely when traditional divisions of labor according to sex and concerns for the transmission of property are invalidated that women stand to achieve significant parity with men.[13]

Kraemer vertritt die Ansicht, dass sich der Grund für die Neuerung auf der Ebene „religiöser Ideen" befindet. Wir folgen einer anderen Hypothese. In Bezug auf die Stellung von Frauen verflechten sich verschiedene Einflüsse, die wiederum mit folgenden Faktoren verknüpft sind:

a) Jesus verwirklicht eine persönliche Beziehung zu jedem Menschen und niemand wird dabei ausgeschlossen. Er führt so eine ganz bestimmte Lebensweise oder Praxis ein, die einen radikalen Eingriff seiner Person ins Leben der Menschen mit sich bringt.
b) Der ständige Ortswechsel Jesu ermöglicht es, verschiedenste Begegnungsräume durch Aufhebung der gewöhnlichen Beziehungsnetzwerke und durch Veränderung der traditionellen Rollen zu eröffnen.
c) Die Menschen folgen ihm und begegnen einander auf diese Weise. Auch Frauen haben die Möglichkeit, einander zu treffen, sich fortzubewegen und Initiativen zu ergreifen.
d) Das interstitielle Wesen der Jesusgruppe bietet die Möglichkeit, Räume zu erreichen, die nicht bereits von häuslichen oder religiösen Mächten vorgegeben sind.
e) Die direkten Beziehungen ermöglichen eine ständige und nicht gelegentliche Anwesenheit Jesu im οἶκος.

---

[13] KRAEMER, *Her Share of the Blessings*, 139.

Darüber hinaus hat die freiwillige, interstitielle soziale Form den Effekt, eine Verschiebung der Gleichgewichte und der Beziehungen herzustellen (indem sie die normalen Netze sozialer Beziehungen aufhebt), und führt auch zu einem Konflikt bei der Arbeitsorganisation inner- und außerhalb des Hauses insbesondere in Bezug auf Zeit- und Aufgabenverteilung (siehe Marta und Maria). Es ist daher wichtig, jene Texte der Evangelien zu untersuchen, in denen über *Konflikte* gesprochen wird, die durch den Ruf Jesu zur Nachfolge und seine Art, sich in den Häusern aufzuhalten, entstanden sind.

2.2 Der Konflikt im οἶκος aufgrund des Rufes Jesu, ihm zu folgen

Der Ruf Jesu richtet sich an jeden einzelnen Menschen in seiner Umgebung und in seiner sozialen Rolle. Jede/r steht vor der Möglichkeit einer Wahl, der Eventualität von Auseinandersetzungen.

Die Auswirkungen des Rufes sind von Jesus explizit als Grund von häuslichen Spaltungen in einem Spruch, der in Lk 12,52f.; Mt 10,34–36; ThomEv 16 zitiert wird, entworfen worden. Die älteste Form des Spruches ist in Lk bewahrt, wo Konflikte zwischen Generationen und Geschlechtern und nicht zwischen Individuen festgestellt werden.[14] Der Aufruf zum Verlassen bringt deutliche Konsequenzen im Hinblick auf eine Spaltung der häuslichen Gruppe:

> Künftig nämlich werden fünf in einem οἶκος entzweit sein, drei gegen zwei und zwei gegen drei; es wird Vater gegen Sohn sein und Sohn gegen Vater, Mutter gegen Tochter und Tochter gegen Mutter, Schwiegermutter gegen Schwiegertochter und Schwiegertochter gegen Schwiegermutter. (Lk 12,52f.)

Eine der drei Oppositionen entsteht zwischen Männern: Vater gegen Sohn und Sohn gegen Vater. Zwei Gegenüberstellungen finden zwischen Frauen aus vier Kategorien statt: Mutter – Tochter und Schwiegermutter – Schwiegertochter (Lk 12,53). Aufgrund der Berufung teilen sich die Geschlechter intern auf (Männer gegen Männer und Frauen gegen Frauen, nicht Frauen gegen Männer und umgekehrt). Die Generationen stehen einander gegenüber (Vater und Sohn, Mutter und Tochter). Gerade aufgrund der möglichen Sollbruchstellen kann man die Zusammensetzung und die strukturellen Geflechte der Häuser verstehen.[14] Diese Aussage, die sich auf einen innerhäuslichen Konflikt bezieht, findet sich auch in ThomEv 16. Hier wird jedoch nur der Gegensatz zwischen Sohn und Vater ausgedrückt, wobei daraus geschlossen wird, dass sie allein sein werden.

Dahinter steht wahrscheinlich ein Jesuswort, das auch zwei Teile eines Verses des Propheten Micha neu interpretiert:

---

[14] Siehe DESTRO und PESCE, *Forme culturali*, 81–84; DIES., *L'Uomo Gesù*, 145–147.

> Der Sohn verachtet seinen Vater,
> die Tochter wendet sich gegen ihre Mutter,
> die Schwiegertochter gegen ihre Schwiegermutter,
> die Feinde eines Mannes (ἀνήρ) sind alle Männer (ἄνδρες) in seinem Haus (οἶκος).
> (Mi 7,6)

Im ersten Teil des Verses bei Mi (nach der griechischen Version der Septuaginta) zeichnet sich ein Konflikt im οἶκος zwischen fünf Personen mit sechs entsprechenden Rollen (Sohn, Vater, Tochter, Mutter, Schwiegertochter, Schwiegermutter) ab. Im zweiten Teil wird ein Konflikt zwischen einem Mann und den anderen Männern seines οἶκος beschrieben. François Bovon erinnert daran, dass es

> unter den Plagen der letzten Zeit ... der Verfall der familiären und sozialen Bindungen [ist], den die jüdische Apokalyptik am meisten fürchtet, da diese Bindungen durch ihren Bezug zur goldenen Zeit der Schöpfung und der glücklichen Zukunft der Erlösung dem Volk bisher eine gewisse Harmonie gewährt hatten.[15]

Genau hier finden wir jedoch eine radikale Andersartigkeit Jesu im Vergleich zu dieser eschatologisch-biblischen Tradition. In Mi wird der Konflikt als verwerflich verurteilt. Der Gedanke der Notwendigkeit des Konflikts, weil der Kontrast zwischen der Zugehörigkeit zu einer interstitiellen Bewegung auf der einen Seite und der Zugehörigkeit zum οἶκος auf der anderen Seite notwendig ist, fehlt völlig. Im Gegensatz zur Micha-Stelle setzt der Jesusspruch voraus, dass Jesus den Konflikt verursachen kann und dass sich der Vater oder die Mutter der Entscheidung eines Mitglieds des οἶκος, das Haus und die zugewiesenen Arbeiten zu verlassen, widersetzen. Der οἶκος ist für Jesus etwas, das in seinen internen Beziehungen und im Hinblick auf die außerhalb liegende Gesellschaft verändert werden muss.

Das Thema der Harmonie in der Beziehung zwischen Eltern und Kindern kehrt in einem anderen Strang biblischer Eschatologie wieder, in dem die Thematik der Entzweiung der Familie aus einem anderen Blickwinkel betrachtet wird:

> Hier, ich sende euch den Propheten Elija vor dem Kommen des großen und schrecklichen Tages des Herrn, sodass er das Herz der Väter *(avot)* zu den Kindern und das Herz der Kinder zu den Vätern bekehrt; damit ich bei der Ankunft das Land nicht vernichte.
> (Mal 3,24)

Die eschatologische Funktion Jesu ist genau das Gegenteil. Es ist der interne Konflikt im οἶκος, der es ermöglicht, dem Willen Gottes zu gehorchen. Die Idee der Schaffung einer interstitiellen Gruppe, die unabhängige Entscheidungen im Kontrast zu familiären Bindungen mit sich bringt, erlaubt es Jesus, den eschatologischen Topos des familiären Konfliktes in umstürzlerischer Weise neu zu interpretieren: Der Gegensatz muss innerhalb des οἶκος umgesetzt werden, wenn man eine erneuerte Gemeinschaft des ganzen Volkes Israel erreichen will. Diese Verwendung eines jüdischen und biblischen Topos seitens Jesu macht einige Überlegungen über seine Beziehung zur Hebräischen Bibel möglich. Diese wird nicht nach dem alten Schema Verheißung – Erfüllung inter-

---

[15] François BOVON, *Das Evangelium nach Lukas (Lk 9,51–14,35)* (EKKNT 3/2; Zürich: Benziger, 1996*)*, 354f. Bovon erinnert auch an Sach 13,23; Jub 23,19; 1 Hen 100,2; 4 Esr 6,24.

pretiert. Jesus hat eine konkrete Art, sich in der Gesellschaft zu situieren, nach einer genauen Konfliktdynamik, die ihn dazu bringt, die Verhaltensmodelle, die in den heiligen Texten vorgeschlagen werden, umzuwerfen.

Bezüglich der Rollen von Frauen im οἶκος und in der Gruppe Jesu sind zwei Punkte hervorzuheben. Nach Lk sind erstens unter den JüngerInnen, die Jesus folgen und „das Haus" verlassen, nicht nur Söhne, sondern auch Töchter und sogar Schwiegertöchter. Damit besteht die Möglichkeit von Nachfolgerinnen – eine Möglichkeit, die im Allgemeinen von den Texten der Evangelien, die in einer Zeit geschrieben wurden, in der Frauen als Funktionsträgerinnen eher zurücktreten mussten, in den Schatten gestellt wird. Aus dem Konflikt, den Lk 12,52f. beschreibt, können wir erahnen, dass Frauen ihre eigenen Initiativen und Haltungen entwickelten.[16] Sie werden nicht nur als passive Adressatinnen der Handlungen anderer in Betracht gezogen. Auch der Fall von Johanna, der Frau des Chuzas (Lk 8,1–3), spiegelt die Perspektive wider, dass verheiratete Frauen ohne ihren Mann handeln oder ihn verlassen können, um Jesus nachzufolgen. Zweitens lässt die Tatsache, dass Mt die Aufmerksamkeit auf den männlichen Jünger konzentriert, der mit dem Rest seiner Familie in Konflikt gerät („die Feinde des Menschen – ἀνθρώπου – werden seine HausgenossInnen – οἱ οἰκιακοὶ αὐτοῦ – sein", 10,36), vermuten, dass in vielen Kirchen des letzten Viertels des 1. Jh. (der Zeit, in der dieses Evangelium wahrscheinlich geschrieben wurde) die bedeutende Rolle von Frauen bereits in den Hintergrund getreten ist, während Lk noch einen Einblick in eine aktivere Funktion von Frauen in der Nachfolge gewährt.[17]

2.3 Überwundene Barrieren: Die Unterbrechung der häuslichen Funktionen

Jesu Art „in den Häusern zu verweilen" führt zu einer zumindest vorübergehenden Unterbrechung der häuslichen Funktionen. Jesus fordert eine sofortige und direkte Beziehung zu ihm und zu Gott. Ferner muss man annehmen, dass seine Anwesenheit in einem Haus den Eintritt Fremder, die auf der Suche nach ihm waren, verursachen konnte: ein Kommen und Gehen, das das normale Leben veränderte. Die interfamiliären Zeiten und Zusammentreffen wurden auf diese Weise gesprengt. Jesus betrachtete Frauen also offenbar nicht unter dem Blickwinkel ihrer gewohnten Position innerhalb des οἶκος (Mutterschaft, Arbeit, Kindererziehung, Verwaltung von Eigentum und SklavInnen). Sie sind Menschen, die sich ihm auf persönliche, manchmal dramatische Weise nähern, von Umständen getrieben, die nicht von ihrer sozialen Rolle – Ehefrau, Mutter, Tochter, Schwester oder Eigentümerin – abhängig sind, auf der die häusliche

---

[16] Dieser Gesichtspunkt wurde von OSIEK und MACDONALD, *A Woman's Place*, in der Untersuchung betreffend die weiblichen Verantwortungen in den *households* unterstrichen.

[17] Sollte Mt das Wort ἄνθρωπος, „Mensch", als Ersatz für ἀνήρ, „Mann" (wie in Mi 7,6LXX), eingeführt haben, um Frauen einzuschließen? Wahrscheinlicher ist, dass der von Mt häufig verwendete Terminus ἄνθρωπος hier dem maskulinen ἀνήρ der LXX entspricht. Der Gebrauch von ἄνθρωπος in einem männlichen Sinn überwiegt jedenfalls bei Mt.

Struktur und deren Zukunft beruht. Jesus bewirkt bei ihnen Veränderungen, unterbricht Rhythmen oder Gewohnheiten.

Aufgrund der Verkündigung Jesu verlassen Frauen ihre Häuser und folgen ihm ohne männliche Begleitung bei seinem Unterwegssein (Mk 15,40f.; Lk 8,1–3). Dies führt zu Veränderungen bei weiblichen Beziehungen: Frauen sind unter sich und werden wahrscheinlich auch durch diese Situationen des Unterwegsseins, das soziale Benachteiligung und konkrete Armut mit sich bringt, in anderer Weise wahrgenommen. Letztendlich muss man diese verschiedenen Arten des Auszugs und des Umherziehens der Frauen in Betracht ziehen. Dass einige ihre Häuser verlassen und Jesus ständig durch Galiläa begleiten (Lk 8,1–3; Mk 15,40f.), ist ganz anders zu werten als eine einfache Pilgerreise nach Jerusalem an den religiösen Feiertagen, die erneut Rollen und Beziehungen verfestigt. Die Nachfolge Jesu kann für Frauen einen höchst problematischen Akt der Übertretung oder Abweichung von gesellschaftlichen Normen darstellen.[18]

Eine weitere Dimension ist zu beachten. Die Beziehung zu Jesus ermöglicht es einer Frau, einige Barrieren zu überwinden, oder bietet zumindest eine *Chance*, soziale Hindernisse zu beseitigen. Die Frauen, die mit ihm Bekanntschaft machen, durchbrechen jene Schranken, die sie im Hintergrund oder in separaten Bereichen festhalten. Zu Maria und Marta sagt Jesus, dass für eine Frau nur eine einzige Tätigkeit (das Wort hören) notwendig sei. Er legt kein abstraktes Prinzip fest. Maria muss, im Vergleich zu ihrer Schwester, im eigenen Haus eine Barriere überwinden, welche die Frauen, die mit dem Dienst der Gastlichkeit beschäftigt sind, in den Hintergrund stellt. Und das kann nur geschehen, weil Jesus entschieden hat, bei einer Frau Gast zu sein und ihr zuzuhören. Auch die Frau mit den Blutungen, die es schafft, zu ihm zu gelangen, indem sie sich das Gedränge zunutze macht, überschreitet die Grenze zwischen Mann und Frau und berührt den Wundertäter. Im Fall, der von Lk 7,39 erzählt wird, geht es um eine Frau, die als „Sünderin" bezeichnet wird; sie beschließt, sich der Öffentlichkeit auszusetzen – auch auf die Gefahr hin, vertrieben zu werden: Sie tritt, ohne eingeladen zu sein, in das Haus eines Pharisäers ein, um Jesus zu begegnen. Die Kanaanäerin setzt sich sowohl über ein ethnisch-religiöses Hindernis als auch über den Willen Jesu sich abzusondern hinweg, um eine Heilung zu erzielen. Die Ehebrecherin hingegen scheint resigniert zu haben. Aufgrund der bevorstehenden Steinigung setzt sie keinerlei strategische Schritte.[19]

Dieses Überwinden von Barrieren seitens der Frauen lässt die Einzigartigkeit Jesu noch deutlicher hervortreten. Nach seinem Tod konnte die Wirkung seines Einsatzes für die Frauen zugunsten einer gesteigerten christologischen Bedeutung seiner Figur verwendet werden. Die Erzählung von der Heilung der Frau mit dem Blutfluss zeigt, wie die Verletzung von sozialen Regeln durch eine Frau die Originalität Jesu bewusst macht. Die Frau legt dar, was einem Mann verborgen bleiben muss (was außerhalb

---

[18] Soziale Übertretungen hatten gravierende Konsequenzen für Frauen. Wir müssen uns jedoch fragen, welche Probleme ihr Wiedereintritt in die herkömmlichen Lebenszusammenhänge nach einer gewissen Zeit des „Unterwegsseins" mit sich brachte. Die Antwort ist schwierig.

[19] Vgl. DESTRO und PESCE, *L'Uomo Gesù*, 90.

seines Erfahrungshorizontes liegt). Indem sie sich vordrängt, bis sie Jesu Körper berührt, entfesselt sie die Kraft, die δύναμις, des Körpers des Wundertäters und offenbart sie ihm. Sie wird zum erfolgreichen Gegenüber. Die überwundenen Barrieren führen jedoch nicht zur Entwicklung einer Lehre Jesu über „die Frau", ihren Platz in der Gesellschaft und ihre eventuelle Befreiung.

2.4 Die Unabhängigkeit Jesu vom männlichen Rollenbild

Jesus tritt nicht entsprechend den männlichen Rollenerwartungen auf:[20] Dies ermöglicht Frauen alternative Rollen und mehr Raum. Jesus, der nicht in einem normalen, familiären männlichen Netzwerk unter Männern lebt, schafft Voraussetzungen für autonomes Handeln von Frauen, wenn er zum Beispiel – vielleicht sogar allein – in das Haus von zwei Frauen, Marta und Maria, geht (Lk 10,38–42). Diese Unabhängigkeit Jesu vom männlichen Beziehungsnetz wird auch im Fall der Ehebrecherin deutlich (Joh 8,2–11), wo Jesus nicht die Verteidigung der männlichen Ehre, die durch den Ehebruch angegriffen wurde, übernimmt. Er lässt die Frau frei und bittet sie lediglich, nicht mehr zu „sündigen" (Joh 8,12). Jesus verurteilt sie nicht: Er scheint nicht in den Überlegenen oder der ehelichen Gewalt von Männern die Eckpfeiler der Gesellschaft zu sehen, deren Privilegien es zu schützen gelte. Da er in seinem persönlichen Handeln nicht auf den traditionellen Vorrechten des männlichen Geschlechts besteht, ist es möglich, die Frage der Schuld und Bestrafung der Frau auf unerwartete Weise zu lösen.

Wegen der direkten Beziehung von Frauen zu Jesus sehen die Männer des οἶκος ihren eigenen Einfluss verringert. Die Frauen handeln ohne die Hilfe ihres Mannes und der gesamten männlichen Verwandtschaft. In dieser Situation der größeren Freiheit kann eine aktive Rolle von Frauen (Ehefrauen, Mütter, Schwestern und Schwiegertöchter) entstehen. In der Beziehung zu Jesus können sie zu Gesprächspartnerinnen werden, aus der Stille heraustreten, ihre charakteristische Eigenart zeigen. Die Handlung Jesu zeitigt Wirkung, bietet ihnen einen erreichbaren Bezugspunkt und auch Formen autonomer, persönlicher Entscheidung. In diesem Sinne findet eine Aufhebung der Beziehungsnetze innerhalb des Hauses, in dem Jesus anwesend ist, statt.

In der interstitiellen Gruppe hatten die Jünger zudem keine Funktion inne, die durch ihre männliche Position und die übliche Hierarchie zwischen Männern und Frauen bestimmt war. Mit der Nachfolge Jesu galt es die häusliche Führung, die das System der männlichen Werte mit sich brachte, zu unterbrechen. Wie bereits erwähnt, folgen die väterlichen Figuren der älteren Generation Jesus nicht. Es kommt zu einer „Abwesenheit der Väter", welche die interstitielle Gruppe von einer patrozentrischen Denkweise befreit. Alle Beziehungen zwischen den Mitgliedern der Jesusgruppe waren dem vertikalen Verhältnis zwischen den JüngerInnen und Jesus untergeordnet. Die horizontalen Verbindungen zwischen den JüngerInnen waren durch die spezifische Bindung ge-

---

[20] Vgl. Halvor MOXNES, *Putting Jesus in His Place: A Radical Vision of Householud and Kingdom* (Louisville: Westminster John Knox, 2003).

kennzeichnet, welche jeder Jünger oder jede Jüngerin zum Leiter der Gruppe hatte. Die Rolle der Frauen konnte auf diese Weise umgewandelt werden und wurde nicht durch die häuslichen Gewohnheiten des Zusammenlebens bestimmt.

Jesus verwirft die männliche Führungsrolle (welche mit den Systemen der Familie, des Tempels und des Opferkultes verbunden ist) nicht. Er schlägt keine Zerstörung des οἶκος vor. Betrachten wir die Erzählung, in der das einzige Kind einer verwitweten Mutter wieder auferweckt und aus Mitleid der Mutter zurückgegeben wird (Lk 7,11–15). Jesu Auftreten führt zu unterschiedlichen Erwartungen und Ansichten. Er verfolgt jedoch keine Kampagne gegen die männliche Dominanz. Das liegt daran, dass er eine interstitielle Vereinigung gegründet hat und nicht beabsichtigt, die politischen, rechtlichen und religiösen Institutionen seiner Zeit zu verändern. Die Erneuerung sollte durch den zukünftigen, göttlichen Einsatz realisiert werden.

3. Jesus gründet keine Kirche

Jesus wollte sich an das ganze Volk Israel wenden, um es auf den Eintritt in das künftige Reich Gottes durch eine radikale Erneuerung vorzubereiten. Keineswegs verfolgte er die Absicht, eine stabile und normierte Gemeinschaft zu schaffen.

Das berühmte an Simon Petrus gerichtete Zitat „Du bist Petrus und auf diesem Felsen werde ich meine Kirche (ἐκκλησία) erbauen" (Mt 16,18) wurde häufig als Argument verwendet, Jesus hätte die Kirche gründen wollen, eine separate und autonome religiöse Wirklichkeit. Ein Großteil der Exegese anerkennt, dass dieser Satz nicht von Jesus stammt, sondern ihm etwa fünfzig Jahre nach seinem Tod von Mt zugeschrieben wurde. Mk, Lk und Joh überliefern mehr als hundert Logien, Gleichnisse und Reden Jesu, ohne das Wort „Kirche" (ἐκκλησία) zu erwähnen. Auch Mt zitiert eine bedeutende Anzahl von Aussprüchen Jesu, doch dieses Wort wird ihm außer in zwei Fällen (Mt 16,16–19; 18,15–17) niemals in den Mund gelegt. Der erste Fall ist der eben erwähnte. Der zweite Fall ist wesentlich deutlicher artikuliert:

> Wenn dein Bruder sündigt, geh und weise ihn unter vier Augen zurecht. Wenn er auf dich hört, hast du deinen Bruder gewonnen; wenn er aber nicht hört, nimm noch einen oder zwei mit dir, damit jede Sache durch die Aussage von zwei oder drei Zeugen bestätigt wird. Wenn er sich dann weigert, ihnen zuzuhören, erzähle es der ἐκκλησία; wenn er aber nicht einmal auf die ἐκκλησία hört, soll er für dich wie der Heide und der Zöllner sein. (Mt 18,15–17)

Hier bezieht sich Mt auf eine gemeinschaftliche Organisation, die es nicht gab, als Jesus lebte, die jedoch typisch für das letzte Viertel des 1. Jh. ist, in dem das Evangelium geschrieben wurde. Zur Zeit des Mt wurde das Wort „Kirche" schon häufig verwendet. In der Tat erscheint es oft in den kanonischen Schriften des NT, die vom Gemeindeleben der JüngerInnen Jesu einige Jahrzehnte nach seinem Tod erzählen. Wir finden das Wort zum Beispiel in den Briefen, die Paulus zugeschrieben wurden (etwa 40-mal in den authentischen Briefen und weniger als 20-mal in den anderen; in der Apg mehr als 20-mal). Im historischen Klima der zweiten Hälfte des 1. Jh. beginnen die unterschiedlichen Gemeinden damit, sich das Problem der eigenen Legitimität und ihrer jeweiligen Verbindung zur Autorität Jesu zu stellen.[21] Allerdings sagt Jesus in Mt nicht „ich habe erbaut" und auch nicht „ich erbaue", sondern „ich werde" meine ἐκκλησία „erbauen" (οἰκοδομήσω). Mt reflektiert also, dass Jesus während seiner Tätigkeit keine ἐκκλησία gestiftet hat und dass diese nicht Teil seiner Lebenspraxis gewesen ist. Jesus besucht die Synagogen und handelt dort auf ungewöhnliche Weise, aber er schafft für seine AnhängerInnen weder neue Praktiken noch Orte des Kultes oder alternative Synagogen. Da es während seiner Tätigkeit keine kirchliche Institution im eigentlichen Sinne gibt, kann man nicht von Ekklesiologie in der Verkündigung Jesu oder von einer Funktion oder Rolle der Frauen in der *Kirche* sprechen.

4. Von der interstitiellen Bewegung zur ἐκκλησία

4.1 Die ἐκκλησία als sesshafte Sozialform

Erst in den Jahrzehnten nach dem Tod Jesu werden die so genannten „Kirchen" (ἐκκλησίαι) geschaffen. Die persönliche Beziehung zu Jesus, der inzwischen verstorben ist, wird durch einen Kult und durch eine gemeinschaftliche Organisation, die durch eigene religiöse Überzeugungen und Praktiken charakterisiert ist, ersetzt. Die strukturelle Neuheit besteht darin, dass die bilaterale Beziehung Jesus – οἶκος durch eine trilaterale ersetzt wird: WanderpredigerInnen – οἶκος – ἐκκλησία. Die ἐκκλησία ist eine aggregative, sesshafte Form, die vorher nicht existierte. Sie ist eine dritte Größe neben der Gruppe der WanderpredigerInnen und dem οἶκος. Doch verfügt sie über eine soziale Logik, die von jener der Jesusgruppe weit entfernt ist. Der wesentliche Unterschied liegt in der Aufgabe der interstitiellen Beziehung zu den Menschen, die Jesus überall und vor allem im οἶκος praktiziert hat. Man kann zusammenfassen, dass sich die Lebenspraxis und das organisatorische Geflecht verändern.

Die Veränderung ist sofort radikal, aber sie hebt sich in ihrem Wesen erst allmählich hervor. Zuerst haben wir Prediger wie Paulus, die Jesus nicht mehr in seinem ganzen Lebensstil folgen, und dann Familienoberhäupter, die an der Spitze einer *Hauskirche* stehen und eine sesshafte Lebensweise führen. Paulus ist ein Wanderprediger, aber er geht einer Erwerbstätigkeit nach. 1 Kor 9,4–10 belegt, dass er die Vorschrift, nicht zu arbeiten, die Jesus seinen JüngerInnen gegeben hatte, kennt. Aber der Verzicht auf Arbeit ist für ihn keine Pflicht, sondern ein Recht, das auf Grundlage der Tora und der allgemeinen Vernunft zu rechtfertigen ist. Für Paulus ist es wichtig, sich durch Arbeit den eigenen Lebensunterhalt zu verdienen (vgl. 1 Thess 4,9–11; 2,9). Für Jesus hingegen war es gerade die Verweigerung der Arbeit, die zur Unterbrechung wichtiger Aspekte des Lebens im οἶκος führte. Die Forderungen Jesu an seine JüngerInnen, ihr Zuhause, die Arbeit, ihren Besitz und die Familie zu verlassen, verschwinden bei Paulus. Sie verschwinden übrigens auch bei Joh. Wenn es nur dieses Evangelium gegeben hätte, würden wir gar nichts über diese radikalen Forderungen Jesu wissen. Wir wüss-

---

[21] Siehe DESTRO und PESCE, *L'Uomo Gesù*, 96.

ten auch nichts über den Konflikt Jesu mit seiner Mutter und seiner übrigen Familie, der in Mk 3,31–35 deutlich wird.[22] Die letzte Redaktion des Joh bringt die Perspektive der auf lokaler Basis organisierten Gemeinden zum Ausdruck. Im Wesentlichen ist der Lebensstil der Familienoberhäupter, bei denen sich die ἐκκλησία vereint, sesshaft und tendiert zur Stabilisierung und Dauerhaftigkeit.

4.2 Haus und Hauskirche

Der Übergang von Jesus zu den Kirchen erfolgt schrittweise. Die Verbindung zur Lebenspraxis Jesu bleibt durch die Existenz der WanderpredigerInnen zunächst bestehen, bevor sie von einer sesshaften Organisation verdrängt werden (vgl. 3 Joh[23] und *Did.* 12,1–13,3). Es findet ein Wechsel vom Paradigma „ohne Haus, ohne Erwerbstätigkeit, ohne Familie" zum Paradigma „Sesshaftigkeit in Häusern, Arbeitseinsatz, Achtung der Familienstrukturen" statt. Die Werte, die den οἶκος seit jeher zusammenhalten, kommen auf diese Weise wieder zur Geltung und setzen sich durch.

Die religiöse Botschaft Jesu gelangte ins Innere der Häuser und in den Arbeitsalltag. Auch am Beginn des kirchlichen Lebens finden Versammlungen und religiöse Aktivitäten in einem Haus statt (ἐκκλησία κατ' οἶκον). Dies geht etwa aus folgenden Aussagen hervor: „... Aquila und Priska mit der Kirche (ἐκκλησία) in ihrem Haus (οἶκος)" (1 Kor 16,19; vgl. auch Röm 16,5), „... die Kirche in deinem Haus" (Phlm 2) oder „... Nympha und die Kirche in ihrem Haus" (Kol 4,15; vgl. auch Apg 2,46; 5,42).

Die Studien der letzten Jahrzehnte haben das Faktum betont, dass die Wohnhäuser, wie sie für das Familienleben organisiert waren, den wichtigsten Ort, an dem sich das frühe Christentum entwickelte, darstellten. Dies wird nicht in Frage gestellt, sondern ist im Gegenteil die Voraussetzung für unsere Diskussion.[24] In den Kirchen findet aufgrund des religiösen Aspekts eine „rituelle Handlung" im οἶκος statt, wirkt jedoch über die innerhäusliche Perspektive hinaus. Die ἐκκλησία verfügt über keine interstitielle Beziehung, sondern über eine „zusätzliche" Eigenschaft im Vergleich zum οἶκος und durchdringt oder verändert deshalb die traditionellen Strukturen nicht. Sie basiert auf kooperativen, abwehrenden und affektiven Beziehungen, die im οἶκος vorhanden sind. Es handelt sich um eine autonome Größe, die zum οἶκος hinzutritt. Was wir betonen möchten, ist, dass sich die ἐκκλησία auf eine Organisation bezieht, die sich auf eigene

---

[22] Vgl. Adriana DESTRO und Mauro PESCE, „Kinship, Discipleship, and Movement: An Anthropological Study of the Gospel of John", *BibInt* 3 (1995): 266–284; DIES., „Fathers and Householders", 211–238.

[23] Dazu Adriana DESTRO und Mauro PESCE, „Codici di ospitalità: Il presbitero, Diotrefe, Gaio, itineranti delle chiese e membri estranei", in *Atti del IX Simposio di Efeso su S. Giovanni apostolo* (hg. v. Luigi Padovese; Turchia 17; Rom: Pontificio Ateneo Antoniano, 2003), 121–135.

[24] Die zentrale Rolle der Häuser und Hauskirchen bei Paulus wurde bereits oft herausgestellt. Siehe auch Romano PENNA, „La casa come ambito culturale nel cristianesimo paolino", in DERS., *Paolo e la chiesa di Roma* (BCR 67; Brescia: Paideia, 2009), 186–208.

Ziele konzentriert. Sie verfügt über eine Beziehungsdynamik, die nicht durch die umwälzende, interstitielle Anwesenheit Jesu bewegt wird.

Im Wesentlichen findet die gemeinschaftliche Versammlung der ἐκκλησία in einem häuslichen Raum statt, sie identifiziert sich aber nicht mit ihm. Sie ist durch eine gemeinschaftlich-kultische Handlung gekennzeichnet, die in Häusern stattfindet, ohne die familiäre Organisation zu verletzen oder zu sprengen. Sie benützt vielmehr den οἶκος. Die Folge ist, dass die Regeln des οἶκος in Bezug auf Verwandtschaft und Arbeit wieder an Wert und Platz gewinnen. Sie sind nicht mehr aufgehoben, wie es während der unmittelbaren Begegnung mit Jesus geschah. Sie sind aktiv und verlaufen parallel zu den gemeinschaftlichen Aktivitäten der ἐκκλησία, die sich nicht auf die Leitung der Häuser konzentrieren.

Jesus richtete in den Häusern ein utopisches System ein (Egalität, Gastlichkeit, Verkauf von Eigentum usw.). Nach seinem Tod ist das häusliche System nicht mehr utopisch gedacht und die normalen Regeln des Lebens gewinnen erneut an Boden. In der nachjesuanischen Bewegung bekommen die Logiken der Institutionen, der Verbreiterung der Gruppen, der Patron-Klient-Beziehung, der Entwicklung und Sicherheit der Häuser immer mehr Gewicht und führen zu einer allmählichen Normalisierung.

4.3 Die Dialektik von Haus und Kirche

Die Dialektik zwischen privaten Häusern und dem gemeinschaftlichen Aspekt der ἐκκλησία wird insbesondere an einigen Stellen der Paulusbriefe deutlich,[25] wie etwa in 1 Kor 11,22:

> Habt ihr denn nicht *Häuser* (οἰκίαι), um zu essen und zu trinken? Oder verachtet ihr die *Kirche* (ἐκκλησία) Gottes und demütigt die, die nichts besitzen?

Man verlässt die Häuser, um in die ἐκκλησία zu gehen. Das kultische Element beginnt vom οἶκος als Ort der häuslichen Interessen unabhängig zu werden und in eine gemeinschaftliche Versammlung überzugehen, die überhaupt keine häuslichen Eigenschaften besitzt, außer der Tatsache, dass sie innerhalb der Mauern eines Hauses stattfindet, in dem eine Familie lebt.[26] Nun besteht ein Gegensatz zwischen den οἰκίαι und der ἐκκλησία. Diese Dialektik existierte bei Jesus nicht, als seine Botschaft dazu tendierte, das Leben der οἰκίαι aus den Angeln zu heben oder radikal zu modifizieren, jedoch nicht, um eine dazu parallele Gemeinschaft zu schaffen.

> Wenn jemand Hunger hat, soll er zu Hause essen, damit ihr nicht zum Gericht zusammenkommt. (1 Kor 11,34)

---

[25] Siehe Jorunn ØKLAND, *Women in Their Place: Paul and the Corinthian Discourse of Gender and Sanctuary Space* (JSNTSup 269; London: T&T Clark, 2004).

[26] „Paul makes a clear distinction between the space of the household (*oikia*) from that of the *ekklesia* in the passage 11.17–34" (ebd., 137; vgl. 143).

Hier sieht man genau, dass die Versammlungen in der ἐκκλησία das Verlassen der Häuser mit sich bringen. Paulus sagt nie, dass das so genannte „sich miteinander Versammeln" „im Haus" stattfindet, sondern er spricht nur vom „Zusammenkommen (in der Versammlung/ἐκκλησία)" (vgl. 1 Kor 11,18; 14,26), das sicherlich innerhalb der Wände eines Hauses stattfindet.

> Wenn die ganze ἐκκλησία zusammenkommt am selben Ort (ἐπὶ τὸ αὐτό) ... (1 Kor 14,23)

Die Zusammenkunft der Versammlung in einem Haus differiert völlig gegenüber dem, was in den Häusern geschieht, als Jesus anwesend ist. So geht jener beispielsweise in Mk 3,20 „in ein Haus; und wiederum kommt eine Menschenmenge zusammen, sodass sie nicht einmal Brot essen konnten". Hier wird das Haus durch die Anwesenheit Jesu gestört, es herrscht ein Durcheinander durch einen Menschenauflauf. Es wird keine Gruppe von Feiernden dargestellt, die sich regelmäßig und durch Vereinbarung zu einer kultischen Versammlung begibt. Eine weitere Paulusstelle (1 Kor 14,33–35), die wir sogleich interpretieren werden, verdeutlicht diese Dialektik zwischen οἶκος und ἐκκλησία: Der Ort der Frauen ist das Haus und nicht der öffentliche Raum der ἐκκλησία.

Die strukturelle Autonomie der ἐκκλησία im Vergleich zum οἶκος und zu den Häusern, die sie gastlich aufnehmen, ist in der historischen Entwicklung der frühchristlichen Architektur gut ersichtlich. Lloyd Michael White hat drei Phasen der Nutzung und Umwandlung von Häusern, in denen die ἐκκλησία beherbergt war, identifiziert.[27] Zuerst spielt sich die ἐκκλησία in einem Haus ab, ohne dabei die Innenräume und ihre Verwendung zu verändern (Triklinium, *tablinum*, Atrium usw.). In einer zweiten Phase wird das Gebäude einigen architektonischen Veränderungen unterzogen, damit es sich besser für kirchliche Funktionen eignet, ohne dabei jedoch die wesentlichen Räume eines Hauses zu beseitigen. Schließlich ist das Haus verwandelt: Die Räume sind so entworfen, dass eine Kirche untergebracht werden kann. In dieser dritten Phase beherbergt das Haus keinen Haushalt mehr. Es hat nichts mehr mit einem οἶκος gemein. Das Haus oder der häusliche Bereich wurden aufgehoben und durch ein Gebäude ersetzt, das Kirche genannt werden kann. Langsam lässt die ἐκκλησία das Haus verschwinden. Sie entsteht daher zunächst nicht, um die Beziehungen innerhalb eines Haushalts zu verwandeln, um ihn in die Lage zu bringen, in das bevorstehende Reich Gottes einzutreten. Freilich handelt es sich um keine Funktion des οἶκος. Die ἐκκλησία wird eine separate und spezialisierte soziale Form. Die architektonische Entwicklung zeigt vom historischen Blickwinkel die Distanz zu den normalen Häusern.

---

[27] Siehe Lloyd Michael WHITE, *The Social Origins of Christian Architecture: Texts and Monuments for the Christian Domus Ecclesiae in its Environment* (2 Bde; HTS 42; Valley Forge: Trinity Press, 1996/1997); Adriana DESTRO und Mauro PESCE, *Come nasce una religione: Antropologia ed esegesi del Vangelo di Giovanni* (Percorsi 8; Rom: Laterza, 2000), 73f.

5. Die Veränderung der Frauenposition aufgrund der Beziehung zwischen οἶκος und ἐκκλησία

Mit der Gründung und dem Wachstum der ἐκκλησία befinden wir uns somit vor einer Kursänderung. Das Haus ist Instrument und Stütze der Versammlung. Es erfährt die Auswirkungen des Erfolges und der Stärkung. Doch die üblichen auf den Bereich der Familie bezogenen Interessen des οἶκος gewinnen erneut an Boden. Da die ἐκκλησία in der Tat kein interstitieller Keil im οἶκος ist, wie es die Gruppe um Jesus war, sondern eine organisatorische Form, die in sich zentriert ist, beginnt sie die typische Logik autonomer Formen zu verfolgen, umso mehr, da sie auch dazu tendiert, sich zu institutionalisieren. Wir können daher verstehen, wie sich die Frauen einerseits erneut *innerhalb* der Regeln des οἶκος, der Verwandtschaft, der Arbeit und andererseits im Rahmen der organisatorischen Form der ἐκκλησία, die ihre internen Normen anhand der sozialen Modelle ihrer Zeit gestaltet, wieder finden.[28] Unsere These lautet daher, dass den Frauen im frühen Christentum mit der Zeit zunehmend die Rolle des häuslichen Dienstes zugewiesen wurde. Dies bedeutet, dass auch die Erzählungen der Evangelien oder der frühchristlichen Schriften, die sich auf Jesus oder auf die Ursprünge beziehen, das widerspiegeln, was in den Kirchen ihrer Zeit geschieht, und die Tendenz haben, die innovativen Rollen, die Frauen innerhalb der Jesusgruppe hatten, in den Schatten zu stellen. Sie sind daran interessiert, den Frauen, die mit Jesus oder den ersten Wandpredigern verkehrten, untergeordnete Rollen zuzuordnen.

Die Evangelien rekonstruieren das Verhältnis der Frauen zu Jesus im Lichte der kirchlichen Situation ihrer Zeit so, dass die Rollen von Frauen auf den häuslichen Bereich reduziert werden.[29] Auf diese Weise werden Frauen wiederum auf das Haus beschränkt. Dieser Prozess erfolgt auf dreierlei Art und Weise.

5.1 Von „aktiven" zu „schweigenden" Frauen an öffentlichen Orten

Die Dialektik von οἶκος und ἐκκλησία taucht in 1 Kor 14,33–35 auf:

> Wie bei allen Versammlungen (ἐκκλησίαι) der Heiligen sollen die Frauen in den ἐκκλησίαι schweigen; denn es ist ihnen nicht erlaubt zu reden, sondern sie sollen sich unterordnen, wie es auch das Gesetz sagt. Wenn sie aber etwas lernen wollen, so sollen sie zu Hause (ἐν οἴκῳ) ihre Ehemänner fragen. Denn es ist beschämend für eine Frau in der Versammlung (ἐν ἐκκλησίᾳ) zu reden.[30]

---

[28] In Bezug auf die Kontinuität der frühchristlichen Kirchen mit der Moral der Zeit vgl. Wayne A. MEEKS, *The Origins of Christian Morality: The First Two Centuries* (New Haven: Yale University Press, 1993).

[29] Nach SCHÜSSLER FIORENZA, *Zu ihrem Gedächtnis*, 345, war die „Veränderung, die im zweiten Jahrhundert stattfand, ... (...) ... ein Wechsel von der – allen Getauften zugänglichen – gegenseitig abwechselnden Leitung zu einem auf führende und wohlhabende männliche Haushaltsvorstände beschränkten patriarchalen Amt".

[30] Dazu Carroll D. OSBURN, „The Interpretation of 1 Cor 14:34–35", in *Essays on Women in Earliest Christianity* (hg. v. Carroll D. Osburn; Joplin: College Press, 1993), 219–242; Curt

Hier werden Unterschied und Kontrast zwischen οἶκος und Kirche klar; ebenso aber auch, wie sowohl im οἶκος als auch in der ἐκκλησία die antiken Modelle der Unterwerfung der Frau sowie der normativen Strukturen, auf denen ihre Unterordnung beruht, wiederbelebt werden. In der ἐκκλησία werden Frauen nicht, weil sie in einer Versammlung keine Probleme aufzuzeigen oder genügend Unterweisung hätten, aus den öffentlichen kommunikativen Systemen ausgeschlossen, sondern aus Gründen der Achtung öffentlicher Ehre. Die ἐκκλησία folgt den Werten der Ehre, wie sie normalerweise in der Öffentlichkeit geäußert werden. Sie erweist sich als nach außen gerichteter Bereich im Gegensatz zum οἶκος als dem nach innen gerichteten, beaufsichtigten Bereich. Die Rolle der Frauen verändert sich in Korrelation zu den unterschiedlichen Rollen, die von Männern übernommen werden. Die ἐκκλησία erscheint durch Wissen, Status und männliche Ehre dominiert. Im Haus kann die Frau ihren Wunsch zu lernen äußern, nicht aber in der ἐκκλησία. Im Haus jedoch nimmt sie das Profil einer bedürftigen Person an, die sich bei jemandem, der die Dinge kennt (dem Mann), informieren muss.

Da es scheint, dass die Verkündigungspraxis des Paulus Frauen einen gewissen Freiraum lässt,[31] und weil Paulus die Möglichkeit weiblicher Prophetie in den ἐκκλησίαι (1 Kor 11,5) anerkennt, sahen manche in 1 Kor 14,33–35 einen späteren Zusatz, der nicht von Paulus stamme. Aber die Frage ändert sich auch dann nicht, da dieser Text in jedem Fall eine Entwicklung des frühen Christentums bezeugt, die mit der Opposition von ἐκκλησία und οἶκος verbunden ist.

Die Aufhebung der Beziehungsnetze, die an den οἶκος, die Arbeit und den öffentlichen Raum geknüpft sind, wird jetzt tendenziell wieder revidiert. Sowohl im οἶκος als auch in der ἐκκλησία herrschen erneut die Regeln der Hierarchie zwischen Mann und Frau und der politischen Beziehungen vor. Der Grund dafür ist, dass die beiden grundlegenden Merkmale der Lebenspraxis Jesu eingestellt worden sind: der interne Konflikt im οἶκος, notwendig als anfängliches Element für die Nachfolge (vgl. Lk 12,52f.), sowie die Unsicherheit und Mobilität, welche die interstitielle Praxis Jesu und jene seiner JüngerInnen bestimmte.

5.2 Von wandernden Jüngerinnen zu wandernden Dienerinnen

Die Notiz der Anwesenheit einiger Frauen bei der Kreuzigung Jesu in den synoptischen Evangelien scheint zu bezeugen, dass eine Entwicklung in der Konzeption weib-

---

NICCUM, „The Voice of the Manuscripts on the Silence of Women: The External Evidence for 1 Cor 14,34–35", NTS 43 (1997): 242–255.

[31] Vgl. OSIEK und MACDONALD, A Woman's Place, 229: „The named women leaders we encounter in Paul's letters were probably continuing in the leadership roles they had as pagan and Jewish women in other groups and associations. Yet even the earliest period there is evidence that women's joining church groups was causing household tensions (1 Cor. 7: 12–16; see also 1 Pet. 3:1–6) and, as discussed above, that women were taking some types of risks for the sake of the gospel".

licher Rollenmodelle innerhalb der Nachfolgegemeinschaft Jesu im letzten Viertel des 1. Jh. stattgefunden hat. Während in Mk 15,40f. gesagt wird, dass die Frauen, die bei der Kreuzigung anwesend sind, am Unterwegssein Jesu *in* Galiläa partizipiert haben, wird in Mt 27,55 einfach bestätigt, dass sie ihm von Galiläa nach Jerusalem gefolgt sind, und hier hinzugefügt, dass sie „ihm dienten".[32] Die Rolle der Frauen wird dadurch reguliert und herabgesetzt: Dass es sich um eine echte Nachfolge handelt, wird verborgen und gemindert. Mk unterscheidet zwei Gruppen von Frauen: die, die Jesus von Anfang an in Galiläa folgten, und eine größere Gruppe, die ihn nach Jerusalem begleitete. Mt 27,55 und Lk 23,49 sprechen ausschließlich von dieser zweiten Gruppe. Aber Lk weiß, dass es Frauen gab, die Jesus ständig folgten (vgl. 8,1 3). Dennoch, vielleicht um ihre Rolle zu beschränken, erklärt er, dass „sie ihm mit ihren eigenen Mitteln dienten" (8,3). Joh bestätigt, dass „seine Mutter, die Schwester seiner Mutter, Maria des Klopas und Maria von Magdala beim Kreuz Jesu standen" (Joh 19,25), aber ohne die Angabe von Mk 15,40, dass die Frauen Jesus überallhin gefolgt waren und daher die Funktion wandernder Jüngerinnen hatten. Im Wesentlichen treten in den fünf Texten eine ältere Schicht, in der eine nicht geringe Zahl von Frauen am Unterwegssein Jesu in Galiläa teilgenommen hat, und eine jüngere Schicht, die dieses Unterwegssein der Frauen verbirgt oder es in servile Aufgaben umwandelt, in Erscheinung. Auf der gleichen Ebene befindet sich ein anderer Fall in 1 Kor 9,5, wo es bei Kephas und den „Brüdern des Herrn" heißt, dass sie Frauen mit sich führen, welche also eine untergeordnete Rolle zu haben scheinen.[33]

Die Entmachtung der Frauen beruht auf der Tatsache, dass sich nun eine feste Organisation der frühchristlichen Gruppen entwickelt. Aufgrund der Sesshaftigkeit werden Positionen und Rollen zugeschrieben, die abhängig von den internen Gruppenhierarchien und den spezifischen Verwaltungen der Vermögenswerte und Ressourcen sind. Es ist offensichtlich, dass selbst innerhalb der Gruppe der JüngerInnen Jesu eine Verwaltung der Vermögenswerte und Ressourcen sowie eine hierarchische Skala von Positionen existierten. Die Veränderung der frühen Kirchen wird nicht nur als eine Evolution oder Transformation der Elemente, die bereits in der Gruppe Jesu vorhanden sind, angesehen. Es handelt sich um eine strukturelle, wesentliche Veränderung. Im Vergleich zu den WanderpredigerInnen mit ihrer interstitiellen Anwesenheit in den Häusern verkörpert die ἐκκλησία eine institutionalisierte Form des reglementierten religiösen Lebens mit Kalendern, Riten, Räumen, Ämtern, Anordnungen.

---

[32] Auch in Mk 15,41 wird (abgesehen von einigen Handschriften) hervorgehoben, dass sie Jesus „dienten". Das Verb διακονέω mit Dativ, wie in Mt 27,55 oder Lk 8,3, bedeutet „im Dienste von jemandem stehen, jemandem Hilfe leisten, Pflichten gegenüber jemandem ausüben". Ohne Dativ drückt es nicht nur den häuslichen, untergeordneten Dienst aus, sondern auch eine leitende Funktion.

[33] Vgl. John Granger Cook, „1 Cor 9,5: The Women of the Apostles", *Bib* 89 (2008): 352–368; 368: „the women were missionary assistants to the apostles".

5.3 Von „freien" Frauen in den Häusern zu wieder in die Häuser eingegliederten Frauen

Der Prozess der Wiedereingliederung der Frauen in häusliche Rollen gegen Anfang des 2. Jh. kann anhand des Textes von 1 Tim 5,3–16 nachvollzogen werden. Die Rolle der Frau scheint darin zu bestehen, die Regeln des häuslichen Verhältnisses zu erfüllen, ohne sie zu transformieren. Der Unterordnung wird lediglich ein religiöser *surplus* zugeschrieben. Ein Anzeichen dieser Entwicklung ist das Waschen der Füße von „Heiligen" (übliche Mitglieder oder Elite der ἐκκλησία).

> Eine Witwe soll in die Liste [der Witwen] eingetragen werden, wenn sie nicht jünger als sechzig Jahre ist, nur einmal verheiratet gewesen und bekannt für gute Werke ist, wenn sie Kinder aufgezogen, Gastfreundschaft praktiziert, Heiligen die Füße gewaschen hat ... (1 Tim 5,9f.)

Dieser Dienst wurde in den antiken Kulturen SklavInnen, Ehefrauen und Töchtern zugeteilt. Er wurde für das Oberhaupt des Hauses und die männlichen Gäste durchgeführt und war eines der verbreitetsten Symbole der sozialen Unterordnung. Hier in 1 Tim sind es wieder Frauen, die Männern die Füße waschen, obwohl Jesus versucht hatte, die Zuschreibung dieses Dienstes umzukehren und nicht den SklavInnen, sondern dem *leader* der Gruppe zuzuweisen (vgl. Joh 13,1–17).[34]

Die Stelle in 1 Tim ist in der Tat parallel zu Lk 8,1–3 zu sehen, wo den Frauen, die Jesus folgen, eine dienende Rolle zugeschrieben wird. Auch in Joh 11,27–32 wird, wenn über Marta und Maria gesprochen wird, zwar bestätigt, dass beide an Jesus glauben; dass aber die dienende Rolle von Frauen unterbrochen werden könnte, wird nicht in Betracht gezogen. In Lk 10,40–42 dagegen wird Marta freilich vorgeworfen, dass sie ihre Schwester Maria gerufen hat, um eine typisch weibliche Aufgabe im Haushalt zu übernehmen. Eine gewisse Reduzierung der Frauen auf den häuslichen Bereich, in diesem Fall der Mutter Jesu, könnte man eventuell auch in Joh 19,27 sehen, wo es heißt, dass der namenlose Jünger sie εἰς τὰ ἴδια, „in das Eigene", aufnimmt, vielleicht in sein Haus. Die Mutter wird im Inneren des häuslichen Ambientes präsentiert, während Mk 3,31f. sie uns aktiv an einem öffentlichen Ort vorstellt.

In Lk werden zwei kurze, parallele Gleichnisse, eines nach dem anderen, erzählt: das Gleichnis vom verlorenen Schaf und das von der verlorenen Drachme. Für die Frau wird der Begriff οἰκία verwendet (vor allem in Bezug auf den Bereich innerhalb der Mauern des Hauses), für den Mann hingegen der Begriff οἶκος (der jede Aktivität im Hauswesen sowie die beteiligten Personen einschließt):

> Wer (τίς ἄνθρωπος)[35] von euch hundert Schafe hat und eines davon verliert, lässt der nicht die anderen neunundneunzig in der Wüste und geht dem verlorenen nach, bis er es

---

[34] Siehe DESTRO und PESCE, *Come nasce una religione*, 41–63; DIES., „La lavanda dei piedi di Gv 13,1–20, il *Romanzo di Esopo* e i *Saturnalia* di Macrobio", *Bib* 80 (1999): 240–249.

[35] Wir gehen davon aus, dass das Wort ἄνθρωπος in Lk 15,4 nicht inklusiv interpretiert werden kann, weil die lk Redaktion das Wort in Opposition zu γυνή, „Frau", in 15,8, so wie auch τοὺς φίλους in Opposition zu τὰς φίλας (V.6.9), gedacht hat. Wenn aber das erste

> findet? Nachdem er es wiedergefunden hat, legt er es voll Freude auf die Schulter und ruft, wenn er nach Hause (εἰς τὸν οἶκον) gekommen ist, die Freunde (τοὺς φίλους) und Nachbarn zusammen und sagt zu ihnen: Freut euch mit mir, weil ich mein Schaf, das verloren war, wiedergefunden habe. (Lk 15,4–6)
> Oder welche Frau (τίς γυνή), die zehn Drachmen hat, zündet nicht, wenn sie eine einzige Drachme verliert, eine Lampe an und kehrt das Haus (οἰκία) und sucht gründlich, bis sie sie wiederfindet? Nachdem sie sie wiedergefunden hat, ruft sie die Freundinnen (τὰς φίλας) und Nachbarinnen zusammen und sagt: Freut euch mit mir, weil ich meine Silbermünze, die ich verloren habe, wiedergefunden habe. (Lk 15,8f.)

Hier werden zwei gegensätzliche Welten präsentiert, die um verschiedene Werte kreisen. Die Frau behält die Drachme „zu Hause". Der Mann befasst sich mit den Tieren. Er schützt nicht nur, er produziert. Die Frau kehrt und sucht in einem begrenzten Raum, im Inneren. Der Mann befindet sich im öffentlichen Raum. Der Mann versammelt Freunde und Nachbarn, die Frau Freundinnen und Nachbarinnen. Die Beziehungen finden in beiden Fällen innerhalb des eigenen Geschlechts statt. Man kann sich fragen, ob dies der Hintergrund ist, den Jesus vor sich hatte (und den er übertreten hat), oder ob Lk die Gleichnisse mit dem Stereotyp der Frau zu Hause, die in weiblichen Welten verkehrt, die fern von den äußeren, männlichen Welten liegen, geschaffen hat. Die Exegese diskutiert, ob dieses Doppelgleichnis von Jesus oder von Lk stammt.[36] In jedem Fall ist die stereotype Gegenüberstellung männlicher und weiblicher Rollen auf Lk zurückzuführen. Diese Sichtweise könnte auf den Evangelienberichten basieren, die dazu tendieren, die Jüngerinnen als eine weibliche Gruppe innerhalb der Gruppe der Jünger vorzustellen (vgl. Lk 8,1–3; Mk 15,40f.). In diesen Passagen sind die Frauen von den Männern getrennt, als ob sie einen separierten Bereich bilden würden.

6. Schlussfolgerung

So lässt sich resümieren, dass beim Übergang von der Jesusbewegung zur Kirche
- die aktive Rolle von Frauen an öffentlichen Plätzen langsam abnimmt,
- die Tendenz dahingeht, dass sie in den Häusern wieder eine eher untergeordnete Rolle einnehmen,
- sie in den Evangelien nicht mehr als Jüngerinnen angesehen werden, die mit Jesus unterwegs sind, sondern als Helferinnen bzw. Dienerinnen der Gruppe.

Diese Prozesse werden durch das Faktum bestimmt, dass die Alltagsregeln, auf denen sowohl der οἶκος als auch die öffentliche Versammlung basieren, eine wichtige Rolle spielen. Mit dem Verschwinden der alles verändernden Gegenwart Jesu im οἶκος festigt sich eine Sozialform, die es bisher nicht gab, die ἐκκλησία, der es freilich nicht möglich ist, bestimmte, institutionelle Verhaltensweisen der Kultur dieser Zeit nicht

---

Gleichnis Jesus zugeschrieben werden sollte, wäre eine inklusive Interpretation von ἄνθρωπος in der vorlk Vorlage des Gleichnisses nicht auszuschließen.

[36] Vgl. François BOVON, *Das Evangelium nach Lukas (Lk 15,1–19,27)* (EKKNT 3/3; Zürich: Benziger, 2001), 21–33.

anzunehmen (formale Versammlungen, festgesetzte Zeitpläne, Aufgaben und Rituale, Richtlinien und kultische Handlungen, soziale Hierarchien, öffentliche, männliche Ehre). Der οἶκος, der nicht mehr den erschütternden Auswirkungen einer interstitiellen Führung ausgesetzt ist, stellt die ewige Logik der Häuslichkeit wieder her, die die hierarchischen Unterschiede reproduziert.

Wie sind die Erzählungen über Maria und Josef in Mt 1–2 und Lk 1–2 entstanden?

Enrico Norelli
Universität Genf

1. Um Mt und Lk zu verstehen, muss man ihnen ihre Sonderstellung absprechen

Der Mt und Lk zugesprochene kanonische Status hat dazu geführt, dass ihre Erzählungen über die Geburt Jesu (und, nur sehr partiell, über seine Kindheit) in der Geschichte des Christentums als historisch für „wahr" gehalten wurden, und zwar als einzig wahre im Vergleich zu anderen Geburtserzählungen. Man erkannte ihre Unterschiede und die zahlreichen nur sehr schwer zu harmonisierenden Elemente, aber – da es sich um inspirierte Texte handle – bewertete man sie als nur scheinbare Widersprüche und übertrug den ExegetInnen die Aufgabe ihrer Lösung. Solch eines Verfahrens, das im Studium keiner anderen historischen Quellen als ernsthaft betrachtet worden wäre, bediente und bedient man sich regelmäßig in Bezug auf die Geburtserzählungen und so gibt es beispielsweise immer noch einige Versuche, die von den beiden Evangelisten angeführten Genealogien in Übereinstimmung zu bringen.[1]

Die auf die Erzählungen der Geburt Jesu angewendete historische und literarische Kritik der Evangelien hat das oben erwähnte hermeneutische Postulat mit einer für die historische Forschung geeigneten Methode ersetzt, die nicht die für eine religiöse Gemeinschaft normativen Texte bevorzugt. Der Akzent wurde auf die jeweilige Botschaft der beiden Erzählungen von Mt und Lk gerichtet, unter Berücksichtigung der Theologie beider Evangelien. Die Verteidigung ihrer Geschichtlichkeit hat sich aufgelöst und spielt in den ernsthaften Forschungen über die historische Figur Jesu[2] überhaupt keine Rolle mehr. Jedoch bleiben auch die kritischsten HistorikerInnen davon überzeugt, dass die Erzählungen der Geburt Jesu in Mt und Lk, obwohl sie keinen geschichtlichen Wert besitzen, die ältesten vorhandenen Zeugnisse und die einzig unabhängigen darstellen, weil sämtliche apokryphen Texte von diesen beiden abhängig sind.[3]

Heute aber scheint ein Paradigmenwechsel notwendig. Jede der beiden Erzählungen stellt bezüglich des gesamten Werkes, dem es angehört, eine bewusste und zusammenhängende erzählerische und theologische Konstruktion dar, auch wenn auf literarischer Ebene das Werk des Lk gegenüber dem von Mt eine weitaus größere Komplexität und

---

[1] Vgl. Jacques MASSON, *Jésus Fils de David dans les généalogies de Saint Matthieu et de Saint Luc* (Paris: Téqui, 1982). Im Übrigen ist die Genealogie Jesu bei Lk außerhalb der eigentlichen Geburtsgeschichte in 3,23–38 angesiedelt.

[2] So z. B. Gerd THEISSEN und Annette MERZ, *Der historische Jesus: Ein Lehrbuch* (Göttingen: Vandenhoeck & Ruprecht, 1996), welche die verschiedenen Aspekte des Problems vorstellen, aber die Geburtserzählungen einfach übergehen.

[3] So z. B. Helmut KOESTER, *Ancient Christian Gospels: Their History and Development* (London: SCM Press, 1990), 308f.

strukturelle Dichte besitzt.[4] Beide Zyklen haben also ihre volle erzählerische Würde und bilden eine kohärente Reihenfolge von Geschehnissen. Eine andere Frage ist, ob in einer der beiden Erzählungen oder einer vorhergehenden Erzählung, deren Verhältnis zu den zwei erhaltenen dann aber erörtert werden muss, die älteste Form von dem vorliegt, was uns bezüglich der Geburt Jesu zugänglich ist. Die positive Antwort darauf hat die Forschungsgeschichte bezüglich dieser Erzählungen beherrscht; dies bedeutete allerdings nicht, eine einheitliche Erzählung als Quelle für beide anzunehmen. Im Gegenteil hat man, vor allem im Falle des Mt, zugunsten der Benutzung von mehreren Quellen argumentiert, der sich die redaktionelle Arbeit des Evangelisten anschloss. So hat man vom Gesichtspunkt der historischen Kritik geeignetere Antworten für alte Fragen gefunden, wie zum Beispiel: Warum hebt Mt Josef hervor und Lk stattdessen Maria? Eine traditionelle Antwort war, dass die jeweiligen Informationsquellen der beiden Evangelisten auf die eine oder andere dieser Figuren zurückgingen. Auch wenn man diese Logik akzeptieren sollte, ist die Hypothese weder im Stande, die auffälligsten Widersprüche zu erklären, noch zu sagen, warum die beiden Eheleute Erinnerungen aufbewahrt haben sollten, in denen auffälligerweise gerade die Erinnerungen des anderen fehlten. Die „kritische" Antwort hingegen betonte, dass jeder der beiden Evangelisten literarische Modelle aufgriff und für die eigene Theologie benutzte, die sich nur auf jeweils einen der beiden Ehepartner beziehen ließen. So hat Mt die Geschichten des Buches Exodus über die Geburt Moses (die in der Midrasch-Überlieferung entfaltet wurden) und den Zyklus des Patriarchen Josef, Traumseher und -deuter, welcher sich im Buch Genesis befindet, benutzt, um die entscheidenden Offenbarungen zu erzählen, die dem Vater Jesu im Traum eingegeben werden (1,20.24; 2,13.14.19.21.22). Lk andererseits – um nur ein Beispiel zu nennen – hat sich, was das Magnificat betrifft, das er Maria in den Mund legt (1,46–55), vom Lied Hannas (1 Sam 2,1–10), der Mutter Samuels, inspirieren lassen.

Nun ist der angesprochene Paradigmenwechsel mit dem Studium der Erzählungen von Mt und Lk in einem weiteren literarischen Kontext des gesamten seit dem 2. Jh. bezüglich der Geburt Jesu bezeugten Materials verbunden.

Sind die Erzählungen von Mt und Lk als Anfang des gesamten Materials zu sehen oder stellen sie nur zwei unter vielen Varianten dar, die gleichzeitig und unabhängig von ihnen oder von ihren Quellen im Umlauf waren? Und sollte die zweite Option vorzuziehen sein, müsste die älteste zugängliche Form dieses Materials dann notwendigerweise erzählerisch sein? Im Folgenden werde ich Thesen, die in bereits von mir veröffentlichten oder sich in Veröffentlichung befindlichen Arbeiten präsentiert werden, nur sehr kurz resümierend wiedergeben.[5] Grundvoraussetzung ist, dass man die Unterscheidung zwischen kanonischen und nichtkanonischen Texten beiseite lässt. Denn diese wäre nicht nur für den hier untersuchten Zeitraum verfrüht, sondern ist bei der Beurteilung der Ursprünge dieser Überlieferungen und Ideen zudem unangebracht.

---

[4] Auch heute noch bemerkenswert, was Lk betrifft, ist die Analyse von René LAURENTIN, *Structure et théologie de Luc 1–2* (EBib; Paris: Gabalda, 1957).

[5] Die nachfolgenden Seiten stellen meine publizierten Thesen dar; nur dies berechtigt die zahlreichen Verweise auf eigene Werke.

Gewiss zeigen die nicht kanonisch gewordenen Schriften bezüglich der Geburt und Kindheit Jesu in aller Klarheit ihren legendarischen Charakter. Ist es aber korrekt, demgegenüber eine größere Nähe von Mt und Lk zu „historischen Ereignissen" anzunehmen, oder sollte man nicht stattdessen *alle* Texte über die Geburt Jesu als Legenden betrachten und zu verstehen versuchen, welche Ideen sie jeweils vermitteln wollen? Dass die nichtkanonisierten Texte eine Abhängigkeit von den kanonisierten zeigen, erlaubt außerdem nicht die Annahme, dass die letztgenannten (mindestens in einem gewissen Maß) „historisch" seien, sondern nur den Versuch, das Verhältnis der Texte untereinander zu erforschen.

Zuallererst muss darauf hingewiesen werden, dass dort, wo nichtkanonisierte Schriften Ergänzungen zu den Geschichten von Mt und Lk boten, die Figuren wie Josef und besonders Maria hervorhoben und immer mehr in die christlichen Vorstellungen eindrangen, die christliche Tradition – obwohl sie die Apokryphen als solche weiterhin verurteilte – gerne solches Material aufgenommen hat, da es Informationen über die Kindheit Jesu vermittelte. Man denke nur an die berühmte Schrift des 2. Jh., die im ältesten uns erhaltenen Manuskript den Titel „Geburt Marias, Offenbarung des Jakobus" trägt und vom ersten modernen Herausgeber des Textes (in lateinischer Übersetzung) „Protevangelium des Jakobus" (= ProtevJak) betitelt wurde.[6] Dies sollte andeuten, dass diese Schrift, die sich als vom „Bruder Jesu", Jakobus, geschrieben darstellte (hier als Stiefbruder, da er Josef von einer vorherigen Ehefrau geboren wurde, die dann starb), die älteste Erzählung über Jesus war, die deutlich vor den kanonischen Evangelien geschrieben wurde, da der angenommene Autor vorgab, sie während des Betlehemitischen Kindermordes verfasst zu haben, der tatsächlich die letzte Episode des Werkes ist. In diesem Buch sind die Namen der Eltern Marias enthalten (Joachim und Anna), ihr Wunsch, eine Tochter zu haben, seine wunderbare Erfüllung durch Gott, die Kindheit Marias im Tempel von Jerusalem, wo sie Speisen von einem Engel bekam, wie sie dem alten Witwer Josef mit der Ermahnung, ihre Keuschheit das ganze Leben zu beschützen, in Obhut gegeben wurde, die Schwangerschaft Marias und die Probe des bitteren Wassers (Num 5), die ihr und Josef auferlegt und die erfolgreich bestanden wurde, die Geburt Jesu inmitten eines hellen Lichts in einer Höhle, wo eine Hebamme, die von Josef gerufen wurde und zu spät kam, nichts anderes tun konnte, als die Unbeflecktheit Marias festzustellen, die sich auch nach der Geburt erhalten hatte. Das Vorhandensein dieser erzählerischen Elemente in der späteren christlichen Frömmigkeit, in der Liturgie, im Heiligenkalender (beide Eltern Marias wurden heilig ge-

---

[6] Es fehlt bisher eine echte kritische Ausgabe des griechischen Textes: Die zur Verfügung stehende, mit der Edition der ältesten Quelle, dem Papyrus Bodmer V, und den Varianten einer großen Zahl griechischer Manuskripte sowie der antiken Versionen, ist: Emile DE STRYCKER und Hans QUECKE, *La forme la plus ancienne du Protévangile de Jacques: Recherches sur le papyrus Bodmer 5 avec une édition critique du texte grec et une traduction annotée* (Subsidia hagiographica 33; Brüssel: Société des Bollandistes, 1961). Einfacher und handlicher ist Ronald F. HOCK, *The Infancy Gospels of James and Thomas with Introduction, Notes, and Original Text Featuring the New Scholars Version Translation* (The Scholars Bible 2; Santa Rosa: Polebridge Press, 1995).

sprochen), in der Theologie und in der Kunst⁷, vor allem im Osten, aber auch weitgehend im Westen, ist wohlbekannt. Das auf Griechisch geschriebene Buch wurde in viele alte Sprachen übersetzt und erfuhr Überarbeitungen auf Lateinisch. Hier nahm man einerseits Teile heraus, die mit anderen bereits kanonisierten Texten in Gegensatz geraten konnten bzw. theologisch veraltet waren, anderseits wurde die Figur Marias, die immer mehr zur Hauptdarstellerin geriet, dem Geschmack und den Bedürfnissen der neuen Zeiten angeglichen, indem man aus ihr z. B. eine Art Oberin einer Gruppe von geweihten Jungfrauen machte, die alle im Tempel wohnten und für die sie eine richtige „Ordensregel" festgelegt hatte.⁸ Der Autor hat Mt und Lk benutzt und sie unterschiedlich miteinander verbunden, aber auch andere schon traditionelle Elemente verwendet, die er ohne Weiteres mit den Erzählungen der beiden Evangelisten, die für ihn noch keinen kanonischen Wert besaßen, verknüpfte. Es war offenbar sein Wille, den Meinungen, die in jüdischen und nichtjüdischen Kreisen im Umlauf waren, nach denen Jesus der uneheliche Sohn Marias war, entgegenzutreten. Deswegen verfolgt er die Geschichte Marias schon vor ihrer Geburt und betont ihre dauerhafte Reinheit, die durch die priesterlichen Autoritäten des Tempels kontrolliert wird und, nach der Geburt, durch die Hebamme, die nicht umsonst wiederholt als Jüdin bezeichnet wird (es ist unseres Wissens die erste Schrift, in der die Jungfräulichkeit Marias *in partu* behauptet wird: in den kanonisierten Schriften fehlt dies). Das Hauptaugenmerk gilt also Jesus, aber es ruft eine Geschichte Marias hervor. Sie ist die einzige Figur, die von Anfang bis Ende in jeder Szene präsent ist. Dennoch, wie wir noch genauer erklären werden, wird ihr keine aktive, sondern eine passive Rolle gegeben, weil nicht das, was sie tut, wichtig ist, sondern die Kontrolle ihrer Jungfräulichkeit.⁹

Seit dem 2. Jh. waren auch Erzählungen über die Kindheit Jesu in Nazaret im Umlauf, die uns verschiedentlich zusammengefasst überliefert sind, hauptsächlich in einer Schrift, die man als „Kindheitsevangelium des Thomas" bezeichnet, obwohl sich die Zuweisung an einen „jüdischen Philosophen Thomas" nur in einem kleinen, spät zu datierenden Teil der überlieferten Tradition befindet.¹⁰ Die Titelform „Kindheitsgeschich-

---

[7] Zur Kunst siehe z. B. David R. CARTLIDGE und James Keith ELLIOTT, *Art and the Christian Apocrypha* (London: Routledge, 2001), bes. 20–42.77–116.

[8] Siehe dazu die „Introduction générale aux deux textes édités" von Rita BEYERS zu den beiden Bänden der *Libri de Nativitate Mariae* (CChrSA 9–10; Turnhout: Brepols, 1997): *Pseudo-Matthaei Evangelium: Textus et Commentarius* (hg. v. Jan Gijsel) und *Libellus de Nativitate Sanctae Mariae: Textus et Commentarius* (hg. v. Rita Beyers), 1–34 (Bd 1).

[9] Es ist bedeutsam, dass z. B. in der Episode des Besuchs der Elisabet (12,3–8) das *Magnificat* unterdrückt wird, von dem nur ein kleiner Rest, entnommen aus Lk 1,48, übrig bleibt, in der Absicht zu zeigen, dass Maria die Verkündigung des Engels Gabriel vergessen hatte (dieser Vorfall wurde notwendig durch die Harmonisierung mit Mt); ein kurzer Auszug aus dem *Magnificat* wird allerdings dem Hohepriester in den Mund gelegt (12,2)!

[10] Es existieren verschiedene Versionen in unterschiedlichen Sprachen. Die kritische Ausgabe des griechischen Textes von Tony CHARTRAND-BURKE in der Reihe *Corpus Christianorum: Series Apocryphorum* befindet sich im Druck; siehe HOCK, *The Infancy Gospels of James and Thomas*, 84–143 (griechischer Text mit Apparat, Übersetzung, Einführung und Anmerkungen). Das beste Instrument, um die verschiedenen Fassungen des Textes zu vergleichen,

ten des HERRN Jesus" (Παιδικὰ τοῦ κυρίου Ἰησοῦ) wäre vorzuziehen. Auch davon gibt es Übersetzungen in verschiedene alte Sprachen. Später wurde das Werk einer lateinischen Neufassung des ProtevJak angefügt, dem so genannten Pseudo-Matthäusevangelium. Zwischen den beiden wurden kurze Geschichten über Jesu Kindheit in Ägypten eingefügt, um einen Erzählzusammenhang zu bilden, der vor der Geburt Marias begann und bis zur Episode des zwölfjährigen Jesus im Tempel (Lk 2,41–51) reichte, was in der Folge erlaubte, an die kanonische Erzählung anzuknüpfen. Nicht zufällig endet das Kindheitsevangelium des Thomas mit einer Neufassung dieser Episode. Diese Kindheitsgeschichten haben natürlich Jesus als Hauptdarsteller; neben ihm spielt Josef eine größere Rolle als Maria[11]: Er ist zuständig für die Erziehung dieses Knaben, der ihm viele Probleme bereitet, weil er mit seinem Wissen seine Lehrer demütigt oder weil er die Spielfreunde tötet, die ihn stören oder die ihn einfach stoßen (allerdings lässt er sie dann wieder auferstehen), aber er ist dann auch bereit, ihm mit einem Erntewunder zu helfen (12), oder indem er wunderbarerweise ein Brett verlängert, um einen Fehler des Schreiners Josef bei der Herstellung eines Bettes zu beheben (13). Josef muss den durch Jesus aufgebrachten Menschen entgegentreten. Das vom Letztgenannten bewohnte Haus wird „das Haus Josefs" genannt (3,3; 14,5) und Josef gibt Maria ohne Zweifel Anordnungen bezüglich Jesus (14,5). Es gibt keine Andeutungen hinsichtlich einer unbefleckten Empfängnis oder einer Jungfrauengeburt:[12] Daher nahm Sever J. Voicu an, dass der Kern des Werkes aus dem ebionitischen Umfeld stamme, für das Josef in jedem Sinne der Vater Jesu war. Somit scheint es, als ob diese Schrift ihre Hauptinspiration nicht im Thema der Jungfräulichkeit der Mutter Jesu hätte,[13] ein

---

ist die Übersetzung von Sever J. VOICU, „Verso il testo primitivo dei *Paidika tou kuriou Iesou* = ,Racconti dell'infanzia del Signore Gesù'", *Apocrypha* 9 (1998): 7–85. Zum Werk siehe nun die Untersuchung (mit Edition und Übersetzung des Textes) von Reidar AASGAARD, *The Childhood of Jesus: Decoding the Apocryphal Infancy Gospel of Thomas* (Eugene: Cascade Books, 2009).

[11] Bis auf eine Episode, in der die Mutter Jesus zum Wasserholen schickt (11), erscheint sie in einer aktiven Rolle erst im Endkapitel (19), welches die Geschichte des zwölfjährigen Jesus im Tempel aus Lk 2,42–51 aufnimmt und diese abändert; hier dagegen – anders als bei Lk – ist sie die einzige Gesprächspartnerin Jesu, als sie ihn im Tempel wieder findet. Zudem ist interessant, dass in einer Fassung der Episode von Jesus und dem Lehrer (sie erscheint in drei Versionen im Kindheitsevangelium des Thomas: 6f.; 14; 15), die in einem Dokument des 2. Jh., der Epistula Apostolorum (2), erhalten ist, es „Josef und seine Mutter Maria" sind, die Jesus dem Lehrer anvertrauen. Es erscheint mir aber recht zweifelhaft, dass die EpApost vom Kindheitsevangelium des Thomas abhängt; die Episode zirkulierte ohne Zweifel in unabhängiger Form (sie wurde nach Irenäus von Lyon, *Haer.* 1,13,1 auch von den Markosiern benutzt).

[12] Die vom Lehrer gestellte Frage in 7,5 „Welcher Schoß [Variante: Welche Mutter] ihn getragen hat, welche Mutter ihn stillte, ich kenne ihn nicht", scheint mir nicht notwendigerweise eine Anspielung auf die Jungfräulichkeit der Mutter zu sein, zumal sie unterstellt, Jesus sei „vor Beginn der Erschaffung der Welt gezeugt worden".

[13] Die Schrift ist im Übrigen nicht an der Geburt Jesu interessiert: Sie beginnt, als Jesus fünf Jahre alt ist und endet, als er zwölf ist. Weder Josef noch Maria scheinen durch mit der Ge-

Thema, dem wir uns nun zuwenden werden, weil es geeignet scheint, die ersten Entwicklungen der Erzählungen über die Geburt Jesu besser zu verstehen.

2. Von woher kommen die gemeinsamen Elemente in Matthäus und Lukas? Der entscheidende Beitrag der Apokryphen

Die Erzählungen über die Geburt Jesu in Mt und Lk[14] haben eine Reihe von Gemeinsamkeiten. Es scheint mir schwirig, eine größere Liste als die von Raymond E. Brown in seinem grundlegenden Kommentar zu präsentieren.
(1) Die Eltern heißen Maria und Josef, sind verlobt oder verheiratet, aber leben zur Zeit der Empfängnis Jesu noch nicht zusammen;
(2) Josef ist ein Nachkomme Davids;
(3) ein Engel kündigt die zukünftige Geburt Jesu an, obwohl sich diese Ankündigung in Mt an Josef richtet, in Lk aber an Maria;
(4) Maria hat das Kind ohne Geschlechtsverkehr mit Josef empfangen;
(5) die Empfängnis erfolgt durch das Wirken des Heiligen Geistes;
(6) der Engel schreibt vor, dass das Kind Jesus heißen soll;
(7) ein Engel erklärt, dass Jesus der Retter sein wird;
(8) die Geburt des Kindes ereignet sich, nachdem die Eltern angefangen haben, zusammen zu leben;
(9) sie findet in Betlehem statt;
(10) zeitlich ist sie mit dem Reich des Herodes des Großen verbunden;
(11) das Kind wächst in Nazaret auf.[15]

Es ergibt sich somit folgende Frage: Sollten Mt und Lk diese Elemente aus einer gemeinsamen Erzählung entnommen haben, warum sind dann ihre Geschichten so verschieden und tatsächlich unvereinbar? Selbst wenn wir den jeweiligen redaktionellen Bearbeitungen ein großes Gewicht beimessen, müssten Spuren der zugrunde liegenden Erzählung noch sichtbar sein: dem ist jedoch nicht so. Wenn aber Mt und Lk verschiedene Geschichten erzählen, woher kommen dann die gemeinsamen Elemente? Sollten sie aus geschichtlichen Erinnerungen stammen, müssten die Letztgenannten wenigstens einen erzählerischen Faden aufweisen, sodass man auf den vorher behandelten Fall zurückkommt. Ich habe dies andernorts ausführlich diskutiert[16] und werde mich hier auf eine sehr knappe Zusammenfassung beschränken.

---

burt zusammenhängende göttliche Erscheinungen dafür vorbereitet worden zu sein, die Verhaltensweisen und Kräfte des Kindes zu erkennen.

[14] Die Genealogien, die ursprünglich nicht mit Erzählungen oder Aussagen über die Geburt Jesu verbunden zu sein scheinen, werden hier beiseite gelassen.

[15] Siehe Raymond E. BROWN, *The Birth of the Messiah: A Commentary on the Infancy Narratives in the Gospels of Matthew and Luke* (New York: Doubleday, ²1993), 34f.

[16] Siehe zuletzt Enrico NORELLI, „Maria nella letteratura apocrifa cristiana antica", in *Storia della Mariologia 1: Dal modello biblico al modello letterario* (hg. v. Enrico Dal Covolo und Aristide Serra; Rom: Città Nuova, 2009), 143–254; zu diesem Punkt: 160–178; DERS.,

Eine alte christliche apokryphe Erzählung, die „Himmelfahrt des Propheten Jesaja" (Ascensio Isaiae = AscIs), um das Jahr 100 datierbar, schreibt Jesaja eine Himmelfahrt zu, in der ihm die kommende Herabkunft Jesu vom Himmel in diese Welt und insbesondere seine Empfängnis und seine Geburt gezeigt werden. Diese Vision ist ausdrücklich als der Höhepunkt der Himmelfahrt des Propheten dargestellt:

> 2. Und ich sah aus dem Geschlechte Davids, des Propheten, ein Weib mit Namen Maria, die war eine Jungfrau, und einem Manne mit Namen Joseph verlobt, einem Zimmermann, und auch er war aus dem Samen und dem Geschlechte des gerechten Davids aus Bethlehem in Juda. 3. Und er kam zu seinem Anteil. Und als sie verlobt war, fand es sich, daß sie schwanger war, und Joseph, der Zimmermann, wollte sie verlassen. 4. Aber der Engel des Geistes erschien in dieser Welt und danach verließ Joseph Maria nicht und bewahrte sie; und er offenbarte aber niemand diese Angelegenheit. 5. Und er nahte sich nicht Maria und bewahrte sie wie eine heilige, wenn auch schwangere, Jungfrau. 6. Und er wohnte [noch] nicht zwei Monate mit ihr. 7. Und nach zwei Monaten an Tagen, als Joseph in seinem Hause war und Maria, sein Weib, jedoch beide allein, 8. da geschah es, während sie allein waren, daß Maria alsbald mit ihren Augen hinschaute und ein kleines Kind sah, und sie war bestürzt. 9. Und als die Bestürzung gewichen war, wurde ihr Mutterleib wie zuvor befunden, ehe sie schwanger war. 10 Und als ihr Mann Joseph zu ihr sagte: ‚Was macht dich bestürzt?', wurden seine Augen geöffnet, und er sah das Kind und pries Gott, daß der Herr zu seinem Anteil gekommen sei. 11. Und eine Stimme kam zu ihnen: ‚Erzählt dieses Gesicht niemand.' 12. Und das Gerücht über das Kind verbreitete sich in Bethlehem. 13. Einige sagten: ‚Die Jungfrau Maria hat geboren, bevor sie zwei Monate verheiratet war', 14. und viele sagten: ‚Sie hat nicht geboren, und die Wehmutter ist nicht [zu ihr] hinaufgegangen, und wir haben keinen Schmerzensschrei gehört.' Und sie waren alle im Dunkeln über ihn, und alle wußten von ihm; aber keiner wußte, woher er war. 15. Und sie nahmen ihn und kamen nach Nazareth in Galiläa.[17]

Die Verse 2–5 weisen einen deutlichen Bezug zu einem Abschnitt der Erzählung von Mt, nämlich 1,18–25, auf. Dieser Teil entspricht einer der Quellen, die die ExegetInnen als grundlegend für Mt 1f. festgestellt haben.[18] Durch eine genaue Untersuchung habe

---

Marie des apocryphes: Enquête sur la mère de Jésus dans le christianisme antique (Genf: Labor et Fides, 2009), 36–63 (bearbeitete Übersetzung des vorhergehenden Werks).

[17] AscIs 11,2–15; dieser Abschnitt des Textes ist in einer Übersetzung in Geez (das klassische Äthiopisch) erhalten und zu einem kleinen Teil der V14–16 in einer koptischen Version. Trotz seines Fehlens in den altslawischen und lateinischen Versionen ist er sicher als original zu betrachten. Meine Übersetzung des Geez siehe in Paolo BETTIOLO et al. (Hg.), *Ascensio Isaiae: Textus* (CChrSA 7; Turnhout: Brepols, 1995), 120.122. Deutsche Übersetzung aus C. Detlef G. MÜLLER, „Die Himmelfahrt des Jesaja", in *Neutestamentliche Apokryphen in deutscher Übersetzung 2: Apostolisches, Apokalypsen und Verwandtes* (hg. v. Wilhelm Schneemelcher; Tübingen: Mohr, [6]1997), 547–562; 560f. (kursive Hervorhebungen wurden nicht übernommen).

[18] Es genügt, auf BROWN, *The Birth of the Messiah*, 104–119, hinzuweisen, der drei Erzählungen des Konflikts zwischen Josef und dem bösen König unterscheidet, strukturiert von den Mitteilungen des Engels, welche Josef im Traum erhält; eine Erzählung von den Magiern und vom Stern sowie eine Erzählung der Verkündigung der Geburt, die 1,18–25 zugrunde liegen würde; diese Quellen seien bereits vereint gewesen in der direkten Quelle für

ich andernorts[19] zu zeigen versucht, dass AscIs hier nicht von Mt abhängt, wie immer behauptet wurde, sondern von der Quelle, die Mt 1,18–25 zugrunde liegt; außerdem sind in der Erzählung der AscIs keine Kontaktpunkte mit den anderen Teilen von Mt 1f. zu finden. Es ist wichtig festzuhalten, dass fast alle gemeinsamen Elemente in Mt und Lk, die bereits aufgeführt wurden, bei Mt in dieser Perikope erscheinen. Nur Punkt 11 der Aufzählung oben ist ausgeschlossen, der von der Überlieferung der öffentlichen Tätigkeit Jesu stammt und in den Erzählungen über die Geburt nur erwähnt ist, um sie dieser Überlieferung anzuschließen, was Mt und Lk im Übrigen in einer völlig verschiedenen Art gemacht haben,[20] und Punkt 10, der übrigens in Lk mit Johannes dem Täufer und nicht mit Jesus (1,5) verbunden ist. Darüber hinaus zeigt der Versuch, das Material zu rekonstruieren, das Mt 1,18–25 und AscIs 11,2–5 zugrunde liegt, dass die anderen neun Themen schon im Quellmaterial zu finden waren. Mit anderen Worten: Lk kannte „etwas", was der Perikope Mt 1,18–25 zugrunde liegt, bevor die mt Redaktion eingriff. Nichts setzt voraus, dass Lk den Rest der Erzählung von Mt oder seine Quellen kannte.

Die zitierten V12–17 der AscIs müssen andererseits mit einer Gruppe von *Testimonia*, d. h. von aus der Bibel genommenen christologischen Prophezeiungen, die die Geburt Jesu von einer Jungfrau betreffen und die in den apokryphen Petrusakten (= ActPetr 24)[21] zitiert werden, verglichen werden. In einem Gespräch mit seinem Gegner Simon, dem Zauberer, der darüber spottet, dass ein Gott geboren werden könnte, antwortet Petrus, dass eine solche Geburt mit wundersamen Umständen von den Propheten vorhergesagt wurde:

> Petrus aber sagte: „Fluch deinen Worten gegen Christus! Du hast die Frechheit gehabt, so zu reden, obwohl doch der Prophet über ihn sagt: [1] ‚Sein Geschlecht, wer wird es erzählen?' [Jes 53,8] Und ein anderer Prophet sagt: [2] ‚Und wir sahen ihn, und er hat keine Gestalt und Schönheit' [Jes 53,2]. Und: [3] ‚In den letzten Zeiten wird ein Knabe vom Heiligen Geiste geboren; seine Mutter kennt keinen Mann, und keiner sagt, daß er sein Vater sei' [?]. Und wiederum sagt er: [4] ‚Sie hat geboren und hat nicht geboren' [ApokrEz]. Und wiederum: [5] ‚Ist es euch ein kleines Ding, einen Kampf zu bieten …?'

Mt, die dieser dann umgearbeitet und im Sinne der eigenen Theologie entwickelt habe. Hier kann ich auf die Diskussion meiner eigenen Vorschläge zu speziellen Korrekturen dieser Theorie verzichten; es reicht, die Existenz einiger Quellen anzuerkennen, unter denen jene, die als Grundlage für 1,18–25 diente, mir besonders wahrscheinlich erscheint, trotz der Schwierigkeiten, sie genauer zu rekonstruieren: siehe die in der folgenden Anmerkung zitierte Studie.

[19] Siehe Enrico NORELLI, *L'Ascensione di Isaia: Studi su un apocrifo al crocevia dei cristianesimi* (Origini n. s. 1; Bologna: Edizioni Dehoniane, 1994), 116–142.

[20] Und AscIs in wieder anderer Weise: Jesus wird zu Betlehem „geboren", einfach deswegen, weil seine Eltern dort wohnten; die Gründe für den Umzug nach Nazaret – der mit großer Sicherheit direkt von Betlehem aus erfolgt – werden nicht erklärt, sind aber in keinem Fall mit einem dramatischen Vorgang wie der Verfolgung durch Herodes verbunden.

[21] Für eine weitergehende Behandlung des Folgenden siehe Enrico NORELLI, „Avant le canonique et l'apocryphe: aux origines des récits sur l'enfance de Jésus", *RTP* 126 (1994): 305–324.

> (Und wiederum:) ‚Siehe, im Leibe wird eine Jungfrau empfangen' [Jes 7,13f.]. Und ein anderer Prophet sagt, um den Vater zu ehren [6]: ‚Wir haben weder ihre Stimme gehört, noch ist eine Hebamme dazu gekommen' [?]. Ein anderer Prophet sagt: [7] ‚Er ist nicht aus der Gebärmutter eines Weibes geboren, sondern von einem himmlischen Orte herabgestiegen' [?], und: [8] ‚Ein Stein ist losgehauen worden ohne Hände und hat alle Reiche zertrümmert' [vgl. Dan 2,34]; und: [9] ‚Der Stein, den die Bauleute verworfen haben, der ist zum Eckstein gemacht worden' [Ps 118,22], und er nennt ihn den [10] ‚auserwählten, kostbaren' Stein [Jes 28,16]. Und wiederum sagt der Prophet über ihn: [11] ‚Und siehe, ich habe ihn auf einer Wolke kommen sehen wie einen Menschensohn' [Dan 7,13]. (...)"[22]

Einige der zitierten Stellen sind in Wirklichkeit in der Bibel nicht zu finden: Sie sind teils aus verloren gegangenen apokryphen Schriften entnommen (so das Testimonium Nr. 4) und teils wahrscheinlich *ad hoc* geschaffen worden. Der Autor der ActPetr hat sie sicher bereits als Sammlung übernommen – er sieht nämlich nicht, dass die Testimonia Nr. 1 und 2 vom gleichen Propheten stammen – und er oder seine Quelle haben zwei Gruppen von Testimonia zusammengestellt, von denen sich nur die erste (bis Nr. 8) auf die Geburt Jesu bezog, die zweite aber auf Jesus als Eckstein: Das Thema des „Steins" hat die Vereinigung begünstigt. Das Testimonium Nr. 4 entspricht den zwei gegensätzlichen Stellungnahmen der Bewohner Betlehems im zitierten Text von AscIs 11,13f.; es gibt andere Zitate der gleichen Stelle, wovon einige bezeugen, dass diese aus dem so genannten Apokryphon von Ezechiel (= ApokrEz) übernommen ist. Das Testimonium ist daher nicht auf der Grundlage der Erzählung der AscIs aufgebaut, sondern es ist Letztere, die das Testimonium wieder aufnimmt und sozusagen in Szene setzt. Der zweite Teil der Worte der ersten Gruppe der Bewohner Betlehems nimmt deutlich Jes 7,14, Testimonium Nr. 5 der ActPetr, wieder auf, wo das Zitat von Jes 7,13b vorangeht, das oft in den christlichen Überlieferungen mit der „Prophezeiung" zusammenfällt. Der in Jes 7,13b erwähnte Konflikt scheint dem Autor der AscIs den Streit der Bewohner Betlehems nahe gelegt zu haben. Der zweite Teil der Worte der zweiten Gruppe der Bewohner Betlehems entspricht dem Testimonium Nr. 6 der ActPetr.

Die AscIs kannte also eine Sammlung von Testimonia, die mindestens einen Teil jener umfasst, die in der Sammlung der ActPetr enthalten waren und aufgrund derer sie eine Erzählung hergestellt hat. Diese Sammlung enthielt aller Wahrscheinlichkeit nach wenigstens auch das apokryphe Testimonium Nr. 7, das genau der Erzählung der AscIs entspricht, sehr wahrscheinlich Testimonium Nr. 3 (das sehr gut zu ihr passt) und ebenso Testimonium Nr. 1, das wahrscheinlich das Verbot, die Geburt zu erzählen, verursachte, das in V11 der AscIs enthalten ist. Um es kurz zusammenzufassen, musste die Sammlung derjenigen sehr nahe kommen, die die ersten 8 Testimonia der ActPetr enthielt. Wichtig ist, Folgendes festzuhalten:

---

[22] Deutsche Übersetzung aus Wilhelm SCHNEEMELCHER, „Petrusakten", in *Neutestamentliche Apokryphen in deutscher Übersetzung 2: Apostolisches, Apokalypsen und Verwandtes* (hg. v. Wilhelm Schneemelcher; Tübingen: Mohr, [6]1997), 243–289; 278f. Nummerierung und Einfügungen stammen vom Autor.

(1) wir haben hier den Beweis, dass gegen Ende des 1. Jh. eine Erzählung der Geburt Jesu von einer Jungfrau aufgrund einer Reihe von Testimonia erstellt wurde, die nicht von Mt und Lk abhängig sind;
(2) diese Testimonia waren keine Erzählungen und stammten nicht aus einer einzigen Erzählung,[23] sondern wurden als Aussagen zusammengefasst, die es ermöglichen sollten, in ihrer Funktion als Prophezeiungen die wundersame und göttliche Geburt Jesu zu beweisen;
(3) die Zusammenfassung dieser Stellen und die Erstellung anderer muss in einem christlichen Umfeld stattgefunden haben, das daran interessiert war, die himmlische Identität Jesu, seine Präexistenz und den einzigartigen und wundersamen Charakter seines Eintritts in die Welt deutlich zu betonen, was eine Reduktion seiner menschlichen Natur einschloss; ohne Zweifel geschah dies mit Bezug auf eine Soteriologie, die sich nicht auf die Inkarnation gründete.[24]

Wenn die AscIs um das Jahr 100 datierbar ist, mussten diese Testimonia vor dem Ende des 1. Jh. im Umlauf sein, also zur Zeit der Komposition der Evangelien von Mt und Lk. Der Zweck der Testimonia war christologisch, daher betonten sie die Idee, dass Jesus von einer Jungfrau[25], also ohne Mitwirkung eines Mannes geboren wurde. Das Problem des Ursprungs dieser Idee kann hier nicht weiter behandelt werden:[26] Zu-

---

[23] Die nicht direkt hierfür erstellten Testimonia entstammten anderen Kontexten, hatten aber nichts miteinander zu tun, wie Jes 7; 53; Dtn 2 und das ApokrEz (dessen Kontext wir im Übrigen nicht kennen).

[24] Die Testimonia Nr. 4 und 7 sind mit aller Wahrscheinlichkeit im 2. Jh. von den Valentinianern benutzt worden, um deren Christologie zu stützen: vgl. NORELLI, „Avant le canonique et l'apocryphe", 311–314.

[25] Dies konnte auch bedeuten, dass er tatsächlich nicht den Körper der Mutter verlassen hatte, wie es bei der AscIs sicher der Fall war, aber es bedeutete mindestens, dass er ihn „durchquert" hatte, ohne auch nur irgendetwas davon erhalten zu haben, „wie durch ein Rohr hindurch" wie es bei den Valentinianern heißt: vgl. Michel TARDIEU, „Comme à travers un tuyau: Quelques remarques sur le mythe valentinien de la chair céleste du Christ", in *Colloque international sur les textes de Nag Hammadi (Québec, 22-25 août 1978)* (hg. v. Bernard Barc; Bibliothèque copte de Nag Hammadi, Section „Etudes" 1; Quebec: Presses de l'Université Laval, 1981), 151–177.

[26] Jane SCHABERG, *The Illegitimacy of Jesus: A Feminist Theological Interpretation of the Infancy Narratives: Expanded Twentieth Anniversary Edition with Contributions by David T. Landry and Frank Reilly* (Sheffield: Phoenix Press, 2006 [Erstausgabe: San Francisco: Harper & Row, 1987]), hat zu zeigen versucht, dass sowohl Mt als auch Lk ihre Geschichten der Geburt Jesu konstruierten, indem sie eine durchaus historische Nachricht, gemäß der Jesus ein uneheliches Kind war, einfach umformten. Ich glaube, dass diese These es verdient, ernsthafter in Betracht gezogen zu werden, obwohl sie mir als problematisch erscheint. Wenn sie sich dennoch als begründet herausstellen sollte, so scheint mir aus den Gründen, die ich in meinem Text vorführe, dass die Uminterpretation der illegitimen Geburt als Geburt durch eine Jungfrau nicht auf der Ebene der Redaktionen von Mt bzw. Lk anzusiedeln wäre, sondern eher auf derjenigen der Herstellung der Testimonia. Es wäre völlig verständlich, dass man – um eine solche Uminterpretation plausibel zu gestalten – damit begonnen

sammenfassend lässt sich aus den besprochenen Dokumenten über die Geburt Jesu von einer Jungfrau ableiten, dass die Testimonia den Erzählungen vorausgingen und den Kern der Entstehung darstellten. Den zwei Erzählungen von Mt und Lk, die, obwohl sie gemeinsame Elemente enthalten, unabhängig voneinander sowie unvereinbar und stark redigiert sind, fügt sich mit der AscIs eine dritte, von den anderen beiden unabhängige Erzählung an. Diese ist durch eine stark redaktionelle Gestaltung charakterisiert, enthält aber gemeinsames Material mit den zwei anderen oder genauer gesagt mit der Version des Mt.

Die Gruppe der Testimonia scheint sogar die Anwesenheit eines Mannes, der als Vater Jesu wirken müsste, auszuschließen (siehe Testimonium Nr. 3). Erwähnt wird eine jungfräuliche Mutter. Die in der AscIs entwickelte, oben wiedergegebene Erzählung kennt stattdessen zwei „Eltern" Jesu und auch ihre Namen, den Beruf des Mannes, die davidische Herkunft beider Eltern und ihren Wohnort in Betlehem. Tatsächlich ist nur der dritte Teil (V12–15) von der uns bekannten Gruppe der Testimonia abhängig. Der erste (V2–5) benutzt, wie wir gesehen haben, die Quelle in Mt 1,18–25, der zweite (V6–11) scheint sich auf eine Interpretation von Jes 53,2[27] zu gründen. Insgesamt ist es Maria, die die wichtigste Rolle spielt: eine Tatsache, die überrascht, weil die Erzählung Teile der Überlieferung mit Mt teilt, bei dem sich die Aufmerksamkeit auf Josef konzentriert. Die Betonung Marias in der AscIs steht offensichtlich in Zusammenhang mit der Geburt Jesu von einer Jungfrau: Sie ist es, die Jesaja als Erste in seiner Vision zu Gesicht bekommt; die Bewohner Betlehems interessieren sich für ihre Entbindung; sie sieht als Erste den Neugeborenen in der Erzählung, die mehr einer Vision als einer wirklichen Darstellung einer Geburt gleichkommt. Die AscIs scheint nicht an der Zugehörigkeit Jesu zur Geschichte des Volkes Israels interessiert zu sein, die bekanntlich eine der Grundlinien der ersten zwei Kapitel von Mt ist, bereits ab der Genealogie, mit der das Buch beginnt und die mit Josef endet (1,16).[28] Bei Mt ist es Josef, der in direkter Verbindung mit dem göttlichen Willen, der diese Heilsgeschichte regiert, steht; dies geschieht hauptsächlich durch seine Träume. Wenn, wie es mir wahrscheinlich scheint, Josefs Traum in Mt 1,18–25 nicht zur Quelle des Evangelisten gehört, sondern zur Redaktion[29], waren Josefs Träume in den in Mt 1f. aufgenommenen Überlieferungen mit der Episode der Flucht nach Ägypten verbunden (2,13.19). Dies fügt sich gut, wenn man berücksichtigt, dass der Zug nach Ägypten an die des Patriarchen Josef, des Träumers, anspielt.[30]

---

hätte, biblische Prophezeiungen zu suchen (und eventuell zu erschaffen), die diese Interpretation durch göttliches Wort unterstützen könnten.

[27] Vgl. Enrico NORELLI, *Ascensio Isaiae: Commentarius* (Corpus Christianorum: Series Apocryphorum 8; Turnhout: Brepols, 1995), 545–550.

[28] Auch Lk betont, obwohl mit anderen Mitteln, die Beziehung zwischen Jesu Geburt und der Geschichte Israels: siehe z. B. den biblischen Stil, die Verwandtschaft zwischen Jesus und Johannes, die Figuren Zacharias, Simeon und Hanna sowie die Cantica.

[29] Siehe NORELLI, *Ascensio di Isaia*, 132f.

[30] Mt 2,22f. ist aller Wahrscheinlichkeit nach redaktionell, weil es dazu dient, die Geschichte der Geburt, die geographisch in Betlehem verortet ist, mit der Geschichte des Wirkens Jesu in Galiläa zu verknüpfen; auch Josefs Traum, der dort (V22) zitiert ist, ist also redaktionell,

Trotz der im aktuellen Text klaren erzählerischen Verbindung zwischen dem Besuch der Magier und dem Mord an den unschuldigen Kindern mit der Flucht nach Ägypten ist es durchaus möglich, dass in den Überlieferungen vor Mt die Episode der Magier ursprünglich unabhängig von der anderen war; wir werden gleich sehen, dass diese auf jeden Fall eigene Testimonia voraussetzt. Ein Indiz dafür könnte man in der Beobachtung sehen, dass vor dem Besuch der Magier (1,18–25) und gleich danach (Flucht und Rückkehr aus Ägypten) Josef agiert und im Mittelpunkt der Aufmerksamkeit steht, die Magier aber „das Kind mit seiner Mutter Maria" (2,11) vorfinden, als sie zum Hause gelangen. Gab es eine Version der Episode des Besuches der Magier, die Josef ignorierte? Dies ohne Weiteres aufgrund eines *argumentum e silentio* zu behaupten, wäre unvorsichtig; jedoch ist dieses Detail in einem von Josef beherrschten Kontext auffällig. Man würde erwarten, dass nur das Kind im Mittelpunkt steht oder dass beide Eltern erwähnt werden.[31]

Auf die lk Erzählung wird in diesem Untersuchungsrahmen, der sich mit den ersten Überlieferungen über die Geburt Jesu beschäftigt, nicht eingegangen, da sich hier aufgrund der durchgehenden Redaktion die Suche nach überliefertem Material bis auf die vorher genannten Elementen, auf die wir gleich zurückkommen werden, ergebnislos gestaltet. Es gibt verschiedene Vorschläge hinsichtlich der Strukturierung von Lk 1f., aber sie alle stimmen in der Annahme überein, dass die Gesamtkomposition ein meisterhaftes Werk des Evangelisten ist.[32] Nach Meinung verschiedener Forscher soll Lk unterschiedliche Quellen benutzt haben, unter anderem eine Erzählung über die Geburt des Johannes, die in den Kreisen, die sich auf ihn beriefen, überliefert worden sei. Ich teile stattdessen die Skepsis von Brown[33] und glaube, dass es praktisch unmöglich ist, eine oder mehrere traditionelle Erzählungen hinter Lk 1f. zu rekonstruieren – anders als, obwohl nur rein hypothetisch, bei Mt 1f.

---

wie die andersartige Formulierung im Gegensatz zu den identen in V13.19 zu bestätigen scheint. Es ist also der Evangelist, der das Thema der Träume Josefs nach hinten und nach vorne ausgedehnt hat.

[31] Geschichten von Jesus als Kind mit seiner Mutter, aber ohne Josef, gab es wahrscheinlich schon im 2. Jh., wie ich in „Gesù ride: Gesù, il maestro di scuola e i passeri: Le sorprese di un testo apocrifo trascurato", in *Mysterium regni ministerium verbi (Mc 4,11; At 6,4): Scritti in onore di mons. Vittorio Fusco* (hg. v. Ettore Franco; Supplementi alla RivB 38; Bologna: Edizioni Dehoniane, 2001), 653–684 zu beweisen versucht habe. Sie müssen sehr alt sein, da sie zu dem, was bald zur vorherrschenden Überlieferung wurde, in Gegensatz stehen.

[32] Außer dem zitierten LAURENTIN, *Structure et théologie*, reicht es, sich auf BROWN, *The Birth of the Messiah*, 250–253, zu beziehen.

[33] Siehe BROWN, *The Birth of the Messiah*, 244–250, sowie jetzt: Walter RADL, *Der Ursprung Jesu: Traditionsgeschichtliche Untersuchungen zu Lukas 1–2* (Herders Biblische Studien 7; Freiburg i. Br.: Herder, 1996).

3. Auf der Suche nach den Testimonia der Geburt Jesu

Der Vergleich mit einigen apokryph gewordenen Texten erlaubt nun die Formulierung einer Vermutung zur Beantwortung der oben gestellten Frage: Wie kann man die Mt 1f. und Lk 1f. gemeinsamen Elemente erklären, ohne eine zugrunde liegende Erzählung zu postulieren, die diese Elemente enthält – eine Erzählung, deren Existenz es erschweren würde, die radikale Verschiedenartigkeit der Geschichten der beiden Evangelisten zu erklären? Die Hypothese setzt eine Reihe von Testimonia als älteste uns zur Verfügung stehende Schicht voraus. Schauen wir uns dies im Detail an.

Die Untersuchung von AscIs 11 und ActPetr 24 hat es ermöglicht, zwei verschiedene Phasen zu identifizieren: (1) nichterzählerische Äußerungen, die in vielen Fällen die Form der Testimonia gehabt zu haben scheinen (unabhängig davon, ob sie nun wirklich biblisch sind oder nicht): wir finden diese Phase in der Sammlung in ActPetr 24 belegt; (2) die interpretierende Integration dieser Testimonia in eine Erzählung: dies ist der Fall bei AscIs 11,12–15. Der Vergleich zwischen AscIs 11,2–5 und Mt 1,18–25 beweist außerdem, dass die AscIs auch eine kleine Erzähleinheit benutzt hat, die ebenso Mt als Quelle verwendet hat: Beide haben sie im Sinne ihrer Theologie überarbeitet. Aber gerade diese Perikope von Mt hat uns dazu gebracht nach der Form zu suchen, die das Mt und Lk gemeinsame Material gehabt haben könnte. Für eine Antwort reicht es, zuzugestehen, dass Lk das Material kannte, das sich hinter Mt 1,18–25 befindet, während nichts vermuten lässt, dass er den Rest von Mt 1f. kannte. Im Gegenteil, in diesem Fall wäre es schwierig zu erklären, wie er eine so grundverschiedene Erzählung präsentieren konnte.[34] Hätte Lk aber die Erzählung gekannt, die in Mt 1,18–25 benutzt wird, dann fragt man sich, warum er eine von der anderen so verschiedene Verkündigungsgeschichte geschrieben hat. Das Wissen um den Prozess, den wir in der AscIs festgestellt haben, veranlasst uns zu fragen, ob Lk (oder eine seiner erzählerischen Quellen, über die wir schon unsere Zweifel dargelegt haben) nicht einige von den nicht narrativen Äußerungen gekannt haben könnte, eventuell in Form der Testimonia, aufgrund derer dann jemand jene Erzählung abgefasst hat, die dann in Mt 1,18–25 und in AscIs 11,2–5 benutzt wurde. Dies würde eine Überprüfung der Elemente in Mt 1,18–25 erfordern, deren traditioneller Charakter der Mehrheit der ExegetInnen wahrscheinlich scheint. Die Operation ist heikel, weil es sich um Vermutungen handelt, die sich auf andere Vermutungen gründen, aber der eventuelle Gewinn wäre wertvoll und die bislang angeführten Analogien zeigen, dass die Vermutung plausibel sein könnte.

---

[34] Dies gilt auch insbesondere für die Genealogie: Bei Lk gibt es einen Stammbaum (3,23–38), aber er ist sehr verschieden von dem in Mt 1,2–16a, was sich schwer erklären ließe, wenn er diesen gekannt hätte. Richard BAUCKHAM, *Jude and the Relatives of Jesus in the Early Church* (Edinburgh: T&T Clark, 1990), 315–373, hat auf eine sehr geistreiche Art zu beweisen versucht, dass Lk eine messianische Genealogie wiedergibt, die im Kreise der Familie Jesu entstand. Ob man nun diese Vermutung akzeptiert oder nicht, die Argumente, auf die sie sich stützt, zeigen, dass der Entstehungskreis dieses Stammbaumes ein anderer als der in Mt war.

Ein Testimonium, dessen Anwesenheit hinter Mt 1,18–25 nicht fragwürdig ist, ist die Prophezeiung in Jes 7,14b, die in der griechischen Fassung der Septuaginta so lautet: ἰδοὺ ἡ παρθένος ἐν γαστρὶ ἕξει καὶ τέξεται υἱόν καὶ καλέσεις τὸ ὄνομα αὐτοῦ Εμμανουηλ. Sie ist ausdrücklich in der Mt-Episode zitiert (V23)[35], in der Form eines jener „formelhaften Zitate" oder „Erfüllungszitate", die typisch für die mt Redaktion sind. Dieses direkte Zitat ist also redaktioneller Art, aber die überlieferte Erzählung enthielt bereits die Andeutung an den Vers von Jesaja. Laut V18 wurde Maria „schwanger aufgefunden" (εὑρέθη ἐν γαστρὶ ἔχουσα) und in V21 kündigt der Engel Josef an, dass „sie einen Sohn gebären wird und du wirst ihn mit dem Namen Jesus nennen" (τέξεται δὲ υἱόν, καὶ καλέσεις τὸ ὄνομα αὐτοῦ Ἰησοῦν): Beide Formulierungen weisen ganz offenbar auf Jes 7,14b hin. Es ist wahr, dass alle Bezüge zu Jes 7,14b gleichzeitig Bezüge zur literarischen Form der Ankündigung der Geburt sind, die sehr gut in der Bibel belegt ist und nach der dieser Teil bei Mt stilisiert ist.[36] Aber die einzige Geburtsankündigung, die wirklich Mt 1,18–25 nahe kommt, ist jene von Hagar in Gen 16,11 (das Einzige unter den biblischen Vorbildern, in dem der Sprecher als ἄγγελος κυρίου, „Engel JHWHs", bezeichnet wird, wie bei Mt). Vor allem aber begegnet die Form der dritten Person nur in Jes 7,14, was mir entscheidend scheint, um zu beweisen, dass in Mt 1,18–25 der Erzähler nicht nur durch eine traditionelle Erzählform inspiriert wird, sondern auf jeden Fall Jes 7,14 im Auge hat. Lk 1,31 hat dagegen, wie die Ankündigung in der zweiten Person nahe legt, offensichtlich die literarische Form als solche gegenwärtig, die ihn unter anderem zur Geschichte Elisabets inspiriert haben könnte, weil die Geburtsankündigung im Zusammenhang mit der Geburt eines Sohnes einer alten oder jedenfalls unfruchtbaren Frau auftaucht (vgl. Gen 17,19; Ri 13,3).

Bei Mt bemerken wir nun den gleichen Vorgang, wie ihn AscIs 11,12–14 mit den Testimonia, die in ActPetr 24 erhalten sind, durchführt: die Konstruktion einer Erzählung, in der Teile des Testimoniums eingebaut werden. Des Weiteren besteht, wie wir gesehen haben, Testimonium Nr. 4 in der Sammlung ActPetr 24 nicht nur aus Jes 7,14b. Diesem halben Vers geht direkt der Vers 7,13b in einer Fassung voran, die im Vergleich zur LXX-Version verändert ist, eine Form, die man in anderen alten Zitaten dieses Testimoniums wiederfindet.[37] Diese Formulierung verwandelt die Herausforderung Gottes durch die Menschen, die in Jesajas Text gebrandmarkt wird, in eine Herausforderung der Menschen durch Gott, sodass ein Konflikt (ἀγών) zwischen ihnen

---

[35] Die Ersetzung von καλέσεις durch καλέσουσιν erklärt sich damit, dass es tatsächlich nicht Josef ist, der Jesus „Immanuel" nennt, sondern, erst später und in einer symbolischen Art, die Gläubigen.

[36] Der Kürze wegen beschränke ich mich darauf, auf BROWN, *The Birth of the Messiah*, 155–159, hinzuweisen.

[37] Vgl. NORELLI, „Avant le canonique et l'apocryphe"; DERS., *Ascensio Isaiae: Commentarius*, 558f.; Antonio ORBE, *Cristología gnóstica: Introducción a la soteriología de los siglos II y III* (BAC 384; Madrid: La Editorial Católica, 1976), 143–149. Die Veränderung des Textes von Jes 7,13b, die Übereinstimmung mit anderen Zitationen und die Weglassung von V14a sind alles typische Anzeichen dafür, dass die Stelle als Testimonium im Umlauf war.

verursacht wird. In meinen vorherigen Arbeiten habe ich zu beweisen versucht, dass diese Version von Jes 7,13b offenbar die Geschichte des Konflikts zwischen den Bewohnern Betlehems in AscIs 11,13f. erzeugt hat. Ganz sicher hat sie in einer berühmten Episode im ProtevJak, wo der Hebamme eine klare Anspielung auf Jes 7,13b in den Mund gelegt wird (20,1: οὐ γὰρ μικρὸς ἀγὼν περίκειται περὶ σοῦ)[38], die Diskussion zwischen der Hebamme und einer ihrer Freundinnen bewirkt, der sich eine Überprüfung der Jungfräulichkeit Marias anschließt.[39] Dies beweist, dass voneinander unabhängige Schriften das in Frage kommende Testimonium, welches sie offenbar in der Form Jes 7,13b.14b (der gleichen, die in den ActPetr und in anderen späteren Texten belegt ist) kannten, ganz verschieden „dramatisiert" haben. Dies berechtigt wiederum zur Frage, ob der innere Konflikt, in dem Josef sich in Mt 1,19 befindet, nicht eine Konstruktion sein könnte, die ebenso auf Jes 7,13b aufbaut, in der Form, in der die Stelle als Testimonium im Umlauf war. In diesem Fall wäre die Geschichte, die die Quelle von Mt 1,18–25 und AscIs 11,2–5 ist, (unter anderem) auf Testimonium Jes 7,13b.14b gegründet.

Gewiss kann nicht alles in dieser Erzählung mit den Testimonia erklärt werden, wenigstens nach dem Stand der Kenntnisse, insbesondere etwa die Namen der Eltern Jesu. Aber man könnte zumindest auf einen anderen Weg hinweisen. Wie die Kommentare in Erinnerung rufen, ist Dtn 22 der juristische Text, der auf die Situation von Josef anzuwenden wäre. Genauer gesagt, regelt Dtn 22,23–27 die Fälle, in der ein verlobtes Mädchen vor der Ehe von einem anderen Mann vergewaltigt wird: Falls dies in der Stadt passiert, müssen sie und der Vergewaltiger gesteinigt werden, weil man annimmt, dass die Frau Hilfe bekommen hätte, wenn sie geschrieen hätte. Passiert dies auf dem Lande, wird nur er hingerichtet, weil das Mädchen geschrieen haben könnte und vielleicht nicht gehört worden ist. Dem ist anzufügen, dass die Gewalttat unentdeckt bleiben kann (und der Mann sich der Strafe entziehen kann), dass aber der Gatte nach der Hochzeit feststellen kann, dass die Frau nicht unberührt ist, und das Recht hat, sie zu verstoßen, wie es Dtn 22,20f. vorsieht, das nur durch wenige Worte von der oben zitierten Norm getrennt ist. In diesem Fall muss das Mädchen gesteinigt werden, obwohl es scheint, als ob die Steinigung zur Zeit Jesu nicht praktiziert wurde.[40] Wurde das Mädchen vor dem Einzug ins Haus des Ehegatten schwanger, war natürlich klar, dass es die Jungfräulichkeit während der Verlobung verloren hatte und deswegen fiel sie unter die Norm von Dtn 22,20f. Der fragliche Punkt in Mt 1,18–25 (und Lk 1,34f.) ist, wie Maria schwanger und zugleich unberührt geblieben sein kann. Dass diese Verse des Deuteronomiums hinter der Erzählung von Mt stehen, ist ganz offenkundig und

---

[38] Deutsche Übersetzung von Oscar CULLMANN, „Protevangelium des Jakobus", in *Neutestamentliche Apokryphen in deutscher Übersetzung 1: Evangelien* (hg. v. Wilhelm Schneemelcher; Tübingen: Mohr, [6]1990), 334–349; 346: „denn ein nicht geringer Streit besteht um dich".

[39] Siehe z. B. NORELLI, „Maria nella letteratura apocrifa cristiana", 175.

[40] Vgl. Str-B 1:51f. Dass diese die korrekte Auslegung von Mt 1,19 ist, wird meiner Meinung nach von BROWN, *The Birth of the Messiah*, 125–128, überzeugend gezeigt.

das Verb μνηστεύομαι kommt wahrscheinlich von dort.[41] Der in Lk 1,27 benutzte Ausdruck, um Maria vorzustellen als Jungfrau, die mit einem Mann verlobt ist (παρθένον ἐμνηστευμένην ἀνδρὶ), entspricht der Formulierung in Dtn 22,23LXX,[42] während andere Teile der Erzählung von Lk ebenfalls auf Dtn 22,23–27 hinweisen.[43] Textteile aus Dtn 22 könnten also in Verbindung mit der Idee der jungfräulichen Mutter in einer sehr frühen Zeit entnommen und eventuell als Testimonia umformuliert und weitergegeben worden sein: Im Zusammenhang mit Jes 7,(13b–)14b wären sie von Mt und Lk – oder von ihren Quellen – benutzt worden, um Geschichten über die Ankündigung der Geburt Jesu von einer Jungfrau aufzubauen. Die Erwähnung Josefs in Lk 1,27 ist isoliert und er erscheint erst in 2,4 wieder (Abreise nach Betlehem); natürlich kann es sich in 1,27 ebenso um eine lk Einfügung handeln, um die Ausdrucksweise „mit einem Mann verlobt" zu verdeutlichen. Man darf sich aber auch fragen, ob die Namen der Eltern nicht auch in der Überlieferung im Zusammenhang mit den Testimonia Jes 7,(13b–)14b und Dtn 22,(20f.)23–27 (falls unsere Vermutung zutrifft) erschienen.

Mt 2 erweist sich in jedem Fall als auf die Testimonia gegründet. Drei werden ganz offensichtlich von Mt zitiert: jeweils in V6 (Geburt des Messias in Betlehem: eine Kombination von Mi 5,13 mit 2 Sam 5,2; 1 Kor 11,2), V15 (Rückkehr aus Ägypten: Hos 11,1) und V18 (Mord der Kinder: Jer 31,15). Da es sich um formelhafte Zitate handelt, entstammen sie ganz sicher der mt Redaktion. Aber dies besagt nicht, dass sie vor Mt nicht auch als Grundlage für Erzählungen dienten, die dann vom Evangelisten

---

[41] Auch die Tatsache, dass in Mt 1,20 Maria vom Engel als γυνή Josefs bezeichnet wird, was dem altsyrischen Übersetzer und einigen modernen Exegeten Probleme bereitet hat, erklärt sich im Rahmen der Stelle im Deuteronomium. Es ist nicht notwendig, einen Spruch hinzuzuziehen, der in der Tosefta (*Ketub.* 8,10) R. Yehuda zugeschrieben wird, in dem die Gleichwertigkeit zwischen der Verlobten und der Ehefrau (*'iššah*) behauptet wird, wie es die Kommentatoren häufig tun (z. B. Ulrich LUZ, *Das Evangelium nach Matthäus [Mt 1–7]* [EKKNT 1/1; Zürich: Benziger, ²1989], 103, Anm. 29), Str-B 2:394 folgend: Die jungfräuliche Verlobte ist in Dtn 22,24LXX als γυνή ihres Verlobten bezeichnet.

[42] Für Lk 1,27 ziehen die Herausgeber die Variante ἐμνηστευμένην der anderen, sehr gut bezeugten, μεμνηστευμένην, vor, die sich in der Septuaginta findet. Auf jeden Fall handelt es sich um eine stilistische Frage, die der Identität der zwei Ausdrücke nichts wegnimmt.

[43] Siehe die ausführliche Argumentation in SCHABERG, *The Illegitimacy of Jesus*, 88–96. Aber gerade die Tatsache, dass in Lk 1 die Benutzung von Dtn 22 sehr verschieden von der in Mt 1 ist, scheint mir zur bestätigen, dass sich diesbezüglich die gemeinsame Wurzel von Lk und Mt nicht in einer Erzählung findet, sondern in einer gemeinsamen Benutzung der Testimonia, die von einer der Eheschließung vorangehenden Schwangerschaft Marias verursacht sein könnte. Im letztgenannten Fall, sollten sich die Erzählungen von Mt (oder seiner Quelle) und Lk aufgrund dieser Testimonia entwickelt haben, können wir nicht wissen, ob sie sich noch einer solchen Irregularität bewusst gewesen wären. Dies hätte bei Mt 1,18–25 der Fall sein können (wo tatsächlich das Problem der Legitimität Jesu behandelt wird), weniger, meines Erachtens, bei den zwei Evangelisten. Hätte es tatsächlich dieses biographische Element gegeben, würde es meine These nicht entkräften, weil die Testimonia auf jeden Fall der Anfangspunkt der heute zur Verfügung stehenden Texte wären und nicht Erzählungen.

wieder aufgenommen wurden,[44] falls es nicht tatsächlich er selbst war, der sie ausgehend von den Testimonia erschaffen hat.[45]

Außerdem beruht die Episode des Sterns sehr wahrscheinlich auf der Prophezeiung Bileams (Num 24,17), die auch erzählerische Entfaltungen produziert hat wie die der Magier, aber auch andere seminarrative Weiterentwicklungen wie die des Sterns des Erlösers, der alle anderen Himmelskörper verdunkelt und der die Magie und die Astrologie zerstört.[46] Eine Beziehung zwischen der traditionellen davidisch-messianischen Deutung von Num 24,17[47] und dem Ausdruck „Josef, Sohn Davids" in Mt 1,20 könnte darauf hinweisen, dass die Erzählungen, die sich hinter Mt 1,18–25 und Mt 2 befinden, aus den Testimonia in dem gleichen Umfeld entwickelt worden sind, das daran interessiert war, die Geburt von der Jungfrau und die davidische Herkunft des Messias Jesus zu betonen.

4. Vorläufiger Abschluss: neue Aufgaben der Forschung

Kommen wir zum Schluss. Die Perspektive, die die Erzählungen von Mt und Lk absolut bevorzugt, sollte einer anderen Platz machen: Bei diesen handelt es sich um nur zwei von mehreren Erzählungen über die Geburt Jesu, die in den letzten Jahrzehnten des 1. Jh. im Umlauf waren. Der Vergleich mit bestimmten Apokryphen erlaubt das Auffinden von Spuren anderer Erzählungen und ein besseres Verständnis der zwei kanonisch gewordenen Evangelien.

Die älteste Schicht, die wir momentan erreichen können, scheint diejenige der Sammlung (und teilweise der Herstellung) von Testimonia zu sein, die darauf abzielen, die Empfängnis und Geburt Jesu durch eine Jungfrau aufzuwerten. Dass in der Jesusüberlieferung gewisse Erzählungen aus den Testimonia entstanden sind, ist bekannt; dies gilt insbesondere für die (sehr frühe) Entwicklung des Komplexes der Passionsgeschichte: In gewissen Fällen ist es schwer zu entscheiden, ob ein historisches Detail die Anwendung eines Testimoniums nach sich gezogen hat oder ob das Testimonium vollständig für ein erzählerisches Element verantwortlich ist.[48] Dass einige Erzählungen

---

[44] Wie wir gesehen haben, wird Jes 7,14b auch in Mt 1,18–25 ausdrücklich vom Evangelisten als „Erfüllungszitat" verwendet, es musste aber schon der von Mt aufgenommen Erzählung zu Grunde liegen.

[45] Auf jeden Fall ist die „Redaktion" nicht notwendigerweise ein wirklich origineller Beitrag eines individuellen Autors des Evangeliums, sie ergänzt aber den überlieferten Bestand, der für das Umfeld, in dem das Evangelium geschrieben wird, charakteristisch ist: vgl. z. B. Klaus BERGER, *Exegese des Neuen Testaments: Neue Wege vom Text zur Auslegung* (UTB 658; Heidelberg: Quelle & Meyer, ³1991), 208–210.

[46] Ignatius von Antiochien, *Eph.* 19,2–3; Clemens von Alexandrien, *Exc.* 74f. ProtevJak 21,2 hat die zwei Elemente verbunden.

[47] In Qumran gut bezeugt in der Damaskusschrift (CD 7,19f.), in der Kriegsrolle (1QM 11,6f.) und in den so genannten Testimonia (4Q175,9–13).

[48] Dies betrifft z. B. die Teilung der Kleider des Gekreuzigten (Mt 27,35/Mk 15,24/Lk 23,34/ Joh 19,23f.): Die Tatsache ist an sich glaubhaft, aber sie wird in allen Evangelien mit den

bezüglich der Geburt Jesu aus Testimonia stammen, wird deutlich durch die AscIs gezeigt, die unabhängig von den kanonisch gewordenen Evangelien ist.[49] Vermutlich gilt das schon für das von Mt und wahrscheinlich von Lk benutzte Material.

Die Betonung der Jungfräulichkeit Marias hat sicher eine wichtige Rolle bei der Sammlung und Ausarbeitung der Testimonia gespielt; ihre ursprüngliche Funktion ist christologisch. Das Überwiegen der Figur Josefs oder Marias in einer Erzählung scheint nicht direkt mit der Betonung der Jungfräulichkeit in Beziehung zu stehen. Im ProtevJak, das der Jungfräulichkeit eine zentrale Bedeutung zuspricht, ist Maria Mittelpunkt der Erzählung, aber sie hat letzten Endes – mit einer einzigen Ausnahme – eine passive Rolle. Sie ist immer Objekt der Handlungen der Männer.[50]

In einer in zwei Rezensionen erhaltenen Erzählung des 2. Jh. über die Geburt Jesu, die über ein späteres Werk, wo sie mit dem ProtevJak verschmolzen worden ist, zum Teil wiederherstellbar ist, kommt der Jungfräulichkeit Marias große Bedeutung zu, aber Marias erzählerische Rolle ist, verglichen mit der Josefs, sehr beschränkt.[51] Das Verständnis der Bedeutung Josefs und Marias in allen Erzählungen muss von einer getrennten Analyse jedes Textes kommen, die mit verschiedenen Methoden diachron und synchron durchzuführen ist: Derartige Studien über die apokryphen Texte sind noch im Anfang. Im Gegenteil dazu sind sehr viele Studien über die kanonisch gewordenen Erzählungen durchgeführt worden, aber unter der, wie es scheint, nicht ganz richtigen Annahme, dass das Interesse an den Biographien von Maria und Josef (und teilweise auch von Jesus) von Anfang an die Erzählungen beeinflusst hat. Wenn man die Idee akzeptiert, dass am Anfang kein spezifisch erzählerisches Interesse bestand, sondern es um christologische Aussagen ging, die in Form der Umstände der Geburt Jesu ausgedrückt wurden, wird man wahrscheinlich auch zu einem historisch angebrachteren Verständnis der kanonischen Erzählungen über die Geburt Jesu gelangen. Das Interesse an Marias Biographie war nur eine zweitrangige Entwicklung der Aussage, nach der Jesus von einer Jungfrau geboren wurde. Diese Entwicklungen, die anfangs verschiedene, dann sich annähernde Geschichten hervorriefen, wurden auch durch die wachsende Autorität, die den Evangelien von Mt und Lk beigemessen wurde, beschleunigt.

Worten von Ps 22,19 (die Joh 19,24 ausdrücklich zitiert) wiedergegeben. Es ist möglich, dass die generelle Anwendung von Ps 22 auf die Passion Jesu diese erzählerische Besonderheit hervorgebracht hat. Auf jeden Fall haben Mk (gefolgt von Mt), Lk, Joh und PetrEv 12 je verschieden die Worte des Psalms narrativ realisiert.

[49] Aber auch das ProtevJak: siehe NORELLI, „Maria nella letteratura apocrifa cristiana antica", 175f.
[50] Vgl. ebd., 172–174.
[51] Vgl. ebd., 183–188.

Maria aus Nazaret:
Eine Geschichte der Verwandlung

Silke Petersen
Universität Hamburg

„O Jungfrau, Mutter, Tochter deines Sohnes ..."

Dante, *Göttliche Komödie* 33,1

1. Einleitung

Über Maria als historische Gestalt wissen wir wenig. Wie bei kaum einer anderen Figur des frühen Christentums hat sich die Wirkungsgeschichte weit über das hinaus entwickelt, was in den ntl. Texten zu finden ist. Maria ist in der Kunst-, Musik- und Frömmigkeitsgeschichte nahezu allgegenwärtig. In vielen Kirchen ist der am meisten genutzte Andachtsort auf eine Mariendarstellung hin ausgerichtet.

Im Laufe der Jahrhunderte wurde dabei vieles mit Maria verbunden, was sich nicht aus den Texten des NT ableiten lässt oder sogar zu diesen in Widerspruch steht. Bei einem Artikel über die ntl. Maria verursacht dieser Befund Probleme: Es fällt schwer, die antiken Texte losgelöst von der beeindruckenden Geschichte der Marienverehrung und Mariologie späterer Jahrhunderte zu lesen. Zudem wirken gerade in diesem Kontext konfessionelle Unterschiede prägend. So werden etwa die neuzeitlichen Mariendogmen der römisch-katholischen Kirche von den meisten anderen christlichen Kirchen nicht anerkannt, und besonders im Protestantismus herrscht Skepsis gegenüber den „Übertreibungen" katholischer Marienverehrung. Einen wieder anderen Weg gehen die Kirchen der Orthodoxie, in denen die neuzeitlichen römisch-katholischen Dogmatisierungen zwar abgelehnt werden, die Marienverehrung aber dennoch eine beträchtliche Rolle spielt.

Die ökumenische Frage hat nun eine nicht zu unterschätzende Auswirkung auch auf die Exegese der ntl. Texte: So bestimmt etwa die unterschiedliche Bezogenheit der Größen „Schrift" und „Tradition" in evangelischer bzw. katholischer Perspektive die Auslegung der Einzeltexte. Wenn ich über Maria schreibe, bewege ich mich im Spannungsfeld dieser und anderer Differenzen. Meine eigene Exegese ist dabei sowohl von meiner evangelisch-lutherischen Herkunft geprägt wie auch von der Tatsache, dass ich in einer säkularisierten Großstadt Deutschlands aufgewachsen bin und auch lebe, in der z. B. Marienfeste keine Feiertage sind und der Allgemeinheit weitgehend unbekannt. Mein Kontext bedingt einerseits eine skeptische Haltung, er führt andererseits aber auch dazu, dass ich den Reichtum einer Überlieferungsgeschichte bewundern kann, deren auch vorhandene negative Seiten – etwa in den problematischen Auswirkungen des Marienbildes auf das Frauenbild – mich biographisch nie direkt betroffen haben.

2. Zum Überblick – oder: Abwesenheiten

Die ältesten Texte des NT sind die pln Briefe.[1] In ihnen wird der *Name* der Mutter Jesu an keiner Stelle genannt, einmal wird sie jedoch erwähnt:

> Als aber die Erfüllung der Zeit kam,
> sandte Gott sein Kind (υἱός), entstanden aus einer Frau (γενόμενον ἐκ γυναικός),
> entstanden unter dem Gesetz (γενόμενον ὑπὸ νόμον),
> damit er die unter dem Gesetz herauskaufe,
> damit wir die Kindschaft (υἱοθεσία) empfangen. (Gal 4,4f.)

Wahrscheinlich nimmt Paulus hier eine ältere Formel auf, in der die Formulierung „entstanden aus einer Frau" schon enthalten gewesen sein könnte. Die Exegese hat sich vielfach bemüht, aus diesem Text etwas über Maria und die Jungfrauengeburt herauszulesen – allerdings ohne wirklichen Anhalt am Wortlaut der Stelle. Es geht hier gerade nicht um eine besondere, sondern um eine *normale* Geburt. Der Text ist chiastisch aufgebaut, d. h. die beiden mit „damit" beginnenden Satzteile am Ende beziehen sich auf das zuvor Gesagte in umgekehrter Reihenfolge: Dadurch, dass Christus wirklich unter dem Gesetz steht, kann er von dem Gesetz befreien. Und dadurch, dass er tatsächlich als Kind geboren ist, kann er die Kindschaft bewirken. Betont wird die Inkarnation und eben nicht eine besondere Geburt; im Zentrum steht Christi Sendung und nicht Maria.

In den übrigen pln und in allen weiteren Briefen des NT spielt Maria keine Rolle. Sie fehlt ebenso in der Logienquelle (= Q), die Mt und Lk neben Mk als Vorlage diente. In der Apg findet sich lediglich eine kurze Erwähnung Marias (Apg 1,14). In der Offb gibt es einen Text, der zwar für die Geschichte der Marienverehrung bedeutsam werden sollte, doch ursprünglich nicht von Maria redet (Offb 12). Auf beide Stellen werde ich noch eingehen, einzusetzen ist zunächst mit dem Befund der Evangelien. Auch hier lässt sich zuerst eine Abwesenheit konstatieren: Mk und Joh erzählen keine Geburtsgeschichten, diese finden sich nur am Anfang von Mt und Lk. Diese beiden Geburtsgeschichten werden dann der entscheidende Auslöser für die weitere Entwicklung. Die ältesten Zeugnisse jedoch bieten erst einmal keinen Anhalt für eine positive Deutung der Rolle von Jesu Mutter in seinem Leben.

---

[1] Zum Folgenden vgl. bes. Heikki RÄISÄNEN, *Die Mutter Jesu im Neuen Testament* (AASF B 247; Helsinki: Suomalainen Tiedeakatemia, ²1989), 17–25; Jürgen BECKER, *Maria: Mutter Jesu und erwählte Jungfrau* (Biblische Gestalten 4; Leipzig: Evangelische Verlagsanstalt, 2001), 68–80.

3. Maria, der historische Jesus und die Jesusbewegung

3.1 Texte der Entfremdung

In Mk 6,1–6 wird von der Ablehnung Jesu in seinem Heimatort Nazaret erzählt. Jesus lehrt in der Synagoge, die Anwesenden wundern sich über ihn und sagen:

> Ist dieser nicht der Bauhandwerker, der Sohn der Maria und der Bruder (ἀδελφός) des Jakobus und Joses und Judas und Simon? Und sind nicht seine Schwestern hier bei uns? Und sie nahmen Anstoß an ihm. Und Jesus sagte zu ihnen: Nirgendwo ist ein Prophet weniger geachtet als in seiner Vaterstadt und bei seinen Verwandten und in seinem Haus. (Mk 6,3f.)

Dieser Text bietet den ältesten Beleg für den Namen der Mutter Jesu: Maria, die latinisierte Form von Mirjam. Die Mutter Jesu trug also denselben Namen wie die Schwester Moses und Aarons (vgl. Ex 2,4–7; 15,20f. u. ö.). Gleichzeitig erfahren wir – zumindest bei unbefangenem Lesen –, dass diese Maria die Mutter vieler Kinder war. Vier Brüder Jesu werden namentlich genannt, zudem die Schwestern im Plural erwähnt. Maria hatte also mindestens sieben Kinder.[2] Auch an weiteren Stellen im NT ist von Brüdern (und Schwestern) Jesu die Rede (vgl. Mt 12,46–50; 13,55f.; Mk 3,31–35; Lk 8,19–21; Joh 2,12; 7,3–10; Apg 1,14; 1 Kor 9,5); in der nachösterlichen Zeit war der Jesusbruder Jakobus ein führendes Mitglied der Gemeinschaft (vgl. Apg 15,7; 1 Kor 15,7; Gal 1,19; 2,9).

In der Exegese dieser Stellen ist umstritten, ob es sich um „echte" Geschwister Jesu handelt. Zwei andere Verständnismöglichkeiten stehen zur Diskussion: Die Geschwister Jesu könnten seine Halbgeschwister sein, also Kinder Josefs aus einer früheren Ehe. Alternativ werden die Brüder und Schwestern Jesu als Cousins und Cousinen verstanden. Die erste Lösung begegnet erstmalig im apokryphen ProtevJak aus der zweiten Hälfte des 2. Jh.;[3] die zweite Variante wird von Hieronymus bis zur neuzeitlichen nichtprotestantischen Exegese vertreten.[4] Sie beruht oftmals auf Identifikationen mit namentlich genannten Personen aus den Listen der Kreuzigungszeuginnen: So wird etwa jene Maria, die in Mk 15,40f. als Mutter von Jakobus und Joses (vgl. die Namen in Mk 6,3) auftritt, als Schwägerin der Mutter Jesu angesehen, womit diese „Brüder" zu Verwandten zweiten Grades werden.

---

[2] Da die Zahl der Schwestern nicht angegeben wird, könnten es auch mehr als zwei gewesen sein. In späteren Texten werden unterschiedliche Namen der Schwestern Jesu genannt, u. a. Anna, Maria und Salome; vgl. die Belege bei Josef BLINZLER, *Die Brüder und Schwestern Jesu* (SBS 21; Stuttgart: Katholisches Bibelwerk, ²1967), 35–38.

[3] Zu dieser Schrift vgl. Oscar CULLMANN, „Protevangelium des Jakobus", in *Neutestamentliche Apokryphen in deutscher Übersetzung 1: Evangelien* (hg. v. Wilhelm Schneemelcher; Tübingen: Mohr, ⁶1990), 334–349.

[4] Zu den verschiedenen Positionen vgl. Hans von CAMPENHAUSEN, *Die Jungfrauengeburt in der Theologie der Alten Kirche* (SHAW.PH 1962,3; Heidelberg: Winter, 1962); BLINZLER, *Brüder*.

Solche Interpretationen sind ein mögliches Verständnis des Textes, aber m. E. kein wahrscheinliches. Den genannten Lösungen ist gemeinsam, dass sie die Texte von einer späteren Position aus lesen: Voraussetzung der Lektüren ist die Überzeugung, Maria sei nicht nur vor der Geburt, sondern auch währenddessen und danach jungfräulich gewesen (*semper virgo* schließt die *virginitas in partu* und *post partum* ein).[5] Es handelt sich hierbei also um dogmatisch präjudizierte Interpretationen – solange man nicht meint, Maria sei immer Jungfrau gewesen, käme niemand auf die Idee, die „Brüder" und „Schwestern" Jesu nicht als normale Geschwister zu verstehen. Wenn wir die ntl. Texte aber in ihrem eigenen Zeitkontext verstehen wollen, folgt daraus, dass Maria tatsächlich die Mutter von mindestens sieben Kindern gewesen ist.

Im Hinblick auf Jesu Verwandtschaft ist noch eine weitere Formulierung des oben zitierten Textes von Interesse: In Mk 6,4 redet Jesus von seiner Ablehnung nicht nur in Vaterstadt und Haus, sondern auch bei seinen Verwandten. Bei der Übernahme der mk Geschichte in die anderen synoptischen Evangelien sind die Verwandten ausgelassen (vgl. Mt 13,59; Lk 4,24), und auch in weiteren Versionen des Logions in anderen Texten ist von diesen nicht die Rede.[6] Mk formuliert also in besonderer Weise kritisch im Hinblick auf das Verhältnis Jesu zu seiner Verwandtschaft. Diese Tendenz spiegelt sich auch in einem weiteren mk Text, in dem sich Jesus von leiblichen Verwandten abgrenzt und eine übertragene Form von Verwandtschaft propagiert:

> (20) Und er ging in ein Haus. Und wieder kam das Volk zusammen, so dass sie nicht einmal Brot essen konnten. (21) Und als die Seinigen es hörten, kamen sie, um sich seiner zu bemächtigen, denn sie sagten: Er ist von Sinnen. (Mk 3,20f.)
> (31) (...) Und es kamen seine Mutter und seine Geschwister[7] und standen draußen, schickten zu ihm und ließen ihn rufen. (32) Und das Volk saß um ihn herum, und man sagte zu ihm: Siehe, deine Mutter und deine Brüder und deine Schwestern draußen fragen nach dir. (33) Und er antwortete ihnen und sagte: Wer ist meine Mutter und meine Geschwister? (34) Und er sah ringsum auf die, die um ihn im Kreise saßen, und sprach:

---

[5] So in den Dokumenten des 2. Konzils zu Konstantinopel 553 n. Chr. und bei der Lateransynode 649 n. Chr.; zur Entwicklung der mariologischen Dogmatik vgl. z. B. Elzbieta ADAMIAK, „Wege der Mariologie", *Concilium* 44 (2008): 410–417; Wolfgang BEINERT, „Die mariologischen Dogmen und ihre Entfaltung", in *Handbuch der Marienkunde 1* (hg. v. Wolfgang Beinert und Heinrich Petri; Regensburg: Pustet, ²1996), 267–363.

[6] Vgl. Joh 4,44; ThomEv 31 (Papyrus Oxyrhynchos 1,30–35).

[7] Ich übersetze das griechische Wort ἀδελφοί (grammatisch ein maskuliner Plural, der sowohl für nur männliche wie auch für gemischte Gruppen stehen kann) hier wechselnd mit „Geschwister" oder mit „Brüder", wie die Logik des Textes es jeweils erfordert. Bei den ἀδελφοί Jesu in Lk und Joh übersetze ich im Folgenden ebenfalls mit „Geschwister", da nichts dafür spricht, dass ausschließlich Brüder gemeint sind, ebenso verfahre ich auch bei anderen Pluralgruppen; zur Begründung vgl. Elisabeth SCHÜSSLER FIORENZA, *Brot statt Steine: Die Herausforderung einer feministischen Interpretation der Bibel* (Freiburg/Schweiz: Exodus, ²1991), 52; Luise SCHOTTROFF, *Lydias ungeduldige Schwestern: Feministische Sozialgeschichte des frühen Christentums* (Gütersloh: Gütersloher Verlagshaus, 1994), 59.

> Siehe, das ist meine Mutter und das sind meine Geschwister! (35) Denn wer Gottes Willen tut, der ist mein Bruder und meine Schwester und meine Mutter. (Mk 3,31–35)

Der Text zeigt einen typisch mk „Sandwich"-Aufbau: Die beiden oben zitierten Passagen rahmen eine dazwischen liegende Erzählung (V22–30), wo Jesus vorgeworfen wird, er sei besessen. Die beiden anderen synoptischen Evangelien übernehmen zwar die Geschichte von Mk 3,31–35, nicht aber die mk Textstruktur, da es kein Äquivalent zu V20f. gibt. Durch diese und weitere Textveränderungen wird die Härte der mk Aussage bei Mt und noch mehr bei Lk gemildert.[8] Die lk Variante der Geschichte lautet:

> Es kamen aber seine Mutter und seine Geschwister zu ihm und konnten wegen der Menge nicht zu ihm gelangen. Es berichtete ihm aber jemand: Deine Mutter und deine Geschwister stehen draußen und wollen dich sehen. Er aber antwortete und sagte zu ihnen: Meine Mutter und meine Geschwister sind diese, die Gottes Wort hören und tun. (Lk 8,19–21)

Mutter und Geschwister wollen Jesus lediglich „sehen", nicht sich seiner „bemächtigen", und sie meinen auch nicht, er sei verrückt. Die Haltung der Verwandtschaft gegenüber Jesus ist hier freundlicher gezeichnet, dasselbe gilt auch für die jesuanische Haltung zu seiner Mutter und seinen Geschwistern: So lässt die Formulierung am Ende des lk Textes durchaus die Möglichkeit offen, dass auch die realen Verwandten Jesu zu wirklichen Verwandten werden – beide Gruppen sind nicht notwendigerweise entgegengesetzt. Eine weitere, am Ende fast wörtlich mit der vorigen übereinstimmende Formulierung aus einer lk Sonderüberlieferung unterstreicht diese Tendenz:

> Und als er dies sagte, da erhob eine Frau aus dem Volk ihre Stimme und sagte ihm: Selig ist der Bauch, der dich getragen hat, und die Brüste, an denen du gesaugt hast. Er aber sagte: Tatsächlich sind die selig, die das Wort Gottes hören und bewahren. (Lk 11,27f.)

Der zweite Satz schließt die Seligpreisung der Mutter Jesu aus dem ersten Satz nicht aus, er erweitert sie vielmehr.[9] Kriterium von Seligpreisung und Nachfolge ist nicht die Verwandtschaftsbeziehung, diese ist aber auch kein Ausschlusskriterium, sondern es zählt allein das Hören und Tun bzw. Bewahren des Wortes Gottes. In Lk wird die mk Überlieferung „gezähmt" und lässt sich nun in das lk Doppelwerk integrieren, das ja mit einer positiven Mariendarstellung beginnt und dessen zweiter Teil Maria gleich zu Beginn der Anhängerschaft Jesu zuordnet (Apg 1,14). Die Richtung der lk Darstellung

---

[8] Vgl. RÄISÄNEN, Mutter, 68f.137–139; BECKER, Maria, 141–143.151–156; François BOVON, Das Evangelium nach Lukas (Lk 1,1–9,50) (EKKNT 3/1; Zürich: Benziger, 1989), 418–420.

[9] Dies wird besonders deutlich, wenn man diese Fassung mit der in ThomEv 79 vergleicht: „Eine Frau in der Menge sagte zu ihm: Selig der Bauch, der dich getragen hat, und die Brüste, die dich ernährt haben. Er sagte zu ihr: Selig sind, die das Wort des Vaters gehört und es wahrhaftig beachtet haben. Denn es wird Tage geben, an denen ihr sagen werdet: Selig der Bauch, der nicht empfangen hat, und die Brüste, die keine Milch gegeben haben"; vgl. dazu Judith HARTENSTEIN, Charakterisierung im Dialog: Die Darstellung von Maria Magdalena, Petrus, Thomas und der Mutter Jesu im Kontext anderer frühchristlicher Traditionen (NTOA/SUNT 64; Göttingen: Vandenhoeck & Ruprecht; Freiburg/Schweiz: Academic Press, 2007), 282–284.

hin zu einer größeren „Marienfreundlichkeit" ist deutlich, ein erster Schritt zur Verwandlung Marias ist getan.

Es bleibt die Frage zu beantworten, ob sich hinter den synoptischen Nachrichten von der Distanz zwischen Jesus und seiner Familie historische Erinnerung verbirgt: Ist es plausibel, dass der historische Jesus tatsächlich ein distanziertes bis gebrochenes Verhältnis zu seiner Mutter und seiner Familie hatte? Meines Erachtens spricht einiges dafür:[10]

- Die „familienfeindlichen" Texte sind die *ältesten* erreichbaren Überlieferungen im Hinblick auf Jesus und seine Mutter. Sie sind *mehrfach bezeugt*, wobei die synoptischen Zeugnisse durch möglicherweise unabhängige[11] Zeugnisse in Joh sowie im ThomEv unterstützt werden (vgl. Joh 2,4.11f.; 7,3–10; ThomEv 99).
- Die genannten Texte sind keine Einzelstücke, sie lassen sich vielmehr hervorragend innerhalb der Jesusüberlieferung *vernetzen*: In einer Reihe von Logien fordert Jesus die Aufgabe familiärer Bindungen als Voraussetzung für die Nachfolge (Mt 10,37f./ Lk 14,26f. [Q]/ThomEv 55; 101; Mk 10,29f./Mt 19,29/Lk 18,29f.; Mt 8,21f./Lk 9,59–62). Jesus selbst ist Vorbild dieser Haltung.
- Die genannten Passagen sind *tendenzwidrig*, d. h. sie laufen jener Tendenz zuwider, die sich in den Quellen selbst erkennen lässt, das gebrochene Verhältnis zwischen Jesus und seiner Mutter/Familie abzumildern oder positiv umzudeuten. Die Schwierigkeit der Überlieferung spricht für ihre Ursprünglichkeit.

Fazit: Die ältesten Nachrichten über die Mutter Jesu sind im Kontext eines afamilialen Ethos zu finden. Ein distanziertes Verhältnis zwischen Maria und Jesus ist historisch wahrscheinlich. Schon innerhalb des NT sind diese Nachrichten als problematisch empfunden worden. Sie wurden deshalb abgeschwächt (eine Tendenz, die auch in der neueren Sekundärliteratur oft zu finden ist). Gerade dies spricht für ihre Authentizität.

3.2 Maria nach Ostern

Möglicherweise hat sich die Haltung Marias zu Jesus und der von ihm initiierten Bewegung später geändert. Dafür spricht eine kurze Notiz zu Beginn der Apg. Die namentlich genannten Jünger Jesu versammeln sich in einem Obergemach in Jerusalem:

> Diese alle hielten einmütig am Gebet fest, zusammen mit den Frauen und Maria, der Mutter Jesu, und seinen Geschwistern. (Apg 1,14)

---

[10] Die folgende Argumentation basiert auf den allgemein akzeptierten Kriterien der historischen Jesusforschung, vgl. Gerd THEIẞEN und Annette MERZ, *Der historische Jesus: Ein Lehrbuch* (Göttingen: Vandenhoeck & Ruprecht, 1996), 116–119; ausführlich bei Gerd THEIẞEN und Dagmar WINTER, *Die Kriterienfrage in der Jesusforschung: Vom Differenzkriterium zum Plausibilitätskriterium* (NTOA 34; Freiburg/Schweiz: Universitätsverlag, 1997).

[11] Die Unabhängigkeit ist in der Forschung umstritten, da es insgesamt keinen Konsens über das literarische Verhältnis von Joh und ThomEv zu den synoptischen Evangelien gibt.

Berichtet wird also von der Integration Marias und der Geschwister Jesu in die Gemeinschaft. Die Frage, ob sich hinter dieser Notiz eine historisch zutreffende Information verbirgt, ist schwierig zu beantworten. Skeptisch macht, dass die Nachricht sich in die auch sonst bezeugte Tendenz einfügt, jesuanische Familienprobleme zu minimieren. Für die historische Plausibilität spricht demgegenüber, dass der Jesusbruder Jakobus nicht nur in der Apg, sondern auch in den pln Briefen als prominentes Mitglied der frühen Gemeinde auftritt (vgl. Apg 15,7; 1 Kor 15,7; Gal 2,9 u. ö.) und Paulus in 1 Kor 9,5 verheiratete Brüder Jesu (im Plural) zur Gemeinschaft zählt. Anscheinend haben mehrere Familienmitglieder Jesu nach Ostern die Seite gewechselt, unter diesen könnte auch Maria gewesen sein. Letztlich ist dies aber nicht mit Sicherheit zu entscheiden.[12] Weitere alte Quellen für den nachösterlichen Verbleib Marias fehlen,[13] innerhalb der Apg wird sie nicht wieder erwähnt.

3.3 Die Abwesenheit Josefs und das Alter Marias

In den bisher betrachteten Quellen fällt die sehr weitgehende Abwesenheit Josefs auf. Maria tritt zumeist zusammen mit Jesu Geschwistern auf, nicht aber mit Josef. Bei Mk wird Josef überhaupt nirgendwo erwähnt, und mit Ausnahme der Kindheitsgeschichten in Mt und Lk tritt Josef auch dort nicht als Person in Erscheinung. Er spielt also in der Zeit der öffentlichen Wirksamkeit Jesu und danach keine Rolle. Eine mögliche Erklärung dafür ist, dass Josef zu dieser Zeit nicht mehr am Leben war.[14] Mit dieser Theorie lassen sich noch einige Zahlenspekulationen verbinden.[15] Das übliche Heiratsalter für Frauen lag damals ungefähr zwischen dem zwölften und vierzehnten Lebensjahr; in diesem Alter hätte Maria ihr erstes Kind Jesus geboren. Wenn Jesus bei seinem öffentlichen Auftreten ungefähr dreißig Jahre alt war (vgl. Lk 3,23), war Maria demzufolge Mitte vierzig, also für damalige Verhältnisse schon jenseits der Lebenserwartung von

---

[12] Unentschieden ist RÄISÄNEN, *Mutter*, 141f.; dafür argumentiert BECKER, *Maria*, 53–60.
[13] Spätere Traditionen lassen Maria in Jerusalem sterben und begraben sein, andere Überlieferungen nehmen Ephesus an, vgl. BECKER, *Maria*, 62–68; Schalom BEN-CHORIN, *Mirjam: Maria in jüdischer Sicht* (München: dtv, 1982; Erstausgabe: München: List, 1971), 124–133.
[14] Dafür argumentiert BECKER, *Maria*, 44–46. Jedenfalls handelt es sich bei der Bezeichnung Jesu als „Sohn der Maria" in Mk 6,3 sicher nicht um eine Anspielung auf die Jungfrauengeburt, von der Mk ja nichts weiß (vgl. RÄISÄNEN, *Mutter*, 49; CAMPENHAUSEN, *Jungfrauengeburt*, 9f.; Raymond E. BROWN et al., Hg., *Mary in the New Testament: A Collaborative Assessment by Protestant and Roman Catholic Scholars* [London: Geoffrey Chapman, 1978], 61–64). Auch die schon in der Antike bezeugte Legende, Jesus sei ein uneheliches Kind Marias von einem römischen Soldaten gewesen und Josef habe sie wegen dieses „Fehltritts" verstoßen (so der Christentumskritiker Celsus nach Origenes, *Cels.* 1,29.32), dient polemischen Zwecken und ist historisch nicht wahrscheinlich.
[15] Vgl. zum Folgenden auch die ähnlichen Rechnungen bei BECKER, *Maria*, 51.

Frauen.[16] Nimmt man weiterhin an, dass Josef der Vater von Jesu Geschwistern gewesen ist, deren Zahl nach Mk 6,3/Mt 13,55f. mindestens sechs gewesen ist, so muss Josef noch etliche Jahre nach der Geburt Jesu gelebt haben. Zum Zeitpunkt des Besuchs Jesu in Nazaret war Maria dann aber vermutlich Witwe, und ihr ältester Sohn wäre verpflichtet, für die Familie zu sorgen. Der familiäre Ärger ist auch auf diesem Hintergrund verständlich.

4. Die Mutter Jesu in der johanneischen Theologie

In Joh wird der Name der Mutter Jesu an keiner Stelle genannt, sie tritt aber zweimal als „Mutter Jesu" auf (Joh 2,1–12; 19,25–27) und wird einmal erwähnt (Joh 6,42). Da der Name Josefs als Vater Jesu an zwei Stellen genannt ist, erscheint die Auslassung des Mutternamens bedeutungsvoll – sie dürfte nicht auf Unkenntnis zurückzuführen sein. Bedeutungsvoll ist zudem, dass Joh die Mutter Jesu zwar zu Beginn seiner öffentlichen Wirksamkeit auftreten lässt, nicht jedoch bei seiner Geburt. Der Prolog des Evangeliums betont Präexistenz und himmlische Abkunft Jesu, ist aber nicht an seiner irdischen Herkunft und seiner Mutter interessiert. Gleichzeitig wird im Text des Evangeliums die Vaterschaft Josefs weder bezweifelt noch in Konkurrenz zu der häufigen Bezeichnung Jesu als „Sohn" Gottes und Gottes als „Vater" Jesu gesetzt. Von einer Jungfrauengeburt ist nirgendwo die Rede, anscheinend sind die irdische und die himmlische „Kindschaft" Jesu nebeneinander zu denken.[17] Dies verweist darauf, dass Kindschaft und Vaterschaft in der Antike anders konnotiert sind, als wir dies in der Neuzeit gewöhnt sind. Darauf werde ich noch zurückkommen, zunächst soll es jedoch um die Rolle der Mutter Jesu in der joh Theologie gehen.

4.1 Ambivalenzen zwischen Mutter und Sohn

Der erste Auftritt der Mutter Jesu findet bei einer Hochzeit in Kana statt; sie wird noch vor Jesus und seiner Anhängerschaft genannt:

> (1) Und am dritten Tag war eine Hochzeit in Kana in Galiläa, und es war die Mutter Jesu dort. (2) Auch Jesus und seine Jünger und Jüngerinnen waren zur Hochzeit eingeladen. (3) Und als der Wein ausgegangen war, sagt die Mutter Jesu zu ihm: Sie haben keinen Wein. (4) Und Jesus sagt ihr: Was habe ich mit dir zu tun, Frau? (τί ἐμοὶ καὶ σοί, γύναι;) Meine Stunde ist noch nicht gekommen. (5) Seine Mutter sagt den Bediensteten: Was auch immer er euch sagt, sollt ihr tun. (Joh 2,1–5)

Die Mutter Jesu bemerkt den Mangel an Wein und konstatiert diesen Jesus gegenüber. Daraufhin distanziert sich Jesus deutlich von ihr: Er redet sie nicht nur als „Frau" an

---

[16] Diese wird (aufgrund des Zeugnisses von Grabinschriften) für Frauen auf ca. 35 geschätzt, für Männer auf ca. 45; vgl. BECKER, *Maria*, 51; Christina URBAN, „Hochzeit, Ehe und Witwenschaft", in *Neues Testament und Antike Kultur 2: Familie – Gesellschaft – Wirtschaft* (hg. v. Kurt Erlemann et al.; Neukirchen-Vluyn: Neukirchener Verlag, 2005), 25–30; 29.

[17] Vgl. RÄISÄNEN, *Mutter*, 180–186; HARTENSTEIN, *Charakterisierung*, 289f.

statt als Mutter oder mit ihrem Namen (vgl. Joh 4,21; 20,15), sondern formuliert diese Distanz auch explizit durch seine Frage. Eine solche Formulierung wird in anderen Evangelien (vgl. Mk 1,24 par.; Mk 5,7 par.) in Dialogen Jesu mit Dämonen verwendet und signalisiert eine eindeutige Zurückweisung.[18] Maria ergreift aber mit ihrem Auftrag an die Bediensteten trotzdem die Initiative. Sie ist damit eine Vermittlungsgestalt, die andere Personen in Beziehung zu Jesus bringt.[19] Und Jesus reagiert im Folgenden auch tatsächlich, indem er eine große Menge Wasser in ausgezeichneten Wein verwandelt. Nimmt man nun aber an, trotz der Zurückweisung sei das Verhältnis von Jesus und seiner Mutter von einer geheimen Übereinstimmung geprägt, so macht das Ende der Erzählung wiederum skeptisch. Dort wird nämlich konstatiert, dass die Jünger und Jüngerinnen Jesu aufgrund seines Wunderzeichens an ihn glaubten, nicht jedoch seine Mutter und seine Geschwister, die zwar mit ihm und seiner Anhängerschaft nach Kafarnaum gehen, allerdings ohne dass ihr Glaube festgestellt würde (Joh 2,11f.).[20] An der nächsten Stelle im Evangelium, wo die Geschwister Jesu erwähnt werden (Joh 7,2–9), wird seine Mutter nicht genannt, sie tritt dann aber bei der Kreuzigung noch einmal auf, wo Jesu Geschwister auffallend abwesend sind. Dies könnte mit einem neuen „Familienmitglied" zusammenhängen.

4.2 Die Mutter Jesu bekommt einen neuen Sohn

Im Unterschied zu den anderen Evangelien ist die Mutter Jesu bei Joh Zeugin der Kreuzigung:

> Es standen aber beim Kreuz Jesu seine Mutter und die Schwester seiner Mutter, Maria, die des Klopas, und Maria aus Magdala. Als Jesus nun die Mutter und den Jünger, den er liebte, dabeistehen sah, sagte er zur Mutter: Frau, siehe, dein Sohn. Dann sagte er zu dem Jünger: Siehe, deine Mutter. Von jener Stunde an nahm der Jünger sie in das Eigene (εἰς τὰ ἴδια). (Joh 19,25–27)

Die Mutter Jesu wird hier in die Gruppe integriert, sie führt die Liste der Anwesenden sogar an. Jesus initiiert in dieser Szene ein neues Mutter-Sohn-Verhältnis zwischen ihr und dem „Jünger, den er liebte". Dieser so genannte „Lieblingsjünger" ist eine für Joh spezifische Gestalt, er tritt mehrfach an wichtigen Stellen auf (Joh 13,23–25; 18,15f.; 19,26f.34f.; 20,2–10; 21,7.20–24) und hat nach Joh 21,24 das Evangelium verfasst.[21] Ob sich hinter dieser Jüngergestalt tatsächlich eine historische Person verbirgt, ist in der Forschung umstritten. Deutlich ist aber, dass er für die joh Gruppe die Kontinuität der Überlieferung garantiert und Jesu Werk fortführt. Der Ausdruck, er habe die Mutter

---

[18] Vgl. auch die Vorkommen in der LXX-Fassung von Ri 11,12; 2 Sam 16,10; 19,23; 1 Kön 17,18; 2 Kön 3,13; 2 Chr 35,21.
[19] Vgl. Joh 1,45f.; 4,28f. u. ö.; dazu HARTENSTEIN, Charakterisierung, 269–273.281f.
[20] Vgl. BECKER, Maria, 205f.
[21] Der Name „Johannes" wird im Text selbst nicht erwähnt; er findet sich erst in der sekundär hinzugefügten Überschrift. Der Lieblingsjünger ist nicht mit dem Apostel Johannes gleichzusetzen; vgl. BECKER, Maria, 209–212.

Jesu „in das Eigene" (εἰς τὰ ἴδια) genommen, greift eine Formulierung auf, die in Joh 1,11 im Hinblick auf Jesus verwendet wird.[22] Damit bekommt dieser Ausdruck eine Tiefendimension: Der Lieblingsjünger nimmt die Mutter Jesu nicht nur zur Versorgung zu sich, sondern sie wird Teil der Gemeinschaft. Gleichzeitig wird der Lieblingsjünger zum Ersatzsohn, er nimmt die Stelle Jesu ein.

Hier ist eine symbolische Szene dargestellt, was dagegen spricht, Joh 19,25–27 als historischen Beleg für die Anwesenheit Marias bei der Kreuzigung zu lesen, zumal die anderen Evangelien übereinstimmend nichts von einer solchen Anwesenheit wissen. Insgesamt weisen die bei Joh verarbeiteten Traditionen zwar Berührungspunkte mit der synoptischen Überlieferung auf (das ambivalente Verhältnis zwischen Jesus und seiner Familie sowie möglicherweise den späteren Übergang Marias zur Gemeinschaft), die Darstellung der Mutter Jesu verdankt sich aber einem eigenständigen Konzept joh Theologie. Die Mutter Jesu ist bei dessen erstem öffentlichen Auftritt gegenwärtig, sie entlässt ihn quasi in seine Wirksamkeit. Anwesend ist sie auch wieder am Ende dieser Wirksamkeit. Beim Tod Jesu wird sie zur „Mutter" des Lieblingsjüngers und garantiert damit dessen Stellung als „neuer Sohn". Entscheidend ist dabei ihre Rolle als Mutter, ein wirkliches Interesse an der *Person* Maria besteht nicht.[23]

Erst im Zuge einer sekundären Kombination mit anderen Geschichten werden auch die beiden joh Perikopen Bestandteil einer konstruierten „Biographie" Marias. Ausgangspunkt dafür sind jene Erzählungen, in denen die besonderen Umstände der Geburt Jesu im Zentrum stehen. Erst von diesen Geschichten aus ist die weitere Entwicklung und Verwandlung der Gestalt Maria überhaupt verständlich.

5. Geschichten rund um die Geburt Jesu

Die beiden so genannten „Vorgeschichten" bei Mt und Lk gehen weitgehend getrennte Wege, sie können hier nicht auf Mk oder Q zurückgreifen. Beide verarbeiten dennoch traditionelles Material[24] und zeigen auffallend starke Anknüpfungen an atl. Texte und Zusammenhänge. Während bei Lk Maria im Zentrum steht, ist bei Mt Josef die Hauptperson.

---

[22] Vgl. auch die parallelen Formulierungen von Joh 1,18 und 13,23: Wie Jesus im Schoß (εἰς τὸν κόλπον) Gottes ist, so befindet sich der Lieblingsjünger beim letzten Mahl am Schoß (ἐν τῷ κόλπῳ) Jesu.

[23] Vgl. RÄISÄNEN, *Mutter*, 179; Adeline FEHRIBACH, „The ‚Birthing' Bridegroom: The Portrayal of Jesus in the Fourth Gospel", in *A Feminist Companion to John 2* (hg. v. Amy-Jill Levine; Feminist Companion to the New Testament and Early Christian Writings 5; London: Sheffield Academic Press, 2003), 104–129; 127f.

[24] Vgl. z. B. RÄISÄNEN, *Mutter*, 52–54.77–80; Jane SCHABERG, *The Illegitimacy of Jesus: A Feminist Theological Interpretation of the Infancy Narratives* (New York: Crossroad, 1990), 145–156; Ulrich LUZ, *Das Evangelium nach Matthäus (Mt 1–7)* (EKKNT 1/1; Zürich: Benziger, ²1989), 87.100f.; BECKER, *Maria*, 113–115.156–165; zum Überblick: Walter RADL, *Der Ursprung Jesu: Traditionsgeschichtliche Untersuchungen zu Lukas 1–2* (Herders Biblische Studien 7; Freiburg i. Br.: Herder, 1996).

5.1 Pater semper incertus – oder: Josef übernimmt Verantwortung

Mt beginnt mit einem Stammbaum, also mit einer Form, die in den Schriften der jüdischen Bibel zahlreich belegt ist (Gen 5; 10f. u. ö.). Durch die Aufnahme der bekannten Gattung verknüpft Mt die Genealogie Jesu mit den anderen jüdischen Genealogien;[25] hervorgehoben ist dabei Jesu Abstammung von Abraham und David.[26] Interessanterweise durchbricht der mt Stammbaum mehrfach die übliche patrilineare Aufzählungsweise durch die Erwähnung von Frauen: Tamar (vgl. Gen 38), Rahab (vgl. Jos 2), Rut (vgl. Rut) und Batseba, bei Mt als Frau des Urija bezeichnet (vgl. 2 Sam 11). Diese Frauennamen bereiten die Nennung Marias am Ende des Stammbaums vor: Zu fragen ist also, was die fünf Frauen verbindet.

Nach Jane Schaberg handeln die Geschichten von Tamar, Rahab, Rut und der Frau des Urija von Frauen, die außerhalb „normal"-patriarchaler Ordnungs- und Familienverhältnisse stehen und deren Existenz deshalb höchst gefährdet ist. Für die vier Frauen wendet sich jedoch ihre problematische Situation insgesamt zum Guten, und zwar durch Männer, die sie in die gesellschaftliche Ordnung zurückführen, ihren Status garantieren und/oder sie und ihre Kinder legitimieren.[27] Die Nennung der vier Frauen bereitet also eine weitere Geschichte vor, in der Ähnliches wieder zu erwarten ist. Erst einmal durchbricht aber jener Vers, in dem Maria erwähnt wird, die vorherige Struktur der Aufzählung:

> Jakob aber zeugte (ἐγέννησεν) Josef, den Mann Marias, aus der geboren wurde (ἐξ ἧς ἐγεννήθη) Jesus, genannt Christus. (Mt 1,16)

In Fortführung der Genealogie wäre hier zu erwarten gewesen: „Josef zeugte Jesus". Die abweichende passivische Form verweist darauf, dass Josef gerade nicht der Vater ist. Trotzdem wird der Nachweis der davidischen Abstammung Jesu über Josef geführt. Der Vers gibt ein Rätsel auf, dessen Auflösung in der nächsten Geschichte erfolgt:

> (18) Der Ursprung Jesu Christi aber war folgender: Seine Mutter Maria war mit Josef verlobt, und bevor sie zusammengekommen waren, fand sich, dass sie schwanger war aus der heiligen Geistkraft (ἐκ πνεύματος ἁγίου). (19) Josef aber, ihr Mann, war ein Gerechter und wollte sie nicht öffentlicher Schande aussetzen; er kam zu dem Entschluss, sie heimlich zu entlassen. (20) Als er dies aber überlegt hatte – siehe, ein Engel *Adonajs* erschien ihm im Traum und sagte: Josef, Sohn Davids, fürchte dich nicht, Maria als deine Frau zu dir zu nehmen, denn das in ihr Erzeugte ist aus der heiligen Geistkraft (τὸ γὰρ ἐν αὐτῇ γεννηθὲν ἐκ πνεύματός ἐστιν ἁγίου). (21) Sie wird aber einen Sohn gebä-

---

[25] Verstärkt wird diese Beziehung dadurch, dass die erste Genealogie der Genesis (Gen 5,1) und Mt 1,1 mit derselben Formulierung beginnen: βίβλος γενέσεως, „Buch der Entstehung/des Ursprungs".

[26] Auch der Stammbaum in Lk 3,23–38 belegt die Abstammung von David und Abraham, dieser Stammbaum wird dann rückwärts fortgeführt bis Adam. Maria ist dabei nicht genannt, und schon die Großväter Jesu stimmen in beiden Listen nicht überein.

[27] Vgl. SCHABERG, *Illegitimacy*, 20–34; DIES., „Die Stammütter und die Mutter Jesu", *Concilium* 25 (1989): 528–533; weitere Vorschläge zur Deutung u. a. bei RÄISÄNEN, *Mutter*, 57–80; LUZ, *Evangelium*, 92–94.

ren, und du sollst ihm den Namen Jesus geben, denn er wird sein Volk retten von ihren Verfehlungen. (22) Dies alles aber ist geschehen, damit erfüllt werde, was von *Adonaj* durch den Propheten gesagt worden war: (23) *Siehe, die Jungfrau* (ἡ παρθένος) *wird schwanger werden und einen Sohn gebären, und sie werden ihn Emmanuel nennen*, was bedeutet: *Mit uns ist Gott*. (24) Josef aber stand auf vom Schlaf und handelte, wie es ihm der Engel *Adonajs* befohlen hatte, er nahm seine Frau zu sich (25) und erkannte sie nicht, bis sie einen Sohn geboren hatte. Und er gab ihm den Namen Jesus. (Mt 1,18–25)

Josef ist nach dieser Geschichte nicht der Vater Jesu, er schläft mit Maria bis zu Jesu Geburt nicht (über die Zeit nach der Geburt wird nichts ausgesagt). Josef *wird* aber zu Jesu Vater, in dem er ihm den Namen gibt; d. h. rechtlich gesehen: Josef legitimiert Jesus, indem er ihn als Kind akzeptiert. Da in der Antike (im Gegensatz zu heute) die biologische Vaterschaft nicht nachweisbar war, wird Vaterschaft als soziale Größe behandelt: Der Mann entscheidet, ob das Kind sein Kind ist. Jesus ist in diesem Sinne Kind Josefs, deshalb kann auch Jesu Abstammung über Josef begründet werden.[28] Das Konzept „Vaterschaft" funktioniert anders als heute. Gewarnt sei davor, unser biologisches Wissen in die Interpretation antiker Texte einzutragen.

Dies gilt auch für die Frage, wodurch Maria eigentlich schwanger wurde. Meines Erachtens geht es am Text vorbei, diese Frage im Sinne moderner Biologie klären zu wollen;[29] wichtig sind vielmehr die theologischen Aussagen: Dass die heilige Geistkraft bei der Empfängnis (mit)wirkte und dass sich darin eine Prophezeiung Jesajas erfüllte. Über die „Jungfrau" aus dem Zitat von Jes 7,14 ist schon reichlich geschrieben worden. Bekanntermaßen hat der hebräische Text hier den Ausdruck הָעַלְמָה, „die junge Frau", was die Septuaginta (im Gegensatz zu anderen griechischen Übersetzungen, die das präzisere Äquivalent νεᾶνις gebrauchen), mit ἡ παρθένος wiedergibt. Dieser Ausdruck *kann* eine Jungfrau im biologischen Sinne meinen, muss es aber nicht.[30] Zudem ist uneindeutig, auf welchen Zeitpunkt sich das Zitat bezieht: Es wird nicht explizit gesagt, dass die Jungfrau auch noch Jungfrau ist, nachdem sie schwanger wurde – wir haben uns nur daran gewöhnt, den Text so zu verstehen und gleichzeitig den heiligen Geist quasi als „biologischen Vater" anzunehmen. Einen interessanten Einspruch gegen diese Deutung gibt es jedoch schon in einem antiken Text:

---

[28] Vgl. RÄISÄNEN, *Mutter*, 63f.; zu den rechtlichen Umständen SCHABERG, *Illegitimacy*, 42–62.

[29] Deshalb kann ich auch hier den Thesen Schabergs nicht mehr folgen, die in den beiden Kindheitsgeschichten Hinweise auf eine Vergewaltigung oder Verführung Marias finden will.

[30] Vgl. Gen 34,3LXX, wo Dina, nachdem sie vergewaltigt wurde, παρθένος genannt wird; dazu SCHABERG, *Illegitimacy*, 69–71. – Interessant in diesem Zusammenhang sind auch die Ausführungen Philos von Alexandrien, der in *Cher.* 50 feststellt, dass die menschliche Vereinigung Jungfrauen zu Frauen macht, während Gott Frauen wieder zu Jungfrauen machen kann. Im selben Zusammenhang rechnet er Sara (nach der Menopause) wieder zur Ordnung der Jungfrauen.

> Einige sagen: Maria ist schwanger geworden vom heiligen Geist. Sie irren sich. Sie wissen nicht, was sie sagen. Wann wäre jemals eine Frau von einer Frau schwanger geworden?[31]

Das Argument hat deshalb Überzeugungskraft, weil „der heilige Geist" im semitischen Sprachraum weiblichen Geschlechts ist. Die Geistkraft könnte also die Mutter Jesu sein, aber nicht dessen Vater.

Das Jesajazitat will also nicht biologische Tatsachen erklären, sondern die besonderen Umstände der „Entstehung" Jesu als göttlich gewirkt und als Erfüllung einer atl. Prophezeiung darstellen und die Geschichte damit als Fortsetzung der Geschichte Israels erzählen. Die Kontinuität der Geschichte erweist sich auch in der Form einer göttlichen Erscheinung vor der Geburt bedeutender Nachkommenschaft, zu der es etliche Parallelen in Texten der jüdischen Bibel gibt (vgl. Gen 17,15–22; 18,10–15; 25,21–24; 28,12–16; Ri 13). Beauftragter und Handelnder ist Josef, Maria wird nicht direkt angeredet und spricht auch nicht selbst. Diese Konstellation wird in Mt 2 fortgeführt: Eine weitere Engelerscheinung warnt Josef vor der Gefahr, die von Herodes ausgeht, woraufhin Josef mit Maria und Jesus nach Ägypten flieht (Mt 1,13–15). Josef beschützt seine Frau und sein Kind vor der Gefährdung[32] und kehrt mit ihnen zurück, als eine dritte Erscheinung das Ende der Gefahr verkündet (Mt 1,19–21). Während zu Beginn von Mt 2 die Magier Maria und das Kind noch in Betlehem vorfinden (Mt 2,1–12; nur dort wird in Mt 2 der Name Marias noch einmal genannt), kehrt Josef schließlich mit dem Kind und der Mutter vorsichtshalber nach Nazaret zurück (Mt 1,22–23). Die erzählten Geschichten sind durchgehend geprägt von Erfüllungszitaten, ihr historischer Wert ist gering.[33] Es geht um die Kontinuität der Ereignisse mit der Geschichte Israels und den heiligen Schriften des Judentums.

5.2 Gabriel geht hinein zu Maria

In den beiden ersten Kapiteln des Lk sind die Geburtsgeschichten Jesu und Johannes des Täufers ineinander verschränkt; die Ankündigung der Geburt sowie die Geburt selbst werden jeweils zuerst von Johannes und dann von Jesus erzählt. Dazwischen steht die Begegnung Marias mit Elisabet, der Mutter des Johannes. In der Geburtsankündigung Jesu wird der Engel Gabriel von Gott nach Nazaret geschickt, diesmal besucht der Engel nicht Josef, sondern Maria, die wieder Jungfrau (παρθένος) genannt wird (Lk 1,26f.). Gabriel redet Maria dabei direkt an:

---

[31] PhilEv 17 (NHC II, p. 55,23–27), aus dem 2./3. Jh. n. Chr.; vgl. dazu Silke PETERSEN, *„Zerstört die Werke der Weiblichkeit!": Maria Magdalena, Salome und andere Jüngerinnen Jesu in christlich-gnostischen Schriften* (Nag Hammadi and Manichaean Studies 48; Leiden: Brill, 1999), 281–286.

[32] Zu dieser Gefährdungsgeschichte gibt es zahlreiche antike Parallelen bei anderen bedeutenden Personen (Mose, Nimrod, Augustus, Kyros etc.); vgl. LUZ, *Evangelium*, 84f.126–128, BECKER, *Maria*, 120–122.

[33] Vgl. LUZ, *Evangelium*, 102.115f.128; BECKER, *Maria*, 120.123f.131f.

(28) Und er ging hinein zu ihr (εἰσελθὼν πρὸς αὐτήν) und sagte: Gegrüßt, Begnadete, *Adonaj* ist mit dir. (29) Sie aber erschrak über dieses Wort und überlegte, wie beschaffen dieser Gruß wohl sei. (30) Und der Engel sagte ihr: Fürchte dich nicht, Maria, denn du hast Gnade bei Gott gefunden. (31) Und siehe, du wirst schwanger gefunden werden und einen Sohn gebären und ihm den Namen Jesus geben. (32) Dieser wird groß sein und Sohn des Höchsten genannt werden, und *Adonaj*, Gott, wird ihm den Thron Davids, seines Vaters, geben, (33) und er wird König sein über das Haus Jakob in Ewigkeit, und sein Königtum wird kein Ende haben.

(34) Maria aber sagte zu dem Engel: Wie wird dies sein, da ich keinen Mann kenne (ἐπεὶ ἄνδρα οὐ γινώσκω)? (35) Und der Engel antwortete und sagte ihr: Heilige Geistkraft wird auf dich kommen (πνεῦμα ἅγιον ἐπελεύσεται ἐπὶ σέ), und die Kraft des Höchsten wird dich überschatten (δύναμις ὑψίστου ἐπισκιάσει σοι); deshalb wird das Geborene (τὸ γεννώμενον) heilig genannt werden, Sohn Gottes. (36) Und siehe, Elisabet, deine Verwandte, auch sie hat in ihrem Alter einen Sohn empfangen, und dies ist der sechste Monat für sie, die unfruchtbar hieß, (37) denn keine Sache (ῥῆμα) ist bei Gott unmöglich. (38) Maria aber sagte: Siehe, ich bin die Sklavin[34] *Adonajs*: Mir geschehe nach deinem Wort (ῥῆμα). Und der Engel ging hinaus von ihr (ἀπῆλθεν ἀπ' αὐτῆς). (Lk 1,28–38)

Die Erzählung ist einigermaßen rätselhaft hinsichtlich der Frage, wie, wann und wodurch Maria schwanger wird. Ich möchte im Folgenden dazu einladen, die Geschichte nicht mit dem „Vorwissen" zu lesen, der „Heilige Geist" sei quasi der „Vater" des Kindes. Meines Erachtens ist die Erzählung komplexer.[35] Eigenartig sind zunächst Marias Reaktionen: Dass sie angesichts des Engels erschrickt, ist eine typische Reaktion in solchen Erzählungen, ihr Nachdenken über die Art seines Grußes jedoch nicht. In V34 ist es merkwürdig, dass Maria sich – auch wenn sie zum Zeitpunkt der Anrede Jungfrau ist – über eine Prophezeiung wundert, die ihr eine *zukünftige* Schwangerschaft ankündigt.[36] (Auffälligerweise wird Maria nach dieser Szene bei Lk nie mehr παρθένος genannt.) In der direkt anschließenden Szene steht Maria auf, sie geht eilig zu Elisabet und ist zu dieser Zeit schwanger. Der Beginn der Schwangerschaft muss also entweder zwischen den beiden Szenen liegen – oder aber *während der Begegnung mit Gabriel*. Gabriel sagt in V35 nun aber nicht, dass das Kind durch die Wirkung des πνεῦμα erzeugt wird, sondern dass das Kind *deshalb*, wegen dieser Wirkung, heilig genannt werden wird. In biblischen Parallelen zu den Formulierungen von V35 ist das

---

[34] Die Übersetzung „Magd" für δούλη ist im Kontext antiker – von Sklaverei geprägter – Gesellschaften verharmlosend; Marias Selbstbezeichnung als δούλη Gottes bedeutet gleichzeitig Distanzierung von den Strukturen weltlicher Herrschaft von Menschen über Menschen, wie in Lk 1,51f. ausgeführt. – δοῦλος, „Sklave" Gottes heißen in der LXX auch z. B. Mose, Abraham und David; Maria steht also auch in ihrer Tradition; vgl. SCHABERG, *Illegitimacy*, 137f.

[35] Viele der folgenden Beobachtungen entsprechen denen bei SCHABERG, *Illegitimacy*, 78–144; allerdings divergieren meine Folgerungen streckenweise von den ihren (insbesondere was die Annahme einer Vergewaltigung angeht).

[36] Spekulationen über ein Gelübde Marias zu lebenslanger Enthaltsamkeit als Lösung des Textproblems scheinen abwegig, da nicht nur Lk, sondern das gesamte NT nichts davon weiß.

Resultat nie eine Schwangerschaft;[37] das Wirken des Geistes führt biblisch normalerweise nicht zur Entstehung von Kindern, dafür aber häufig zu prophetischer Begabung jener Personen, in denen die Geistkraft wirkt.[38] Verdächtig ist in der lk Erzählung weniger die Geistkraft als das Handeln Gabriels.[39] „Hineingehen zu" (εἰσελθεῖν κτλ. πρός) dient in vielen atl. Erzählungen als Synonym für Sexualität.[40] In der vorherigen Geburtsankündigungsgeschichte wird anders formuliert: Dort *erscheint* (ὤφθη) Gabriel dem Zacharias im Tempel (Lk 1,11). Auch die Verwirrung Marias sowie das Spiel mit der Doppeldeutigkeit von ῥῆμα („Wort/Sache") in V37 und 38 verweisen darauf, dass innerhalb dieser Szene etwas Besonderes geschieht. Noch einmal sei betont: Weder Mt 1 noch Lk 1 sollten wir auf dem Hintergrund modernen biologischen Wissens zu verstehen versuchen; in der Antike existierten unterschiedlichen Theorien darüber, wie eine Empfängnis vor sich geht: Weder war klar, ob es so etwas wie einen

---

[37] Die Kombination von πνεῦμα und ἐπέρχομαι κτλ. ist in der LXX in Num 5,14.30; Ijob 1,19; 4,15; Jes 32,15 belegt. Die „Kraft des Höchsten" ist als „Kraft aus der Höhe" in Lk 24,49 Synonym für die angekündigte Geistkraft; Formen von „überschatten" finden sich noch in Mt 17,5/Mk 9,7/Lk 9,34; Apg 5,15 sowie in der LXX in Ex 40,35; Ps 90,4; 139,8; Spr 18,11 (nie im Sinne von „erzeugen/befruchten"). Zur Deutung von „überschatten" vgl. z. B. SCHABERG, *Illegitimacy*, 112–117 (Schutzfunktion); Kerstin SCHIFFNER, *Lukas liest Exodus: Eine Untersuchung zur Aufnahme ersttestamentlicher Befreiungsgeschichte im lukanischen Werk als Schrift-Lektüre* (BWANT 172; Stuttgart: Kohlhammer, 2008), 236 (Verbindung mit der Wolke aus Exodus); Leonardo BOFF, *Das mütterliche Antlitz Gottes: Ein interdisziplinärer Versuch über das Weibliche und seine religiöse Bedeutung* (Düsseldorf: Patmos, 1985), 110–117 (hypostatische Besitzergreifung Marias durch den heiligen Geist).

[38] Zur Verbindung von Geistbegabung und Prophetie vgl. Irmtraud FISCHER, *Gotteskünderinnen: Zu einer geschlechterfairen Deutung des Phänomens der Prophetie und der Prophetinnen in der Hebräischen Bibel* (Stuttgart: Kohlhammer, 2002), 235–246.

[39] Nach BEN-CHORIN, *Mirjam*, 41, bedeutet der Name Gabriel (biblisch bekannt aus Dan 8,16) „mein Mann ist Gott"; ebd., 48, erkennt BEN-CHORIN in Gabriel selbst die „zeugende Gotteskraft" (dieser Gedanke funktioniert auch, wenn man die wohl plausiblere Ableitung des Namens Gabriel als „Gott hat sich stark gezeigt" annimmt). – In der apokryphen Schrift EpApost (2. Jh.) redet der auferstandene Christus von seiner Vergangenheit als Gabriel: „An jenem Tage nämlich, an welchem ich angenommen habe die Gestalt Gabriels, des Engels, erschien ich Maria und redete mit ihr. Ihr Herz nahm mich auf, sie glaubte. Ich formte mich, ich ging hinein in ihren Leib, ich wurde Fleisch" (koptische Version, 14 [25]; deutsche Übersetzung nach C. Detlef G. MÜLLER, „Epistula Apostolorum", in *Neutestamentliche Apokryphen in deutscher Übersetzung 1: Evangelien* [hg. v. Wilhelm Schneemelcher; Tübingen: Mohr, ⁶1990], 205–233; 212f.).

[40] Vgl. z. B. Gen 30,10LXX: „Und Jakob ging hinein zu ihr (εἰσῆλθεν δὲ πρὸς αὐτήν) und Silpa, Leas Dienerin, empfing und sie gebar Jakob einen Sohn"; vgl. auch Gen 16,2.4; 29,21.23.30; 30,3.4; 38,2.8.16.18; Ri 15,1; 16,1; Rut 4,13; 2 Sam 16,22; 17,25; 20,3; 1 Chr 2,21; 7,23; Est 2,12.15; Spr 6,29. – Es gibt auch viele weitere Belege (vgl. z. B. Gen 7,1), aber dies ändert nichts an der Doppeldeutigkeit der Formulierung.

weiblichen „Samen" überhaupt gibt, noch ließ sich die Wirkweise des männlichen Anteils bei der Empfängnis eindeutig bestimmen.[41]

Im antiken Umfeld dieser Geschichte gibt es zahlreiche andere Erzählungen, in denen die Zeugung herausragender Personen (wie z. B. Platons oder Alexanders) auf göttliches Handeln zurückgeführt wurde. Berühmt ist die vierte Ekloge Vergils, die den künftigen Weltherrscher „Nachkommen der Götter" und „Sprössling Jupiters" nennt.[42] Philo von Alexandrien führt die Schwangerschaften Saras, Leas und Zipporas auf göttliches Wirken und nicht auf die jeweiligen Ehemänner zurück, und Plutarch stellt es als selbstverständlich dar, dass Frauen durch göttliche Einwirkung schwanger werden können.[43] Im Kontext antiker Erzählungen fällt auf, wie zurückhaltend Lk von der gottgewirkten Abkunft Jesu erzählt; jegliche Konkretisierungen fehlen. Wichtig scheint die Tatsache göttlichen Wirkens, was genau passiert, wird nicht thematisiert, sondern bleibt unausgesprochen.

Bemerkenswert an dieser Erzählung ist die explizite Zustimmung Marias. Explizite Zustimmungen fehlen in anderen biblischen Geburtsankündigungen. In der direkt vorangehenden Verkündigung an Zacharias glaubt dieser dem Engel nicht und verstummt deshalb temporär (vgl. Lk 1,18–22; außerdem die ungläubigen Reaktionen in Gen 17f.). Im Gegenüber zu diesen Erzählungen ist Marias zustimmende Reaktion umso auffälliger. Sie ist in dieser Geschichte nicht passives Objekt des göttlichen Handelns, sondern entscheidet sich selbst für die Schwangerschaft. Und sie wird auch im Fortgang der Geschichte wiederum aktiv.

5.3 Maria begegnet Elisabet und beide reden prophetisch

In der Begegnung Marias mit Elisabet verkreuzen sich die beiden sonst in Lk 1f. getrennten Erzählfäden der Geburt Jesu und der des Johannes. Maria bricht unmittelbar nach der vorangehenden Geschichte zu Elisabet auf, deren Schwangerschaft ihr Gabriel als Zeichen für Gottes Macht verkündet hatte. Deutlich wird nun, dass auch Maria zum Zeitpunkt der Begegnung schwanger ist:

> Und es geschah, als Elisabet den Gruß Marias hörte, hüpfte das Ungeborene in ihrem Bauch, und Elisabet wurde erfüllt von der heiligen Geistkraft (ἐπλήσθη πνεύματος

---

[41] Die weibliche Eizelle wurde erst im 19. Jh. entdeckt. Der männliche Anteil konnte geradezu als formgebende Idee begriffen werden im Gegensatz zum Weiblich-Stofflichen; vgl. Thomas LAQUEUR, *Auf den Leib geschrieben: Die Inszenierung der Geschlechter von der Antike bis Freud* (Frankfurt: Campus, 1992), 39–79; bes. 56f., mit Aristoteles, *Gen. an.* 729b–730b. Die Wirkursache, das formgebende Prinzip, ist nicht unbedingt an das materielle Sperma gebunden; vgl. ebd. 737a 8–17.

[42] Vergil, *Ecl.* 4, Z. 51 *(cara deum suboles, magnum Iovis incrementum)*; vgl. Eduard NORDEN, *Die Geburt des Kindes: Geschichte einer religiösen Idee* (SBW 3; Leipzig: Teubner, ²1931); BECKER, *Maria*, 135–140, mit weiteren Beispielen.

[43] Vgl. Philo, *Cher.* 45–47; Plutarch, *Num.* 4.

ἁγίου) und rief mit lauter Stimme und sagte: Gesegnet bist du unter den Frauen, und gesegnet ist die Frucht deines Bauches. (Lk 1,41f.)

Elisabet preist anschließend den Glauben Marias (Lk 1,45), wodurch der Kontrast zum Zweifel des Zacharias deutlich wird. Auch die zeitversetzte Erzählstruktur und die Steigerungen in den Jesuserzählungen im Verhältnis zu den Johanneserzählungen lassen erkennen, dass bei Jesus „Größeres" geschieht als bei Johannes. Jene Zuordnung beider, die ab Lk 3 erfolgt, ist hier vorweggenommen. Auch in Elisabet wirkt die Geistkraft, sie führt dazu, dass Elisabet prophetisch redet, wie auch Zacharias in der anschließenden Geburtserzählung des Johannes mit Geistkraft erfüllt wird und prophetisch redet (vgl. Lk 1,67). Eine solche Abfolge ist typisch: Das πνεῦμα Gottes bewirkt Prophetie – idealerweise bei allen Menschen (vgl. Num 11,29; Joël 3,1–5; Apg 2,17–21). Auch im Hinblick auf Maria lässt sich ein solcher Zusammenhang herstellen. In Lk 1,35 kündigt ihr der Engel das Herabkommen des πνεῦμα an, in Lk 1,46–56 folgt ihre prophetische Rede. Dabei übertrifft die Maria-Jesus-Geschichte wiederum die Elisabet-Johannes-Geschichte: Marias Geistbegabung wird ausführlicher und pointierter geschildert als Elisabets (vgl. Lk 1,35 mit 1,41) und Marias Rede geht über die der Elisabet an Länge und Bedeutsamkeit hinaus:

(46) Und Maria sagte:
Meine Seele preist *Adonaj*,
(47) und mein Geist freut sich über Gott, meinen Retter,
(48) weil er auf die Erniedrigung (ταπείνωσις) seiner Sklavin gesehen hat.
Siehe, von nun an werden mich selig preisen alle Generationen,
(49) weil der Mächtige an mir Großes getan hat.
Und heilig ist sein Name
(50) und sein Erbarmen von Generationen zu Generationen
für jene, die ihn fürchten.
(51) Herrschaft hat er ausgeübt durch seinen Arm,
zerstreut hat er, die in ihren Herzen hochmütig denken.
(52) Er hat Mächtige von Thronen gestürzt
und Erniedrigte (ταπεινούς) erhoben,
(53) Hungernde hat er gefüllt mit Gütern
und Reiche leer weggeschickt.
(54) Er hat sich Israels, seines Kindes, angenommen,
und sich seines Erbarmens erinnert.
(55) Wie er zu unseren Eltern gesprochen hat,
zu Abraham und seinen Nachkommen für die Ewigkeit.
(56) Maria aber blieb bei ihr ungefähr drei Monate und sie ging wieder zurück in ihr Haus. (Lk 1,46–56)

Dies ist die längste Rede Marias im NT. Maria beginnt mit Gottes Handeln an ihrer eigenen Person, gewinnt dann aber eine weltgeschichtliche Dimension. Bei der ταπείνωσις in V48 geht es nicht um die persönliche Demut Marias, sondern um soziale Erniedrigung und Unterdrückung (vgl. V52). Mit der Abfolge Erniedrigung, Sehen, Erbarmen und Handeln Gottes werden zentrale Motive der Exodusüberlieferung wieder aufgenommen.⁴⁴ Nicht ohne Grund ist das *Magnificat* (so bezeichnet nach dem ersten Wort Marias in der lateinischen Übersetzung) zu einem zentralen Text der Befreiungstheologie avanciert.⁴⁵ Die Unterdrückung des jüdischen Volkes unter römischer Herrschaft ist die Situation der Rede Marias – eine Lektüre, die individuelle Demut und Mutterglück ins Zentrum stellt, verkürzt die politische Dimension dieses Textes.

Die Jüdin⁴⁶ Maria ist hier in mehrfacher Hinsicht in die Geschichte ihres Volkes eingezeichnet. Sie trägt – wohl nicht zufällig⁴⁷ – den Namen Mirjams, der Schwester des Mose, welche die erste Frau ist, die im AT Prophetin heißt und die im Anschluss an diese Bezeichnung Gott für die Errettung vor den ägyptischen Verfolgern preist (vgl. Ex 15,20f.). Durch die Aufnahme von Textstrukturen steht Maria in der Linie geistbegabter prophetisch redender Frauen, der etwa auch Debora (Ri 4f.) und Hanna (1 Sam 1f.) zugerechnet werden können.⁴⁸ Das *Magnificat* enthält daneben eine Reihe von Aufnahmen aus den „Siegesliedern" dieser Frauen sowie aus weiteren Texten, insbesondere den Psalmen.⁴⁹ Wie Mt stellt auch Lk, wenn auch mit anderen literarischen Mitteln, die Kontinuität der erzählten Geschichte mit den „Schriften" heraus.

Die bisher genannten Aspekte der lk Vorgeschichte – Kritik an römischer Herrschaft, Kontinuität mit jüdischer Tradition, Betonung prophetischer Redeformen – werden im nächsten Kapitel weitergeführt. Die Geburtsgeschichte Lk 2,1–20 zeichnet nicht nur durch die äußeren Umstände (die Geburt im Stall, die Hirten und Hirtinnen) ein Gegenbild zu kaiserlicher Herrlichkeit,⁵⁰ sondern das Neugeborene erhält auch explizit den Titel *Kyrios* (Lk 2,11) – einen Titel, der zwar noch nicht von dem in der Geschichte genannten Kaiser Augustus, aber von den Kaisern ab der Mitte des 1. Jh. n. Chr. (d. h. zur Zeit der Entstehung der Geschichte) zunehmend in Anspruch genommen wurde: Das Kind ist als *Kyrios* somit auch ein Anti-Kaiser.

Die Kontinuität mit jüdischer Tradition bestimmt die weitere Abfolge der Geschichten (Lk 2,21–52): Beschneidung Jesu, Reinigung Marias „nach der Tora des Mose" (2,22), Besuche im Jerusalemer Tempel. Bei dem ersten Tempelbesuch der

---

⁴⁴ Vgl. SCHIFFNER, *Lukas*, 231–236; SCHOTTROFF, *Schwestern*, 281f.; SCHABERG, *Illegitimacy*, 98–101.

⁴⁵ Vgl. BOFF, *Antlitz*, 199–210; BOVON, *Evangelium*, 93f.

⁴⁶ Wegweisend für eine jüdische Sicht Marias: BEN-CHORIN, *Mirjam*.

⁴⁷ Nach SCHIFFNER, *Lukas*, 259–278, ist eine besondere Häufung des Namens Mirjam/Maria(m) etc. in der Zeit der römischen Besatzung (1. Jh. v. Chr. – 135 n. Chr.) zu verzeichnen. Sie deutet diese Namensgebungspraxis als Ausdruck der Hoffnung auf ein erneutes Exodus-/Befreiungsgeschehen, das mit dem Namen Mirjams verbunden war.

⁴⁸ Zu dieser Linie vgl. FISCHER, *Gotteskünderinnen*, 124–126; SCHIFFNER, *Lukas*, 101–103.278–290. Die Linie verstärkt sich noch unter Berücksichtigung außerbiblischer jüdischer Literatur, wo z. B. Hanna als Prophetin gilt oder Mirjam die Geburtsankündigung (des Mose) durch einen Engel zuteil wird, wobei sie von der Geistkraft Gottes erfüllt wird. Vgl. Pseudo-Philo, *L.A.B.* 9,10; dazu SCHIFFNER, *Lukas*, 165f.

⁴⁹ Dies lässt sich hier nicht im Einzelnen ausführen; vgl. z. B. BOVON, *Evangelium*, 87–92.

⁵⁰ Zur historischen Problematik dieser Erzählung vgl. BECKER, *Maria*, 184–187; RADL, *Ursprung*, 361–369.

Familie dominiert wieder Prophetisches die Erzählung, einerseits in der Rede Simeons,[51] andererseits durch den Auftritt der *Prophetin* Hanna, die Gott preist bei allen, die auf die „Erlösung Jerusalems" warteten (2,38) – womit wiederum ein nicht zuletzt politisches Motiv gegenwärtig ist.

Zweimal wird im Erzählverlauf eine positive Reaktion Marias geschildert: Sie bewahrt alle die *Worte* und bewegt sie im Herzen (2,19 im Anschluss an die Geburtsgeschichte; vgl. 2,51 im Anschluss an die Gelehrsamkeit des Zwölfjährigen im Tempel). Von hier aus lässt sich eine Linie zu den oben besprochenen Stellen ziehen, wo diejenigen selig gepriesen werden, die die *Worte* hören, bewahren und tun (8,21; 11,28), sowie zur Seligpreisung Marias als Glaubende (1,45) und dem „Anschluss" Marias an die Jesusgemeinschaft (Apg 1,14). Die lk Maria ist zu einem Vorbild im Hören und Glauben geworden[52] – eine lk Ausgestaltung, die der mk Maria noch denkbar fern lag.

6. Zum Ausblick – oder: Maria, Isis und die Himmelskönigin

Schon in den ntl. Schriften lässt sich eine Entwicklung hin zu einem größeren Interesse an Maria und einer freundlicheren Darstellung ihrer Person ausmachen: Während sie bei Paulus noch keine Rolle spielt, finden sich bei Lk erste „biographische" Ansätze, die dann in der folgenden Zeit ausgestaltet werden. So erzählt das apokryphe ProtevJak aus dem 2. Jh. nun auch die besonderen Umstände der Geburt *Marias*, und sie erweist sich als Jungfrau auch *nach* der Geburt Jesu.[53] Ab dem 3. Jh. wird die Jungfräulichkeit Marias dann mit den asketischen Tendenzen des Christentums so verbunden, dass Maria eine Vorbildfunktion entwickelt. Durch die Verknüpfung von „normaler" Zeugung und Erbsünde kommt seit Augustin noch die Sündlosigkeit der Ausnahmeempfängnis als neues Motiv hinzu – ein Aspekt, der den biblischen Texten vollkommen fern liegt.

Eine weitere Entwicklungslinie ist ca. ab dem 4. Jh. verstärkt zu beobachten: die Erhöhung Marias. Bei Epiphanius[54] ist erstmalig die Identifikation Marias mit der himmlischen Frau der Offb belegt: „eine Frau, mit der Sonne bekleidet, unter ihren Füßen der Mond, auf ihrem Kopf ein Kranz von zwölf Sternen" (Offb 12,1). Die Exegese ist sich inzwischen weitgehend darüber einig, dass es sich bei dieser „himmlischen Frau" ursprünglich nicht um Maria handelt – vielmehr lässt sich der Einfluss antiker Göttinnen nachweisen: Die Beschreibung der Frau knüpft an Darstellungen der Isis an, die erzählte Geschichte von der gefährdeten Geburt adaptiert die Geburt Apol-

---

[51] Vielfach interpretiert ist die Rede Simeons vom „Schwert, das durch Marias Seele dringen wird" (2,35). Mit BECKER, *Maria*, 189–193, halte ich es für plausibel, dies auf die bevorstehende Spaltung Israels durch die Christusbotschaft zu beziehen und nicht auf die Kreuzigung. Die lk Maria steht nicht unter dem Kreuz.
[52] Vgl. BOVON, *Evangelium*, 419; BECKER, *Maria*, 195f.; RÄISÄNEN, *Mutter*, 118–124.
[53] ProtevJak, deutsche Übersetzung: CULLMANN, „Protevangelium des Jakobus", 338–349. Zur Entwicklung der ersten Jahrhunderte vgl. auch CAMPENHAUSEN, *Jungfrauengeburt*.
[54] Epiphanius, *Pan.* 78,11; vgl. BROWN et. al., *Mary*, 235; BECKER, *Maria*, 221–225.

lons durch Leto.⁵⁵ Noch eine weitere Göttin spielt bei der „Erhöhung" Marias eine Rolle: die besonders in Ephesus verehrte Artemis, deren Gefolgschaft Paulus verärgert (vgl. Apg 19). Bei dem Konzil von Ephesus 431 n. Chr. setzte sich die Bezeichnung Marias als *theotokos*, „Gottesgebärerin" (lat.: *mater dei*), gegenüber dem konkurrierenden Prädikat *christotokos*, „Christusgebärerin", durch,⁵⁶ was zu Volksfesten in Ephesus, der Stadt der Göttin Artemis, führte. Vor allem die volkstümliche Marienverehrung speist sich aus antiken Kulten des östlichen Mittelmeerraumes, und die offizielle kirchliche Mariologie fühlt sich immer wieder genötigt zu betonen, dass Maria eben doch keine Göttin sei.

Von den Texten des NT hat sich diese Entwicklung weit entfernt; der Ausgangspunkt der Verwandlungen Marias liegt aber dennoch dort, vor allem in Lk 1f. Die besonderen Umstände rund um die Geburt des exzeptionellen Kindes führen dazu, dass auf die Mutter dieses Kindes seine herausragende Stellung übertragen wird: Insofern ist, wie Dante in dem diesem Aufsatz vorangestellten *motto* sagt, die Mutter tatsächlich auch zur „Tochter" des Sohnes geworden.

---

[55] Vgl. Adela Yarbro COLLINS, *The Combat Myth in the Book of Revelation* (Eugene: Wipf & Stock, 2001); Silke PETERSEN, „Chaos in Urzeit und Endzeit: Gunkel, Bousset und die Himmelskönigin (Offb 12)", in *Hermann Gunkel revisited: Literatur- und religionsgeschichtliche Studien* (hg. v. Ute E. Eisen und Erhard S. Gerstenberger; Exegese in unserer Zeit 20; Münster: LIT, 2010), 173–191.

[56] Es geht hier ursprünglich um eine christologische Fragestellung, in die Maria hineingezogen wird; vgl. CAMPENHAUSEN, *Jungfrauengeburt*, 53f.

Marta

Bernadette Escaffre
Institut Catholique de Toulouse

Marta ist eine neutestamentliche Figur, die nur bei Lk (10,38–42) und bei Joh (in den Episoden Joh 11,1–12,11) erwähnt wird. Beide Evangelien geben an, dass Marta eine Schwester namens Maria gehabt habe. Gemessen an dieser Letzteren sowie an den anderen „Marien", die (einmal abgesehen von der Mutter Jesu) im Laufe der Kirchengeschichte so häufig miteinander verwechselt worden sind,[1] sticht Marta in der Wirkungsgeschichte nicht hervor. Denn während die Bibliographie über Maria Magdalena beispielsweise sehr reichhaltig ist, beschäftigt sich eine vergleichsweise geringere Anzahl von Büchern und Artikeln mit Marta.

Vergleicht man die Darstellungen Martas bei Lk und Joh, fallen auf den ersten Blick viele Unterschiede auf. Sie hindern uns daran, die Episoden synoptisch nebeneinanderzustellen. Dennoch müssen wir uns fragen, ob es nicht jenseits dieser Unterschiede auch Gemeinsamkeiten geben könnte. Ohne die betreffenden Stellen jetzt schon im Einzelnen zu untersuchen, ist zu fragen, was über die Charakterisierung der Marta bei Lk und bei Joh ausgesagt werden kann.

1. Marta bei Lukas und bei Johannes: Ähnlichkeiten und Unterschiede

Marta wird immer in ihrer Beziehung zu Maria dargestellt. Die Schwestern scheinen unzertrennlich und spielen doch in den beiden Evangelien nicht dieselbe Rolle. Die Geschichten, in denen sie erwähnt werden, sind nicht identisch.

Zunächst einmal stehen die Perikopen bei Lk (10,38–42) und bei Joh (11,1–12,11) in unterschiedlichen literarischen Kontexten. Bei Lk ist Jesus unterwegs nach Jerusalem. Die Begegnung mit Marta und Maria findet mitten in seinem öffentlichen Leben statt. Bei Joh dagegen trägt sie sich eher an dessen Ende zu, nämlich unmittelbar vor der Passion. Jesus hat sich in das Gebiet jenseits des Jordans zurückgezogen und kehrt nun nach Krankheit und Tod des Lazarus in die Umgebung Jerusalems, genauer gesagt nach Betanien zurück. Das Mahl bei Marta und Maria ist zwischen der Perikope von der Auferweckung des Lazarus, dem letzten der im vierten Evangelium überlieferten Zeichen, und der Erzählung vom Leiden und Sterben Jesu angesiedelt. Die Erlebnisse

---

[1] Maria von Magdala wurde in der Rezeptionsgeschichte mit der Sünderin, die Jesu Füße salbt (Lk 7,36–50), und mit der Frau aus Betanien (Mk 14,3–9 par.; bei Joh trägt diese Frau den Namen Maria), die eine ähnliche Geste vollführt, gleichgesetzt; vgl. Alain MARCHADOUR, „Marie Madeleine: De l'histoire à la légende", in *La Bible et ses personnages: Entre histoire et mystère* (hg. v. Pierre Debergé; Paris: Bayard, 2003), 209–233; 223f.; Andrea TASCHL-ERBER, *Maria von Magdala – erste Apostolin? Joh 20,1–18: Tradition und Relecture* (Herders Biblische Studien 51; Freiburg i. Br.: Herder, 2007).

der Familie in Betanien hängen eng mit dem bevorstehenden Tod Jesu zusammen. Bei Lk ist das anders.

Was die Unterschiede betrifft, sei zuallererst darauf hingewiesen, dass die auftretenden Personen bei Lk eine Dreiergruppe bilden: Jesus, Marta und Maria. Bei Joh wird der Personenkreis erweitert: Da ist Lazarus, der Bruder von Marta und Maria, von dem Lk nichts weiß; da sind die Jesus begleitenden JüngerInnen, unter ihnen Judas; und da ist eine Gruppe von „Jüdinnen und Juden", die aus Jerusalem gekommen sind, um mit Marta und Maria zu trauern. Erwähnt werden ferner „die" Pharisäer sowie „die Hohenpriester" mit Kajaphas an der Spitze (Joh 11,46–57; 12,10f.), außerdem eine große Menschenmenge, die gekommen ist, um Jesus und Lazarus zu sehen (12,9).

Und schließlich ist auch der Erzählverlauf bei Lk und bei Joh ein anderer. Der einfachen Einladung in Martas Haus und dem Streit über das Verhalten ihrer Schwester Maria in der lk Episode steht bei Joh eine Erzählung von Tod und Auferstehung und von einem Mahl gegenüber, in dessen Verlauf Maria ein teures und wohlriechendes Öl über Jesu Füße ausgießt.

Die meisten Ähnlichkeiten lassen sich noch zwischen Lk 10,38–42 und Joh 12,1–8 feststellen. In beiden Fällen ist der Schauplatz das Innere eines Hauses und beide Male wirft Marias Verhalten Fragen auf. Bei Lk geht das Unverständnis von Marta aus, bei Joh ist es Judas, der an der Geste des vergossenen Salböls Anstoß nimmt. Jesus hingegen verteidigt Maria in beiden Fällen und deutet ihr Verhalten ihm gegenüber als absolut angemessen.

Zu den Ähnlichkeiten zwischen der lk und der joh Darstellung gehört auch Martas „dienstfertige" und Marias eher passive Haltung, zumindest was Joh 11 betrifft. Joh beschränkt sich jedoch auf die Notiz, dass Marta bedient (12,2), während sie in der Version des Lk mit vielerlei Dingen beschäftigt oder abgelenkt ist. Maria hingegen sitzt in der Haltung einer Jüngerin zu Füßen Jesu und hört auf die Worte ihres Meisters (Lk 10,39). Auch in Joh 11 sitzt sie im Haus, doch im vierten Evangelium ist dieses Haus der Ort der Trauer, den Jesus nicht betritt, während Marta hinausgeht – ihrem Herrn entgegen (Joh 11,20).

2. Marta im Lukasevangelium

Wir kennen sie gut, die lk Episode, in der Marta Jesus in ihrem Haus bewirtet und sich um vielerlei Dinge kümmert, während Maria zu Jesu Füßen sitzt und seinen Worten lauscht. Die beiden Schwestern werden hier in der Haltung, die sie Jesus gegenüber an den Tag legen, sehr unterschiedlich dargestellt. Der Erzähler lenkt den Blick zunächst auf Marta (Lk 10,38), dann auf Maria (V39) und zuletzt wieder auf Marta (V40). Damit stellt er die beiden Figuren einander gegenüber.[2]

Während Maria aus der Perspektive ihrer Schwester nur zuhört, ist Marta sehr beschäftigt. Allein sie spricht und erhält eine Antwort in direkter Rede, denn über die

---

[2] Vgl. Matteo CRIMELLA, *Marta, Marta! Quattro esempi di „triangolo drammatico" nel „grande viaggio di Luca"* (Studi e ricerche; Assisi: Cittadella, 2009), 176.

Worte, die Maria hört, erfahren die LeserInnen nichts. Marta, die Jesus bei sich zu Hause empfangen hat, fängt mit ihm zu diskutieren an. Was können wir über die Gestalt der Marta in dieser einzigen Episode, in der sie bei Lk vorkommt, aussagen?

2.1 Aktion oder Ablenkung?

Lk sagt über Marta, dass sie mit vielerlei Dienst (περὶ πολλὴν διακονίαν, Lk 10,40) beschäftigt sei[3] oder, wie Jesus ihr vorhält, sich um vieles (περὶ πολλά) sorge und mühe (Lk 10,41). Martas Aktivität wird jedoch eher negativ dargestellt als etwas, das sie völlig in Anspruch nimmt, sie beunruhigt und bekümmert. Von Maria spricht Jesus dagegen positiv und stellt das „eine" Notwendige dem „Vielen" kontrastierend gegenüber.

Eine allegorisierende Interpretation dieser Stelle hat dazu geführt, dass die beiden Frauen als Typen gedeutet wurden, von denen die eine, Maria, für die Kontemplation, die andere, Marta, wiederum für die Aktion stehe.[4] Da ihre Verhaltensweisen wegen des Wortes Jesu „aber nur eines ist notwendig" als einander ausschließend betrachtet wurden, folgerte man, dass man Maria auf ihrem kontemplativen Weg folgen und sich vor Martas Geschäftigkeit hüten müsse.

Matteo Crimella kommt in seiner Untersuchung zu dem Ergebnis, dass es Lk nicht um den Gegensatz zwischen Marias Zuhören und Martas Dienst (*Diakonia*) oder zwischen Theorie und Praxis, sondern weit mehr um den Gegensatz zwischen dem aufmerksamen, die Haltung von JüngerInnen kennzeichnenden Zuhören und einer ganzen Reihe von Beschäftigungen und Ablenkungen gehe, die von Jesus entfernen und ein wirkliches Aufnehmen seines Wortes verhindern.[5]

Betrachtet man die Perikope im Kontext des Evangeliums, stellt man fest, dass der Evangelist in der vorangegangenen Episode vom barmherzigen Samariter die LeserInnen auf die Gefahren unrechten Tuns aufmerksam macht: Der Priester und der Levit sehen den Mann halbtot liegen und gehen trotzdem vorbei, ohne ihm zur Hilfe zu kommen. In Lk 10,38–42 stellt der Erzähler die negativen Konsequenzen eines Zuhörens dar, wenn es von den alltäglichen Sorgen erstickt wird.[6]

---

[3] In seiner philologischen Untersuchung „Notes philologiques: À Propos de perispáomai en Luc 10,40: Entre philologie et narratologie", *RB* 117 (2010): 120–125, weist Matteo CRIMELLA auf die doppelte Bedeutung des griechischen Verbs περισπάομαι hin, nämlich „sich beschäftigen" und „sich ablenken". Einerseits ist Marta sehr beschäftigt mit ihrer Rolle als Hausherrin, die einen Gast bewirtet, andererseits ist sie abgelenkt. Das Imperfekt des Verbs drückt Kontinuität aus.

[4] Wie andere Exegeten vor ihm zeigt CRIMELLA, *Marta, Marta!*, 232f., dass die Stelle keine solche Dichotomie enthält; vgl. z. B. Philippe BOSSUYT und Jean RADERMAKERS, *Jésus parole de la Grâce selon saint Luc 2: Lecture continue* (Collection IET 6; Brüssel: Lessius, ³1999), 283.

[5] Siehe CRIMELLA, „Notes philologiques", 124.

[6] Siehe CRIMELLA, *Marta, Marta!*, 234.

Jesus kommt Martas Bitte, Maria möge ihr helfen, nicht nach, sondern erwartet im Gegenteil von ihr Verständnis dafür, dass jene den besseren Teil erwählt hat und dieser ihr nicht genommen werden soll (Lk 10,42). Marta antwortet nicht auf das, was Jesus sagt. Das Wort Jesu bleibt das letzte Wort, das bei Lk gesprochen wird.[7] Damit ist die Episode offen. Die abschließende Situation wird nicht beschrieben, und so bleibt es dem/der LeserIn überlassen, die Leerstelle im Text mit einer Antwort zu füllen.

2.2 Primat des Wortes oder Dienst an den Tischen?

Die Diskussion, ob dem Wort oder dem Dienst an den Tischen der Primat zu geben sei, ist im Grunde dieselbe, die uns auch im Buch der Apostelgeschichte begegnet. In der Urkirche entzweit ein Streit die Gruppen der „HellenistInnen" und der „HebräerInnen" (Apg 6,1–7). Es geht um die tägliche Versorgung der Witwen. Die Entscheidung, die die Zwölf vor der versammelten Schar der JüngerInnen treffen, besagt, dass das Wort Gottes nicht wegen solcher dienender Aufgaben vernachlässigt werden darf. Daraufhin werden einige Personen ernannt, die diese Aufgabe künftig erfüllen sollen. Dennoch zeigt die Apg unmissverständlich, dass die Diakone, auch wenn sie für den Dienst an den Tischen ausgewählt worden sind, ihre Zeit nicht in der Küche oder mit häuslichen Pflichten und auch nicht mit wohltätigen Werken verbringen: Philippus etwa (nicht der Apostel, sondern der Diakon) sehen wir ganz der Verkündigung des Wortes gewidmet (Apg 8,26–40). Dies beweist klar, dass es sich um eine Frage der Priorität handelt, und Priorität hat der Dienst am Wort Gottes. Dabei geht es nicht darum, die Wohltätigkeit abzutun oder die Gastlichkeit herabzusetzen, sondern geltend zu machen, dass in dem Moment, wo das Wort Gottes im Zentrum aller Bestrebungen steht, auch die Bedürfnisse der Menschen keine Probleme mehr bereiten.

Im Diptychon des lk Werks ist also eine Situation dargestellt, in der zwei Parteien uneins sind. Es geht darum, sich zwischen zwei Dingen zu entscheiden: dem Wort Gottes und dem Dienst an den Mitmenschen. In jedem der beiden Texte wird dem Wort Priorität eingeräumt. Die Beziehung, die zwischen diesen beiden Stellen besteht[8], lässt sich so deuten, dass Lk Jesus als einen Lehrer darstellt, der es einer Schülerin nicht nehmen will, seinen Worten zu lauschen, um sie stattdessen mit dem Dienst an den Tischen zu beauftragen. Damit beansprucht er für die Frauen den Status der Jüngerschaft. Martas Wunsch findet kein Gehör. Nicht Maria soll Marta nachahmen und

---

[7] Lk sagt überdies nicht, dass Maria „Jesus", sondern „seinen Worten" zuhört, was auch den LeserInnen des Evangeliums möglich ist. Sie haben zwar nicht Jesus in Fleisch und Blut, wohl aber sein Wort vor sich, kann mithin die Erfahrung der Personen im Evangelium teilen – sich also entweder von vielen Dingen ablenken lassen oder dem Wort zuhören – und so in die Dynamik des Textes eintreten; vgl. CRIMELLA, „Notes philologiques", 124f., und DERS., *Marta, Marta!*, 218.

[8] Eine Untersuchung der Beziehungen zwischen diesen beiden Stellen bietet Isabel Maria FORNARI CARBONELL, *La escucha del huésped (Lc 10,38–42): La hospitalidad en el horizonte de la comunicación* (Institución San Jerónimo 30; Estella: Verbo Divino, 1995), 194f.

sich von Sorgen ablenken lassen – vielmehr soll Marta Maria nachahmen und aufmerksam zuhören.

2.3 Verleugnete Diakonia und verschwiegene Jüngerin

In ihren interessanten Untersuchungen macht Marinella Perroni[9] deutlich, wie wichtig die Textkritik und die historisch-kritische Dimension für die Interpretation einer Episode sind, die nicht auf eine Gegenüberstellung von „Aktion" und „Kontemplation" reduziert werden kann. Zunächst – das zeigt die Entwicklung des Textzustands – bestätigt die Stelle bei Lk, dass die Frauen nicht von der Verkündigung ausgeschlossen sind, sondern in einer Kontinuität mit der Sendung Jesu stehen. Zu einem späteren Zeitpunkt jedoch – nämlich bei der lk Relektüre der aufgenommenen Überlieferung – verschiebt sich der Akzent, und es werden die Konfliktsituation und der Gegensatz zwischen den Verhaltensweisen der beiden Schwestern betont. Dass Jesus Marta nicht Recht gibt, setzt die für sie typische *Diakonia* herab. Es ist das einzige Mal, dass sich der lk Jesus dem Wunsch eines/einer seiner JüngerInnen widersetzt.[10]

Der Begriff *Diakonia* wird nicht auf die Haltung Marias, sondern ausschließlich auf die Betriebsamkeit ihrer Schwester Marta bezogen. Wie ist das Wort *Diakonia* hier zu verstehen? In der Zeit, in der Lk schreibt, ist der Begriff bereits ein *terminus technicus*. In der Apg bezeichnet er immer ein Amt in der Gemeinde.[11] Im Lukasevangelium kommt er nur dieses eine Mal vor und es gibt keinen Grund zu der Annahme, dass er hier etwas anderes bedeuten sollte als im zweiten Teil des lk Werks. In der Episode von Marta und Maria ist er jedoch aufgrund der Ausdrücke, die ihn begleiten und Martas Haltung bewerten („sich mühen", „beschäftigt sein", „sich sorgen", zweimal „viel"), negativ konnotiert. Zudem ist darauf hinzuweisen, dass Jesus diesen zuvor vom Erzähler benutzten Begriff der *Diakonia* in seiner Kritik an Marta nicht verwendet und ihr so implizit die Autorität entzieht, die mit diesem Begriff verbunden ist.

Wenn wir Lk 10,38–42 und Apg 6,1–6 vergleichen, sehen wir, dass Lk für zwei ähnliche Konfliktsituationen unterschiedliche Lösungen bietet.[12] In der Apg geht es um zwei Arten der *Diakonia*, nämlich den Dienst „an den Tischen" und den Dienst „am Wort", die beide von den Zwölf anerkannt und ihrer Autorität unterstellt werden. Im Evangelium erkennt Jesus die *Diakonia* der Marta nicht an, während Marias Haltung

---

[9] Vgl. Marinella PERRONI, „Il Cristo maestro (Lc 10,38–42): L'apoftegma di Marta e Maria: Problemi di critica testuale", in *Mysterium Christi: Symbolgegenwart und theologische Bedeutung: Festschrift für Basil Studer* (hg. v. Magnus Löhrer und Elmar Salmann; SA 116; Rom: Pontificio Ateneo S. Anselmo, 1995), 57–78, und DIES., „Scienze umane e interpretazione della Bibbia:Una valutazione dell'esegesi femminista: Verso un senso critico integrale", *StPat* 43 (1996): 67–92.

[10] Siehe PERRONI, „Una valutazione", 83.

[11] Siehe CRIMELLA, *Marta, Marta!*, 184.

[12] Siehe PERRONI, „Una valutazione", 82.

sich auf das Zuhören beschränkt; von einem „Dienst am Wort" kann in ihrem Fall gar nicht die Rede sein.

Auf diese Weise verteidigt Lk einerseits die JüngerInnenrolle Marias und lädt Marta ein, sie nachzuahmen, entwirft jedoch andererseits in dieser Evangelienerzählung das Musterbild einer *schweigenden* Jüngerin. Marta, die „protestierende" Hausherrin, darf ihr „Dienstamt" nicht behalten und wird aufgefordert, zu schweigen und sich wie ihre Schwester dem Herrn zu Füßen zu setzen. In der lk Gemeinde darf und soll die Frau Jüngerin sein, doch ihre JüngerInnenschaft besteht darin, den Worten Jesu zu lauschen; sie ist keine Verkünderin der guten Nachricht. Die Frau ist Jüngerin, aber weder Missionarin noch verantwortlich für den Dienst am eucharistischen Tisch einer Hauskirche.[13]

2.4 Marta ergreift das Wort

Das vierte Evangelium bietet eine Erzählung, für die sich bei den Synoptikern keine Parallele findet. In Joh 11 geben Krankheit und Tod den Anstoß zu einer Diskussion oder eher zu einer Belehrung Jesu: zuerst an die Adresse seiner JüngerInnen (Joh 11,7–16) und dann an Marta, mit der er ein Gespräch über das Leben und den Tod führt und der er offenbart, wer er ist. Joh misst der Gestalt der Marta eine größere Bedeutung als Lk zu, denn dadurch, dass sie Jesus ihrer Schwester gegenüber als διδάσκαλος, „Meister", bezeichnet, verleiht sie Maria und sich selbst den Status von Jüngerinnen.

Beiden Evangelien liegt eine Überlieferung zugrunde, die Marta als die Schwester Marias kennt; beide gehen mit ihr auf ihre eigene Art um, haben einige Elemente ausgelassen und andere umgestaltet.[14] Die Entwicklung, die die Figur Martas in der joh Erzählung nimmt, spiegelt eine Gemeindesituation wider, in der Frauen im Bereich einer „Hauskirche" Verantwortung „dienstamtlicher" Art – im weiteren Sinne des Wortes – innehatten.[15] Joh negiert diese Stellung in seinem Evangelium nicht. Sehen

---

[13] Vgl. Elisabeth SCHÜSSLER FIORENZA, *But She Said: Feminist Practices of Biblical Interpretation* (Boston: Beacon Press, 1992), 60–69. Letztlich sei der lk Christus kein Christus der Frauen, so PERRONI, „Il Cristo Maestro", 77.

[14] Joh kannte vermutlich die Version des Lk, als er sein Evangelium verfasste; vgl. Bart J. KOET und Wendy E. S. NORTH, „The Image of Martha in Luke 10,38–42 and in John 11,1–12,8", in *Miracles and Imagery in Luke and John: Festschrift Ulrich Busse* (hg. v. Jozef Verheyden, Gilbert Van Belle und Jan G. van der Watt; BETL 218; Leuven: Peeters, 2008), 48–66; 60.

[15] Zur Rolle der Frauen in der joh Gemeinde vgl. Raymond E. BROWN, *Ringen um die Gemeinde: Der Weg der Kirche nach den Johanneischen Schriften* (Salzburg: Müller, 1979), 145–155; zur weiteren einschlägigen Literatur siehe den Beitrag von Turid Karlsen SEIM in diesem Band. Ich stütze mich hier jedoch auf Yves-Marie BLANCHARD, „Une galerie de personnages (suite)", *Feu Nouveau* 52 (2008): 2–6; 2: „Marie et Marta occupent dans la communauté johannique une place reconnue, plus ou moins de l'ordre de la direction d'une ‚maison-église' fréquentée par une communauté spécifique". Siehe auch ebd., 4: „c'est à une femme que revient l'honneur de figurer le modèle ecclésiologique revendiqué par la

wir uns also unter einem narrativen Blickwinkel an, wie die Gestalt der Marta im vierten Evangelium dargestellt wird.

3. Marta im Johannesevangelium

Bei Joh begegnen uns sieben Frauenfiguren. In der Reihenfolge, in der sie in der Erzählung auftreten, sind dies:
1. die Mutter Jesu (Joh 2; 19),
2. die Samaritanerin (Joh 4),
3. die Ehebrecherin (Joh 8),
4. Maria aus Betanien (Joh 11f.),
5. ihre Schwester Marta (Joh 11f.),
6. „die Schwester seiner Mutter", Maria, die Frau des Klopas (Joh 19; falls es sich nicht um zwei verschiedene Frauen handelt),
7. Maria von Magdala (Joh 19f.).

Unter diesen sieben Frauen des vierten Evangeliums[16] nehmen Marta und ihre Schwester Maria eine zentrale Stellung ein. Vor der Episode, in der sie zum ersten Mal auftreten, sind die im Evangelium erwähnten Frauen namenlos (die Mutter Jesu, die Samaritanerin, die Ehebrecherin). Danach werden alle weiblichen Figuren außer der Mutter Jesu „Maria" genannt. Letztere jedoch wird bereits in Joh 2 erwähnt und ist damit die erste Protagonistin des vierten Evangeliums. Folglich trägt Marta als Einzige einen anderen Frauennamen. Es ist somit eine Besonderheit, die Marta gegenüber den anderen Frauenfiguren auszeichnet.

Neben der Mutter Jesu und Maria von Magdala sind Marta und Maria die beiden einzigen Gestalten, die in zwei Episoden des Evangeliums auftreten. Da Marta und Maria jedoch die einzigen Frauen sind (außer jene in Joh 19,25), die gemeinsam in derselben Perikope vorkommen, können wir sie nicht getrennt untersuchen. In der Eingangsszene von Joh 11 wird Maria vor Marta erwähnt. In der darauffolgenden Episode (Joh 12) erhält dagegen Marta den Vortritt vor ihrer Schwester.

3.1 Eine „Herrin"

Der Name Marta kommt aus dem Aramäischen, wo es so viel wie „(Haus-)Herrin" bedeutet. Man muss darauf hinweisen, dass Marta Lk zufolge die Funktion der Haus-

---

communauté johannique. Une telle insistance serait impensable s'il n'y avait eu de fait, d'une part du côté de Jésus, une réelle propension à s'entourer de femmes, d'autre part, au sein de la communauté johannique, une réelle participation de personnages féminins aux tâches et responsabilités ecclésiales qu'aujourd'hui nous qualifierons de ‚ministérielles', au sens large du terme."

[16] Die Gebärende, von der Jesus in Joh 16,21 spricht, wird hier nicht mitgezählt, da es sich nicht um eine in der Evangelienerzählung auftretende Figur, sondern um eine Gleichnisfigur handelt.

herrin einnimmt, die Jesus in ihrem Haus bewirtet. Ihr Name stimmt also völlig mit ihrer Tätigkeit überein. Dennoch wird dieser Eigenname Martas an keiner der Stellen, in denen sie auftritt, übersetzt oder erläutert. Spielt seine etymologische Bedeutung tatsächlich eine Rolle in der Erzählung? Dafür spricht, dass ihre Charakterisierung als Hausherrin im vierten Evangelium nicht mehr eigens unterstrichen wird. Tatsächlich erfahren wir hier nichts davon, dass Marta Jesus explizit ins Haus eingeladen hätte. Die beiden Schwestern schicken Jesus gemeinsam eine Botschaft, um ihn über die Krankheit des Lazarus zu informieren. Später geht Marta, als sie von seinem Kommen erfährt, ihm entgegen. Auf diese Weise findet ihre Begegnung an einem nicht näher bezeichneten Ort am Dorfrand und außerhalb des Hauses statt.

Und doch wird dieser zunächst namenlose Ort später mit dem Namen Martas in Verbindung gebracht werden. Denn als Maria sich auf den Weg zu Jesus macht, nachdem sie Martas Worte gehört hat, wird der Ort, an dem sie auf Jesus trifft, vom Erzähler mit „dort, wo ihn Marta getroffen hatte" umschrieben (Joh 11,30). Das Personalpronomen (αὐτῷ) bezieht sich auf Jesus, und so ist Marta tatsächlich der einzige Eigenname, der hier genannt wird.

Bei Joh wird das „Haus" vorerst stärker mit Maria in Verbindung gebracht, auch wenn sie nicht als Hausherrin in Erscheinung tritt: Sie sitzt in einer eher passiven Haltung im Haus (Joh 11,20). Doch dieses Haus, in dem Marta nicht bleibt, ist das Haus der Trauer. Maria bleibt dort, bis Marta ihre Schwester nach der Begegnung mit Jesus ruft; erst auf diesen Ruf hin verlässt sie das Haus. Die Jüdinnen und Juden, die gekommen sind, um mit der Familie zu trauern, sind bei Maria und folgen ihr, als sie sehen, dass sie aus dem Haus geht (Joh 11,31). Mithin bleibt Maria im Haus, bis Marta eingreift, sie zum „Lehrer" schickt und damit eine Bewegung aus jenen Mauern heraus, in denen man der Trauer Raum gegeben hat, auslöst. In dieser Perikope spielt das Trauerhaus nicht die Rolle eines Ortes der Gastlichkeit und ist auch nicht der Schauplatz eines gemeinsamen Essens der Familie.

In der darauffolgenden Episode aber findet dann doch ein Mahl in diesem Haus statt, auch wenn die Aufmerksamkeit der LeserInnen auf eine Geste gelenkt wird, die mit dem eigentlichen Mahl nichts zu tun hat. Das Haus füllt sich mit dem Duft des reinen und kostbaren Nardenöls, das Maria über die Füße Jesu vergießt (Joh 12,3).[17] Das Haus der Trauer (11,31) ist nun (12,3) der Ort des Wohlgeruchs, der nicht nur den Tod, sondern auch die Auferstehung Jesu ankündigt. Was den Tod betrifft, erklärt Jesu Deutung den Sinn des Geschehens: Das duftende Öl ist für sein Begräbnis aufgehoben worden. Was die Auferstehung betrifft, nimmt Maria die Einbalsamierung vorweg und salbt Jesus bei lebendigem Leib. Das Trauerhaus ist auch hier ein „Grab" – doch ein Grab, in dem Jesus lebt.[18]

---

[17] Im NT finden sich zwei leicht variierende Bezeichnungen für „Haus": οἶκος (Joh 11,20) und οἰκία (Joh 11,31; 12,3).

[18] Vgl. Mercedes NAVARRO PUERTO, *Ungido para la vida: Exégesis narrativa de Mc 14,3–9 y Jn 12,1–8* (Asociación Bíblica Española 36; Estella: Verbo Divino, 1999), 233.

3.2 Marta in der Episode der Auferweckung des Lazarus (Joh 11)

3.2.1 Zur Bedeutung Marias und zentralen Stellung Martas (Joh 11,1f.)

Im Erzähleingang von Joh 11, wo die zweifache Erwähnung der Erkrankung des Lazarus bereits eine Komplikation signalisiert, werden die Personen eingeführt. Maria hat Vorrang vor ihrer Schwester, denn sie wird als Erste erwähnt, und der Erzähler beschränkt sich nicht darauf, nur ihren Namen anzugeben. Die Geste, die Maria nach der Auferweckung des Lazarus an Jesus vollzieht, wird hier in mehreren Einzelheiten beschrieben: „Maria ist die, die den Herrn mit Öl gesalbt und seine Füße mit ihrem Haar abgetrocknet hat" (Joh 11,2). Sie wird vorwegnehmend charakterisiert und diese Präzisierung schließt jegliche Gleichsetzung mit einer anderen „Maria" aus. Diese Maria hat nun eine Schwester namens Marta und einen Bruder namens Lazarus. Ihr Erkennungszeichen ist, dass sie Jesus vor seinem Leiden gesalbt hat, als die Entscheidung, ihn zu töten, bereits gefallen war (Joh 11,51–53).

Die Salbung durch Maria ist ein Schlüssel zum Verständnis der Erzählung, die nicht mehr ohne diesen Fingerzeig gelesen werden kann: Marias Geste erregt Anstoß, doch Jesus interpretiert sie in Bezug auf sich selbst als notwendig – eine Tat, die über den gestorbenen und auferweckten Lazarus hinaus oder durch ihn den Sinn seines eigenen Todes und seiner Auferstehung deutlich macht. Was auch immer Maria in dieser Szene tut: Ihr auffälligstes Kennzeichen ist die Tatsache, dass sie die Salbung Jesu vorweggenommen und an seinem lebenden Körper und nicht am Leichnam des Aufzuerweckenden vollzogen hat. Wenn wir verstehen, worum es bei den Ereignissen von Betanien eigentlich geht, dann werden wir erkennen, dass der Tod kein Scheitern ist und dass er, so real und authentisch er auch sein mag, nicht das letzte Wort haben kann.

Marta wird in keiner besonderen Weise, sondern nur durch ihren Eigennamen und durch die Tatsache charakterisiert, dass sie Marias Schwester ist. Dass der Erzähler Letztere so wortreich beschreibt, zeigt, welche Bedeutung er ihr bemisst. Wenn wir allerdings auf die Struktur von Joh 11,1f. achten, erkennen wir einen konzentrischen Aufbau, in dem Marta die zentrale Position einnimmt:

A – (V1) Ein Mann war krank, *Lazarus* aus Betanien
    B – dem Dorf, in dem Maria
        C – und ihre Schwester MARTA wohnten
    B' – (V2) Maria ist die, die den Herrn mit Öl gesalbt … hat
A' – deren Bruder *Lazarus* war krank

Der Personenname Lazarus bildet hier eine Art Rahmen. Er markiert Anfang und Ende eines ersten Erzählabschnitts. Als wesentliches und praktisch einziges Merkmal dieses Mannes wird sein Kranksein hervorgehoben. Maria folgt Lazarus am Anfang und geht ihm am Ende voraus. Beide werden zweimal erwähnt. Marta hingegen wird nur einmal, dafür aber im Zentrum, kurz genannt. Das Schweigen über Marta kontrastiert mit dem, was über Maria und Lazarus gesagt wird. Dennoch weist der Aufbau Marta einen herausragenden und einmaligen Platz in den beiden ersten Versen der Erzählung zu und lässt schon ahnen, dass diese Figur keine bloße Statistin ist. Überlassen ihr Bruder und ihre Schwester ihr nicht irgendwie den Vorrang oder vielleicht sogar die Führung?

3.2.2 Martas Vorrang im Hinblick auf die Agape (Joh 11,3–6)

In diesem Teil der Erzählung kommen Komplikation (Jesus erhält die Nachricht von der Krankheit des Lazarus), Erwartung und Beginn des verwandelnden Handelns (nach einem Aufenthalt von zwei Tagen entschließt sich Jesus, nach Judäa aufzubrechen) und das bereits vorweggenommenen Ende zusammen (Jesus verkündet, dass die Krankheit nicht zum Tod, sondern zur Verherrlichung Gottes führen wird). Die Schwestern, die hier beide nicht mit Namen genannt werden, schicken gemeinsam eine Nachricht an Jesus.[19] In dieser Nachricht sprechen sie von Lazarus nicht als „unserem Bruder", sondern bezeichnen ihn Jesus gegenüber als den, „den du liebst". Auf diese Weise distanzieren sie sich von ihm, rücken die Liebe Jesu in den Mittelpunkt und setzen Lazarus damit direkt zu ihm in Beziehung. Die Familie von Betanien ist nicht nach außen abgeschlossen, sondern offen für einen anderen, der nicht durch die Bande des Blutes mit ihnen verbunden ist.

Als er von der schweren Erkrankung seines Freundes hört, zeigt Jesus keinerlei Regung, die seine Freundschaft mit Lazarus oder seinen Willen, ihn zu heilen, erkennen ließe, sondern gibt lediglich eine Erklärung über diese Krankheit ab. Sie wird nicht zum Tode führen, sondern dient der Verherrlichung Gottes. Jesus reagiert nicht auf den ersten Teil der Botschaft: „der, den du liebst", sondern einzig und allein auf den zweiten Punkt: „ist krank". Weder Marta noch ihre Schwester hören dieses Wort Jesu, das für die JüngerInnen[20] bestimmt ist und sich an die LeserInnen richtet.

Der Erzähler macht an dieser Stelle eine Pause in der zeitlichen Abfolge der Erzählung, um eine Information über die Liebe (vgl. das Verb ἀγαπάω) einzuschieben, die Jesus mit der Familie von Betanien verbindet. Somit informiert uns nicht nur die Botschaft der Schwestern, sondern auch der allwissende Erzähler über diese Liebe. Außerdem erfahren wir, dass Lazarus nicht der Einzige ist, den Jesus liebt, denn seine Liebe gilt auch den Schwestern. Hier aber wird Marta der Vorrang eingeräumt: Sie wird als Erste und mit Namen genannt, anders als Maria, die nicht namentlich erwähnt, sondern einfach nur als „ihre Schwester" bezeichnet wird. Was Lazarus betrifft, so erscheint er an letzter Stelle.

Jesu Liebe äußert sich nicht darin, dass er sich unverzüglich auf den Weg nach Betanien macht. Er weiß von der Erkrankung, bleibt aber seltsamerweise noch zwei Tage dort, wo er ist, was Bernard Van Meenen zu der berechtigten Aussage veranlasst: „Là où on attendait le Messie, c'est le Messie qui attend"[21]. Im Anschluss folgt zunächst eine Belehrung der JüngerInnen (Joh 11,7–16), die mit Jesus am anderen Ufer des Jordans sind. Doch weder Marta noch ihre Schwester erfahren, was Jesus über die Bedeu-

---

[19] Der oder die ÜberbringerIn(nen) der Botschaft sind in der Erzählung selbst nicht präsent. Es geht hier um den Inhalt der Botschaft und nicht um die Person, die sie überbringt.

[20] Ob Jesus zu den JüngerInnen spricht, wird hier nicht explizit gesagt – anders als in V7, wo er sie auffordert, mit ihm nach Judäa zu gehen. Dadurch ähnelt das Wort Jesu in V4 eher einer „feierlichen" Erklärung als einem Gespräch mit seinen JüngerInnen.

[21] Bernard VAN MEENEN, „Le signe du passage de la mort à la vie: Lecture du récit de Lazare", *LumVie* 243 (1999): 67–75; 69. („Als man auf den Messias wartet, ist es der Messias, der wartet.")

tung des Todes des Lazarus und über seine Absicht, nach Judäa zurückzukehren, sagt. Die LeserInnen haben den Erzählfiguren, das heißt der Familie, die das Drama der Krankheit und Trennung erlebt, etwas voraus.

3.2.3 Marta als Herrin eines Trauerhauses (Joh 11,17–19)

Danach macht die Erzählung einen räumlichen Sprung, denn man erfährt nichts über den Weg Jesu. Genau genommen erfährt man gar nichts über das, was sich zwischen der Entscheidung, nach Judäa zu gehen, und der Ankunft am Ortseingang von Betanien ereignet. Dieser Sprung ist auch ein zeitlicher, denn Lazarus ist schon vier Tage tot (V17). Mit diesem Vers scheint die Geschichte zu Ende zu sein. Die Krankheit kann nicht mehr geheilt werden. Lazarus ist tot und begraben. Dieser Sachverhalt widerlegt das Wort Jesu:

> Diese Krankheit führt nicht zum Tod, sondern dient der Verherrlichung Gottes: durch sie soll der Sohn Gottes verherrlicht werden. (V4)

Dieser Tod ist ein Scheitern, das jeglichen guten Ausgang ausschließt. Doch endet nicht jedes menschliche Leben so?

Dennoch deutete Jesus etwas anderes als den Tod an, denn er sagte zu seinen JüngerInnen, er werde gehen, um den schlafenden Freund aufzuwecken. Vielleicht ist die Geschichte doch noch nicht zu Ende, und vielleicht nimmt die Erzählung eine Wendung in einen neuen Handlungsstrang hinein. Die Schlussszene des ersten Akts ist, so kann man feststellen, gleichzeitig der Beginn einer neuen Handlung, die von der ersten nicht zu trennen ist. Worauf aber steuert sie zu? Auf eine Lösung oder auf eine Offenbarung?

Marta hat die belehrenden Worte Jesu über die Krankheit und den Tod ihres Bruders nicht mit angehört. Zudem wissen wir nicht, wie sie diese vier Tage seit dem Begräbnis erlebt hat. Wir erfahren allerdings im weiteren Verlauf, dass eine Gruppe von Jerusalemer Jüdinnen und Juden „zu Marta" (πρὸς τὴν Μάρθαν), aber auch zu Maria (καὶ Μαριάμ), gekommen ist, um beiden Schwestern ihr Beileid auszusprechen (ἵνα παραμυθήσωνται αὐτάς). Marta wird vor Maria und anders als diese mit dem bestimmten Artikel (τὴν Μάρθαν) bezeichnet. Die Herrin des Hauses ist also Marta und nicht Maria.

3.2.4 Marta: Aus dem Trauerhaus dem entgegen, der den Tod hätte verhindern können (Joh 11,20–22)

Martas Dynamik und ihr Vorrang vor ihrer Schwester lassen sich auch daran erkennen, wie sie auf die Nachricht von der Ankunft Jesu reagiert. Während nämlich Maria im Haus sitzen bleibt, geht Marta ihm entgegen. Marta treibt die Handlung voran, während Maria gleichsam in der Schlussszene des ersten Akts verharrt. Lazarus stirbt, und Maria trauert mit der Gruppe der Menschen, die aus Jerusalem gekommen sind.

Marta ergreift die Initiative. Niemand hat sie dazu aufgefordert oder ihr etwas Derartiges vorgeschlagen. Und sie ist es auch, die das Gespräch mit Jesus beginnt. Sie hat das Haus, in dem man trauert, verlassen, um eine „theologische"[22] Diskussion über die Identität Jesu und den Sinn von Leben, Tod und Auferstehung zu führen. Die Geschichte, die schon zu Ende schien, kann dank Marta weitergehen.

Martas erste Worte sind anklagend: Weil Jesus nicht da war, konnte der Tod des Lazarus nicht verhindert werden. Doch schon ihr zweiter Satz beschwört die Möglichkeit herauf, dass die Geschichte, die mit dem Tod zu Ende gegangen ist, sich zum Leben hin öffnen könnte: Alles, worum Jesus bittet, wird Gott ihm geben. Mit einem Mal scheint es doch noch nicht zu spät zu sein. Implizit lässt sich aus Martas Worten der Wunsch herauslesen, dass ihr Bruder leben möge. Doch das, was sie ausspricht, ist keine direkte Bitte, sondern ein großes Glaubensbekenntnis[23]: „Aber auch jetzt weiß ich: Alles, worum du Gott bittest, wird Gott dir geben" (Joh 11,22). Sie erkennt die enge Beziehung an, die Jesus mit Gott eint, und bekennt ihren Glauben an Jesus, noch ehe sie ihren Bruder aus dem Grab hat herauskommen sehen.

Doch die Auferweckung des Lazarus erfolgt nicht – zumindest nicht sofort. Jesus ist kein Zauberer, der gekommen ist, um ein Wunder zu tun. Er ist kein Scharlatan, der den Tod abgewartet hat, damit die Aufgabe schwieriger wird und er seine magische Macht noch eindrucksvoller unter Beweis stellen kann. Jesus ruft Lazarus nicht sofort ins Leben zurück. Die Auferweckung wird verschoben, um Zeit für einen Dialog zu lassen, in dem Jesus seine Identität offenbaren und Marta Gelegenheit geben kann, ihren Glauben zu bekennen. Das Wichtige ist nicht das außergewöhnliche Ereignis der Auferweckung des Lazarus zu einem Leben, das ja doch wieder mit dem Tod enden wird, sondern die Entdeckung, dass ER das Leben ist – und dennoch am Kreuz sterben wird.

3.2.5 Martas Glaubensbekenntnis (Joh 11,23–27)

Jesu Antwort: „Dein Bruder wird auferstehen" (V23) veranlasst Marta dazu, ihr Wissen um ein zukünftiges Geschehen zum Ausdruck zu bringen: „Ich weiß, dass er auferstehen wird …" Diese Erwartung war Teil des traditionellen Glaubens einiger jüdischer Gruppierungen zur Zeit Jesu.[24] Doch diese Auferstehung würde „am Letzten Tag" stattfinden (V24). Damit ist die positive Lösung der Geschichte aufgeschoben – so weit aufgeschoben, dass sie nicht in der unmittelbaren Zukunft geschehen kann. Das ist im Grunde gleichbedeutend mit einem unglücklichen Ausgang der Erzählung: Für den Moment ist Lazarus tot und bleibt im Grab. Das Einzige, das bleibt, ist das Wissen um eine Auferstehung, bei der letzten Endes alle Toten auferweckt werden – eine Hoffnung, gewiss, aber weit entfernt von der tragischen Gegenwart.

An dieser Stelle folgt die Selbstoffenbarung Jesu: „Ich bin die Auferstehung und das Leben" (V25). Die Auferstehung ist also kein Ereignis am Ende der Zeiten, son-

---

[22] Alain MARCHADOUR, *Lazare: Histoire d'un récit, récits d'une histoire* (LD 132; Paris: Cerf, 1988), 84, spricht von „épaisseur théologique".

[23] Vgl. Rudolf BULTMANN, *Das Evangelium des Johannes* (KEK 2; Göttingen: Vandenhoeck & Ruprecht, [18]1964), 306.

[24] Im Gegensatz zu den Pharisäern glauben die Sadduzäer nicht an die Auferstehung der Toten (vgl. Mt 22,23; Apg 23,7).

dern etwas, das unmittelbar vor Marta direkt gegenwärtig ist. Auf diese Weise gelangt Marta von einem Wissen um die Kraft des Betens Jesu und um die Auferstehung zum Glauben:

> Aber auch jetzt weiß ich: Alles, worum du Gott bittest ... (V22)
> Ich weiß, dass er auferstehen wird ... (V24)
> Ich glaube (ἐγὼ πεπίστευκα) (V27).

Das Personalpronomen, das im Griechischen (wie z. B. auch im Spanischen) eigentlich nicht notwendig ist, legt den Akzent auf das Subjekt, das „Ich" Martas. Es handelt sich um ein authentisches Glaubensbekenntnis. Das griechische Verb steht im Perfekt und zeigt die Dauerhaftigkeit und die Kraft ihres Glaubens an, der schon da war und weiter Bestand haben wird. Dieser Glaube ist nicht auf einen Zeitpunkt der Vergangenheit beschränkt (V27).[25]

Martas Glaubensbekenntnis ähnelt dem Glaubensbekenntnis des Petrus bei den Synoptikern oder auch im vierten Evangelium (Joh 6,68f.).[26] Es scheint sogar eine größere Tragweite zu haben, denn Marta erkennt Jesus als den „Messias" an, den „Sohn Gottes, der in die Welt kommen soll" (V27). Dies spricht für die Bedeutung der Figur Martas im vierten Evangelium und für die zentrale Rolle der Frauen in der joh Gemeinde:

> Il revient même à Marta l'honneur y le mérite d'exprimer la confession christologique que les Synoptiques réservent justement à Simon Pierre ... Le renversement des rôles est éloquent: la communauté johannique paraît accorder aux femmes une place importante, égale sinon supérieure à celle des personnalités traditionnellement reçues comme exemplaires de l'âge apostolique.[27]

Die Titel, die Marta Jesus gibt, sind bei Joh bereits aufgetaucht (vgl. 1,49; 4,25; 6,14). Es sind nicht die einzigen christologischen Titel, die Joh kennt, doch sie entsprechen exakt dem Glauben, den der Evangelist in den LeserInnen wecken will:

> Diese [Zeichen] aber sind aufgeschrieben, damit ihr glaubt, dass Jesus der Messias ist, der Sohn Gottes, und damit ihr durch den Glauben das Leben habt in seinem Namen. (Joh 20,31)

Auch wenn Martas Glaube noch wachsen kann,[28] trifft zu, was sie über Jesus sagt. Vermutlich muss sie genauso wie die LeserInnen noch einen Weg des Glaubens zurücklegen, um zu begreifen, was die Worte „Ich bin die Auferstehung und das Leben" bedeu-

---

[25] Vgl. Yves SIMOENS, *Selon Jean 2: Une interprétation* (Collection IET 17; Brüssel: Institut d'Études Théologiques, 1997), 448.

[26] Vgl. Elisabeth SCHÜSSLER FIORENZA, *Zu ihrem Gedächtnis: Eine feministisch-theologische Rekonstruktion der christlichen Ursprünge* (München: Kaiser, 1988), 401.

[27] BLANCHARD, „Une galerie", 3.

[28] Diese Auffassung vertritt Francis MOLONEY, „The Faith of Martha and Mary: A Narrative Approach to John 11,17–40", *Bib* 75 (1994): 471–493; 477. Ihm zufolge belegen die Perfektform des Verbs und der Gebrauch des Personalpronomens (ἐγὼ πεπίστευκα), dass ihr Glaube bleibt, was er ist, und dass Marta sich trotz der Selbstoffenbarung Jesu nicht weiterentwickelt.

ten,²⁹ und um diese überraschende Identifizierung nachzuvollziehen. Wenn Jesus den Tod des Lazarus zunächst nicht verhindert hat und ihn nun aus dem Grab herauskommen lässt, dann tut er dies nicht, um ihm die Unsterblichkeit zu versprechen, sondern um uns zu sagen, wo das Leben ist, und um uns die Bedeutung seines eigenen Todes und den Sinn des von ihm geschenkten Lebens aufzuzeigen: Er, der sich selbst „die Auferstehung und das Leben" nennt, wird am Kreuz sterben. Der Messias geht der Sterblichkeit des Menschen nicht aus dem Weg, sondern nimmt auch die letzte Konsequenz des Menschseins auf sich und schenkt uns damit das Leben.

3.2.6 Marta „erweckt" Maria mit der Botschaft, dass der Meister sie rufe, zum Leben (Joh 11,28f.)

Marta wird nicht explizit von Jesus ausgesandt, doch ähnlich wie Andreas, Philippus und die Samaritanerin bleibt sie nicht bei ihm. Sie geht zu den anderen Menschen, damit auch sie Jesus kennen lernen. Sie „ruft" ihre Schwester, doch dieser Ruf stützt sich auf einen anderen Ruf: den des Lehrers. Das Verb φωνέω („rufen") wird hier zweimal verwendet: Beim ersten Mal ist Marta selbst, beim zweiten Mal ist Jesus das Subjekt. Maria ist in beiden Fällen Akkusativobjekt. Dass dasselbe Verb hier mit zwei unterschiedlichen Subjekten erscheint, zeigt Martas Autorität: Ihre Rolle lässt sich mit der Rolle Jesu vergleichen.³⁰

Dieses Verb φωνέω kommt bei Joh mehrere Male in unterschiedlichen Kontexten vor. Ich verweise an dieser Stelle auf Joh 10,3; dort spricht Jesus vom Hirten, der seine Schafe „ruft". Im Lehrer, der Maria ruft, begegnen wir dem guten Hirten, der seine Schafe ruft, sie mit Namen kennt, sie führt und bereit ist, sein Leben für sie hinzugeben, um sie vor der Gefahr zu beschützen. Marta ruft ihre Schwester weder zu sich noch lässt sie zu, dass sie im Haus der Trauer verharrt. Sie ruft sie, um sie einem anderen zuzuführen. Sie schickt sie zu Jesus.

Marta spricht Jesus als „Herr" an und nennt ihn Maria gegenüber den „Lehrer". Auf diese Weise werden beide Schwestern in ihrem Verhältnis zu Jesus als Jüngerinnen positioniert. Der Titel des Lehrers ist, was das Verständnis der Identität Jesu betrifft, kein Rückschritt. Bei Joh wird Jesus von seinem ersten Zusammentreffen mit den Jüngern des Täufers (1,38) bis hin zu jener Begegnung am Ende³¹, bei der Maria Magdalena ihn mit „Rabbuni" anredet (20,16), als „Rabbi" und/oder διδάσκαλος, „Lehrer", betitelt. Der Auferstandene, der im Begriff ist, zum Vater zu gehen, ist weder „desinkarniert" noch hört er auf, der Lehrer seiner JüngerInnen zu sein.

Durch das Wort ihrer Schwester Marta wird Maria, die im Haus sitzt, „zum Aufstehen veranlasst", „geweckt" (ἠγέρθη im griechischen Text), und macht sich auf den Weg zu Jesus. Das Verb ἐγείρω sagt nicht nur aus, dass jemand sich aus einer sitzenden oder liegenden Position erhebt und nun steht oder wach ist, sondern bedeutet da-

---

²⁹ Michel GOURGUES, *En Esprit et en Vérité: Pistes d'exploration de l'évangile de Jean* (Sciences bibliques 11; Montréal: Médiaspaul, 2002), 79.
³⁰ Lytta BASSET, „La crédibilité du ‚moi je suis' dans l'Évangile de Jean", *ETR* 77 (2002): 329–341; 338, spricht von der „précédence" der Marta.
³¹ Wenn wir die letzten Verse von Joh 20 als ersten Schluss des Evangeliums betrachten.

rüber hinaus auch „auferwecken" (vgl. Joh 2,22; 5,21; 12,1). Als sie die Worte ihrer Schwester hört, wird Maria „auferweckt". Ehe Lazarus auf Jesu Geheiß aus dem Grab herauskommt, kehrt Maria ins Leben zurück, weil Marta sie ruft und auf den Meister ausrichtet. Wenn Maria in der darauffolgenden Episode das wohlriechende Öl über die Füße Jesu vergießt und auf diese Weise zeigt, dass sie die Bedeutung seines Todes und seiner Auferstehung begriffen hat, dann verdankt sie dies Marta, die ihr geholfen hat, den Ruf des Herrn zu hören und „auferweckt" zu werden.

3.2.7 Schon der vierte Tag, und der Tote riecht (Joh 11,39f.)
Nach V30–38, wo die Begegnung Jesu mit Maria und den Jüdinnen und Juden, die gekommen sind, um die Schwestern zu trösten, geschildert wird, wechselt die Szene vor das Grab des Lazarus. Jesus verlangt, dass der Stein, der den Eingang verschließt, fortgewälzt wird. Marta, die hier als „die Schwester des Verstorbenen" vorgestellt wird, ist die Einzige, die auf diese Anweisung reagiert; sie entgegnet Jesus: „Er riecht[32] aber schon, denn es ist bereits der vierte Tag" (V39). Laut Xavier Léon-Dufour ist Marta „entsetzt"[33]. Dieses Adjektiv, das der Exeget wählt, ist ein wenig übertrieben, wenn man bedenkt, wie nüchtern der Erzähler Martas Gefühle darstellt. Und doch bestätigen Martas Worte die Realität des Todes: Der Geruch des Leichnams ist bezeichnend. Lazarus liegt nicht in einem tiefen Koma – er ist tot. Zudem wird, wie Guy Lafon bemerkt, auch dadurch, dass Marta nicht mehr als die Schwester des Lazarus, sondern als Schwester „des Verstorbenen" bezeichnet wird,[34] betont, dass ihr Bruder nicht mehr da ist. Die geschwisterlichen Bande sind gleichsam durch den Tod zertrennt worden. Und tatsächlich wird Lazarus auch in der darauffolgenden Szene nicht mehr als Bruder charakterisiert (Joh 12,1).

Doch verraten Martas Worte auch ihr Unverständnis? Dem gegenüber, der sich ihr als „die Auferstehung und das Leben" geoffenbart hat, bleibt sie überzeugt, dass der Tod von Dauer ist und sein Zerstörungswerk fortsetzt. Mangelt es ihr vielleicht an Glauben? Oder sind wir es, die die Botschaft des Evangeliums vergessen haben: dass nämlich die Auferstehung nicht die Unsterblichkeit ist, dass der Glaube an Jesus den Geruch des Todes nicht fortnimmt und dass der, der sich „Auferstehung und Leben" nennen kann, selbst die Prüfung des Grabes auf sich nehmen wird? Martas Aussage könnte ein Hinweis darauf sein, dass diese Frau, die das Haus der Trauer verlassen hat, dennoch nicht in einer irrealen Welt lebt. Ihr Glaube ist nicht „häretisch". Sie denkt nicht, dass man, um das ewige Leben zu haben, dem Tod aus dem Weg gehen und Jesus folglich nicht wirklich sterben müsste. Deshalb verraten ihre Worte keinen mangelnden, sondern im Gegenteil einen authentischen Glauben und bereiten die LeserInnen darauf vor, dass es wirklich Jesus und kein anderer ist, der am Kreuz gestorben ist.

---

[32] Das Verb ὄζω kommt im NT nur ein einziges Mal vor.
[33] „Horrifiée", Xavier LÉON-DUFOUR, *Lecture de l'Évangile selon Jean 2: Chapitres 5–12* (Parole de Dieu; Paris: Éditions du Seuil, 1990), 426.
[34] „Trépassé", wie er das Wort ins Französische übersetzt – Lazarus habe die Zeit „überschritten" und existiere nur mehr durch seinen Leichengeruch; vgl. Guy LAFON, *Le temps de croire (Jean 11,1–46)* (Connaître la Bible 37; Brüssel: Lumen Vitae, 2004), 28.

Während Jesus kurz vor seinem Tod auf Golgota „τετέλεσται"[35], „es ist vollbracht", sagt und damit anerkennt, dass nun alles, insbesondere die Liebe bis zum Äußersten, ans Ziel (τέλος, Joh 13,1) gekommen ist, wird Lazarus als „Verstorbener" (τετελευτηκότος, vom Verb τελευτάω, das derselben Wortfamilie angehört) bezeichnet. Auf diese Weise werden die beiden Erzählungen vom Tod des Lazarus und vom Tod Jesu miteinander in Verbindung gebracht und zugleich unterschieden. Auf Golgota ist es Jesus, der das Wort von der Vollendung bei vollem Bewusstsein gebraucht und damit anerkennt, dass sein Leben nun am Ziel angekommen ist; damit erfüllt sich ein Gotteswort. In Betanien dagegen hat Lazarus keine Worte und es erfüllt sich auch kein Wort. Er ist am Ende.

Jesu Antwort „Habe ich dir nicht gesagt: Wenn du glaubst, wirst du die Herrlichkeit Gottes sehen?" (V40) scheint Marta aber vorzuwerfen, sie hätte Jesus zuvor nicht zugehört. Tatsächlich hat Jesus Derartiges nicht zu ihr gesprochen. Die JüngerInnen haben eine solche Ankündigung gehört, ehe sie sich auf den Weg nach Betanien machten:

> Diese Krankheit wird nicht zum Tod führen, sondern dient der Verherrlichung Gottes: Durch sie soll der Sohn Gottes verherrlicht werden (Joh 11,4).

Wir dürfen darüber nachdenken, ob wir Jesu Erwiderung wirklich als Frage wiedergeben müssen. Wäre es nicht besser, sie als (in diesem Falle negative) Aussage zu übersetzen? Dann hieße es: „Nicht dir habe ich gesagt: Wenn du glaubst, wirst du die Herrlichkeit Gottes sehen." Somit wären diese Worte kein Vorwurf Jesu im Hinblick auf einen mangelnden Glauben, sondern eine Einladung, zu glauben und die Herrlichkeit Gottes zu sehen, die sich nicht nur in dem Moment, da Lazarus aus dem Grab kommt, sondern vor allem am Kreuz manifestiert. Die Herrlichkeit Gottes gründet sich nicht auf die Leugnung des Todes, sondern auf die Tatsache, dass der, der die Auferstehung und das Leben ist, das Menschsein bis zum Ende angenommen hat. Jesus ist wirklich auf Golgota gestorben.

Während Maria vor dem Grab schweigt, geben Martas Worte Jesus die Gelegenheit, seine Belehrung fortzusetzen, die bei der Begegnung mit Maria von Emotionen und Tränen unterbrochen wurde. Doch wir müssen uns vor einer Fehlinterpretation hüten. Die Schwester des Verstorbenen, dessen Leichnam bereits riecht, soll nicht erwarten, dass Lazarus aus dem Grab herauskommt, sondern glauben, dass derjenige, der „die Auferstehung und das Leben" ist, am Kreuz sterben wird und dass Golgota der Ort und die Stunde der Verherrlichung ist. In Abwesenheit des JüngerInnenkreises, der seit der Ankunft Jesu am Ortsrand von Betanien von der Bühne abgetreten ist, ist sie die Jüngerin, die die Wirklichkeit des Todes und die Möglichkeit des Lebens bezeugt.

Dem Geruch des Todes, auf den Marta hinweist, steht in der darauffolgenden Episode der Duft des Öls gegenüber, das Maria über Jesu Füße vergießt. Dieser Gegensatz ist ein weiteres Element in der Erzählung, das uns erlaubt, Tod und Auferstehung Jesu im Gegenlicht von Tod und Auferstehung des Lazarus zu sehen. Beide Schwestern bezeugen durch ihre Anwesenheit, ihre Worte oder ihre Taten das Ostergeheimnis, indem sie – Marta mit ihren Worten, Maria mit ihren Tränen – die Wirklichkeit des To-

---

[35] Vom Verb τελέω (Joh 19,30; vgl. auch V28).

des hervorheben und in der nachfolgenden Episode auf die Verherrlichung am Kreuz hinweisen. Doch die Figur der Marta manifestiert dies vor allem durch das Wort, das sie empfängt.

3.3 Marta „bediente"

Zu Beginn von Joh 12 wird eine Episode erzählt, die mit dem Vorangegangenen in Beziehung steht. Hier bleibt Marta schweigsam. Sie ist das Subjekt eines einzigen Verbs: „διακονέω", „dienen".

Sechs Tage vor dem Paschafest „bediente" (διηκόνει) Marta während eines Mahls, bei dem auch der ins Leben zurückgekehrte Lazarus unter den Gästen weilt. Im vierten Evangelium findet sich dieses Verb nur noch in Joh 12,26, wo Jesus sagt:

> Wenn einer mir dienen will, folge er mir nach, und wo ich bin, dort wird auch mein Diener sein; wenn einer mir dient, wird der Vater ihn ehren.

Es besteht also eine enge Beziehung zwischen Dienst und Nachfolge.[36] Bei Joh ist das Verb „dienen" anders konnotiert als in Lk 10,3–42. Es geht nicht darum, Dinge zu tun oder Gefälligkeiten zu erweisen, sondern „nachzufolgen", das heißt, es geht darum, „JüngerIn zu sein".[37]

Das Imperfekt des Verbs (διηκόνει, „bediente") weist auf eine kontinuierliche Handlung hin. Joh hat nicht den Aorist verwendet, der eine einzelne, konkrete oder punktuelle Handlung Martas anzeigen würde. In jedem Fall erinnert diese fortdauernde Aktivität an die Episode von Kana, denn das aus derselben Wurzel stammende Wort für „DienerInnen" (διάκονοι) kommt im Kontext des ersten von Jesus gewirkten Zeichens gleich zweimal vor (Joh 2,5.9). Die Bediensteten in Kana erhalten eine Anweisung von der Mutter Jesu und zwei Anweisungen von Jesus. Ihr Gehorsam gibt Jesus die Gelegenheit, seine Herrlichkeit zu zeigen, und ihnen ein Wissen, das der Speisemeister nicht hat. Während er sich, als der Wein von Jesus kommt, an den Falschen, nämlich den Bräutigam wendet, „wissen" die Bediensteten, woher der gute Wein kommt, der nicht gleich zu Beginn ausgeschenkt, sondern bis jetzt aufgespart wurde.

Die vielfältigen Beziehungen der Kanaerzählung zur Episode der Kreuzigung (die Anwesenheit der Mutter Jesu, die von ihrem Sohn mit „Frau" angeredet wird, die Stunde, das Wasser und der Wein/das Blut, die Herrlichkeit) zeigen uns, dass das Wissen der Bediensteten, das der Erzähler den LeserInnen übermittelt, diese befähigt, die Bedeutung des Todes Jesu und der geöffneten Seite, aus der Wasser und Blut herausströmen, zu verstehen. In der Rolle der Dienerin weiß Marta vielleicht mehr als die anderen bei Tisch. Hat nicht vielleicht auch sie die Bedeutung von Jesu Leben und Tod ein Stück weit verstanden? Während in Kana noch ein Unterschied zwischen DienerInnen und JüngerInnen bestanden hat, ist in dem letzten von Jesus gewirkten Zeichen mit

---

[36] Vgl. NAVARRO PUERTO, *Ungido para la vida*, 323.
[37] Marta wird Dienende und Nachfolgerin, vgl. NAVARRO PUERTO, *Ungido para la vida*, 233.

Marta die Dienerin zur Jüngerin geworden. Der Jünger, genauer „die Jüngerin", ist zugleich auch DienerIn.

4. Zurück zu den Bildern

4.1 Zwei komplementäre Gestalten

Marta und Maria – zwei Schwestern, zwei Personen mit einer engen Beziehung. Gemeinsam schicken sie eine Nachricht an Jesus; die ersten Worte, die in Joh 11f. an ihn gerichtet werden, stammen von ihnen beiden. Bart J. Koet und Wendy E. S. North meinen, dass sogar ihre Namen eine gewisse Nähe aufweisen und Frauen, die Maria hießen, volkstümlich auch Marta genannt werden konnten.[38] Mit neun Vorkommen wird der Name Marta im vierten Evangelium ebenso oft erwähnt wie der Name Maria. Was ihre Eigennamen betrifft, sind also die beiden Schwestern gleich auf.

Und doch spielen Marta und Maria unterschiedliche Rollen. In der ersten Episode, in der die Ereignisse vom Tod des Lazarus erzählt werden, geht Marta voran, während Maria sich im Hintergrund hält. Marta ist die Wortführerin, Maria sagt fast nichts. Und als sie dann doch etwas sagt, ist der Wortlaut praktisch identisch mit dem ersten Satz ihrer Schwester.[39] Dennoch kann man nicht behaupten, dass Maria ihre Schwester imitiert, denn narrativ gesehen ist sie bei dem Dialog zwischen Marta und Jesus gar nicht anwesend. Wie dem auch sei – die direkten Reden sind jedenfalls mehrheitlich Marta zugeordnet, während Maria eher still im Kontext der Trauer und ihrer Ausdrucksformen verortet ist.

In der Episode des Mahls in Betanien steht dagegen Maria im Vordergrund, während Marta sich zurückhält. Ein einziges Verb beschreibt ihre Tätigkeit (sie „bediente"). Die Geste der Maria hingegen steht im Zentrum der Erzählung. Sie wird in vielen Einzelheiten beschrieben (28 Wörter, darunter 4 Verben und 12 Substantive oder Adjektive). Zudem wird diese Geste von Judas kritisiert und von Jesus interpretiert.

Somit wird jede der beiden Schwestern zur Protagonistin, während die jeweils andere eine Rolle im Hintergrund spielt. Dennoch stellt keine die andere völlig in den Schatten. Beide unterstreichen, jede auf ihre Weise, die christologische Bedeutung Jesu. Sie veranlassen ihn dazu, seine Identität zu offenbaren, und lenken den Blick der LeserInnen auf das Kreuz als Verherrlichung und die Auferstehung.

Bei Lk wie auch bei Joh wird Marta mit ihrer Schwester Maria in Verbindung gebracht. Im lk Werk besteht allerdings ein Kontrast zwischen Marta und Maria. Für

---

[38] Vgl. KOET und NORTH, „Image", 51.
[39] Der Unterschied besteht lediglich in einer Verschiebung des Personalpronomens im Genitiv (μου, „von mir" oder „meiner"). Marta sagt (annähernd wörtlich übersetzt): „Herr, wärst du hier gewesen, dann wäre der Bruder ‚von mir' nicht gestorben" (V21). Maria sagt: „… ‚von mir' wäre der Bruder nicht gestorben" (V32). Laut SIMOENS, *Selon Jean*, 453, ist diese Voranstellung bezeichnend, weil sie das Personalpronomen betont.

die joh Gemeinde hingegen ergänzen und respektieren die beiden Schwestern einander in ihrer Unterschiedlichkeit. Keine beansprucht den Platz der anderen oder will sich von der anderen zurückziehen. Sie sind unterschiedlich, ohne deshalb Rivalinnen zu sein, und sie zeigen uns, wie wichtig die Frauen in der joh Gemeinde waren.[40]

4.2 Eine Familie aus Geschwistern?

Auffällig und ganz sicher von Bedeutung ist die Tatsache, dass die Episode in Joh 11 die geschwisterlichen Verwandtschaftsbeziehungen so sehr betont. Von insgesamt 19 Vorkommen von ἀδελφός oder ἀδελφή („Bruder" oder „Schwester") bei Joh finden sich allein 10 in diesem Kapitel (Joh 11). Drei Personen, nämlich Lazarus, Marta und Maria, werden nachdrücklich als Geschwister charakterisiert. Auf der narrativen Ebene kennt diese Familie weder Vater noch Mutter noch Söhne noch Töchter. Es gibt mithin keinerlei Beziehungen von oben nach unten oder von alt zu jung.[41] Keine aufsteigende oder absteigende Linie wird erwähnt – die Beziehungen finden auf einer einzigen Ebene statt.

Nun ist es in einer patriarchalen Kultur so, dass die Frau, solange sie jung ist, der Autorität ihres Vaters und, sobald sie erwachsen und verheiratet ist, der Autorität ihres Ehemannes untersteht. Wenn es keinen Vater oder Ehemann gibt, befindet sich die Frau in der Abhängigkeit von ihrem Bruder oder ihrem ältesten Sohn. Im konkreten Fall könnten Marta und Maria nur von ihrem Bruder abhängig sein, weil kein weiteres männliches Familienmitglied anwesend ist. Doch Lazarus ist nicht nur krank, sondern stirbt, und als er ins Leben zurückkehrt, verschwindet er aus dem Blickfeld; später ist er in einer Tischrunde beim Mahl wieder anwesend, verhält sich jedoch völlig passiv (Joh 12,1). Es bleiben also zwei in Wort und Tat aktive Schwestern. Sie sind von keiner männlichen Gestalt abhängig außer von Jesus, den sie als „Lehrer" und „Herrn", als „Messias und Sohn Gottes" anerkennen (Joh 11,27.28.32). Er steht zu ihnen in keinem verwandtschaftlichen Verhältnis, sondern in einer Beziehung der Freundschaft und Liebe. Sie sind niemandem unterworfen. Der Erzähler stellt sie somit als Protagonistinnen dar, die jedem beliebigen Mann (und insbesondere Jünger) auf Augenhöhe begegnen können.

4.3 Von Geschwistern zu JüngerInnen und von JüngerInnen zu Geschwistern

In Kana treten die Geschwister Jesu erst am Ende der Erzählung auf (Joh 2,12) und bilden eine andere Gruppe als die seiner JüngerInnen, die an ihn glauben, nachdem er seine Herrlichkeit geoffenbart hat (V11). Von den Geschwistern wird nicht gesagt,

---

[40] „Nachfolge und Leitung beziehen in der johanneischen Gemeinde Frauen und Männer gleichermaßen mit ein", so SCHÜSSLER FIORENZA, Zu ihrem Gedächtnis, 397.
[41] Man erfährt nicht einmal etwas über die Beziehungen der Geschwister. Wer war der/die Älteste und wer der/die Jüngste von ihnen? Der Erzähler gibt hierüber keinerlei Auskunft.

dass sie glauben. Später erscheinen sie noch ein weiteres Mal (Joh 7,3–5); diesmal distanzieren sie sich selbst von der Gruppe der JüngerInnen, wenn sie zu Jesus sagen: „damit auch *deine JüngerInnen* deine Werke sehen". Überdies präzisiert der Erzähler hier explizit, dass sie nicht an Jesus glauben.

Zu Beginn der Perikope in Joh 11 ist Jesus mit seinen JüngerInnen zusammen. Als sie in der Nähe von Betanien ankommen, geraten diese aus dem Blickfeld und machen Platz für Jesus und die Schwestern, die sich als Jüngerinnen entpuppen. Zum Zeitpunkt seines Todes am Kreuz gibt Jesus den geliebten Jünger seiner Mutter zum Sohn. Durch das von Jesus geschenkte Leben und seine Zuweisung des Jüngers an die anwesende Mutter wird dieser zum „Bruder" Jesu (Joh 19,26f.). Als Jesus Maria von Magdala erscheint, sendet er sie aus mit den Worten: „Geh aber zu meinen Brüdern und Schwestern …". Er sagt ihr, dass er „zu meinem Vater und zu eurem Vater" gehen wird (Joh 20,17). Maria bringt die Botschaft Jesu zu den JüngerInnen und gibt ihnen zu verstehen, dass sie für Jesus bereits Brüder und Schwestern sind.[42]

Die beiden Episoden von Betanien finden sich am Ende des „Buchs der Zeichen" (Joh 1,19–12,50) und dienen als Übergang zu den Passionserzählungen.[43] Die erste (Joh 11) betont die geschwisterlichen Bande zwischen den drei Figuren Lazarus, Marta und Maria. Dann löst der Tod des Lazarus diese brüderlich-schwesterlichen Blutsbande: Als Marta erklärt, dass Lazarus wirklich tot ist (er riecht, denn es ist bereits der vierte Tag), wird sie nicht mehr als Schwester des Lazarus, sondern als Schwester des „Verstorbenen" bezeichnet. In Joh 12 kommen die Begriffe „Bruder" oder „Schwester" gar nicht mehr vor. Der Erzähler spielt nicht mehr auf die Blutsbande zwischen den Familienangehörigen an. Marta, die bedient, hat sich als Jüngerin entpuppt, und sie, die Maria gerufen und ihr gesagt hat: „Der Lehrer ist da und lässt dich rufen", hat nun auch Maria in der JüngerInnenschaft verortet. Wo zuvor „Bruder" und „Schwestern" waren, sind nun „JüngerInnen".

Ist dies vielleicht ein weiteres Element der Beziehung zwischen dem Zeichen von Tod und Auferweckung des Lazarus und den Erzählungen von Tod und Auferstehung Jesu? Auf der einen Seite gehen die Personen (Marta und Maria in positivem Sinne, Lazarus gewissermaßen „ex silentio") aus der Identität der durch Blutsbande geeinten Geschwister zur Identität von JüngerInnen über. Auf der anderen Seite werden die JüngerInnen beim Kreuzestod Jesu, als seine Stunde und die Zeit der Herrlichkeit gekommen sind (die Marta den Worten Jesu zufolge sehen soll), wieder zu Geschwistern, geeint durch die Bande des von Jesus vergossenen Blutes.[44]

---

[42] Vgl. Bernadette ESCAFFRE, „Des liens du sang au sang qui unit: La nouvelle famille de Jésus", *Cahiers de la Faculté de Théologie/Bible* 18 (2008): 71–87; bes. 83–87.

[43] Vgl. Bernadette ESCAFFRE, „La résurrection de Lazare (Jn 11,1–53)", *CaE* 127 (2004): 37–49; 37f.

[44] Am Kreuz gibt Jesus den Jünger der Mutter (die er „Frau" nennt) und die Mutter dem Jünger (Joh 19,26f.) und macht damit den Jünger, den er liebt, zu seinem Bruder. Gegenüber Maria von Magdala spricht der Auferstandene von seinen „Geschwistern", als er sie mit der Botschaft „Ich gehe hinauf zu meinem Vater und zu eurem Vater" zu den JüngerInnen sen-

Es ist behauptet worden, Maria habe Jesus die Geste der Fußwaschung „gelehrt". Genauso nämlich, wie sie sich auf den Boden kniet, um Jesus in Vorwegnahme seines Begräbnisses die Füße zu salben, wird Jesus sich zu Füßen seiner JüngerInnen knien, das Obergewand „hingeben", um es später wieder an sich zu „nehmen" (Joh 13,4.12),[45] und ihnen so die Bedeutung seines Todes veranschaulichen: eine Liebe bis zur Vollendung (Joh 13,1). Können wir vielleicht sagen, dass auch Marta Jesus etwas zeigt? Zeigt sie ihm nicht, dass die Bande von Fleisch und Blut für die Einheit zwischen Geschwistern, die gleichzeitig auch JüngerInnen Jesu sind, nicht mehr entscheidend sind? Jesus wird später geschwisterliche Bande zu seinen JüngerInnen herstellen können. Die Dichotomie Geschwister – JüngerInnen, die die Beziehungen zwischen Jesus, seiner Familie und seinen JüngerInnen seit Beginn des Evangeliums[46] belastet hat, ist nun überwunden. Die Familie ist durch das Blut des Kreuzes vereint.

4.4 Marta, „LieblingsjüngerIn"

Durch die Episode vom Aufenthalt Jesu bei Marta und Maria[47] macht Lk deutlich, dass die Frau Jüngerin sein kann und soll. Das dritte Evangelium entwirft jedoch das Modell einer „schweigsamen" Jüngerinnenschaft. Maria sitzt einfach da und lauscht den Worten Jesu. Die joh Überlieferung nimmt ein anderes Paradigma in den Blick. Die Jüngerin ist aktiv. Sie ergreift das Wort. Sie führt theologische Debatten mit Jesus. Sie führt eine andere Jüngerin (Maria) zu Jesus, indem sie ihrer Schwester einen Ruf Jesu ausrichtet, den dieser gar nicht explizit formuliert hat.

Die hohe Christologie des Joh hindert den Evangelisten nicht daran, auf dem Boden zu bleiben. Der Auferstandene geht zum Vater hinauf und bleibt gleichzeitig als „Lehrer" bei seinen JüngerInnen, die er nun „Geschwister" nennt. Schon der von Marta übermittelte Ruf des Meisters (Joh 11,28) hatte Maria „auferweckt". Deshalb dürfen wir die Titel Jesu nicht einander gegenüber, sondern müssen sie nebeneinander stellen, um alle Facetten seiner Identität zu entdecken: wahrer Gott, wahrer Mensch. Martas Worte erinnern uns daran: Sie spricht ihn mit „Herr" an, tituliert ihn als „Messias" und „Sohn Gottes" und bezeichnet ihn ihrer Schwester gegenüber als „Lehrer".

Marta ist nicht die wichtigste Frauengestalt der Evangelien – Mt und Mk wissen schlichtweg gar nichts von ihr –, aber ihre Stellung und ihre Rolle im vierten Evangelium machen aus ihr eine Protagonistin ersten Ranges. Durch sie können wir erkennen,

---

det (Joh 20,17) – JüngerInnen, die die „Frau" zur Mutter nehmen können und die denselben Vater haben wie Jesus.

[45] Vgl. Joh 10,17 (siehe auch V11.15), wo dieselben griechischen Verben vorkommen: τίθημι („ablegen") und λαμβάνω („anlegen").

[46] Vgl. Joh 2,12, wo die Gruppe der JüngerInnen von der der Geschwister unterschieden wird, und Joh 7,3.5, wo die Geschwister sich von den JüngerInnen distanzieren, weil sie nicht an ihn glauben.

[47] Das schließt andere Stellen natürlich nicht aus. Doch hier beschränke ich mich auf die Episode, in der Marta auftritt.

dass die Frauen nicht aus der Zahl der JüngerInnen ausgeschlossen sind, ganz im Gegenteil: Lk ist dafür bekannt, dass er den Frauen eine wichtige Rolle zuweist. Man hat sogar angenommen, dass die Frauen hier die größte Bedeutung haben. Doch die Gestalt der Marta, wie Joh sie darstellt, zeigt uns, dass die Frauen in der joh Gemeinde sogar noch wichtiger gewesen sind.[48]

Der Erzähler hat zudem die Liebe Jesu zur Familie aus Betanien betont. Wir haben bereits darauf hingewiesen, dass Marta in der Rangfolge der Liebe den ersten Platz einnimmt. In der Tradition der Kirche ist Johannes, der Sohn des Zebedäus, der Jünger, den Jesus liebte, doch im ganzen vierten Evangelium findet sich kein echter Beleg für diese Identifikation.[49] Der so genannte Lieblingsjünger hat keinen konkreten Eigennamen – es mag sich um Johannes handeln, könnte aber ebenso gut auch ein anderer Jünger sein. Warum eigentlich nicht Marta? Zweierlei jedenfalls können wir aus der Erzählung folgern: Marta ist Jüngerin. Und Marta wird von Jesus geliebt.

---

[48] Die Gestalt der Maria Magdalena bestätigt diese wichtige Rolle der Frauen in der joh Gemeinde.
[49] Vgl. Bernadette ESCAFFRE, „Jean, le disciple bien-aimé", in *La Bible et ses personnages: Entre histoire et mystère* (hg. v. Pierre Debergé; Paris: Bayard, 2003), 273–302.

Maria von Magdala – erste Apostolin?

Andrea Taschl-Erber
Universität Graz

Maria von Magdala zählt zu den meistgenannten AnhängerInnen Jesu in den Evangelien. Allerdings verdunkelte eine von androzentrischen Mechanismen und patriarchalen Projektionen bestimmte Auslegungsgeschichte die Bedeutung der engagierten Jüngerin und prophetischen Apostolin. So gilt es, ihre spezifische literarische wie historische Rolle von den Schatten der Rezeptionsgeschichte zu befreien.[1]

Grundsätzlich ist das literarische Porträt einer Erzählfigur als ein narratives Konstrukt zu verstehen, anhand dessen nicht unmittelbar, gleichsam spiegelbildlich, ein historisches Profil der namentlich identifizierten Person gezeichnet werden kann. Um dennoch mit aller methodischen Vorsicht historische Informationen ableiten zu können, bedarf es vor allem auch einer kritischen Reflexion des ideologischen Horizonts der jeweiligen Erzählwelt und ihrer androzentrischen Dynamik gemäß den Prinzipien einer „Hermeneutik des Verdachts". Entsprechend sind die verschiedenen Akzentsetzungen in der differierenden Präsentation der Jüngerin auf den jeweiligen soziokulturellen Entstehungskontext und auf hintergründige ideologische Interessen zu befragen.

Im vorliegenden Artikel richtet sich der Fokus nach einer Untersuchung der auffälligen Namensform Marias von Magdala und einem ersten Blick auf die Kontexte ihrer Erwähnung (1) zunächst auf ihre Rolle in der vorösterlichen Jesusbewegung (2), insbesondere auch als Zeugin der Passion (3). Die lk Verschiebungen gegenüber Mk 15,40f. als dem ältesten Zeugnis erhalten eine besondere Aufmerksamkeit, da sie im späteren Bild Marias von Magdala Konsequenzen zeitigten. Insofern ihre überragende Bedeu-

---

[1] Bezüglich der in diesem Beitrag resümierten Thesen verweise ich auf: Andrea TASCHL-ERBER, *Maria von Magdala – erste Apostolin? Joh 20,1–18: Tradition und Relecture* (Herders Biblische Studien 51; Freiburg i. Br.: Herder, 2007). Dort findet sich auch eine ausführlichere Diskussion der Literatur, als sie in diesem Rahmen geboten werden kann. Einige weitere neuere Monographien bzw. Sammelbände möchte ich hervorheben: Ann Graham BROCK, *Mary Magdalene, The First Apostle: The Struggle for Authority* (HTS 51; Cambridge: Harvard University Press, 2003); Esther A. DE BOER, *The Gospel of Mary: Beyond a Gnostic and a Biblical Mary Magdalene* (JSNTSup 260; London: T&T Clark, 2004); Isabel GÓMEZ-ACEBO (Hg.), *María Magdalena: De apóstol a prostituta y amante* (Bilbao: Desclée, 2007); Holly E. HEARON, *The Mary Magdalene Tradition: Witness and Counter-Witness in Early Christian Communities* (Collegeville: Liturgical Press, 2004); Erika MOHRI, *Maria Magdalena: Frauenbilder in Evangelientexten des 1. bis 3. Jahrhunderts* (MThSt 63; Marburg: Elwert, 2000); Carla RICCI, *Maria di Magdala e le molte altre: Donne sul cammino di Gesù* (Neapel: M. D'Auria Editore, ³2002); Susanne RUSCHMANN, *Maria von Magdala im Johannesevangelium: Jüngerin – Zeugin – Lebensbotin* (NTAbh 40; Münster: Aschendorff, 2002); Jane SCHABERG, *The Resurrection of Mary Magdalene: Legends, Apocrypha, and the Christian Testament* (New York: Continuum, 2002); für einen breiteren LeserInnenkreis adaptiert: Jane SCHABERG und Melanie JOHNSON-DEBAUFRE, *Mary Magdalene Understood* (New York: Continuum, 2006).

tung aber vor allem mit den Ostertraditionen verknüpft ist, liegt ein wesentlicher Schwerpunkt in ihrem hier zu Tage tretenden Apostolat, wobei die Ostererzählung in Joh 20,1–18 die meisten Aufschlüsse gewährt (4). In den Schlussbemerkungen erfolgt ein knapper Ausblick auf Verbindungslinien im gnostisch-apokryphen Porträt (5).

1. Erste historische Konturen

1.1 „Die Magdalenerin"

Erste Informationen für die historische Rückfrage ergeben sich bereits aus der Bezeichnung Marias von Magdala nach ihrem Herkunftsort. Die vom galiläischen *Magdala* (*Migdal, el-Medjdel*[2]; „Turm, Feste") am Westufer des Sees Gennesaret abgeleitete Charakterisierung ἡ Μαγδαληνή, „die Magdalenerin", setzt einerseits voraus, dass Maria ihren Heimatort verlassen hat. Denn um die Funktion eines Unterscheidungsmerkmals[3] zu erfüllen, muss dieser Beiname außerhalb Magdalas entstanden sein. Daraus kann in weiterer Folge ihre Zugehörigkeit zur WandercharismatikerInnengruppe um Jesus erhoben werden.

Andererseits erscheint es ungewöhnlich, dass sie nicht gemäß den damaligen patriarchalen Konventionen über einen Mann, der sie öffentlich-rechtlich vertritt (etwa Vater, Ehemann, Sohn), näher definiert wird. Dies weist auf eine gewisse Unabhängigkeit dieser Frau hin: dass sie sich der Jesusbewegung (oder βασιλεία-Bewegung)[4] allein und aus eigener Entscheidung anschloss. Allerdings lässt sich daraus nicht mit absoluter Sicherheit erschließen, ob sie als unverheiratet, geschieden oder verwitwet sowie kinderlos zu gelten hat. Dieses dem soziokulturellen Normencodex widersprechende Bild erleichterte freilich die spätere Identifikation mit der „Sünderin" aus Lk 7.

Über die bloße Herkunftsangabe hinaus erfahren wir aber auch, dass Maria aus dem soziokulturellen Milieu einer hellenistisch geprägten Stadt stammt.[5] Die heutige Aus-

---

[2] Die arabische Siedlung wurde 1948 zerstört.
[3] Einer zusätzlichen Charakterisierung bedarf es schon einmal, da der Frauenname *Maria(m)* (in der Langform *Mariamme* oder *Mariamne*), an den sich insbesondere auch nationalistische Unabhängigkeitshoffnungen knüpften, zu den damals häufigsten palästinischen Frauennamen zählt, vor allem nach der Ermordung der hasmonäischen ersten Frau des Herodes (vgl. SCHABERG, *Resurrection*, 66f.). Dass der Name auf die Prophetin Mirjam als eine der Führungsgestalten beim Exodus (vgl. Ex 15,20f.) verweist, lässt sich auch als politisches Programm deuten.
[4] Gegenüber der nachösterlichen, auf Jesus fokussierten Perspektive richtet sich die vorösterliche Predigt auf die βασιλεία τοῦ θεοῦ, die „Herrschaft Gottes". Mary Rose D'ANGELO sieht Marias Rolle in der Bewegung „as a participant rather than as a follower only" (DIES., „Reconstructing ‚Real' Women from Gospel Literature: The Case of Mary Magdalene", in *Women and Christian Origins* [hg. v. Ross Shepard Kraemer und Mary Rose D'Angelo; New York: Oxford University Press, 1999], 105–128; 123).
[5] Dazu spekuliert Ingrid MAISCH, *Maria Magdalena: Zwischen Verachtung und Verehrung: Das Bild einer Frau im Spiegel der Jahrhunderte* (Freiburg i. Br.: Herder, 1996), 14: „Ist sie

grabungsstätte lässt trotz ihres desolaten Zustands die damalige Bedeutung Magdalas erahnen, das sich insbesondere mit Fischfang und -verarbeitung[6] einen gewissen Wohlstand erwarb.[7]

1.2 Garantin der Kontinuität

Dass Maria von Magdala abgesehen von der Mutter Jesu als Einzige der ntl. Frauengestalten in allen vier Evangelien konstant erwähnt wird, dokumentiert bereits ihre Bekanntheit und Autorität in der nachösterlichen Gemeinschaft. Ihre jeweilige Erstnennung in den synoptischen Frauenkatalogen, welche sonst hinsichtlich der Zahl und der Namen der Jüngerinnen differieren (vgl. Mt 27,56.61; 28,1; Mk 15,40.47; 16,1; Lk 8,2f.; 24,10),[8] bezeugt ihre führende Position innerhalb der Frauengruppe um Jesus analog zur Vorrangstellung des Petrus im Zwölferkreis.

Eine besondere Relevanz gewinnen die Jüngerinnenlisten, insofern sie an den Eckpunkten des urchristlichen Bekenntnisses auftauchen. Die Frauen, die Jesus seit den galiläischen Anfängen seines Wirkens kontinuierlich begleiten (vgl. Lk 8,2f.), sind
- Zeuginnen der Kreuzigung Jesu (Mk 15,40f. par. Mt 27,55f.; Lk 23,49; Joh 19,25),
- Zeuginnen der Grablegung Jesu (Mk 15,47 par. Mt 27,61; Lk 23,55f.),
- primäre Osterzeuginnen bzw. Erstadressatinnen und -verkünderinnen der Auferweckungsbotschaft (Mk 16,1–8 par. Mt 28,1–10; Lk 24,1–11; Joh 20,1–18).

Diese dreifache ZeugInnenschaft der Frauen erinnert an die dreigliedrige urchristliche Glaubensformel „gestorben – begraben – auferweckt" (etwa in 1 Kor 15,3f.). Als einzige konstant genannte Zeugin in all diesen Zusammenhängen fungiert Maria von Magdala als Garantin des fundamentalen christlichen Glaubensbekenntnisses und der Kontinuität am Übergang von der vor- zur nachösterlichen Zeit.

---

unter den anderen Jüngern und Jüngerinnen aufgefallen, als Städterin unter den dörflich geprägten Galiläern ...?"

[6] In der rabbinischen Literatur, beispielsweise b. Pesah. 46a, findet sich die Bezeichnung „Fischturm". Davon ist nach Str-B 1,1047 מִגְדַּל צַבָּעַיָּא, „Turm der Färber", zu unterscheiden, auf das sich die rabbinische Tradition, Magdala sei wegen Unzucht zerstört worden, beziehe. Diese Information war in der späteren Wirkungsgeschichte Maria Magdalenas aufgegriffen worden, wie auch die talmudische Überlieferung einer Mirjam מְגַדְּלָא (mᵉgaddᵉlā', „die Frauenhaarflechterin"), untreue Gattin des Pappos ben Jehuda, insbesondere in der belletristischen Rezeption einigen Nachhall erfuhr.

[7] Vermutlich ist der Ort identisch mit der Handelsstadt *Tarichea* (der Name weist auf konservierendes Einsalzen von Fisch hin). Informationen über deren Geschichte liefert Josephus Flavius, welcher zur Zeit des jüdischen Aufstands dort als galiläischer Oberbefehlshaber residierte, im *Bellum Iudaicum*.

[8] Der pointierte letzte Platz in Joh 19,25, wo eine Reihung nach dem Verwandtschaftsgrad erfolgt und Jesu Mutter zuerst genannt wird, gilt als die zweitbetonte Stelle in einer Liste.

2. Jesusnachfolge und *Diakonia*

2.1 Porträt als Jüngerin in Mk 15,40f.

(40) Es sahen aber auch Frauen von weitem zu,
     unter ihnen Maria von Magdala,
            Maria, die Mutter des Jakobus des Kleinen und des Joses,[9]
            und Salome,
(41)   die, als er in Galiläa gewesen war,[10] ihm nachgefolgt waren
                    und ihm „gedient" hatten,[11]
     und viele andere, die mit ihm nach Jerusalem mithinaufgezogen waren.

Im ältesten Evangelium wird Maria von Magdala in einer Notiz zu Augenzeuginnen der Kreuzigung zum ersten Mal erwähnt. Da diese Anhängerinnen Jesu doch recht unvermittelt im Erzählgefüge auftauchen, muss in einem retrospektiven Resümee enthüllt werden, wer sie sind und woher sie kommen. Dabei verarbeitet Mk ihm vorliegende Informationen im Rahmen seiner Evangelienkonzeption.

In dem knappen Relativsatz, welcher die Nachfolge der Frauen seit Jesu galiläischem Wirken beschreibt, finden sich zwei zentrale Verben. Das erste, ἀκολουθέω („nachfolgen"), fungiert als *terminus technicus* für JüngerInnenschaft, gekennzeichnet durch ein Verlassen der bisherigen Lebenszusammenhänge und echte Jesusnachfolge bis zum Kreuz (vgl. bes. Mk 1,18; 2,14; 8,34; 10,21.28.32.52).

Auch das zweite Verb, διακονέω, ist direkt auf Jesus bezogen (siehe das doppelt gesetzte pronominale αὐτῷ, „ihm"). Im Allgemeinen wird διακονέω mit „dienen" wiedergegeben, wobei in klassischen androzentrischen Interpretationen häufig traditionelle geschlechtsspezifische Rollenvorstellungen mit hierarchischer Macht- und Arbeitsaufteilung zu Tage treten. Doch entgegen der meist angenommenen Grundbedeutung „Tischdienst", welche vor allem Haushalts- und Versorgungsarbeit von Frauen und SklavInnen fokussiert, stellt die fundierte, beim Profangriechischen ansetzende semantische Untersuchung von Anni Hentschel[12] als wichtigsten Aspekt des je nach Kontext differierenden Bedeutungsspektrums die *Beauftragung* heraus. Demgemäß werden durch διακονέω und seine Derivate diverse Boten- und Vermittlungstätigkeiten (worunter auch Tischdienst fällt, der aber gerade nicht bei alltäglichen Mahlzeiten damit

---

[9] Ob hier von einer oder zwei Frauen („Maria, die des Jakobus des Kleinen, und die Mutter des Joses") die Rede ist bzw. welche Familienbeziehung der hier erwähnten Maria zum erstgenannten Mann vorliegt, geht freilich aus dem griechischen Text nicht eindeutig hervor.

[10] Mt korrigiert: „von Galiläa an" (27,55).

[11] Die hier vorzeitig zu verstehenden griechischen Imperfektformen verweisen aufgrund des durativ-linearen bzw. iterativen Verbalaspekts auf andauernde, sich wiederholende Handlungen. Das traditionell mit „dienen" übersetzte Verb διακονέω beschreibt ein Dienst- und Auftragsverhältnis mit Jesus als Dienst- und Auftraggeber (siehe unten).

[12] Anni HENTSCHEL, *Diakonia im Neuen Testament: Studien zur Semantik unter besonderer Berücksichtigung der Rolle von Frauen* (WUNT 2/226; Tübingen: Mohr Siebeck, 2007).

bezeichnet wird) zur Sprache gebracht,[13] ohne dass auf dem Geschlecht basierende Differenzierungen oder Wertungen zum Vorschein kommen. Der Fokus kann auf der pflichtgemäßen Ausführung der Aufträge liegen, aber auch auf der Beziehungskonstellation zwischen Beauftragten und AuftraggeberInnen oder den AdressatInnen, gegenüber welchen Beauftragte mit entsprechend delegierter Autorität auftreten.

Paulus knüpft an das in der Antike übliche Bedeutungsspektrum von διακονέω und seinen Ableitungen an, indem er wichtige Aufgaben und Funktionen im Bereich der Mission und Gemeindeorganisation entsprechend als offizielle Beauftragungen charakterisiert. Der Terminus διακονία taucht als Schlüsselbegriff in der Verteidigung seiner Rolle als autorisierter Botschafter des Evangeliums gegenüber den KorintherInnen auf (vgl. 2 Kor 2,14–6,13; 10–13). Insbesondere ist auch eine auffallende Nähe des Terminus διάκονος zum Aposteltitel zu beobachten. Der Begriff bezieht sich des Weiteren auf seine MitarbeiterInnen als VerkündigerInnen sowie auf von ihm unabhängig arbeitende MissionarInnen, wobei keine genderspezifische Einschränkung vorliegt.

Somit erscheint eine ausschließliche Versorgung Jesu mit Essen als Aufgabe der bei Mk genannten Frauen nicht plausibel, zumal der situative Kontext der Wanderschaft hier Tischdienst nicht nahe legt. Allein auf den engeren Zirkel der namentlich erwähnten Jüngerinnen als Subjekte bezogen, kommt ein besonders qualifiziertes Tun in den Blick. Statt um weiblich konnotierte Versorgungstätigkeiten (etwa um die Männer für die Verkündigung freizumachen)[14] geht es um die Ausführung von Aufträgen Jesu, wozu ZeugInnenschaft im Namen Jesu gehört in Analogie zur Beauftragung/Berufung der Männer im JüngerInnenkreis.[15]

Obgleich die namentlich erwähnten Frauen nicht explizit als Jüngerinnen tituliert werden (anders Maria von Magdala im apokryphen Petrusevangelium: μαθήτρια), er-

---

[13] In dem umfassenden Werk *A Greek-English Lexicon* von Henry George LIDDELL, Robert SCOTT und Henry Stuart JONES (Oxford: Clarendon Press, 1996 [⁹1940]), 398, findet sich für das Nomen διάκονος nach „*servant*" die Bedeutung „*messenger*" aufgelistet (außerdem „*attendant* or *official* in a temple or religious guild", „*deacon*"): dieser Bedeutungsaspekt wurde in der ntl. Exegese vernachlässigt.

[14] So z. B. – jedoch auf die lk Parallelstelle bezogen – Martin HENGEL, „Maria Magdalena und die Frauen als Zeugen", in *Abraham unser Vater: Juden und Christen im Gespräch über die Bibel: Festschrift für Otto Michel zum 60. Geburtstag* (hg. v. Otto Betz et al.; AGSU 5; Leiden: Brill, 1963), 243–256; 248 („Vielleicht will Lukas hier ähnlich wie in Apg. 6,2ff. eine paradigmatische Vorstufe des späteren Diakonenamtes sichtbar werden lassen ...").

[15] Vgl. HENTSCHEL, *Diakonia*, 228–231.235. Von „Verkündigungsbeauftragung" spricht Luise SCHOTTROFF, „Frauen in der Nachfolge Jesu in neutestamentlicher Zeit", in *Traditionen der Befreiung: Sozialgeschichtliche Bibelauslegungen 2: Frauen in der Bibel* (hg. v. Willy Schottroff und Wolfgang Stegemann; München: Kaiser, 1980), 91–133; 107. – Dass die Textzeugen C und D den Satzteil καὶ διηκόνουν αὐτῷ („und ihm ‚gedient' hatten") auslassen, lässt sich durchaus als entsprechendes Indiz werten. – Die Didaskalia begründet später das Amt einer Diakonin (*ministerium mulieris diaconissae*) mit der parallelen Jüngerinnenliste in Mt 27,55f. (siehe *Did* 3,12,4), spricht Frauen jedoch unter Berufung auf dieselben Jüngerinnen das Lehren ab (vgl. *Did* 3,6,1f.).

füllen sie vorbildhaft die entsprechenden Kriterien:[16] Sie haben alles zurückgelassen und gehen mit Jesus den gesamten Weg bis zum Kreuz, von Galiläa bis nach Jerusalem, vom Anfang bis zum Ende, je aufs Neue ihre Nachfolge und Beauftragung aktualisierend (im griechischen Text durch die Imperfektformen verdeutlicht). Ihre Anwesenheit bei der Kreuzigung (trotz der Gefährdung ihres eigenen Lebens) setzt voraus, dass sie wie die „vielen anderen Frauen" mit Jesus nach Jerusalem mithinaufgezogen sind. Nach Mk besteht echte Nachfolge in Kreuzesnachfolge (vgl. die JüngerInnenbelehrungen in Mk 8,34ff.; 9,35; 10,43–45[17] im Kontext der Leidensankündigungen) – welche allein die Frauen verwirklichen, während gerade die Zwölf diese (zunächst) verweigern.

Dadurch wird die bisherige androzentrische Perspektive aufgebrochen und die Möglichkeit eröffnet, das ganze Evangelium in Bezug auf Jüngerinnen querzulesen – auch wenn jene erst sichtbar werden, nachdem die Männer der Nachfolgegemeinschaft ausgefallen sind (vgl. Mk 14,50). An der Spitze des engeren Jüngerinnenzirkels, der – analog zum Dreier- bzw. Vierergremium bei den Zwölf – von einer größeren Frauengruppe abgehoben wird (anders in Mt 27,55f.), wird Maria von Magdala genannt und als beauftragte Botin Jesu, als Zeugin in seinem Namen charakterisiert.

2.2 Verschiebungen in der lukanischen Darstellung (Lk 8,1–3)

(1)   Und es geschah im Folgenden,
        und er wanderte von Stadt zu Stadt und von Dorf zu Dorf,
            wobei er die Herrschaft Gottes predigte und verkündete,
        und die Zwölf mit ihm
(2)   und einige Frauen,
        die von bösen Geistern und Krankheiten geheilt worden waren,
            Maria, die Magdalenerin genannt wird,
                von der sieben Dämonen ausgefahren waren,
(3)   und Johanna, die Frau des Chuzas, eines Beamten des Herodes,
        und Susanna,
    und viele andere (Frauen),
        die sie entsprechend ihrem Vermögen[18] unterstützten.

Während Mk erst innerhalb der Passionserzählung die Aufmerksamkeit auf einen besonderen Jüngerinnenzirkel lenkt und so nachträglich die bisher auf Männer konzentrierte Perspektive korrigiert, führt Lk bereits vorweg eine Jüngerinnengruppe während

---

[16] Vgl. auch die Charakterisierung Elischas als Elijas μαθητὴς καὶ διάκονος, „Schüler und Beauftragter", in Josephus, *A.J.* 8,354.

[17] Gegenüber aufkommenden Rangstreitigkeiten liegt der Fokus insbesondere aber auch auf einer neuen sozialen Ordnung für die Nachfolgegemeinschaft Jesu mit grundsätzlichem Herrschaftsverzicht in Kontrast zu den gängigen hierarchischen Machtverhältnissen.

[18] Der mehrdeutige Begriff schließt materielle Mittel und Besitz wie persönliche Möglichkeiten und Fähigkeiten ein.

Jesu Wanderschaft durch Galiläa ein (zum Prinzip einer chronologischen Darstellungsweise vgl. 1,3). Gegenüber der mk Vorlage setzt das lk Summarium, welches zentrale Charakteristika Jesu Wirkens resümiert, jedoch andere Akzente: So fehlt der Terminus ἀκολουθέω als Verweis auf spezifische Nachfolge (diff. 5,11.28; 18,28), das Verb διακονέω erhält einen modifizierenden Zusatz und wird außerdem auf eine pluralische Größe bezogen. Dadurch wird aus der radikalen Nachfolge eine bloße Unterstützung der Jesusbewegung (was womöglich auf eine entsprechende Praxis in den TrägerInnenkreisen des lk Doppelwerkes abhebt). Das ausschlaggebende Erlebnis, das die Nachfolge begründet, ist eine Heilung.

Lk gestaltet den traditionellen Konnex von Verkündigungs- und Heilungstätigkeit Jesu[19] im Blick auf die genannten Frauen aus, um diese parallel neben den Zwölf (nicht neben „den Jüngern"!) sowie einer größeren Frauengruppe als Jesu ständige Begleitung zu präsentieren. Ob die listenartig an das regierende Prädikat διώδευεν („wanderte") angeschlossenen weiteren Subjekte – die Zwölf, „einige" namentlich aufgezählte geheilte Frauen sowie „viele andere" Frauen (καὶ οἱ δώδεκα ... καὶ γυναῖκές τινες ... καὶ ἕτεραι πολλαί ...) – auch in Jesu Verkündigungstätigkeit miteinbezogen sind,[20] welche durch eine modale Partizipialkonstruktion (κηρύσσων καὶ εὐαγγελιζόμενος τὴν βασιλείαν τοῦ θεοῦ: „die Herrschaft Gottes predigend und verkündigend") zum Ausdruck gebracht wird, bleibt offen. Allerdings lässt sich eine diesbezügliche Differenzierung zwischen den Zwölf und den beiden Frauengruppen aus dem Text ebenso wenig rechtfertigen. Explizit wird die Gemeinschaft der Zwölf wie auch der Frauen mit Jesus durch die Präpositionalverbindung σὺν αὐτῷ, „mit ihm", ausgedrückt, bei welcher durchaus der Aspekt der Nachfolge konnotiert sein kann (vgl. Lk 22,56). So lässt „der Text ein Bild von wandernden Jesusbotinnen entstehen ..., die ihre familiären Kontexte verlassen haben und sich nun in der Nachfolge Jesu befinden"[21]. Die Analogie zu den Zwölf wird verstärkt durch die namentliche Aufzählung, formgeschichtlich und in Bedeutung den Namenslisten in Lk 6,14–16 und Apg 1,13f. vergleichbar.

Da freilich anstatt einer Berufung der Frauen auf Heilungen rekurriert wird, erfolgte (spätestens in der Rezeptionsgeschichte) eine wertende Abstufung zwischen den Zwölf und den Jüngerinnen.[22] Deren Erfahrungen des Geheiltwerdens können aber auch als

---

[19] Siehe insbesondere auch die Übereinstimmungen mit Mt 4,23; 9,35; außerdem Lk 4,18f.40–44; 6,17–19; 7,22.

[20] So etwa SCHOTTROFF, „Frauen", 102; Walter KIRCHSCHLÄGER, „Eine Frauengruppe in der Umgebung Jesu", in *Die Freude an Gott – unsere Kraft: Festschrift für Otto Bernhard Knoch zum 65. Geburtstag* (hg. v. Johannes Joachim Degenhardt; Stuttgart: Katholisches Bibelwerk, 1991), 278–285; 283.

[21] Sabine BIEBERSTEIN, *Verschwiegene Jüngerinnen – vergessene Zeuginnen: Gebrochene Konzepte im Lukasevangelium* (NTOA 38; Freiburg/Schweiz: Universitätsverlag, 1998), 41.

[22] Siehe z. B. François BOVON, *Das Evangelium nach Lukas (Lk 1,1–9,50)* (EKKNT 3/1; Zürich: Benziger, 1989), 398: „Die Diakonie der Frauen wurzelt in Wunderheilungen, während die Predigt der Männer ihre Legitimation in einer Berufung findet." Den aufgrund einer „kirchlichen Tendenz" gegenüber „der jesuanischen Intention" eingeschränkten parallelen „kirchlichen Dienst der Frauen" (ebd.) sieht er hier in der „Versorgung der Gemeinschaft Jesu" (ebd., 400) dargestellt.

Zeichen für die einsetzende Verwirklichung der Gottesherrschaft (βασιλεία τοῦ θεοῦ), die Jesus verkündet, verstanden werden – so wie die Zwölf als Zeichen für die endzeitliche Sammlung Israels zu deuten sind.[23]

Nur bei Lk wird Maria von Magdala neben ihrem Namen und ihrer Herkunftsbezeichnung durch eine vorausgegangene Dämonenaustreibung näher charakterisiert.[24] Dämonische Besessenheit fungiert in bestimmten soziokulturellen Kontexten als personifizierte Ursache für (insbesondere psychische, von Kontrollverlust und Selbstentfremdung gekennzeichnete) Krankheitszustände sowie vom Normencodex abweichende Verhaltensweisen (vgl. dazu Lk 7,33; auf Jesus bezogen Mk 3,21f.30; Joh 7,20; 8,48f.52; 10,20).[25] Die symbolische Siebenzahl weist hier auf einen besonderen Ernst, vielleicht auch eine Hartnäckigkeit der Symptome hin (vgl. Lk 11,24–26). Ob sich die Information auf eine tatsächliche Krankheit bezieht oder nicht[26], mit ihrer Wiedergabe erzielt Lk eine bestimmte Wirkung. Entsprechend führte die lk Darstellung, welche die Phantasie späterer RezipientInnen anregte, zu beträchtlichen Verzerrungen im Bild der Jüngerin.[27]

Einen gewissen Interpretationsspielraum lässt auch der abschließende Relativsatz offen, der das mk διακονεῖν durch die präpositionale Phrase ἐκ τῶν ὑπαρχόντων αὐταῖς, „aus dem ihnen zur Verfügung Stehenden", umdeutet. Meist im engeren Sinn als materiell-finanzielle Unterstützung interpretiert entsprechend der Bedeutung des gerechten Umgangs mit Besitz im lk Konzept[28], lässt sich die Tätigkeit auch weiter fassen als Engagement „gemäß ihren Mitteln und Möglichkeiten"[29]. Zudem ist unklar, ob

---

[23] Vgl. BIEBERSTEIN, *Jüngerinnen*, 44f.; Carmen BERNABÉ UBIETA, „Mary Magdalene and the Seven Demons in Social-scientific Perspective", in *Transformative Encounters: Jesus and Women Re-viewed* (hg. v. Ingrid Rosa Kitzberger; BibIntS 43; Leiden: Brill, 2000), 203–223; 216ff. (ihre soziologische Perspektive rekurriert auch auf die Transformation der sozialen Ordnung).

[24] Die Notiz im sekundären Mk-Schluss (Mk 16,9) scheint direkt oder – im Sinne einer „second orality" – indirekt davon abhängig zu sein.

[25] BERNABÉ UBIETA, „Mary Magdalene", 205ff., bezieht ausgehend von ihrem soziologischen Ansatz die Wirkungen sozialer Machtstrukturen und Geschlechterrollen ein und interpretiert „Besessenheit" als Ausdruck eines internalisierten Konflikts sowie als unbewusste Proteststrategie.

[26] So z. B. SCHABERG, *Resurrection*, 77.232.234f.

[27] Wurden Marias Dämonen spätestens seit den Magdalenenhomilien Gregors des Großen auf ein von der Sünde beherrschtes, unmoralisches Leben hin gedeutet, kann mit einer psychischen Erkrankung leicht die Unzurechnungsfähigkeit einer „visio-närrin" (vgl. Kurt Martis Gedicht *prophetin*) assoziiert werden (siehe bereits Origenes, *Cels.* 2,55).

[28] Vgl. die parallelen Belege von τῶν ὑπαρχόντων in Lk 12,15; 19,8; Apg 4,32.

[29] Vgl. LIDDELL, SCOTT und JONES, *Lexicon*, 1854: „according to one's means". Luise SCHOTTROFF, „Auf dem Weg zu einer feministischen Rekonstruktion der Geschichte des frühen Christentums", in DIES., Silvia SCHROER und Marie-Theres WACKER, *Feministische Exegese: Forschungserträge zur Bibel aus der Perspektive von Frauen* (Darmstadt: Primus, 1997), 173–248; 182, hebt analog Mk 14,8 (ὃ ἔσχεν: „was sie konnte") hervor, dass „sie sie *nach Kräften, nach ihren Möglichkeiten* unterstützten".

sich das feminine Relativpronomen αἵτινες auf alle Frauen oder bloß auf die letztgenannte größere Gruppe bezieht, ob das pluralische Pronomen αὐτοῖς[30] nur Jesus und die Zwölf als Adressaten der Tätigkeit angibt oder die kleinere Frauengruppe miteinschließt – ob also eine geschlechtlich differenzierte Aufgabenverteilung vorliegt[31] oder bloß die größere Frauengruppe die benannte Funktion für die Gesamtgemeinschaft übernimmt.[32]

Freilich führt die Überlagerung des Konzeptes von wandernden JesusbotInnen durch Elemente aus dem Kontext der sesshaften AnhängerInnen und SympathisantInnen zu Ambivalenzen im lk Jüngerinnenbild, zumal jene auch bis zur Passion auf der Textoberfläche wieder unsichtbar bleiben.[33] Zwar scheinen über die Erwähnung mitziehender, unabhängiger Frauen die traditionellen Geschlechterrollen aufgebrochen, zugleich wird aber diese Perspektive nicht durchgehalten und in der konkreten Charakterisierung von herkömmlichen Rollenerwartungen unterwandert. Dabei erhebt sich die Frage, inwieweit die lk Darstellung sozialgeschichtlich aufgeht. Statt den rekonstruierten historischen Gegebenheiten der Jesusbewegung entspricht dieses Bild eher der für Lk vorauszusetzenden Gemeindesituation in der urbanen römisch-hellenistischen Gesellschaft, die „in die Jesuszeit zurückprojiziert"[34] wird, um für die wohlhabenden AdressatInnen in der Gemeinde nachahmenswerte Vorbilder zu etablieren. So wird Maria von Magdala in der Wirkungsgeschichte zu einer reichen Sponsorin der Jesusbewegung, obwohl gerade das lk Porträt einer unreinen schwer Kranken einem gut situierten Status widerspricht.

3. Zeugin des Gekreuzigten

Dass Maria von Magdala und die anderen Frauen nach Mk 15,40 par. Mt 27,55 bei der Kreuzigung aus der Ferne zuschauen, erscheint im Vergleich zu der in der Ikonographie beliebten Szene in Joh 19,25 als die historisch wahrscheinlichere Variante, da die Hinrichtungsstätte von römischen Soldaten bewacht war. Wurde ein politischer Rebell hingerichtet, setzten sich anwesende Angehörige sowie offensichtliche Sympathi-

---

[30] Demgegenüber bezieht das von einer Reihe prominenter Textzeugen gesetzte Sg.-Pronomen αὐτῷ die Diakonia der Frauen exklusiv auf Jesus – vermutlich eine Angleichung an die bekannte und bei Mk bezeugte Tradition. Oder sollten die Frauen erst in der späteren Textgeschichte den Zwölf untergeordnet werden?

[31] So HENTSCHEL, Diakonia, 220–235.

[32] So BIEBERSTEIN, Jüngerinnen, 38; DE BOER, Gospel, 141f.193, sowie Marinella PERRONI in diesem Band. – Antworten differieren auch, je nachdem ob sie auf die rekonstruierte Intention des Lk abheben oder Rezeptionsmöglichkeiten des offenen Textes erschließen wollen, ob sie Lk für die Marginalisierung von Frauen schelten oder dessen Rezeptionen verantwortlich machen.

[33] Dazu BIEBERSTEIN, Jüngerinnen, 68.75.

[34] SCHOTTROFF, „Frauen", 101. Vgl. auch Helga MELZER-KELLER, „Maria Magdalena neu entdecken", Geist und Leben 72 (1999): 97–111; 105.

santInnen von Verurteilten selbst der Todesgefahr aus.³⁵ Da die Notiz die Situation realistisch beschreibt, erweist sich das Zusehen aus einiger Distanz „keineswegs nur [als] ein theologisches Konstrukt, das auf die passio iusti-Tradition anspielt"³⁶ (vgl. Ps 38,12). So zeugt die öffentliche Solidaritätsbekundung der Anhängerinnen Jesu, die dabei ihr Leben riskieren, von Mut und unerschütterlicher Loyalität.

Lk verstärkt in 23,49 das bei Mk anklingende Schriftmotiv mit einer deutlicheren Anspielung auf Ps 38,12/37,12LXX. Indem hier vor den Frauen außerdem „alle ihm Bekannten" (zum Terminus γνωστοί vgl. Ps 88,9/87,9LXX) als ZeugInnen der Kreuzigung auftreten, wird gegen das Traditionswissen um die Flucht der Jünger (die nicht berichtet wird) die Möglichkeit der Zeugenschaft der Zwölf offen gehalten (vgl. die Apostolatskriterien in Apg 1,21f.). An die alleinige Augenzeugenschaft der an dieser Stelle nicht namentlich genannten Jüngerinnen (welche bloß von Galiläa an „mit-nach-gefolgt"³⁷ sind) erinnert freilich noch das nur auf sie bezogene feminine Partizip ὁρῶσαι („sehend"), welches deren Stehen beim Kreuz näher qualifiziert.

In Joh 19,25 variiert die Zeuginnenliste gegenüber den synoptischen Aufzählungen stärker. Doch jenseits der divergierenden Einzelüberlieferungen scheint der Name Marias von Magdala am festesten mit der Bezeugung der Kreuzigung verbunden zu sein, sodass sie auch hier – in pointierter Schlussposition – erwähnt wird. Ihr unvermitteltes Auftreten in der Stunde der Erhöhung und Verherrlichung Jesu ohne nähere Einführung setzt ein entsprechendes Traditionswissen der impliziten LeserInnen voraus, sodass ihr Name genügt.³⁸ Während die narrative Rolle der an erster Stelle der Liste genannten Mutter Jesu mit der symbolischen Szene in 19,25–27 erfüllt ist, beginnt hier erst der Weg Marias von Magdala in der Erzählwelt von Joh. Anders als in den synoptischen Parallelen, die jeweils vom Tod Jesu zu den Begräbnisperikopen überleiten, ist sie bei Joh als eine Jesus „nahe stehende" Jüngerin Zeugin seiner letzten Verfügungen: Indem Jesus seine Mutter an seinen Geliebten Jünger als ihren nunmehrigen Sohn und seinen Nachfolger verweist, gründet er in seinem Tod die joh Modellgemeinde als neue

---

³⁵ Siehe dazu z. B. Tacitus, *Ann.* 6,19,3; Philo, *Flaccus* 70–72; Sueton, *Tib.* 61. Josephus, *B.J.* 2,13,2/253, berichtet von Massenkreuzigungen unter dem römischen Statthalter Felix. Auch Frauen wurden hingerichtet: vgl. *B.J.* 2,14,9/305–308, bes. 307.

³⁶ Monika FANDER, *Die Stellung der Frau im Markusevangelium: Unter besonderer Berücksichtigung kultur- und religionsgeschichtlicher Hintergründe* (MThA 8; Altenberge: Telos, 1989), 139.

³⁷ Lk scheint auch hier ἀκολουθέω als *terminus technicus* zu vermeiden und durch das Kompositum συν-ακολουθέω abzuschwächen (so Helen SCHÜNGEL-STRAUMANN, „Maria von Magdala – Apostolin und erste Verkünderin der Osterbotschaft", in *Maria Magdalena – Zu einem Bild der Frau in der christlichen Verkündigung* [hg. v. Dietmar Bader; Schriftenreihe der Katholischen Akademie der Erzdiözese Freiburg; München: Schnell & Steiner, 1990], 9–32; 15). Vgl. in 23,55 συν-εληλυθυῖαι ἐκ τῆς Γαλιλαίας: „mit-gekommen aus Galiläa".

³⁸ Diese Kommunikation mit den LeserInnen analysiert Judith HARTENSTEIN, *Charakterisierung im Dialog: Die Darstellung von Maria Magdalena, Petrus, Thomas und der Mutter Jesu im Kontext anderer frühchristlicher Traditionen* (NTOA/SUNT 64; Göttingen: Vandenhoeck & Ruprecht, 2007), 154f.

familia Dei (vgl. Mk 3,34).³⁹ So betritt Maria von Magdala auch bei Joh an der Schwelle von der vor- zur nachösterlichen Zeit die Erzählbühne und übernimmt hier ihre wesentliche Funktion, die Verbindung vom gekreuzigten zum auferstandenen Jesus herzustellen.

4. Osterapostolat

4.1 Österliche „Sehenserfahrungen"

Die Ostermorgengeschichten präsentieren zwei verschiedene traditionsgeschichtliche Entwürfe (im Horizont insbesondere der Entrückungserzählungen⁴⁰ jüdisch-hellenistischer Offenbarungsliteratur), die österlichen „Sehenserfahrungen" Marias von Magdala sowie anderer Zeuginnen narrativ zu vermitteln. So entstammt die Tradition der Christophanie vor Maria von Magdala in Joh 20 vermutlich einem anderen Vorstellungskreis als die Parallelüberlieferung von der Entdeckung des leeren Grabes durch Frauen mit anschließender Angelophanie, welche – als einzige Ostergeschichte – in allen vier kanonischen Evangelien wiedergegeben wird (Mk 16,1–8 par.).⁴¹

4.1.1 Metapher für eine personale Begegnungserfahrung in Joh 20,1–18

Um der besonderen Autorität Marias von Magdala auf die Spur zu kommen, bietet Joh 20,1–18 die aufschlussreichste Erzählung.⁴² In mehrfacher Hinsicht erweist sich jene hier als die Erste: Als Erste kommt sie am Ostermorgen zum Grab, entdeckt, dass es geöffnet ist (V1), und erstattet Petrus und „dem Jünger, den Jesus liebte" Bericht (V2). Als Erste „sieht" sie den Auferstandenen (V14ff.), und als Erste verkündet sie, von ihm berufen (V16) und gesandt (V17), der JüngerInnengemeinschaft – nicht den Zwölf –

---

[39] Vgl. etwa RUSCHMANN, *Maria von Magdala*, 107; Jean ZUMSTEIN, *Kreative Erinnerung: Relecture und Auslegung im Johannesevangelium* (Zürich: Pano-Verlag, 1999), 176f.

[40] Vgl. die stereotypen Motive des offenen/leeren Grabes, der Suche nach dem unauffindbaren Leichnam sowie der Beglaubigung durch ZeugInnen oder göttliche Boten. SCHABERG, *Resurrection*, 304ff., rekonstruiert auf der Basis eines intertextuellen Vergleiches mit 2 Kön 2,1–18 (Elischa als prophetischer Nachfolger Elijas) eine ursprüngliche Magdalenentradition; freilich fungiert Maria von Magdala in Joh 20 nicht als unmittelbare Zeugin der Himmelfahrt Jesu (anders die Elf in Lk 24/Apg 1).

[41] Susanne HEINE geht davon aus, dass sich Maria von Magdala wegen ihrer Bekanntheit und Autorität (aufgrund der Christophanie) in beiden Überlieferungskreisen findet: vgl. DIES., „Eine Person von Rang und Namen: Historische Konturen der Magdalenerin", in *Jesu Rede von Gott und ihre Nachgeschichte im frühen Christentum: Beiträge zur Verkündigung Jesu und zum Kerygma der Kirche: Festschrift für Willi Marxsen zum 70. Geburtstag* (hg. v. Dieter-Alex Koch et al.; Gütersloh: Mohn, 1989), 179–194; 193.

[42] Für eine ausführlichere Exegese verweise ich auf meine Monographie TASCHL-ERBER, *Maria von Magdala*, 47–322; eine narratologische Lektüre findet sich außerdem in DIES., „Erkenntnisschritte und Glaubenswege in Joh 20,1–18: Die narrative Metaphorik des Raums", *Protokolle zur Bibel* 15 (2006): 93–117. Siehe auch RUSCHMANN, *Maria von Magdala*.

die Osterbotschaft (V18). Wesentliche Sinnlinien des Textes kulminieren in dem von ihr artikulierten österlichen Erstbekenntnis ἑώρακα τὸν κύριον, „ich habe den Herrn gesehen". Die Aussage steht in der Tradition prophetischer (Berufungs-)Visionen[43].

Nimmt man in Joh 20,1–18 die verschiedenen, prägnant gesetzten Verben aus dem Wortfeld *Sehen* in den Blick, lässt sich der Text als theologische Meditation dieses Themas skizzieren: Der Weg zum Osterglauben erfolgt von der zunächst nicht verstehenden, die Zeichen[44] teils missdeutenden Wahrnehmung zur letztendlichen Erkenntnis. Dabei repräsentieren die Erzählfiguren Maria von Magdala einerseits sowie der Geliebte Jünger andererseits, welche durch das literarische Arrangement parallele Positionen einnehmen, jeweils verschiedene Modelle der österlichen Erfahrung, „sehend" zum Glauben an die Auferstehung des Gekreuzigten zu gelangen.

Aufgrund der Einbettung der Jüngerszene in den Traditionsstrang von Marias Grabgang treten auf diachroner Ebene zwei konkurrierende um das Grab kreisende Szenen mit differierendem Vorstellungshorizont und unterschiedlicher Aussageabsicht zu Tage. Für den Geliebten Jünger bildet das leere Grab, in dessen Offenbarungsraum er immer tiefer eintritt, den Ausgangspunkt seiner Erkenntnis. Indem er – auf den zweiten Blick – die äußere Wirklichkeit transzendiert und die zeichenhafte Grabesszenerie[45] verstehend deutet, gibt sein beispielhafter Glaube den Hörenden und Lesenden eine Perspektive zur Interpretation des – in dieser Erzählung gerade nicht selbstevidenten – Grabbefundes (siehe die formelhafte Klimax in dieser Szene, V8: εἶδεν καὶ ἐπίστευσεν, „er kam zur Einsicht und zum Glauben").[46] Zum zweiten Mal überholt er dadurch Petrus, dessen Reaktion auf seine ausführlich beschriebene und dadurch besonders gewichtete Grabinspektion offen gelassen wird (vgl. V6f.).

Dagegen stellt für Marias Glaubensweg die personale Begegnung mit dem Auferstandenen selbst die entscheidende Wende (die sie in V16 vollzieht) dar. Das „Sehen" dient hier gleichsam als Metapher für ein personales Begegnungsgeschehen, das ihre besondere Ostererfahrung als schrittweisen Erkenntnisprozess[47] umschreibt und eine Wirklichkeit, die über den alltäglichen Erwartungshorizont hinausgeht, in Form einer dialogischen Erzählung vermittelt. Anders als der Geliebte Jünger, der auf der text*in*-

---

[43] Vgl. Jes 6,1.5; außerdem Am 9,1; 1 Kön 22,19; 2 Chr 18,18 (Micha).

[44] Der weggenommene Stein deutet auf das wunderbarerweise geöffnete Grab, die zurückgelassenen Binden/die Engel signalisieren das göttlich verursachte Verschwinden des Leichnams.

[45] Die noch daliegenden bzw. sogar ordentlich aufgewickelten Totentücher schließen einen Diebstahl oder eine Verlegung des Leichnams aus; Marias Missverständnis in Joh 20,2.13.15 lässt eine entsprechende antichristliche Polemik anklingen.

[46] Der Fokus auf das Grab als allein bereits vollwertiges Zeugnis der Auferweckung Jesu, dessen autorisierte Interpretation durch den Geliebten Jünger erfolgt (und nicht durch einen Engel; das Schriftmotiv in V9 bringt die urchristliche Verkündigung zur Sprache), könnte sich als Betonung der leiblichen Auferstehung Jesu gegen rein pneumatische Erhöhungsvorstellungen richten im Sinne einer Zurückdrängung des visionären Elements.

[47] Der für die joh Erzähltechnik typische Weg von Missverständnissen zur gläubigen Erkenntnis, oft in einem ironischen Spiel mit dem Wissensvorsprung der LeserInnen, wird im Makrokontext auch von anderen weiblichen und männlichen Identifikationsfiguren geschildert.

ternen Ebene nicht als Zeuge auftritt, teilt sie ihre österliche Erkenntnis auch den anderen mit (V18). Nachdem sie die zeichenhafte Anwesenheit der himmlischen Vorboten (ἄγγελοι)[48] zuerst nicht zu deuten wusste, wird sie jetzt selbst zur ersten den Auferstandenen verkündigenden (ἀγγέλλουσα) Botin.

Während sich auf der Erzählebene der Fokus auf Marias Erkenntnisweg richtet, wird auf der Diskursebene joh Christologie transportiert: Damit sich die in den Abschiedsreden (Joh 14–17) angekündigten Verheißungen (etwa die Sendung des Parakleten) realisieren, ist Jesus auf dem Weg zum Vater[49] und übernimmt Maria von Magdala die einzigartige Funktion, der JüngerInnengemeinschaft als seinen nunmehrigen „Geschwistern" (ἀδελφοί) seine Botschaft zu vermitteln: dass sich im Aufstieg des – sich jeglichem Festhalten entziehenden – Erhöhten zum nun gemeinsamen Vater der neue Bund als Familie der Kinder Gottes konstituiert (V17).[50]

Auf einer typologischen Ebene repräsentiert Maria von Magdala, deren beispielgebende Ostererfahrung in Korrelation zu den Berufungsgeschichten von Joh 1 (bes. V38f.) als erste Beauftragung des auferstandenen Jesus stilisiert ist, darüber hinaus die nachösterliche Gemeinschaft. Der vorausgehenden Reflexion in Joh 14,18–23 (vgl. auch 16,16ff.) entsprechend, wo der Abschied nehmende Jesus den ihn Liebenden das „Sehen" seines Wiederkommens verheißt, wird ihre Begegnungserfahrung als Modell liebender Ostererkenntnis paradigmatisiert. Dabei lässt eine intertextuelle Analyse vor der Vergleichsfolie des Hld (bes. 3,1–4) sowie der zu Joh in etwa zeitgleichen hellenistischen Romanliteratur auch allegorische Obertöne[51] in der vielschichtigen Erzählung anklingen, wenn Maria von Magdala als Symbolfigur der joh Gemeinde nach dem Geliebten sucht (vgl. Joh 20,15; 13,33).[52]

---

[48] Die synoptische Funktion der Engel, den Grabbefund als Auferweckung des Gekreuzigten zu interpretieren, ist bei Joh auf eine bloße Nebenrolle reduziert. Typische Elemente einer stilechten Angelophanie fehlen, etwa das Furchtmotiv mit korrespondierender Trostformel, vor allem aber auch die offenbarte Botschaft.

[49] Gegenüber der synoptischen Raumkonzeption Galiläa – Jerusalem – Galiläa (Lk 24,6 ändert Mk 16,7 par. Mt 28,7 jedoch in einen Rückverweis) vollzieht der joh Jesus mit der Rückkehr zum Vater eine vertikale Bewegung.

[50] Speziell zu Joh 20,17 (mit dem stets neu diskutierten *Noli me tangere*-Motiv) siehe Andrea TASCHL-ERBER, „Between Recognition and Testimony: Johannine *Relecture* of the First Easter Witness and Patristic Readings", in *Noli me tangere in Interdisciplinary Perspective: Textual, Iconographic and Contemporary Interpretations* (hg. v. Reimund Bieringer, Barbara Baert und Karlijn Demasure; BETL; Leuven: Peeters, im Druck).

[51] Ebenso weist Marias „Verwechslung" Jesu mit dem „Hüter des Gartens", κηπουρός (V15), ein Beispiel für joh Ironie, auf eine allegorische Ebene (dazu Nicolas WYATT, „'Supposing Him to Be the Gardener' [John 20,15]: A Study of the Paradise Motif in John", *ZNW* 81 [1990]: 21–38).

[52] Dazu Sandra M. SCHNEIDERS, „John 20:11–18: The Encounter of the Easter Jesus with Mary Magdalene – A Transformative Feminist Reading", in *„What is John?": Readers and Readings of the Fourth Gospel* (hg. v. Fernando F. Segovia; SBLSymS 3; Atlanta: Scholars Press, 1996), 155–168; 168: „She is symbolically presented, by means of Old Testament allusions, as the beloved of the Lover in the Canticle, the spouse of the New Covenant me-

Angesichts der Erfahrung der Abwesenheit des Geliebten (vgl. auch die „Finsternis", σκοτία, in V1), welche die erlebte Diskontinuität der früheren Gemeinschaft spiegelt,[53] gilt es Jesu Gegenwart nach seinem „Weggehen" neu zu erkennen (siehe das Rekognitionsmotiv). Zeugin des Lebendigen zu werden erfordert, das Bild des Irdischen loszulassen. So zeichnet Marias zweifache Wendung vom Grab zum Auferstandenen (siehe στρέφομαι, „sich um-/zuwenden", in V14.16)[54] den Weg vom κλαίειν („Weinen", V11.13.15; vgl. 16,20) zum ἀγγέλλειν („Verkündigen", V18) vor. Wenn aber Maria von Magdala in der mehrdimensionalen joh Erzählung als Repräsentantin des idealen joh JüngerInnentyps (siehe die zentralen Elemente *Kommen – Sehen – Erkennen – Bezeugen*) und damit des joh Kreises auftritt, setzt diese Relecture als „kreative Erinnerung" eine zugrunde liegende Traditionsbasis der Erstzeugin des Auferstandenen voraus.

4.1.2 Die Offenbarungserfahrung in Mk 16,1–8 par.
Im übereinstimmenden Kern handelt es sich bei den Ostermorgengeschichten um narrative Inszenierungen der Ostererfahrungen von Frauen, welche mittels der üblichen Topoi der damaligen Sprach- und Erzählwelt auf göttliche Offenbarung zurückgeführt werden. Im Zentrum steht die ErstzeugInnenschaft namentlich genannter Jüngerinnen bezüglich des urchristlichen Bekenntnisses ἠγέρθη, „er wurde auferweckt", in Mk 16,1–8 durch einen *angelus interpres* vermittelt.

Demgegenüber konzentrierte sich in der historisch-kritischen Forschung die (männliche) Aufmerksamkeit auf die Frage der Historizität des leeren Grabes. Die Erzählungen von den Osterzeuginnen wurden als apologetische Spätbildungen ohne historischen Wert klassifiziert, wohingegen allein die in 1 Kor 15,5 erwähnten Erscheinungen vor Petrus und den Zwölf als historisch glaubwürdig betrachtet wurden.

Doch auch wenn die Überlieferung in Mk 16,1–8 par. durch legendarische Motive angereichert sowie durch liturgische und apologetische Obertöne geprägt ist, heißt das nicht, dass die erzählte Offenbarungserfahrung einiger namentlich aufgelisteter (!) Frauen reine Erfindung wäre. Dagegen spricht bereits die Widerständigkeit einer solchen Erzählung in einem androzentrischen Traditions- und Redaktionsprozess. Die

---

diated by Jesus in his glorification, the representative figure of the New Israel which emerges from the New Creation." Adeline FEHRIBACH, „The ‚Birthing' Bridegroom: The Portrayal of Jesus in the Fourth Gospel", in *A Feminist Companion to John 2* (hg. v. Amy-Jill Levine mit Marianne Blickenstaff; Feminist Companion to the New Testament and Early Christian Writings 5; London: Sheffield Academic Press, 2003), 104–129; 117, schließt aus ihrem intertextuellen Vergleich mit spätantiken Liebesromanen: „... Mary Magdalene represents the community of faith through her symbolic role as the bride of the messianic groom."

[53] Gerade auch die von Maria in V2 gebrauchte Form οὐκ οἴδαμεν, *„wir* wissen nicht" (meist rein diachron interpretiert), scheint die Ebene der erzählten Welt und die gemeindliche Situation zu überblenden.

[54] Gemäß der symbolisch-theologisch verdichteten joh Darstellungsweise, wo die Kategorie des Raums auf eine über die vordergründige Ebene hinausgehende Tiefendimension verweist, spiegelt sich in Marias äußeren Bewegungshandlungen ihr innerer Erkenntnisweg.

weitere traditionsgeschichtliche Entwicklung zeigt, dass diese Überlieferung durchaus antichristliche Polemik provozierte (vgl. etwa die Spuren einer Betrugshypothese in Mt 27,64; 28,13.15; Joh 20,2.13.15), welche wiederum durch sekundäre apologetische Akzentuierungen außer Kraft gesetzt werden sollte. Dass etwa in der späteren Traditionsgeschichte Petrus den Befund des – bis auf die leinenen Binden – leeren Grabes bestätigen muss (vgl. Lk 24,12 sowie die joh Version in Joh 20,3–10), mag in diese Richtung deuten, wie auch die Erwähnung des Petrus in Mk 16,7 der männlich-apostolischen Absicherung der Ostererfahrungen dienen könnte.[55]

4.2 Die Tradition der Protophanie vor Maria von Magdala

Nur in Joh 20,14–18 wird innerhalb der kanonischen Evangelien eine Christophanie vor einer Einzelperson narrativ entfaltet. Zudem bezeugt die *Erst*erscheinung (*Proto*phanie) des Auferstandenen vor Maria von Magdala ihre zentrale urkirchliche Rolle. Daneben findet sich ein Reflex dieser Tradition in der Ostergeschichte von Mt 28, wo jene infolge der engen Verknüpfung der Szene in V 9f. mit der vorausgehenden Grabesgeschichte zusammen mit der „anderen Maria" Jesus begegnet.

Über die Annahme einer literarischen Abhängigkeit der joh von der mt Christophanie-Erzählung, welche ihrerseits eine sekundäre Weiterentwicklung der mk Angelophanie darstelle,[56] wurde die Überlieferung der (Erst-)Erscheinung des Auferstandenen vor Maria von Magdala allerdings in Zweifel gezogen bzw. zu einer Engelerscheinung degradiert. Doch wenngleich derartige Ostererfahrungen den historischen Boden transzendieren und eine strikte Differenzierung unter einem *historischen* Blickpunkt nicht möglich ist, ist hier feministisch-kritischer Verdacht angeraten, insofern mit einer Christophanie (insbesondere mit der Proto-Christophanie) legitimatorische Ansprüche verbunden sind, die Männern vorbehalten werden. Dagegen erhebt sich die Frage, aufgrund welchen Interesses Frauen sekundär eine Christophanie zugeschrieben werden sollte, wo doch eine Aufwertung ihrer Ostererfahrungen dem sonstigen Trend der zunehmenden Zurückdrängung weiblicher Ansprüche widerspräche. Demgemäß besteht der plausibelste Lösungsvorschlag darin, dass Mt und Joh aus einer zur Angelophanie-Tradition parallelen Überlieferung einer Christophanie vor Maria von Magdala geschöpft haben.[57]

---

[55] Zum redaktionellen Schweigen der Frauen in Mk 16,8 siehe etwa Luise SCHOTTROFF, „Maria Magdalena und die Frauen am Grabe Jesu", *EvT* 42 (1982): 3–25; 20f.

[56] Vgl. z. B. Frans NEIRYNCK, „John and the Synoptics: The Empty Tomb Stories", *NTS* 30 (1984): 161–187; 166–171.

[57] Siehe etwa HEINE, „Person", 186f.193; HENGEL, „Maria Magdalena", 253–256; Raymond E. BROWN, *The Gospel according to John (xiii–xxi): Introduction, Translation, and Notes* (AB 29A; Garden City, New York: Doubleday, 1970), 1003. SCHABERG rekonstruiert aus Mt 28 und Joh 20 (sowie Mk 16,9–11) eine alte Erscheinungserzählung mit dem leeren Grab als ursprünglichem Kontext, die bei Mk unterdrückt, bei Mt und Joh heruntergespielt sei (vgl. DIES., *Resurrection*, 293–298.304.318.321–324).

Darüber hinaus betont der sekundäre, dennoch aber kanonisch gewordene Mk-Schluss ausdrücklich, dass der Auferstandene „zuerst" Maria von Magdala erschien (16,9: ἐφάνη πρῶτον Μαρίᾳ τῇ Μαγδαληνῇ). Die späte Notiz in Mk 16,9–11 wirkt wie eine harmonisierende Kompilation aus joh (Marias ErstzeugInnenschaft und ihre Botschaft) und lk Versatzstücken (insbesondere ihre Dämonen und der Unglaube der Jünger), wobei die sprachlichen Divergenzen eher eine eigenständige Zusammenfassung im Umlauf befindlicher Überlieferungen nahe legen. Aber auch wenn es sich um keinen unabhängigen Textzeugen handeln sollte, zeigt das explizite Festhalten an der ErstzeugInnenschaft Marias von Magdala (in korrigierender Absicht, etwa gegenüber 1 Kor 15,5ff.?), dass die Erinnerung daran auch später noch lebendig war.

Ebenso lässt sich die führende Position der Magdalenerin in den synoptischen Jüngerinnenlisten, die mit der Vorrangstellung des jeweils an erster Stelle erwähnten Petrus im Zwölferkreis zu vergleichen ist und ihren Rang in der nachösterlichen Gemeinschaft dokumentiert, in diesem Sinne deuten. So verweist die mehrfache Bezeugung der Protophanie vor Maria von Magdala auf Alter und Bedeutung der Tradition, welche in den Ostererzählungen der Evangelien Spuren hinterließ, obwohl sie innerhalb patriarchaler Kontexte Widerständen begegnete.

4.3 Konkurrenz in der ErstzeugInnenschaft zu Petrus

Freilich konkurrieren die Erzählungen, die Maria von Magdala als Erstzeugin des Auferstandenen auftreten lassen, mit ntl. Zeugnissen, welche Petrus diesen Primat zusprechen.

4.3.1 Apostolische Legitimationsformeln in 1 Kor 15

In der Zeugenliste, die Paulus in 1 Kor 15,5ff. präsentiert, erhält etwa Petrus den ersten Platz, wohingegen Maria von Magdala nicht (explizit) erwähnt wird. Doch wenn auch die Spitzenposition des Petrus dessen urkirchliche Vorrangstellung aufgrund seines nachösterlichen Engagements bezeugt, findet sich hier kein expliziter Hinweis auf eine *Proto*phanie vor Petrus (während Mk 16,9 eine solche für Maria von Magdala ausdrücklich festhält). Eine *chronologische* Anordnung der Erscheinungen legen die zur Gliederung verwendeten Partikeln nicht zwingend nahe.[58] Wie die parallele Struktur der Verse 5 und 7 zeigt, kommen vielmehr *konkurrierende Führungsansprüche* zwischen Petrus und Jakobus als der zur Zeit des Paulus maßgeblichen Jerusalemer Autorität[59] in den Blick. Nur diese beiden werden namentlich hervorgehoben und durch die jeweilige apostolische Legitimationsformel ὤφθη („wurde gesehen, ließ sich sehen, erschien"; mit den jeweiligen ErscheinungsempfängerInnen im Dativ) in ihrer Führungs-

---

[58] Siehe Walter BAUER, Kurt und Barbara ALAND, *Griechisch-deutsches Wörterbuch zu den Schriften des Neuen Testaments und der frühchristlichen Literatur* (Berlin: de Gruyter, ⁶1988), 471.576. Vgl. auch 1 Kor 12,28.

[59] Vgl. dessen Erstnennung in Gal 2,9 vor Kephas und Johannes; in 2,12 beugt sich Petrus im „antiochenischen Konflikt" der Jakobuspartei.

position beglaubigt. Alle anderen werden unter die Zwölf, die ἀδελφοί („Brüder und Schwestern") sowie die ἀπόστολοι („Apostelinnen und Apostel")[60] subsumiert. Der Fokus der Argumentation liegt auf der Präsentation eines gemeinsamen „Grundevangeliums" prominenter Zeugen (vgl. V11), um die Spaltung in der Gemeinde von Korinth bezüglich des Auferstehungsglaubens zu überwinden. Ein Anspruch auf Vollständigkeit ist in dieser Liste nicht gegeben.

Die in der Bekenntnisformel zu Tage tretende Marginalisierung der Zeuginnen fand in der späteren Auslegung ihre Fortsetzung. In der historisch-kritischen Exegese wurden die Ostergeschichten der Evangelien, welche die Erfahrungen von Frauen narrativ vermitteln, als sekundäre Legendenbildungen gegenüber der ursprünglichen Verkündigung, die 1 Kor 15 als älterer Textzeuge repräsentiere, charakterisiert. Dadurch konnte der in der Formeltradition überlieferte petrinische Primat (vgl. auch Lk 24,34) gegenüber der in der Erzähltradition geschilderten – und damit zur *bloßen* (frei erfundenen und unbedeutenden) Legende degradierten – Protophanie vor Maria von Magdala aufrechterhalten werden.

Wenn freilich in den Ostergeschichten dasselbe Kerygma vorliegt als das gemeinsame *Dass*, von dem die narrative Ausgestaltung mit ihren legendarischen Elementen (das *Wie*) zu unterscheiden ist, lassen sich die beiden Gattungen Bekenntnisformel/Erzähltext in ihrem historischen Wert nicht einfach gegeneinander ausspielen. Die Übereinstimmung zwischen der vermutlich parallel entstandenen Formel- und Erzählüberlieferung (als reflektierender und narrativer Theologie) liegt in den „Erscheinungserfahrungen" oder „Sehenswiderfahrnissen". Wie die Glaubensformel in 1 Kor 15 in der überlieferten Form nicht die älteste Deutung der Osterereignisse wiedergibt, sondern bereits ein fortgeschrittenes Reflexionsniveau widerspiegelt, dürfte auch bei den in den Evangelien verarbeiteten narrativen Traditionen der Reflex sehr alter Überlieferung, auf historischen Reminiszenzen basierend, zum Vorschein kommen.

4.3.2 Redaktionelle Interessen in Lk 24
Im lk Osterzyklus soll offenbar die Notiz über die dem Petrus zuteil gewordene Christophanie (Lk 24,34) nach der Emmausperikope die Frage der Protophanie zurechtrücken. Von einer Erscheinung des Auferstandenen vor Frauen, näherhin Maria von Magdala, ist in diesem Evangelium nicht die Rede. Hingegen wird die Relevanz ihrer Ostererfahrung und ZeugInnenschaft für die nachösterliche Gemeinde in der lk Redaktion der Grabeserzählung deutlich heruntergespielt: Zunächst erteilen die Engel den Frauen keinen Verkündigungsauftrag,[61] später disqualifizieren „die Apostel" ihre Botschaft als leeres Geschwätz (vgl. Lk 24,11), während die Gemeinschaft aufgrund einer Christophanie des Petrus (von welcher freilich keine Erzähltradition existiert) zum Glauben kommt. Petrus ist es auch, der den Bericht der Frauen erst bestätigen muss (vgl. 24,12). Demgegenüber akzentuiert die Erzähllinie in Mt 28 „die kirchen-

---

[60] Dass auch dieser Terminus bei Paulus inklusiv zu verstehen und gegenüber der lk 12-Apostel-Konzeption weiter gefasst ist, belegt Junia in Röm 16,7.
[61] Immerhin weist ihr „Erinnern" (Lk 24,6–8) auf ihre kontinuierliche ZeugInnenschaft.

konstituierende Rolle der Jüngerinnen"⁶² bei der Sammlung der zerstreuten JüngerInnengemeinde (vgl. ihren doppelten Auftrag, dessen Ausführung V16ff. voraussetzen), auch wenn jene nach der Überwindung der kritischen Phase nach Jesu Kreuzigung am Ende von der Erzählbühne abtreten und den Elf den Vortritt überlassen.

Darüber hinaus zeigt sich bei Lk eine Tendenz zur Aufwertung bzw. Rehabilitierung der Jünger im Vergleich zu den übrigen ntl. Passions- und Auferstehungsüberlieferungen, insofern deren Flucht unerwähnt bleibt, bei der Kreuzigung den Frauen ihre exklusive ZeugInnenschaft abgesprochen wird und schließlich nur Männern explizit eine Christophanie zuteil wird, allen voran Petrus. Auch weitere Modifikationen im lk Porträt des Petrus gegenüber der mk Vorlage sollen dessen Primat stärker hervorheben. Die Kontinuität der Jesusbewegung wird bei Lk vor allem durch das Zeugnis des Petrus und der Elf verbürgt. In Apg 1 kommt demgemäß für das zu besetzende Apostelamt (τὸν τόπον τῆς διακονίας ταύτης καὶ ἀποστολῆς, V25) nur einer der Männer als Zeuge der Auferstehung Jesu in Betracht, obwohl die Frauen – im Gegensatz zu Paulus etwa – die von der Petrusfigur in V21f. formulierten Kriterien erfüllen.

4.3.3 Zwischenbilanz
In der fundamentalen Frage der Erstzeugenschaft tritt im ntl. Befund also eine gewisse Ambivalenz zu Tage. Doch lässt sich zeigen, dass legitimatorische Interessen zu einer Zurückdrängung der Überlieferung der Protophanie vor Maria von Magdala führten. Mit einer Christophanie wurden schließlich auch Autoritäts- und Apostolatsansprüche verknüpft, Führungspositionen und Leitungsfunktionen begründet.

Zu beachten ist weiters, dass die subversive Tradition der Ersterscheinung Jesu vor einer Frau auch aufgrund apologetischer Tendenzen nicht breit rezipiert wurde. Den christlichen Glauben auf das Zeugnis einer Frau zu gründen, hätte in vielen Kreisen seine Akzeptanz erheblich erschwert. So zitiert etwa Origenes, *Cels.* 2,55, die zeitgenössische Polemik: „Wer hat dies gesehen? Eine wahnsinnige Frau, wie ihr sagt ..." Dennoch sprechen gerade ihre Tendenzwidrigkeit und Sperrigkeit in einem patriarchalen Umfeld für die Zuverlässigkeit der Überlieferung, die eine Frau als Garantin der Kontinuität am Übergang von der Zeit des historischen Jesus zur „Zeit der Kirche" ins Zentrum rückt.

4.3.4 Johanneische Relecture: Verschiebungen im österlichen Primat
Ein Sonderweg wird in der joh Traditionsgemeinschaft sichtbar, welche Petrus und dem Zwölferkreis weibliche Identifikationsfiguren zur Seite stellt. Erweist sich Petrus als „Lieblingsjünger" der synoptischen Überlieferung, erscheint der petrinische Primat bei Joh in einer Korrektur der traditionellen Vorrangstellung des Anführers der Zwölf auf verschiedene Figuren verteilt: Der Geliebte Jünger fungiert als Garant der Jesusüberlieferung, Marta artikuliert das Messiasbekenntnis der joh Gemeinschaft (vgl. Joh 11,27; diff. Mk 8,29 par. Mt 16,16; Lk 9,20), Joh 20 erzählt von der Protophanie des

---

⁶² Hubert FRANKEMÖLLE, *Matthäus: Kommentar* (2 Bde; Düsseldorf: Patmos, 1997), 2:530. Vgl. auch Pheme PERKINS, „,I Have Seen the Lord' (John 20:18): Women Witnesses to the Resurrection", *Int* 46 (1992): 31–41, 37; SCHOTTROFF, „Maria Magdalena", 23.

Auferstandenen vor Maria von Magdala und wie diese von ihm den ersten Verkündigungsauftrag erhält. In Joh 21 wird Petrus ein pastoraler Primat zugesprochen.

Die joh Redaktion des Grabbesuchs des Petrus (Joh 20,2–10; vgl. Lk 24,12) setzt das Konkurrenzverhältnis zwischen Petrus und dem „anderen Jünger" als Symbolfigur des joh Kreises in Szene. In den narrativen Beziehungsstrukturen der beiden repräsentativen Jünger problematisiert der Text das Verhältnis der eigenen Traditionsgemeinschaft zu anderen Gruppen, die in Petrus ihre Leitfigur sehen. Gegenüber der gleichsam amtlichen Grabinspektion des Petrus zeigt sich hier deutlich der Primat „des Jüngers, den Jesus liebte" im erkennenden Glauben angesichts der Zeichen.

Freilich wird in dieser Relecture der ursprünglichen Ostererzählung mit ihrer Vorschaltung der Jüngerszene die Glaubenspriorität des Geliebten Jüngers (als einer zumindest männlich assoziierten Gestalt) gegenüber Petrus um den Preis des entsprechenden österlichen Primats Marias von Magdala erreicht. Wurden die emanzipatorischen Aufbrüche in der joh Bewegung einer politischen Kompromisslösung geopfert, um die Akzeptanz des Evangeliums, des Zeugnisses des Geliebten Jüngers, zu erreichen?

4.4 Erste Apostolin?

Wie Marias Sendung (Joh 20,17) und Erfüllung ihres Verkündigungsauftrags (V18) deutlich zeigen, ist ihre Christophanie nicht einfach als Privatoffenbarung ohne Relevanz für die entstehende nachösterliche Gemeinschaft zu bewerten.[63] Doch während in der Rezeptionsgeschichte das gleiche „Sehen des Herrn" bei Petrus und Paulus die Basis für ein universales und dauerhaftes Apostolat bildete, wurde die apostolische Funktion bei Maria von Magdala auf einen kurzfristigen Botendienst beschränkt.

Hingegen könnte sie nach den pln Apostolatskriterien als (erste) Apostolin tituliert werden, zumal Paulus in 1 Kor 9,1 mit derselben urchristlichen Kurzformel für die österliche Offenbarungs- und Berufungserfahrung, die sich in Joh 20,18 in ihrem Mund findet, seine Autorität als Apostel legitimiert (vgl. auch 1 Kor 15,8f.; Gal 1,10–17). Wenngleich sich Marias Rolle als Apostolin nicht unmittelbar aus der joh Textwelt ableiten lässt, da Joh den Apostelbegriff als *terminus technicus* meidet,[64] gewährt diese Darstellung dennoch Schlüsse bezüglich der historischen Rekonstruktion des Urchristentums – und eröffnet(e) entsprechende Rezeptionen. In patristischen und mittelalter-

---

[63] Wenn Joh 20,1–18 häufig als Wiedererkennungserzählung klassifiziert wird (in Abgrenzung zu den Gruppenerscheinungen in Mt 28,16ff.; Lk 24,36ff.; Joh 20,19ff.), wird meist das Element der Beauftragung übersehen. Dabei tritt bereits im Imperativ πορεύου, „geh!", dem Sprachgebrauch der LXX folgend, eine (prophetische) Sendungsformel zu Tage.

[64] Für Joh 13,16 ist die Bedeutung „Bote", „Gesandter" anzusetzen, wiewohl hier entsprechend der bei Joh häufig zu erkennenden Doppelbödigkeit auch eine gewisse Kritik gegenüber Apostolatsansprüchen mitschwingen könnte. Die grundlegende joh Kategorie ist die JüngerInnenschaft.

lichen Zeugnissen wird sie explizit als *apostola* bezeichnet (siehe auch ihren ostkirchlichen Titel ἰσαπόστολος, „apostelgleiche").[65]

Doch obwohl der Evangelienbefund Maria von Magdala als einzige konstant erwähnte Zeugin präsentiert vom Anfang Jesu Wirkens in Galiläa bis zu seinem Tod am Kreuz und darüber hinaus an der Schwelle zur nachösterlichen Zeit, kommt sie nach der Konzeption von Apg 1,21f. aufgrund ihres Geschlechts für das Apostolat nicht in Frage. Die lk Verengung des ursprünglich offeneren Apostolatsverständnisses auf den Zwölferkreis als alleinige Garanten der Kontinuität, Authentizität und Legitimität urchristlicher Verkündigung bestimmte freilich maßgeblich das historische Bild des Urchristentums.

5. Schlussbemerkungen

Das Zeugnis der galiläischen Frauengruppe mit Maria von Magdala an der Spitze erweist sich als Bindeglied zwischen dem vorösterlichen Jesus und dem auferstandenen Christus, in Entsprechung zu den Eckdaten des urchristlichen Glaubensbekenntnisses. In der Frage nach einem übereinstimmenden Kern der Ostermorgengeschichten können wir von visionären Offenbarungserfahrungen von Frauen ausgehen, die mit ihrem Engagement einen entscheidenden Beitrag zum (Wieder-)Aufbau der Nachfolgegemeinschaft Jesu leisteten, sodass die „Sache Jesu" in der kritischen Phase nach der Kreuzigung Jesu weitergehen konnte.[66] An erster Stelle wird dabei Maria von Magdala erwähnt, deren besondere Rolle die Protophanie-Tradition reflektiert.[67] Wenn auch ihr Porträt in den einzelnen Evangelien den jeweiligen theologischen Deutungskategorien entsprechend differiert, belegen diese doch übereinstimmend ihre herausragende JüngerInnenschaft. Von ihrer vorösterlichen Nachfolge und *Diakonia* lässt sich eine Linie zu ihrem österlichen Verkündigungsauftrag und Zeugnis ziehen, Paulus als διάκονος/ ἀπόστολος vergleichbar.

---

[65] Zur patristischen Rezeption und der Frage, wie aus der Apostolin die Sünderin wurde, siehe Andrea TASCHL-ERBER, „‚Eva wird Apostel!' Rezeptionslinien des Osterapostolats Marias von Magdala in der lateinischen Patristik", in *Geschlechterverhältnisse und Macht: Lebensformen in der Zeit des frühen Christentums* (hg. v. Irmtraud Fischer und Christoph Heil; Exegese in unserer Zeit – Kontextuelle Bibelinterpretationen 21; Münster: LIT, 2010), 161–196.

[66] Dazu etwa SCHOTTROFF, „Frauen", 109f.; Elisabeth SCHÜSSLER FIORENZA, *Zu ihrem Gedächtnis ...: Eine feministisch-theologische Rekonstruktion der christlichen Ursprünge* (Gütersloh: Kaiser, ²1993), 187f. [Originalausgabe: *In Memory of Her: A Feminist Theological Reconstruction of Christian Origins* (New York: Crossroad, 1983), 138f.].

[67] Im so genannten manichäischen Psalmenbuch II (4. Jh.), Ps 187, sendet Jesus sie zu den Elf, die statt des „Menschenfischens" wieder ihrer alten Fischertätigkeit nachgehen, um diese als verirrte Schafe zum Hirten zurückzubringen. Ähnlich wird sie an anderer Stelle in einem JüngerInnenkatalog als „Netzauswerferin", die nach den irre gegangenen „anderen Elf" jagt (192,21f.), vorgestellt.

Vermutlich existierte in Bezug auf Maria von Magdala eine breitere Überlieferung, von welcher sich im NT nur einige Reflexe finden, der bedeutendste in Joh 20,1–18. Allein hier kommt sie in den kanonischen Evangelien direkt zu Wort,[68] und zwar nicht wie bei den Synoptikern in einer Frauengruppe verortet. Demgegenüber tritt sie in gnostischen und gnosisnahen Texten auch im Zuge des Lehrens und Wirkens Jesu als seine Dialogpartnerin auf. Auf der Basis des Traditionswissens um ihren Primat als Erstzeugin des Auferstandenen avancierte sie zu einer der bedeutendsten apostolischen TraditionsträgerInnen in christlich-gnostischen Zirkeln. Am deutlichsten knüpft das Evangelium nach Maria an Joh 20 an, das Jesu (Wieder-)Aufstieg zum Vater in Joh 20,17 zu einem großen Visionsbericht des (Wieder-)Aufstiegs der Seele in die himmlische Sphäre entfaltet und explizit Marias apostolische Konkurrenz zu Petrus thematisiert. Hier wie in anderen apokryph gewordenen Schriften wird der geisterfüllten Lieblingsjüngerin der eifersüchtige Vertreter des männlichen Primats gegenübergestellt, der ihre Leitungsposition, die Legitimität ihrer Verkündigung, ihr Rederecht sowie überhaupt ihre Zugehörigkeit zum JüngerInnenkreis bestreitet, wohingegen Maria von Magdala als Repräsentantin der Frauen in der Nachfolgegemeinschaft Jesu wie auch der Frauen in den Gemeinden die weiblichen Autoritätsansprüche verkörpert. Vielleicht fanden gerade viele *ihrer* AnhängerInnen im Gefolge einer allgemeinen Marginalisierung frauenzentrierter Traditionen sowie einer zunehmenden Zurückdrängung von Frauen aus Leitungsfunktionen (vgl. 1 Tim 2,11f.) eine neue Heimat in „gnostisch" kategorisierten frühchristlichen Gruppierungen, welche die ursprüngliche Bedeutung der Magdalenerin als Zeugin und Offenbarungsempfängerin des Auferstandenen rezipierten?[69] Doch es bleibt die grundsätzliche hermeneutische Frage, inwieweit sich die Leerstellen im ntl. Porträt Marias von Magdala aus den späteren gnostisch-apokryphen Texten füllen lassen, um die historische Figur zurückzugewinnen.[70]

---

[68] Anders als die beiden schweigenden Jünger spricht sie mit allen hier auftretenden Figuren.

[69] Hier ließe sich im Blick auf das joh Christentum weiterspekulieren, ob die seitens der joh Redaktion abgeschwächte ErstzeugInnenschaft Marias von Magdala bereits eine Reaktion auf die einsetzende gnostische Rezeption darstellt oder erst Marias Verdrängung aus ihrer ursprünglichen Rolle die Abwanderung der Tradition in gnostisierende und gnostische Strömungen ausgelöst hat.

[70] Jane SCHABERG tendiert dazu, das apokryphe Porträt Marias von Magdala als ursprüngliche Magdalenentradition zu werten: „The Gospel of Mary and other works may preserve very early tradition that has been filtered out of the canonical materials." (DIES., *Resurrection*, 202.) Mary Rose D'ANGELO, „,I have seen the Lord': Mary Magdalen as Visionary, Early Christian Prophecy, and the Context of John 20:14–18", in *Mariam, the Magdalen, and the Mother* (hg. v. Deirdre Good; Bloomington: Indiana University Press, 2005), 95–122; 112ff., sieht in der visionären Maria eine enge Kontinuität von Joh und EvMar und zeichnet ein historisches Bild Marias von Magdala als – noch im 2. Jh. als solche weithin bekannte – Prophetin.

Frauen ohne Namen in den kanonischen Evangelien

Silvia Pellegrini
Universität Vechta

1. Figuren ohne Namen: Definition des Recherchebereiches

In der narrativen Analyse hat man sich bisher ausführlich auf die ProtagonistInnen der Erzählung sowie die Hauptfiguren konzentriert. Das Interesse an Nebenfiguren, den so genannten „zweitrangigen Figuren", ist neu. Woher rührt dieser Perspektivenwechsel? Man hat bemerkt, dass auch die Nebenfiguren in der Strategie der Erzählung eine keineswegs sekundäre Rolle spielen, da sie den LeserInnen eine viel leichtere und vorteilhaftere Identifikation erlauben. Somit sind auch diese Figuren das Ergebnis einer genauen erzählerischen Absicht, die als solche nicht „zweitrangig" ist.

Doch was ist, genauer betrachtet, eine „zweitrangige Figur"? Diese wird in den wissenschaftlichen Studien[1] so unterschiedlich definiert, dass es hier vorzuziehen ist, „Figuren ohne Namen" zu untersuchen und deren Charakterisierung innerhalb der Gruppe der weiblichen Figuren der Erzählung zu ermitteln. Hieraus entsteht ein doppeltes Interesse dieser Analyse.

Zunächst stellt sich die Frage, welche Bedeutung dieses Recherchekriterium, auf Frauen bezogen, haben kann, wenn es doch bereits das Schicksal dieser Frauen war, namenlos in die Geschichte (oder die Erzählung) einzugehen. Eben angesichts dieses „Nachteils" kann uns das Wissen darüber, um welche und wie viele Frauenfiguren es sich handelt und wie sie von den Autoren dargestellt werden, genauer verdeutlichen, welche Beachtung ihnen die Verfasser und ihr ZuhörerInnen- bzw. LeserInnenkreis beimessen und welche Werte sie vermitteln könnten.

Zweitens erscheint innerhalb einer androzentrischen Erzählwelt der Vergleich mit den anonymen männlichen Figuren, wie sie in den Erzählungen auch vorkommen, erforderlich, um erzählerische Akzentsetzungen und Absichten zu erfassen: Ist der Verfasser von der Gender-Problematik beeinflusst?

Drittens, aber nicht zuletzt, geht es darum, einige der Figuren, die unter den namenlosen Frauen herausragen, näher zu beleuchten: Ein solcher Fokus schärft den Blick der LeserInnen und hilft ihnen, Akzentuierungen zu erkennen und Inhalte zu erfassen, die sonst bei schnellem Lesen verborgen bleiben könnten.

Das gesichtete Material lässt – als Arbeitshypothese – vermuten, dass in griechischen und lateinischen Paralleltexten, zumal in analogen literarischen Gattungen, das Phänomen der Anonymität bei der Typologie weiblicher Figuren kaum vorkommt. Die überlieferten Beispiele (vor allem bei Heilungserzählungen und Nebenfiguren in hellenistischen Abenteuerromanen) sind jedoch in ihrer Struktur mit jenen im NT nicht vergleichbar. Parallelen zur Anonymität von Frauenfiguren im NT lassen sich, soweit ich

---

[1] Vgl. Gianattilio BONIFACIO, *Personaggi minori e discepoli in Marco 4–8: La funzione degli episodi dei personaggi minori nell'interazione con la storia dei protagonisti* (AnBib 173; Rom: Pontificio Istituto Biblico, 2008), 18–22, mit weiteren bibliographischen Angaben.

bisher sehen konnte, eher in der alttestamentlichen und jüdischen Literatur finden, wie zum Beispiel die Witwe von Sarepta (1 Kön 17,7–24), Jiftachs Tochter (Ri 11,29–40), die Totenbeschwörerin von En-Dor (1 Sam 28,4f.), Simsons Mutter (Ri 13) oder die Schunemiterin im Elischa-Zyklus (2 Kön 4,1–37). Vor dem Hintergrund dieser besonderen Anonymität der Frauen in den Referenztexten zum NT gehen wir nun zu den Angaben über, die uns die Evangelien bieten.

2. Frauen ohne Namen: Texte, Grundtypen der Erzählung und Figuren

Welche und wie viele Frauen ohne Namen begegnen in den kanonischen Evangelien? Und wie ist ihre Anonymität zu bewerten? Um die Namenlosigkeit der Frauen zu verstehen, ist es erforderlich, parallel auch die Statistik über anonyme männliche Figuren zu beurteilen. Zu diesem Zweck werden hier – wobei das Beobachtungsfeld auf Einzelfiguren (mit Ausnahme des Protagonisten Jesus) begrenzt wird – alle Erzählfiguren vollständig aufgelistet, weibliche wie männliche Akteure der Erzählung oder auch fiktionale Figuren, die wie in den Gleichnissen eine dramatische Funktion in einem erzählerischen Kontext haben, während auf Figuren, auf die in Zitaten oder Anspielungen hingewiesen wird, nicht eingegangen wird.[2]

Das Material, das sich auf Frauen bezieht, wurde nach dem identifizierenden Kriterium der Eigennamen gesammelt. Dennoch ist ein solches Kriterium nicht immer kohärent. So hat etwa die Tochter von Jaïrus keinen Namen, doch für eine Frau, vor allem, wenn sie jung und ledig ist, gilt der Name des Vaters üblicherweise als identifizierender Titel. Solche Fälle sind entsprechend den sozialen Gegebenheiten der Zeit zu beurteilen. Im Übrigen werden auch manche weiblichen Einzelfiguren, die in den Gleichnissen nur am Rande erwähnt werden (wie zum Beispiel im Gleichnis vom Sauerteig), von der Regel abweichend, gleichermaßen berücksichtigt angesichts des seltenen Vorkommens von Frauen in den Gleichnisthemen.

Innerhalb der anonymen Gruppen (Jüngerinnen/Jünger, Familienmitglieder, Freundinnen/Freunde, Menschenmengen, kranke Frauen und Männer, Mädchen und Jungen), die in diesem Abschnitt im Gegensatz zu Einzelpersonen nicht berücksichtigt werden, werden die Frauen sehr selten ausdrücklich angeführt (z. B. Mt 15,38; 27,55; Mk 10,29f.; 15,40; Lk 8,2; 23,49.55). In dieser Klassifikation findet die explizite Präsenz namenloser Frauen keinen Platz, dennoch ist sie für unser Thema von Bedeutung und wird daher in der vorliegenden Studie an geeigneter Stelle berücksichtigt (§ 3).

Zwei Tabellen vereinfachen die Identifizierung des Materials (vgl. im Anhang: Tabelle 1 – Prozentualer Anteil der Anonymität unter den weiblichen Figuren; Tabelle 2 – Prozentualer Anteil der Anonymität unter den männlichen Figuren), welches hier in Form eines kritischen Kommentars zusammenfassend dargelegt wird und darauf angelegt ist, die Grundtypen der Erzählung und der Handlungsfiguren hervorzuheben. Die wichtigsten Figuren werden wieder aufgenommen und in § 4 ausführlich behandelt.

---

[2] Dies trifft neben vielen weiteren männlichen Figuren beispielsweise bei Rahel (Mt 2,18) zu.

Von den 34 in den Evangelien auftretenden weiblichen Figuren kennen wir von nur 14 den Namen. Drei von ihnen sind Gestalten des AT (Tamar, Rahab, Rut), während die anderen reale Figuren aus der Zeit Jesu sind. Darunter befindet sich Maria, die Mutter, die im Vierten Evangelium stets nur „Mutter Jesu" genannt wird und namenlos bleibt. Dieses Faktum ist nicht als Zeichen eines marginalisierenden Vergessens zu werten, sondern der historischen und theologischen Relevanz einer grundlegenden Figur in der joh Gemeinde, die von den vor ihrer Zeit liegenden Traditionen, in denen Maria mit Namen genannt wird, Kenntnis hat und in ihnen lebt. Außer Herodias, der zweiten Frau von Herodes Antipas, die bei ihrem Mann erreicht, dass Johannes der Täufer getötet wird, sind alle namentlich genannten Frauen Jüngerinnen Jesu und Zeuginnen seines Todes am Kreuz wie auch seines leeren Grabes und/oder der ersten Erscheinungen des Auferstandenen. Dies zeigt eindeutig, dass im Aufbau der Erzählung das Kriterium für die Namenszuordnung in der Wertigkeit des Zeugnisses und der Zusammensetzung der ersten Gemeinde besteht. Ein charakteristischer Zug bezüglich der Quellenlage ist die Gleichförmigkeit der Überlieferung: Jede namentlich genannte Frau ist für gewöhnlich in mehreren Quellen/Texten belegt, was ein weiteres Zeichen für einen höheren Grad an historischer Glaubwürdigkeit ist.

Von den verbleibenden 20 Figuren der Frauen ohne Namen ist der erzählerische Befund differenzierter: Es gibt fiktionale Frauenfiguren und reale Gestalten, viele, denen Wunder widerfahren sind, einige Mitglieder der Familie sowie außenstehende Personen, Fälle von teilweiser Verständnislosigkeit und hervorragende Beispiele, die zum Vorbild erhoben werden.

Die Frau des Urija ist neben Tamar, Rahab und Rut eine der vier Frauen, wahrscheinlich alle fremdstämmig, die im Stammbaum von Mt erwähnt werden, um das universalistische Motiv, das in Mt 28,19 seinen Höhepunkt findet, vorwegzunehmen. Literarisch gesprochen erhält diese Frau zu ihrem Namen, Batseba (2 Sam 11,3), bald neue konkurrierende Bezeichnungen[3], die sie mit der illegitimen Beziehung zu König David und dem Tod ihres Mannes Urija mitsamt allen Konsequenzen in Verbindung bringen. Die Bezeichnung „Frau des Urija" identifiziert sie mit der Sicherheit eines Eigennamens, der ihr hier aber eben entzogen wird. Damit ist sie Gestalt eines Geschehens der Vergangenheit, das ihren Eigennamen überlagert.

Untersuchen wir nun etwas näher die Kategorien der einzelnen anonymen Frauengestalten der Evangelien:
- Zunächst erscheinen sieben Frauen unter den Leuten, denen Wunder oder Heilungen mittel- oder unmittelbar widerfahren sind: die Schwiegermutter des Petrus, die vom Fieber geheilt wird (Mt 8,14 par.); die Tochter des Synagogenvorstehers (in Mk 5,22; Lk 8,41 bekannt unter dem Namen Jaïrus), die auferweckt wird, sowie eine Frau, die zwölf Jahre lang an Blutungen gelitten hat und geheilt wird (beide Geschichten sind verflochten: Mt 9,18.20 par.[4]); die Tochter einer Fremden, einer Syrophönizierin,

---

[3] Im AT (vgl. 2 Sam 11f.; 1 Kön 1f.) und im NT wird sie mehrfach erwähnt, jedoch mit Eigennamen nur zehn Mal genannt, ansonsten ist sie immer „Urijas Frau" (in 2 Sam 11f.) oder oft „Salomos Mutter" (in 1 Kön 1f.).

[4] Im Folgenden wird jeweils nur der Anfangsvers einer Erzählung genannt.

die von einem Dämon befreit wird (Mt 15,22 par.); eine Witwe aus der Stadt Naïn, deren Sohn auferweckt wird (Lk 7,12); die seit 18 Jahren verkrümmte Frau, die am Sabbat geheilt wird (Lk 13,11); und schließlich der textkritisch sekundäre Text über die Ehebrecherin, auf die niemand den ersten Stein zu werfen wagt (Joh 8,3).

Diese Erzählungen führen zu folgenden Beobachtungen: Keine dieser Frauen bittet für sich selbst, sondern sie setzen sich für andere ein (Mt 15,22 par.), sind Gegenstand der Fürbitte (Mt 8,14 par.; Mt 15,22 par.; Mk 5,22 par.) oder erfahren Rettung durch das spontane Erbarmen Jesu (Lk 7,12; 13,11; [Joh 8,3])[5]. Einzig die blutflüssige Frau, die mehr zu empfangen als zu bitten weiß, ragt aus dieser Gruppe der durch ein Wunder geheilten Menschen heraus. Sie stellt einen besonderen Fall dar, da sie sich, wie noch zu sehen sein wird (vgl. § 4), in einer sozialen Situation befindet, die sie an den Rand des Lebens verbannt. Aus diesem Grund tritt sie in der Kraft ihres Glaubens mit Jesus in direkten Kontakt, ohne zu bitten, oder anders gesagt, ihre implizite Bitte zeigt sich in einem direkten Sich-Anschließen und Empfangen. Eine weitere herausragende Figur unter den „Namenlosen" ist die Syrophönizierin (Mt 15,22 par., ausführlich behandelt in § 4), die sich mit gleicher Glaubenskraft für ihre Tochter einsetzt, wenngleich sie sich als Fremde in einem sozial benachteiligten Kontext befindet. Da die beiden Fälle von Auferweckung sowohl eine weibliche (Mt 9,18 par.) als auch eine männliche (Lk 7,12) Person betreffen, ist eine Schlussfolgerung über das Geschlecht der Autoren der Evangelientexte nicht zielführend. In all diesen Texten spielt das Thema des Glaubens eine wichtige Rolle; diese Frauen sind Empfängerinnen der Barmherzigkeit Jesu sowie Zeuginnen des Anbruchs des Königreichs in der Person Jesu.

- Im Gegensatz zur „passiv"-empfangenden Rolle der Geretteten steht die aktiv-gebende Figur einer Frau, die bei den Synoptikern namenlos bleibt und den zu Tische liegenden Jesus mit duftendem Öl salbt – nach Lk 7,37 während eines Abendessens mit einem Pharisäer, nach den drei anderen Evangelisten (Mk 14,3–9 par.) kurz vor der Passion. Die joh Überlieferung identifiziert diese Frau als Maria, die Schwester von Marta und Lazarus (Joh 12,3). Es entspricht jedoch eher der ursprünglichen Tradition, sie zu den namenlosen Frauen zu zählen. Dass die Tat dieser Frau für die Evangelisten von hoher Relevanz für die Verkündigung des Evangeliums ist, zeigt sich nicht nur in der mehrfachen Bezeugung der Erzählung in den vier kanonischen Evangelien, sondern auch in dem ausdrücklichen Motiv der Erinnerung, das Mk als Erster bezeugt (14,9):

> Wo immer in aller Welt das Evangelium verkündet wird, wird man zu ihrem Gedächtnis auch das, was diese getan hat, erzählen.

Schon hier lässt sich die unbestrittene Besonderheit einer beispiellosen Tat lebendiger Liebe oder Frömmigkeit gegenüber Jesus erkennen, wobei die vielfältigen Interpretationen der Geste in § 4 diskutiert werden.

---

[5] Dieser letztgenannte ist ein Einzelfall (wie bei der analogen männlichen Figur in Joh 5,6–8) eines Wunders, das ohne vorherige Bitte vollbracht wurde: Jesus zeigt hier seine wahre kommunikative und missionarische Absicht mittels seiner Aktivität als Heiler.

- Eine weitere beispielhafte Tat, die als Verhaltensmodell angeführt wird, vollbringt die namenlose Witwe, die eine kleine Spende in den Opferstock des Tempels wirft (Mk 12,42 par.). Wegen der Vorbildlichkeit dieser Frau, die sich von den anonymen männlichen Figuren – den Reichen, die viel Geld spenden – abhebt, wird auch sie näher zu betrachten sein (vgl. § 4).
- Unter den anonymen Frauen gibt es ein hervorragendes Beispiel für eine intelligente Gesprächspartnerin: die Samaritanerin am Brunnen (Joh 4,7). Anders als die Syrophönizierin, die Jesus mit ihrem Flehen bedrängt, ist die Samaritanerin insofern eine privilegierte Gesprächspartnerin, als es Jesus ist, der sich an sie wendet, wobei er sich dem sozialen Code widersetzt, welcher Distanz zwischen den Geschlechtern und zwischen Juden und Samaritern vorsah. Hinsichtlich dieser privilegierten Position und der Dichte des Dialogs, der dieser anonymen Frauenfigur Kontur verleiht, sei auf § 4 verwiesen.
- Unter den einzelnen anonymen Frauenfiguren gibt es auch drei Fälle, die durch mangelndes Verständnis gekennzeichnet sind. Schauen wir, ob und in welcher Hinsicht sie für diese Recherche interessant sind. Der erste Fall handelt von einer Frau aus der Menschenmenge, die Jesus bewundert und seine Mutter für die Geburt eines solchen Sohnes seligpreist (Lk 11,27); der zweite Fall betrifft die Mutter der Söhne des Zebedäus, die eine Bitte für ihre Söhne an Jesus richtet (Mt 20,20); beim dritten geht es um eine Magd des Hohenpriesters, die Petrus während der Gefangennahme Jesu verbal angreift und ihn anklagt, ein Jünger Jesu zu sein (Mk 14,66 par.; nach Mt 26,69.71 sind es zwei Mägde).

Die erste Frau, die den „Bauch und die Brüste" Marias seligpreist (Lk 11,27), drückt in wirklichkeits- und volksnaher[6] Sprache ein großes Lob für die Mutter und indirekt eine große Bewunderung für Jesus aus. Einen Elternteil oder beide Eltern für das Verdienst der Nachkommen zu loben – und umgekehrt –, steht absolut in Einklang mit dem Empfinden der damaligen Zeit und verwundert daher nicht. Was hier jedoch auffällt, ist, dass die Initiative durch eine Frau ergriffen wird. Sie zeigt damit, dass sie den Mut hat, „die Stimme zu erheben" und vor der Menschenmenge zu sprechen, also in einem Umfeld, in welchem Frauen üblicherweise schweigen. Darin lässt sich die respektvolle Diskretion dieser Frau erkennen, die es vermeidet, sich direkt an einen Mann zu wenden, sondern diesem ihr Lob durch seine Mutter übermittelt, fast wie in einem Austausch von Frau zu Frau. Doch gleichzeitig ist ihr Vorgehen Beweis für die Beliebtheit, die Jesus beim Volk genoss, ungeachtet all der Ablehnungen, die er woanders hinnehmen musste (vgl. Lk 4,28f.; 5,30; 6,11; 7,34; 9,53; 11,15f.). Zu Recht wurde die Perikope als „Christusakklamation" verstanden.[7] Das ist die Basis für das Verständnis der Reaktion Jesu: Lehnt er vielleicht das Lob ab, versagt es seiner Mutter, oder missachtet er gar die Worte der Frau als unangebracht? Nichts von alledem! Jesus akzep-

---

[6] Die Nennung des Bauches und der Brüste stellt nichts Respektloses oder Unschickliches dar; die gleichen Worte nimmt auch Jesus in Lk 23,29 in den Mund. Für die wiederholte konkrete Ausdrucksweise in semitischem Sprachkontext vgl. Josef ERNST, *Das Evangelium nach Lukas* (RNT; Regensburg: Pustet, ⁵1977), 377.

[7] Vgl. ebd.

tiert ihre Worte, baut diese sogar aus[8] und richtet damit ihre Perspektive neu aus. Die Äußerung Jesu: „Tatsächlich sind die selig, die das Wort Gottes hören und bewahren!" (Lk 11,28) ist ein Echo auf jene von Lk 8,21: „Meine Mutter und meine Brüder und Schwestern sind diese, die Gottes Wort hören und tun." Wenn also die wahren Verwandten Jesu all jene sind, die dem Willen Gottes folgen, so ist ganz sicher seine Mutter, die „Magd des Herrn" ist und das Wort Gottes verinnerlicht hat, selig (Lk 1,38), doch mit ihr zusammen kann auch die anonyme Frau, die ihr die Seligpreisung ausspricht, selig sein. Über diese beiden hinaus sind alle selig, die dem Willen Gottes folgen. Jesus bejaht nicht nur die Akklamation dieser Frau, sondern gibt ihr auch die Möglichkeit, in die Seligpreisung miteingeschlossen zu werden, indem er sie indirekt einlädt, seine Jüngerin zu werden. In seinen JüngerInnen sieht Jesus ein Volk von Seligen, wie Lk 10,23 bestätigt: „Selig die Augen" der JüngerInnen, denn sie sehen die Offenbarung des Vaters im Sohn und die Liebe des Sohnes zum Vater. Somit kann man also nicht sagen, dass der kurze Dialog zwischen dieser Frau und Jesus ihr zum Nachteil gereicht. Man kann höchstens von einem unzureichenden Verständnis der Frau sprechen, das Jesus im Einklang mit ihren Intentionen ausbaut.

Was die Mutter der Söhne des Zebedäus betrifft, so wird diese unter Auslassung ihres Namens zweimal bei Mt erwähnt: Mt 20,20; 27,56.[9] In Mt 20,20f. liest man, als direkte Fortsetzung der dritten Ankündigung der Passion: „Da trat zu ihm die Mutter der Söhne des Zebedäus mit ihren Söhnen, fiel vor ihm nieder und wollte ihn um etwas bitten" (V20), und diese Bitte lautet: „Lass diese meine beiden Söhne sitzen in deinem Reich, einen zu deiner Rechten und den andern zu deiner Linken" (V21). Anders erzählen dies Mk 10,35 und Lk 22,24. Lk führt die Gruppe der „Apostel" im Allgemeinen an (vgl. Lk 22,14), während es in Mk 10,35 nicht die Mutter ist, die ein für die beiden nach Inhalt und Kontext derart ungehöriges Anliegen hervorbringt. Es sind hier vielmehr Jakobus und Johannes selbst, die hervortreten und in ihrem eigenen Interesse sprechen, wohingegen die anderen Jünger nur den Hintergrund der Erzählung darstellen (vgl. Mk 10,41). Es dürfte die LeserInnen der Evangelien nicht überraschen, dass sich die Jünger – und hier besonders Jakobus und Johannes (vgl. Lk 9,54)! – unpassend verhalten (siehe die zahlreichen Beispiele zum Thema „Jüngerunverständnis", z. B. Mk 8,16; 9,6; Joh 11,12f.). Im Gegensatz hierzu ist es wenig glaubhaft, dass eine Frau in jener Zeit eine Rolle von derartiger Wichtigkeit annehmen könnte, dass sie gar für andere um einen Gefallen bittet – für Söhne, die nicht minderjährig, nicht krank und auch nicht in Lebensgefahr sind! Noch weniger glaubhaft wäre es dann, dass Mk oder Lk sich darum gesorgt hätten, dieser Frau eine Blamage zu ersparen, indem sie sie erfinderisch durch zwei Apostel ersetzten! Deswegen scheint es nicht zielführend, dieses Verhalten der Mutter der Söhne des Zebedäus zu den Merkmalen der anonymen Frauen der Evangelien zu zählen, sondern es in diesem Falle den theologisch-erzählerischen Charakteristika des Evangelisten Mt zuzuschreiben, wenngleich zuzugeben ist, dass diese Figur statistisch gesehen zu den anonymen Frauen zählt. Um sie zu ent-

---

[8] Vgl. μενοῦν μακάριοι (Lk 11,28a), wiederzugeben mit „tatsächlich sind die selig ...".
[9] Abgesehen von der joh „Mutter Jesu" wird nur noch diese einzige Frau in den Evangelien zweimal ohne Namen erwähnt.

lasten,[10] findet sich die Mutter der Zebedaiden auf Golgota unter den Zeuginnen der Kreuzigung wieder (Mt 27,56) und wird hier nur von Mt erwähnt, während die anderen Evangelisten sie nicht anführen. Hier hat Mt die mk Liste in 15,40 geändert.

Der dritte Fall zeigt in der Magd des Hohenpriesters eine weibliche Figur, die während der Gefangennahme Jesu (Mt 26,69 par.) dezidiert feindselig auftritt, wenn auch nicht direkt gegenüber Jesus, aber immerhin gegenüber einem seiner ihm nahe stehenden Jünger. Was trägt das Faktum, dass es sich hierbei um eine Frau handelt, zur Erzählung bei? Mehrere Männer im Hof des Hohenpriesters wenden sich nämlich beharrlich feindselig an Petrus (Mt 26,73; Mk 14,70; Lk 22,58f.; Joh 18,25f.), doch der Erzähler möchte die Aufmerksamkeit fest auf diese junge Magd richten, deren Stimme sicher weniger als die der Männer zählte. Die Absicht ist eindeutig: Abgesehen von einer möglichen Erinnerung an historische Begebenheiten soll hier klar die Schwäche des Petrus im offenen Kontrast zu seiner entschlossenen Treueerklärung bis zum Martyrium (Mt 26,33.35 par.) herausgestellt werden. Die erzählerische Strategie ist offensichtlich: Es bringt einem Mann keine große Ehre, Angst vor anderen Männern zu haben, doch die Furcht schon vor „einer einzigen Dienstmagd" (μία παιδίσκη, Mt 26,69) lässt das Ausmaß seiner Verleugnung erkennen. Hier liegt eine Gedankenstruktur zu Grunde, die mit den Rollen und den sozialen Verhaltensmustern, die für beide Geschlechter vorgesehen sind, verbunden ist. Doch die Tatsache, dass sowohl Männer als auch Frauen Petrus angreifen, zeigt, dass die Evangelisten daraus keine Präferenzen für das eine oder das andere Geschlecht ableiten. Höchstens die Duplizierung der Mägde bei Mt (Mt 26,69.71) bestätigt einmal mehr (vgl. oben zu Mt 20,20f., in Bezug auf die Mutter der Söhne des Zebedäus) die nur wenig frauenfreundliche Haltung des Mt.

Aus den drei angeführten Fällen kann man also schließen, dass der erste kein Negativbeispiel ist, der zweite scheint eine nicht überzeugende Verarbeitung seitens Mt zu sein, und der dritte ist nicht gegen Jesus gerichtet und existiert nicht in selbstständiger Form, sondern als Beschreibung der Verleugnung Jesu durch Petrus.

• Die verbleibenden anonymen weiblichen Figuren sind sämtlich Gestalten in Gleichnissen[11]: eine Frau, die den Brotteig mit Sauerteig versetzt – ein Bild des Anbruchs des Himmelreichs (Mt 13,33 par.); die zehn Jungfrauen, fünf törichte und fünf kluge, die dem Bräutigam in der Nacht entgegengehen (Mt 25,1); die Frau, die eine von zehn Drachmen verloren hat und diese unermüdlich sucht, bis sie sie mit großer Freude findet – ein Bild für den Einsatz Gottes zur Rettung eines jeden Menschen, der verloren war und nun mit großer Freude wiedergefunden wird, wie das Verhalten Jesu zeigt, der die SünderInnen sucht und annimmt (Lk 15,8); die Witwe, die mit ihrer Beharrlichkeit in ihrem Bitten sogar den Widerstand eines ungerechten Richters überwindet und Gerechtigkeit erfährt – Beispiel einerseits für unerschütterlichen Glauben, doch

---

[10] Einen Überblick über die Lösungen – aus meiner Sicht ist keine davon überzeugend – zur Erklärung der wiederholten Erwähnung der Mutter der Zebedäus-Söhne bei Mt findet man bei Emily CHENEY, „The Mother of the Sons of Zebedee (Matthew 27.56)", *JSNT* 68 (1998): 13–21.

[11] Vgl. dazu Mary Ann BEAVIS, Hg., *The Lost Coin: Parables of Women, Work, and Wisdom* (The Biblical Seminar 86; New York: Sheffield Academic Press, 2002).

andererseits auch ein Spiegelbild der Situation des Dialoges zwischen Gott und den Gläubigen: Es würde Gott genügen, dass man sich ihm mit Glauben zuwendet, um umgehend helfend einzugreifen „Doch wenn der Menschensohn kommen wird, wird er Glauben auf Erden finden?" (Lk 18,3.8).

Diese Frauenbilder sind alle weitgehend positiv: Sie versinnbildlichen das Geheimnis des herannahenden Himmelreiches, verdeutlichen Verhaltensweisen Jesu und des Vaters gegenüber der Menschheit und verkörpern Entschlossenheit im Glauben. Nur das Gleichnis von den zehn Jungfrauen und ihrer Begegnung mit dem Bräutigam ist neutral, da es fünf der Frauen als töricht und fünf als klug darstellt. Ihre Präsenz ist vielleicht der immanenten Struktur der Erzählung geschuldet, die sich auf die Ähnlichkeit zwischen dem Bräutigam und dem Menschensohn bei seiner Rückkehr in der Parusie stützt, was den Gegenpart einer weiblichen Figur verlangte. Als Bild der Gemeinde sind ihre „weiblichen" Züge nicht hervorstechend. Es ist hierin kein Genderbias beim Autor zu erkennen; er nimmt als Zeichen der Balance vielmehr eine paritätische Aufteilung unter den Frauen vor: fünf sind klug, fünf nicht. Da diese Jungfrauen dann noch eine anonyme Gruppe bilden, gehen sie eigentlich über den Kontext dieser Untersuchung hinaus, weil diese sich auf Einzelgestalten bezieht.

Unter den einzelnen anonymen weiblichen Figuren könnte man auch Familienangehörige Jesu in Betracht ziehen: die Schwestern sowie, gemäß dem Vierten Evangelium, die Mutter Jesu (Mk 3,32–35; 6,3; Joh 2,1; 19,25). Doch auch die Schwestern werden in Wirklichkeit als Gruppe behandelt (vgl. § 3), und die Mutter Jesu wird nur bei Joh ohne Namen erwähnt, aber nicht, um ihr einen Hauch von Anonymität zu verleihen, sondern um sie noch näher an den Sohn zu binden. Daher sind auch diese Frauen hier nicht Gegenstand der Abhandlung.

Aus der Überprüfung der Angaben, die bisher gemacht wurden, lässt sich schließen, dass

- die Frauen ohne Namen jenen mit Namen zahlenmäßig deutlich überlegen sind,
- die Frauen ohne Namen eine größere Bandbreite an Charakteristika und erzählerischen Funktionen aufweisen,
- die Frauen mit Namen ein großes Interesse an der Historie und an ZeugInnenschaft widerspiegeln,
- unter den Frauen ohne Namen äußerst positive Figuren zu bemerken sind, unter ihnen viele hervorragende Beispiele für exemplarische JüngerInnen.

3. Männer ohne Namen

Auf der Grundlage dieser Erkenntnisse ist es nun möglich, sich den männlichen Gestalten zuzuwenden.

In den kanonischen Evangelien zählt man – unter den Figuren mit und ohne Namen – mehr als 200 männliche Rollen, wobei die 39 Männer aus dem Stammbaum Jesu in Mt 1,1–17 bzw. die 77 Männer im Stammbaum in Lk 3,23–38 nicht berücksichtigt sind. Das Übergehen der Genealogie Jesu kann damit begründet werden, dass ihre Gestalten, die der Überlieferung entnommen wurden, keine echten Akteure in der Erzählung darstellen. Doch kann der soziale Wert der Bezugnahme auf die Vorfahren, von welchen gewöhnlich nur die Männer von Interesse sind, auch für die Geschichte Jesu nicht übergangen werden, wie bei der Beschäftigung mit den Frauen (Tamar, Rahab, Rut und die Ehefrau Urijas) bereits bemerkt wurde. Die Tatsache, dass die Anzahl der angeführten Generationen bei Mt und Lk merklich variiert, gestaltet die Auflistung schwierig. Daher erscheint es angemessen, das Gewicht des Stammbaums nicht außer Acht zu lassen und ihn dennoch getrennt zu behandeln.

In den kanonischen Evangelien treten 80 namenlose Männer auf; es sind 55 mit Namen, wenn man Jaïrus (für Mt 9,18 einfach „ein Vorsteher") und Kajaphas (für Mk 14,53 einfach „der Hohepriester") als Figuren mit Namen mitzählt und Lazarus von Betanien (Joh 11,1) und Simon den Aussätzigen (Mk 14,3 par.) als zwei verschiedene[12] Gestalten betrachtet. Nimmt man die Angaben des Stammbaums hinzu, kommt man auf mehr als 100 männliche Namen (genau genommen, 132 bzw. 94). Im Vergleich zu dieser Zahl ergibt sich, dass die namenlosen Männer (80) über ein Drittel aller männlichen Gestalten ausmachen; unter den 80 anonymen Männern sind 28 Protagonisten in Gleichnissen.

Die Typologie der Einzelfiguren ohne Namen ist noch recht vielfältig, wenn auch in einem geringeren Ausmaß im Vergleich zu den ermittelten Gestalten mit Eigennamen. Es handelt sich hierbei hauptsächlich um Juden: 24 Pharisäer, Schriftgelehrte, Sprecher aus der Menschenmenge, falsche Zeugen, Wachen und Knechte des Hohenpriesters sowie der mysteriöse Jüngling in Mk 14,51, der in der Nacht der Gefangennahme Jesu nackt flüchtet; 19 Kranke und/oder Besessene; 7 Jünger; zwei römische Zenturionen (Mt 8,6 par.; Mt 27,54 par.) sowie 28 fiktionale Figuren, wie etwa Protagonisten in Gleichnissen. Unter den Evangelisten ist Lk der geschickteste Erzähler im Hervorheben von einzelnen und doch anonymen Figuren, da er sie aus der Gruppe heraustreten lässt.

Bei diesen Figuren kann weder eine eindeutige noch eine dominante Haltung Jesus gegenüber erkannt werden. Abgesehen von den beiden Zenturionen, von denen der eine ein Vorbild für den Glauben und der andere ein Vorbild für die Offenheit gegenüber der Offenbarung ist, finden wir für jede Kategorie antagonistische Figuren: Da ist der Schriftgelehrte, der Jesus Vorwürfe macht (Lk 11,45), und der andere, der ihn lobt (Mk 12,32–34); es gibt den Pharisäer, der ihn nach Hause zum Essen einlädt (Lk 11,37)[13], und jenen, der ihn auf die Probe stellen will (Mt 22,35); es gibt den Lieblings-

---

[12] Die christliche Tradition tendiert oft dazu, die Gestalten der beiden biblischen Erzählungen zu identifizieren, wobei sie sich auf verschiedene Überlieferungen beruft. Nach Mk 14,3 und Mt 26,6 fand die Salbung Jesu in Betanien im Hause Simons, des Aussätzigen, statt, nach Joh 12,1 zwar ebenfalls in Betanien, aber im Hause des Lazarus, und nach Lk 7,36f. in einer nicht näher bezeichneten Stadt im Hause eines Pharisäers namens Simon (Lk 7,40). Doch eine solche Identifizierung lässt sich aus den Evangelienerzählungen nicht rechtfertigen.

[13] Von den vielen Pharisäern, die Jesus zum Essen einladen bzw. seine Nähe suchen, sind zwei in die Überlieferung mit Namen eingegangen: Nikodemus, der ihn in aller Aufrichtigkeit aufsucht und ihn verteidigt (Joh 3,1; 7,50), und Simon (Lk 7,36.40). Der Erste ist mit Sicherheit Jünger Jesu geworden (Joh 19,39), von dem zweiten bleibt es als Vermutung offen.

jünger (Joh 13,23 und passim) und den Jünger, der noch nicht bereit ist, ihm zu folgen (Lk 9,61); es gibt den reuigen Schächer am Kreuz (Lk 23,40) und den, der Jesus beschimpft (Lk 23,39); und selbst den Kranken, denen eine Wunderheilung widerfahren ist, muss Jesus die Frage stellen:

> Sind nicht die zehn rein geworden? Wo sind aber die neun? Hat sich sonst keiner gefunden, der wieder umkehrte, um Gott die Ehre zu geben, als nur dieser Fremde? (Lk 17,17f.)

Analog hierzu finden sich auch unter den fiktionalen Gestalten in den Gleichnissen die männliche Vorbildfigur, wie etwa der treue Knecht, der den Herrn erwartet (Lk 12,42–44), und ihr Gegenstück, ein Beispiel von Ungerechtigkeit, wie der untreue Knecht (Lk 12,45f.). Unter zwei Betern in der Synagoge gibt es das positive Beispiel eines Sünders, dem vergeben wurde, nämlich den Zöllner (Lk 18,13f.), und das negative eines Sünders, der nicht gerechtfertigt wurde (der Pharisäer Lk 18,11f.). Ferner zeigt sich ein Antagonismus beim ungehorsamen und dem gehorsamen Sohn (Mt 21,29f.) usw.

Dieses starke Ungleichgewicht im Vergleich zur einheitlichen Situation bei den anonymen Frauen eröffnet den Weg zu einer Gegenüberstellung, die die wesentlichen Aspekte der Funktion der Frauen ohne Namen in den kanonischen Evangelien beleuchten soll.

4. Weibliche und männliche Figuren ohne Namen: eine Gegenüberstellung

Der Vergleich zwischen weiblichen und männlichen anonymen Figuren (siehe im Anhang Tabelle 3) ist bereits aus statistischer Sicht aufschlussreich.

Unter den nicht fiktionalen Gestalten herrscht bei den Männern die Beibehaltung des Namens absolut vor – im Gegensatz zu den Frauen, die tendenziell anonym bleiben. Auch bei den Figuren mit Namen lässt sich ein deutlicher Unterschied zwischen den männlichen und weiblichen erkennen: Während die in den kanonischen Evangelien genannten Frauen, abgesehen von Herodias, allesamt Jüngerinnen und/oder Verwandte Jesu sind, fällt die Vielfalt der männlichen Typologie auf, die von den politischen Gestalten der damaligen Zeit (Könige, Tetrarchen, Kaiser, Amtspersonen, Zenturionen usw.) über Figuren aus der Geschichte Israels (Patriarchen, Propheten usw.) und der Geschichte der jungen Kirche (Apostel, Jünger) bis hin zu Figuren des alltäglichen Lebens (Verurteilte wie Barabbas, Kranke wie Bartimäus, Beamte wie Zachäus, Synagogenvorsteher wie Jaïrus) reicht. Dies entspricht den Genderrollen in der antiken Gesellschaft.

Doch auch unter den fiktionalen Figuren (allesamt anonym, mit Ausnahme eines einzigen Mannes: der mit Geschwüren übersäte Bettler namens Lazarus in Lk 16,20) lässt sich die fast lückenlose männliche Dominanz bemerken: Man spricht gern vom Knecht, König, Herrscher, Sklaven, Sohn, Vater, Arbeiter, Gebieter, Verwalter, Reichen, Wanderer usw., doch fast nie von Frauen!¹⁴ An diesem Punkt ist es lohnend, darauf aufmerksam zu machen, dass sich unter den männlichen Figuren in den Gleichnissen sowohl positive als auch negative Beispiele finden, die Frauen in den Gleichnissen dagegen ausschließlich leuchtende Vorbilder liefern.

Diese letztgenannte Tatsache, die von überwältigender Evidenz ist, greift in keinerlei Hinsicht die für die damalige Gesellschaft und Kultur typische androzentrische Perspektive der Autoren der kanonischen Evangelien an, sondern überholt diese um vieles, indem sie eine Gedankenfreiheit und eine Wertschätzung zeigt, die nicht vom Geschlecht abhängt: Eine Frau, auch ohne Namen, mag vielleicht in der Gesellschaft nichts zählen, doch das hindert sie in den Augen der Evangelisten nicht daran, als Beispiel, wie ein Mann, und noch mehr als dieser, angeführt werden zu können. Diese Frauen, vor allem die ohne Namen, sind der Beweis für die durch Frauen erzielte qualitative Überwindung der quantitativen Dominanz der Männer in den androzentrischen Gedankenstrukturen der ntl. Autoren.

Aus dem Vergleich zwischen den anonymen weiblichen und männlichen Einzelfiguren lassen sich keine Geschlechterstereotypen feststellen, die traditionelle Gegensatzpaare wie weiblich-passiv versus männlich-aktiv oder männlich-mutig versus weiblich-ängstlich oder männlich-reich versus weiblich-arm etc. assoziieren. Wir finden dagegen, vor allem in Bezug auf die Frauen, ein überaus buntes Bild: aktive Frauen, die das Wort (Lk 11,27) und die Handlungsinitiative ergreifen (Mk 5,25 par.), reiche Frauen, die Jesus finanziell unterstützen (Lk 8,3), aber auch das eine oder andere Bild, das eine Umkehrung der Verhältnisse zum Ausdruck bringt, wie etwa jenes, in dem der Herr seine Knechte bei Tisch bedient (Lk 12,37). Doch fehlt es an mutigen (Joh 9,24–35) und furchterregenden Männerfiguren (Mk 12,9) sicher genauso wenig wie an Frauen in passiven Rollen (Lk 7,12f.). Insgesamt gesehen spiegelt die Weltsicht der Schreibenden (zwangsläufig!) die Position (im Allgemeinen untergeordnet), die Rolle (im Allgemeinen sekundär), die Berufe (im Allgemeinen einfach und dienend), die Erwartungen und das soziale und kulturelle Selbstverständnis von Frauen in jener Zeit wider. Wenn aber der Glaube und die Beziehung einer Frau zu Jesus ins Spiel kommen, ist dies nicht von Geschlechterkategorien bestimmt, sodass die beschriebenen Aktivitäten, die im Kontrast zu den Geschlechterstereotypen stehen, Entrüstung, Staunen oder Bewunderung hervorrufen (vgl. Lk 7,39; Joh 4,27; Mt 15,28). Die Personifizierung und Übermittlung dieser freien Sichtweise, die die Geschlechterhierarchie angreift, indem sie sie überwindet, erfolgt gerade durch die Frauen ohne Namen, noch viel mehr als durch die Frauen mit Namen und alle Männer in den Evangelien.

Neben diesen einzelnen Gestalten sind auch – im Maskulinum der inklusiven Sprache – die Gruppe der JüngerInnen (kollektiv anonym, häufig erwähnt) sowie die Grup-

---

14 Anzumerken ist, dass von den drei einzigen Gleichnissen, die als ProtagonistInnen Frauen vorsehen (Mt 13,33 par.; Lk 15,8; 18,3 – siehe oben), das Gleichnis vom Sauerteig mit aller Wahrscheinlichkeit auf den historischen Jesus zurückzuführen ist (vgl. Hans WEDER, *Die Gleichnisse Jesu als Metaphern: Traditions- und redaktionsgeschichtliche Analysen und Interpretationen* [FRLANT 120; Göttingen: Vandenhoeck & Ruprecht, 1978], 131) und dass die anderen beiden ebenfalls gut begründet als echt gelten können.

pe der Jüngerinnen (kollektiv anonym, erwähnt in Lk 8,3 oder nur als „viele Frauen" in Mt 27,55) bedeutungsvoll.

Wie in § 2 angedeutet, werden Frauen innerhalb der anonymen Gruppen (Jünger/Jüngerinnen, Familienmitglieder, Freundinnen und Freunde, Menschenmengen, kranke Frauen und Männer, Mädchen und Jungen) sehr selten ausdrücklich – allerdings in signifikanter Weise – genannt: siehe Mt 13,56; 14,21; 15,38; 27,55; Mk 3,32; 6,3; 10,29f.; 15,40; Lk 8,2; 23,27.49.55. Was genau sagt diese Gruppenanonymität in Bezug auf die weiblichen Charaktere aus? Es ist vor allem zu beobachten, dass die auf diese Art erwähnten Frauen historische und nicht fiktionale Gestalten sind und dass ihre Hervorhebung in der Erzählung doppelt bemerkenswert ist, wenn man bedenkt, dass Frauen, vor allem innerhalb einer Gruppe, durch das grammatikalisch männliche Geschlecht der kollektiven Bezeichnung in einer Erzählung absorbiert und unsichtbar gemacht werden. Was also tun diese Frauen so Besonderes, dass der Erzähler daran erinnert, dass es sich *auch* um Frauen handelt? Sehen wir uns die Texte an.

4.1 Frauen werden per Ausschluss genannt

Am Ende der ersten und der zweiten Erzählung von der Vermehrung der Brote werden die Frauen zusammen mit der anderen zweitrangigen Kategorie – der der Kinder – subtrahierend (χωρίς: „außer ...") genannt, um die Größe des Wunders noch zu erhöhen:

> Die aber gegessen hatten, waren etwa fünftausend Mann, ohne Frauen und Kinder. (Mt 14,21)
> Und die gegessen hatten, waren viertausend Mann, ausgenommen Frauen und Kinder. (Mt 15,38)

Dieses Anführen durch Ausschluss erweist sich als Besonderheit des Mt, wenn man den Text mit den Parallelstellen[15] (nicht nur bei Mk, der im Hinblick auf Frauen[16] bekanntlich sensibel ist, sondern auch bei Lk und Joh) vergleicht, die nicht die Frauen nennen, um sie von der Zahl der Gesättigten abzuziehen, sondern sich darauf beschränken, die Männer (ἄνδρες) zu zählen. Die mt Erzählung, die die Gegenwart der Frauen erwähnt, spiegelt nur insofern ein Interesse an den Frauen wider, als die Zahl der Essenden steigernd hervorgehoben wird.

4.2 Die Rolle von Frauen in der neuen Familie Jesu

Mk 10,29f. nennt als Gruppen die Schwestern und die Mütter:

> Jesus sprach: Wahrlich, ich sage euch: Es gibt niemand, der Haus oder Brüder oder Schwestern oder Mutter oder Vater oder Kinder oder Äcker um meinetwillen und um

---

[15] Vgl. Mk 6,44; 8,9; Lk 9,14; Joh 6,10.
[16] Als emblematisch ist Mk 10,1–12 mit der Scheidung zu sehen, wo der weibliche Part in expliziter Form berücksichtigt wird.

des Evangeliums willen verlassen hat, der nicht jetzt in dieser Zeit hundertfach Häuser und Brüder und Schwestern und Mütter und Kinder und Äcker mitten unter Verfolgungen empfängt – und in der zukünftigen Welt das ewige Leben.

Beide Gruppen sind konstituierende Elemente einer Kernfamilie, die als Basis für das Leben, für wirtschaftliche Sicherheit und soziale Integration gilt. Der Passus ist vor allem im synoptischen Vergleich interessant. Mt 19,29 führt dieselben weiblichen Kategorien wie Mk an, doch im Unterschied zu Mk spezifiziert Mt sie im Nachsatz nicht nochmals, sondern beschränkt sich auf eine hyperbolische Synthese: „... wird hundertfach empfangen ..." Dasselbe macht Lk (18,29f.), der aber unter den weiblichen Gruppen auch die Kategorie der Ehefrauen aufzählt. Hier lässt sich die Radikalität der Botschaft (die Freiheit von jeglichen familiären, emotionalen Bindungen betrifft auch bereits Verheiratete) und der metaphorische Charakter der versprochenen Entschädigung erkennen (sonst ist es schwierig, das hundertfache Empfangen auf die eigene verlassene Frau zu beziehen!). Mit diesen beiden Akzentuierungen drängt die Gesamtausrichtung des Textes nicht zum Verzicht mit Aussicht auf eine Entschädigung, sondern zur Erlangung einer Freiheit von den familiären Bindungen, die einer ehrlichen und totalen Zustimmung zu der Botschaft vom nahen Reich nicht im Wege steht. Zusammenfassend lässt sich also sagen, dass das Logion die weibliche Präsenz als bemerkenswerte Konstante auch in der durch Jesus neu gegründeten Gemeinschaft enthüllt und dass diese Gemeinschaft, die auf die Wirklichkeit des Reiches Gottes harrt und sie schon lebt, durch emotionale Bindungen gekennzeichnet ist, die denen einer Familie vergleichbar sind, aus denen sich daher auch alle emotionalen Beziehungen zu den Mitgliedern des anderen Geschlechts ergeben: Ohne Frauen gibt es die Familie Jesu nicht. Und die Frauen sind hier so wichtig, dass es nicht genügt, sie unter dem „männlichen Geschlecht", das grammatikalisch das weibliche mit einschließt, zu „subsumieren" – und sie implizit zu streichen –, sondern dass sie genau als Schwestern, Mütter und Ehefrauen aufgeführt werden.

Was insbesondere die Schwestern Jesu[17] (Mk 6,3 / Mt 13,56) betrifft, so stellen diese eine anonyme Gruppe von großer historischer Bedeutung[18] dar, was ein Indikator für das Menschsein und das Alltagsleben des Menschen Jesus ist. Der andere Passus, der die Familie Jesu erwähnt, die draußen steht, zu ihm schickt und ihn rufen lässt (Mk 3,31–35 / Mt 12,46–50), führt die Mutter und die Geschwister (οἱ ἀδελφοί) an, die allesamt Verständnislosigkeit gegenüber Jesus zeigen, obwohl sie für ihn sorgen und

---

[17] In diesem Kontext richtet sich das Augenmerk berechtigterweise auf die Schwestern, weil nur diese eine Gruppe bilden, während die Mutter eine Einzelperson mit Eigennamen ist.

[18] Unabhängig von der dogmatischen Problematik, die die Brüder und Schwestern Jesu aufwerfen (vgl. Rudolf PESCH, *Das Markusevangelium* [HTKNT II/1; Freiburg i. Br.: Herder, ⁴1984], 322–324), wird ihre geschichtliche Realität hier nicht diskutiert. Bezüglich einer auf „Brüder und Schwestern" im biologischen Sinn beschränkten Interpretation vgl. vor allem Camille FOCANT, *L'évangile selon Marc* (Commentaire biblique: Nouveau Testament 2; Paris: Cerf, 2004), 154f. Für eine ausführlichere und allgemeinere Interpretation als „Cousins und Cousinen" oder „Stiefbrüder/Stiefschwestern" vgl. Richard BAUCKHAM, *Jude and the Relatives of Jesus in the Early Church* (Edinburgh: T&T Clark, 1990), 19–32.

ihn schützen wollen. Von den Schwestern ist hier explizit keine Rede. Aber am Ende der Perikope (Mk 3,35 / Mt 12,50) werden im Munde Jesu Schwestern als Mitglieder der wahren Familie Jesu ausdrücklich genannt, die durch die Treue zum Willen Gottes identifiziert wird: „Denn wer Gottes Willen tut [Mt: „meines Vaters im Himmel"], der ist mein Bruder und meine Schwester und meine Mutter."

4.3 Frauen in der Gefolgschaft Jesu

Lk 8,1b–3 nennt im Zusammenhang der Wanderpredigt Jesu „viele weitere Frauen" (V3) und stellt sie neben die Zwölf:

> ... und die Zwölf waren mit ihm und einige Frauen, die von bösen Geistern und Krankheiten geheilt worden waren, nämlich Maria, genannt Magdalena, von der sieben Dämonen ausgefahren waren, Johanna, die Frau des Chuzas, des Verwalters von Herodes, Susanna und viele andere, die ihnen dienten mit ihrer Habe.

Doch die Aufmerksamkeit gilt nicht den Zwölf, deren Anwesenheit bereits seit Lk 6,13 vorausgesetzt ist, sondern den Frauen. Die historische Existenz dieser Frauengruppe wird durch die Namen von dreien von ihnen (Maria Magdalena, Johanna, Susanna) stellvertretend für alle Frauen dokumentiert. Die anonymen Frauen werden erwähnt, weil sie Jesus und den Jüngern, die ihm folgen, dienen (vgl. Lk 8,3). In den Evangelienerzählungen profitieren die Menschen von Jesus – oder sie behindern oder bedrohen ihn; allenfalls folgen sie ihm nach, ohne ihn zu verstehen. Doch niemand hilft *ihm*. In jedem einzelnen der vier Evangelien können sich einzig Frauen rühmen, dass sie Jesus, dem Menschensohn, der „nichts hat, wo er sein Haupt hinlegen kann" (Lk 9,58 / Mt 8,20b), helfen! Und sie helfen ihm mit ihren Gütern (Lk 8,3). Diese Nachricht ist interessant unter vielfältigen geschichtlichen, soziologischen und theologischen Gesichtspunkten. Es genügt hier anzumerken, dass es nicht notwendig war, Jesus nachzufolgen, um ihn mit Hab und Gut zu unterstützen. Doch die in Lk 8 erwähnten Frauen folgen Jesus als Jüngerinnen, so wie die Zwölf, und noch mehr als diese. Sie erscheinen in der narrativen Erinnerung, indem sie sich als großartige Figuren abheben, und ihre Anonymität erhöht m. E. den Wert des Zeugnisses: Es handelt sich nicht um nur zwei oder drei reiche Damen aus der politisch-kulturellen Elite, die genannt werden, um der Person Jesu Ruhm zu verleihen, sondern um „viele andere": eine anonyme weibliche Menschenmenge, die Jesus liebt und ihm folgt, wobei sie ihm alles zur Verfügung stellt, was sie besitzt. Sie sind Vorbildfiguren der vollkommenen JüngerInnen, die geben, was sie haben, und Jesus nachfolgen (vgl. Mt 19,21 / Mk 10,21 / Lk 18,22): Man konnte sie nicht ignorieren, auch wenn man sie nicht alle beim Namen nennen wollte.

Eben diese Frauen bilden in Mt 27,55 („Es waren aber dort viele Frauen, die von ferne zusahen; diese waren Jesus von Galiläa nachgefolgt und hatten ihm gedient") während der Kreuzigungsszene den Hintergrund sowie den HörerInnenkreis bei der erstaunten Feststellung des Zenturios und der Wachen: „Wahrhaftig, dieser war Gottes Sohn!" (Mt 27,54). Diese Frauen sprechen nicht, und wenn überhaupt, dann nur durch ihre Anwesenheit. Sie sind in den synoptischen Evangelien die einzigen ZeugInnen, die auf Jesu Seite sind. Die männlichen Jünger fehlen. Die Frauen beobachten, und in ihrem Beobachten sind sie in Gemeinschaft mit Jesus und setzen damit ununterbrochen ihre Berufung fort, ihm „nachzufolgen" und ihm zu „dienen". Sie repräsentieren also auch hier die exemplarischen JüngerInnen, die unabhängig davon, ob sie verstehen, zustimmen oder Angst haben, in jedem Fall Jesus nachfolgen und ihm dienen. Mt erwähnt sie, wie die anderen Evangelisten auch (Mk 15,40; Lk 23,49; Joh 19,25), weil sie Vorbildfiguren für die Nachfolge sind, weil sie als historische Zeuginnen existiert haben und weil das, was sie tun, auch für die Gründung der Urkirche konstitutiv ist. Allein die Frauen bekleiden diese Funktion.

Lk 23,55 („Es folgten aber die Frauen, die mit ihm aus Galiläa gekommen waren, und beobachteten das Grab und wie sein Leichnam hineingelegt wurde") bestätigt und unterstreicht diese Funktion, indem die Frauen auch in der Szene des Begräbnisses erwähnt werden. Da die aktiven Figuren der Erzählung männlich sind (Josef von Arimathäa und Pilatus), sagt hier ihre Anwesenheit noch stärker aus, dass es nicht die Aktion ist, die zählt (welche Frau hätte jemals persönlich zu Pilatus gehen können?!), sondern das Anwesendsein. Im häuslichen Umfeld, wo sie ihrer Aktivität ungehindert nachgehen können, verrichten die Frauen noch den letzten Dienst, den sie meinen, erweisen zu können („sie kehrten aber um und bereiteten wohlriechende Öle und Salben", Lk 23,56), und der sie als namenlose Gruppe verbindet, bis sie am Morgen der Auferstehung wieder einen Namen erhalten, als sie die Funktion von Zeuginnen ausüben (vgl. Mt 28,1; Mk 16,1f.; Lk 24,10; Joh 20,1).

Eine noch weniger deutlich hervortretende Gruppe weiblicher anonymer Figuren begegnet in der „großen Menge ... von Frauen" (Lk 23,27), die Jesus auf der *via crucis* begleitet (Lk 23,27–31). Sie trauern um ihn und beklagen ihn, wie es damals Brauch war, auch den zum Tode Verurteilten die begleitende Totenklage nicht zu verweigern. Es sind keine Jüngerinnen, sondern einfach Frauen aus dem Volk. Ausschließlich ihnen wendet sich Jesus zu, wobei er sie „Töchter Jerusalems" nennt und sie damit aus dem Volk, das ihn begleitet, ohne um ihn zu weinen, hervortreten lässt. In der jüdischen Tradition – wie generell in den antiken Kulturen des Mittelmeerraums – wird Trauer stereotyp mit Frauen assoziiert.[19] Die Worte, die Lk Jesus in den Mund legt, kennzeichnen diese Frauen als Spiegelfiguren in einem Spiel der Parallelitäten und Ähnlichkeiten des Schicksals: Sie weinen um ihn, er sorgt sich um sie und „ihre Kinder", d. h. um ganz Jerusalem; wenn er ein schreckliches Schicksal hat, ist ihres noch schlimmer; wenn er grünes Holz ist, sind sie dürres Holz. Dennoch, gilt all dies nicht auch für die Männer im Volk, das ihm folgt? Warum sollte man sich nur an die Frauen wenden und die Aufmerksamkeit auf sie richten, wo sie ja nicht einmal die Qualifikation von Jüngerinnen aufzuweisen haben, sondern vielleicht nur spontane Klagefrauen

---

[19] Vgl. Platon, *Phaed.* 117c–e. Vgl. auch Kathleen E. CORLEY, „Women and the Crucifixion and Burial of Jesus", *Forum* 1 (1998): 181–225; 202; außerdem DIES., *Maranatha: Women's Funerary Rituals and Christian Origins* (Minneapolis: Fortress Press, 2010).

sind, eventuell Angehörige einer „Zunft des guten Todes"[20]? Auch hier enthüllt sich eine Vorliebe des lk Jesus für Frauen, da sie mehr Empathie zeigen. Die Volksmenge, die ihm auf dem Kreuzweg folgt, trauert nicht um ihn, sondern wird als feindselig dargestellt (vgl. u. a. Lk 23,18.21). Im Gegensatz hierzu nimmt die Frauengruppe Anteil an dem Verurteilten, und dieses Mitgefühl macht sie zu würdigen Gesprächspartnerinnen. Die Antwort Jesu auf die Klage dieser Frauen ist das Echo seiner Klage über Jerusalem:

> Jerusalem, Jerusalem, die du die Propheten tötest und die zu dir Gesandten steinigst, wie oft habe ich deine Kinder sammeln wollen wie eine Henne ihre Küken unter ihre Flügel, und ihr habt nicht gewollt! Siehe, euer Haus wird verlassen. Aber ich sage euch: Ihr werdet mich nicht sehen, bis die Zeit kommen wird, da ihr sagt: Gelobt ist, der da kommt im Namen des Herrn! (Lk 13,34f. / Mt 23,37–39)

Die beiden Texte lassen sich aufgrund der gemeinsamen Thematik der Klage nebeneinander stellen[21] – unter der Voraussetzung, dass die verschiedenen Intentionen gebührend auseinandergehalten und die unterschiedlichen Akzentuierungen erkannt werden. Im zweiten Fall sind nämlich hauptsächlich die Töchter Jerusalems Gegenstand der Klage Jesu (vgl. Lk 23,28) und durch sie die ganze Stadt (durch ihren symbolischen Wert als Volk Gottes), im ersten Text (Lk 13,34f.) sind jedoch mehr die Männer im Blick, und zwar als Mörder der Propheten und der Gesandten Gottes. Außerdem ist der erste Text (Lk 13,34f.) eine Warnung an alle, die beabsichtigen, Jesus zu töten, während im zweiten Fall (Lk 23,27–31) die Frauen nicht Gegenstand des Vorwurfs und auch nicht Verursacherinnen des Todes Jesu sind, sondern als Opfer eines gleichen, wenn nicht noch schlimmeren – durch dieselben Verursacher heraufgeführten? – Todesschicksals gedeutet werden. Ferner ist das von Jesus skizzierte prophetische Szenario ein anderes: In dem einen Fall (Lk 13,34f.) wird die Drohung, dass Jerusalem verlassen wird, mit der Ermordung der Propheten, zu denen Jesus gezählt wird (vgl. V33), in Verbindung gebracht. Im zweiten Fall (Lk 23,27–31) hat das Szenario einen entschieden apokalyptischen Charakter und transzendiert den Tod Jesu, indem es die historische Erinnerung an den Untergang Jerusalems mit hineinbringt. Zusammenfassend lässt sich sagen, dass die Frauen, die Jesus beweinen, von ihm nicht getadelt oder bedroht, sondern mit ihm verbunden und auf seine Botschaft hin orientiert werden: Jesus zu entziehen bedeutet das Leben zu entziehen, und gerade sie, die als Frauen und Müt-

---

[20] „Forse erano alcune pie donne assistenti dei condannati a morte, una specie di ‚confraternita della buona morte'", so Gianfranco RAVASI, „Maria e l'ascesa di Cristo al Golgota tra letteratura e tradizione: Volti di donne in un vociante corteo", *L'Osservatore Romano* (11. April 2009): 3 – eventuell auf einer rabbinischen Nachricht beruhend (*Sanh.* 43a).

[21] So Wilfried ECKEY, *Das Lukasevangelium: Unter Berücksichtigung seiner Parallelen: Teilband 2 (11,1–24,53)* (Neukirchen-Vluyn: Neukirchener, 2004), 937f. Im Vergleich mit Lk 13,34 sieht Eckey in den „Töchtern von Jerusalem" eine Metonymie für die ganze Stadt, die Jesus zurückgewiesen hat; Jesus weist dafür ihr Totenklage ab und antwortet mit einer prophetischen Drohung: „Jetzt begründet er seine Aufforderung an die Frauen, über sich und ihre Kinder die Totenklage anzustimmen, mit einem prophetischen Drohwort". Die Unterschiede zwischen den beiden lk Texten veranlasst mich, sie anders zu interpretieren.

ter eng am Leben mitwirken (Lk 23,28f.), sind die passendsten EmpfängerInnen für die Klage Jesu über das Todesschicksal, das allen droht, die die Wege Gottes verlassen.

4.4 Resümee

Dieser kurze Überblick erlaubt die folgende Bilanz: Generell finden sich viel mehr männliche als weibliche anonyme Einzelgestalten. Unter Respektierung der Proportionen und unter Einbeziehung einiger Varianten bemerkt man die gleiche Variabilität zwischen weiblichen und männlichen Beispielen (geheilte Kranke, JüngerInnen und Fremde, Verhaltensweisen im Glauben und Jesus gegenüber, reale und fiktionale Figuren der Erzählwelt). Doch aus all dieser Vielfalt ragt ein Spezifikum der männlichen Figuren heraus: Nur unter ihnen bemerkt man eine recht hohe Anzahl an Gegnern Jesu und an Beispielen für fehlenden Glauben, und zwar sowohl unter den fiktionalen als auch unter den realen Gestalten. Dies fehlt bei den Frauen gänzlich. Lenken wir also ein genaueres Augenmerk auf sie, um die Botschaft, die sie vermitteln, besser zu erfassen.

5. Analyse einiger namenloser Frauenfiguren – ein gemeinsamer Nenner?

Von den vielen namenlosen Frauen heben sich einige als deutlicher ausgearbeitete Figuren ab. Sie näher zu beleuchten, ist Aufgabe dieses Abschnitts. Die Kriterien für die Unterscheidung der auftretenden Charaktere können vielfältig sein. Im vorliegenden Fall gibt es zwei wichtige Merkmale: das abermalige Vorkommen und der Raum, der in der Erzählung zugestanden wird (Aktion oder Botschaft). Das einzige Beispiel einer wiederkehrenden Figur ist die Mutter der Söhne des Zebedäus (die bereits in § 2 behandelt wurde), während die Figuren, die eine wichtige Botschaft vermitteln oder eine relevante erzählerische Funktion innehaben, in der Überzahl sind. Aus dieser Auswahl ergibt sich folgender Katalog:

- die blutflüssige Frau (Mk 5,25–34 / Mt 9,20–22 / Lk 8,42b–48),
- die Syrophönizierin (Mk 7,24–30 / Mt 15,21–28),
- die Samaritanerin am Brunnen (Joh 4,4–42),
- die Witwe mit ihrem Scherflein (Mk 12,41–44 / Lk 21,1–4),
- die Frau, die Jesus mit kostbarem Öl salbt (Mk 14,3–9 / Mt 26,6–13 / „Maria" in Joh 12,1–8 / die Sünderin, der vergeben wurde, in Lk 7,36–50).

5.1 Die blutflüssige Frau (Mk 5,25–34 / Mt 9,20–22 / Lk 8,42b–48)

Diese Erzählung gelangte in dreifacher Überlieferung zu uns, d. h. sie ist den drei Synoptikern Mt, Mk und Lk gemeinsam. Was den LeserInnen zu allen Zeiten am meisten auffällt, ist zum einen die Länge der Erzählung – ungewöhnlich vor allem bei Mk, da es sich um eine Wundererzählung handelt – und zum anderen die Struktur der Verschachtelung, die ein Wunder (Mk 5,25–34 par.) in ein anderes (Mk 5,21–24.35–43 par.) einfügt. Die symbolische Zahl Zwölf verbindet die beiden geheilten Frauen, die blutflüssige Frau und das tote Mädchen.

Die Erzählung, deren mk Form als die älteste und detaillierteste anzusehen ist, hat immer großes Interesse geweckt. Aufgrund ihrer Struktur der *inclusio*, der Anschaulichkeit, der psychologisierenden Darstellung der Charaktere, des für das Wunder untypischen „passiven" Heilers und auch der in der jüngsten Zeit auf die weiblichen Figuren gerichteten Aufmerksamkeit wurde aus ihr ein ideales Feld für exegetische Analysen.[22] Es ist unnötig, hier zu wiederholen, was die unzähligen Studien bereits zum Verständnis und zur Interpretation des Textes beigetragen haben. Vielmehr lohnt es, über die Anonymität dieser Frauen und die Botschaft, die sie übermitteln, nachzudenken. Zu diesem Zweck wird es erforderlich sein, auch wenn die Betonung mit Recht auf der ersten Frau ruht, die aus der Menge heraus Jesus berührt, die zweite Frau – das auferweckte Mädchen –, die der ersten einen deutenden Rahmen gibt, ebenfalls mit einzubeziehen.

Dieser Rahmen ist ein deutliches Lesesignal, das vom Erzähler gesetzt wird. In beiden Fällen handelt es sich um weibliche Figuren: eine Frau, deren Alter nicht angegeben, aber, wie wir sehen werden, ungefähr zu schätzen ist, sowie ein Mädchen von zwölf Jahren. Die erste ist außergewöhnlich aktiv, voller Glauben und kühn, die zweite ist passiv, da sie schon tot ist. Eine Zahl, die Zwölf, verbindet ihre Schicksale, das des Lebens und das des Todes. Mit zwölf Jahren hat ein jüdisches Mädchen das heiratsfähige Alter erlangt, ein Alter, in dem (wenn man an den Ort und die damalige Zeit denkt) die fruchtbare Phase im Leben einer Frau beginnt, die ihr einen Lebensinhalt[23] und Lebenserfahrung[24] geben: das Geschenk, Kinder zu bekommen. Doch dieses Mädchen von zwölf Jahren hat das Leben schon verloren, noch bevor es richtig begonnen hat: „gestorben mit zwölf Jahren" bedeutet soviel wie „gestorben, noch bevor man gelebt hat". Um dasselbe Leben, welches sich nach jüdischem Denken im Blut befindet, das durch den Körper fließt, kämpft die seit zwölf Jahren an Blutungen leidende Frau mit allen Kräften und Mitteln: Diesen Blutfluss zu stillen bedeutet in Wahrheit, leben zu können.[25] Die Zahl Zwölf beim Alter der einen und bei der Dauer der Krankheit der

---

[22] Für eine ausgewählte Bibliographie vgl. FOCANT, *Marc*, 206f.; Simon LEGASSE, *L'évangile de Marc* (2 Bde; LeDiv Commentaires 5; Paris: Cerf, 1997), 1:352f.

[23] Vgl. z. B. Gen 30,1.6.

[24] Vgl. z. B. Ps 113,9; Jes 54,1 (vgl. Gal 4,27); Lk 1,58.

[25] Vor allem die Gesundung (und damit der Status der Reinheit) ist das wichtigste Ziel der Frau nach Susan HABER, „A Woman's Touch: Feminist Encounters with the Hemorrhaging Woman in Mark 5.24–34", *JSNT* 26 (2003): 171–192. Der Blutfluss kann kein kontinuierlicher sein, da dies innerhalb kurzer Zeit zum Verbluten geführt hätte, doch diese Störung, die die Frau rituell gesehen unrein machte, schwächte ihre Gesundheit, hinderte sie am Eheleben und grenzte sie sozial von der öffentlichen und religiösen Welt aus. Wenn man der Frau ein Mindestalter von 24 Jahren (12 + ca. 12 Jahre) zuordnet und das durchschnittliche Lebensalter von Frauen von maximal 37 Jahren in Betracht zieht, kann man sich fragen, welche genauen Erwartungen von der Ehe und vom Leben diese Frau noch haben könnte: Das

anderen stellt eine Beziehung zwischen den beiden Frauen her. Beide, wenngleich verschiedenen Alters, personifizieren das gleiche Schicksal: das Leben einer Frau, zerfressen vom Tod. Somit ist der erzählerische Rahmen (Mk 5,21–24.35–43 par.) sehr passend, der im Tod den düsteren Hintergrund des Dramas der Frau, die Jesus berührt, erkennen lässt: Der Kampf gegen die Krankheit, die Übertretung des Reinheitsgesetzes, doch vor allem Glauben und äußerster Mut bestimmen ihr Dasein.

Übertretung und Mut gehören nicht zu den weiblichen Geschlechtscharakteren: Diese Vorstellung erscheint in allen Interpretationen, die den Mut der Frau loben.[26] Doch warum wird dieser Mut dann nicht als ein Verdienst und als ein Grund gesehen, um den Namen der Frau zu bewahren, wie man es bei einer Heldin eines hellenistischen Romanes machen würde? Hier führen mich allein die allgemeinen Beobachtungen zu so genannten „kleineren Figuren" („minor characters") und die besondere Intention des Textes zu einer Antwort: Der Name wird für eine Frau nur dann beibehalten, wenn ihre Figur die Funktion einer Zeugin einer für die Kirche fundamentalen Tatsache übernimmt, wie etwa die Frauen, die Zeuginnen der Passion und der Botschaft der Auferstehung Jesu sind. Wenn eine Frau dagegen als Vorbild agiert, eine Lehre und Erfahrungswerte vermittelt, deren Erlangung für jeden wichtig ist, geht es dem Verfasser weniger um die Individualität der Gestalt, sondern er schafft eher Raum für die Individualität der übermittelten Botschaft. Indem er den Namen für diese Frau „narkotisiert"[27], legt der Autor alles Gewicht auf die Botschaft. Dadurch leistet er den LeserInnen einen weiteren Dienst, sich jetzt leichter mit der Gestalt identifizieren und so Nutzen von ihr haben zu können. Wenn das nicht in gleichem Maße und in konsequenter Weise auch für die männlichen Figuren unter analogen Vorzeichen passiert (z. B. bei Bartimäus etc.), könnte dies vielleicht einem kleinen Rest männlichen Stolzes geschuldet sein?

Die oben aufgeführten Parallelen und Gegenüberstellungen zeigen eine Übereinstimmung zwischen den beiden Figuren, die dazu drängt, ihre Erfahrungen mit Jesus beim Lesen miteinander zu verbinden: Ob er es ist, der berührt (Mk 5,41) oder berührt wird (Mk 5,30), Aktivität oder Passivität[28] – und das ist die grundlegende Lehre – hängen von dem Moment der Begegnung mit Jesus und von deren Zustandekommen ab, doch die Begegnung mit ihm ist in jedem Fall lebenspendend. Der Text ist ein Loblied auf den berechtigten Wunsch, Jesus zu berühren und von ihm berührt zu werden als Ausdruck einer persönlichen und direkten Begegnung mit ihm, dem Heilsbringer. Es

---

Mädchen steht ganz am zarten Anfang des Lebens, die reife Frau sieht schon seinem Ende entgegen.

[26] Von den jüngeren Werken vgl. Susan MILLER, *Women in Mark's Gospel* (JSNTSup 259; London: T&T Clark, 2004), 52–64; bes. 58.

[27] Den technischen Terminus hat Umberto ECO, *Lector in fabula* (Mailand: Bompiani, 1979), 86 [deutsche Übersetzung: *Lector in fabula* (Edition Akzente; München: Hanser, 1987)], geschaffen; vgl. auch DERS., *Semiotica e filosofia del linguaggio* (Turin: Einaudi, 1984), 116 [deutsche Übersetzung: *Semiotik und Philosophie der Sprache* (Supplemente 4; München: Fink, 1985)].

[28] Vgl. Charles E. POWELL, „The ‚Passivity' of Jesus in Mark 5,25–34", *BSac* 162 (2005): 66–75.

ist schön, dass es gerade eine Frau ist, die diesem Wunsch Ausdruck verleiht, als Indiz dafür, dass auch hier die Evangelisten nicht kürzen und keine Vorbehalte haben, die durch ihre Vorstellungen von den Geschlechterrollen bedingt sind. Dass eine Frau, noch dazu eine unreine, auch nur einen Zipfel des Gewandes eines Rabbis berührt, war ungewöhnlich. Mehr als genderbezogene Vorurteile steht etwas anderes im Vordergrund: die befreiende, direkte, konkrete Begegnung mit Jesus der Welt zu verkünden.

5.2 Die Syrophönizierin (Mk 7,24–30 / Mt 15,21–28)

Die Bezeichnung dieser Frau ohne Namen ergibt sich aus ihrer Identität als Fremde. Für Mk ist sie eine Griechin syrophönizischer Abstammung (Mk 7,26), während Mt (15,22) sie von seinem Blickwinkel her[29] als Kanaanäerin (Χαναναία) bezeichnet. Ihre Position als Fremde bringt ihr Jesus gegenüber Nachteile ein, und genau diese nachteilige Position spielt in der Erzählung ihrer Begegnung mit ihm eine wesentliche Rolle. Von dieser Frau gerät zwar der Name in Vergessenheit, aber dadurch, dass die sie am meisten charakterisierende Besonderheit ihrer Geschichte für die Erinnerung bewahrt wird, wird die Frau völlig mit der Geschichte dieser rettenden Begegnung identifiziert.

Aber wie ist sie nun aus der Sicht feministischer Exegese[30] einzuordnen? Ist es angebracht, ihren „männlichen Sinn"[31] zu loben, der es wagt, eindringlich zu bitten, oder muss man sich über die erniedrigende Unterwerfung als eine typisch weibliche Haltung, die die Frau einnimmt, bis sie gar mit einem Hund verglichen wird, entrüsten?

Verfolgt man den Erzählfaden von Mk 7,24–30 (die ursprüngliche Version, die einen historischen Kern enthält[32]), dann trifft Jesus die Frau auf heidnischem oder halbheidnischem Territorium, das er zwar besuchte[33], ohne jedoch seine Aufmerksamkeit den HeidInnen zu schenken. Mt 15,24 betont dies, indem Jesus zugeschrieben wird, „nur zu den verlorenen Schafen des Hauses Israel gesandt" zu sein. Als die Frau ihn anfleht und um Hilfe bittet, versagt Jesus ihr diese und vergleicht sie – sie und ihre Tochter – mit Hunden, welche in Israel ein Bild für Unreinheit und Niederträchtigkeit[34]

---

[29] Vgl. Ulrich LUZ, *Das Evangelium nach Matthäus (Mt 8–17)* (EKKNT 1/2; Zürich: Benziger, 1990), 432f.

[30] Vgl. unter anderem Monika FANDER, *Die Stellung der Frau im Markusevangelium: Unter besonderer Berücksichtigung kultur- und religionsgeschichtlicher Hintergründe* (MThA 8; Altenberge: Telos, ²1990), 63–84.

[31] LUZ, *Matthäus 2*, 431, Anm. 16, verweist auf Albertus Magnus: *masculinum sibi ingerens animum*.

[32] Vgl. Rainer KAMPLING, *Israel unter dem Anspruch des Messias: Studien zur Israelthematik im Markusevangelium* (SBB 25; Stuttgart: Katholisches Bibelwerk, 1992), 138f.; Joel MARCUS, *Mark 1–8: A New Translation with Introduction and Commentary* (AB 27A; New Haven: Yale University Press, 2009), 468; LUZ, *Matthäus 2*, 432f.

[33] Vgl. u. a. Mt 4,25; Mk 5,1; 7,24.31.

[34] Zum jüdischen Gebrauch der Metapher vom Hund für die Heiden vgl. Hans-Josef KLAUCK, *Allegorie und Allegorese in synoptischen Gleichnistexten* (NTA 13; Münster: Aschendorff, 1978), 275–277; MARCUS, *Mark*, 463f.

sind. Die Metapher Jesu ist nicht nur für die Ohren der damaligen ZuhörerInnen hart, sondern auch für die zeitgenössische Welt, unabhängig von der Tatsache, dass die vierbeinigen Freunde des Menschen heute in den reichen Gegenden der Welt so verwöhnt werden. Man sieht in der Wahl des Bildes einen gewissen „Nationalismus" Jesu[35], obwohl sicher ist, dass er die HeidInnen niemals geringschätzte[36] und dass daher nicht darin die Gründe dafür zu suchen sind, dass Jesus sich so eng und ausschließlich an sein Volk gebunden fühlte. Jedenfalls lässt er sich auf einen Dialog mit der Frau ein, und – ein Einzelfall in allen Evangelien! – dieses Mal ist sie es, die Jesus überzeugt und gewinnt, indem sie mit stärkeren Argumenten aufwartet als er.

Das Argument Jesu hat eine Prioritätenskala als Grundlage: „vor allem" (πρῶτον) muss man den Hunger der Kinder stillen. Dieses πρῶτον impliziert eine eschatologische Notwendigkeit[37]: Es ist notwendig für den Anbruch des Reiches, dass der Hunger *aller* Kinder gestillt wird. Solange es hungrige Kinder gibt und man das Brot den Hunden gibt, ist es, als würde man es den Kindern wegnehmen, was bedeutet, dass man sie nicht liebt. Aus Respekt vor ihnen, den Kindern Israels, zu denen Jesus als Zeuge der Liebe und der Fürsorge Gottes geladen wurde, muss er die Bitte der Frau ablehnen.

Die Abwehr der Frau ist nicht darauf gerichtet, die Prämisse des Gespräches zu leugnen (HeidInnen sind Hunde? „Ja[38], Herr", Mk 7,28)[39], sondern sie kreiert ein Bild, das die chronologische Grenze des πρῶτον überwindet und die Perspektive einer realisierten Eschatologie annimmt: Hunde unter dem Tisch, die die Brosamen *der Kinder* auffressen. Es fallen noch Brosamen ab, die auch den Hunger der Hunde stillen. Welches ist noch der Unterschied zwischen den Brosamen der Kinder und den Brosamen der Hunde, wenn doch beide sättigen – und welches ist der Unterschied, abgesehen von der Metapher, zwischen Hunden und Kindern, wenn beide vom gleichen Brot gesättigt werden? So wird mit der Idee eines „Vorher" und eines „Nachher" aufgeräumt, als ob das Brot nicht für alle reichen würde. Mit Jesus ist man in eine eschatologische Zeit gelangt, in der Fülle und Heil regieren. Die Frau vermeidet so den Verdacht, dass sie

---

[35] Vgl. Gerd THEISSEN und Annette MERZ, *Der historische Jesus: Ein Lehrbuch* (Göttingen: Vandenhoeck & Ruprecht, 1996), 169. MARCUS, *Mark*, 468, spricht von einem extremen Beispiel von Ethnozentrismus.

[36] Vgl. Mt 12,41f. / Lk 11,31f.; Mt 11,21–24 / Lk 10,13f.; Mt 8,11f.

[37] Vgl. MARCUS, *Mark*, 463.

[38] Das ναί ist textkritisch sehr unsicher und in den Übersetzungen verschieden betont („Ja, Herr" bei Luther; „Lord" bei MARCUS, *Mark*, 461; „Ja, du hast recht, Herr!" in der Einheitsübersetzung). Aber auch ohne das ναί ist die Voraussetzung der Argumentation akzeptiert und nicht widerlegt.

[39] Ein Paralleltext zu diesem Apophthegma ist zu finden bei Philostratus, *Vit. Apoll.* 1,19, wo ebenfalls die Prämisse der Argumentation nicht verletzt wird: Dem Vorwurf, mit einem Hund vergleichbar zu sein, der die Essensreste von der Mensa, vom Tisch, verschlingt, entgegnet Damis, dass eine solche Mensa nichts weniger als die Festtafel der Götter ist, und das Essen, das davon abfällt, reiche göttliche Nahrung. Für einen Kommentar zur Argumentation von Philostratus vgl. Klaus BERGER und Carsten COLPE, Hg., *Religionsgeschichtliches Textbuch zum Neuen Testament* (NTD Textreihe 1; Zürich: Vandenhoeck & Ruprecht, 1987), 55.

mit den Kindern konkurrieren wolle, und erinnert stattdessen an den Überfluss der barmherzigen Liebe Gottes, die ausreicht, um alle zu retten, die sich an ihn wenden. Jesus, der sich durch die Frau in seiner eschatologischen Mission als Bringer des Himmelreiches richtig interpretiert sieht, verliert[40] gern den Streit und anerkennt bei dieser Frau einen Glauben, der sie allen kulturell-nationalen, geschlechtsspezifischen oder frauenfeindlichen Vorurteilen zum Trotz rehabilitiert. Zusammen mit diesem Glauben erkennen Leserinnen und Leser sicher auch eine große dialogisch-dialektische Fähigkeit, die diese Figur über die weiblichen Stereotype erhebt.

5.3 Die Samaritanerin am Brunnen (Joh 4,4–42)

Wie es bei der Syrophönizierin (oder Kanaanäerin) der Fall war, so ist auch bei dieser Frau die Anonymität mit einer Angabe über ihre Herkunft verbunden; dabei handelt es sich um eine bei den judäischen Juden äußerst unbeliebte Gruppe: Die Frau ist Samaritanerin (Joh 4,9.27).[41]

Die Besonderheit dieser Figur liegt darin, dass sie von Jesus als würdige Gesprächspartnerin (Joh 4,7) auserwählt wurde und dass sie als erste Missionarin (Joh 4,28f.) und wirkungsvolle Zeugin für ihre Erfahrung mit Jesus als Messias (Joh 4,39), dem Retter der Welt (Joh 4,42), auftritt. Hier wird einmal mehr das Vorurteil, dass Frauen und Fremde Personen niederen Ranges sein sollen, durch die Haltung Jesu dementiert, der die mit dem Geschlecht und der Herkunft zusammenhängenden Tabugrenzen überschreitet, und durch den Erzähler, der die geglückte Mission einer dem Volk Jesu unangenehmen Fremden nicht verschweigt.

Obwohl die Frau den Dialog nicht eröffnet, ist sie im Gespräch nicht passiv, sondern bringt aktiv Themen und Probleme ein (Joh 4,12.20). Aber wie greift diese Frau in den Dialog ein, dessen Entwicklung nicht vorhersehbar ist? Verfolgen wir die wesentlichen Linien, indem wir von den vielfältigen Inhalten dieses – erzählerisch ausführlichen und theologisch sehr dichten – Abschnitts nur jene herauslösen, die der Kennzeichnung unserer Protagonistin dienen.

---

[40] Vgl. Reinhard FELDMEIER, „Die Syrophönizierin (Mk 7,24–30) – Jesu ‚verlorenes' Streitgespräch", in *Die Heiden: Juden, Christen und das Problem des Fremden* (hg. v. Reinhard Feldmeier und Ulrich Heckel; WUNT 70; Tübingen: Mohr, 1994), 211–227. Laut MARCUS, Mark, 470, hat der mk Jesus im Gefolge dieses Dialoges seine Aktivität auf heidnisches Territorium erweitert, wie die nachfolgende Erzählung über die Vermehrung der Brote erweist. Dennoch zeigt der mk Jesus damit keinerlei missionarische Absicht gegenüber den HeidInnen (vgl. KAMPLING, Israel, 140). Für die mk Gemeinde, die diese Erzählung überliefert, stellt die Heidenmission kein Problem dar, sondern ist Normalität (vgl. ebd.).

[41] Die Wahl des Beinamens, der sich nach der ethno-geographischen Herkunft richtet, ist nicht zufällig, wie die Witwe von Lk 7,11–17 zeigt: Sie wird dort nicht nach der Stadt Naïn, die der Erzählung ihren Hintergrund verleiht, benannt. Die Bezeichnung „Witwe von Naïn" spiegelt nicht das Original wider, auch wenn man dies in verschiedenen Bibeln oft als Titel der Perikope liest.

In der glühenden Mittagshitze von Samarien treffen sich, durch den Brunnen und den Durst angezogen, ein Mann und eine Frau, beide allein: Jesus und die Samaritanerin. Sie, auf eigenem Territorium und mit einem Krug in der Hand, erscheint stärker als er, der ein Fremder ist und kein Gefäß zum Schöpfen hat. Dieses Überlegenheitsbewusstsein wird im Austausch zwischen den beiden offensichtlich: „Bist du etwa[42] größer als unser Vater Jakob, der uns den Brunnen gegeben hat und selbst daraus getrunken hat wie auch seine Kinder und sein Vieh?" (V12) Jesus bittet sie, aus der gleichen Amphore trinken zu dürfen, mit der die Frau schöpft („Gib mir zu trinken!", V7b), obwohl er weiß, dass er ein Tabu bricht. Auch wenn ihn niemand sieht (V8), kann er nicht mit einer positiven Reaktion der Frau rechnen. Warum fragt er also? Ganz sicher nicht, um seinen Durst zu löschen, wo er doch kurz darauf auch zu essen ablehnt (V31f.) und damit zeigt, dass er in seinem Handeln von keinen zwingenden Bedürfnissen geleitet wird. Die vorhersehbare Unhöflichkeit der Frau (V9) übergehend, wünscht Jesus, mit ihr zu sprechen („Wenn du erkenntest ... wer es ist, der zu dir sagt: Gib mir zu trinken!, du bätest ihn ...", V10). Er möchte ihr einen neuen Lebenshorizont eröffnen („das Wasser, das ich ihm geben werde, wird in ihm eine Wasserquelle, die zu ewigem Leben sprudelt, werden", V14), ihren wahren Durst, nämlich den nach erfülltem Leben, offenlegen („ich habe keinen Mann", V17) und ihr den Vater, der Anbetende im Geist und in der Wahrheit sucht (V23b), offenbaren sowie sich selbst als den erwarteten Messias („Ich bin es, der mit dir redet", V26) erschließen.

Die Themen, die bei schnellem Lesen unzusammenhängend wirken könnten, da sie ständig von der materiellen bzw. historischen Ebene (Brunnen, Wasser, Krug, Ehemänner und Anfangsgeschichte der Erzeltern) zur symbolisch-spirituellen (lebendiges Wasser, das den Durst für ewig stillt, Anbetung, Tempel, Geist) wechseln, zeigen eine konsequente Entwicklung hinsichtlich der zentralen Botschaft, die Jesus vermitteln will, nämlich der Gabe des Geistes. Unter dem Vorwand, einen Schluck Wasser haben zu wollen (V7), fordert Jesus die Frau zu einem Dialog heraus (V9), damit er ihr seinerseits Wasser anbieten kann (V10), das sie sucht. Der stolze Einwand der Frau (V11f.) gibt Jesus Gelegenheit, die Metapher des Durstes als Wunsch nach ewigem Leben zu enthüllen (V13f.). Über diesen Wunsch – obwohl dieser noch eher missverstanden denn verstanden wird – treffen sich die beiden: Die Frau wünscht sich dieses Wasser und bittet schließlich darum (V15). Um das Missverständnis aufzulösen, gibt Jesus einen Beweis für seine Allwissenheit (V18) und lässt sie auf diese Weise darüber nachdenken, was ihr wirklich fehlt: das Wasser oder erfülltes Leben? Die Frau ist keine Prostituierte, hat aber zur Zeit keinen Ehemann, nachdem sie bereits fünf Männer gehabt hat (V17). So mühsam und unaufhörlich ihr Wasserschöpfen ist, so ermüdend und unerfüllt ist auch ihr Suchen nach einer Beziehung, die sie noch nicht gefunden hat („der, den du jetzt hast, ist nicht dein Mann", V18). Jesus führt das Gespräch, doch die Frau verfolgt sorgfältig alles, was sich daraus entwickelt: Das Wasser, das Jesus ihr geben will, ist ewiges Leben (vgl. V14), was weder mit Brunnenwasser noch mit Ehemännern zu tun hat. Es geht um Gott. Das Problem ist, wo er zu finden ist! Welches ist

---

[42] Die Fragepartikel μή, die die Frage eröffnet, benutzt man nur, wenn die zu erwartende Antwort negativ ist.

die richtige „Stätte" (V20)? Die Antwort Jesu besiegelt sein Angebot des Lebens, indem sie dem Symbol des Wassers seine inhaltliche Fülle gibt: Die „Stätte" ist der Geist, dessen Symbol das Wasser ist, und die wahre Liebe – die, die rettet, d. h. die, die das Leben erfüllt – ist die Anbetung Gottes (V22). Doch es gibt noch etwas, das Jesus hinzufügt, um den Durst der Frau zu stillen: Nicht nur sie ist auf der Suche (nach Wasser, erfülltem Leben und Gott), sondern auch Gott ist auf der Suche nach ihr, als einer, die ihn in Geist und Wahrheit anbetet (V23). Nur eines fehlt noch in der Theologie, die diese Frau sich konstruiert: der Glaube an die jetzige Verwirklichung der messianischen Verheißung. Denn die Offenbarung erfolgt nicht außerhalb der Verheißung und ist nicht unsicherer Herkunft, sie muss also durch den Messias geschehen (V25). Auf die Selbstenthüllung Jesu in der klassisch joh Form „Ich bin" (V26) kann keine nur verbale Antwort folgen, die Antwort ist an diesem Punkt schon Aktion: Jetzt, da die Frau verstanden hat, läuft sie, um andere herbeizurufen (V28). Ihre Frage („Kommt, seht einen Menschen, der mir alles gesagt hat, was ich getan habe, ob dieser *nicht* der Messias ist?", V29) ist nicht zweifelnder, sondern rhetorischer[43] Natur: Die Frau ist Zeugin für Jesus als Messias und wird zur ersten Missionarin des Vierten Evangeliums. Als sie zu ihrer missionarischen Verkündigung aufbricht, lässt sie den Krug zurück: ein Zeichen dafür, dass sie den Krug nicht mehr braucht, auch, dass sie ihn Jesus überlassen hat und damit jetzt seiner anfänglichen Bitte nachkommt, ihn trinken zu lassen: Die beiden Arten von Durst – der nach Liebe geben und der nach Liebe empfangen – werden schließlich bei dieser Begegnung gestillt durch das Schöpfen aus derselben Quelle, der ewigen Liebe Gottes für Frauen und Männer. Wenn der Täufer (Joh 1,19–34) und Nikodemus (Joh 3,1–15) das Verlangen des Menschen nach Gott darstellen, so wird der Samaritanerin das Verlangen Gottes nach ihr offenbart.[44]

5.4 Das Scherflein der Witwe (Mk 12,41–44 / Lk 21,1–4)

Diese Erzählung ist in zwei Versionen überliefert. Sie lässt sich nicht der Logienquelle (Q) zuschreiben, sondern ist wahrscheinlich auf einen Ausspruch Jesu zurückzuführen. Lk behält die Anordnung von Mk bei, er fügt nur (aus Q) vor dieser Perikope die Klage über Jerusalem ein. Dagegen schließt Mt 23 die Weherufe gegen Pharisäer und Schriftgelehrte mit der Ankündigung des Gerichts, das Jerusalem droht (V37–39), ab und lässt die Perikope über die Witwe aus.[45] Auch darin zeigt Mt keine positive Haltung gegenüber den weiblichen Figuren.

---

[43] Dieser Gebrauch der Partikel μήτι gilt als Ausnahme (vgl. Friedrich BLASS, Albert DEBRUNNER und Friedrich REHKOPF, *Grammatik des neutestamentlichen Griechisch* [Göttingen: Vandenhoeck & Ruprecht, [18]2001], 356, § 427 Anm. 2: „An einigen Stellen ist der Sinn von μή etwas modifiziert: Jh 4,29 ...").

[44] Vgl. Silvano FAUSTI, *Una comunità legge il vangelo di Giovanni* (Bologna: Edizioni Dehoniane, [2]2008), 86.

[45] Über das Motiv, das Mt bei dieser Auslassung geleitet haben mag, gibt es keinen Konsens. Vgl. die Hypothesen von Ulrich LUZ, *Das Evangelium nach Matthäus (Mt 18–25)* (EKKNT

Noch nicht geklärt ist unter den ExegetInnen die Deutung der Rolle dieser Frau.[46] Wenn der Kern der Szene tatsächlich im Vergleich zwischen der armen Witwe und den Reichen liegt, dann erscheint die Frau als Gegenstand des Lobes und als Vorbild für Großzügigkeit. Wenn aber aufgrund des Kontextes (sowohl bei Mk als auch bei Lk) die Gegenüberstellung zwischen der armen Witwe und der Tempelhierarchie vorherrscht, dann ist sie nur ein Beispiel für die durch die Schriftgelehrten, Ältesten und Pharisäer bewirkte Verelendung, also nicht Vorbild, sondern Opfer.

Der synoptische Vergleich, der einige wesentliche Tendenzen der Erzählung hervorhebt, trägt zur Orientierung in dieser Frage bei. Vor allem die Art, wie Lk die mk Version kürzt, macht den Vergleich zwischen den Reichen und der Armen noch direkter; zudem wird diese noch mit einem Hauch von Sympathie „veredelt": Die Frau wird nämlich nicht nur πτωχή (V3) genannt, ein hartes Wort, das „arm" und „bettelnd" bedeutet, sondern sie wird von der erzählenden Stimme als πενιχρά (V2) vorgestellt, ein poetisches und seltenes Wort für „arm" (das im NT nur an dieser Stelle vorkommt). Außerdem wird sowohl die grammatikalische als auch die logische Struktur des Apophthegmas („diese arme Witwe hat mehr als sie alle [in den Tempelschatz] eingeworfen", V3) in Lk vollkommen beibehalten, so dass über den vom Text beabsichtigten Vergleich kein Zweifel aufkommen kann. Dieser betrifft die verschiedenartige Haltung, die die Witwe und die Reichen beim Geben haben: Die Witwe gibt alles von sich selbst weg (wirft in den Tempelschatz „ihr ganzes Leben / ihre ganze Habe", sowohl in Mk 12,44 als auch in Lk 21,4), während die Reichen von sich selbst nichts geben, sondern nur einen Teil ihrer Habe, den Überschuss. Im Übrigen gibt es in der Perikope keine direkte Verbindung zwischen den Reichen und der Tempelhierarchie. Auf Grund dieser Beobachtungen und in Einklang mit dem Ideal der vollkommenen Opferbereitschaft und des persönlichen Sich-Einbringens in den Evangelien (vgl. z. B. nur Mk 10,21), das auf Jesus zurückgeht, fällt es mir schwer zu glauben, dass die Witwe nur als Beispiel für die Kritik an den Pharisäern in das Gespräch einbezogen wird.[47]

Zweifellos gibt es diese Kritik, und sie wurde im Kontext schon ausführlich entfaltet (Lk 21; Mt 23). Jetzt aber geht es auch noch darum zu zeigen, wie man ein gesundes, ein aufrichtiges, religiöses und frommes Verhältnis zum Tempel, der heiligen Stätte für die Gegenwart Gottes, herstellen kann. Man halte sich hier den Wert, den der Tempel für Jüdinnen und Juden einnimmt, vor Augen: Wohnung der Herrlichkeit Gottes, Sichtbarkeit seiner Präsenz, Zeichen seiner Verheißung und seines Schutzes, Unterpfand für die zukünftige Erlösung, Symbol der Freude und der Hoffnung und schließlich auch Bezugspunkt für die nationale Identität. Niemand, der dem Tempel spendete, konnte dies als Verlust für sich selbst empfinden. Somit wird die Witwe – sie als Frau und dazu noch arm! – den JüngerInnen als Beispiel für die wahre Haltung des Gebens für Gott und des wahren Dienstes am Tempel präsentiert. Der unmittelbare

---

1/3; Zürich: Benziger, 1997), 377; François BOVON, *Das Evangelium nach Lukas (Lk 19,28–24,53)* (EKKNT 3/4; Düsseldorf: Patmos, 2009), 150, Anm. 6.

[46] Vgl. BOVON, *Lukas 4*, 149.
[47] Vgl. Addison G. WRIGHT, „The Widow's Mites: Praise or Lament? – A Matter of Context", *CBQ* 44 (1982): 256–265.

Kontrast zu den Reichen zeigt nämlich die Hingabe der Frau, und diese Hingabe, gelesen im Gegensatz zur im Kontext entfalteten Kritik an den Priestern, den eifrig Praktizierenden (den Pharisäern) und den Gesetzeslehrern, legt eine Substitution nahe: Nicht sie sind würdiges Exempel, sondern die Frau! Die Polemik bezieht sich nicht nur auf das Geld, auf Reichtum und Armut, sondern vielmehr auf die *pietas* als Ausdruck der vollkommenen Liebe zu Gott, ihn nach dem ersten Gebot (Mk 12,28–30) von ganzem Herzen zu lieben, ohne etwas für sich zurückzubehalten. Durch die Verwirklichung dieser Werte, die die gleichen sind wie bei Jesus und in seiner JüngerInnenschaft (vgl. Lk 18,18–30 par.), übertrifft die Frau alle genannten Hierarchien.

5.5 Die Frau, die Jesus mit kostbarem Öl salbt (Mk 14,3–9 / Mt 26,6–13 / „Maria" in Joh 12,1–8 / die Sünderin, der vergeben wird, in Lk 7,36–50)

Die Figur einer salbenden Frau, die, wenn man sich dem Ende der erzählten Geschichte Jesu nähert, als autonome Figur erscheint und deutlich umrissen wird, wird in allen kanonischen Evangelien erwähnt. Unter allen genannten Frauen ist sie es auch, die durch den Erzähler, der seine Perspektive mit der des Protagonisten Jesus verschmelzen lässt, die meiste Bewunderung, Achtung und Würdigung erfährt. Diese Frau vollbringt eine so große und definitive Tat, dass ihrer stets, wenn das Evangelium verkündet wird, gedacht werden muss (Mk 14,9 par.). Die unbestrittene Bedeutung, die ihr bei den Evangelisten zukommt, wird durch die Bezeugung der Erzählung in allen vier kanonischen Evangelien bestätigt.

Die Geste – wiederum Initiative einer Frau – wird verschieden beschrieben, und die Interpretationen sind so vielfältig wie die Kreativität der KommentatorInnen.[48] Unter den geprägten Elementen erscheinen außer der Frau (die Joh 12 als Maria, Schwester von Marta und Lazarus, kennt) auch die duftende Salbe, Symbol einer Zuwendung, die sich nicht auf Notwendigkeiten beschränkt, sondern Wohlbefinden bewirkt, ihr Wert, der die Kostbarkeit der Liebe zeigt, und das (bei Mk zerbrochene) Alabastergefäß, das für vorbehaltlose Spende steht. Zu den variablen Elementen zählen die Salbung des Hauptes (Mk 14,3; Mt 26,7), besonders betont von jenen Interpretationen, die in dem Akt eine Königssalbung sehen, oder das Salben der Füße (Lk 7,38; Joh 12,3), das Benetzen mit den Tränen (nur in Lk 7,38) und das Trocknen mit den Haaren[49] (Lk 7,38; Joh 12,3) als Zeichen großer Wertschätzung, Intimität, Emotionalität und Hingabe.

---

[48] Vgl. z. B. Ulrich LUZ, *Das Evangelium nach Matthäus (Mt 26–28)* (EKKNT I/4; Zürich: Benziger, 2002), 57f.; Charles Homer GIBLIN, „Mary's Anointing for Jesus' Burial-Resurrection (John 12:1–8)", *Bib* 73 (1992): 560–564.

[49] Die Verwendung der Haare als Handtuch für jemanden ist eine keineswegs gewöhnliche Geste; sie dient dazu, die Größe und die besondere Überlegenheit der Person zu unterstreichen, der man dient (vgl. Petronius, *Satyricon* 27 – hier allerdings in einem vulgären Kontext). Weitere Besonderheiten, darunter die Salbung mit Nardenöl (hier jedoch im Zusammenhang mit dem Begräbnis) und die Waschung und Salbung der Füße, werden bei Petronius in *Satyricon* 70.78 genannt.

Für Auslegungen, die im Salbungsakt eine Anerkennung als Messias sehen oder eine Königssalbung, ausnahmsweise vollzogen von einer Frau,[50] finden sich im Text keine direkten Anhaltspunkte. In der Geschichte sind nur das Handeln der Frau und dessen Interpretation durch Jesus zu finden. Die Frau hatte – wenn wir Lk für einen Moment beiseite lassen – ganz sicher nicht Jesu Begräbnis im Blick.[51] Denn selbst wenn sie das tragische Ende, dem Jesus entgegenging, geahnt hätte, wäre es gewiss keine Geste gewesen, die einem lieben Gast gegenüber angebracht gewesen wäre: ihn als tot und begraben zu erklären, bevor er überhaupt verurteilt wurde! Diese Interpretation Jesu hat nicht zum Ziel, die Absicht der Frau zu erklären, sondern wendet sich an die, die sie belästigen, und verweist sie auf das bevorstehende Todesschicksal Jesu. Die Perspektive verlagert sich plötzlich und überraschend und stellt – außergewöhnlich in den Evangelien – Jesus als Objekt der Fürsorge und der Liebe ins Zentrum (εὖ ποιῆσαι, „Gutes tun", vgl. Mk 14,7). Der Vergleich mit den Armen hat nichts Konkurrierendes, als ob Jesus etwas für sich beanspruche und den Armen damit entziehe, sondern richtet sich darauf, die Heuchelei, die sich hinter dem Vorwurf verbirgt, aufzudecken: Die echte Alternative besteht nicht zwischen Jesus und den Armen, sondern zwischen dem Geben und Für-Sich-Behalten. Beweis hierfür ist das Gefäß aus Alabaster: Es wäre noch vorhanden und intakt, wenn die Frau es nicht für Jesus zerbrochen hätte (vgl. Mk 14,3); niemand hatte es den Armen zugedacht. Joh, der daran interessiert ist, die Figur von Judas dem Verräter finster darzustellen, deckt die wahre, unedle Absicht auf: „Dies sagte er aber nicht, weil ihm an den Armen lag, sondern weil er ein Dieb war" (Joh 12,6).

Lk 7,36–50 scheint von seinen Parallelen sehr weit entfernt zu sein. Die Zeit, die Szenerie, die Struktur und die Themen (Liebe und Vergebung, kein Begräbnis) sind völlig unterschiedlich. Die anonyme Frau, die nicht neutral, sondern von Beginn an (Lk 7,37) als Sünderin gekennzeichnet ist, harrt in dieser Erzählung darauf, durch Jesus rehabilitiert zu werden. Doch die durch Lk beschriebene thematische Entwicklung steht nicht im Gegensatz zur grundsätzlichen Tatsache, dass er in der Tat der Frau ein gutes Werk (vgl. Mk 14,6; Mt 26,10: καλὸν ἔργον) sieht. Der Evangelist konstruiert eine reichhaltige Inszenierung, um mit Beispiel (Lk 7,44–46) und Gleichnis (V41–43) den Zirkel von Liebe und Vergebung zu erklären: „Ihre vielen Sünden sind vergeben, denn sie hat viel Liebe gezeigt; wem aber wenig vergeben wird, der liebt wenig" (Lk 7,47). Die Tat dieser Frau ist Beispiel einer Liebe, Auswirkung der Vergebung.

---

[50] Die Vorstellung von einer königlichen Salbung – unter Berufung auf einen Artikel von John K. ELLIOTT, „The Anointing of Jesus", *ExpTim* 85 (1973–74): 105–107 – wird heute meist abgelehnt: vgl. LÉGASSE, *Marc 2* 844; Robert H. GUNDRY, *Mark: A Commentary on His Apology for the Cross* (Grand Rapids: Eerdmans, 1993), 814; FOCANT, *Marc*, 518.

[51] Hierzu sei angemerkt, dass Nardenöl nicht zu den für Begräbnisse benutzten Aromen gehört. Zu diesem Zweck nahm man Aloe und Myrrhe (vgl. Xavier LÉON-DUFOUR, *Wörterbuch zum Neuen Testament* [München: Kösel, 1977], 86.308). Die Quellen über die Benutzung von Nardenöl, die vom 7. Jh. v. Chr. bis zum 1. Jh. n. Chr. reichen, zeugen von der Verwendung dieser Pflanze in Kosmetikprodukten für Frauen, als Medizin, Parfum und im erotischen Bereich.

In dieser Interpretation, die in der Salbung eine Tat der Liebe sieht, stimmen die vier Evangelisten überein, obwohl sich ihre Darstellungen in inhaltlichen Einzelheiten und im Setting unterscheiden. Selbst Lk, der noch mehr als die anderen den Kontext umgestaltet und die Erzählung in eigener Form strukturiert, bewahrt dennoch diesen grundlegenden Sinn: Es ist ein gutes Werk der Liebe zu Jesus, das dieser empfängt und verteidigt. Am Ende des Evangeliums – d. h. der guten Nachricht, dass Gott Menschen, Frauen und Männer, liebt und sich für ihre Rettung dahingegeben hat – bringt eben diese Nachricht eine Tat der Liebe hervor, vollbracht für den, der diese Nachricht verkündet. Der Kreis schließt sich, und diese Kreisbewegung der Liebe wird nicht einmal durch den Tod unterbrochen. Das erklärt, warum diese Frau und ihre Tat in Verbindung mit der Verkündung des Evangeliums im Gedächtnis bleiben müssen: damit den Menschen, denen es verkündet wird, gleich auch ein – einmaliges! – Vorbild für das aktive Hören des Wortes und das konsequente Handeln gegeben wird.

5.6 Resümee

Am Ende dieser fokussierenden Betrachtung und unter Berücksichtigung aller anderen namenlosen Frauenfiguren, die in den Evangelien vorkommen, stellt sich die Frage, ob sich ein gemeinsamer Nenner für die Erzählfunktion all dieser Frauen ohne Namen ausmachen lässt. Im Vergleich zu den männlichen Personen ohne Namen erscheint ein Aspekt signifikant: Die männlichen anonymen Charaktere sind sowohl positiv als auch negativ dargestellt, während die weiblichen durchweg positiv charakterisiert sind, was Jesus, sein Leben und das Verständnis seiner Botschaft betrifft.[52]

Die fünf konturiertesten und daher hier am breitesten behandelten anonymen Frauen (§ 4.1–4.5), bieten nicht einfach thematische Wiederholungen, sondern zeigen grundlegende Aspekte auf, wie man sich Jesus gegenüber zu verhalten hat. Die blutflüssige Frau ist ein Vorbild der aktiven Suche nach einem persönlichen Kontakt mit Jesus, des Mutes und des Glaubens; die Syrophönizierin ist die einzige Figur in den Evangelien, die Jesus in einer Diskussion überzeugt; die Samaritanerin am Brunnen ist eine Partnerin, die von Jesus für ein theologisches Gespräch auserwählt wird – jedes Tabu der Geschlechterrollen brechend –, das ihr das Leben in Fülle offenbart und sie nach dem Vierten Evangelium zur ersten Missionarin macht; die arme Witwe, die ein Scherflein gibt, wird von Jesus als Beispiel für den wahren Tempeldienst empfohlen – sie als Frau! –; schließlich ist die Frau, die Jesus mit duftendem Öl salbt, die einzige Figur (unter Männern und Frauen), die mit einer Geste der Liebe – uneigennützig, überschwänglich und ohne Gegenleistung – Jesus anerkennt und ihm einen persönlichen Dienst leistet: Nur hier, und von einer Frau, wird gesagt, dass die Erinnerung an sie für immer mit der Verkündigung des Evangeliums fortleben werde!

---

[52] Das gilt letztlich auch für Mt: vgl. Antoinette C. WIRE, „Gender Roles in a Scribal Community", in *Social History of the Matthean Community: Cross Disciplinary Approaches* (hg. v. David L. Balch; Minneapolis: Fortress Press, 1991), 87–121: bes. 103.107f.

Die Frauen, auch und insbesondere, wenn sie anonym sind, sind Jesus gefolgt, sie haben ihn, noch mehr als die Männer, angenommen und verstanden, haben ihm auch mit ihren Gütern gedient und zeigen mehr als die männlichen Figuren Eigenschaften wie Glauben, Mut, Unternehmungsgeist und Fähigkeit zum Dialog, und von keiner Frau – ob mit oder ohne Namen – wird explizit überliefert, dass sie gegen Jesus „kreuzige ihn, kreuzige ihn" gerufen hätte.[53] Dass derartige Beobachtungen der *intentio operis* entsprechen, wäre meiner Meinung nach ein voreiliger und nicht belegbarer Schluss. Aber dennoch bilden sie ein markantes Merkmal der Texte und einen gemeinsamen Nenner für diese weiblichen Charaktere. Durch sie werden auf beispielhafte Weise das Spenden, der Mut, der Glaube und die Treue, die Liebe, die Kraft und die Zuneigung zu Jesus ausgedrückt. All das hat keinen Namen – nicht so sehr und nicht nur, damit man sich besser in die Handlungsfigur einfühlen kann, sondern vor allem um die allgemeine Gültigkeit und absolute Bedeutung der Botschaft, die in der Anonymität liegt, herauszustellen: Jede/r ist aufgerufen, sich bei der Begegnung mit Jesus ihm mit derselben freien Hingabe zu öffnen. Die Frauen der Evangelien bereiten hierfür den Weg.

6. Schlussfolgerungen: Frauen ohne Namen – Beispiele ohne Makel

In den kanonischen Evangelien lässt sich eine zahlenmäßig höhere Präsenz männlicher Figuren im Vergleich zu weiblichen feststellen, sei es, dass diese mit Namen erwähnt

---

[53] Die historische Rekonstruktion der Gruppe der Ankläger, die durch den Hohenpriester aufgehetzt wurden, sich früh am Morgen bei Pilatus einzustellen, führt zu einem vollständigen Ausschluss der Frauen, welchen nicht einmal ein Wert als ZeugInnen zugestanden wurde und die nicht am öffentlichen Leben teilnahmen. Wenn auch mit lokalen Varianten und mit wenigen Ausnahmen, trifft dies auf alle Frauen aus der Zeit Jesu in den Kulturen des Mittelmeerraums zu (vgl. Ekkehard W. STEGEMANN und Wolfgang STEGEMANN, *Urchristliche Sozialgeschichte: Die Anfänge im Judentum und die Christusgemeinden in der mediterranen Welt* [Stuttgart: Kohlhammer, ²1997], 311–322). Zu diesem Punkt halte man sich, zumindest als allgemeine Tendenz, einen extremen Text von Philo vor Augen: „Marktplätze, Ratsversammlungen, Gerichtshöfe, gesellschaftliche Vereinigungen, Versammlungen grosser Menschenmengen und der Lebensverkehr durch Wort und Tat unter freiem Himmel in Krieg und Frieden eignen sich nur für Männer; das weibliche Geschlecht dagegen soll das Haus hüten und daheim bleiben." (*Spec.* 3,169f.; zitiert aus Leopold COHN et al., Hg., *Philo von Alexandrien: Die Werke in deutscher Übersetzung* [Berlin: de Gruyter, ²1962], 235). In dem speziellen Fall des Prozesses gegen Jesus wird nur eine einzige Frau genannt, und diese setzt sich für seine Freilassung ein: Es ist die Ehefrau von Pilatus (Mt 27,19), doch nicht einmal sie kann in einer Männer betreffenden politischen Angelegenheit in der Öffentlichkeit auftreten, sondern schickt zu ihm, um ihm sagen zu lassen, von der Verurteilung abzusehen. Wenngleich gelegentlich auf Frauen – vor allem in der hellenistischen griechisch-römischen Kultur, die die jüdische Welt umgibt – hingewiesen wird, die auch einen deutlichen politischen Einfluss ausübten, bleibt dennoch die Tatsache, dass keine von ihnen direkten Zugang zur Politik hatte (STEGEMANN/STEGEMANN, *Sozialgeschichte*, 312f.).

werden, sei es, dass sie anonym bleiben. Diese Tatsache spiegelt die sekundäre Rolle von Frauen in der antiken Gesellschaft wider und verwundert daher nicht.

Allgemein sind es fiktionale Figuren, die ungenannt bleiben (z. B. in den Gleichnissen, Ausnahme: Lazarus in Lk 16,19), durch ein Wunder Geheilte sowie auch – typisch für Lk – Einzelfiguren aus der Volksmenge, die das Wort ergreifen. Demgegenüber werden historische Gestalten namentlich genannt, nämlich jene, die aus der Sicht des Autors eine wichtige Rolle in der urchristlichen Gemeinde und/oder in der Passionsüberlieferung gespielt haben. In dieser Verteilung von Identität und Anonymität lassen sich keine signifikanten Unterschiede zwischen Männern und Frauen feststellen.

Im Hinblick auf die einzelnen anonymen Charaktere lässt sich eine grundsätzlich ausgeglichene Sicht erkennen, frei von geschlechtsspezifischen Vorurteilen gegenüber männlichen oder weiblichen Figuren. Zahlenmäßig dominieren zwar die männlichen Figuren – wie es vom kulturellen Kodex jener Zeit zu erwarten ist –, jedoch finden sich darunter mehrere negative Beispiele für eine Feindlichkeit oder Fremdheit gegenüber Jesus und seinem Denken. Freilich fehlt es auch bei den namenlosen Frauen (zahlenmäßig deutlich geringer vertreten) nicht an Fällen von unvollständigem Verstehen (wie bei der Mutter der Söhne des Zebedäus und bei der Frau in Lk 11,27) oder von Gegnerschaft (wie bei der Magd des Hohenpriesters, deren Gegnerschaft jedoch nicht Jesus direkt, sondern Petrus betrifft). Dies zeigt, dass die Perspektive der Autoren nicht von genderbezogenen Überlegungen oder von sexistischen Denkmustern geleitet – oder verleitet – wird. Trotzdem dominieren, was Glauben, Liebe, Intelligenz und Hingabe gegenüber Jesus angeht, die namenlosen Frauen entschieden über die anonymen männlichen Figuren: Nicht nur lassen sich unter den Frauen ohne Namen allein diese beiden oben genannten Fälle von nur begrenztem Verständnis feststellen, sondern von den anonymen weiblichen Figuren sind es besonders viele, die durch ihr spezifisches Verhalten gegenüber Jesus Vorbildfunktion haben, wofür sich bei den namenlosen männlichen Figuren nichts Gleichwertiges ausmachen lässt. Eine Gesprächspartnerin wie die Samaritanerin, eine Frau wie die Syrophönizierin, die Jesus mit ihrer Argumentation überzeugen kann, eine Frau wie jene aus Betanien, die Jesus einen so einzigartigen und beispielhaften Liebesdienst erweist, dass, wo auch immer das Evangelium verkündet wird, daran – wenn auch in anonymer Form! – stets erinnert werden muss: Unter den männlichen anonymen (und nicht anonymen!) Charakteren würde man nach all diesen Beispielen vergeblich suchen. Es gibt unter ihnen keine in analoger Weise herausragenden Figuren. Zu Recht ist es angesichts der heutigen Sensibilität überraschend, dass gerade von diesen Frauen, die sowohl erzählerisch als auch theologisch von beachtlicher Größe sind, der Name verloren gegangen ist, während der bekehrte Zachäus oder Josef von Arimathäa mit seiner Pietät mit den entsprechenden Personennamen in die Geschichte eingegangen sind. Doch gerade dies stellt bis heute das typische Schicksal von Frauen in der historischen Erinnerung dar. Abschließend können wir mit einer kurzen, aber in der Tendenz korrekten Formulierung als Gesamturteil über diese Personen sagen: Frauen ohne Namen – Beispiele ohne Makel!

Tabelle 1: Prozentualer Anteil der Anonymität unter den weiblichen Figuren[54].

Name der Figur	Frauen mit Namen				Frauen *ohne* Namen			
	Mt	Mk	Lk	Joh	Mt	Mk	Lk	Joh
Elisabet			1,5					
Tamar	1,3							
Rahab	1,5							
Rut	1,5							
Frau des Urija					1,6			
Maria / *seine Mutter*	1,16	6,3	1,27					2,1
Schwiegermutter des Petrus					8,14	1,30	4,38	
Witwe aus Naïn							7,12	
Tochter des Jaïrus / eines Synagogenvorstehers					9,18	5,23	8,42	
Blutflüssige Frau					9,20	5,25	8,43	
Gekrümmte Frau							13,11	
Schwestern Jesu					12,46	3,31	8,19	
Samaritanerin								4,7
Ehebrecherin								(8,3)
(Frau mit dem Sauerteig ...)					13,33		13,21	
(Frau, die eine Drachme verliert ...)							15,8	
(Witwe, die zum Richter kommt ...)							18,3	
Herodias	14,3	6,17	3,19					
Kanaanäische Frau und ihre Tochter					15,22	7,25		
Mutter der Söhne des Zebedäus					20,20			
Witwe, die Münzen opfert						12,42	21,2	
(Zehn Jungfrauen)					25,1			
Frau mit kostbarem Öl / Maria				12,3	26,7	14,3		
Sünderin, der vergeben wurde							7,37	
Johanna, die Frau des Chuzas			8,3					
Susanna			8,3					
Marta und Maria			10,38f.	11,1				
Frau aus der Menge („selig, deren Leib dich getragen hat ...")							11,27	
Magd/Türhüterin des Hohenpriesters					26,69.71	14,66	22,56	18,16
Maria, die Frau des Klopas				19,25				
Maria aus Magdala	27,56	15,40	24,10	19,26				
Maria, die Mutter von Jakobus und Joses	27,56	15,40	24,10					
Salome		15,40						

---

[54] In den folgenden Tabellen sind die Charaktere nur das erste Mal, wo sie im Text vorkommen, aufgelistet (mit Angabe der Parallelstellen in Relation zur Erstzitation bei Mt). Die anonymen Figuren sind kursiv hervorgehoben, Erzählfiguren in Gleichnissen sind in Klammern gesetzt.

Tabelle 2: Prozentualer Anteil der Anonymität unter den männlichen Figuren

Name der Person	Männer mit Namen				Männer *ohne* Namen			
	Mt	Mk	Lk	Joh	Mt	Mk	Lk	Joh
Theophilus			1,3					
Namen der Genealogie	1,1–17		3,23–38					
Zacharias			1,5					
Josef, Ehemann der Mutter Jesu	1,16		1,27					
König Herodes	2,1		1,5					
Kaiser Augustus			2,1					
Quirinius			2,2					
Simeon			2,25					
Penuël			2,36					
Archelaus	2,22							
Hannas und Kajaphas			3,2	11,49				
Johannes der Täufer	3,1	1,4	1,60	1,6				
Simon Petrus	4,18	1,16	4,38	1,40				
Andreas	4,18	1,16		1,40				
Jakobus und Johannes, die Söhne des Zebedäus	4,21	1,19	5,10					
Zebedäus	4,21	1,20						
Philippus				1,43				
Natanaël				1,45				
Besessener						1,23	4,33	
Kana: Tischmeister, Bräutigam								2,9
Nikodemus				3,1				
Judas, Sohn des Simon Iskariot				6,71				
Ein Jude								3,25
Aussätziger					8,1	1,40	5,12	
Hauptmann aus Kafarnaum					8,5		7,2	4,46
Diener des Hauptmanns aus Kafarnaum					8,6		7,2	4,46
Gelähmter am Teich Betesda								5,5
Blindgeborener								9,1
Lazarus aus Betanien				11,1				
Thomas				11,16				
Sohn einer Witwe aus Naïn							7,12	
Schriftgelehrter					8,19			
Simon, der Pharisäer			7,40					
Besessene aus Gadara/Gerasa					8,28	5,1	8,27	
Gelähmter					9,2	2,3	5,18	
Matthäus/Levi	9,9	2,14	5,27					
Jaïrus/*Synagogenvorsteher*		5,22	8,41		9,18			
Zwei Blinde					9,27			
Taubstummer						7,32		

	Mt	Mk	Lk	Joh	Mt	Mk	Lk
Blinder aus Betsaida					8,22		
Stummer					9,32		
Die zwölf Apostel	10,2–4	3,13–19	6,12–16				
Mann, dessen Hand verdorrt ist					12,10	3,1	6,6
Blinder und Stummer					12,22		
Jemand (aus der Menge)					12,47		
Brüder Jesu					12,46	3,31	8,19
Brüder Jesu: Jakobus, Josef, Simon und Judas	13,55	6,3					
Herodes (Tetrarch)	14,1	6,14	9,7				
[Herodes] Philippus	14,3	6,17	3,1				
Lysanias			3,1				
(Mose und Elija)	17,3	9,4	9,30				
Epileptiker und sein Vater					17,14f.	9,17	9,38
(Sämann)					13,3	4,3.26	8,5
(Mensch, der 100 Schafe hat ...)					18,12		
(König und Diener, von denen er Rechenschaft fordert)					18,23		
„ein anderer seiner Jünger"/ Nachfolgende					8,21		9,57.59.61
Reicher Jüngling					19,16	10,17	18,18
(Gutsbesitzer und seine Arbeiter)					20,1		
Blinde(r) aus Jericho/Bartimäus		10,46			20,30		18,35
Zachäus			19,2				
Judas, nicht der Judas Iskariot				14,22			
(Zwei Söhne ...)					21,28		
(Weinbauer mit unfruchtbarem Feigenbaum)							13,6
(König, der die Hochzeit seines Sohnes vorbereitet)					22,1		14,16
Gesetzeslehrer					22,35	12,28	10,25; 11,45
Erbe							12,13
Einer aus der Menge (Logion über das enge Tor)							13,23
(Reicher Mann)							12,16
(Barmherziger Samariter)							10,33
(Bittender Freund)							11,5
Pharisäer als Gastgeber							11,37
Führender Pharisäer als Gastgeber							14,1
Teilnehmer am Gastmahl							14,15
Wassersüchtigr							14,2
Einer von den zehn Aussätzigen							17,15
(Vater und seine beiden Söhne)							15,11
(Untreuer Verwalter)							16,1

	Mt	Mk	Lk	Jn	Mt	Mk	Lk	Jn
(Lazarus und der reiche Mann)							16,19	
(Dieb in der Nacht)					24,43		12,39	
(Herr und unnützer Sklave)							17,7	
(Richter der Witwe)							18,2	
(Pharisäer und Zöllner)							18,10	
(Herr und wachende Sklaven)							12,37	
(Treuer Verwalter)					24,45		12,42	
(Herr und Sklaven mit den Talenten)					25,14		19,12	
Zwei Jünger					21,1	11,1	19,29	
(Weinbergbesitzer, Winzer, gesandte Sklaven, Sohn)					21,33	12,1	20,9	
Diener mit Wasserkrug / und Hausbesitzer					26,18	14,13f.	22,1f.	
Kajaphas/*Hohepriester*	26,3					14,53		
Simon, der Aussätzige	26,6	14,3						
Geliebter Jünger								13,23
Diener des Hohenpriesters mit abgeschnittenem Ohr				18,10	26,51	14,47	22,50	
Nackter junger Mann						14,51		
Simon Petrus und ein anderer Jünger								18,15
Zwei Zeugen gegen Jesus					26,61			
Diener des Hohenpriesters								18,22
Sklave des Hohenpriesters							22,58	18,26
(Pontius) Pilatus	27,2	15,1	(3,1) 23,1	18,29				
Barabbas	27,16	15,7	23,18	18,40				
Simon aus Zyrene	27,32	15,21	23,26					
Gekreuzigte Schächer					27,44			
Reuiger Schächer							23,40	
Hauptmann					27,54	15,39	23,47	
Josef aus Arimathäa	27,57	15,43	23,50	20,38				
Kleopas/*Jünger von Emmaus*			24,18				24,13	

Tabelle 3: Gesamtdarstellung weiblicher und männlicher anonymer Figuren

Name der Figur	Frauen *ohne* Namen				Männer *ohne* Namen				Name der Figur
	Mt	Mk	Lk	Joh	Mt	Mk	Lk	Joh	
Frau des Urija	1,6					1,23	4,33		*Besessener*
Maria / seine Mutter				2,1				2,9	*Kana: Tischmeister, Bräutigam*
Schwiegermutter des Petrus	8,14	1,30	4,38					3,25	*Ein Jude*
Witwe aus Naïn			7,12		8,1	1,40	5,12		*Aussätziger*
Tocher des Jaïrus	9,18	5,23	8,42		8,5		7,2	4,46	*Hauptmann aus Kafarnaum*
Blutflüssige Frau	9,20	5,25	8,43		8,6		7,2	4,46	*Diener des Hauptmanns aus Kafarnaum*
Gekrümmte Frau			13,11				5,5		*Gelähmter am Teich Betesda*
Schwestern Jesu	12,50	3,35						9,1	*Blindgeborener*
Samaritanerin				4,7			7,12		*Sohn einer Witwe aus Naïn*
Ehebrecherin				(8,3)	8,19				*Ein Schriftgelehrter*
(Frau mit dem Sauerteig ...)	13,33		13,21		8,28	5,1	8,27		*Besessene aus Gadara/Gerasa*
(Frau, die eine Drachme verliert)			15,8		9,2	2,3	5,18		*Gelähmter*
(Witwe, die zum Richter kommt)			18,3		9,18				*Jaïrus/Synagogenvorsteher*
Kanaanäische Frau und ihre Tochter	15,22	7,25			9,27				*Zwei Blinde*
Mutter der Söhne des Zebedäus	20,20					7,32			*Taubstummer*
Witwe, die Münzen opfert		12,42	21,2			8,22			*Blinder aus Betsaida*
(Zehn Jungfrauen)	25,1				9,32				*Stummer*
Frau mit kostbarem Öl / Maria	26,7	14,3			12,10	3,1	6,6		*Mann, dessen Hand verdorrt ist*
Sünderin, der vergeben wurde			7,37		12,22				*Blinder und Stummer*
Frau aus der Menge („selig, deren Leib dich getragen hat ...")			11,27		12,47				*Jemand (aus der Menge)*
Magd/Türhüterin d. Hohenpriesters	26,69.71	14,66	22,56	18,16	12,46	3,31	8,19		*Brüder Jesu*

17,14 f.	9,17	9,38		Epileptiker und sein Vater
13,3	4,3	8,5		(Sämann)
	4,26			(Mensch, der den Samen wirft)
18,12				(ein Mensch hat 100 Schafe …)
18,23				(König und Diener, von denen er Rechenschaft fordert)
8,21		9,57. 59.61		„ein anderer seiner Jünger"/ Nachfolgende
19,16	10,17	18,18		Reicher Jüngling
20,1				(Gutsbesitzer und seine Arbeiter)
20,30		18,35		Blinde(r) aus Jericho
21,28				(Zwei Söhne …)
		13,6		(Weinbauer mit unfruchtbarem Feigenbaum)
22,1		14,16		(König, der die Hochzeit seines Sohnes vorbereitet)
22,35	12,28	10,25; 11,45		Gesetzeslehrer
		12,13		Erbe
		13,23		Einer aus der Menge (Logion über das enge Tor)
		12,16		(Reicher Mann)
		10,33		(Barmherziger Samariter)
		11,5		(Bittender Freund)
		11,37		Pharisäer als Gastgeber
		14,1		Führender Pharisäer als Gastgeber

		14,15		Teilnehmer am Gastmahl
		14,2		Wassersüchtiger
		17,15		Einer von den zehn Aussätzigen
		15,11		(Vater und seine beiden Söhne)
		16,1		(Untreuer Verwalter)
		16,19		(Lazarus und der reiche Mann)
24,43		12,39		(Dieb in der Nacht)
		17,7		(Herr und unnützer Sklave)
		18,2		(Richter der Witwe)
		18,10		(Pharisäer und Zöllner)
		12,37		(Herr und wachende Sklaven)
24,45		12,42		(Treuer Verwalter)
25,14		19,12		(Herr und Sklaven mit den Talenten)
21,1	11,1	19,29		Zwei Jünger
21,33	12,1	20,9		(Weinbergbesitzer, Winzer, gesandte Sklaven, Sohn)
26,18	14,13f.	22,10f.		Diener mit Wasserkrug / und Hausbesitzer
	14,53			Hohepriester
			13,23	Geliebter Jünger
26,51	14,47	22,50		Diener des Hohenpriesters mit abgeschnittenem Ohr
	14,51			Nackter junger Mann

			18,15	Ein anderer Jünger mit Simon Petrus
26,61				Zwei Zeugen gegen Jesus
			18,22	Diener des Hohenpriesters
		22,58	18,26	Sklave des Hohenpriesters
27,44				Gekreuzigte Schächer
		23,40		Reuiger Schächer
27,54	15,39	23,47		Hauptmann
		24,13		Einer der beiden Emmausjünger

Männliche und weibliche Erzählfiguren im Johannesevangelium: Geschlechterperspektiven

Judith Hartenstein
Philipps-Universität Marburg

Das Joh erzählt viele interessante Geschichten von Frauen und Männern. Anders als die synoptischen Evangelien reiht es nicht nur kurze Episoden aneinander, sondern bietet zusammenhängendere Erzählungen. Das gibt den Erzählfiguren mehr Raum, zumal viele von ihnen mehrfach auftreten. Durch die Breite der Darstellung und auch durch häufig überraschendes Verhalten gewinnen die Charaktere an Tiefe und Vielschichtigkeit.

Die Hauptperson im Joh ist Jesus, der in den meisten Szenen auftritt, die größten Redeanteile hat und die Person ist, auf die sich alle anderen beziehen. Nahezu alle anderen Personen sind als seine (potentiellen) JüngerInnen dargestellt. D. h. sie interagieren mit ihm und reagieren auf verschiedenste Weise auf seinen Anspruch und auf die Aufforderung, an ihn zu glauben. In vielen Fällen ist allerdings nicht so leicht zu entscheiden, ob tatsächlich eine solche positive Beziehung aufgenommen wird.[1] Das Joh beschreibt sehr individuelle Figuren, die sich einer klaren Klassifizierung entziehen. Zu den breit dargestellten Charakteren gehören auch viele Frauen mit starker und positiver Rolle.

In meinem Beitrag werde ich mich zunächst auf den Kreis der JüngerInnen konzentrieren und dabei Frauen und Männer in Bezug auf die Art der Darstellung vergleichen. Meiner Meinung nach gibt es im Joh keine grundsätzlichen Unterschiede in der Behandlung von weiblichen und männlichen Erzählfiguren, sondern neben der Individualität Gemeinsamkeiten über Geschlechtergrenzen hinweg. Alle Personen diskutieren (im weiten Sinne) theologische Fragen mit Jesus, in denen es vor allem um das richtige Verständnis seiner Person geht. Frauen wie Männer legen Bekenntnisse zu ihm ab und bringen andere in Kontakt mit Jesus, sind also verkündigend tätig. Nahezu alle Personen zeigen zeitweise Unverständnis oder tragen Ansinnen an Jesus heran, die dieser ablehnt. Trotz dieser Ähnlichkeit über Geschlechtergrenzen hinweg kommen Frauen aber betont als Frauen in der Erzählung vor. Am Beispiel der Samaritanerin lässt sich zeigen, wie dabei Rollenerwartungen durchbrochen und verändert werden. Schließlich gibt es noch einen Ausblick auf die Darstellung Jesu und Überlegungen zu der schwierigen Rückfrage nach Geschlechterrollen im sozialen Kontext des Joh.

1. Überblick über die Charaktere in Joh

Die wichtigsten Personen, d. h. diejenigen, die mehrfach oder in einer längeren Szene auftreten und dabei handelnd und/oder redend aktiv sind, sind (in der Reihenfolge ihres

---

[1] In der Forschung werden einige Figuren – z. B. Nikodemus, Marta, der Kranke aus Joh 5 – ganz unterschiedlich eingeordnet.

Auftretens):[2] Johannes der Täufer (Joh 1,6–8.15.19–28.29–34.35f.; 3,23–30; 5,33–36); Andreas (1,35–42; 6,1–15; 12,22–26); Petrus (1,40–42; 6,60–71; 13,1–30.36–38; 18, 10f.15–18.25–27; 20,2–10; 21,1–25); Philippus (1,43–51; 6,1–15; 12,21–26; 14,8–10); Natanaël (1,43–51; 21,2); Jesu Mutter (2,1–12; 19,25–27); Nikodemus (3,1–12; 7,45–52; 19,38–42); eine Samaritanerin (4,4–42); ein zum König Gehörender[3] (4,46–53); ein Kranker (5,5–16); Judas Iskariot (12,1–11; 13,26–31; 18,1–11); ein Blindgeborener (9,1–38); Lazarus[4] (11,1–46; 12,1–11); Maria (11,1–46; 12,1–8); Marta (11,1–46; 12, 1–8); Thomas (11,16; 14,5f.; 20,24–29; 21,2); Kajaphas (11,47–53; 18,24.28); der geliebte Jünger (13,23–25; 19,26f.; 19,35;[5] 20,2–10; 21,1–14.15–25); Pilatus (18,28–19,37; 19,38); Maria Magdalena (19,25; 20,1–18).

Das sind 15 Männer und 5 Frauen. Eine weitere Unterteilung ist schwer. Eine Sonderrolle hat Johannes der Täufer, weil er nicht selbst mit Jesus interagiert, sondern mit anderen über ihn redet. Er hat auch eine eigene direkte Verbindung zu Gott, weil er von ihm gesandt ist; bei allen anderen wird die Gottesbeziehung über Jesus vermittelt. Einige der Personen sind mit Wundergeschichten verbunden, wobei nur Männer direkt geheilt werden, während mehrere Frauen (aber auch ein Mann) Wunder veranlassen. Einige Personen haben Namen, andere sind auch ohne Namensnennung eindeutig zu identifizieren (die Mutter Jesu), bei weiteren dient ein besonderer Zug zur Beschreibung (Blindgeborener, Frau aus Samarien).

Einige der Männer (z. B. Andreas, Philippus) treten mehrfach auf, haben aber keine große Szene oder lange Gespräche; sie scheinen zur ständigen Begleitung Jesu zu gehören. Das sind (bis auf Natanaël und den geliebten Jünger) Personen, die auch aus anderen Evangelien als Jünger bekannt sind. Aber auch andere gehören zum Umfeld Jesu und es wird eine vorhandene Beziehung vorausgesetzt (z. B. bei Maria und Marta); auch sie begegnen wiederholt. Eine klare Trennung zwischen einem Jüngerkreis als Gefolge Jesu und Außenstehenden, die für ein einzelnes Ereignis Kontakt mit Jesus haben (ein Gespräch oder eine Heilung), ist nicht möglich. Es gibt nicht einmal einen grundlegenden Unterschied zwischen JüngerInnen und Jesus gegenüber feindlichen Personen. Jesus belehrt Pilatus wie andere auch, Kajaphas erfasst die Bedeutung der Person Jesu. Die Differenz scheint eher im Vorwissen der LeserInnen zu liegen, d. h. bei einigen ist eine ausführliche Einführung nötig (z. B. Nikodemus und die Samaritanerin), andere sind schon bekannt und ihre Verbindung zu Jesus muss nicht erklärt werden (z. B. Petrus, die Mutter Jesu, Thomas oder Maria Magdalena).

---

[2] Nebenfiguren mit nur kurzen Auftritten wie der Speisemeister (Joh 2,8–10), die Eltern des Blindgeborenen (9,18–23) oder Judas (14,22; es handelt sich ausdrücklich nicht um Judas Iskariot, sondern um einen anderen Judas) sind nicht berücksichtigt. Erstaunlicherweise gibt es im Joh mehr Haupt- als Nebenfiguren.

[3] Die Bezeichnung βασιλικός kann ein Verwandtschafts- oder Dienstverhältnis zum König bedeuten, ich will eine Festlegung durch einen deutschen Ausdruck („königlicher Beamter") vermeiden.

[4] Lazarus kommt zwar mehrfach vor und ist in der Geschichte von seiner Auferweckung eine zentrale Figur, aber er wird nirgendwo selbst aktiv.

[5] Ich halte auch diese Stelle für eine Beschreibung des geliebten Jüngers; mit dem „anderen Jünger" in 18,15 ist aber m. E. eine andere Person gemeint.

Zu der Schwierigkeit, die wichtigen Einzelpersonen in feste Gruppen zu sortieren und zwischen einem Jüngerkreis und Fernerstehenden zu unterscheiden, passt die Offenheit der Gruppe der μαθηταί. Die JüngerInnen sind im Joh nicht auf die Zwölf begrenzt, sondern eine größere Gruppe, deren Mitglieder sich verändern können (Joh 6,66).[6] Das Jüngersein scheint an manchen Stellen mehr eine Aufgabe als ein Zustand zu sein (8,31; 15,8). Obwohl keine Frau ausdrücklich als Jüngerin bezeichnet wird, schließt die Jüngergruppe auch Frauen ein. Am deutlichsten ist das bei Maria Magdalena. Sie ist bei der Kreuzigung und am Ostermorgen am Grab anwesend, sie ist in direktem Kontakt zur Gruppe der μαθηταί (20,2.18) und ihre Beziehung zu Jesus weist sie als Jüngerin aus (Namensanrede, Reaktion ...).[7] Die Gruppe der Zwölf spielt dagegen kaum eine Rolle in der Erzählung, ihre Anwesenheit unter den μαθηταί wird als Normalfall vorausgesetzt. Sie sind noch da, als andere Jesus verlassen (6,67); zu ihnen gehören aber auch Judas als ein „Teufel" (6,70f.) und Thomas, der bei der Erscheinung Jesu am Osterabend nicht anwesend ist (20,24).

Nicht nur die Gruppe der JüngerInnen ist offen und ohne klare Abgrenzung. Auch Einzelpersonen verhalten sich überraschend, weder sind weitere Situationen noch die Art des Handelns oder der Grad der Einsicht vorhersagbar. Zudem ist die Interpretation von Einzelzügen der Darstellung oft strittig, ein bestimmtes Handeln kann unterschiedlich gedeutet werden. Oft bestätigt der Gesamtkontext des Evangeliums eine bestimmte Interpretation, manchmal ist aber auch mit einer absichtlich doppelbödigen Darstellung zu rechnen.[8]

2. Gemeinsamkeiten der im Evangelium vorkommenden Personen

Bei näherer Betrachtung fallen die Gemeinsamkeiten zwischen den verschiedenen Personen ins Auge. Bei nahezu allen, die in Kontakt mit Jesus treten, besteht eine Spannung zwischen Verständnis und Unverständnis. Sie werden von Jesus belehrt, reagieren darauf, werden oft zurückgewiesen und erkennen doch etwas, und zwar alles bunt gemischt. Die Gespräche sind von Missverständnissen geprägt – häufig dadurch, dass Jesus auf einer übertragenen Ebene spricht, während seine Gegenüber auf der normalirdischen Ebene bleiben. So versteht Nikodemus Jesu Reden von einer erneuten Geburt

---

[6] Die Zwölf sind nicht als Namensliste aufgeführt, diese Gruppe wird nur zweimal eher nebenbei erwähnt (6,67–71; 20,24), in beiden Fällen als Teil einer größeren Gruppe.

[7] Vgl. Susanne RUSCHMANN, *Maria von Magdala im Johannesevangelium: Jüngerin – Zeugin – Lebensbotin* (NTAbh 40; Münster: Aschendorff, 2002), 142–164, zu den Parallelen zu den Jüngerberufungen in Joh 1; Raymond E. BROWN, „Die Rolle der Frau im vierten Evangelium", in *Frauenbefreiung: Biblische und theologische Argumente* (hg. v. Elisabeth Moltmann-Wendel; München: Kaiser, ²1978), 133–147; 141, zu Marta, Maria und Maria Magdalena.

[8] Z. B. verkündigt (ἀναγγέλλω) der Kranke nach seiner Heilung (Joh 5,15), dass sie auf Jesus zurückgeht – was im Kontext einer Anzeige bei den Behörden entspricht, die zu einem Verhör Jesu führt.

bzw. einer Geburt von oben[9] im Sinne einer normalen menschlichen Geburt, die er sich nicht vorstellen kann (Joh 3,3f.). Die Samaritanerin wünscht sich von Jesus das lebendige Wasser, das jeden Durst stillt, um sich so die Mühe des Wasserholens zu sparen (Joh 4,13–15). Ein besonders starkes Unverständnis zeigt Petrus bei der Fußwaschung, bei der Jesus gleich dreimal hintereinander seine Positionen korrigiert (Joh 13,6–10). Umgekehrt können Personen auch ganz unerwartet etwas Wahres äußern – manchmal gegen ihre eigene Absicht (z. B. Kajaphas in 11,50f.). Ein einmal ausgesprochenes Bekenntnis bietet keine Gewähr dafür, dass ein Verständnis erlangt ist und erhalten bleibt. Sowohl Petrus als auch Marta fallen z. B. in Unverständnis zurück. Diese Ambivalenz und Vielschichtigkeit der Figuren verleiht ihnen gerade ihren Sinn.[10]

Die Schwierigkeiten der Dialoge liegen aber nicht nur am Unverständnis der JüngerInnen. Jesus reagiert mitunter auch auf durchaus angemessene[11] Bekenntnisse mit kritischen Bemerkungen, so z. B. in 16,30f. gegenüber der Gruppe. Außerdem widerspricht Jesus vielen Wünschen, die an ihn herangetragen werden, und zwar selbst dann, wenn er sie später erfüllt. So reagiert er zunächst sehr schroff auf die Bemerkung seiner Mutter über den fehlenden Wein auf der Hochzeit (Joh 2,3f.), schafft dann aber doch Abhilfe. Insgesamt sind Momente der Übereinstimmung zwischen ihm und anderen selten und gelten, wenn überhaupt, nur für kurze Zeit. In dieser Hinsicht bestehen keine grundlegenden Unterschiede zwischen den vorkommenden Charakteren.

Ziel aller Gespräche ist die Person Jesu in ihrer theologischen Bedeutung und die sich daraus ergebenden Konsequenzen. Dadurch sind alle Diskussionen theologisch. In diesem Punkt unterscheiden sich die vorkommenden Frauen in nichts von den Männern. Jesus gibt beiden gleichermaßen, Frauen und Männern als Einzelpersonen und außerdem der großen Volksmenge und der Gruppe der JüngerInnen, seine Belehrungen. In Joh 11,25f. äußert Jesus sogar eines der Ich-bin-Worte in einem Gespräch allein mit Marta (11,21–27).[12] Es ist bemerkenswert, dass das Joh auf diese Weise Frauen als theologisch denkende Subjekte ernst nimmt und sie wie die Männer (also auch mit allen Schwierigkeiten und Missverständnissen) an Gesprächen beteiligt. Frauen kommen so überhaupt zu Redeanteilen, was in anderen Evangelien ja nicht unbedingt gilt. Daraus folgt dann auch, dass Frauen wie Männer Bekenntnisse ablegen und Aufträge erhalten bzw. von sich aus aktiv werden. Eine zentrale Passage ist dabei das schon erwähnte Gespräch mit Marta, in dem Jesus sich nicht nur mit einem Ich-bin-Wort beschreibt, sondern Marta mit einem Bekenntnis zu Jesus als Messias und Gottes Sohn

---

[9] Der griechische Ausdruck ἄνωθεν kann beides heißen!

[10] Vgl. Colleen M. CONWAY, „Speaking Through Ambiguity: Minor Characters in the Fourth Gospel", BibInt 10 (2002): 324–341; 328–330.340.

[11] Es ist nicht immer leicht zu entscheiden, was eigentlich eine im Sinne des Joh „richtige" Aussage über Jesus ist. Maßgeblich ist m. E., ob innerhalb des Joh von Jesus selbst oder von der Erzählstimme etwas Vergleichbares gesagt wird. Vgl. Judith HARTENSTEIN, *Charakterisierung im Dialog: Die Darstellung von Maria Magdalena, Petrus, Thomas und der Mutter Jesu im Kontext anderer frühchristlicher Traditionen* (NTOA/SUNT 64; Göttingen: Vandenhoeck & Ruprecht, 2007)), 96–98.

[12] Die übrigen sind an größere Gruppen gerichtet; neben Marta veranlasst auch Thomas eine solche Selbstoffenbarung Jesu bzw. sie ergeht im Dialog mit ihm (14,5f.).

antwortet. Dieses Bekenntnis wird am Ende des Evangeliums wieder aufgegriffen (20,31), das ganze Evangelium ist geschrieben, um genau den Glauben bei den LeserInnen zu erreichen, den Marta schon zuvor formuliert hat. Durch das Bekenntnis bekommt Marta im Joh eine Position, die mit der des Petrus in den synoptischen Evangelien vergleichbar ist.[13] Ihre Hervorhebung kann sogar als Herabsetzung des Petrus verstanden werden, der im Joh zwar ein Bekenntnis, aber nicht das wichtigste ablegt.

Als Konsequenz des Zusammentreffens mit Jesus leiten Frauen wie Männer den Kontakt an Dritte weiter. Dieses Muster des Weitersagens findet sich schon bei den ersten Jüngerberufungen und danach bei Frauen und Männern. Sie alle wirken missionarisch oder verkündigend. Schon die ersten beiden, die Jesus nachfolgen, tun dies durch den Hinweis von Johannes dem Täufer (Joh 1,35–39). Einer von ihnen ist Andreas, der seinen Bruder Petrus zu Jesus bringt und dabei ein erstes Bekenntnis zu Jesus als Messias (Christus) ablegt (1,40–42). Ganz analog leitet auch Philippus, der von Jesus direkt zur Nachfolge aufgefordert wird, sein Wissen um ihn sofort an Natanaël weiter und bringt ihn so in Kontakt zu Jesus (1,43–46). Die Samaritanerin erzählt mit dem gleichen Effekt in ihrem Dorf von Jesus (4,28–30) und Maria Magdalena berichtet den übrigen JüngerInnen von ihrem Zusammentreffen mit dem Auferstandenen (20,18). Wenn die Mutter Jesu die Bediensteten der Hochzeitsfeier auffordert, zu tun, was Jesus sagt (2,6), kann dies ebenfalls als eine Weitervermittlung des Kontakts verstanden werden, an dieser Stelle nicht als Weitersagen von Erkenntnissen über die Person Jesu, sondern als praktische Umsetzung.

3. Die Frauen im Joh als besondere Gruppe?

Die grundlegenden Gemeinsamkeiten aller Charaktere machen es schwierig, speziell nach der Darstellung von Frauen und Männern zu fragen. Anders als in den synoptischen Evangelien gibt es im Joh auch keine festen Frauen- und Männergruppen, die in der Erzählung handelnd auftreten und dabei nebeneinander oder sich gegenüber stehen.[14] Die Figuren sind jeweils ganz individuell gezeichnet, sowohl in ihren Lebensumständen als auch in ihrem Verhalten gegenüber Jesus. Entscheidende Gemeinsamkeiten gerade der vorkommenden Frauen miteinander sind m. E. nicht erkennbar.

Die volle Teilhabe von Frauen in der Gruppe der JüngerInnen im Joh ist in der Forschung schon lange aufgefallen. Einige betonen dabei die Egalität zwischen Frauen und Männern, die gerade im Vergleich mit anderen antiken christlichen Schriften be-

---

[13] Es gibt – anders als in den synoptischen Evangelien – eine Vielzahl von unterschiedlichen Bekenntnissen im Joh, schon bei den ersten Jüngerberufungen. Keine andere Formulierung wird aber so deutlich bestätigt wie die von Marta.
[14] So z. B. in Lk 8,1–3; 24,9–11. Bei Mk übernimmt die Gruppe der Frauen um Maria Magdalena wichtige Aufgaben, als die Zwölf geflohen sind (Mk 15,40f.47; 16,1–8).

merkenswert ist und einen klaren Akzent zur Gleichberechtigung setzt.[15] Mitunter wird aber auch die vor allem im Vergleich mit vielen männlichen Jüngern wie Petrus besonders positive Darstellung von Frauen hervorgehoben, die sie sogar als überlegen erscheinen lässt.[16] Eine solche Tendenz ist tatsächlich vorhanden, neben der Hervorhebung von Marta durch ihr Bekenntnis hat auch Maria Magdalena eine besondere Rolle als erste Zeugin einer Erscheinung des Auferstandenen. Der Text ist jedoch nicht immer eindeutig zu interpretieren und bietet auch Anhalt für kritischere Deutungen.[17] Das leichte positive Übergewicht erklärt sich m. E. dadurch, dass das Joh viele Personen als den LeserInnen bekannt voraussetzt und erwartet, dass sie Vorwissen in die Charakterisierung einbeziehen.[18] Gerade bei Personen wie Petrus ist dieses Vorwissen sehr positiv, es wird im Joh hinterfragt, aber nicht aufgehoben.[19]

Trotz dieser Vielfalt und der Schwierigkeiten, Gemeinsames unter den Frauen zu finden, sind die Geschichten von Männern und Frauen nicht einfach austauschbar. Insbesondere die Geschichten von Frauen ließen sich nicht ohne Weiteres von Männern erzählen, weil sie von typisch weiblichen Rollen ausgehen. Die Mutter Jesu verhält sich in Joh 2 als Mutter eines bedeutenden Sohnes, die Samaritanerin geht mit dem Wasserholen einer typisch weiblichen Aufgabe nach und die Begegnung am Brunnen spielt zudem auf ersttestamentliche Brautwerbungsszenen an. Maria Magdalenas Trauer am Grab Jesu, ihre Suche und schließlich das Zusammentreffen mit Jesus haben Bezüge zu antiken Liebesromanen und zu Hld 3; wie die Samaritanerin ist sie also ein weibliches Gegenüber Jesu. Die Salbung durch Maria von Betanien greift eine Geschichte auf, die in anderen Evangelien von anonymen Frauen erzählt wird.[20] Dass es sich um Frauen handelt, ist also jeweils wichtig und wird auch durch die häufige Anre-

---

[15] So z. B. BROWN, „Rolle", passim; vgl. auch Margaret M. BEIRNE, *Women and Men in the Fourth Gospel: A Genuine Discipleship of Equals* (JSNTSup 242; Sheffield: Sheffield Academic Press, 2003), die in ihrer Untersuchung in fünf Paaren Frauen und Männer gegenüberstellt und die jeweiligen Gemeinsamkeiten herausarbeitet.

[16] Siehe Colleen M. CONWAY, *Men and Women in the Fourth Gospel: Gender and Johannine Characterization* (SBLDS 167; Atlanta: Society of Biblical Literature, 1999), 201–205; Sandra M. SCHNEIDERS, „Women in the Fourth Gospel and the Role of Women in the Contemporary Church", in *The Gospel of John as Literature: An Anthology of Twentieth-Century Perspectives* (hg. v. Mark W. G. Stibbe; NTTS 17; Leiden: Brill, 1993), 123–143; 129.

[17] So ist z. B. Adele REINHARTZ, „Women in the Johannine Community: An Exercise in Historical Imagination", in *A Feminist Companion to John 2* (hg. v. Amy-Jill Levine mit Marianne Blickenstaff; Sheffield: Sheffield Academic Press, 2003), 14–33; 26–30, nicht sicher, ob Frauen im Joh wirklich als Jüngerinnen gesehen werden. Deutlich ist jedenfalls, dass auch Frauen Unverständnis zeigen.

[18] Vgl. HARTENSTEIN, *Charakterisierung*, 299f.

[19] Vgl. ebd., 206–209. Personen, mit denen weitaus weniger positive Erwartungen verbunden sind, werden durch die Darstellung dagegen gestärkt. Dies gilt nicht nur für Frauen, sondern auch für Männer wie den Blindgeborenen, der besonders positiv charakterisiert wird, vgl. dazu CONWAY, *Men*, 125–135.201.204.

[20] Am ehesten wäre es denkbar, die Geschichte der Marta von einem Mann handeln zu lassen.

de „Frau" unterstrichen.²¹ Die Männer erscheinen dagegen als weniger durch ihr Geschlecht geprägt. Sie sind in erster Linie durch ihren sozialen Status (z. B. Nikodemus) oder durch eine Krankheit (z. B. der Blindgeborene) bestimmt oder werden als schon bekannte Personen nicht näher eingeführt (z. B. Petrus oder Philippus). Obwohl sich auch von einigen Frauen Ähnliches sagen lässt (Maria Magdalena ist bekannt, für die Samaritanerin ist ihre Herkunft aus Samarien wesentlich), schwingt in der Begegnung mit Jesus trotzdem immer mit, dass er als Mann mit Frauen zusammentrifft.²²

4. Die Entwicklung der Charaktere

Insgesamt ist es nicht ungewöhnlich, dass Frauen primär als Frauen wahrgenommen werden, während Mannsein der Normalfall ist, der keine besonderen Effekte hat, so dass Männer durch weitere Attribute bestimmt werden – das gilt ja nicht nur für die Antike. Auffällig ist jedoch, dass die Begegnung mit Jesus in allen Geschichten grundlegend verändernd wirkt. Dies hat bei den Frauen die Konsequenz, dass sie nicht in der typischen Frauenrolle bleiben: Die Mutter Jesu wird in Joh 2 bei ihrem Versuch, Einfluss auf ihren bedeutenden Sohn auszuüben, zurückgewiesen, aber sie findet eine neue Rolle, indem sie andere in Kontakt zu Jesus bringt und so eine wichtige Funktion als Jüngerin übernimmt. Ihre Position unter den JüngerInnen wird in Joh 19,25–27 durch ihre Anwesenheit bei der Kreuzigung und die neu gestiftete Beziehung zum geliebten Jünger bestätigt. Die Samaritanerin fängt als wasserholende potentielle Braut an, verwickelt Jesus dann aber in ein hochtheologisches Gespräch und wird schließlich zur Missionarin. Maria von Betanien bleibt zwar weitgehend im Haus und schweigt, vollbringt aber in der Salbung eine Zeichenhandlung, die prophetischen Charakter hat. Maria Magdalena darf dem gefundenen Geliebten nicht in die Arme fallen (anders als in Hld 3,4), sondern bekommt eine Botschaft und verkündigt sie. Bei Marta beginnt die Geschichte mit der theologischen Diskussion und dem Bekenntnis, während sie in der zweiten Geschichte eine kleinere und untergeordnetere Rolle übernimmt (12,2). Auf der Oberfläche geht es hier um Tischdienst (Auftragen von Speisen), der Begriff

---

²¹ Vgl. Colleen M. CONWAY, „Gender Matters in John", in *A Feminist Companion to John 2* (hg. v. Amy-Jill Levine mit Marianne Blickenstaff; Sheffield: Sheffield Academic Press, 2003), 79–103; 80f.
²² Diesen Befund wertet Adeline FEHRIBACH, *The Women in the Life of the Bridegroom: A Feminist Historical-Literary Analysis of the Female Characters in the Fourth Gospel* (Collegeville: Liturgical Press, 1998) am konsequentesten aus, die in drei der vorkommenden Frauen (Samaritanerin, Maria von Betanien und Maria Magdalena) potentielle Bräute Jesu dargestellt sieht, durch die die Hauptfigur Jesus als messianischer Bräutigam profiliert wird. Sie erkennt dabei eine Einbindung der Frauen in vorgegebene Rollenerwartungen und ihre tendenzielle Zurücksetzung, vor allem gegenüber der Bedeutung Jesu. Nach Martin SCOTT, *Sophia and the Johannine Jesus* (JSNTSup 71; Sheffield: Sheffield Academic Press, 1992), 238, haben die Frauen im Joh die Rolle von Dienerinnen Jesu, der mit der Sophia identifiziert wird, und haben deshalb als Frauen eine wichtige Funktion für die Christologie.

„Dienen" (διακονέω) könnte aber darüber hinaus eine grundlegendere Beauftragung implizieren.[23]

Wesentliche Veränderungen finden auch bei einigen Männern durch die Begegnung mit Jesus statt. Nikodemus wird vom Lehrer zum Schüler/Jünger, der Blindgeborene nicht nur im medizinischen Sinne zum Sehenden. Dabei ist z. B. der hohe soziale Status des Nikodemus als Mitglied des Hohen Rats geschlechtsspezifisch, aber darüber hinaus spielt das Mannsein keine wesentliche Rolle. Trotzdem scheint hier eine ähnliche Verschiebung vorzuliegen: Bei den Frauen sind typisch weibliche Elemente als Ausgangspunkt in die Erzählung einbezogen, aber der Kontakt zu Jesus führt zu einer Veränderung, in der geschlechtstypische Rollen aufgegeben werden. Als Jüngerinnen sind die Frauen nicht mehr von den Männern unterschieden. Zumindest bei einigen Männern ist ebenfalls eine Entwicklung von einer klar männlichen zu einer umfassenderen Rolle erkennbar, durch die ein Mann wie Nikodemus seinen Sozialstatus verliert und sich in die Gruppe der SchülerInnen Jesu einordnet. Obwohl die Erzählungen von Frauen im Joh als ganze Geschichten nicht einfach von Männern erzählt werden könnten und die Nikodemus-Geschichte nicht von einer Frau, wäre dies vom jeweiligen Ziel der Geschichten durchaus möglich: Die Verkündigung der Samaritanerin ist nicht wesentlich anders als die von Andreas oder Philippus, das Bekenntnis der Marta ist vergleichbar mit dem des Petrus und etlichen anderen, die Übermittlung der Botschaft vom Auferstandenen durch Maria Magdalena (20,18) entspricht den Worten der Gruppe der JüngerInnen (20,25) – und Nikodemus ist wie alle anderen aufgefordert, das Zeugnis Jesu anzunehmen (3,11f.).

Das Joh lässt sich also nicht nur durch das Vorkommen von starken Frauen, sondern auch in den einzelnen Erzählungen von Frauen als Anleitung zur Überwindung von Geschlechterungleichheit lesen. Von allen, die sich Jesus anschließen, wird das Gleiche gefordert, nämlich ihn anzuerkennen, von ihm zu lernen und dies auch nach außen zu vertreten. Diese alles entscheidende Beziehung zu Jesus hebt alle sozialen Unterschiede auf. Nikodemus als Mitglied des Hohen Rates wird nicht anders behandelt als die Samaritanerin oder der Blindgeborene; auch ein führender Jünger wie Petrus hat keinen Vorsprung gegenüber anderen. Es handelt sich sozusagen um eine christologisch begründete Gleichheit. Es scheint sogar ein ausdrückliches Anliegen des Joh zu sein, möglichen Hierarchien zwischen den JüngerInnen entgegen zu wirken. Dies lässt sich z. B. an Petrus erkennen, dessen Angewiesenheit auf andere – schon auf

---

[23] Das Bedeutungsspektrum von διακονέω ist breit, das Verb ist nicht auf den Tischdienst festgelegt und bezeichnet keine typische Frauenarbeit, sondern es geht in der Grundbedeutung um eine Beauftragung, vgl. Anni HENTSCHEL, *Diakonia im Neuen Testament: Studien zur Semantik unter besonderer Berücksichtigung der Rolle von Frauen* (WUNT 2/226, Tübingen: Mohr Siebeck, 2007), 85–87. Der Kontext von Joh 12,2 verweist auf den Tischdienst, aber das Dienen könnte gleichzeitig metaphorisch für ein Leitungsamt stehen, wie Hentschel es für Lk 10,40 begründet (vgl. ebd., 257). Jedenfalls scheint Marta hier im Dienst Jesu zu stehen.

Andreas für seinen ersten Kontakt zu Jesus – klar betont wird.[24] Dagegen wird die Autorität von Personen, die zunächst einen schwachen Status haben, gestärkt. Das gilt für einige Frauen, z. B. die Samaritanerin, aber auch für Männer, z. B. den Blindgeborenen. Das Joh scheint ein Ideal einer Geschwisterlichkeit zu vertreten, die nicht einfach selbstverständlich ist, sondern sich erst aus vorgegebenen Rollen entwickelt. In diesen Kontext gehört m. E. auch die Darstellung der Frauen in ihrer Beziehung zu Jesus. Praktische Fragen des Zusammenlebens in der Gruppe, die doch wieder zu einer geschlechtsspezifischen Aufgabenverteilung führen könnten, werden im Joh nicht diskutiert.

Neben den Frauen und Männern, die auf der Erzählebene auftreten, ist schließlich noch ein Gleichnis von einer Frau interessant. Im Joh finden sich im Vergleich zu den synoptischen Evangelien selten Gleichnisse, von Gott oder Gottes Reich wird kaum bildlich gesprochen. Zur Beschreibung von Jesus und seinem Wirken dient jedoch eine Fülle von Metaphern. In der Regel sind es Dinge des Alltags (Brot, Wasser, Wein, Licht) oder abstrakte Ausdrücke (Wahrheit, Leben), die mit ihm verbunden sind und ihn charakterisieren. Nur selten handelt es sich dabei um menschliche Figuren (der gute Hirte). Ein Gleichnis wird jedoch von einer Frau erzählt, die ein Kind bekommt (16,21f.). Für die Frau werden die Schmerzen der Geburt in der Freude aufgehoben, dass das Kind zur Welt gekommen ist. Dieses Gleichnis dient zur Veranschaulichung der Zukunft der JüngerInnen: Jesus kündigt ihnen vor seinem Abschied einerseits die Trennung von ihm, Leid und Verfolgung, andererseits ein Wiedersehen und umfassende Freude an. Geburtsschmerzen sind ein verbreitetes Bild zur Schilderung von Leid und Not, ungewöhnlich ist im Joh jedoch, dass die Geburt ganz aus der Perspektive der Frau erzählt wird. Sie leidet Schmerzen und sie empfindet auch die Freude, durch die sie die Schmerzen vergisst. Beides zusammen beschreibt das zukünftige Ergehen der JüngerInnen.[25]

Hier wird also von den JüngerInnen ganz selbstverständlich erwartet, dass sie sich alle mit einer Frau identifizieren können. Sowohl ihre Schmerzen bei der Geburt als auch ihre Freude danach werden auf die Situation der JüngerInnen und der späteren Gemeinde übertragen. Eine eindeutig weibliche Tätigkeit ist also an dieser Stelle repräsentativ für eine umfassende Wirklichkeit.

5. Wandlungen einer Frauenrolle am Beispiel der Samaritanerin (Joh 4,4–42)

Die Veränderungen, die durch die Begegnung mit Jesus ausgelöst werden, und die damit verbundene Auflösung von geschlechtsspezifischen Festlegungen lassen sich gut

---

[24] Vgl. HARTENSTEIN, *Charakterisierung*, 207f. Aber auch eine Sonderrolle der Mutter Jesu wird verneint! (Vgl. ebd., 292.)

[25] Vgl. Judith HARTENSTEIN, „Aus Schmerz wird Freude (Die gebärende Frau): Joh 16,21f.", in *Kompendium der Gleichnisse Jesu* (hg. v. Ruben Zimmermann; Gütersloh: Gütersloher Verlagshaus, 2007), 840–847; 844–847.

an der Geschichte von der Samaritanerin veranschaulichen. Es handelt sich um eine in sich abgeschlossene Geschichte, die Frau tritt später nicht noch einmal auf und ist auch vorher nicht bekannt. Ihr Frausein ist nur ein Aspekt der vielschichtigen Geschichte, auf anderes, wie z. B. ihre Herkunft aus Samarien, gehe ich hier nicht ein.

In der Geschichte trifft Jesus am Brunnen in der Nähe eines samaritanischen Dorfes eine Frau, mit der er ein langes theologisches Gespräch führt, während seine JüngerInnen Essen einkaufen. Zu diesem Gespräch gehört auch, dass er sich als Messias offenbart (4,25f.). Am Ende geht die Frau ins Dorf und berichtet dort von Jesus, so dass die EinwohnerInnen Jesus zum Bleiben einladen und schließlich durch die Frau – und noch mehr durch ihn selbst – an ihn glauben.

Die Samaritanerin ist gleich am Anfang als Frau eingeführt, sie geht zudem der typisch weiblichen Tätigkeit des Wasserholens nach. Hinzu kommt noch, dass der Auftakt der Geschichte, in der ein Mann unterwegs in einem fremden Land am Brunnen eine einheimische Frau trifft, an Brautwerbungsgeschichten aus der Genesis denken lässt. Ganz ähnlich werden Rebekka (Gen 24) und später Rahel (Gen 29) an einem Brunnen entdeckt; gerade der Gedanke an Jakob und Rahel liegt besonders nahe, weil der Ort schon als Jakobsbrunnen beschrieben ist (Joh 4,5f.). Jesus trifft hier also als Mann mit einer Frau zusammen, die eine Braut sein könnte – jedenfalls bis zu dem Moment, wo Jesus sie nach ihrem Mann fragt. Das Gespräch über ihre vielen Männer lässt sie als eine völlig ungeeignete Braut erscheinen, ihr Frausein wird allerdings so noch stärker betont.[26] Es wird aber auch schon deutlich, dass sie nicht einfach als Frau von einem Mann gesehen werden will, sie selbst spricht davon, keinen Mann zu haben. Diese Linie verfolgt sie weiter, indem sie dem Gespräch eine deutlich theologische Wendung gibt: Sie spricht Jesus als Prophet an, sie fragt nach dem richtigen Ort der Anbetung und kommt schließlich auf den Messias, als der sich Jesus dann zu erkennen gibt. Die Frau lässt daraufhin ihren Eimer stehen – gibt also ihre ursprüngliche Absicht des Wasserholens auf – und geht ins Dorf, um dort von Jesus als dem Messias zu sprechen. Ihre Männer spielen jetzt keine Rolle mehr, die weibliche Tätigkeit auch nicht, sie ist ganz auf Jesus als Messias bezogen und handelt für ihn, indem sie andere in Kontakt mit ihm bringt.

Die Aktivität der Frau und ihre prägende Wirkung auf das Gespräch mit Jesus vor allem im zweiten Gesprächsteil (4,16–26) sind auffällig. Sie bringt die Themen ein und wendet das Gespräch auch von Jesu Interesse an ihr und ihren Männern weg, hin auf Gott, die Anbetung Gottes, Jesus selbst (aber nicht als Ehemann). Der erste Gesprächsteil über das lebendige Wasser (4,7–15) ist dagegen ein typisch joh Dialog voller Missverständnisse. Die Frau spricht vom irdischen, alltäglichen Wasser, Jesus metaphorisch. Am Ende bittet sie darum, Wasser von Jesus zu bekommen, was genau

---

[26] Die fünf Männer müssen nicht als Kritik an ihrem Sexualverhalten verstanden werden, der Verlust der ersten Männer und ihre jetzige rechtlich ungesicherte Position zeigen vor allem ihren niedrigen Sozialstatus, vgl. Luise SCHOTTROFF, „The Samaritan Woman and the Notion of Sexuality in the Fourth Gospel", in *„What is John?" II: Literary and Social Readings of the Fourth Gospel* (hg. v. Fernando F. Segovia; SBLSymS 7; Atlanta: Society of Biblical Literature, 1998), 157–181; 157–164.

das Ziel der Argumentation ist – aber sie tut es aus unangemessenen (nämlich immer noch ganz irdischen) Gründen, auch dies ein typisches Phänomen im Joh.

Eine weitere Problematisierung der Rolle der Frau entsteht durch die zurückkehrenden JüngerInnen, die sich über das Gespräch zwischen Jesus und der Frau wundern, aber ihre Anfragen nicht laut aussprechen. Auf das Mann-Frau-Gespräch wird so indirekt ein kritisches Licht geworfen. Die JüngerInnen wissen nicht, weshalb Jesus mit ihr redet und was er sucht. Aus der Kenntnis des Gespräches lassen sich diese Anfragen aber gut beantworten: Gott sucht Anbetende (4,23), das findet Jesus in der Frau. Und er spricht mit ihr, weil er der Messias ist – der Messias ist der, „der mit dir redet" (4,26). Was er ihr gesagt hat, begründet ihre Verkündigung (4,29). Wenn hier durch die JüngerInnen noch einmal das Problem des Frauseins und der begrenzten Frauenrolle eingebracht wird, so lenken doch gerade die nicht gestellten Fragen den Blick auf das, worauf es eigentlich ankommt.[27] Die Überraschung der anderen zeigt, wie sehr sich die Beziehung von Jesus und der Samaritanerin schon vom Üblichen entfernt hat.[28]

6. Jesus

Die geschwisterliche Egalität unter den JüngerInnen gilt für Männer wie Frauen. Sie bedeutet für die Frauen eine Abkehr von oder Ergänzung zu geschlechtsspezifischen Tätigkeiten, für die Männer mitunter den Verzicht auf einen hervorgehobenen Status.[29] In bildlicher Sprache kann eine weibliche Tätigkeit (Gebären) sogar für alle repräsentativ sein. Schließlich lässt sich eine Verschiebung von Männlichkeit zu Weiblichkeit in der Person Jesu erkennen. Er ist eindeutig ein Mann, was sich nicht nur in Bezeichnungen (z. B. als Sohn), sondern auch im Gegenüber zu den Frauen der Erzählung zeigt. Aber es werden im Joh viele Traditionen der weiblichen Gestalt der Weisheit auf Jesus bezogen: so schon im Prolog und z. B. in Joh 6, wo Jesus wie die Weisheit Nahrung spendet.[30] Auch die Fußwaschung kann als eine Überschreitung von Geschlechterrollen verstanden werden, allerdings liegt hier die Betonung stärker auf dem

---

[27] Außerdem belehrt Jesus die JüngerInnen im Anschluss über ihre Angewiesenheit auf die missionarische Arbeit der Samaritanerin (4,31–38). Das ist noch eine weitere Begründung für sein Reden mit ihr.

[28] Vgl. Turid Karlsen SEIM, „Roles of Women in the Gospel of John", in *Aspects on the Johannine Literature* (hg. v. Lars Hartman und Birger Olsson; ConBNT 18; Uppsala: Almqvist & Wiksell, 1987), 56–73; 59f.

[29] Auch bei der Mutter Jesu ließe sich sagen, dass sie eine besondere Rolle durch ihr Muttersein, vor allem Einfluss auf ihren Sohn, verliert.

[30] Vgl. Spr 9; Sir 24. Zu den Parallelen und ihrer Bedeutung für das Jesusbild vgl. Silke PETERSEN, „Die Weiblichkeit Jesu Christi", in *Die zwei Geschlechter und der eine Gott* (hg. v. Elmar Klinger, Stephanie Böhm und Thomas Franz; Würzburg: Echter, 2002), 97–123; 115–119; SCOTT, *Sophia*, passim.

freiwilligen Verzicht auf Status: Das Waschen von Füßen ist die Arbeit von SklavInnen.[31]

Die Übernahme von Weisheitstraditionen durch Jesus lässt sich unterschiedlich deuten. Einerseits verschwindet die explizit weibliche Gestalt der Weisheit. Ihre Aufgaben wie die Mitwirkung bei der Schöpfung, die Zuwendung zu den Menschen oder das Spenden von Nahrung und Leben werden in das Wirken des Mannes Jesus integriert. Andererseits existieren die Weisheitstraditionen ja weiterhin und zumindest für die LeserInnen, die sie kennen, erhält der joh Jesus durch sie deutlich weibliche Züge. Vermutlich sind Weisheitstexte für jüdische antike LeserInnen sogar viel präsenter als für heutige; sie in Beziehung zum Joh zu setzen liegt also nahe.

Ein solches Jesusbild, das beide Geschlechter integriert, passt sehr gut in die joh Christologie insgesamt. Die Aussagen über Jesus im Joh sind von Spannungen bestimmt, er ist z. B. gleichzeitig irdisch und himmlisch, hat normale menschliche Eltern (1,45; 2,1) und ist der göttliche Logos, er ist Fleisch (σάρξ) und Herrlichkeit (δόξα) gleichermaßen (1,14). Die im Prolog beschriebene Bewegung von der göttlichen Existenz des Logos hin zur Inkarnation ist wesentlich ein Verzicht auf Status. Das irdische Leben Jesu ist, auch wenn seine δόξα immer wieder aufscheint, ein wirkliches Hinabsteigen in die materielle Existenz. Im Rahmen der antiken (und ja auch noch modernen) Vorstellungen ist das auch eine Bewegung hin zu Weiblichkeit.

7. Die Gemeinde und die LeserInnen

Das Joh ist eine Erzählung, die von Personen der Vergangenheit, ihren Erlebnissen und Interaktionen, berichtet. Zugleich ist es aber auch eine Schrift, die sich direkt an die LeserInnen wendet und sie mit in die erzählte Geschichte verwickeln will, damit auch sie Anteil am verheißenen Leben bekommen (20,31). An vielen Stellen scheint Jesus nicht nur die Menschen in der Erzählung, sondern direkt die Lesenden anzusprechen. Und umgekehrt sieht es an vielen Stellen so aus, als ob Fragen und Probleme der späteren Zeit in der Erzählung selbst schon aufgegriffen werden. Das Joh spiegelt also in irgendeiner Weise das Leben der Gemeinde, in der es entstanden ist oder für die es verfasst wurde. Es liegt nahe, Rückschlüsse auf seine historische Situation zu versuchen, aber diese sind mit großen Unsicherheiten belastet.

Dies gilt auch für die Geschlechterrollen. Es wird oft vermutet, dass die starke Rolle von Frauen im Joh eine entsprechende Gemeinderealität abbildet.[32] Es ist jedoch bei vielen Figuren – nicht nur Frauen – erkennbar, dass Vorerwartungen aufgegriffen, aber dann verändert und nicht einfach bestätigt werden. Gerade die Entwicklung von einigen Frauen, die die erwartete Frauenrolle verlassen, lässt sich auch gut als Anregung zur Korrektur einer weniger frauenfreundlichen Wirklichkeit lesen. Das theologische Gespräch mit der Samaritanerin und ihre Rolle als Missionarin (oder auch das Be-

---

[31] Vgl. Klaus WENGST, *Das Johannesevangelium: 2. Teilband: Kapitel 11–21* (TKNT 4,2; Stuttgart: Kohlhammer, 2001), 91f.
[32] Vgl. BROWN, „Rolle", 147; SCHNEIDERS, „Women", 136.138.

kenntnis der Marta) geben nicht notwendigerweise Erfahrungen mit Frauen in solchen Rollen wieder. Es ist auch denkbar, dass die Möglichkeit solcher Frauenrollen durch die Erzählung überhaupt erst aufgebaut wird. Für letztere Deutung spricht der Einwand der JüngerInnen gegen Jesu Gespräch mit der Samaritanerin (4,27), der durch die Erzählung selbst widerlegt wird, aber möglicherweise eine Position der LeserInnen aufnimmt: Dann sind eine theologische Diskussion Jesu mit Frauen und ihre Wirkung als Missionarinnen eben nicht selbstverständlich. Vielleicht entwirft das Joh sein Ideal einer Geschwisterlichkeit der JüngerInnen in der gemeinsamen Beziehung zu Jesus auch als Gegenprogramm gegen eine hierarchischer strukturierte Gemeinde. Aber für die Evangelistin oder den Evangelisten war eine solche Egalität jedenfalls denkbar und erstrebenswert.

Auch wenn der ursprüngliche historische Kontext des Joh nicht mehr sicher bestimmt werden kann – auf alle Fälle hat es immer wieder LeserInnen zum Hinterfragen patriarchaler Rollen angeregt.[33] Das gilt in der heutigen Zeit, aber z. B. auch schon im 2. Jh. M. E. benutzt das apokryphe Mariaevangelium das Joh und baut für die herausragende Position von Maria (Magdalena) auf der joh Darstellung auf.[34]

---

[33] Was aber keineswegs für alle LeserInnen gilt – das Joh wird auch von Menschen hochgeschätzt, die es nicht als Aufforderung zur Gleichberechtigung von Frauen und Männern auffassen.

[34] Vgl. HARTENSTEIN, *Charakterisierung*, 153.155.

Bibliographie

Zu den Abkürzungen siehe das entsprechende Verzeichnis auf http://www.bibleandwomen.org.

AASGAARD, Reidar, *The Childhood of Jesus: Decoding the Apocryphal Infancy Gospel of Thomas* (Eugene: Cascade Books, 2009)

ADAMIAK, Elzbieta, „Wege der Mariologie", *Concilium* 44 (2008): 410–417

ALBERA, Dionigi, „Anthropology of the Mediterranean: Between Crisis and Renewal", *History and Anthropology* 17 (2006): 109–133

ALEGRE, Xavier, „Evangelios apócrifos y gnosticismo", in *Los evangelios apócrifos: Origen – Carácter – Valor* (hg. v. Pius-Ramón Tragán; El mundo de la Biblia: Horizontes 8; Estella: Verbo Divino, 2008), 107–134

ALTER, Robert, *The Art of Biblical Narrative* (New York: Basic Books, 1981)

ANDERSON, Janice Capel, „Feminist Criticism: The Dancing Daughter", in *Mark and Method: New Approaches in Biblical Studies* (hg. v. Janice Capel Anderson und Stephen D. Moore; Minneapolis: Fortress Press, 1992), 103–134

ARCARI, Luca, *„Una donna avvolta nel sole ..." (Apoc 12,1): Le raffigurazioni femminili nell'Apocalisse di Giovanni alla luce della letteratura apocalittica giudaica* (Bibliotheca Berica 13; Padua: Edizioni Messaggero Padova, 2008)

– „Il Libro delle Parabole di Enoc: Alcuni problemi filologici e letterari", in *Gesù e i Messia di Israele: Il messianismo giudaico e gli inizi della cristologia* (hg. v. Annalisa Guida und Marco Vitelli; Trapani: Il Pozzo di Giacobbe, 2006), 81–92

ASCOUGH, Richard S., „Defining Community-Ethos in Light of the ‚Other': Recruitment Rhetoric Among Greco-Roman Associations", *ASEs* 24 (2007): 59–75

ATTRIDGE, Harold, „‚Don't Be Touching Me': Recent Feminist Scholarship on Mary Magdalene", in *A Feminist Companion to John 2* (hg. v. Amy-Jill Levine mit Marianne Blickenstaff; Feminist Companion to the New Testament and Early Christian Writings 5; London: Sheffield Academic Press, 2003), 140–166

AUERBACH, Erich, *Mimesis: Dargestellte Wirklichkeit in der abendländischen Literatur* (Bern: Francke, 1946)

BAARDA, Tjitze, *Essays on the Diatessaron* (CBET 11; Kampen: Kok-Pharos, 1994)

BACKHAUS, Knut, *Die „Jüngerkreise" des Täufers Johannes: Eine Studie zu den religionsgeschichtlichen Ursprüngen des Christentums* (Paderborner Theologische Studien 19; Paderborn: Schöningh, 1991)

BAGNALL, Roger S., und Raffaella CRIBIORE, *Women's Letters from Ancient Egypt, 300 BC – AD 800* (Ann Arbor: University of Michigan Press, 2006)

BAIL, Ulrike, et al., Hg., *Bibel in gerechter Sprache* (Gütersloh: Gütersloher Verlagshaus, 2006, ³2007)

BALCH, David L., und Carolyn OSIEK, Hg., *Early Christian Families in Context: An Interdisciplinary Dialogue* (Grand Rapids: Eerdmans, 2003)

BARAG, Dan, „Tyrian Currency in Galilee", *INJ* 6/7 (1982/3): 7–13

BARBIERI, Stefanella, „Letò: il potere del parto", *Il potere invisibile: Figure del femminile tra mito e storia: Studi in memoria di Maria Luisa Silvestre* (hg. v. Simona Marino, Claudia Montepaone und Marisa Tortorelli Ghidini; Neapel: Filema, 2002), 55–61

BASSER, Herbert, *The Mind Behind the Gospels: A Commentary to Matthew 1–14* (Brighton: Academic Studies Press, 2009)

BASSET, Lytta, „La crédibilité du ‚moi je suis' dans l'Évangile de Jean", *ETR* 77 (2002): 329–341
BAUCKHAM, Richard, *Gospel Women: Studies of the Named Women in the Gospels* (Grand Rapids: Eerdmans, 2002)
– *The Gospels for All Christians: Rethinking the Gospel Audiences* (Grand Rapids: Eerdmans, 1998)
– *Jude and the Relatives of Jesus in the Early Church* (Edinburgh: T&T Clark, 1990)
BAUER, Walter, *Rechtgläubigkeit und Ketzerei im ältesten Christentum* (hg. v. Georg Strecker; BHT 10; Tübingen: Mohr, ²1964)
BAUER, Walter, Kurt und Barbara ALAND, *Griechisch-deutsches Wörterbuch zu den Schriften des Neuen Testaments und der frühchristlichen Literatur* (Berlin: de Gruyter, ⁶1988)
BAUR, Ferdinand C., „Das Verhältnis des ersten johanneischen Briefes zum johanneischen Evangelium", *Theologisches Jahrbuch* 16 (1857): 315–331
BEATRICE, Pier Franco, „Il significato di Ev. Thom. 64 per la critica letteraria della parabola del banchetto (Mt 22,1–14; Lc 14,15–24)", in *La parabola degli invitati al banchetto: Dagli evangelisti a Gesù* (hg. v. Jacques Dupont; TRSR 14; Brescia: Paideia, 1978), 237–277
BEAVIS, Mary Ann, „‚She had heard about Jesus': Women Listening to the Gospel of Mark", *TBT* 44 (2006): 25–29
– Hg., *The Lost Coin: Parables of Women, Work, and Wisdom* (The Biblical Seminar 86; New York: Sheffield Academic Press, 2002)
BECKER, Adam H., und Annette Yoshiko REED, Hg., *The Ways That Never Parted: Jews and Christians in Late Antiquity and the Early Middle Ages* (Minneapolis: Fortress Press, 2007)
BECKER, Jürgen, *Maria: Mutter Jesu und erwählte Jungfrau* (Biblische Gestalten 4; Leipzig: Evangelische Verlagsanstalt, 2001)
BEINERT, Wolfgang, „Die mariologischen Dogmen und ihre Entfaltung", in *Handbuch der Marienkunde 1* (hg. v. Wolfgang Beinert und Heinrich Petri; Regensburg: Pustet, ²1996), 267–363
BEIRNE, Margaret M., *Women and Men in the Fourth Gospel: A Genuine Discipleship of Equals* (JSNTSup 242; Sheffield: Sheffield Academic Press, 2003)
BEN-CHORIN, Schalom, *Mirjam: Maria in jüdischer Sicht* (München: dtv, 1982; Erstausgabe: München: List, 1971)
BERGER, Klaus, *Exegese des Neuen Testaments: Neue Wege vom Text zur Auslegung* (UTB 658; Heidelberg: Quelle & Meyer, ³1991)
BERGER, Klaus, und Carsten COLPE, Hg., *Religionsgeschichtliches Textbuch zum Neuen Testament* (NTD Textreihe 1; Zürich: Vandenhoeck & Ruprecht, 1987)
BERLIN, Andrea M., „From Monarchy to Markets: The Phoenicians in Hellenistic Palestine", *BASOR* 306 (1997): 75–88
BERNABÉ UBIETA, Carmen, „El Evangelio de María", in *Los evangelios apócrifos: Origen – Carácter – Valor* (hg. v. Pius-Ramón Tragán; El mundo de la Biblia: Horizontes 8; Estella: Verbo Divino, 2008), 184–201
– „Mary Magdalene and the Seven Demons in Social-scientific Perspective", in *Transformative Encounters: Jesus and Women Re-viewed* (hg. v. Ingrid Rosa Kitzberger; BibIntS 43; Leiden: Brill, 2000), 203–223
BETTIOLO, Paolo, et al., Hg., *Ascensio Isaiae: Textus* (CChrSA 7; Turnhout: Brepols, 1995)
BIANCHI, Francesco, *La donna del tuo popolo: La proibizione dei matrimoni misti nella Bibbia e nel medio giudaismo* (StudBib 3; Rom: Città Nuova, 2005)

BIEBERSTEIN, Sabine, *Verschwiegene Jüngerinnen – vergessene Zeuginnen: Gebrochene Konzepte im Lukasevangelium* (NTOA 38; Freiburg/Schweiz: Universitätsverlag, 1998)

BIENERT, Wolfgang A., „Jesu Verwandtschaft", in *Neutestamentliche Apokryphen in deutscher Übersetzung 1: Evangelien* (hg. v. Wilhelm Schneemelcher; Tübingen: Mohr, [5]1987), 373–386

BIERINGER, Reimund, „Noli me tangere and the New Testament: An Exegetical Approach", in *Noli me tangere: Mary Magdalene: One Person, Many Images* (hg. v. Barbara Baert et al.; Documenta Libraria 32; Leuven: Peeters, 2006), 13–27

BLANCHARD, Yves-Marie, „Une galerie de personnages (suite)", *Feu Nouveau* 52 (2008): 2–6

BLANK, Josef, „Frauen in den Jesusüberlieferungen", in *Die Frau im Urchristentum* (hg. v. Gerhard Dautzenberg, Helmut Merklein und Karlheinz Müller; QD 95; Freiburg i. Br.: Herder, 1983), 9–91

BLASS, Friedrich, Albert DEBRUNNER und Friedrich REHKOPF, *Grammatik des neutestamentlichen Griechisch* (Göttingen: Vandenhoeck & Ruprecht, [18]2001)

BLICKENSTAFF, Marianne, *„While the Bridegroom Is with Them": Marriage, Family, Gender and Violence in the Gospel of Matthew* (Library of New Testament Studies 292; London: T&T Clark, 2005)

BLINZLER, Josef, *Die Brüder und Schwestern Jesu* (SBS 21; Stuttgart: Katholisches Bibelwerk, [2]1967)

BOCCACCINI, Gabriele, Hg., *Enoch and the Messiah Son of Man: Revisiting the Book of Parables* (Grand Rapids: Eerdmans, 2007)

– Hg., *Il Messia: Tra memoria e attesa* (Biblia 9; Brescia: Morcelliana, 2005)

BOFF, Leonardo, *Das mütterliche Antlitz Gottes: Ein interdisziplinärer Versuch über das Weibliche und seine religiöse Bedeutung* (Düsseldorf: Patmos, 1985)

BONIFACIO, Gianattilio, *Personaggi minori e discepoli in Marco 4–8: La funzione degli episodi dei personaggi minori nell'interazione con la storia dei protagonisti* (AnBib 173; Rom: Pontificio Istituto Biblico, 2008)

BORGEN, Peder, „The Gospel of John and Hellenism: Some Observations", in *Exploring the Gospel of John: In Honor of D. Moody Smith* (hg. v. R. Alan Culpepper und C. Clifton Black; Louisville: Westminster John Knox, 1996), 98–112

BOSSUYT, Philippe, und Jean RADERMAKERS, *Jésus parole de la Grâce selon saint Luc 2: Lecture continue* (Collection IET 6; Brüssel: Lessius, [3]1999)

BÖTTRICH, Christfried, *Das slavische Henochbuch* (JSHRZ 5, Lieferung 7; Gütersloh: Gütersloher Verlagshaus, 1995)

– „Recent Studies in the Slavonic Book of Enoch", *JSP* 9 (1991): 35–42

BOVON, François, *Das Evangelium nach Lukas* (4 Bde; EKKNT 3/1–4; Zürich: Benziger, 1989/1996/2001/2009)

BOWE, Barbara E., „,Many Women have been Empowered through G-d's Grace ...' (1 Clem. 55.3): Feminist Contradictions and Curiosities in Clement of Rome", in *A Feminist Companion to Patristic Literature* (hg. v. Amy-Jill Levine und Maria Mayo Robbins; Feminist Companion to the New Testament and Early Christian Writings 12; London: T&T Clark, 2008), 15–25

BOYARIN, Daniel, *Borderlines: The Partition of Judaeo-Christianity* (Divinations: Rereading Late Ancient Religion; Philadelphia: University of Pennsylvania Press, 2004)

BRANT, Jo-Ann A., *Dialogue and Drama: Elements of Greek Tragedy in the Fourth Gospel* (Peabody: Hendrickson Publishers, 2004)

BRAULIK, Georg, „Das Deuteronomium und die Bücher Ijob, Sprichwörter, Rut: Zur Frage früher Kanonizität des Deuteronomiums", in *Die Tora als Kanon für Juden und Christen* (hg. v. Erich Zenger; Herders Biblische Studien 10; Freiburg i. Br.: Herder, 1996), 61–138

BRENNER, Athalya, Hg., *A Feminist Companion to the Hebrew Bible in the New Testament* (FCB 10; Sheffield: Sheffield Academic Press, 1996)

BREYTENBACH, Cilliers, „Mark and Galilee: Text World and Historical World", in *Galilee through the Centuries: Confluence of Cultures: Conference on Galilee in Antiquity held at Duke University and North Carolina Museum of Art on Jan. 25–27, 1997* (hg. v. Eric Meyers; Winona Lake: Eisenbrauns, 1999), 75–86

BROCK, Ann Graham, *Mary Magdalene, The First Apostle: The Struggle for Authority* (HTS 51; Cambridge: Harvard University Press, 2003)

BROICH, Ulrich, und Manfred PFISTER, Hg., *Intertextualität: Formen, Funktionen, anglistische Fallstudien* (Konzepte der Sprach- und Literaturwissenschaft 35; Tübingen: Niemeyer, 1985)

BROMBERGER, Christian, „Towards an Anthropology of the Mediterranean", *History and Anthropology* 17 (2006): 91–107

BROOTEN, Bernadette Joan, *Love between Women: Early Christian Responses to Female Homoeroticism* (The Chicago Series on Sexuality, History, and Society; Chicago: University of Chicago Press, 1996)

– *Women Leaders in the Ancient Synagogue: Inscriptional Evidence and Background Issues* (BJS 36; Chico: Scholars Press, 1982)

BROWN, Raymond E., *An Introduction to the Gospel of John* (hg. v. Francis J. Moloney; ABRL; New York: Doubleday, 2003)

– *The Death of the Messiah: From Gethsemane to the Grave: A Commentary on the Passion Narratives in the Four Gospels* (2 Bde; ABRL; New York: Doubleday, 1994)

– *The Birth of the Messiah: A Commentary on the Infancy Narratives in the Gospels of Matthew and Luke* (New York: Doubleday, [2]1993)

– *The Epistles of John* (AB 30; Garden City: Doubleday, 1982)

– „New Testament Background for the Concept of Local Church", *Proceeding of the Catholic Theological Society of America* 36 (1981): 1–14

– *Ringen um die Gemeinde: Der Weg der Kirche nach den Johanneischen Schriften* (Salzburg: Müller, 1979)

– et al., Hg., *Mary in the New Testament: A Collaborative Assessment by Protestant and Roman Catholic Scholars* (London: Geoffrey Chapman, 1978)

– „Die Rolle der Frau im vierten Evangelium", in *Frauenbefreiung: Biblische und theologische Argumente* (hg. v. Elisabeth Moltmann-Wendel; München: Kaiser, [2]1978), 133–147

– „Roles of Women in the Fourth Gospel", *TS* 36 (1975): 688–699

– *The Gospel according to John: Introduction, Translation, and Notes* (2 Bde; AB 29–29A; Garden City, New York: Doubleday, 1966/1970)

BROWN, Schuyler, „The Matthean Community and the Gentile Mission", *NovT* 22 (1980): 193–221

BRUTSCHECK, Jutta, *Die Maria-Marta-Erzählung: Eine redaktionskritische Untersuchung zu Lk 10,38–42* (BBB 64; Frankfurt: Hanstein, 1986)

BULTMANN, Rudolf, *Die Geschichte der synoptischen Tradition* (FRLANT 29; Göttingen: Vandenhoeck & Ruprecht, [8]1970)

– *Das Evangelium des Johannes* (KEK 2; Göttingen: Vandenhoeck & Ruprecht, [18]1964)

BURRUS, Virginia, „The Heretical Woman as a Symbol in Alexander, Athanasius, Epiphanius, and Jerome", *HTR* 84 (1991): 229–248
CALDUCH-BENAGES, Nuria, *Il profumo del Vangelo: Gesù incontra le donne* (Mailand: Paoline, 2007)
CAMPENHAUSEN, Hans von, *Die Entstehung der christlichen Bibel* (Beiträge zur historischen Theologie 39; Tübingen: Mohr Siebeck, 2003 [Nachdruck 1968])
— *Die Jungfrauengeburt in der Theologie der Alten Kirche* (SHAW.PH 1962,3; Heidelberg: Winter, 1962)
CARTER, Warren, *Matthew and the Margins: A Socio-political and Religious Reading* (The Bible & Liberation Series; Maryknoll: Orbis, 2005)
CARTLIDGE, David R., und James Keith ELLIOTT, *Art and the Christian Apocrypha* (London: Routledge, 2001)
CASTELLI, Elizabeth A., „Gender, Theory, and the Rise of Christianity: A Response to Rodney Stark", *JECS* 6 (1998): 227–257
CHANTRAINE, Pierre, *Dictionnaire étymologique de la langue grecque: Histoire des mots* (Paris: Klincksieck, ²1999)
CHARLESWORTH, James H., *The Old Testament Pseudepigrapha and the New Testament: Prolegomena for the Study of Christian Origins* (SNTSMS 54; Cambridge: Cambridge University Press, 1985)
CHENEY, Emily, „The Mother of the Sons of Zebedee (Matthew 27.56)", *JSNT* 68 (1998): 13–21
— *She Can Read: Feminist Reading Strategies for Biblical Narrative* (Valley Forge: Trinity Press, 1996)
CHESTER, Andrew, *Messiah and Exaltation: Jewish Messianic and Visionary Traditions and New Testament Christology* (WUNT 207; Tübingen: Mohr Siebeck, 2007)
CHIRASSI COLOMBO, Ileana, und Tullio SEPPILLI, Hg., *Sibille e linguaggi oracolari: Mito, storia, tradizione: Atti del convegno, Macerata-Norcia Settembre 1994* (Pisa: Istituti editoriali e poligrafici internazionali, 1998)
CLARK, Kenneth W., „The Gentile Bias in Matthew", *JBL* 66 (1947): 165–172
CLEMENTZ, Heinrich, *Josephus Flavius, Jüdische Altertümer* (Wiesbaden: Marixverlag, ²2006)
COHEN, Shaye J. D., *The Beginnings of Jewishness: Boundaries, Varieties, Uncertainties* (Hellenistic Culture and Society 31; Berkeley: University of California Press, 1999)
COHN, Leopold, et al., Hg., *Philo von Alexandrien: Die Werke in deutscher Übersetzung* (Berlin: de Gruyter, ²1962)
COLLINS, Adela Yarbro, *The Combat Myth in the Book of Revelation* (Eugene: Wipf & Stock, 2001)
— „Feminine Symbolism in the Book of Revelation", *BibInt* 1 (1993): 20–33
— *Is Mark's Gospel a Life of Jesus? The Question of Genre* (Père Marquette Lecture in Theology; Milwaukee: Marquette University Press, 1990)
COLLINS, John J., *The Scepter and the Star: The Messiahs of the Dead Sea Scrolls and Other Ancient Literature* (ABRL; New York: Doubleday, 1995)
COLOE, Mary L., *God Dwells with Us: Temple Symbolism in the Fourth Gospel* (Collegeville: Liturgical Press, 2001)
CONKEY, Margaret W., „Has Feminism Changed Archaeology?", *Signs: Journal of Women in Culture and Society* 28 (2003): 867–880
CONWAY, Colleen M., *Behold the Man: Jesus and the Greco-Roman Masculinity* (New York: Oxford University Press, 2008)

- „Gender Matters in John", in *A Feminist Companion to John 2* (hg. v. Amy-Jill Levine mit Marianne Blickenstaff; Sheffield: Sheffield Academic Press, 2003), 79–103
- „Speaking Through Ambiguity: Minor Characters in the Fourth Gospel", *BibInt* 10 (2002): 324–341
- *Men and Women in the Fourth Gospel: Gender and Johannine Characterization* (SBLDS 167; Atlanta: Society of Biblical Literature, 1999)

COOK, John Granger, „1 Cor 9,5: The Women of the Apostles", *Bib* 89 (2008): 352–368

CORLEY, Kathleen E., *Maranatha: Women's Funerary Rituals and Christian Origins* (Minneapolis: Fortress Press, 2010)
- *Women and the Historical Jesus: Feminist Myths of Christian Origins* (Santa Rosa: Polebridge Press, 2002)
- „Women and the Crucifixion and Burial of Jesus", *Forum* 1 (1998): 181–225
- *Private Women, Public Meals: Social Conflict in the Synoptic Tradition* (Peabody: Hendrickson, 1993)

CORRINGTON, Gail Paterson, *Her Image of Salvation: Female Saviors and Formative Christianity* (Louisville: Westminster, 1992)

COX MILLER, Patricia, „,Words With an Alien Voice': Gnostics, Scripture, and Canon", *JAAR* 57 (1989): 459–484

CRAWFORD, Sidnie W., „Not According to Rule: Women, the Dead Sea Scrolls and Qumran", in *Emanuel: Studies in Hebrew Bible, Septuagint, and Dead Sea Scrolls in Honor of Emanuel Tov* (hg. v. Shalom M. Paul et al.; VTSup 94; Leiden: Brill, 2003), 127–150

CRIMELLA, Matteo, „Notes philologiques: À Propos de perispáomai en Luc 10,40: Entre philologie et narratologie", *RB* 117 (2010): 120–125
- *Marta, Marta! Quattro esempi di „triangolo drammatico" nel „grande viaggio di Luca"* (Studi e ricerche; Assisi: Cittadella, 2009)

CRÜSEMANN, Frank, „Lebendige Widerworte: Der Text für das Feierabendmahl: Matthäus 15,21–28", *Junge Kirche* 67 (extra/2006): 44–48
- *Die Tora: Theologie und Sozialgeschichte des alttestamentlichen Gesetzes* (München: Kaiser, 1992)

CRÜSEMANN, Marlene, und Carsten JOCHUM-BORTFELD, Hg., *Christus und seine Geschwister: Christologie im Umfeld der Bibel in gerechter Sprache* (Gütersloh: Gütersloher Verlagshaus, 2009)

CSÁNYI, Daniel A., „Optima pars: Eine Auslegungsgeschichte von Lk 10,38–42 bei den Kirchenvätern der ersten vier Jahrhunderte", *StudMon* 2 (1960): 5–78

CULLMANN, Oscar, „Protevangelium des Jakobus", in *Neutestamentliche Apokryphen in deutscher Übersetzung 1: Evangelien* (hg. v. Wilhelm Schneemelcher; Tübingen: Mohr, ⁶1990), 334–349
- *Der johanneische Kreis: Sein Platz im Spätjudentum, in der Jüngerschaft Jesu und im Urchristentum: Zum Ursprung des Johannesevangeliums* (Tübingen: Mohr, 1975)

D'ANGELO, Mary Rose, „,I have seen the Lord': Mary Magdalen as Visionary, Early Christian Prophecy, and the Context of John 20:14–18", in *Mariam, the Magdalen, and the Mother* (hg. v. Deirdre Good; Bloomington: Indiana University Press, 2005), 95–122
- „Reconstructing ,Real' Women from Gospel Literature: The Case of Mary Magdalene", in *Women and Christian Origins* (hg. v. Ross Shepard Kraemer und Mary Rose D'Angelo; New York: Oxford University Press, 1999), 105–128

- „(Re)presentations of Women in the Gospel of Matthew and Luke-Acts", in *Women and Christian Origins* (hg. v. Ross Shepard Kraemer und Mary Rose D'Angelo; New York: Oxford University Press, 1999), 171–195
- „Women in Luke-Acts: A Redactional View", *JBL* 109 (1990): 441–461

DE BOER, Esther A., *The Gospel of Mary: Beyond a Gnostic and a Biblical Mary Magdalene* (JSNTSup 260; London: T&T Clark, 2004)

DEEN, Edith, *All the Women of the Bible* (New York: Harper & Row, 1955 [Nachdruck 1988])

DEINES, Roland, „Not the Law but the Messiah: Law and Righteousness in the Gospel of Matthew – An Ongoing Debate", in *Built upon the Rock: Studies in the Gospel of Matthew* (hg. v. Daniel M. Gurtner und John Nolland; Grand Rapids: Eerdmans, 2008), 53–84
- *Die Gerechtigkeit der Tora im Reich des Messias* (WUNT 177; Tübingen: Mohr Siebeck, 2005)

DELCOR, Mathias, *Les Hymnes de Qumrân (Hodayôt): Texte hébreu, introduction, traduction, commentaire* (Paris: Letouzey & Ané, 1962)

DEL VERME, Marcello, *Didache and Judaism: Jewish Roots of an Ancient Christian-Jewish Work* (New York: T&T Clark, 2004)

DE PINA-CABRAL, João, „The Mediterranean as a Category of Regional Comparison: A Critical View", *Current Anthropology* 30 (1989): 399–406

DESTRO, Adriana, und Mauro PESCE, *Forme culturali del cristianesimo nascente* (Scienze Umane 2; Brescia: Morcelliana, 2005, ²2008)
- *L'Uomo Gesù: Giorni, luoghi, incontri di una vita* (Mailand: Mondadori, 2008)
- „Codici di ospitalità: Il presbitero, Diotrefe, Gaio, itineranti delle chiese e membri estranei", in *Atti del IX Simposio di Efeso su S. Giovanni apostolo* (hg. v. Luigi Padovese; Turchia 17; Rom: Pontificio Ateneo Antoniano, 2003), 121–135
- „Fathers and Householders in the Jesus Movement: The Perspective of the Gospel of Luke", *BibInt* 11 (2003): 211–238
- *Come nasce una religione: Antropologia ed esegesi del Vangelo di Giovanni* (Percorsi 8; Rom: Laterza, 2000)
- „La lavanda dei piedi di Gv 13,1–20, il *Romanzo di Esopo* e i *Saturnalia* di Macrobio", *Bib* 80 (1999): 240–249
- „Kinship, Discipleship, and Movement: An Anthropological Study of the Gospel of John", *BibInt* 3 (1995): 266–284

DE STRYCKER, Emile, und Hans QUECKE, *La forme la plus ancienne du Protévangile de Jacques: Recherches sur le papyrus Bodmer 5 avec une édition critique du texte grec et une traduction annotée* (Subsidia hagiographica 33; Brüssel: Société des Bollandistes, 1961)

DODD, Charles Harold, *Historical Tradition in the Fourth Gospel* (Cambridge: University Press, 1963)

DODDS, Eric R., *I Greci e l'irrazionale* (Mailand: Biblioteca Universale Rizzoli, 2009); Originalausgabe: *The Greeks and the Irrational* (Berkeley: University of California Press, ⁶1968); deutsche Übersetzung: *Die Griechen und das Irrationale* (Darmstadt: Wissenschaftliche Buchgesellschaft, ²1991)

DOHMEN, Christoph, „עַלְמָה, 'almāh", *ThWAT* 6 (1989): 167–177

DÖPP, Heinz-Martin, *Die Deutung der Zerstörung Jerusalems und des Zweiten Tempels im Jahre 70 in den ersten drei Jahrhunderten n. Chr.* (Texte und Arbeiten zum neutestamentlichen Zeitalter 24; Tübingen: Francke, 1998)

DULING, Dennis, „The Jesus Movement and Network Analysis", in *The Social Setting of Jesus and the Gospels* (hg. v. Bruce J. Malina, Wolfgang Stegemann und Gerd Theißen; Minneapolis: Fortress Press, 2002), 301–332

DUNGAN, David L., *Constantine's Bible: Politics and the Making of the New Testament* (Minneapolis: Fortress Press, 2007)

DUPONT, Jacques, „De quoi est-il besoin (Lc 10,42)", in DERS., *Études sur les Évangiles Synoptiques 2* (BETL 70B; Leuven: Leuven University Press, 1985), 1049–1054

ECKEY, Wilfried, *Das Lukasevangelium: Unter Berücksichtigung seiner Parallelen* (2 Bde; Neukirchen-Vluyn: Neukirchener Verlag, 2004)

ECO, Umberto, *Die Bücher und das Paradies: Über Literatur* (München: Hanser, 2003); Originalausgabe: *Sulla letteratura* (Mailand: Bompiani, 2002)

– *Zwischen Autor und Text: Interpretation und Überinterpretation* (München: dtv, 1996)

– *Semiotica e filosofia del linguaggio* (Turin: Einaudi, 1984); deutsche Übersetzung: *Semiotik und Philosophie der Sprache* (Supplemente 4; München: Fink, 1985)

– *Lector in fabula* (Mailand: Bompiani, 1979); deutsche Übersetzung: *Lector in fabula* (Edition Akzente; München: Hanser, 1987)

EHRENSPERGER, Kathy, „Paul and the Authority of Scripture: A Feminist Perception", in *As It Is Written: Studying Paul's Use of Scripture* (hg. v. Stanley E. Porter und Christopher D. Stanley; SBLSymS 50; Atlanta: Society of Biblical Literature, 2008), 291–319

– *Paul and the Dynamics of Power: Communication and Interaction in the Early Christ-Movement* (Library of New Testament Studies 325; London: T&T Clark, 2007)

EISEN, Ute E., *Amtsträgerinnen im frühen Christentum: Epigraphische und literarische Studien* (FKDG 61; Göttingen: Vandenhoeck & Ruprecht, 1996)

ELLIOTT, John H., „The Jewish Messianic Movement: From Faction to Sect", in *Modelling Early Christianity: Social-scientific Studies of the New Testament in its Context* (hg. v. Philip Francis Esler; London: Routledge, 1995), 75–95

– „The Anointing of Jesus", *ExpTim* 85 (1973–74): 105–107

ERBELE-KÜSTER, Dorothea, „Geschlecht und Kult: ‚Rein' und ‚Unrein' als genderrelevante Kategorien", in *Tora* (hg. v. Irmtraud Fischer, Mercedes Navarro Puerto und Andrea Taschl-Erber; Die Bibel und die Frauen: Eine exegetisch-kulturgeschichtliche Enzyklopädie 1.1; Stuttgart: Kohlhammer, 2010), 347–374

ERNST, Josef, *Das Evangelium nach Lukas* (RNT; Regensburg: Pustet, [5]1977)

ESCAFFRE, Bernadette, „Des liens du sang au sang qui unit: La nouvelle famille de Jésus", *Cahiers de la Faculté de Théologie/Bible* 18 (2008): 71–87

– „La résurrection de Lazare (Jn 11,1–53)", *CaE* 127 (2004): 37–49

– „Jean, le disciple bien-aimé", in *La Bible et ses personnages: Entre histoire et mystère* (hg. v. Pierre Debergé; Paris: Bayard, 2003), 273–302

ESSER, Annette, und Luise SCHOTTROFF, Hg., *Feministische Theologie im europäischen Kontext: Feminist Theology in a European Context: Théologie féministe dans un contexte européen* (Jahrbuch der Europäischen Gesellschaft für die Theologische Forschung von Frauen 1; Kampen: Kok Pharos, 1993)

ESTÉVEZ LOPEZ, Elisa, *Mediadoras de sanación: Encuentros entre Jesús y las mujeres: Una nueva mirada* (Teología Comillas 8; Madrid: San Pablo, 2008)

FANDER, Monika, „Das Evangelium nach Markus: Frauen als wahre Nachfolgerinnen Jesu", in *Kompendium Feministische Bibelauslegung* (hg. v. Luise Schottroff und Marie-Theres Wacker; Gütersloh: Kaiser, 1998, [2]1999, [3]2007), 499–512

– *Die Stellung der Frau im Markusevangelium: Unter besonderer Berücksichtigung kultur- und religionsgeschichtlicher Hintergründe* (MThA 8; Altenberge: Telos, 1989, ²1990, ³1992)
– „Frauen in der Nachfolge Jesu: Die Rolle der Frau im Markusevangelium", *EvTh* 52 (1992): 413–432
FARNHAM, Christie, Hg., *The Impact of Feminist Research in the Academy* (Bloomington: Indiana University Press, 1987)
FAUSTI, Silvano, *Una comunità legge il vangelo di Giovanni* (Bologna: Edizioni Dehoniane, ²2008)
FEHRIBACH, Adeline, „The ‚Birthing' Bridegroom: The Portrayal of Jesus in the Fourth Gospel", in *A Feminist Companion to John 2* (hg. v. Amy-Jill Levine mit Marianne Blickenstaff; Feminist Companion to the New Testament and Early Christian Writings 5; London: Sheffield Academic Press, 2003), 104–129
– *The Women in the Life of the Bridegroom: A Feminist Historical-Literary Analysis of the Female Characters in the Fourth Gospel* (Collegeville: Liturgical Press, 1998)
FELDMEIER, Reinhard, „Die Syrophönizierin (Mk 7,24–30) – Jesu ‚verlorenes' Streitgespräch", in *Die Heiden: Juden, Christen und das Problem des Fremden* (hg. v. Reinhard Feldmeier und Ulrich Heckel; WUNT 70; Tübingen: Mohr, 1994), 211–227
FENEBERG, Rupert, *Die Erwählung Israels und die Gemeinde Jesu Christi: Biographie und Theologie im Matthäusevangelium* (Herders Biblische Studien 58; Freiburg i. Br.: Herder, 2009)
FIEDLER, Peter, *Das Matthäusevangelium* (TKNT 1; Stuttgart: Kohlhammer, 2006)
FILSON, Floyd V., „The Significance of the Early House Churches", *JBL* 58 (1939): 105–112
FISCHER, Irmtraud, „Il contesto canonico del Cantico di Anna e del Magnificat", in *I rintocchi del Salterio* (hg. v. Piero Stefani; Brescia: Morcelliana, 2011), im Druck
– „Israel und das Heil der Völker im Jesajabuch", in *Das Heil der Anderen: Problemfeld: „Judenmission"* (hg. v. Hubert Frankemölle und Josef Wohlmuth; QD 238; Freiburg i. Br.: Herder, 2010), 184–208
– „Zur Bedeutung der ‚Frauentexte' in den Erzeltern-Erzählungen", in *Tora* (hg. v. Irmtraud Fischer, Mercedes Navarro Puerto und Andrea Taschl-Erber; Die Bibel und die Frauen: Eine exegetisch-kulturgeschichtliche Enzyklopädie 1.1; Stuttgart: Kohlhammer, 2010), 238–275
– „Ist der Tod nicht für alle gleich? Sterben und Tod aus Genderperspektive", in *Tod und Jenseits im alten Israel und seiner Umwelt: Theologische, religionsgeschichtliche, archäologische und ikonographische Aspekte* (hg. v. Angelika Berlejung et al.; FAT 64; Tübingen: Mohr Siebeck, 2009), 87–108
– „Frauen in der Literatur (AT)", in www.WiBiLex.de (2008), online: http://www.wibilex.de/stichwort/frauen_in_der_literatur_(at)/ (11.7.2011)
– „Donne nell' Antico Testamento", in *Donne e Bibbia: Storia ed esegesi* (hg. v. Adriana Valerio; La Bibbia nella Storia 21; Bologna: Edizioni Dehoniane, 2006), 161–196
– *Gottesstreiterinnen: Biblische Erzählungen über die Anfänge Israels* (Stuttgart: Kohlhammer, ³2006)
– „Genderbias in Übersetzung und Exegese: Am Beispiel der Dienste am Eingang zum Offenbarungszelt", in DIES., *Gender-faire Exegese: Gesammelte Beiträge zur Reflexion des Genderbias und seiner Auswirkungen in der Übersetzung und Auslegung von biblischen Texten* (Exegese in unserer Zeit 14; Münster: LIT, 2004), 45–62
– „Die Rede weiser Menschen ist höflich: Über die Umgangsformen von Weisen in den Davidserzählungen und den multikausalen Bias in der Exegese derselben", in *Horizonte bib-*

lischer Texte: Festschrift für Josef M. Oesch zum 60. Geburtstag (hg. v. Andreas Vonach und Georg Fischer; OBO 196; Freiburg/Schweiz: Academic Press, 2003), 21–38
- *Gotteskünderinnen: Zu einer geschlechterfairen Deutung des Phänomens der Prophetie und der Prophetinnen in der Hebräischen Bibel* (Stuttgart: Kohlhammer, 2002)
- „Offenbarung auf Bergen: Die Weisung für Israel, die Völker und das Christenvolk", in *Kann die Bergpredigt Berge versetzen?* (hg. v. Peter Trummer und Josef Pichler; Graz: Styria, 2002), 95–110
- *Rut* (HTKAT; Freiburg i. Br.: Herder, 2001, ²2005)
- „The Book of Ruth: A ‚Feminist' Commentary to the Torah?", in *Ruth and Esther* (hg. v. Athalya Brenner; FCB 2.3; Sheffield: Sheffield Academic Press, 1999), 24–49

FISCHER, Irmtraud, und Christoph HEIL, „Geistbegabung als Beauftragung für Ämter und Funktionen: Eine gesamtbiblische Perspektive", *Jahrbuch für Biblische Theologie* 24 (2009): 53–92

FISCHER, Irmtraud, Jorunn ØKLAND, Mercedes NAVARRO PUERTO und Adriana VALERIO, „Frauen, Bibel und Rezeptionsgeschichte: Ein internationales Projekt der Theologie und Genderforschung", in *Tora* (hg. v. Irmtraud Fischer, Mercedes Navarro Puerto und Andrea Taschl-Erber; Die Bibel und die Frauen: Eine exegetisch-kulturgeschichtliche Enzyklopädie 1.1; Stuttgart: Kohlhammer, 2010), 9–35

FISHBANE, Michael, *Biblical Interpretation in Ancient Israel* (Oxford: Clarendon Press, 1985)

FITZMYER, Joseph A., *The Genesis Apocryphon of Qumran Cave 1 (1Q20): A Commentary* (BibOR 18/B; Rom: Pontifical Biblical Institute, ³2004)
- *The Gospel according to Luke: Introduction, Translation, and Notes* (2 Bde; AB 28–28A; Garden City: Doubleday, 1981/1985)

FLANNERY-DAILEY, Frances, „Dream Incubation and Apocalypticism in Second Temple Judaism: From Literature to Experience?", *Paper Presented at the 2000 Annual Meeting of the SBL*

FLOWER, Michael, *The Seer in Ancient Greece* (The Joan Palevsky Imprint in Classical Literature; Berkeley: University of California Press, 2008)

FO, Dario, *Gesù e le donne* (Mailand: Rizzoli, 2007)

FOCANT, Camille, „Le Rôle des Personnages secondaires en Marc: L'Exemples des Guérisons et des Exorcismes", in DERS., *Marc: Un Évangile Étonnant: Receuil d'essais* (BETL 194; Leuven: Peeters, 2006), 83–94
- *L'évangile selon Marc* (Commentaire biblique: Nouveau Testament 2; Paris: Cerf, 2004)

FOHRER, Georg, *Theologische Grundstrukturen des Alten Testaments* (Theologische Bibliothek Töpelmann 24; Berlin: de Gruyter, 1972)

FORD, Josephine Massyngbaerde, *Redeemer – Friend and Mother: Salvation in Antiquity and in the Gospel of John* (Minneapolis: Fortress Press, 1997)

FORNARI CARBONELL, Isabel Maria, *La escucha del huésped (Lc 10,38–42): La hospitalidad en el horizonte de la comunicación* (Institución San Jerónimo 30; Estella: Verbo Divino, 1995)

FOWLER, Robert M., *Let the Reader Understand: Reader-Response Criticism and the Gospel of Mark* (Minneapolis: Fortress Press, 1991)

FRANKEL, Rafi, et al., *Settlement Dynamics and Regional Diversity in Ancient Upper Galilee: Archaeological Survey of Upper Galilee* (Jerusalem: Israel Antiquities Authority, 2001)

FRANKEMÖLLE, Hubert, *Matthäus: Kommentar* (2 Bde; Düsseldorf: Patmos, 1997)

FREED, Edwin D., „The Women in Matthew's Genealogy", *JSNT* 29 (1987): 3–19

FREYNE, Sean, „Matthew and Mark: The Jewish Contexts", in *Mark and Matthew 1: Comparative Readings: Understanding the Earliest Gospels in their First Century Settings* (hg. v.

Eve-Marie Becker und Anders Runesson; WUNT 271; Tübingen: Mohr Siebeck, 2011), 179–203
- „Galileans, Phoenicians and Itureans: A Study of Regional Contrasts in the Hellenistic Age", in *Hellenism in the Land of Israel* (hg. v. John J. Collins und Gregory Sterling; CJAn 13; Notre Dame: University of Notre Dame Press, 2001), 184–217
- „The Geography of Restoration: Galilee-Jerusalem Relations in Early Jewish and Christian Experience", *NTS* 47 (2001): 289–311
- „Jesus and the Urban Culture of Galilee", in DERS., *Galilee and Gospel: Collected Essays* (WUNT 125; Tübingen: Mohr Siebeck, 2000), 183–207
- *Galilee from Alexander the Great to Hadrian: 323 BCE to 135 CE: A Study of Second Temple Judaism* (Edinburgh: T&T Clark, 1998 [Nachdruck])

FRYE, Northrop, *The Great Code: The Bible and Literature* (New York: Harcourt Brace Jovanovich, 1982); deutsche Übersetzung: *Der große Code: Die Bibel und Literatur* (Im Kontext 27; Anif: Mueller-Speiser, 2007)

GARCÍA MARTÍNEZ, Florentino, *Testi di Qumran: Traduzione dai testi originali con note di Corrado Martone* (Introduzione allo studio della Bibbia: Supplementi 10; Brescia: Paideia, ^{2}2003)
- *Qumran and Apocalyptic: Studies on the Aramaic Texts from Qumran* (STDJ 9; Leiden: Brill, 1992)

GARRIBBA, Dario, „Pretendenti messianici al tempo di Gesù? La testimonianza di Flavio Giuseppe", in *Gesù e i Messia di Israele: Il messianismo giudaico e gli inizi della cristologia* (hg. v. Annalisa Guida und Marco Vitelli; Trapani: Il Pozzo di Giacobbe, 2006), 93–105

GAVENTA, Beverly Roberts, *Mary: Glimpses of the Mother of Jesus* (Personalities of the New Testament; Columbia: University of South Carolina Press, 1995)

GIBLIN, Charles Homer, „Mary's Anointing for Jesus' Burial-Resurrection (John 12:1–8)", *Bib* 73 (1992): 560–564

GIBSON, Shimon, *Die sieben letzten Tage Jesu: Die archäologischen Tatsachen* (München: Beck, 2010)

GILCHRIST, Roberta, „Women's Archaeology? Political Feminism, Gender Theory and Historical Revision", *Antiquity* 65 (1991): 495–501

GNADT, Martina S., „Das Evangelium nach Matthäus", in *Kompendium Feministische Bibelauslegung* (hg. v. Luise Schottroff und Marie-Theres Wacker; Gütersloh: Gütersloher Verlagshaus, 1998, ^{2}1999, ^{3}2007), 483–498

GNILKA, Joachim, *Das Evangelium nach Markus* (2 Bde; EKKNT 2/1–2; Zürich: Benziger, 1978/1979, ^{5}1998/^{5}1999)

GOFF, Barbara E., *Citizen Bacchae: Women's Ritual Practice in Ancient Greece* (The Joan Palevsky Imprint in Classical Literature; Berkeley: University of California Press, 2004)

GOOD, Deirdre, Hg., *Mariam, the Magdalen, and the Mother* (Bloomington: Indiana University Press, 2005)
- „Pistis Sophia", in *Searching the Scriptures 2: A Feminist Commentary* (hg. v. Elisabeth Schüssler Fiorenza; New York: Crossroad, 1994), 678–707

GOODMAN, Martin, „Nerva, the Fiscus Judaicus and Jewish Identity", *JRS* 79 (1989): 40–44

GÓMEZ-ACEBO, Isabel, *Lucas* (Guías de lectura del Nuevo Testamento; Estella: Verbo Divino, 2008)
- Hg., *María Magdalena: De apóstol a prostituta y amante* (Bilbao: Desclée, 2007)

GOURGUES, Michel, *En Esprit et en Vérité: Pistes d'exploration de l'évangile de Jean* (Sciences bibliques 11; Montréal: Médiaspaul, 2002)

GRASSO, Santi, *Il Vangelo di Giovanni: Commento esegetico e teologico* (Rom: Città Nuova, 2008)

GRIMM, Michael Alban, *Lebensraum in Gottes Stadt: Jerusalem als Symbolsystem der Eschatologie* (Jerusalemer Theologisches Forum 11; Münster: Aschendorff, 2007)

GROTE, Ludwig, Hg., *Albrecht Dürer: Die Apokalypse: Faksimile der deutschen Urausgabe von 1498 „Die heimlich Offenbarung Johannis"* (München: Prestel-Verlag, 1970)

GUARDIOLA-SÁENZ, Leticia A., „Borderless Women and Borderless Texts: A Cultural Reading of Matthew 15:21–28", *Semeia* 78 (1997): 69–81

GUNDRY, Robert H., *Mark: A Commentary on His Apology for the Cross* (Grand Rapids: Eerdmans, 1993)

HABER, Susan, „A Woman's Touch: Feminist Encounters with the Hemorrhaging Woman in Mark 5.24–34", *JSNT* 26 (2003): 171–192

HABERMANN, Ruth, „Das Evangelium nach Johannes: Orte der Frauen", in *Kompendium Feministische Bibelauslegung* (hg. v. Luise Schottroff und Marie-Theres Wacker; Gütersloh: Gütersloher Verlagshaus, 1998, ²1999, ³2007), 527–541

HAKOLA, Raimo, „The Reception and the Development of the Johannine Tradition in 1, 2 and 3 John", in *The Legacy of John: Second-Century Reception of the Fourth Gospel* (hg. v. Tuomas Rasimus; NovTSup 132; Leiden: Brill, 2010), 17–47

HALL, Stuart, „Encoding/Decoding", in *Documentary Research 1* (hg. v. John Scott; London: Sage, 2006), 233–246

HALLET, Judith P., „Women's Lives in the Ancient Mediterranean", in *Women and Christian Origins* (hg. v. Ross Shepard Kraemer und Mary Rose D'Angelo; New York: Oxford University Press, 1999), 13–34

HANSEL, Hans, *Die Maria-Magdalena-Legende: Eine Quellen-Untersuchung* (GBLS 16,1; Greifswald: Dallmeyer, 1937)

HANSON, Anthony Tyrrell, „Rahab the Harlot in Early Christian Tradition", *JSNT* 1 (1978): 53–60

HANSON, Richard S., *Tyrian Influence in the Upper Galilee* (Cambridge: ASOR, 1980)

HARE, Douglas R. A., *The Theme of Jewish Persecution of Christians in the Gospel According to St. Matthew* (Cambridge: Cambridge University Press, 1967)

HARNACK, Adolf von, „Die Verbreitung unter den Frauen", in DERS., *Die Mission und Ausbreitung des Christentums in den ersten drei Jahrhunderten 2* (Leipzig: J. C. Hinrichs, ⁴1924 [Erstausgabe 1902]), 589–611

HART, Kylo-Patrick, und Annette M. HOLBA, *Media and the Apocalypse* (New York: Lang, 2009)

HARTENSTEIN, Judith, „Aus Schmerz wird Freude (Die gebärende Frau): Joh 16,21f.", in *Kompendium der Gleichnisse Jesu* (hg. v. Ruben Zimmermann; Gütersloh: Gütersloher Verlagshaus, 2007), 840–847

– *Charakterisierung im Dialog: Die Darstellung von Maria Magdalena, Petrus, Thomas und der Mutter Jesu im Kontext anderer frühchristlicher Traditionen* (NTOA/SUNT 64; Göttingen: Vandenhoeck & Ruprecht, 2007)

– „Das Evangelium nach Maria (BG 1)", in *Nag Hammadi Deutsch 2: NHC V,2–XIII,1, BG 1 und 4* (hg. v. Hans-Martin Schenke, Hans-Gebhard Bethge und Ursula Ulrike Kaiser; Koptisch-Gnostische Schriften 3; GCS NF 12; Berlin: de Gruyter, 2003), 833–844

HARTENSTEIN, Judith, und Silke PETERSEN, „Das Evangelium nach Maria: Maria Magdalena als Lieblingsjüngerin und Stellvertreterin Jesu", in *Kompendium Feministische Bibelauslegung* (hg. v. Luise Schottroff und Marie-Theres Wacker; Gütersloh: Kaiser, 1998, ²1999, ³2007), 757–767

HASKINS, Susan, *Mary Magdalen: Myth and Metaphor* (New York: Harcourt, 1993); deutsche Übersetzung: *Die Jüngerin: Maria Magdalena und die Unterdrückung der Frau in der Kirche* (Bergisch Gladbach: Lübbe, 1994)

HEARON, Holly E., *The Mary Magdalene Tradition: Witness and Counter-Witness in Early Christian Communities* (Collegeville: Liturgical Press, 2004)

HEFELE, Charles Joseph, *A History of the Councils of the Church: From the Original Documents* (3 Bde; Edinburgh: T&T Clark, 1871/1876/1883)

HEGER, Paul, *Cult as the Catalyst for Division: Cult Disputes as the Motive for Schism in the Pre-70 Pluralistic Environment* (STDJ 65; Leiden: Brill, 2007)

HEIL, John Paul, „The Narrative Roles of the Women in Matthew's Genealogy", *Bib* 72 (1991): 538–545

HEINE, Susanne, „Eine Person von Rang und Namen: Historische Konturen der Magdalenerin", in *Jesu Rede von Gott und ihre Nachgeschichte im frühen Christentum: Beiträge zur Verkündigung Jesu und zum Kerygma der Kirche: Festschrift für Willi Marxsen zum 70. Geburtstag* (hg. v. Dieter-Alex Koch et al.; Gütersloh: Mohn, 1989), 179–194

– „Selig durch Kindergebären (1 Tim 2,15)? Die verschwundenen Frauen der frühen Christenheit", in *Theologie feministisch: Disziplinen – Schwerpunkte – Richtungen* (hg. v. Marie-Theres Wacker; Düsseldorf: Patmos, 1988), 59–79

HELBIG, Jörg, *Intertextualität und Markierung: Untersuchungen zur Systematik und Funktion der Signalisierung von Intertextualität* (Beiträge zur neueren Literaturgeschichte 3/141; Heidelberg: Winter, 1996)

HELLHOLM, David, Halvor MOXNES und Turid Karlsen SEIM (Hg.), *Mighty Minorities? Minorities in Early Christianity – Positions and Strategies: Essays in Honour of Jacob Jervell on his 70th Birthday, 21 May 1995* (ST 49,1; Oslo: Scandinavian University Press, 1995)

HEMER, Colin J., *The Book of Acts in the Setting of Hellenistic History* (WUNT 49; Tübingen: Mohr, 1989)

HENDERSON, Suzanne Watts, *Christology and Discipleship in the Gospel of Mark* (SNTSMS 135; Cambridge: Cambridge University Press, 2006)

HENGEL, Martin, „Jesus der Messias Israels", in *Der messianische Anspruch Jesu und die Anfänge der Christologie: Vier Studien* (hg. v. Martin Hengel und Anna Maria Schwemer; WUNT 138; Tübingen: Mohr Siebeck, 2001), 1–80

– „'Setze dich zu meiner Rechten!': Die Inthronisation Christi zur Rechten Gottes und Psalm 110,1", in *Le Trône de Dieu* (hg. v. Marc Philonenko; WUNT 69; Tübingen: Mohr, 1993), 108–194

– „Maria Magdalena und die Frauen als Zeugen", in *Abraham unser Vater: Juden und Christen im Gespräch über die Bibel: Festschrift für Otto Michel zum 60. Geburtstag* (hg. v. Otto Betz et al.; AGSU 5; Leiden: Brill, 1963), 243–256

HENTSCHEL, Anni, *Diakonia im Neuen Testament: Studien zur Semantik unter besonderer Berücksichtigung der Rolle von Frauen* (WUNT 2/226; Tübingen: Mohr Siebeck, 2007)

HIEKE, Thomas, „Genealogie als Mittel der Geschichtsdarstellung in der Tora und die Rolle der Frauen im genealogischen System", in *Tora* (hg. v. Irmtraud Fischer, Mercedes Navarro Puerto und Andrea Taschl-Erber; Die Bibel und die Frauen: Eine exegetisch-kulturgeschichtliche Enzyklopädie 1.1; Stuttgart: Kohlhammer, 2010), 149–185

HILL, Nancy Clark, „Jesus' Death in Childbirth", *Cross Currents* 11 (1953): 1–9

HIMMELFARB, Martha, *Ascent to Heaven in Jewish and Christian Apocalypses* (Oxford: Oxford University Press, 1993)

HOCK, Ronald F., *The Infancy Gospels of James and Thomas with Introduction, Notes, and Original Text Featuring the New Scholars Version Translation* (The Scholars Bible 2; Santa Rosa: Polebridge Press, 1995)

HOGAN, Karina M., *Theologies in Conflict in 4 Ezra: Wisdom Debate and Apocalyptic Solution* (Supplements to the JSJ 130; Leiden: Brill, 2008)

HOEHNER, Harald W., *Herod Antipas* (SNTSMS 17; Cambridge: Cambridge University Press, 1972)

HOLMÉN, Tom, *Jesus and the Jewish Covenant Thinking* (BibIntS 55; Leiden: Brill, 2001)

HOLTHUIS, Susanne, *Intertextualität: Aspekte einer rezeptionsorientierten Konzeption* (Stauffenburg Colloquium 28; Tübingen: Stauffenburg-Verlag, 1993)

HOLZMEISTER, Urban, „Die Magdalenenfrage in der kirchlichen Überlieferung", *ZKT* 46 (1922): 402–422.556–584

HORRELL, David G., „From ἀδελφοί to οἶκος θεοῦ: Social Transformation in Pauline Christianity", *JBL* 120 (2001): 293–311

HORSLEY, Greg H. R., *New Documents Illustrating Early Christianity: A Review of the Greek Inscriptions and Papyri Published in 1977* (NewDocs 2; North Ryde: Macquarie University Press, 1982)

HORSLEY, Richard A., „Response", BASOR 306 (1997): 27f.

– „Archaeology and the Villages of Upper Galilee: A Dialogue with the Archaeologists", *BASOR* 297 (1995): 5–16

HULTGREN, Arland J., *Le parabole di Gesù* (Brescia: Paideia, 2004); Originalausgabe: *The Parables of Jesus: A Commentary* (Grand Rapids: Eerdmans, 2000)

ILAN, Tal, „In the Footsteps of Jesus: Jewish Women in a Jewish Movement", in *Transformative Encounters: Jesus and Women Re-Viewed* (hg. v. Ingrid R. Kitzberger; BibIntS 43; Leiden: Brill, 2000), 115–136

– *Integrating Women into Second Temple History* (TSAJ 76; Tübingen: Mohr Siebeck, 1999)

– *Jewish Women in Greco-Roman Palestine* (TSAJ 44; Tübingen: Mohr Siebeck, 1995; Peabody: Hendrickson, 1996)

– „The Attraction of Aristocratic Jewish Women to Pharisaism During the Second Temple Period", *HTR* 88 (1995): 1–33

JACK, Alison M., „Out of the Wilderness: Feminist Perspectives on the Book of Revelation", in *Studies in the Book of Revelation* (hg. v. Steve Moyise; Edinburgh: T&T Clark, 2001), 149–162

JACKSON-MCCABE, Matt, Hg., *Jewish Christianity Reconsidered: Rethinking Ancient Groups and Texts* (Minneapolis: Fortress Press, 2007)

JANSSEN, Claudia, *Elisabet und Hanna: Zwei widerständige alte Frauen in neutestamentlicher Zeit: Eine sozialgeschichtliche Untersuchung* (Mainz: Grünewald, 1998)

JANSSEN, Claudia, und Regene LAMB, „Das Evangelium nach Lukas: Die Erniedrigten werden erhöht", in *Kompendium Feministische Bibelauslegung* (hg. v. Luise Schottroff und Marie-Theres Wacker; Gütersloh: Kaiser, 1998, ²1999, ³2007), 513–526

JAY, Nancy, *Throughout your Generations Forever: Sacrifice, Religion and Paternity* (Chicago: University of Chicago Press, 1992)

JEFFERS, Ann, „Einleitung", in *Handbuch Gender und Religion* (hg. v. Ann Jeffers, Anna-Katharina Höpflinger und Daria Pezzoli-Olgiati; UTB 3062; Göttingen: Vandenhoeck & Ruprecht, 2008), 201–208

JENNINGS, Theodore W., und Tat-Siong Benny LIEW, „Mistaken Identities but Model Faith: Rereading the Centurion, the Chaps, and the Christ in Matthew 8:5–13", *JBL* 123 (2004): 467–494

JENSEN, Morten H., *Herod Antipas in Galilee* (WUNT 215; Tübingen: Mohr Siebeck, 2006)

JERVELL, Jacob, „Die Töchter Abrahams: Die Frau in der Apostelgeschichte", in *Glaube und Gerechtigkeit: In Memoriam Rafael Gyllenberg* (hg. v. Jarmo Kiilunen, Vilho Riekkinen und Heikki Räisänen; Schriften der Finnischen Exegetischen Gesellschaft 38; Helsinki: Suomen Eksegeettinen Seura, 1983), 77–93

JOCHUM-BORTFELD, Carsten, *Die Verachteten stehen auf: Widersprüche und Gegenentwürfe des Markusevangeliums zu den Menschenbildern seiner Zeit* (BWANT 178; Stuttgart: Kohlhammer, 2008)

JOSSA, Giorgio, *Gesù Messia?: Un dilemma storico* (Rom: Carocci, 2006)

– „Introduzione: L'idea del Messia al tempo di Gesù", in *Gesù e i Messia di Israele: Il messianismo giudaico e gli inizi della cristologia* (hg. v. Annalisa Guida und Marco Vitelli; Trapani: Il Pozzo di Giacobbe, 2006), 15–29

– *Dal Messia al Cristo: Le origini della cristologia* (Studi biblici 88; Brescia: Paideia, ^{2}2000)

– *La verità dei Vangeli: Gesù di Nazaret tra storia e fede* (Argomenti 12; Rom: Carocci, 1998)

KAMPLING, Rainer, *Israel unter dem Anspruch des Messias: Studien zur Israelthematik im Markusevangelium* (SBB 25; Stuttgart: Katholisches Bibelwerk, 1992)

KARRER, Martin, *Die Johannesoffenbarung als Brief: Studien zu ihrem literarischen, historischen und theologischen Ort* (FRLANT 140; Göttingen: Vandenhoeck & Ruprecht, 1986)

KARRIS, Robert J., „Women and Discipleship in Luke", *CBQ* 56 (1994): 1–20

KÄSEMANN, Ernst, „Zum Thema urchristlicher Apokalyptik", in DERS., *Exegetische Versuche und Besinnungen 2* (Göttingen: Vandenhoeck & Ruprecht, ^{3}1968), 105–131

KEARSLEY, Roy A., „Women in Public Life in the Roman East: Iunia Theodora, Claudia Metrodora and Phoebe, Benefactress of Paul", *TynBul* 50 (1999): 189–211

KECK, Leander, „Derivation as Destiny: ‚Of-ness' in Johannine Christology, Anthropology, and Soteriology", in *Exploring the Gospel of John: In Honor of D. Moody Smith* (hg. v. R. Alan Culpepper und C. Clifton Black; Louisville: Westminster John Knox, 1996), 274–289

KEENER, Craig S., *A Commentary on the Gospel of Matthew* (Grand Rapids: Eerdmans, 1999)

KETTER, Peter, *Die Magdalenenfrage* (Trier: Paulinus-Druckerei, 1929)

KING, Helen, „Sacrificial Blood: The Role of the Amnion in Ancient Gynaecology", *Helios* 13 (1987): 117–126

KING, Karen L., *The Gospel of Mary of Magdala: Jesus and the First Woman Apostle* (Santa Rosa: Polebridge Press, 2003)

– Hg., *Images of the Feminine in Gnosticism* (SAC; Harrisburg: Trinity Press, 2000)

– „The Gospel of Mary Magdalene", in *Searching the Scriptures 2: A Feminist Commentary* (hg. v. Elisabeth Schüssler Fiorenza; New York: Crossroad, 1994), 601–634

KINGSBURY, Jack D., „Observations on the ‚Son of Man' in the Gospel according to Luke", *CurTM* 17 (1990): 283–290

KINUKAWA, Hisako, *Women and Jesus in Mark: A Japanese Feminist Perspective* (The Bible and Liberation Series; Maryknoll: Orbis, 1994); deutsche Übersetzung: *Frauen im Markusevangelium: Eine japanische Lektüre* (Luzern: Exodus, 1995)

KIRCHSCHLÄGER, Walter, „Eine Frauengruppe in der Umgebung Jesu", in *Die Freude an Gott – unsere Kraft: Festschrift für Otto Bernhard Knoch zum 65. Geburtstag* (hg. v. Johannes Joachim Degenhardt; Stuttgart: Katholisches Bibelwerk, 1991), 278–285

KITZBERGER, Ingrid Rosa, *Transformative Encounters: Jesus and Women Re-viewed* (BibIntS 43; Leiden: Brill, 2000)

KLAUCK, Hans-Josef, *Allegorie und Allegorese in synoptischen Gleichnistexten* (NTA 13; Münster: Aschendorff, 1978)

KLAWANS, Jonathan, *Impurity and Sin in Ancient Judaism* (Oxford: Oxford University Press, 2004)

KLOPPENBORG, John S., und Stephen G. WILSON, *Voluntary Associations in the Graeco-Roman World* (London: Routledge, 1996)

KNOCKAERT, André, „Analyse structurale du texte biblique", *Lumen vitae/Edition française* 33 (1978): 331–340

KOESTER, Helmut, „Writings and the Spirit: Authority and Politics in Ancient Christianity", *HTR* 84 (1991): 353–372

– *Ancient Christian Gospels: Their History and Development* (London: SCM Press, 1990)

KOET, Bart J., und Wendy E. S. NORTH, „The Image of Martha in Luke 10,38–42 and in John 11,1–12,8", in *Miracles and Imagery in Luke and John: Festschrift Ulrich Busse* (hg. v. Jozef Verheyden, Gilbert Van Belle und Jan G. van der Watt; BETL 218; Leuven: Peeters, 2008), 48–66

KÖHLER, Ludwig, *Theologie des Alten Testaments* (Tübingen: Mohr, ^{4}1966)

KOPAS, Jane, und Mary Ann BEAVIS, „Women as Models of Faith in Mark", *BTB* 18 (1988): 3–9

KOVACS, Judith, und Christopher ROWLAND, *Revelation: The Apocalypse of Jesus Christ* (Blackwell Bible Commentaries; Oxford: Blackwell, 2004)

KRAABEL, Alf Thomas, „The Disappearance of the ‚God-Fearers'", *Numen* 28 (1981): 113–126

KRAEMER, Ross Shepard, „Jewish Women and Christian Origins: Some Caveats", in *Women and Christian Origins* (hg. v. Ross Shepard Kraemer und Mary Rose D'Angelo; New York: Oxford University Press, 1999), 35–49

– „Jewish Women and Women's Judaism(s) at the Beginning of Christianity", in *Women and Christian Origins*, 50–79

– *Her Share of the Blessings: Women's Religions Among Pagans, Jews, and Christians in the Greco-Roman World* (New York: Oxford University Press, 1992)

KRAEMER, Ross Shepard, und Mary Rose D'ANGELO, Hg., *Women and Christian Origins* (New York: Oxford University Press, 1999)

KRAYBILL, J. Nelson, *Imperial Cult and Commerce in John's Apocalypse* (JSNTSup 132; Sheffield: Sheffield Academic Press, 1996)

KUGEL, James L., *Traditions of the Bible: A Guide to the Bible as it was at the Start of the Common Era* (Cambridge: Harvard University Press, 1998)

LAATO, Antti, *A Star is Rising: The Historical Development of the Old Testament Royal Ideology and the Rise of Jewish Messianic Expectations* (University of South Florida International Studies in Formative Christianity and Judaism 5; Atlanta: Scholars Press, 1997)

LAFON, Guy, *Le temps de croire (Jean 11,1–46)* (Connaître la Bible 37; Brüssel: Lumen Vitae, 2004)

LAMPE, Peter, *Die stadtrömischen Christen in den ersten beiden Jahrhunderten: Untersuchungen zur Sozialgeschichte* (WUNT 2/18; Tübingen: Mohr, ^{2}1989)

LAQUEUR, Thomas, *Auf den Leib geschrieben: Die Inszenierung der Geschlechter von der Antike bis Freud* (Frankfurt: Campus, 1992)

LARSEN, Kaspar Brom, *Recognizing the Stranger: Recognition Scenes in the Gospel of John* (BibIntS 93; Leiden: Brill, 2008)

LAURENTIN, René, *Structure et théologie de Luc 1–2* (EBib; Paris: Gabalda, 1957)
LE BOULLUEC, Alain, *La notion d'hérésie dans la littérature grecque, IIe–IIIe siècles* (2 Bde; Paris: Etudes Augustiniennes, 1985)
LEE, Dorothy, „The Gospel of John and the Five Senses", *JBL* 129 (2010): 115–127
– *Flesh and Glory: Symbolism, Gender, and Theology in the Gospel of John* (New York: Crossroad, 2002)
LEGASSE, Simon, *L'évangile de Marc* (2 Bde; LeDiv Commentaires 5; Paris: Cerf, 1997)
LÉON-DUFOUR, Xavier, *Lecture de l'Évangile selon Jean* (4 Bde; Parole de Dieu 26/29/31/34; Paris: Éditions du Seuil, 1987/1990/1993/1996)
– *Wörterbuch zum Neuen Testament* (München: Kösel, 1977)
– *Études d'Évangile* (Paris: Éditions du Seuil, 1965)
LEVINE, Amy-Jill, „Women's Humor and Other Creative Juices", in *Are We Amused? Humor About Women in the Biblical Worlds* (hg. v. Athalya Brenner; JSOTSup 383; Bible in the Twenty-First Century 2; London: T&T Clark, 2003), 120–126
– „Matthew's Advice to a Divided Community", in *The Gospel of Matthew in Current Study: Studies in Memory of William G. Thompson, S.J.* (hg. v. David E. Aune; Grand Rapids: Eerdmans, 2001), 22–41
– „Discharging Responsibility: Matthean Jesus, Biblical Law, and Hemorrhaging Woman", in *A Feminist Companion to Matthew* (hg. v. Amy-Jill Levine mit Marianne Blickenstaff; Feminist Companion to the New Testament and Early Christian Writings 1; Sheffield: Sheffield Academic Press, 2001), 70–87 [zuerst veröffentlicht in David R. BAUER und Mark Allan POWELL, Hg., *Treasures Old and New: Recent Contributions to Matthean Studies* (SBLSymS 1; Atlanta: Scholars Press, 1996), 379–397]
– *The Social and Ethnic Dimensions of Matthean Salvation History* (Studies in the Bible and Early Christianity 14; Lewiston: Edwin Mellen, 1988)
LEVINE, Amy-Jill, und Marianne BLICKENSTAFF, Hg., *A Feminist Companion to John* (2 Bde; Feminist Companion to the New Testament and Early Christian Writings 4–5; London: Sheffield Academic Press, 2003)
– *A Feminist Companion to Luke* (Feminist Companion to the New Testament and Early Christian Writings 3; London: Sheffield Academic Press, 2002)
– *A Feminist Companion to Mark* (Feminist Companion to the New Testament and Early Christian Writings 2; Sheffield: Sheffield Academic Press, 2001)
– *A Feminist Companion to Matthew* (Feminist Companion to the New Testament and Early Christian Writings 1; Sheffield: Sheffield Academic Press, 2001)
LEVINE, Lee I., „Second Temple Jerusalem: A Jewish City in the Greco-Roman Orbit", in *Jerusalem: Its Sanctity and Centrality to Judaism, Christianity and Islam* (hg. v. Lee I. Levine; New York: Continuum, 1999), 53–68
LIDDELL, Henry George, Robert SCOTT und Henry Stuart JONES, *A Greek-English Lexicon* (Oxford: Clarendon Press, 1996 [^{9}1940])
LIEU, Judith, *I, II & III John: A Commentary* (NTL; Louisville: Westminster John Knox, 2008)
– „The Mother of the Son in the Fourth Gospel", *JBL* 117 (1998): 61–77
– „Scripture and the Feminine in John", in *A Feminist Companion to the Hebrew Bible in the New Testament* (hg. v. Athalya Brenner; FCB 10; Sheffield: Sheffield Academic Press, 1996), 225–240
– *The Second and Third Epistles of John: History and Background* (Studies of the New Testament and its World, Edinburgh: T&T Clark, 1986)

LOHMEYER, Ernst, *Galiläa und Jerusalem* (FRLANT 34; Göttingen: Vandenhoeck & Ruprecht, 1936)

LONGSTAFF, Thomas R. W., „What Are Those Women Doing at the Tomb of Jesus? Perspectives on Matthew 28.1", in *A Feminist Companion to Matthew* (hg. v. Amy-Jill Levine mit Marianne Blickenstaff; Cleveland: Pilgrim Press, 2001), 196–204

LUPIERI, Edmondo, *L'Apocalisse di Giovanni* (Scrittori greci e latini; Mailand: Mondadori, 1999)

LUZ, Ulrich, *Das Evangelium nach Matthäus* (EKKNT 1/1–4; Zürich: Benziger, 1985 [⁵2002]/ 1990 [³1999]/1997/2002)

MABEE, Charles, *Reading Sacred Texts through American Eyes: Biblical Interpretation as Cultural Critique* (StABH 7; Macon: Mercer, 1991)

MACCINI, Robert Gordon, *Her Testimony is True: Women as Witnesses according to John* (JSNTSup 125; Sheffield: Sheffield Academic Press, 1996)

MACK, Burton L., *Wer schrieb das Neue Testament? Die Erfindung des christlichen Mythos* (München: Beck, 2000); Originalausgabe: *Who Wrote the New Testament? The Making of the Christian Myth* (San Francisco: Harper Collins, 1995)

MAIER, Johann, *Die Texte vom Toten Meer 1: Übersetzung* (München: Ernst Reinhardt Verlag, 1960)

– *Die Qumran-Essener: Die Texte vom Toten Meer 1: Die Texte der Höhlen 1–3 und 5–11* (UTB 1862; München: Ernst Reinhardt Verlag, 1995)

– *Die Qumran-Essener: Die Texte vom Toten Meer 2: Die Texte der Höhle 4* (UTB 1863; München: Ernst Reinhardt Verlag, 1995)

MAISCH, Ingrid, *Maria Magdalena: Zwischen Verachtung und Verehrung: Das Bild einer Frau im Spiegel der Jahrhunderte* (Freiburg i. Br.: Herder, 1996)

MALBON, Elizabeth Struthers, „Text and Contexts: Interpreting the Disciples in Mark", *Semeia* 62 (1993): 81–102

– „Fallible Followers: Women and Men in the Gospel of Mark", *Semeia* 28 (1983): 29–48

MALVERN, Marjorie M., *Venus in Sackcloth: The Magdalen's Origins and Metamorphoses* (Carbondale: Southern Illinois University Press, 1975)

MARCHADOUR, Alain, „Marie Madeleine: De l'histoire à la légende", in *La Bible et ses personnages: Entre histoire et mystère* (hg. v. Pierre Debergé; Paris: Bayard, 2003), 209–233

– *Lazare: Histoire d'un récit, récits d'une histoire* (LD 132; Paris: Cerf, 1988)

MARCONI, Nazzareno, *Le mille immagini dell'Apocalisse: Una introduzione al linguaggio audiovisivo dell'Apocalisse* (Fede e Comunicazione 11; Mailand: Paoline, 2002)

MARCUS, Joel, *Mark 8–16: A New Translation with Introduction and Commentary* (AB 27A; New Haven: Yale University Press, 2009)

– *Mark 1–8: A New Translation with Introduction and Commentary* (AB 27; New York: Doubleday, 2000)

MARSHALL, Ian H., *The Gospel of Luke: A Commentary on the Greek Text* (NIGTC 3; Grand Rapids: Eerdmans, 1978)

MASON, Steve, „Jews, Judaeans, Judaizing, Judaism: Problems of Categorization in Ancient History", *JSJ* 38 (2007): 457–512

MASSON, Jacques, *Jésus Fils de David dans les généalogies de Saint Matthieu et de Saint Luc* (Paris: Téqui, 1982)

MATEOS, Juan, *Los „Doce" y otros seguidores de Jesús en el evangelio de Marcos* (Lecturas del Nuevo Testamento; Madrid: Ediciones Cristiandad, 1982)

MATEOS, Juan, und Fernando CAMACHO, *Il figlio dell'uomo: Verso la pienezza umana* (Assisi: Cittadella, 2003)

MCCOMISKEY, Thomas Edward, „Alteration of OT Imagery in the Book of Revelation: Its Hermeneutical and Theological Significance", *JETS* 36 (1993): 307–316

MCEWAN HUMPHREY, Edith, *The Ladies and the Cities: Transformation and Apocalyptic Identity in Joseph and Aseneth, 4 Ezra, the Apocalypse, and the Shepherd of Hermas* (JSPSup 17; Sheffield: Sheffield Academic Press, 1995)

MCFAGUE, Sallie, *Metaphorical Theology: Models of God in Religious Language* (Philadelphia: Fortress Press, 1982)

MEEKS, Wayne A., *The Origins of Christian Morality: The First Two Centuries* (New Haven: Yale University Press, 1993)

MEIER, John P., *Law and History in Matthew's Gospel: A Redactional Study of Mt 5:17–48* (AnBib 71; Rom: Biblical Institute Press, 1976)

MELZER-KELLER, Helga, „Maria Magdalena neu entdecken", *Geist und Leben* 72 (1999): 97–111

– *Jesus und die Frauen: Eine Verhältnisbestimmung nach den synoptischen Überlieferungen* (Herders Biblische Studien 14; Freiburg i. Br.: Herder, 1997)

MERZ, Annette, *Die fiktive Selbstauslegung des Paulus: Intertextuelle Studien zur Intention und Rezeption der Pastoralbriefe* (NTOA 52; Göttingen: Vandenhoeck & Ruprecht, 2004)

METTERNICH, Ulrike, *„Sie sagte ihm die ganze Wahrheit": Die Erzählung von der „Blutflüssigen" – feministisch gedeutet* (Mainz: Grünewald, 2000)

METZGER, Bruce M., *The Canon of the New Testament: Its Origin, Development, and Significance* (Oxford: Clarendon Press, 1987); deutsche Übersetzung: *Der Kanon des Neuen Testaments: Entstehung, Entwicklung, Bedeutung* (Düsseldorf: Patmos, 1993)

MEYER, Arnold, und Walter BAUER, „Jesu Verwandtschaft", in *Neutestamentliche Apokryphen in deutscher Übersetzung 1: Evangelien* (hg. v. Edgar Hennecke und Wilhelm Schneemelcher; Tübingen: Mohr, ³1959), 312–321

MEYERS, Carol, „Archäologie als Fenster zum Leben von Frauen in Alt-Israel", in *Tora* (hg. v. Irmtraud Fischer, Mercedes Navarro Puerto und Andrea Taschl-Erber; Die Bibel und die Frauen: Eine exegetisch-kulturgeschichtliche Enzyklopädie 1.1; Stuttgart: Kohlhammer, 2010), 63–109

– *Discovering Eve: Ancient Israelite Women in Context* (New York: Oxford University Press, 1988)

MEYERS, Eric M., „The Problem of Gendered Space in Syro-Palestinian Domestic Architecture: The Case of Roman-Period Galilee", in *Early Christian Families in Context: An Interdisciplinary Dialogue* (hg. v. David L. Balch und Carolyn Osiek; Grand Rapids: Eerdmans, 2003), 44–69

– „An Archaeological Response to a New Testament Scholar", *BASOR* 306 (1997): 17–26

MICHEL, Otto, und Otto BAUERNFEIND, Hg., *Josephus Flavius: De Bello Judaico: Der Jüdische Krieg* (3 Bde; München: Kösel, ²1962–1969)

MICHAUD, Jean-Paul, und Pierrette T. DAVIAU, „Jésus au-delà des frontières de Tyr, Marc 7,24–31", in Adèle CHENE et al., *De Jésus et des femmes: Lectures sémiotiques: Suivies d'un entretien avec A. J. Greimas* (Recherches NS 14; Montreal: Bellarmin, 1987), 35–57

MILANO, Andrea, *Donna e amore nella Bibbia: Eros, agape, persona* (Nuovi saggi teologici 75; Bologna: Edizioni Dehoniane, 2008)

MILLAR, Fergus, „The Phoenician Cities: A Case Study of Hellenisation", *PCPS* 209 (1983): 57–71

MILLER, Susan, *Women in Mark's Gospel* (JSNTSup 259; London: T&T Clark, 2004)

MIQUEL PERICÁS, Esther, *Amigos de esclavos, prostitutas y pecadores: El significado sociocultural del marginado moral en las éticas de Jesús y de los filósofos cínicos, epicúreos y estoicos: Estudio desde la Sociología del Conocimiento* (Asociación Bíblica Española 47; Estella: Verbo Divino, 2007)

MITCHELL, Joan L., *Beyond Fear and Silence: A Feminist-Literary Approach to the Gospel of Mark* (New York: Continuum, 2001)

MOHRI, Erika, *Maria Magdalena: Frauenbilder in Evangelientexten des 1. bis 3. Jahrhunderts* (MThSt 63; Marburg: Elwert, 2000)

MOLLENKOTT, Virginia R., *Gott eine Frau? Vergessene Gottesbilder der Bibel* (Beck'sche Schwarze Reihe 295; München: Beck, 1985); Originalausgabe: *The Divine Feminine: The Biblical Imagery of God as Female* (New York: Crossroad, 1984)

MOLONEY, Francis, „The Faith of Martha and Mary: A Narrative Approach to John 11,17–40", *Bib* 75 (1994): 471–493

- *Belief in the Word: Reading the Fourth Gospel, John 1–4* (Minneapolis: Fortress Press, 1993)

MONTI, Ludwig, *Una comunità alla fine della storia: Messia e messianismo a Qumran* (Studi biblici 149; Brescia: Paideia, 2006)

MORGEN, Michèle, *Les épîtres de Jean* (Commentaire biblique: Nouveau Testament 19; Paris: Cerf, 2005), 28–30

MOXNES, Halvor, *Putting Jesus in His Place: A Radical Vision of Househould and Kingdom* (Louisville: Westminster John Knox, 2003)

MOYISE, Steve, „The Language of the Old Testament in the Apocalypse", *JSNT* 7 (1999): 97–113

- *The Old Testament in the Book of Revelation* (JSNTSup 115; Sheffield: Sheffield Academic Press, 1995)

MÜLLER, C. Detlef G., „Die Himmelfahrt des Jesaja", in *Neutestamentliche Apokryphen in deutscher Übersetzung 2: Apostolisches, Apokalypsen und Verwandtes* (hg. v. Wilhelm Schneemelcher; Tübingen: Mohr, ⁶1997), 547–562

- „Epistula Apostolorum", in *Neutestamentliche Apokryphen in deutscher Übersetzung 1: Evangelien* (hg. v. Wilhelm Schneemelcher; Tübingen: Mohr, ⁶1990), 205–233

MÜLLER, Wolfgang G., „Namen als intertextuelle Elemente", *Poet.* 23 (1991): 139–165

MUNRO, Winsome, „Women Disciples: Light from Secret Mark", *JFSR* 8 (1992): 47–64

MUSSNER, Franz, *Apostelgeschichte* (NEB.NT 5; Würzburg: Echter, ⁴1999)

NASRALLAH, Laura S., *An Ecstasy of Folly: Prophecy and Authority in Early Christianity* (HTS 52; Cambridge: Harvard University Press, 2003)

NAVARRO PUERTO, Mercedes, *Marcos* (Guías de lectura del Nuevo Testamento 1; Estella: Verbo Divino, 2006)

- „Cruzando fronteras, rompiendo estructuras: Estudio narrativo del itinerario de María de Nazaret en Mc", *Ephemerides Mariologicae* 52 (2002): 191–224

- „Nombrar a las mujeres en Mc: Transformaciones narrativas", *EstBib* 57 (1999): 459–481

- *Ungido para la vida: Exégesis narrativa de Mc 14,3–9 y Jn 12,1–8* (Asociación Bíblica Española 36; Estella: Verbo Divino, 1999)

- „Las apóstoles y sus hechos: Mujeres en los Hechos de los apóstoles", in *Relectura de Lucas* (hg. v. Isabel Gómez-Acebo; En clave de mujer …; Bilbao: Desclée de Brouwer, 1998), 181–237

- „De casa en casa: Las mujeres en la iglesia doméstica lucana", *Reseña Bíblica* 14 (1997): 35–44

NEIRYNCK, Frans, „John and the Synoptics: The Empty Tomb Stories", *NTS* 30 (1984): 161–187

NEWSOM, Carol A., *Self as Symbolic Space: Constructing Identity and Community at Qumran* (STDJ 52; Leiden: Brill, 2004)

NEWSOM, Carol A., und Sharon H. Ringe, Hg., *The Women's Bible Commentary* (London: SPCK, 1992)

NEUSNER, Jacob, *Method and Meaning in Ancient Judaism* (BJSt 10; Missoula: Scholars Press, 1979)

NEUSNER, Jacob, William S. GREEN und Ernest S. FRERICHS, Hg., *Judaisms and Their Messiahs at the Turn of the Christian Era* (Cambridge: Cambridge University Press, 1987)

NEYREY, Jerome H., „Jesus, Gender and the Gospel of Matthew", *Semeia* 45 (2003): 43–66

NICCUM, Curt, „The Voice of the Manuscripts on the Silence of Women: The External Evidence for 1 Cor 14,34–35", *NTS* 43 (1997): 242–255

NIDITCH, Susan, „The Visionary", in *Ideal Figures in Ancient Judaism: Profile and Paradigms* (hg. v. John J. Collins und George W. E. Nickelsburg; SBLSCS 12; Chico: Scholars Press, 1980), 153–179

NIEMAND, Christoph, „‚... damit das Wort Gottes nicht in Verruf kommt' (Tit 2,5): Das Zurückdrängen von Frauen aus Leitungsfunktionen in den Pastoralbriefen – und was daraus heute für das Thema ‚Diakonat für Frauen' zu lernen ist", *ThPQ* 144 (1996): 351–361

NORDEN, Eduard, *Die Geburt des Kindes: Geschichte einer religiösen Idee* (SBW 3; Leipzig: Teubner, [2]1931)

NORELLI, Enrico, „Maria nella letteratura apocrifa cristiana antica", in *Storia della Mariologia 1: Dal modello biblico al modello letterario* (hg. v. Enrico Dal Covolo und Aristide Serra; Rom: Città Nuova, 2009), 143–254

- *Marie des apocryphes: Enquête sur la mère de Jésus dans le christianisme antique* (Genf: Labor et Fides, 2009)
- „Gesù ride: Gesù, il maestro di scuola e i passeri: Le sorprese di un testo apocrifo trascurato", in *Mysterium regni ministerium verbi (Mc 4,11; At 6,4): Scritti in onore di mons. Vittorio Fusco* (hg. v. Ettore Franco; Supplementi alla RivB 38; Bologna: Edizioni Dehoniane, 2001), 653–684
- *Ascensio Isaiae: Commentarius* (CChrSA 8; Turnhout: Brepols, 1995)
- *L'Ascensione di Isaia: Studi su un apocrifo al crocevia dei cristianesimi* (Origini n. s. 1; Bologna: Edizioni Dehoniane, 1994)
- „Avant le canonique et l'apocryphe: aux origines des récits sur l'enfance de Jésus", *RTP* 126 (1994): 305–324

O'DAY, Gail, „Surprised by Faith: Jesus and the Canaanite Woman", in *A Feminist Companion to Matthew* (hg. v. Amy-Jill Levine mit Marianne Blickenstaff; Cleveland: Pilgrim Press, 2001), 114–125

- „Show Us the Father, and We Will Be Satisfied (John 14:8)", *Semeia* 85 (1999): 11–17
- „John", in *The Women's Bible Commentary* (hg. v. Carol A. Newsom und Sharon H. Ringe; London: SPCK, 1992)
- *Revelation in the Fourth Gospel: Narrative Mode and Theological Claim* (Philadelphia: Fortress Press, 1986)

ODEBERG, Hugo, *The Fourth Gospel Interpreted in Its Relation to Contemporaneous Religious Currents in Palestine and the Hellenistic-Oriental World* (Uppsala: Almqvist & Wiksell, 1929)

OEGEMA, Gerbern S., *The Anointed and His People: Messianic Expectations from the Maccabees to Bar Kochba* (JSPSup 27; Sheffield: Sheffield Academic Press, 1998)

ØKLAND, Jorunn, *Women in Their Place: Paul and the Corinthian Discourse of Gender and Sanctuary Space* (JSNTSup 269; London: T&T Clark, 2004)

ORBE, Antonio, *Cristología gnóstica: Introducción a la soteriología de los siglos II y III* (BAC 384; Madrid: La Editorial Católica, 1976)

ORLOV, Andrei A., *From Apocalypticism to Merkabah Mysticism: Studies in the Slavonic Pseudepigrapha* (Supplements to the JSJ 114; Leiden: Brill, 2007)

– *The Enoch-Metatron Tradition* (TSAJ 107; Tübingen: Mohr Siebeck, 2005)

OSBORNE, Grant R., „The Evangelical and Redaction Criticism: Critique and Methodology", *JETS* 22 (1979): 305–322

OSBURN, Carroll D., „The Interpretation of 1 Cor 14:34–35", in *Essays on Women in Earliest Christianity* (hg. v. Carroll D. Osburn; Joplin: College Press, 1993), 219–242

OSIEK, Carolyn, Margaret Y. MACDONALD und Janet H. TULLOCH, *A Woman's Place: House Churches in Earliest Christianity* (Minneapolis: Fortress Press, 2006)

OSIEK, Carolyn, und David L. BALCH, *Families in the New Testament World: Households and House Churches* (Louisville: Westminster John Knox, 1997)

OSTWALT, Conrad E., „The End of Days", in *The Continuum Companion to Religion and Film* (hg. v. William L. Blizek; London: Continuum, 2009), 290–299

PALLAS, Demetrios I., Séraphin CHARITONIDIS und Jacques VENENCIE, „Inscriptions lyciennes trouvées á Solômos, près de Corinthe", *BCH* 83 (1959): 496–508

PÄPSTLICHE BIBELKOMMISSION, *Die Interpretation der Bibel in der Kirche* (Vatikanische Dokumente; Vatikan: Libreria Editrice Vaticana, 1993)

PAQUETTE, Sylvie, *Les femmes disciples dans l'évangile de Luc: Critique de la rédaction* (Diss., Université Montréal, 2008), online veröffentlicht: http://www.theses.umontreal.ca/theses/nouv/paquette-lessard_s/these.pdf (17.7.2011)

PARAZZOLI, Ferruccio, *Gesù e le donne* (Mailand: Paoline, 1997)

PARVEY, Constance F., „The Theology and Leadership of Women in the New Testament", in *Religion and Sexism: Images of Woman in the Jewish and Christian Tradition* (hg. v. Rosemary Radford Ruether; New York: Simon & Schuster, 1974), 117–149

PAUL, Ian, „The Book of Revelation: Image, Symbol and Metaphor", in *Studies in the Book of Revelation* (hg. v. Steve Moyise; Edinburgh: T&T Clark, 2001), 131–147

PELIKAN, Jaroslav Jan, *The Emergence of the Catholic Tradition (100–600)* (The Christian Tradition: A History of the Development of Doctrine 1; Chicago: University of Chicago Press, 1971)

PELLEGRINI, Silvia, *L'ultimo Segno: Il messaggio della vita nel racconto della risurrezione di Lazzaro* (Bologna: Edizione Dehoniane, 2009)

– „Feministische Anfragen an das Jesusbild", in *Die Tochter Gottes ist die Weisheit: Bibelauslegung durch Frauen* (hg. v. Andreas Hölscher und Rainer Kampling; Theologische Frauenforschung in Europa 10; Münster: LIT, 2003), 69–114

PENNA, Romano, „La casa come ambito culturale nel cristianesimo paolino", in DERS., *Paolo e la chiesa di Roma* (BCR 67; Brescia: Paideia, 2009), 186–208

– *I ritratti originali di Gesù il Cristo: Inizi e sviluppi della cristologia neotestamentaria 2: Gli sviluppi* (Studi sulla Bibbia e il suo ambiente 2; Cinisello Balsamo: San Paolo, 1999, ²2003)

PERISTIANY, John G., *Honor and Grace in Anthropology* (Cambridge: Cambridge University Press, 1992)
- Hg., *Honour and Shame: The Values of Mediterranean Society* (Chicago: University of Chicago Press, 1966)

PERKINS, Pheme, „,I Have Seen the Lord' (John 20:18): Women Witnesses to the Resurrection", *Int* 46 (1992): 31–41

PERRONI, Marinella, „Ricche patrone o discepole di Gesù? (Lc 8,1–3): A proposito di Luca ,evangelista delle donne'", in *„Lingue come di fuoco" (At 2,3): Studi lucani in onore di Mons. Carlo Ghidelli* (hg. v. Giuseppe De Virgilio und Pier Luigi Ferrari; La cultura 128; Rom: Studium, 2010), 199–211
- Hg., *„Non contristate lo Spirito": Prospettive di genere e teologia: Qualcosa è cambiato?* (Negarine di San Pietro in Cariano: Gabrielli, 2007)
- „Discepole di Gesù", in *Donne e Bibbia: Storia ed esegesi* (hg. v. Adriana Valerio; La Bibbia nella Storia 21; Bologna: Edizioni Dehoniane, 2006), 197–240
- „,Murió y fue sepultado': La contribución de las discípulas de Jesús a la elaboración de la fe en la resurrección", in *En el umbral: Muerte y teología en perspectíva de mujeres* (hg. v. Mercedes Navarro Puerto et al.; Bilbao: Desclée de Brouwer, 2006), 147–180
- „L'annuncio pasquale alle/delle donne (Mc 16,1–8): Alle origini della tradizione kerygmatica", in *Patrimonium fidei: Traditionsgeschichtliches Verstehen am Ende? Festschrift für Magnus Löhrer und Pius-Ramon Tragan* (hg. v. Marinella Perroni und Elmar Salmann; SA 124; Rom: Pontificio Ateneo S. Anselmo, 1997), 397–436
- „L'interpretazione biblica femminista tra ricerca sinottica ed ermeneutica politica", *RivB* 45 (1997): 439–468
- „Scienze umane e interpretazione della Bibbia: Una valutazione dell'esegesi femminista: Verso un senso critico integrale", *StPat* 43 (1996): 67–92
- „Il Cristo maestro (Lc 10,38–42): L'apoftegma di Marta e Maria: Problemi di critica testuale", in *Mysterium Christi: Symbolgegenwart und theologische Bedeutung: Festschrift für Basil Studer* (hg. v. Magnus Löhrer und Elmar Salmann; SA 116; Rom: Pontificio Ateneo S. Anselmo, 1995), 57–78
- „Lettura femminile ed ermeneutica femminista del NT: Status quaestionis", *RivB* 41 (1993): 315–339

PESCE, Mauro, „Alla ricerca della figura storica di Gesù", in *L'enigma Gesù: Fonti e metodi della ricerca storica* (hg. v. Emanuela Prinzivalli; Biblioteca di testi e studi 457; Rom: Carocci, 2008), 94–127
- „Discepulato gesuano e discepulato rabbinico: Problemi e prospettive della comparazione", *ANRW* II/25.1: 351–389

PESCH, Rudolf, *Die Apostelgeschichte* (2 Bde; EKKNT 5/1–2; Zürich: Benziger, ³2005/²2003)
- *Das Markusevangelium* (2 Bde; HTKNT II/1–2; Freiburg i. Br.: Herder, 1976 [⁵1989]/1977, [³1984])

PETERS, Dorothy M., *Noah Traditions in the Dead Sea Scrolls: Conversations and Controversies of Antiquity* (SBLEJL 26; Atlanta: Society of Biblical Literature, 2008)

PETERSEN, Silke, *Maria aus Magdala: Die Jüngerin, die Jesus liebte* (Biblische Gestalten 23; Leipzig: Evangelische Verlagsanstalt, 2011)
- „Chaos in Urzeit und Endzeit: Gunkel, Bousset und die Himmelskönigin (Offb 12)", in *Hermann Gunkel revisited: Literatur- und religionsgeschichtliche Studien* (hg. v. Ute E. Eisen und Erhard S. Gerstenberger; Exegese in unserer Zeit 20; Münster: LIT, 2010), 173–191

- *Brot, Licht und Weinstock: Intertextuelle Analysen johanneischer Ich-bin-Worte* (NovTSup 127; Leiden: Brill, 2008)
- „Die Weiblichkeit Jesu Christi", in *Die zwei Geschlechter und der eine Gott* (hg. v. Elmar Klinger, Stephanie Böhm und Thomas Franz; Würzburg: Echter, 2002), 97–123
- „Zerstört die Werke der Weiblichkeit!": *Maria Magdalena, Salome und andere Jüngerinnen Jesu in christlich-gnostischen Schriften* (Nag Hammadi and Manichaean Studies 48; Leiden: Brill, 1999)

PEZZOLI-OLGIATI, Daria, „Religiöse Kommunikation und Gender-Grenzen", in *Kommunikation über Grenzen* (hg. v. Friedrich Schweitzer; Veröffentlichungen der Wissenschaftlichen Gesellschaft für Theologie 33; Gütersloh: Gütersloher Verlagshaus, 2009)

- „Vom Ende der Welt zur hoffnungsvollen Vision: Apokalypse im Film", in *Handbuch Theologie und populärer Film 2* (hg. v. Thomas Bohrmann, Werner Veith und Stephan Zöller; Paderborn: Schöningh, 2009), 255–275
- *Immagini urbane: Interpretazioni religiose della città antica* (OBO; Freiburg/Schweiz: Universitätsverlag, 2002)
- „Zwischen Gericht und Heil: Frauengestalten in der Johannesoffenbarung", *BZ* 43 (1999): 72–91
- *Täuschung und Klarheit: Zur Wechselwirkung zwischen Vision und Geschichte in der Johannesoffenbarung* (FRLANT 175; Göttingen: Vandenhoeck & Ruprecht, 1997)

PFISTERER DARR, Kathryn, „Like Warrior, Like Woman: Destruction and Deliverance in Isaiah 42:10–17", *CBQ* 49 (1987): 560–571

PHILLIPS, Victoria, „Full Disclosure: Towards a Complete Characterization of the Women Who Followed Jesus in the Gospel According to Mark", in *Transformative Encounters: Jesus and Women Re-viewed* (hg. v. Ingrid Rosa Kitzberger; BibIntS 43; Leiden: Brill, 2000), 13–31

PIKAZA, Xabier, „Iglesía de mujeres: Marta y María (Lc 10,38–42): Lectura histórica y aplicación actual", in *Relectura de Lucas* (hg. v. Isabel Gómez-Acebo; En clave de mujer ...; Bilbao: Desclée de Brouwer, 1998), 117–177

- *Pan, casa, palabra: La Iglesia en Marcos* (Biblioteca de Estudios Bíblicos 94; Salamanca: Sígueme, 1998)

PIPPIN, Tina, *Death and Desire: The Rhetoric of Gender in the Apocalypse of John* (Literary Currents in Biblical Interpretation; Louisville: Westminster, 1992)

- „Eros and the End: Reading for Gender in the Apocalypse of John", *Semeia* 59 (1992): 193–210
- „The Heroine and the Whore: Fantasy and the Female in the Apocalypse of John", *Semeia* 60 (1992): 76–82

PLISCH, Uwe-Karsten, *Das Thomasevangelium: Originaltext mit Kommentar* (Stuttgart: Deutsche Bibelgesellschaft, 2007)

POMYKALA, Kenneth E., *The Davidic Dynasty Tradition in Early Judaism: Its History and Significance for Messianism* (SBLEJL 7; Atlanta: Scholars Press, 1995)

PORTEN, Bezalel, und Ada YARDENI, Hg., *Textbook of Aramaic Documents from Ancient Egypt 2: Contracts* (Winona Lake: Eisenbrauns, 1989), 30–33

POWELL, Charles E., „The ‚Passivity' of Jesus in Mark 5,25–34", *BSac* 162 (2005): 66–75

PRATO, Gian Luigi, „In nome di Davide: simbologia, polivalenza e ambiguità del potere regale messianico", in *Gesù e i Messia di Israele: Il messianismo giudaico e gli inizi della cristologia* (hg. v. Annalisa Guida und Marco Vitelli; Trapani: Il Pozzo di Giacobbe, 2006), 31–55

PUI-LAN, Kwok, „Overlapping Communities and Multicultural Hermeneutics", in *A Feminist Companion to Reading the Bible: Approaches, Methods and Strategies* (hg. v. Athalya Brenner und Carole Fontaine; Sheffield: Sheffield Academic Press, 1997), 203–215

RADFORD RUETHER, Rosemary, *Frauenbilder – Gottesbilder: Feministische Erfahrungen in religionsgeschichtlichen Texten* (GTBS 490; Gütersloh: Gütersloher Verlagshaus Mohn, 1987); Originalausgabe: *Womanguides: Readings toward a Feminist Theology* (Boston: Beacon, 1985)

RADL, Walter, *Der Ursprung Jesu: Traditionsgeschichtliche Untersuchungen zu Lukas 1–2* (Herders Biblische Studien 7; Freiburg i. Br.: Herder, 1996)

RÄISÄNEN, Heikki, *Die Mutter Jesu im Neuen Testament* (AASF B 158/247; Helsinki: Suomalainen Tiedeakatemia, 1969, ^{2}1989)

RAKEL, Claudia, *Judit – über Schönheit, Macht und Widerstand im Krieg: Eine feministisch-intertextuelle Lektüre* (BZAW 334; Berlin: de Gruyter, 2003)

RAPP, Ursula, *Mirjam: Eine feministisch-rhetorische Lektüre der Mirjamtexte in der hebräischen Bibel* (BZAW 317; Berlin: de Gruyter, 2002)

RAPPAPORT, Uriel, „Phoenicia and Galilee: Economy, Territory and Political Relations", *Studia Phoenicia* 9 (1992): 262–268

RAVASI, Gianfranco, „Maria e l'ascesa di Cristo al Golgota tra letteratura e tradizione: Volti di donne in un vociante corteo", *L'Osservatore Romano* (11. April 2009): 3

REICHELT, Hansgünter, *Angelus interpres-Texte in der Johannesapokalypse: Strukturen, Aussagen und Hintergründe* (EHS.T 507; Frankfurt: Lang, 1994)

REID, Barbara E., *Choosing the Better Part? Women in the Gospel of Luke* (Collegeville: Liturgical Press, 1996)

REINHARTZ, Adele, „Women in the Johannine Community: An Exercise in Historical Imagination", in *A Feminist Companion to John 2* (hg. v. Amy-Jill Levine mit Marianne Blickenstaff; Sheffield: Sheffield Academic Press, 2003), 14–33

– *Befriending the Beloved Disciple: A Jewish Reading of the Gospel of John* (New York: Continuum, 2002); deutsche Übersetzung: *Freundschaft mit dem geliebten Jünger: Eine jüdische Lektüre des Johannesevangeliums* (Zürich: Theologischer Verlag, 2005)

– „And the Word Was Begotten: Divine Epigenesis in the Gospel of John", *Semeia* 85 (1999): 83–103

– „The Gospel of John", in *Searching the Scriptures 2: A Feminist Commentary* (hg. v. Elisabeth Schüssler Fiorenza; London: SCM Press, 1995), 561–600

RHOADS, David M., Joanna DEWEY und Donald MICHIE, *Marcos como relato: Introducción a la narrativa de un evangelio* (BEB 104; Salamanca: Sígueme, 2002); Originalausgabe: *Mark as Story: An Introduction to the Narrative of a Gospel* (Minneapolis: Fortress Press, ^{2}1999)

RICCI, Carla, *Maria di Magdala e le molte altre: Donne sul cammino di Gesù* (La Dracma 2; Neapel: D'Auria, 1991); englische Übersetzung: *Mary Magdalene and Many Others: Women who Followed Jesus* (Tunbridge Wells: Burns & Oates, 1994, ^{3}2002)

– „Priscilla, una donna annuncia il vangelo: Dossier Donna", *Prospettiva Persona* (1992): XXII–XXVI

RICHARDSON, Peter, *Herod King of the Jews and Friend of the Romans* (Columbia: University of South Carolina Press, 1996)

RIGATO, Maria-Luisa, *Giovanni: L'enigma, il Presbitero, il culto, il tempio, la cristologia* (Bologna: Edizioni Dehoniane, 2007)

ROBERT, Louis, „Décret de la Confédération Lycienne à Corinthe", *REA* 62 (1960): 331f.

ROBINSON, James M., *The Nag Hammadi Library in English* (Leiden: Brill, 1996)

ROCCA, Samuel, *Herod's Judea: A Mediterranean State in the Classical World* (TSAJ 122; Tübingen: Mohr Siebeck, 2008)

ROLLER, Matthew, „Horizontal Women: Posture and Sex in the Roman *Convivium*", *AJP* 124 (2003): 377–422

ROLOFF, Jürgen, *Die Apostelgeschichte* (NTD 5; Göttingen: Vandenhoeck & Ruprecht, [19]2010)

RÖMER, Thomas, und Jan RÜCKL, „Jesus, Son of Joseph and Son of David, in the Gospels", in *The Torah in the New Testament: Papers Delivered at the Manchester-Lausanne Seminar of June 2008* (hg. v. Michael Tait und Peter Oakes; Library of New Testament Studies 401; London: T&T Clark, 2009), 65–81

RUIZ PÉREZ, Maria Dolores, „El feminismo secreto de Marcos", *Comm* 31 (1998): 3–23

RUNESSON, Anders, Donald B. BINDER und Birger OLSSON, *The Ancient Synagogue from its Origins to 200 C.E: A Source Book* (Brill: Leiden, 2008)

RUOFF, Kerstin, „Der erste Brief des Johannes: Du, laß dich nicht verhärten …", in *Kompendium Feministische Bibelauslegung* (hg. v. Luise Schottroff und Marie-Theres Wacker; Gütersloh: Gütersloher Verlagshaus, 1998, [2]1999, [3]2007), 709–714

– „Der dritte Brief des Johannes: Ringen um Toleranz", in *Kompendium Feministische Bibelauslegung* (hg. v. Luise Schottroff und Marie-Theres Wacker; Gütersloh: Gütersloher Verlagshaus, 1998, [2]1999, [3]2007), 717f.

RUSAM, Dietrich, *Das Alte Testament bei Lukas* (BZNW 112; Berlin: de Gruyter, 2003)

RUSCHMANN, Susanne, *Maria von Magdala im Johannesevangelium: Jüngerin – Zeugin – Lebensbotin* (NTAbh 40; Münster: Aschendorff, 2002)

RUSHTON, Kathleen, „The (Pro)creative Parables of Labour and Childbirth (Jn 3.1–10 and 16.21–22)", in *The Lost Coin: Parables of Women, Work and Wisdom* (hg. v. Mary Ann Beavis; The Biblical Seminar 86; New York: Continuum, 2002), 206–229

SACCHI, Paolo, *Storia del Secondo Tempio: Israele tra VI secolo a.C. e I secolo d.C.* (Turin: Società Editrice Internazionale, 1994, [2]2002)

– Hg., *Apocrifi dell'Antico Testamento 1* (Mailand: Tascabili degli Editori Associati, [2]1990)

SALDARINI, Anthony J., *Matthew's Christian-Jewish Community* (CSJH; Chicago: The University of Chicago Press, 1994)

SANDERS, Edward P., *Judaism, Practice and Belief, 63 BCE-66 CE* (London: SCM Press, 1992)

SANDERS, Jack T., „Who is a Jew and Who is a Gentile in the Book of Acts?", *NTS* 37 (1991): 434–455

SAWYER, Deborah, „John 19.34: From Crucifixion to Birth, Or Creation?", in *A Feminist Companion to John 2* (hg. v. Amy-Jill Levine mit Marianne Blickenstaff; Feminist Companion to the New Testament and Early Christian Writings 5; London: Sheffield Academic Press, 2003), 130–139

SCAIOLA, Donatella, „Tora und Kanon: Probleme und Perspektiven", in *Tora* (hg. v. Irmtraud Fischer, Mercedes Navarro Puerto und Andrea Taschl-Erber; Die Bibel und die Frauen: Eine exegetisch-kulturgeschichtliche Enzyklopädie 1.1; Stuttgart: Kohlhammer, 2010), 133–148

SCHABERG, Jane, *The Illegitimacy of Jesus: A Feminist Theological Interpretation of the Infancy Narratives: Expanded Twentieth Anniversary Edition with Contributions by David T. Landry and Frank Reilly* (Sheffield: Phoenix Press, 2006; Erstausgabe: San Francisco: Harper & Row, 1987; weitere Ausgaben: New York: Crossroad, 1990; Sheffield: Sheffield Academic Press, 1995 [The Biblical Seminar 28])

– *The Resurrection of Mary Magdalene: Legends, Apocrypha, and the Christian Testament* (New York: Continuum, 2002)

– „Die Stammütter und die Mutter Jesu", *Concilium* 25 (1989): 528–533
SCHABERG, Jane, und Melanie JOHNSON-DEBAUFRE, *Mary Magdalene Understood* (New York: Continuum, 2006)
SCHENKE, Hans-Martin, Hans-Gebhard BETHGE und Ursula Ulrike KAISER, Hg., *Nag Hammadi Deutsch* (2 Bde; Koptisch-Gnostische Schriften 2–3; GCS NF 8/12; Berlin: de Gruyter, 2001/2003)
SCHIFFNER, Kerstin, *Lukas liest Exodus: Eine Untersuchung zur Aufnahme ersttestamentlicher Befreiungsgeschichte im lukanischen Werk als Schrift-Lektüre* (BWANT 172; Stuttgart: Kohlhammer, 2008)
SCHMIDT, Carl, und Walter TILL, *Die Pistis Sophia: Die beiden Bücher des Jeû: Unbekanntes altgnostisches Werk* (Koptisch-Gnostische Schriften 1; GCS 45 [13]; Berlin: Akademie-Verlag, ^{3}1959)
SCHMIDT, Werner H., *Exodus: 1. Teilband: Exodus 1–6* (BKAT II/1; Neukirchen-Vluyn: Neukirchener Verlag, 1988)
SCHMITHALS, Walter, *Die Apostelgeschichte des Lukas* (ZBK 3.2; Zürich: Theologischer Verlag, 1982)
– *Das Evangelium nach Lukas* (ZBK 3.1; Zürich: Theologischer Verlag, 1980)
SCHNACKENBURG, Rudolf, *Jesus Christus im Spiegel der vier Evangelien* (Akzente; Freiburg i. Br.: Herder, 1998)
– „Ephesus: Entwicklung einer Gemeinde von Paulus zu Johannes", *BZ* 35 (1991): 41–64
SCHNEEMELCHER, Wilhelm, „Petrusakten", in *Neutestamentliche Apokryphen in deutscher Übersetzung 2: Apostolisches, Apokalypsen und Verwandtes* (hg. v. Wilhelm Schneemelcher; Tübingen: Mohr, ^{6}1997), 243–289
– Hg., *Neutestamentliche Apokryphen in deutscher Übersetzung 1: Evangelien* (Tübingen: Mohr, ^{6}1990)
SCHNEIDER, Gerhard, *Das Evangelium nach Lukas* (2 Bde; ÖTK 3/1–2; Gütersloh: Mohn, ^{2}1984/^{3}1992)
– *Die Apostelgeschichte* (2 Bde; HTKNT 5/1–2; Freiburg i. Br.: Herder, 1980/1982)
SCHNEIDERS, Sandra M., „The Resurrection (of the Body) in the Fourth Gospel", in *Life in Abundance: Studies of John's Gospel in Tribute to Raymond E. Brown* (hg. v. John R. Donahue; Collegeville: Liturgical Press, 2005), 168–199
– „John 20:11–18: The Encounter of the Easter Jesus with Mary Magdalene – A Transformative Feminist Reading", in *„What is John?": Readers and Readings of the Fourth Gospel* (hg. v. Fernando F. Segovia; SBLSymS 3; Atlanta: Scholars Press, 1996), 155–168
– „Women in the Fourth Gospel and the Role of Women in the Contemporary Church", in *The Gospel of John as Literature: An Anthology of Twentieth-Century Perspectives* (hg. v. Mark W. G. Stibbe; NTTS 17; Leiden: Brill, 1993), 123–143
– „Women in the Fourth Gospel and the Role of Women in the Contemporary Church", *BTB* 12 (1982): 35–45
SCHNELLE, Udo, *Antidoketische Christologie im Johannesevangelium: Eine Untersuchung zur Stellung des vierten Evangeliums in der johanneischen Schule* (FRLANT 144; Göttingen: Vandenhoeck & Ruprecht, 1987)
SCHOTTROFF, Luise, „Die Theologie der Tora im ersten Brief des Paulus an die Gemeinde in Korinth", in *Alte Texte in neuen Kontexten: Sozialwissenschaftliche Interpretationen zum Neuen Testament* (hg. v. Wolfgang Stegemann; Stuttgart: Kohlhammer, erscheint voraussichtlich 2012)
– *Die Gleichnisse Jesu* (Gütersloh: Gütersloher Verlagshaus, ^{3}2010)

- „Heilungsgemeinschaften: Christus und seine Geschwister nach dem Matthäusevangelium", in *Christus und seine Geschwister: Christologie im Umfeld der Bibel in gerechter Sprache* (hg. v. Marlene Crüsemann und Carsten Jochum-Bortfeld; Gütersloh: Gütersloher Verlagshaus, 2009), 23–44
- „The Samaritan Woman and the Notion of Sexuality in the Fourth Gospel", in *„What is John?" 2: Literary and Social Readings of the Fourth Gospel* (hg. v. Fernando F. Segovia; SBLSymS 7; Atlanta: Society of Biblical Literature, 1998), 157–181
- „'Gesetzesfreies Heidenchristentum' – und die Frauen? Feministische Analysen und Alternativen", in *Von der Wurzel getragen: Christlich-feministische Exegese in Auseinandersetzung mit Antijudaismus* (hg. v. Luise Schottroff und Marie-Theres Wacker; BibIntS17; Leiden: Brill, 1996), 227–245
- „Auf dem Weg zu einer feministischen Rekonstruktion der Geschichte des frühen Christentums", in DIES., Silvia SCHROER und Marie-Theres WACKER, *Feministische Exegese: Forschungserträge zur Bibel aus der Perspektive von Frauen* (Darmstadt: Wissenschaftliche Buchgesellschaft, 1995; Primus, 1997), 173–248
- *Lydias ungeduldige Schwestern: Feministische Sozialgeschichte des frühen Christentums* (Gütersloh: Kaiser, 1994)
- *Befreiungserfahrungen: Studien zur Sozialgeschichte des Neuen Testaments* (Theologische Bücherei 82: Neues Testament; München: Kaiser, 1990)
- „Das geschundene Volk und die Arbeit in der Ernte Gottes nach dem Matthäusevangelium", in *Mitarbeiter der Schöpfung: Bibel und Arbeitswelt* (hg. v. Luise und Willy Schottroff; München: Kaiser, 1983), 149–206
- „Maria Magdalena und die Frauen am Grabe Jesu", *EvT* 42 (1982): 3–25
- „Frauen in der Nachfolge Jesu in neutestamentlicher Zeit", in *Traditionen der Befreiung: Sozialgeschichtliche Bibelauslegungen 2: Frauen in der Bibel* (hg. v. Willy Schottroff und Wolfgang Stegemann; München: Kaiser, 1980), 91–133

SCHOTTROFF, Luise, und Marie-Theres WACKER, Hg., *Kompendium Feministische Bibelauslegung* (Gütersloh: Gütersloher Verlagshaus, 1998, ²1999, ³2007)

SCHROER, Silvia, „Jesus Sophia: Erträge der feministischen Forschung zu einer frühchristlichen Deutung der Praxis und des Schicksals Jesu von Nazaret", in DIES., *Die Weisheit hat ihr Haus gebaut: Studien zur Gestalt der Sophia in den biblischen Schriften* (Mainz: Matthias-Grünewald-Verlag, 1996), 126–143
- „Der Geist, die Weisheit und die Taube: Feministisch-kritische Exegese eines zweittestamentlichen Symbols auf dem Hintergrund seiner altorientalischen und hellenistisch-frühjüdischen Traditionsgeschichte", in DIES., *Die Weisheit hat ihr Haus gebaut*, 144–175 [Erstpublikation in *FZPhTh* 33 (1986): 197–225]

SCHULLER, Eileen M., „Women in the Dead Sea Scrolls", in *The Dead Sea Scrolls After Fifty Years: A Comprehensive Assessment 2* (hg. v. Peter W. Flint und James C. Vanderkam; Leiden: Brill, 1999), 117–144
- „Evidence for Women in the Community of the Dead Sea Scrolls", in *Voluntary Associations in the Graeco-Roman World* (hg. v. John S. Kloppenborg und Stephen G. Wilson; London: Routledge, 1996), 252–265

SCHÜNGEL-STRAUMANN, Helen, „Maria von Magdala – Apostolin und erste Verkündigerin der Osterbotschaft", in *Maria Magdalena – Zu einem Bild der Frau in der christlichen Verkündigung* (hg. v. Dietmar Bader; Schriftenreihe der Katholischen Akademie der Erzdiözese Freiburg; München: Schnell & Steiner, 1990), 9–32

SCHÜRMANN, Heinz Jürgen, *Das Lukasevangelium* (2 Bde; HTKNT 3/1–2; Freiburg i. Br.: Herder, 2001 [Sonderausgabe])
SCHÜSSLER FIORENZA, Elisabeth, *The Power of the Word: Scripture and the Rhetoric of Empire* (Minneapolis: Fortress Press, 2007)
– *Jesus: Miriam's Child, Sophia's Prophet: Critical Issues in Feminist Christology* (New York: Continuum, 1994); deutsche Ausgabe: *Jesus: Miriams Kind, Sophias Prophet: Kritische Anfragen feministischer Christologie* (Gütersloh: Gütersloher Verlagshaus, 1997)
– *Searching the Scriptures 1: A Feminist Introduction* (New York: Crossroad, 1995)
– *Searching the Scriptures 2: A Feminist Commentary* (New York: Crossroad, 1994)
– „Introduction: Transgressing Canonical Boundaries", in *Searching the Scriptures 2*, 1–14
– *But She Said: Feminist Practices of Biblical Interpretation* (Boston: Beacon Press, 1992)
– *Brot statt Steine: Die Herausforderung einer feministischen Interpretation der Bibel* (Freiburg/Schweiz: Exodus, ²1991)
– „The Ethics of Biblical Interpretation: Decentering Biblical Scholarship", *JBL* 107 (1988): 3–17
– *Zu ihrem Gedächtnis: Eine feministisch-theologische Rekonstruktion der christlichen Ursprünge* (München: Grünewald, 1988; Gütersloh: Kaiser, ²1993); Originalausgabe: *In Memory of Her: A Feminist Theological Reconstruction of Christian Origins* (New York: Crossroad, 1983)
– *Theological Criteria and Historical Reconstruction: Martha and Mary, Luke 10:38–42: Protocol of the Fifty-Third Colloquy, 10 April 1986* (Protocol of the Colloquy of the Center for Hermeneutical Studies in Hellenistic and Modern Culture 53; Berkeley: The Center for Hermeneutical Studies in Hellenistic and Modern Culture, 1987)
SCHWEIZER, Eduard, *Evangelium nach Lukas* (NTD 3; Göttingen: Vandenhoeck & Ruprecht, ²⁰2000)
SCOTT, Martin, *Sophia and the Johannine Jesus* (JSNTSup 71; Sheffield: Sheffield Academic Press, 1992)
SEGAL, Alan F., *Two Powers in Heaven: Early Rabbinic Reports about Christianity and Gnosticism* (SJLA 25; Leiden: Brill, 1977)
SEIM, Turid Karlsen, „In Transit from Tangibility to Text: Negotiations of Liminality in John 20", in *Noli me tangere in Interdisciplinary Perspective: Textual, Iconographic and Contemporary Interpretations* (hg. v. Reimund Bieringer, Barbara Baert und Karlijn Demasure; BETL; Leuven: Peeters, im Druck)
– „Motherhood and the Making of Fathers in Antiquity: Contextualizing Genetics in the Gospel of John", in *Women and Gender in Ancient Religions: Interdisciplinary Approaches* (hg. v. Steven P. Ahearne-Kroll, Paul A. Holloway und James A. Kelhoffer; WUNT 263; Tübingen: Mohr Siebeck, 2010), 99–123
– „Descent and Divine Paternity in the Gospel of John: Does the Mother Matter?", *NTS* 51 (2005): 361–375
– *The Double Message: Patterns of Gender in Luke-Acts* (Edinburgh: T&T Clark, 1994, 2004 [Taschenbuchausgabe])
– „Roles of Women in the Gospel of John", in *Aspects on the Johannine Literature* (hg. v. Lars Hartman und Birger Olsson; ConBNT 18; Uppsala: Almqvist & Wiksell, 1987), 56–73
SFAMENI GASPARRO, Giulia, *Oracoli, profeti, sibille: Rivelazione e salvezza nel mondo antico* (Biblioteca di Scienze Religiose 171; Rom: Libreria Ateneo Salesiano, 2002)
SHAW, Rosalind, „Feminist Anthropology and the Gendering of Religious Studies", in *Religion and Gender* (hg. v. Ursula King; Oxford: Oxford University Press, 1995), 65–76

SHEFFIELD, Julian, „The Father in the Gospel of Matthew", in *A Feminist Companion to Matthew* (hg. v. Amy-Jill Levine mit Marianne Blickenstaff; Cleveland: Pilgrim Press, 2001), 52–69

SHEMESH, Aharon, „4Q265 and the Authoritative Status of Jubilees at Qumran", in *Enoch and the Mosaic Torah: The Evidence of Jubilees* (hg. v. Gabriele Boccaccini; Grand Rapids: Eerdmans, 2009), 247–260

SIEBEN, Hermann-Josef, *Origenes: In Lucam Homiliae: Homilien zum Lukasevangelium 1* (FC 4/1; Freiburg i. Br.: Herder, 1991)

SIMOENS, Yves, *Selon Jean* (3 Bde; Collection IET 17; Brüssel: Institut d'Études Théologiques, 1997)

STÄHLIN, Gustav, *Die Apostelgeschichte* (NTD 5; Göttingen: Vandenhoeck & Ruprecht, ^{16}1980)

STANDHARTINGER, Angela, „Geschlechterperspektiven auf die Jesusbewegung", *Zeitschrift für Pädagogik und Theologie* 4 (2004): 308–318

STECK, Odil Hannes, „Zion als Gelände und Gestalt: Überlegungen zur Wahrnehmung Jerusalems als Stadt und Frau im Alten Testament", in DERS., *Gottesknecht und Zion: Gesammelte Aufsätze zu Deuterojesaja* (FAT 4; Tübingen: Mohr, 1992), 126–145

STEGEMANN, Ekkehard W., und Wolfgang STEGEMANN, *Urchristliche Sozialgeschichte: Die Anfänge im Judentum und die Christusgemeinden in der mediterranen Welt* (Stuttgart: Kohlhammer, ^{2}1997)

STEGEMANN, Wolfgang, *Jesus und seine Zeit* (Stuttgart: Kohlhammer, 2010)

– „The Emergence of Early Christianity as a Collective Identity: Pleading for a Shift in the Frame", *Annali di Storia dell'Esegesi* 24 (2007): 111–123

STENSTRÖM, Hanna, „Feminists in Search for a Usable Future: Feminist Reception of the Book of Revelation", in *The Way the World Ends? The Apocalypse of John in Culture and Ideology* (hg. v. William John Lyons und Jorunn Økland; The Bible in the Modern World 19; Sheffield: Sheffield Phoenix Press, 2009), 240–266

STERNBERG, Meir, *The Poetics of Biblical Narrative: Ideological Literature and the Drama of Reading* (Indiana Literary Biblical Series; Bloomington: Indiana University Press, 1985)

STRECKER, Georg, *Die Johannesbriefe* (KEK 14; Göttingen: Vandenhoeck & Ruprecht, 1989)

– *Der Weg der Gerechtigkeit* (Göttingen: Vandenhoeck & Ruprecht, ^{2}1966)

STRICKET, Fred, „The Renaming of Bethsaida in Honor of Livia, a.k.a. Julia, the Daughter of Caesar in JA 18, 27–28", in *Bethsaida: A City on the North Shore of the Sea of Galilee* (hg. v. Rami Arav und Richard A. Freund; 4 Bde; Kirksville: Thomas Jefferson University Press, 1995–2009), 3:93–114

STRUBE, Sonja Angelika, *„ Wegen dieses Wortes ... ": Feministische und nichtfeministische Exegese im Vergleich am Beispiel der Auslegungen zu Mk 7.24–30* (Theologische Frauenforschung in Europa 3; Münster: LIT, 2000)

SUTER, David W., *Tradition and Composition in the Parables of Enoch* (SBLDS 47; Missoula: Scholars Press, 1979)

SUTTER REHMANN, Luzia, *Geh – Frage die Gebärerin: Feministisch-befreiungstheologische Untersuchungen zum Gebärmotiv in der Apokalyptik* (Gütersloh: Gütersloher Verlagshaus, 1995)

SWARTLEY, Willard M., „The Role of Women in Mark's Gospel: A Narrative Analysis", *BTB* 27 (1997): 16–22

SWIDLER, Leonard, *Biblical Affirmations of Woman* (Philadelphia: Westminster, 1979)

TANNEHILL, Robert C., „The Disciples in Mark: The Function of a Narrative Role", *JR* 57 (1977): 386–405

TARDIEU, Michel, „Comme à travers un tuyau: Quelques remarques sur le mythe valentinien de la chair céleste du Christ", in *Colloque international sur les textes de Nag Hammadi (Québec, 22-25 août 1978)* (hg. v. Bernard Barc; Bibliothèque copte de Nag Hammadi, Section „Etudes" 1; Quebec: Presses de l'Université Laval, 1981), 151–177

TASCHL-ERBER, Andrea, „Between Recognition and Testimony: Johannine *Relecture* of the First Easter Witness and Patristic Readings", in *Noli me tangere in Interdisciplinary Perspective: Textual, Iconographic and Contemporary Interpretations* (hg. v. Reimund Bieringer, Barbara Baert und Karlijn Demasure; BETL; Leuven: Peeters, im Druck)

– „,Eva wird Apostel!' Rezeptionslinien des Osterapostolats Marias von Magdala in der lateinischen Patristik", in *Geschlechterverhältnisse und Macht: Lebensformen in der Zeit des frühen Christentums* (hg. v. Irmtraud Fischer und Christoph Heil; Exegese in unserer Zeit – Kontextuelle Bibelinterpretationen 21; Münster: LIT, 2010), 161–196

– *Maria von Magdala – erste Apostolin? Joh 20,1–18: Tradition und Relecture* (Herders Biblische Studien 51; Freiburg i. Br.: Herder, 2007)

– „Erkenntnisschritte und Glaubenswege in Joh 20,1–18: Die narrative Metaphorik des Raums", *Protokolle zur Bibel* 15 (2006): 93–117

TCHERIKOVER, Victor A., Hg., *Corpus papyrorum judaicarum* (3 Bde; Cambridge: Harvard University Press, 1957/1960/1964)

THEISSEN, Gerd, *Lokalkolorit und Zeitgeschichte in den Evangelien: Ein Beitrag zur Geschichte der synoptischen Tradition* (Göttingen: Vandenhoeck & Ruprecht, ^{2}1992)

– *Studien zur Soziologie des Urchristentums* (WUNT 19; Tübingen: Mohr, 1979, ^{3}1989)

THEISSEN, Gerd, und Annette MERZ, *Der historische Jesus: Ein Lehrbuch* (Göttingen: Vandenhoeck & Ruprecht, 1996)

THEISSEN, Gerd, und Dagmar WINTER, *Die Kriterienfrage in der Jesusforschung: Vom Differenzkriterium zum Plausibilitätskriterium* (NTOA 34; Freiburg/Schweiz: Universitätsverlag, 1997)

THEOBALD, Michael, *Die Fleischwerdung des Logos: Studien zum Corpus des Evangeliums und zu 1 Joh* (NTAbh 30; Münster: Aschendorff, 1988)

THOMPSON, Leonard L., *The Book of Revelation: Apocalypse and Empire* (New York: Oxford University Press, 1990)

THOMPSON, Marianne Meye, „The Living Father", *Semeia* 85 (1999): 19–31

TILBORG, Sjef van, *Reading John in Ephesus* (NovTSup 83; Leiden: Brill, 1996)

– *Imaginative Love in John* (BibIntS 2; Leiden: Brill, 1993)

TILL, Walter C., *Die gnostischen Schriften des koptischen Papyrus Berolinensis 8502* (TUGAL 60; Berlin: Akademie-Verlag, 1955)

TOLBERT, Mary Ann, „Mark", in *The Women's Bible Commentary* (hg. v. Carol A. Newsom und Sharon H. Ringe; London: SPCK, 1992), 263–274

TRAGÁN, Pius-Ramón, „Las fórmulas de fe en las cartas de S. Juan", in *Mysterium Christi: Symbolgegenwart und theologische Bedeutung: Festschrift für Basil Studer* (hg. v. Magnus Löhrer und Elmar Salmann; SA 116; Rom: Pontificio Ateneo S. Anselmo, 1995), 79–106

TRILLING, Wolfgang, *Das wahre Israel* (München: Kösel, ^{3}1964)

TROOST, Arie, „Elisabeth and Mary – Naomi and Ruth: Gender-Response Criticism in Luke 1–2", in *A Feminist Companion to the Hebrew Bible in the New Testament* (hg. v. Athalya Brenner; FCB 10; Sheffield: Sheffield Academic Press, 1996), 159–196

TURNER, David L., *Matthew* (Baker Exegetical Commentary on the New Testament; Grand Rapids: Baker Academic, 2008)

UHLIG, Siegbert, *Das äthiopische Henochbuch* (JSHRZ 5, Lieferung 6; Gütersloh: Gütersloher Verlagshaus Gerd Mohn, 1984)

URBAN, Christina, „Hochzeit, Ehe und Witwenschaft", in *Neues Testament und Antike Kultur 2: Familie – Gesellschaft – Wirtschaft* (hg. v. Kurt Erlemann et al.; Neukirchen-Vluyn: Neukirchener Verlag, 2005), 25–30

VAHRENHORST, Martin, *„Ihr sollt überhaupt nicht schwören": Matthäus im halachischen Diskurs* (WMANT 95; Neukirchen-Vluyn: Neukirchener Verlag, 2002)

VALERIO, Adriana, „Il profetismo femminile cristiano nel II secolo: Bilancio storiografico e questioni aperte", in *Profeti e profezia: Figure profetiche nel cristianesimo del II secolo* (hg. v. Anna Carfora und Enrico Cattaneo; Trapani: Il Pozzo di Giacobbe, 2007), 159–172

VANDER STICHELE, Caroline, und Todd PENNER, *Her Master's Tools? Feminist and Postcolonial Engagements of Historical-Critical Discourse* (Global Perspectives on Biblical Scholarship 9; Leiden: Brill, 2005)

VAN DER WOUDE, Adam S., *Die messianischen Vorstellungen der Gemeinde von Qumran* (SSN 3; Assen: van Gorcum, 1957)

VAN IERSEL, Bastiaan, *Marco: La lettura e la risposta: Un commento* (Brescia: Queriniana, 2000)

– *Markus: Kommentar* (Düsseldorf: Patmos, 1993)

VAN MEENEN, Bernard, „Le signe du passage de la mort à la vie: Lecture du récit de Lazare", *LumVie* 243 (1999): 67–75

VANNI, Ugo, *Apocalisse e Antico Testamento: Una sinossi* (Rom: Editrice Pontificio Istituto Biblico, 1990)

– *La struttura letteraria dell'Apocalisse* (Brescia: Morcelliana, ²1980)

VEGETTI, Mario, „Iatròmantis: Previsione e memoria nella Grecia antica", in *I signori della memoria e dell'oblio: Figure della comunicazione nella cultura antica* (hg. v. Maurizio Bettini; Biblioteca di Cultura 208; Florenz: La Nuova Italia, 1996), 65–81

VOGLER, Werner, *Die Briefe des Johannes* (ThKNT 17; Leipzig: Evangelische Verlagsanstalt, 1993)

VOUGA, François, „Jean et la gnose", in *Origine et postérité de l'Évangile de Jean* (hg. v. Alain Marchadour et al.; LD 143; Paris: Cerf, 1990), 107–126

– „La réception de la théologie johannique dans les épîtres", in *La communauté johannique et son histoire: La trajectoire de l'évangile de Jean aux deux premiers siècles* (hg. v. Jean-Daniel Kaestli, Jean-Michel Poffet und Jean Zumstein; MdB 20; Genf: Labor et Fides, 1990), 283–302

WAINWRIGHT, Elaine, *Women Healing/Healing Women: The Genderization of Healing in Early Christianity* (London: Equinox, 2006)

– „The Pouring out of Healing Ointment: Rereading Mk 14,3–9", in *Towards a New Heaven and a New Earth: Essays in Honor of Elisabeth Schüssler Fiorenza* (hg. v. Fernando F. Segovia; Maryknoll: Orbis Books, 2003), 157–178

– „A Voice from the Margin: Reading Matthew 15:21–28 in an Australian Feminist Key", in *Reading from this Place 2: Social Location and Biblical Interpretation in Global Perspective* (hg. v. Fernando F. Segovia und Mary A. Tolbert; Minneapolis: Fortress Press, 1995), 132–153

– „The Gospel of Matthew", in *Searching the Scriptures 2: A Feminist Commentary* (hg. v. Elisabeth Schüssler Fiorenza; New York: Crossroad, 1994), 635–677

– *Towards a Feminist Critical Reading of the Gospel According to Matthew* (BZNW 60; Berlin: de Gruyter, 1991)
WALTERS, Patricia, *The Assumed Authorial Unity of Luke and Acts: A Reassessment of the Evidence* (SNTSMS 14; Cambridge: Cambridge University Press, 2009)
WANKEL, Hermann, Christoph BÖRKER und Reinhold MERKELBACH, Hg., *Die Inschriften von Ephesos* (8 Bde; Inschriften griechischer Städte aus Kleinasien; Bonn: Habelt, 1970–1984)
WASSEN, Cecilia, *Women in the Damascus Document* (Academia Biblica 21; Atlanta: Scholars Press, 2005)
WEDER, Hans, *Die Gleichnisse Jesu als Metaphern: Traditions- und redaktionsgeschichtliche Analysen und Interpretationen* (FRLANT 120; Göttingen: Vandenhoeck & Ruprecht, 1978)
WEEDEN, Theodore J., *Mark: Traditions in Conflict* (Philadelphia: Fortress Press, 1979)
WEISER, Alfons, *Die Apostelgeschichte* (2 Bde; ÖTK 5/1–2; Gütersloh: Mohn, 1981/1985)
– „Die Rolle der Frau in der urchristlichen Mission", in *Die Frau im Urchristentum* (hg. v. Gerhard Dautzenberg, Helmut Merklein und Karlheinz Müller; QD 95; Freiburg i. Br.: Herder, 1983), 158–181
WENGST, Klaus, *Das Johannesevangelium* (2 Bde; TKNT 4,1–2; Stuttgart: Kohlhammer, 2000/2001)
WEST, Cornel, „Minority Discourse and the Pitfalls of Canon Formation", *The Yale Journal of Criticism* 1 (1987): 193–201
WHITE, Lloyd Michael, *The Social Origins of Christian Architecture: Texts and Monuments for the Christian Domus Ecclesiae in its Environment* (2 Bde; HTS 42; Valley Forge: Trinity Press, 1996/1997)
WILCKENS, Ulrich, *Weisheit und Torheit: Eine exegetisch-religionsgeschichtliche Untersuchung zu 1 Kor 1 und 2* (BHT 26; Tübingen: Mohr, 1959)
WILLIAMS, Joel F., *Other Followers of Jesus: Minor Characters as Major Figures in Mark's Gospel* (JSNTSup 102; Sheffield: Sheffield Academic Press, 1994)
WILLIAMS, John, und Barbara A. SHAILOR, Hg., *A Spanish Apocalypse: The Morgan Beatus Manuscript* (New York: Braziller, 1991)
WIRE, Antoinette C., „Gender Roles in a Scribal Community", in *Social History of the Matthean Community: Cross Disciplinary Approaches* (hg. v. David L. Balch; Minneapolis: Fortress Press, 1991), 87–121
WITHERINGTON, Ben, III, *The Many Faces of the Christ: The Christologies of the New Testament and Beyond* (New York: Crossroad, 1998)
– *Women in the Ministry of Jesus: A Study of Jesus' Attitudes to Women and their Roles as Reflected in His Earthly Life* (MSSNTS 51; Cambridge: Cambridge University Press, 1984)
WODTKE, Verena, Hg., *Auf den Spuren der Weisheit: Sophia – Wegweiserin für ein weibliches Gottesbild* (Freiburg i. Br.: Herder, 1991)
WOLD, Benjamin G., *Women, Men, Angels: The Qumran Wisdom Document Musar leMevin and Its Allusions to Genesis Creation Traditions* (WUNT 2/201; Tübingen: Mohr Siebeck, 2005)
WOLF, Kenneth Baxter, „Muhammad as Antichrist in Ninth-Century Córdoba", in *Christians, Muslims, and Jews in Medieval and Early Modern Spain: Interaction and Cultural Change* (hg. v. Mark D. Meyerson und Edward D. English; Notre Dame Conferences in Medieval Studies 8; Notre Dame: University of Notre Dame Press, 1999), 3–19
WOLFE, Sheila Pugh, *The Early Morgan Beatus (M 644): Problems of Its Place in the Beatus Pictorial Tradition* (Ann Arbor: UMI, 2004)

WREDE, Wilhelm, *Das Messiasgeheimnis in den Evangelien* (Göttingen: Vandenhoeck & Ruprecht, 1901)

WRIGHT, Addison G., „The Widow's Mites: Praise or Lament? – A Matter of Context", *CBQ* 44 (1982): 256–265

WRIGHT, Melanie, „,Every Eye Shall See Him': Revelation and Film", in *The Way the World Ends? The Apocalypse of John in Culture and Ideology* (hg. v. William John Lyons und Jorunn Økland; The Bible in the Modern World 19; Sheffield: Sheffield Phoenix Press, 2009), 76–94

WYATT, Nicolas, „,Supposing Him to Be the Gardener' (John 20,15): A Study of the Paradise Motif in John", *ZNW* 81 (1990): 21–38

WYLER, Bea, „Mary's Call", in *A Feminist Companion to the Hebrew Bible in the New Testament* (hg. v. Athalya Brenner; FCB 10; Sheffield: Sheffield Academic Press, 1996), 136–148

XERAVITS, Geza G., *King, Priest, Prophet: Positive Eschatological Protagonists of the Qumran Library* (STDJ 47; Leiden: Brill, 2003)

ZAKOVITCH, Yair, „The Woman's Right in the Biblical Law of Divorce", *JLA* 4 (1981): 28–46

ZIAS, Joseph, „The Cemeteries at Qumran and Celibacy: Confusion Laid to Rest?", in *Jesus and Archaeology* (hg. v. James H. Charlesworth; Grand Rapids: Eerdmans, 2006), 444–471

ZIAS, Joseph, und James H. CHARLESWORTH, „Crucifixion: Archaeology, Jesus and the Dead Sea Scrolls", in *Jesus and the Dead Sea Scrolls* (hg. v. James H. Charlesworth; New York: Doubleday, 1992), 273–289

ZIAS, Joseph, und Eliezer SELEKES, „The Crucified Man from Giv'at ha-Mivtar: A Reappraisal", *IEJ* 35 (1975): 22–27

ZIMMERMANN, Johannes, *Messianische Texte aus Qumran: Königliche, priesterliche und prophetische Messiasvorstellungen in den Schriftfunden von Qumran* (WUNT 2/104; Tübingen: Mohr Siebeck, 1998)

ZIMMERMANN, Mirjam, und Ruben ZIMMERMANN, „Brautwerbung in Samarien? Von der moralischen zur metaphorischen Interpretation von Joh 4", *Zeitschrift für Neues Testament* 2 (1998): 40–51

ZLOTNICK, Dov, *The Tractate „Mourning" (Semahot): Regulations Relating to Death, Burial, and Mourning 1* (Yale Judaica Series 17; New Haven: Yale University Press, 1966)

ZSCHARNACK, Leopold, *Der Dienst der Frau in den ersten Jahrhunderten der christlichen Kirche* (Göttingen: Vandenhoeck & Ruprecht, 1902)

ZUMSTEIN, Jean, „Les épîtres johanniques", in *Introduction au Nouveau Testament: Son histoire, son écriture, sa théologie* (hg. v. Daniel Marguerat; MdB 41; Genf: Labor et Fides, ³2004), 371–386

– *Kreative Erinnerung: Relecture und Auslegung im Johannesevangelium* (Zürich: Pano-Verlag, 1999)

– *Miettes exégétiques* (MdB 25; Genf: Labor et Fides, 1991)

Stellenregister

Bezüglich der Abkürzungen siehe das Verzeichnis auf http://www.bibleandwomen.org.

Kursiv gesetzte Seitenzahlen bezeichnen eine ausführliche Besprechung der Stelle.

Hebräische Bibel
(Kanonordnung nach BHS)

Genesis (Gen)
1	94
1,27	45, 91
2	224
2,24	91
3LXX	223
3,10	212
3,16LXX	223
4	93
5	77, 330
5,1	330
5,2	45
6–15	104
6,9	105
7,1	105, 334
10f.	330
10,22f.	129
16,2	334
16,4	334
16,11–14	79
16,11	79, 315
17f.	335
17,15–22	332
17,17	79
17,19	315
18,1–14	78
18,10–15	332
18,12–14	79
18,14	80
20,12	129
21,1–7	78
22	86
24	88, 430
24,3f.	129
24,11–21	88
24,15	129
24,28–32	88
25,21–24	332
25,21	78
25,24	219
27,46	129
28,1f.	129
28,12–16	332
29	430
29,6–10	88
29,11–14	88
29,21	334
29,23	334
29,30	334
29,31	78
30,1–3	78
30,1	400
30,3	334
30,4	334
30,6	400
30,10LXX	334
34,3LXX	331
35,16–20	82
37–50	77
38	77, 330
38,2	334
38,3	129
38,8	334
38,11	130
38,16	334
38,18	334
38,26	77, 130

Exodus (Ex)
1	82
1,15–22	82
2	76
2,4–7	322
2,15–22	88
2,18–21	88
15,20f.	322, 337, 363
16	83
16,19f.	83
17,2	277

19,4	94
21,10	91
38,8	81
40,35LXX	334

Levitikus (Lev)
12	81
12,2	85
12,5	85
15,19–23	67
15,19	267
15,25–33	85
18,13	57
18,16	45, 57, 135
18,19	85
19,29	273
20,10	92
20,18	85
21	106
25,8–17	275
25,23–31	77

Numeri (Num)
5	304
5,14LXX	334
5,30LXX	334
11,29	336
12,10–16	84
16	97
18,15f.	81
19,11–16	267
24,17	318

Deuteronomium (Dtn)
2	311
3,18	64
4,15–20	94
11,1	219
15,3	64
17,7	92
18,15	87
18,18	87
22	316f.
22,20f.	316
22,22	92
22,23–27	316f.
22,23LXX	317
22,24LXX	317
23,18–29	273
23,20	64
23,21	64
24,1–4	45, 90
24,1–3	90
24,1	57
24,8f.	84
25,5–10	77, 90
28,4	219
32,11f.	94

Josua (Jos)
2	330
2,1–24	77
2,6	124
2,9–11	130
2,13	124
2,18	124
6,17–25	77
6,17	130
6,25	124, 130

Richter (Ri)
4f.	337
11,12LXX	208, 328
11,23	121
11,29–40	384
13	78, 332
13,3–22	79
13,3	315
13,4	79
13,13f.	79
13,15–23	88
13,17f.	79
15,1	334
16,1	334

1 Samuel (1 Sam)
1f.	78, 337
2,1–10	80, 303

2,5	80f., 95
2,7	80
2,22	81
4,19	110
12,22	121
28,4f.	384

2 Samuel (2 Sam)

5,2	317
5,12	121
7,12–16	80
11	330
11f.	385
11,1–27	77
11,3	131, 385
11,11	131
16,10LXX	208, 328
16,22	334
17,25	334
19,23LXX	328
20,3	334
23,34	131

1 Könige (1 Kön)

1f.	385
14,1–17	125
17,7–24	384
17,8–16	83
17,9	83
17,17–24	53, 86, 125
17,18	86
17,18LXX	208, 328
17,21	88
17,23f.	86
17,23	87
22,19	373

2 Könige (2 Kön)

2,1–8	372
3,13LXX	328
4,1–37	384
4,1–7	83, 125
4,8–37	86
4,14–17	86
4,18–37	125
4,23	86
4,34	86, 88
4,36f.	87
4,42–44	83
4,44	83
5	83
5,1–27	84
17	89
20	83
20,1–11	84

Jesaja (Jes)

6,1	84, 373
6,5	373
7	311
7,13f.	310
7,13b	310, 316
7,14	80, 310, 315, 331
7,14a	316
7,14b	315f., 318
8,3	81
9,5	110
13,7–8a	220
21,3	220
25,6–8	96
26,17	109
28,16	310
32,15LXX	334
38	83f.
40,31f.	94
42,1	123
42,4LXX	123
42,13f.	220
42,21LXX	66
49,18	109
52,1	95
53	311
53,2	310, 312
53,8	310
54,1	400
54,11–17	95
56,1–8	114
60	82
61,1f.	275
61,10	109

62,4f.	95		9,1	373
62,5	109			
65,17–19	95			
66	221		Micha (Mi)	
66,7	221		2,10	110
66,20f.	114		5,1–4	80
			5,2	80
			5,13	317
Jeremia (Jer)			7,5f.	89
2,32	109		7,6	134, 287
3,2f.	273		7,6LXX	288
4,31	238			
6,2	238			
6,23	238		Habakuk (Hab)	
6,24	220		1,5	112
7,34	109			
13,21	110			
16,9	109		Sacharja (Sach)	
20,17	109		8,20–23	114
31,15	82, 317		9,9	95
31,21	238			
49,24	220			
			Psalmen (Ps)	
			6,3	69
Ezechiel (Ez)			22	319
16,30	109		22,19	319
22,10	85		29,10	121
23,44	109		37,12LXX	183, 371
27,17	53		38,12	371
			40,9LXX	66
			87,9f.LXX	183
Hosea (Hos)			87,9LXX	371
1f.	109		88,9	371
1,3–9	109		90,4LXX	334
11,1	82, 317		103,17	275
13,8	94		105,24	121
			113,9	400
			118,22	310
Joël			130,8	121
3	96		139,8LXX	334
3,1–5	336			
3,1	96			
			Ijob	
			1,19LXX	334
Amos (Am)			4,15LXX	334
1,13	109		42,10	84
7,17	109			

Sprichwörter (Spr)	
1–9	93
6,29	334
8,12–17	94
8,12LXX	93
8,22–31	214
8,22f.	93
8,25LXX	93
8,30	94
9	431
9,1–5	93
9,5	71
18,11LXX	334
31,10–31	97
31,15	97
31,21	97
31,22	97
31,30	97

Rut	330
1,4f.	77
1,4	131
1,6	121
1,8	130
1,11	219
1,15	130
1,22	131
2,2	131
2,5	131
2,11	131
2,14	83
4,1–13	78
4,5	131
4,10	131
4,13–17	131
4,13	334
4,18–22	77f.
4,20f.	130

Hohelied (Hld)	
3	426
3,1–4	374
3,2–5	230
3,4	427
8,6f.	230

Ester (Est)	
2,12	334
2,15	334

Daniel (Dan)	
2,34	310
7,13	310

Esra (Esr)	
1,26LXX	208

Nehemia (Neh)	
6,14	81

1 Chronik (1 Chr)	
2,21	334
7,23	334

2 Chronik (2 Chr)	
2,10	121
18,18	373
24,19–22	93
25,11	121
32,10	121
35,21LXX	328

Deuterokanonische Schriften

Tobit (Tob)	
3,8	85
7,11–8,3	85

Buch der Weisheit (Weish)	
8,6	93

Jesus Sirach (Sir)	
24	431
24,1–12	214
24,4	93

24,8	93	2,16–18	82
24,9	93	2,16	135
48,5	53	2,17	268
		2,18–3,21	120
		2,18	135f., 317, 384
Neues Testament		2,19	213, 303
		2,20f.	121
Matthäus (Mt)		2,20	134, 138
1f.	*302*, 309, 312, 314	2,21	134, 138, 303
1	317, 334	2,22f.	313
1,1–17	*77f.*, 390, 414	2,22	303, 313, 414
1,1–14	269	2,23	268
1,1	268, 330	3,1	414
1,2–16a	314	3,7	132
1,3	77, 413	3,9	132f., 135
1,5	69, 413	4,14	268
1,6	413, 417	4,15	70
1,11	77	4,18	414
1,13–15	322	4,21	414
1,14–23	64	4,22	135
1,16	78, 120, 131, 312, 330, 413f.	4,23	368
		4,24	122, 126
1,17	77	4,25	122
1,18–25	79, *308f.*, *312–318*, 330f.	5–7	267
1,18	134	5,16–20	126
1,19–21	332	5,16	70
1,19	316	5,17–20	67f., 118
1,20	303, 317f.	5,17	269
1,21	315	5,21–48	68, 269
1,22f.	332	5,22	68
1,22	268	5,27–32	91
1,23	80, 132, 269, 315	5,28	68
1,24	303	5,31f.	91, 135
1,25	130, 132	5,32	68, 134f.
2–7	118	5,39	68, 125
2	82, 128, 317f., 332	5,44	68
2,1–12	332	6,9–13	120
2,1	80, 414	6,19–21	177
2,2	122	6,25–34	177
2,5	80	7,19	118
2,6	121, 317	7,21–23	66
2,8	201	8,1–4	267
2,11	82, 134, 313	8,1	414, 417
2,13–15	82	8,5–13	71f., 128, 267
2,13	134, 303, 313	8,5	414, 417
2,14	134, 138, 303	8,6	391, 414, 417
2,15	82, 268, 317	8,7	126

8,9	72	10,17	127
8,10	71f., 121	10,21	134
8,11f.	403	10,22	120
8,11	54	10,23	121
8,14–17	267	10,34–36	286
8,14f.	120, 135, 137, 267	10,35–37	134
8,14	385f., 413, 417	10,37f.	325
8,15	128, 271	10,37	185
8,16	120, 126	11,19	93
8,17	268	11,21–24	403
8,19	414, 417	11,28	93, 127
8,20b	396	11,29f.	127
8,21f.	325	12,10	415, 417
8,21	415, 418	12,11f.	118
8,23–34	267	12,15–45	63
8,28	414, 417	12,17	268
9	121	12,18	122f.
9,1–8	267	12,21	70, 122
9,2	414, 417	12,22	415, 417
9,9–13	267	12,28f.	63
9,9	414	12,34	132
9,17–17	267	12,41f.	403
9,18–26	87, 127, *267*	12,41	122
9,18f.	136	12,42	136
9,18	120, 135, 137, 385f., 391, 413f., 417	12,46–50	*63–65*, 73, 322, 395
9,20–22	67, 84, 120, 137, 399	12,46f.	120
9,20	385, 413, 417	12,46	138, 413, 415, 417
9,23–25	136	12,47	415, 417
9,23	136f.	12,49f.	65
9,24f.	120	12,49	60
9,24	135	12,50	66f., 133, 139, 396, 417
9,25	137	13,1	138
9,27	69, 414, 417	13,3	415, 418
9,32	415, 417	13,9	186
9,33	121	13,14	269
9,27–30	267	13,33	389, 393, 413, 417
9,32–34	267	13,35	268
9,35–10,42	267	13,54–57	139
9,35	368	13,55	120, 139, 414
10,1–42	185	13,55f.	134, 322, 327
10,2ff.	181	13,56	64, 139, 394f.
10,2–4	415	13,57	139
10,5f.	70, 123	13,58	139
10,5	119	13,59	323
10,6	119, 121	14	135
10,8	70	14,1	415
		14,2	137

14,3–11	120	18,15	121
14,3f.	135	18,17	121, 136
14,3	137f., 413, 415	18,20	269
14,6	135, 138	18,21	121
14,11	135	18,23	415, 418
14,12	138	18,28	189
14,13–21	83	19,3–12	134
14,13	138	19,4–6	135
14,20	84	19,9	135
14,21	83, 120, 394	19,12	129, 136, 219
15	124	19,14	133
15,1–20	67	19,16	415, 418
15,2	127	19,19	133
15,4–6	133	19,21	133, 396
15,21–28	69–71, 85, 120, 122, 128, 136, 399, *402–404*	19,23	188
		19,27	188f.
15,22	69, 137, 386, 413, 417	19,28	121, 188
15,23–27	70f.	19,29	133, 185, 188, 325, 395
15,23f.	70	20,1–16	66
15,24	121, 123, 402	20,1	415, 417, 419
15,25	69, 137	20,20f.	120, 135f., 388f.
15,26	70	20,20	137, 387f., 413, 417
15,27	69, 71	20,21	138
15,28	70, 125, 207, 393	20,22	138
15,29–31	70	20,24–28	65
15,29	120	20,24	136
15,30	137	20,25f.	72
15,31	121	20,26	178
15,32–39	83	20,29–34	137
15,37	84	20,30	415, 418
15,38	120, 384, 394	21,1	416
16,16–19	291	21,4	268
16,16	379	21,16	120
16,18	121, 291	21,28	415, 418
16,19	126	21,29f.	392
16,21–23	179	21,33	416, 419
17,3	415	22,1–14	136
17,4	84	22,1–10	93
17,5	334	22,1	415, 418
17,14–18	136	22,2–14	134
17,14f.	415, 418	22,7	134
17,15	69	22,13	134
17,24–27	127	22,14	123
18,3	133	22,22	123
18,12–14	136	22,23–33	90
18,12	415, 418	22,23	351
18,15–17	291	22,24	123

22,30	69, 136	27,29	122
22,31	123	27,32	416
22,34–40	63	27,35	318
22,35	391, 415, 418	27,42	121
22,40	67	27,44	416, 420
23	118, 406f.	27,54	129, 391, 396, 416, 420
23,2f.	127	27,55f.	138, 181, 364, 367
23,4	127	27,55	65, 181, 298, 365f., 370, 384, 394, 396
23,8	269		
23,9	65, 133	27,56	120, 135, 364, 388f., 413
23,11	178	27,57–61	181
23,30–33	133	27,57	49
23,33	132	27,61	120, 364
23,34f.	127	27,64	137, 376
23,37–39	398, 406	28	376, 378
23,37	95	28,1–10	120, 364
24,9	120	28,1	121, 135, 184, 397
24,19	136	28,6f.	137
24,38f.	136	28,7	374
24,40f.	119	28,10	119
24,43	416, 419	28,13	376
24,45	416	28,15	122, 376
25,1–13	134, 136	28,16ff.	379f.
25,1	389, 413, 417	28,16–20	119
25,14	416, 419	28,19	65, 70, 120f., 123, 126, 129, 269, 385
25,40	65, 119		
26,3	416	28,20	126, 269
26,6–13	138, 273, 399, *408–410*		
26,6	391, 416		
26,7–13	120	Markus (Mk)	
26,7	408, 413, 417	1,1–8,30	145
26,10	409	1,4	414
26,18	416, 419	1,7f.	272
26,33	389	1,11	272
26,35	389	1,15	47, 145
26,51	416, 419	1,16–20	143, 284
26,56	268	1,16	414
26,56b	270	1,18	365
26,61	416, 420	1,19	414
26,69	387, 389, 413, 417	1,20	414
26,71	387, 389, 413, 417	1,21–28	47
26,73	389	1,23	414, 417
27,2	416	1,24	328
27,9	121, 268	1,27	272
27,11	122	1,29–31	267
27,16	416	1,30	43, 413, 417
27,19	122, 128, 136, 411	1,31	151, 271

1,32f.	47	5,23	43, 413, 417
1,39	47	5,25–34	84, 399f.
1,40	46, 414, 417	5,25	393, 413, 417
2,1f.	46	5,35–43	400f.
2,3	414, 417	5,30	401
2,10	272	5,40	135
2,14	365, 414	5,41	401
2,17	145	6,1–6	267, 322
2,19f.	272	6,3f.	322
3,1–6	46	6,3	43, 322, 327, 390, 394f., 413, 415
3,1	415, 417		
3,6	41	6,4	323
3,10	47	6,5	47
3,13–19	144f., 415	6,7	46, 147
3,13f.	42	6,12f.	56
3,13	147	6,13	46
3,14f.	47	6,14–29	86
3,16ff.	181	6,14	415
3,20f.	323	6,17	45, 413, 415
3,20	295	6,22	43, 56
3,21f.	369	6,30–44	83
3,21	146	6,30	56
3,22–30	324	6,42f.	84
3,22f.	147	6,44	394
3,22	41f.	6,56	47
3,30	369	7,1–23	85
3,31–35	145f., 148, 154, 157, 164, 267, 293, *322–324*, 390, 395	7,1f.	41
		7,8	85
		7,24–37	148
3,31–34	49	7,24–31	148
3,31f.	299	7,24–30	47, 85, 399, *402–404*
3,31	413, 415, 417	7,25	413, 417
3,32	394	7,26	53, 402
3,35	66, 396, 417	7,28	403
4	147	7,29	125
4,1–20	147	7,31–37	46
4,3	415, 418	7,31	414
4,9	186	7,32	417
4,10	147	8,1–10	83
4,17	62	8,1–9	148, 154
4,26	415, 418	8,9	394
5,1–20	47, 267	8,16	388
5,1	414, 417	8,19f.	83
5,7	328	8,22–26	46
5,21–43	87, 267	8,22	415, 417
5,21–24	400f.	8,27–10,52	182
5,22	121, 385f., 414	8,27–34	147

8,29	272, 379	11,1–10	149
8,31–16,8	148	11,1	416, 419
8,31–33	179, 182, 272	11,15–19	149
8,31	272	11,27–33	149
8,34–38	140, 182, 367	12,1–12	149
8,34	365	12,1	416, 419
9,2–13	100	12,9	392
9,4	415	12,13–40	149
9,5	84	12,13–17	62
9,6	388	12,13	41
9,7	334	12,18–27	44, 90
9,14–29	47	12,23–25	191
9,17	415, 418	12,28–34	41, 63
9,33–37	140	12,28–30	408
9,35	178, 367	12,28	415, 418
10,1–12	91, 394	12,32–34	391
10,2–12	134	12,41–44	76, 399, *406–408*
10,2–9	149	12,42–44	43
10,2–8	45	12,42f.	122
10,3	91	12,42	387, 413, 417
10,6–9	91	12,44	407
10,8	57	13	149
10,11f.	91	13,9–13	182
10,12	91	13,10	48, 54
10,13–16	149	14,3	43, 47, 391, 408f., 413, 416f.
10,17–22	188		
10,17	415, 418	14,6	409
10,21	188, 365, 396, 407	14,7	409
10,23–31	188	14,8	47, 151, 369
10,23	188	14,9	54, 386, 408
10,28	188, 365	14,10f.	48
10,29f.	188, 325, 384, 394f.	14,13f.	416, 419
10,29	185	14,17	149
10,32	182, 365	14,26	149
10,33	140	14,27	270
10,35–45	62	14,29–31	270
10,35f.	89	14,32–42	48
10,35	388	14,32	149
10,41–48	182	14,42	43
10,41	388	14,47	416, 419
10,43–45	367	14,50	270, 367
10,43	178	14,51f.	270
10,45	151	14,51	391, 416, 419
10,46–52	46	14,53	391, 416, 419
10,46–51	149	14,66	387, 413, 417
10,46	415	14,70	389
10,52	365	15,1	416

15,7	416	1,31	80, 315
15,21	416	1,32f.	80
15,24	318	1,34–37	79
15,31f.	41	1,34f.	316
15,39	41, 272, 416, 420	1,35	336
15,40–16,8	*270*	1,37	80
15,40f.	49, 151, 161, 170f., *181f.*, 270, 289, 298, 300, 322, 362, *364f.*, 425	1,38	80, 388
		1,39–56	80
		1,41f.	335f.
15,40	42f., 135, 181, 298, 364, 370, 384, 394, 397, 413	1,45	336, 338
		1,46–56	*336*
15,41	140, 143, 162, 171, 182, 298	1,46–55	303
		1,48	305
15,42	49	1,50	275
15,43	49, 416	1,51f.	333
15,47	*181f.*, 364, 425	1,58	400
16	243	1,60–64	79
16,1–8	161, 181, 243, 372, 375, 425	1,60–63	79
		1,60	414
16,1ff.	48	1,67	336
16,1f.	397	2,1–20	337
16,1	43, 121, 151, 182, 364	2,1–5	80
16,6	272	2,1	414
16,7	42f., 142, 164f., 374, 376	2,2	414
		2,11	275, 337
16,8	270, 376	2,19	338
16,9–11	376f.	2,21–52	337
16,9	184, 369, 377	2,21–24	81
16,13	184	2,22	337
		2,25–35	81
		2,25	414
Lukas (Lk)		2,35	338
1f.	168, 302, 314, 335	2,36–38	81
1	132, 317, 334	2,36	414
1,2	198	2,38	338
1,3	368, 201, 414	2,40	274
1,5–38	79	2,41–52	209
1,5	309, 413f.	2,41–51	306
1,11–20	79	2,51	338
1,11	334	2,52	80, 274
1,15	79	2,53	80
1,18–22	79, 335	3	336
1,26–38	79	3,1	415f.
1,26f.	333	3,2	414
1,27	79, 317, 413f.	3,19	413
1,28–38	*333f.*	3,23–38	*78*, 302, 314, 330, 390, 414
1,30	274		

3,23	326	7,15	87
4,18f.	275, 368	7,16	87
4,20	198	7,19	275
4,21	275	7,33f.	99
4,22	274	7,33	369
4,24	323	7,34	387
4,25f.	83	7,35	93
4,28f.	387	7,36–50	168, 205, 228, 267, *273*, 340, 399, *408–410*
4,33	414, 417	7,36f.	391
4,38f.	167, 172	7,36	179
4,38	413f., 417	7,37	386, 409, 413, 417
4,39	171, 271	7,38	408f.
4,40–44	368	7,39	228, 289, 393
4,43	189	7,40	391, 414
5,1–11	171, 185	7,41–43	274, 409
5,10	414	7,44–46	409
5,11	186, 368	7,47	410
5,12	414, 417	7,50	274
5,18	414, 417	8	396
5,24	99	8,1–3	168, *170*, *172*, 184, 191, 284, 288f., 298–300, *367f.*, 425
5,27–29	185		
5,27	414		
5,28	368		
5,30	387	8,1b–3	396
6,5	99	8,1	172, 189
6,6	415, 417	8,2f.	9, 181, 267, 364
6,11	387	8,2	85, 384, 394
6,12–19	186	8,3	171, 197, 205, 298, 392, 394,
6,12–16	415		
6,13ff.	181		396, 413
6,13	396	8,3b	*170–172*
6,14ff.	181	8,5	415, 418
6,14–16	368	8,8b	186
6,22	99	8,10	189
6,32	275	8,19–21	322, 324
6,33	275	8,19	413, 415, 417
6,34	275	8,21	66, 338, 388
6,42	208	8,26–39	267
7	363	8,27	414, 417
7,2	414, 417	8,40–56	87, 267
7,9	71	8,40–42a	167
7,11ff.	87	8,41	121, 385, 414
7,11–17	86, 167, 205, 267, 404	8,42–48	84, 399
7,11–15	291	8,42b–48	167, 205
7,12f.	393	8,42	413, 417
7,12	386, 413, 417	8,43	413, 417
7,13	275	8,49–56	167

8,51	135
9,1–6	175, 267
9,1f.	172
9,2	189
9,3–5	190
9,7	415
9,10–17	83
9,11	189
9,14	394
9,17	84
9,20	99, 379
9,22	99, 179
9,26	99
9,28–37	100
9,30f.	99
9,30	415
9,31	99
9,33	84
9,34	334
9,38	415, 418
9,44	99
9,51–19,28	179
9,51–19,27	188
9,53	387
9,54	388
9,55f.	99
9,57–62	185
9,57	415, 418
9,58	99, 396
9,59–62	325
9,59	415, 418
9,60	189
9,61	392, 415, 418
9,62	189
10,1	275
10,3–12	190
10,9	189
10,11	189
10,13f.	403
10,21f.	93
10,23	388
10,25	415, 418
10,30–37	275
10,33	415, 418
10,38–42	168, *170, 172–177*, 205, 226, 290, *340–344*
10,38f.	413
10,38	175
10,39–40a	178
10,39	175, 275, 341
10,40–42	299
10,40	171, *341f.*, 428
10,41f.	175f., 191
10,41	275, 342
10,42	343
11,1–44	173
11,5	415, 418
11,15f.	387
11,20	189
11,24–26	369
11,27f.	168, 205, 324
11,27	219, 387, 393, 412f., 417
11,28	338, 388
11,29f.	99
11,31f.	403
11,31	122
11,37–54	93
11,37	179, 391, 415, 418
11,45	391, 415, 418
11,49	93
12,1–8	173
12,8f.	99
12,9	392
12,10	99
12,13	179, 415, 418
12,15	172, 369
12,16–21	188
12,16	415, 418
12,22–32	177
12,22–31	176
12,33f.	177
12,35–40	179
12,37	171, 392, 416, 419
12,39	416, 419
12,40	99
12,41–48	179
12,42–44	392
12,42	416, 419
12,45f.	392
12,51–53	89
12,52f.	286, 288, 297
13,6	415, 418
13,10–17	85, 167, 122
13,11	386, 413, 417

13,12	207
13,14–17	205
13,16	380
13,20–22	168
13,21	413, 417
13,23	415, 418
13,28	54
13,33	275
13,34f.	398
13,34	95
14,1	179, 415, 418
14,2	415, 419
14,12–24	179
14,15–24	93, 187
14,15	187, 415, 419
14,16	415, 418
14,20	187, 191
14,21	187
14,25–35	185, 187, 189
14,25–27	168
14,26f.	187, 325
14,26	180, *185f.*, 189
14,26c	185
14,27b	185
14,33	185, 187
14,33b	185
15,4–6	299f.
15,6	299
15,8–10	168
15,8	299f., 389, 393, 413, 417
15,9	299f.
15,11–32	275
15,11	415, 419
16,1–13	188
16,1–9	179
16,1	415, 419
16,16	189
16,18	91, 134, 168
16,19–31	188, 275
16,19	412, 416, 419
16,20	392
17,7	416, 419
17,8	171
17,9	275
17,15	415, 419
17,17f.	392
17,20f.	189
17,22	99
17,24	99
17,26	99
17,30	99
18,1–8	76, 168, 205
18,2	416, 419
18,3	390, 393, 413, 417
18,8	99, 390
18,9–14	274f.
18,10	416, 419
18,11f.	392
18,13f.	392
18,17–23	171
18,18–30	408
18,18–23	185
18,18	99, 415, 418
18,22	186, 396
18,26	188
18,28	368
18,29f.	185, 188, 325, 395
18,29	168, 180, *185f.*, 188
18,31–33	99
18,35	415, 418
19,1–10	188, 276
19,2	415
19,5	275
19,8	369
19,9	275
19,10	99
19,12	416, 419
19,29	416, 419
19,41	95
20,9	416, 419
20,27–40	90
20,34–36	191
21	407
21,1–4	76, 168, 205, 399, *406–408*
21,2f.	122
21,2	413, 417
21,4	407
21,23	168, 205
21,27	99
21,36	99
22,1f.	416
22,2–10	187
22,10f.	419

22,14	388
22,22	99
22,24	388
22,26f.	178
22,26	171
22,35–38	190
22,35f.	191
22,47f.	99
22,50	416, 419
22,56	368, 413, 417
22,58f.	389
22,58	416, 420
23f.	180
23,1	416
23,4–24,52	180, 183
23,18	398, 416
23,21	398
23,26–24,53	168
23,26	416
23,27–31	168, 205, 397f.
23,27–29	95
23,27	183, 394, 397
23,28f.	399
23,28	398
23,29	95, 387
23,34	318
23,39–43	276
23,39	392
23,40	416, 420
23,43	275
23,47	416, 420
23,48	181, 183
23,49	135, 181, 183f., 298, 364, 371, 384, 394, 397
23,50	416
23,55f.	264
23,55	181, 184, 371, 384, 394, 397
23,56	397
24	372, 378
24,1–11	181, 364
24,1–8	100
24,1–6a	184
24,4	99, 117, 183
24,5–7	99
24,5c	183
24,6–8	378
24,6b–8	184
24,6b–7	183
24,6	374
24,8	100
24,9–11	184, 425
24,9	205
24,10	171, 181, 184, 205, 364, 397, 413
24,11	35, 183, 378
24,12	184, 376, 378, 380
24,13–35	184
24,13	416, 420
24,16	183
24,17	183
24,18	183, 416
24,19a	183
24,22–24	181
24,22	184
24,24	184
24,25	183
24,26	183, 275
24,27	183
24,30	183
24,32	183
24,33	197, 205
24,33b	181
24,34	183f., 378
24,35	183f.
24,36ff.	380
24,36–49	194
24,36–40	183
24,37	183
24,41ff.	183
24,41	183
24,44	183
24,49	269, 334

Johannes (Joh)
1	93, 374
1,1–18	209, 214
1,1	93
1,3	94
1,6–8	422
1,6	413
1,7	279
1,11	329

1,12	215	3,4	219
1,13	*215–217*	3,5f.	219
1,14	93, 432	3,5	218f.
1,15	422	3,6	219
1,18	220, 278, 329	3,8	218
1,19–12,50	359	3,9	219
1,19–34	406	3,11f.	428
1,19–28	422	3,13	216
1,29–34	422	3,23–30	422
1,29	216	3,25	414, 417
1,35–51	226	3,34	279, 372
1,35–42	422	3,35	278
1,35–39	425	4	89, 225, 276, 346
1,35f.	422	4,4–42	206, *276*, 399, *404–406*, 422, *429–431*
1,38f.	374		
1,38	353	4,7–26	276
1,39	226	4,7	387, 413, 417
1,40–42	422, 425	4,13–15	424
1,40	414	4,14a	278
1,43–51	422	4,14b	277
1,43–46	425	4,15	277
1,43	414	4,16–18	276
1,45f.	328	4,17f.	89
1,45	209, 414, 432	4,21	207, 328
1,46	226	4,22	277
1,49	352	4,25	276, 352
2	346, 426f.	4,26	278
2,1–12	*206f.*, 327, 422	4,27	207, 393, 432
2,1–11	211, 277	4,28–30	425
2,1–5	327	4,28f.	89, 277, 328
2,1	390, 413, 417, 432	4,29	226
2,3f.	424	4,31–38	277, 431
2,4	207, 325	4,40	89
2,5	356	4,42	278
2,6	425	4,44	323
2,8–10	422	4,46–53	422
2,9	356, 414, 417	4,46	414, 417
2,11f.	325, 328	4,47	209
2,11	358	5	421
2,12	209, 322, 358, 360	5,5–16	422
2,22	354	5,5	414, 417
3	*216–220*, 279	5,6–8	386
3,1–15	406	5,15	423
3,1–12	422	5,21	354
3,1	391, 414	5,24	279
3,3f.	424	5,26	214
3,3	216	5,33–36	422

6	431	8,58	279
6,1–15	83, 422	9	279
6,10	394	9,1–38	422
6,12	84	9,1	414, 417
6,14	352	9,18–23	422
6,26–28	277	9,24–35	392
6,42	209, 327	10	231
6,51–56	239	10,3	353
6,60–71	422	10,11	360
6,63	219	10,15	360
6,66	423	10,17	360
6,67–71	423	10,20	369
6,67	423	11f.	346, 348, 357
6,68f.	352	11,1–12,11	*340*
6,70f.	423	11	279, 341, *345f.*, *348*, *358f.*
6,71	414		
7,1–9	209	11,1–46	87, 422
7,2–9	328	11,1–44	206
7,3–10	322, 325	11,1f.	209, *348*
7,3–5	359	11,1	391, 413f.
7,3	360	11,2–6	209
7,5	360	11,2f.	87
7,20	369	11,2	273, 348
7,28	279	11,3–6	*349*
7,29	279	11,4	349f., 355
7,37–39	219f., 224, 279	11,7–16	345, 349
7,37f.	219	11,7	349
7,38	219	11,11	422
7,39	233, 278	11,12f.	388
7,45–52	422	11,16	414
7,50	391	11,17–19	*350*
7,53–8,11	206	11,17	350
8	346	11,20–22	*350*
8,2–11	92, 290	11,20	341, 347
8,3f.	92	11,21–27	87, 424
8,3	386, 413, 417	11,21	357
8,7	92	11,22	*351f.*
8,9f.	92	11,23–27	351
8,12	290	11,23	351
8,14	279	11,24	*351f.*
8,24	279	11,25f.	424
8,28	216	11,25	351
8,31	423	11,27–32	299
8,32	279	11,27	226, 352, 358, 379
8,40	279	11,28f.	*353*
8,48f.	369	11,28	358, 360
8,52	369	11,30–38	354

11,30	347	15,5f.	422
11,31	347	15,8	423
11,32	357f.	15,14f.	232
11,39f.	*354*	15,26	279
11,39	354	16	221
11,40	355	16,16ff.	374
11,46–57	341	16,20	228
11,47–53	422	16,21f.	429
11,49	414	16,21	*220–223*, 346
11,50f.	424	16,30f.	424
11,51–53	348	17,26	279
12	346, 356, 359, 408	18	279
12,1–11	422	18,1–11	422
12,1–8	206, 227, 273, 341, 399, *408–410*, 422	18,6	413
		18,10f.	422
12,1	354, 358, 391	18,10	416
12,2	341, 427f.	18,15–18	422
12,3	227f., 347, 386, 408f., 413	18,15f.	328
		18,15	416, 419, 422
12,6	409	18,16	417
12,10f.	341	18,22	420
12,15	95	18,24	422
12,21–26	422	18,25f.	389
12,22–26	422	18,26	416, 422
12,26	356	18,28–19,37	422
13–17	279	18,28	422
13,1–30	422	18,29	416
13,1–17	299	18,40	416
13,1	355, 360	19f.	346
13,4–7	239	19	346
13,4	360	19,23f.	318
13,6–10	424	19,24b–27	181
13,12	360	19,24	319
13,13	374	19,25–27	206, 212, 231, *327–329*, 371
13,19	279		
13,23–25	328, 422	19,25f.	209, 422, 427
13,23	329, 392, 416, 419	19,25	181, 298, 346, 364, *370f.*, 390, 397, 413, 422
13,26–31	422		
13,36–38	422	19,26f.	328, 359, 422
14–17	374	19,26	207, 209, 413
14,5f.	424	19,27	299
14,6	279	19,28	355
14,8–10	422	19,30	355
14,16	279	19,34f.	328
14,18–23	374	19,34	219, 224, 239
14,22	415, 422	19,35	422
14,26	279	19,38–42	422

19,38	422	Apostelgeschichte (Apg)	
19,39	391	1	372, 379
20	*229–231*, 353, 372, 376, 379, 382	1,13f.	368
		1,13	181, 194
20,1–18	206, 227, 363f., *372f.*, 380, 382, 422	1,14	64, 96, 168, 198, 205, 321f., 324f., 338
20,1–13	181	1,16	197
20,1	372, 375, 397	1,21f.	371, 379, 381
20,2–10	328, 380, 422	1,25	379
20,2	372f., 375f., 423	2	96f.
20,3–10	376	2,14	197
20,3ff.	184	2,17–21	96, 336
20,6f.	373	2,17	96
20,7	49	2,42–47	198
20,8	373	2,46	293
20,9	373	2,47	198
20,11–18	85	3,12	197
20,11	375	4,23	196
20,13	207, 373, 375f.	4,32–35	172
20,14–18	376	4,32	369
20,14ff.	372	5,1–11	168
20,14	375	5,1–9	97
20,15	207, 328, *373f.*, 375f.	5,12–16	168
20,16	353, 372f., 375	5,14	168, 200
20,17	*230–232*, 359f., 372, 374, 380, 382	5,15	334
		5,22	198
20,17b	229	5,26	198
20,18	*373–375*, 380, 423, 425, 428	5,42	198, 293
		6,1–7	174, 343
20,19ff.	380	6,1–6	344
20,19–23	269	6,1	168
20,20	228	6,2ff.	366
20,22f.	279	6,6	198
20,24–29	422	7,1	197
20,24	423	7,21	97
20,25	428	8,1	193
20,29	227	8,3	168, 200
20,31	352, 425, 432	8,5–25	193, 277
20,38	416	8,5–13	202
21	230, 380	8,12	168, 200
21,1–25	422	8,26–40	343
21,1–14	422	8,26–39	202
21,2	422	8,27	168
21,7	328	8,40	202
21,15–25	422	9,2	168, 200
21,18	216	9,31	193
21,20–24	328	9,32–10,48	193

9,32–43	88, 97	17,12	168, 200
9,32–35	193	17,16–34	197
9,32	194	17,22	197
9,35	193	17,30	197
9,36–43	*193f.*	17,34	97, 168, *197*
9,36–42	168	18f.	201
9,36	*193f.*	18,1	199
9,37	49	18,2f.	199
9,39	193	18,2	97, 168, 199
9,39b	194	18,2b–c	200
9,39c	193	18,3	*199f.*
9,41	193f.	18,18–22	199
9,42	193	18,18	97, 168, *199f.*
10,1–48	*193f.*	18,24–26	200
10,2	194	18,24	201
10,9–16	194	18,25f.	201
10,24	94	18,25	201
10,44–48	194	18,25c	201
12,3–19	197	18,26–28	199
12,12–17	97, *198*	18,26	97, 168, *200f.*
12,12–15	168, *197*	18,27	200
12,12	196	19	339
12,13–15	168	19,1–7	201
12,17	198	19,1	201
12,20–23	197	19,3	201
12,20	53	19,5ff.	201
12,25	198	20,7–12	88
13,5	198	20,8	194
13,13	198	20,10	88
13,16	197	21,5	200
13,50	168	21,8f.	168, *202*
14,15	197	21,9	97
15,7	197, 322, 326	22,1	197
15,13	197	22,4	168, 200
16,1	168, 196	23,1	197
16,9–10	194	23,7	351
16,11–15	97	23,15	201
16,13–15	*194*	23,20	201
16,13f.	168	24,22	201
16,14	97, 195	25,13	58, 168
16,15	97, 194, *196*	25,23	168
16,15b	196	26,16	198
16,15c	196	26,30	58, 168
16,16–18	97, 168	28,17	197
16,20	375		
16,40	97, *194, 196*		
17,4	168, 200		

Römer (Röm)
5,20   276
16,1f.   20
16,1   238
16,3f.   199
16,3   65, 97, *199f.*
16,5   199, 293
16,7   378
16,9   199
16,21   199

1 Korinther (1 Kor)
1,1   66
1,24   93
2,7   93
4,15   65
7,10   134
7,12–16   297
7,32–35   177
7,32   177
9,4–10   292
9,5   190, 298, 322
9,15   199
9,18   199
11   224
11,2   317
11,5   297
11,17–34   294
11,18   295
11,22   294
11,34   294
12,28   377
14,18   202
14,23   295
14,26   295
14,33–35   283, *295–297*
14,34   199
15   243, *377f.*
15,3–11   243
15,3f.   364
15,5ff.   377
15,5   375, 377
15,7   64, 322, 326, 377
15,8f.   380
15,11   378
16   61

16,12   200
16,19   97, 199, 293

2 Korinther (2 Kor)
2,14–6,13   366
8,23   199
10–13   366
11,8f.   196
11,9   199
12,1–7   202

Galater (Gal)
1,10–17   380
1,15   66, 219
1,19   322
2,7f.   126
2,9   322, 326, 377
2,12   377
4,4f.   321
4,27   400
6,16   28

Epheser (Eph)
4,22–24   240

Philipper (Phil)
1,1   199
4,3   199
4,15f.   196
4,22   195

Kolosser (Kol)
1,15–20   93
4,10   198
4,15   293

1 Thessalonicher (1 Thess)
2,9   199, 292
3,1   199
3,6   199
4,9–11   292

5,12	199

1 Timotheus (1 Tim)
2,11–15	240
2,11f.	199, 382
5,3–16	299
5,9f.	299
5,10	194
6,4–15	241

2 Timotheus (2 Tim)
1,5	196
3,5	241
4,19	97, *199f.*

Titus (Tit)
1,5	199

Philemon (Phlm)
2	293
16	65
24	198f.

Hebräer (Heb)
1,3	93
11,31	130

Jakobus (Jak)
2,25	130

1 Petrus (1 Petr)
3,1–6	240, 297

1 Johannes (1 Joh) *235–245*
1,1–3	240, 244
1,1f.	*242f.*
1,1	236
2,1	235
2,7	235
2,10	235
2,12	235
2,13f.	235f.
2,18	235f.
3,2	235f.
3,7	235
3,13	235
3,14	235
3,16	235
3,18	235
3,21	235
3,24	236
4,1–3	240
4,1	235
4,2f.	239
4,4	235
4,7	235
4,11	235
4,17	236
4,20f.	235
5,4f.	235
5,5f.	239
5,20	236

2 Johannes (2 Joh) *237–242*
2	235
5f.	242
10	199
13	235, 238

3 Johannes (3 Joh) *241f., 293*
3	235
5	235
9	199
10	235

Offenbarung (Offb)
1,7	117
1,10	248
1,12	255
1,18	117
2f.	255
2,7	250

2,10	117	18,11–17a	252
2,18–29	249	18,17b–20	252
2,20	240	18,21ff.	255
2,22	117	19,7	253
3,8	117	19,11	117
3,12	250	21f.	250
4	259	21	95
4,1f.	117	21,1	252f.
4,1	248	21,2–22,5	*252–254*
5	254	21,2–8	253
5,5	117	21,2	253
6,2	117	21,3f.	253
6,5	117	21,3	117
6,8	117	21,4	96
7,9	117	21,5	117
9,12	117	21,7	117
11,14	117	21,8	253
12	109, 212, 321	21,9–27	253
12,1	338	21,9f.	253
12,3	117	21,9	253, 259
12,18	252	21,10	95, 248
13,1	252	21,15	259
13,8	251	21,22–27	254
14,1–5	249	22,1–5	253f., 259
14,1	117	22,7	117
14,4f.	191	22,12	117
14,8	250		
14,14	117		
16,15	117	**Apokryphen**	
16,19	250		
17f.	*250–252*	3 Esra (3 Esr)	
17,1–3	250	5,31	121
17,1f.	258		
17,2	250, 254		
17,3f.	260	4 Esra (4 Esr)	
17,3b–6a	250	9,26–10,60	109
17,3	248, 250		
17,6–18	250		
17,9	251	1 Henoch (1 Hen)	
17,16f.	252	12–19	104
17,18	252	33–71	105
18,1–24	250, 252	37–71	114
18,1–3	252	38,1	114
18,3ff.	254	38,2	115
18,6	251	38,4–6	115
18,8–18	251	38,4f.	115
18,9	255	39,5f.	115

39,9–12	115	Apokryphon Ezechiels (ApokrEz)	311
40f.	115		
68,1	105		
106,13–107,2	105	Himmelfahrt des Jesaja (AscIs)	
		11	314
		11,2–15	308
2 Henoch (2 Hen)	106	11,2–5	308f., 314, 316
60,3	107	11,11	310
60,4	107	11,12–17	309
60,13	107	11,12–15	312, 314
70,14	107	11,12–14	315
71,1–21	107	11,13f.	310, 316
71,29–32	107	11,14–16	308
71,30f.	107		
		Epistula Apostolorum (EpApost)	35f.
Jubiläenbuch (Jub.)		2	306
4,17–19	105	14 (25)	334
7,21	105		
21f.	105		
30,1–24	105	Evangelium nach Maria	
41,1	129	(EvMar)	36–38, 382
Testament Judas (TestJud)		Kindheitsevangelium des Thomas	
10,1	129	(EvInfThom)	*305f.*
12,2	129	3,3	306
21,2f.	107	6f.	306
		7,5	306
		11	306
Testament Rubens (TestRub)		12	306
6,7	107	13	306
		14	306
		14,5	306
Petrus-Akten (ActPetr)		15	306
24	309f., 314f.	19	306
Thekla-Akten	29, 34	Große Fragen Marias	36
Ägypterevangelium	36	Petrusevangelium (PetrEv)	
		12	319
		50	35
Petrusapokalypse	29		

Philippusevangelium (PhilEv) 36
17 332

Pistis Sophia 36

Protevangelium des Jakobus
(ProtevJak) 304, 322, 338
20,1 316
21,2 318

Pseudoklementinen (Ps.-Clem.)
13,7,3 54

Pseudo-Matthäusevangelium 306

Sophia Jesu Christi 36

Thomasevangelium (ThomEv) 36
16 286
31 323
55 186, 325
64 187
79 324
99 325
101 186, 325

Manichäisches Psalmenbuch II
Ps 187 381
Ps 191,21f. 381

Revillout Fragment 14 214

Qumran

CD 51
7,19f. 318
12,23 106
13,1 106

14,19 106
19,10f. 106
20,1–3 111
20,1 106

CD-A 4,3f. 105

1QH 11,7–18 *221f.*
1QH^a
7,15 111
10,20–22 111
11,8ff. *109–113*
1QM 11,6f. 318
1QpHab
2,1–10 112
1QS 51
8,15b–9,11 105
1Q20
2,1–26 104
1Q21
1,1–3 106
1Q28a
2,11–20 106
1Q28b
5,20–29 106

4Q175 106
9–13 318
4Q204 5,2 105
4Q396
1,4,4–11 106
4Q534 104
1,10 105

Apostolische Väter

Didache (Did)
3,6,1f. 366
3,12,4 366
12,1–13,3 293

Hirt des Hermas (Herm) 29

Patristische Schriften

Ambrosius
Exp. Luc. 6,35 276

Clemens von Alexandria
Exc. 74f. 318
Paed. 1,6,49,1 219

Epiphanius
Pan. 78,11 338

Eusebius von Cäsarea
Hist. eccl. 3,3f. 242

Origenes
Cels.
1,29 326
1,32 326
2,55 214, 369, 379
2,59 50, 214

Hom. Luc. 17,9 167

Ignatius von Antiochien
Eph. 19,2–3 318

Irenäus von Lyon
Haer. 1,13,1 306

Talmud/Rabbinische Schriften

m. Nashim 43
m. 'Ohal. 1,2–4 267
m. Zabim 5,6 267
t. Ketub. 8,10 317
t. Soṭah 5,9 273
b. Meg. 14b 130
b. Pesaḥ. 46a 364
b. Yebam. 76b–77a 131
y. Giṭ. 9,50d 273
Gen. Rab. 85,11 129
Lev. Rab. 9 71
Num. Rab. 8,9 130
Ruth Rab.
2,1 130
4,1 131
Tg. Onq. 130
Tg. Ps.-J. 129

Antike Autoren

Aristoteles
Gen. an.
729b–730b 335
737a 8–17 335
735a–b 219

Cornelius Nepos
Lib. exc. duc., Prol.
1,6f. 21

Diogenes Laertius
Vitae phil.
3,49 280
3,51 280

Euripides
Med. 250 220

Flavius Josephus
Antiquitates judaicae (A.J.)
5,8 130
5,337 131
8,354 367
15,259f. 45f.
15,259 57
17,271ff. 116
18,18ff. 116
18,108f. 56
18,254 55

18,255	55
18,5,110	135
20,143	46, 58
20,146f.	46
20,147	58

Bellum judaicum (B.J.)
2,13,2/253	371
2,14,9/306–308	371
2,14,9/307	371
2,56ff.	116
2,119ff.	116
2,310	58
2,333	58
2,402	58
2,461–468	122
3,506–516	47
3,519	47
4,3,5/145	193
5,198–200	43

C. Ap. 2,205	49

Vita
403f.	47
426	45

Hippokrates
De aere, aquis, locis   47

Petronius
Sat.
27	408
70	408
78	408

Philo von Alexandria
Cher.
43f.	215
45–47	335
50	331

de Nob. 6	129
Det. 60	215
Flacc. 70–72	371
Opif. 67	215, 219
QE 2,46	217
Spec. 3,169f.	411
Virt. 220–222	129

Philostratus
Vit. Apoll.
1,19	403
3,38	125

Platon
Theaet. 161e	280

Plutarch
Num. 4	335

Pseudo-Philo
L.A.B. 9,10	337

Sueton
Tib. 61	371
Tit. 7	58

Tacitus
Ann. 9,19,3	371

Valerius Maximus
Fact. dict. mem. 2,1,2	21

Vergil
Ecl. 4, Z. 51	335

AutorInnen

Luca Arcari

Luca Arcari promovierte 2005 auf dem Gebiet des Judentums des Zweiten Tempels sowie des Frühchristentums an der Universität Federico II in Neapel. Er ist Vollmitglied des Henochseminars (Universität von Michigan), wissenschaftlicher Mitarbeiter am Institut für Geschichte „Ettore Lepore" an der Universität von Neapel Federico II und Postdoc-Researcher an der Accademia Nazionale dei Lincei (Religionsgeschichte). Er veröffentlichte die Monographie *„Una donna avvolta nel sole ..." (Apoc 12,1): Le raffigurazioni femminili nell'Apocalisse di Giovanni alla luce della letteratura apocalittica giudaica* (Bibliotheca Berica 13; Padua: Edizioni Messaggero Padova, 2008) sowie diverse Artikel zur Johannes-Offenbarung, zu jüdischen Messianismen und zur Apokalyptik zur Zeit des Zweiten Tempels.

Adriana Destro

Adriana Destro (* Verona, 1937) ist Professorin für Kulturanthropologie an der Universität von Bologna. Forschungsgebiete: Anthropologie des Mittleren Ostens, Anthropologie von Texten und Religionen. Neuere Bücher: *Antropologia e religioni: Sistemi e strategie* (Le scienze umane; Brescia: Morcelliana, 2005/²2009); *Femminile e personale: Esplorare mondi in transazione* (Hg.; Rom: Carocci, 2010); mit Mauro Pesce: *Religions and Cultures* (New York: Global, 2000); *Cómo nació el cristianismo Joánico: Antropología y exégesis del Evangelio de Juan* (Presencia Teológica 117; Santander: Sal Terrae, 2002); *Rituals and Ethics: Patterns of Repentance: Judaism, Christianity, Islam: Second International Conference of Mediterraneum* (Hg.; Collection de la Revue des Études Juives 31; Paris: Peeters, 2004); *Antropologia delle origini cristiane* (Rom: Laterza, 2008); *Encounters with Jesus: The Man in His Place and Time* (Minneapolis: Fortress Press, 2011).

Bernadette Escaffre

Bernadette Escaffre ist Professorin und Vizedekanin der Theologischen Fakultät des Katholischen Instituts in Toulouse. Sie promovierte in Bibelwissenschaften am Päpstlichen Bibelinstitut in Rom und hat Bibel und biblische Sprachen in Madrid, Louvain und Moskau gelehrt. Unter ihren Veröffentlichungen ist zu nennen: *Évangile de Jésus Christ selon saint Jean: 1. Le livre des signes, 2. Le livre de l'Heure* (CaE 145–146; Paris: Éditions du Cerf, 2008).

Irmtraud Fischer

Editorin der Reihe „Die Bibel und die Frauen"; seit 2004 Universitätsprofessorin am Institut für Alttestamentliche Bibelwissenschaft an der Katholisch-Theologischen Fakultät der Karl-Franzens-Universität Graz; seit 2010 Koordinatorin der Sektion Feministische Exegese für die internationalen Konferenzen der Society of Biblical Literature (USA); 2007–2011 Vizerektorin für Forschung und Weiterbildung an der Karl-Franzens-Universität Graz; 2005–2008 Vorsitzende der Arbeitsgemeinschaft der deutschsprachigen katholischen Alttestamentlerinnen und Alttestamentler (AGAT); 2001–2003 Präsidentin der Europäischen Gesellschaft für theologische Forschung von Frauen (ESWTR); 1997–2004 ordentliche Professorin für „Altes Testament und Theologische Frauenforschung" an der Katholisch-Theologischen Fakultät Bonn; Gastprofessuren in Marburg, Bamberg, Wien, Jerusalem und Rom; 1993 Habilitation; 1988 Promotion; Studium der Katholischen Theologie; geboren 1957 in Bad Aussee, Österreich. Bibliographie siehe unter www-theol.uni-graz.at/at.

Sean Freyne

Sean Freyne ist emeritierter Professor für Theologie am Trinity College in Dublin. In seinem Ruhestand seit 2006 war er Gastprofessor an der Harvard Divinity School (2007–2008) und hielt die Shaffer Lectures an der Yale Divinity School (2010) sowie zahlreiche Gastvorlesungen in Irland, Australien und den USA. Seine Forschung konzentriert sich hauptsächlich auf Galiläa in der hellenistischen und römischen Periode sowie auf die Frage nach dem historischen Jesus (siehe seine Monographie *Jesus, a Jewish Galilean: A New Reading of the Jesus-Story* [London: T&T Clark, 2005]). 2006 war er Präsident der *Studiorum Novi Testamenti Societas*.

Judith Hartenstein

PD Dr. Judith Hartenstein, geboren 1964 in Bonn, Studium der Evangelischen Theologie in Bonn und Berlin, Promotion 1997 in Berlin (mit einer Arbeit über nichtkanonische Evangelien, überwiegend aus Nag Hammadi), Vikariat und Ordination als Pfarrerin der Evangelischen Kirche im Rheinland, Habilitation 2006 in Marburg (mit einer Arbeit über JüngerInnen im Johannesevangelium), derzeit Lehrkraft für besondere Aufgaben (Neues Testament) in Koblenz.

Amy-Jill Levine

Amy-Jill Levine ist Universitätsprofessorin für New Testament and Jewish Studies, E. Rhodes and Leona B. Carpenter Professor of New Testament Studies und Professorin für Jüdische Studien an der Vanderbilt Divinity School und am College of Arts and Science in Nashville, TN USA; darüber hinaus ist sie Affiliated Professor am Woolf Institute, Centre for the Study of Jewish-Christian Relations at Wesley House, Cambridge, UK. Sie ist die Herausgeberin der 14-bändigen Reihe „Feminist Companion to the New Testament and Early Christian Writings" (bei Continuum erschienen) und Autorin zahlreicher Publikationen zu Mt und Lk, dem „historischen Jesus", hellenistischem Judentum und jüdisch-christlichen Beziehungen.

Mercedes Navarro Puerto

Mercedes Navarro Puerto (* Jerez, 1951), Doktorin der Psychologie (UP Salamanca) und Theologie (PUG, Rom), BA in der Heiligen Schrift (Päpstliches Bibelinstitut, Rom); lehrte Altes Testament (8 Jahre), Psychologie und Religion (15 Jahre) an der UP Salamanca; Gründungsmitglied der Vereinigung spanischer Theologinnen (ATE) und der Schule für Feministische Theologie in Andalusien (EFETA); Editorin der Reihe „Die Bibel und die Frauen". Neuere Bücher:

Marcos (Guías de lectura del Nuevo Testamento 1; Estella: Verbo Divino, 2006); *Morir de vida: Mc 16,1–8: Exégesis y aproximación psicológica a un texto* (Estella: Verbo Divino, 2011).

Enrico Norelli

Enrico Norelli ist Professor für Geschichte des Frühchristentums an der Universität Genf. Zu seinen wichtigsten Forschungsgebieten zählen: christliche apokryphe Literatur, Geschichte des christlichen biblischen Kanons, Konstruktionen von „Häresie" in den ersten christlichen Jahrhunderten, Markion, frühe jüdische und christliche Exegese. Er ist u. a. Autor eines Kommentars zum christlichen Apokryphon *Himmelfahrt des Propheten Jesaja* (1995), einer dreibändigen Geschichte antiker christlicher Literatur in Griechisch und Latein (mit Claudio Moreschini, 1995–1996), einer kommentierten Ausgabe der Fragmente des Papias von Hierapolis (2005) sowie einer Monographie zur Jungfrau Maria in frühchristlichen Apokryphen (2009).

Carolyn Osiek

Carolyn Osiek ist Charles Fischer Catholic Professor of New Testament *emerita* an der Brite Divinity School, Texas Christian University, Fort Worth, Texas, nach 26 Jahren als Professorin für Neues Testament an der Catholic Theological Union, Chicago. Sie hält ein Th.D. in New Testament and Christian Origins der Harvard University und ist ehemalige Präsidentin der Catholic Biblical Association of America und der Society of Biblical Literature. Autorin vieler Bücher und Artikel zu neutestamentlichen Themen, insbesondere zu Paulus und Frauen in der frühen Kirche.

Silvia Pellegrini

Silvia Pellegrini, geb. 1965, ist eine katholische, italienisch-deutsche Theologin. Sie promovierte 1989 in klassischer Philologie in Mailand und studierte Theologie in Mailand, Münster und Berlin, wo sie 2000 zur Dr. theol. promovierte. 2009 übernahm sie den Lehrstuhl für „Biblische Theologie: Exegese des Neuen Testaments" an der Universität Vechta. Schwerpunkte ihrer Forschung sind u. a. Methodologie neutestamentlicher Exegese, Textsemiotik, Markusevangelium, Johannesevangelium, Nag Hammadi und patristische Auslegung des Neuen Testaments.

Romano Penna

Romano Penna ist emeritierter Professor für Neues Testament an der Päpstlichen Lateranuniversität in Rom und Mitglied der *Studiorum Novi Testamenti Societas* (Cambridge). Autor zahlreicher Artikel und Bücher, darunter etwa eine Studie zum paulinischen Begriff des „Mysteriums" (Brescia 1978), zwei Bände zu Paulus als Apostel (Minnesota 1996), zwei Bände zur Christologie des Neuen Testaments (Mailand 1996–1997, Neuauflage 2010–2011), ein detaillierter Kommentar zum Römerbrief (Bologna 2010) sowie ein Buch zu den ersten christlichen Gemeinden (Rom 2011).

Marinella Perroni

Marinella Perroni (* Rom, 1947), Doktorin der Philosophie und Theologie, ist außerordentliche Professorin für Neues Testament am Pontificio Ateneo Sant'Anselmo sowie Gastprofessorin an der theologischen Fakultät Marianum in Rom. Sie ist Präsidentin des Italienischen Theologinnenverbandes (Coordinamento Teologhe Italiane, CTI) und Autorin zahlreicher Studien zur Exegese des Neuen Testaments und zur biblischen Theologie.

Mauro Pesce

Mauro Pesce, geb. 1941 (Genua, Italien), Professor für Geschichte des Christentums an der Universität von Bologna. Forschungsgebiete: Historischer Jesus; Zusammenarbeit mit der Anthropologin Adriana Destro für eine kulturelle Anthropologie des frühen Christentums; historische Bibelinterpretation. www.mauropesce.net. Neuere Bücher: *Da Gesù al cristianesimo* (Brescia: Morcelliana, 2011); mit Adriana Destro: *Come nasce una religione: Antropologia ed esegesi del Vangelo di Giovanni* (Percorsi 8; Rom: Laterza, 2000); *Antropologia delle origini cristiane* (Quadrante 78; Rom: Laterza, 2008); *Encounters with Jesus: The Man in His Place and Time* (Minneapolis: Fortress Press, 2011).

Silke Petersen

Silke Petersen, Jg. 1965, Studium der Evangelischen Theologie und Promotion (1998) an der Universität Hamburg; Postdoktorandinnen-Stipendium an der Universität Würzburg im Graduiertenkolleg „Zur Wahrnehmung der Geschlechterdifferenz in religiösen Symbolsystemen" (1998/99). Habilitation im Fach Neues Testament (2005); derzeit außerplanmäßige Professorin der Universität Hamburg (seit 2011).

Daria Pezzoli-Olgiati

Daria Pezzoli-Olgiati ist Professorin für Religionswissenschaften an der Universität Zürich und am Zentrum für Religion, Wirtschaft und Politik (zrwp.ch). 2004 gründete sie eine Forschungsgruppe zu „Medien und Religion" (religionswissenschaft.uzh.ch/medien). Ihre Forschungsinteressen richten sich auf visuelle Medien und Religion, Raum, außerweltliche Bilder in Antike and der europäischen Religionsgeschichte, Gender und Religion sowie Apokalyptik.

Luise Schottroff

Luise Schottroff, Dr.Dr.h.c., geb. 1934. Studium der Evangelischen Theologie, Promotion Göttingen 1960, Habilitation Mainz 1969. Professorin für Neues Testament in Mainz, Kassel und Berkeley bis 2004. Arbeitsschwerpunkte sind die Sozialgeschichte des frühen Christentums und damit verbunden eine feministische und befreiungstheologische Auslegung und Hermeneutik des Neuen Testaments, die dem christlich-jüdischen Dialog verpflichtet ist. Mitherausgeberin, Übersetzerin bzw. Autorin der *Bibel in gerechter Sprache* (hg. v. Ulrike Bail et al.; Gütersloh:

Gütersloher Verlagshaus, 2006/³2007) und des *Sozialgeschichtlichen Wörterbuches zur Bibel* (hg. v. Frank Crüsemann et al.; Gütersloh: Gütersloher Verlagshaus, 2009). Neuere Buchveröffentlichungen: *Jesus von Nazareth* (zusammen mit Dorothee Sölle; München: dtv, ⁷2010; engl. Übersetzung 2002); *Die Gleichnisse Jesu* (Gütersloh: Gütersloher Verlagshaus, ³2010; engl. Übersetzung 2006); *Das Abendmahl: Essen, um zu leben* (zusammen mit Andrea Bieler; Gütersloh: Gütersloher Verlagshaus, 2007; engl. Übersetzung 2007).

Elisabeth Schüssler Fiorenza

Dr.Dr.h.c.mult. Elisabeth Schüssler Fiorenza hat den Krister Stendahl Lehrstuhl an der Harvard University Divinity School, Cambridge USA, inne. Sie ist die Mitbegründerin und Mitherausgeberin des *Journal of Feminist Studies in Religion* und international bekannte Autorin zahlreicher Bücher zu feministischer The*logie, neutestamentlicher Wissenschaft und Hermeneutik. Von ihren neueren Büchern sind auf Deutsch erschienen: *Grenzen überschreiten: Der theoretische Anspruch feministischer Theologie: Ausgewählte Aufsätze* (Münster: LIT, 2004); *Weisheitswege: Eine Einführung in feministische Bibelinterpretation* (Stuttgart: Katholisches Bibelwerk, 2005) und *Gerecht ist das Wort der Weisheit: Historisch-politische Kontexte feministischer Bibelinterpretation* (Luzern: Exodus, 2008).

Turid Karlsen Seim

Professorin für Neues Testament an der Universität von Oslo, seit 2007 Leiterin des Norwegischen Instituts in Rom. In der feministischen Exegese und theologischen Genderforschung ist sie bekannt für ihr Buch *The Double Message: Patterns of Gender in Luke-Acts* (Edinburgh: T&T Clark, 1994). Nach einem grundlegenden und oft erwähnten Artikel (1985) zu „Roles of Women in the Gospel of John" hat sie seit 2005 weitere bedeutende Artikel zur Interpretation der Genderperspektive im Johannesevangelium publiziert.

Andrea Taschl-Erber

Studium der Katholischen Theologie und Klassischen Philologie an der Universität Wien, 2006 Promotion mit einer Arbeit zu Maria von Magdala. 1999–2001 DoktorandInnenstipendium der Österreichischen Akademie der Wissenschaften, 2001–2007 Vertragsassistentin am Institut für Neutestamentliche Bibelwissenschaft an der Universität Wien, danach Lehrbeauftragte, 2007–2011 Wissenschaftliche Mitarbeiterin am Institut für Alttestamentliche Bibelwissenschaft an der Karl-Franzens-Universität Graz (Editionsarbeiten zu den ersten Bänden des Projekts „Die Bibel und die Frauen").

Pius-Ramón Tragán

Benediktiner von Montserrat seit 1947. Studium in Rom (1956–1957), München (1961–1962) und an der École Biblique in Jerusalem (1965–1967). Assistenzprofessor am Institut für Exegese der Theologischen Fakultät in Strassburg (1969–1972). Staatliches Doktorat in Strassburg

(1976). Professor in Rom (1972–1997). Professor invitatus an den Universitäten Mailand (1998–2001) und Barcelona (1999–2001). Seit 2001 Direktor des Scriptorium Biblicum der Abtei Montserrat.

Die auf 21 Bände angelegte internationale, in den vier Sprachen Deutsch, Englisch, Italienisch und Spanisch erscheinende Enzyklopädie „Die Bibel und die Frauen" setzt sich zum Ziel, eine Rezeptionsgeschichte der Bibel, konzentriert auf genderrelevante biblische Themen, auf biblische Frauenfiguren und auf Frauen, die durch die Geschichte hindurch bis auf den heutigen Tag die Bibel auslegten, zu präsentieren.

Christliche und jüdische Forscherinnen und Forscher aus den Wissenschaftstraditionen der vier Sprachräume erarbeiten dieses interdisziplinäre Werk, das theologische, archäologische, ikonographische, kunsthistorische, philosophische, literaturwissenschaftliche und sozialgeschichtliche Genderforschung miteinander ins Gespräch bringen und neue Untersuchungen anregen will. Im Zentrum des Interesses stehen

- literarische Frauenfiguren der Bibel und
- deren Rezeption in der Exegesegeschichte durch Exegeten und Exegetinnen,
- geschlechtsspezifische Lebenszusammenhänge in biblischen Zeiten,
- Frauen, die in bestimmten Epochen und Auslegungstraditionen die Bibel interpretierten,
- Frauen, denen biblische Texte oder deren Auslegung zugeschrieben werden,
- genderrelevante Texte (z.B. Rechtstexte) und Themen (z.B. kultische Reinheit),
- die Rezeption biblischer Frauenfiguren und genderrelevanter Themen in der Kunst.

1. Hebräische Bibel – Altes Testament
1.1 Tora: Irmtraud Fischer/Mercedes Navarro Puerto/Andrea Taschl-Erber (Hrsg.)
1.2 Prophetie: Irmtraud Fischer/Athalya Brenner (Hrsg.)
1.3 Schriften: Nuria Calduch-Benages/Christl Maier (Hrsg.)

2. Neues Testament
2.1 Evangelien. Erzählungen und Geschichte: Mercedes Navarro Puerto/Marinella Perroni (Hrsg.)
2.2 Neutestamentliche Briefliteratur: Jorunn Økland/Elisa Estévez López (Hrsg.)

3. Pseudepigraphische und apokryphe Schriften
3.1 Jüdische Pseudepigraphie und Apokryphen: Marie-Theres Wacker/Eileen Schuller (Hrsg.)
3.2 Apokryphe Schriften des frühen Christentums: Silke Petersen/Caroline Vander Stichele (Hrsg.)

4. Jüdische Auslegung
4.1 Talmud: Tal Ilan/Charlotte Elisheva Fonrobert (Hrsg.)
4.2 Jüdisches Mittelalter und Neuzeit: Susannah Heschel/Gerhard Langer (Hrsg.)

5. Patristische Zeit
5.1 Kirchenväter: Kari Elisabeth Børresen/Emanuela Prinzivalli (Hrsg.)
5.2 Frauentexte der frühen Kirche: Eva Synek/Elena Giannarelli (Hrsg.)

6. Mittelalter und frühe Neuzeit
6.1 Frühmittelalter: Franca Ela Consolino/Judith Herrin (Hrsg.)
6.2 Hochmittelalter: Kari Elisabeth Børresen/Adriana Valerio (Hrsg.)
6.3 Renaissance und „Querelle des femmes": Ángela Muñoz Fernandez/Valeria Ferrari Schiefer (Hrsg.)

7. Zeit der Reformen und Revolutionen
7.1 Reformation und Gegenreformation in Nord- und Mitteleuropa: Charlotte Methuen/Tarald Rasmussen (Hrsg.)
7.2 Reformation und Gegenreformation in Südeuropa: Adriana Valerio/Maria Laura Giordano (Hrsg.)
7.3 Aufklärung und Restauration: Ute Gause/Marina Caffiero (Hrsg.)

8. Frauen und Bibel im „langen 19. Jahrhundert"
8.1 „Säkulare" Frauenbewegungen: Angela Berlis/Christiana de Groot (Hrsg.)
8.2 Kirchliche Frauenbewegungen: Ruth Albrecht/Michaela Sohn-Kronthaler (Hrsg.)

9. 20. Jahrhundert und Gegenwart
9.1 Feministische Bibelwissenschaft im 20. Jahrhundert: Elisabeth Schüssler Fiorenza (Hrsg.)
9.2 Aktuelle Tendenzen: Maria Cristina Bartolomei/Jorunn Økland (Hrsg.)

2009. 448 Seiten mit 42 Abb.
und 1 Tab. Kart.
€ 36,–
Serienpreis bei Abnahme aller Bände
dieser Reihe: € 29,–
ISBN 978-3-17-020975-6

Die Bibel und die Frauen, Band 1,1

Irmtraud Fischer/Mercedes Navarro Puerto/Andrea Taschl-Erber (Hrsg.)

Hebräische Bibel – Altes Testament

Tora

Der erste Band der Enzyklopädie „Die Bibel und die Frauen" stellt das Projekt vor und begründet die Entscheidung für den jüdischen Kanon, womit die jüdische Rezeptionsgeschichte ebenso integriert werden kann wie die christliche. Die Beiträge über die Relevanz der Sammlung von kanonischen Schriften, über die sozialgeschichtlichen und rechtshistorischen Hintergründe altorientalischen Frauenlebens sowie über den erhellenden Wert der Ikonographie sind Grundsatzartikel für alle biblischen Bände. Von den Texten der fünf Bücher Mose, der Tora, sind vor allem die Schöpfungstexte relevant, da sie bis heute auf die Ordnung der Geschlechterverhältnisse in Christentum und Judentum Einfluss haben.

www.kohlhammer.de

W. Kohlhammer GmbH · 70549 Stuttgart
Tel. 0711/7863 - 7280 · Fax 0711/7863 - 8430